Katrin Panier

SEX GEHÖRT DAZU

Geschichten vom Erwachsenwerden

Schwarzkopf & Schwarzkopf
Verlag

*»Unsere Zeit macht es der Jugend schwer.
Es besteht überall das Streben, die Menschen
gleichförmig zu machen und ihr Persönliches
möglichst zu beschneiden. Dagegen wehrt
sich die Seele mit Recht.«*
HERMANN HESSE

*»Nicht als ob man meinte, die Liebe sei nicht so wichtig.
Die Menschen hungern geradezu danach; sie sehen sich
unzählige Filme an, die von glücklichen und unglücklichen
Liebesgeschichten handeln, sie hören sich Hunderte
von kitschigen Liebesliedern an - aber kaum einer
nimmt an, daß man etwas tun muß, wenn man
es lernen will, zu lieben.«*
ERICH FROMM

»Es ist so schwer, anders zu sein ...«
ANNA, 17, BERLIN

Vorwort

Durch zwei Jahreszeiten, den Sommer und den Herbst 2002, habe ich lange Gespräche mit Jugendlichen in vielen Teilen Deutschlands geführt. 15- bis 20jährige junge Frauen und Männer in Thüringen, Franken, Nordrhein-Westfalen, in Bayern, Schleswig-Holstein, Baden-Württemberg, in Berlin und Brandenburg. Würde ich heute, ein halbes Jahr später, dieselben Jugendlichen noch einmal besuchen, hörten sich die Geschichten teilweise schon wieder ganz anders an. Liebespaare haben sich getrennt, schwule Jungs sind weitergezogen, aus »Spirale statt Pille« wurde: »Im Sommer werde ich Mutter«. Jugendliches Leben ändert sich ziemlich schnell.

Fast alle Interviews unter vier Augen fingen mit dem Satz an: »Was ich zu erzählen habe, das kann ruhig jeder von mir wissen.« Und wenn der fertige Text dann schwarz auf weiß vor ihnen lag, kam die Bitte: »Kann ich vielleicht doch lieber anonym bleiben?« Das gedruckte Wort ist offenbar mächtiger als das gesprochene. Sie haben so geredet, die jungen Leute; ich habe nicht viel von mir dazugetan zu dem, was auf den stundenlangen Tonbandmitschnitten zu hören ist. Aber sie hatten von Anfang an die Möglichkeit, Orte und das soziale Umfeld zu verändern. Nun ist es fast bei allen Geschichten in diesem Buch auch so gekommen.

Auffällig ist für mich auch das Verhältnis zu den Eltern. Die jungen Leute nahmen die Gelegenheit schon dankbar an, Frust ablassen zu können; die Tonbandaufnahmen belegen das aufs Deutlichste. Im Endeffekt aber, sprich: beim Lesen des gedruckten Textes, wollten sie ihrer Mutter, ihrem Vater dann doch keinesfalls wehtun. Manchmal dachte ich schon, es gibt keinen Generationskonflikt mehr. Selbst ein 20jähriger erwachsener junger Mann wollte seinen Text nicht freigeben, »bevor ihn meine Mama gelesen hat«. Und eine andere Geschichte scheiterte fast daran, daß eine Mutter in einer deutschen Kleinstadt androhte, den Sohn aus dem Haus zu werfen, »sollte mich je ein Nachbar auf dieses Buch ansprechen«. Was die Eltern, die Lehrer, die Leute denken könnten, hat viele der befragten Jugendlichen doch sehr stark beeinflußt. Vielleicht aus dem Grund, den der »Frauenversteher« Matthias so schön beschreibt: »Du kannst zwar alles machen, was du willst, aber du solltest nicht alles machen, was du willst. Um nicht unnötig anzuecken im Hotel Mama.«

Es gibt eben kein stärkeres Druck- und Harmoniemittel als Geld. Die Jugendlichen sind, wenn sie Abitur machen und studieren wollen, sehr lange finanziell von ihren Eltern abhängig.

Natürlich finden sich auch Lehrlinge im Buch und schwierige junge Menschen mit Brüchen in ihrer Biografie. Trotzdem sind es vor allem recht »normale« (aber was ist schon »normal«) Jugendliche, eher unauffällige, keine bunten Exoten. Und dennoch, sobald die Fassaden ein kleines bißchen angekratzt werden, kommen Schicksale zum Vorschein, die mit Sucht, mit Tod und mit Minderwertigkeitskomplexen zu tun haben.

Die Jugendlichen reagieren auf ihre ganz eigene Art auf das, was im vergangenen Jahr geschehen ist. Der 11. September, der Amoklauf eines Erfurter Schülers, die Jahrhundertflut, die Bundestagswahlen und der internationale Konflikt mit Amerika.

Sie drücken sich dabei nicht politisch korrekt aus und halten uns Älteren den Spiegel vor. Ich glaube, das tun sie auch in bezug auf Liebe und Sex.

Ist es ein Zufall, daß sich wie ein roter Faden die tiefe Sehnsucht nach der einen, einzigen großen Liebe zum Festhalten im Leben durch alle Geschichten zieht? In einer Zeit, in der es kaum noch etwas Sicheres und Beständiges zu geben scheint. Der Arbeitstitel dieses Buches war »Halt dich an deiner Liebe fest«, und da eine der jüngeren Bands namens »Freundeskreis« den schönen alten Rio-Reiser-Song gecovert hat, kannten die meisten Interviewten den Titel und fanden ihn gut. Vor allem das, was er ausdrückt: Wenn alles um dich herum zusammenzubrechen scheint, dann halt dich an deiner Liebe fest. Liebe zu einem Partner, zur Musik, zum Leben, ganz egal. Oder wie Julia aus Bielefeld temperamentvoll aussprach, indem sie während unseres Gesprächs mehrmals vom Stuhl aufsprang: »Es könnte doch alles so einfach sein. Ich begreife nicht, warum die Menschen das so kompliziert machen.«

Für mich am schönsten an dieser Arbeit war das unverstellte Vertrauen, das die Jugendlichen mir entgegengebracht haben. Ihre Widersprüchlichkeit. Der kaum lächelnde, finstere, schwarzgekleidete Dark-Metal-Fan aus Ilmenau trägt eine Zahnspange, und die Oma kocht ihm jeden Mittag ein leckeres Essen. Die verführerisch süße Lolita aus Kiel fragt alle zehn Minuten ängstlich, was ich von ihr denke und wie sie auf mich wohl wirkt. Sie sind nicht »austherapiert«, haben ihr Leben nicht »im Griff«; sie sind vielleicht gerade so weit gekommen, daß sie einen schmerzhaften inneren Konflikt beim Namen nennen können: den frühen Tod der Mutter, eine Vergewaltigung mit zwölf, eine unbewältigte Sucht und Selbstzerstörung. Sie haben bei weitem nicht alle Antworten aufs Leben, und ich kann mir nicht helfen, ich finde das menschlich und sympathisch. Zum Sex kann man zusammenfassend sagen: Das erste Mal ist nie wirklich schön. Mädchen machen ihre ersten erotischen Erfahrungen ganz gern mit Mädchen und haben offenbar die größten Schwierigkeiten, sich hinzugeben, fallenzulassen, wenn sie gleichzeitig an ihrer Karriere basteln.

Und Jungs sehnen sich nach älteren Männern oder Frauen, die ihnen über die ersten Hürden hinweghelfen, sie sozusagen »einweihen« in die Kunst der Liebe. Es ist sicherlich nicht ganz einfach, das einer Autorin gegenüber zuzugeben, die doppelt so alt ist wie man selbst, aber schließlich habe ich doch noch zwei junge Männer gefunden, die so frei waren.

Ich selbst lese nicht besonders gern Vorwörter in Büchern, ich komme lieber gleich zur Sache, nämlich zum ersten Satz. Darum will ich mich kurz fassen.

Ich kann, was ich erlebt habe, auch nicht gut verallgemeinern, schließlich bin ich keine Wissenschaftlerin, sondern Autorin und vom Leben überrascht. Für mich war dies hier eine der schönsten Aufgaben, die ich in meinem Berufsleben je zu erledigen hatte. Dank an alle meine Gesprächspartner und Gesprächspartnerinnen. Hoffentlich stillt's eure Neugier so wie meine.

»Moral und Gewissen sind nicht

meine besten Freunde.«

Christian, 20, Bohnsdorf

Moral und Gewissen sind nicht meine besten Freunde, ja, das stimmt. Ich will das zwar nicht so hervorheben, weil es meine Chancen bei der Zielgruppe verschlechtert. Trotzdem, es stimmt. Beziehungstechnisch habe ich noch nie irgendwelche großen Skrupel gehabt. Fremdgehen oder so, da ist die Hemmschwelle sehr gering. Weil ich auch noch nie die Person getroffen habe, von der ich gesagt hätte, jetzt lohnt es sich, sich nur auf diese eine Person zu konzentrieren. Dabei glaube ich an die große Liebe. Unbedingt. Ja. Ich such' das ja auch. Aber ich mach' halt auch mal unterwegs 'n paar Abstecher. Es hört sich vielleicht ein bißchen merkwürdig an, aber das paßt beides gut zusammen. Ich glaube nicht, daß diese große Liebe nur eine Person sein muß. Dafür gibt's einfach zu viele Menschen auf der Welt, zu viele, die auf das eigene Profil zutreffen. Kann gut sein, im Leben zweimal oder dreimal jemandem zu begegnen, wo man sagt »wow, die isses jetzt!«. Äußerlichkeiten sind dabei nicht so wichtig – obwohl, eine gewisse Alltagstauglichkeit muß es schon haben. Also, damit meine ich, ich bin laut Armeemessung eins vierundneunzig. Und wenn da ein Mädel so mit eins sechzig oder so käme, das ist einfach nicht alltagstauglich, hab' ich ja schon probiert. Nee, wenn man da so den Arm rumlegt und ist selbst so groß – ach nee, dafür gibt's genug große Menschen, ich glaube, daß da schon das Unterbewußtsein mitspielt und mitsucht.

Angefangen hat das bei mir alles so mit 13, 14, wobei das Körperliche eher da war als die geistige Auseinandersetzung damit. Daß man sich halt mal einen runtergeholt hat, mein' ich damit, aber sich noch nicht wirklich gewünscht hat, daß man 'ne Beziehung hat, 'ne

Freundin hat. Das kam erst so mit 17, 18, in dem Dreh. Daß man gesagt hat, ich würde jetzt gerne mal was Ernsteres haben. Ohne daß das gleich geklappt hat, nur der Wunsch danach war dann eben da. Aber dieser körperliche Drang, die Not – ist ja bei Jungs, glaube ich, schon viel früher – die kam bei mir zuerst.

Mein erstes Mal hatte ich mit 18, also verhältnismäßig spät. Mit 15, 16 hatte ich schon mal so 'ne Phase, da weiß ich nur noch, daß ich mit 'nem Kumpel zusammensaß und wir sagten: »Ej, jetzt reicht's. Wir müssen hier bald mal was flachlegen irgendwie. Das Jungfrauenleben muß ein Ende haben!« Und dann haben wir uns vier Wochen lang ganz schön fertiggemacht, und dann hat man auch ganz schön drunter gelitten und gedacht, ach, Scheiße, man hat hier keine Ahnung, und das wird alles nichts. Und nach vier Wochen, da war es schlagartig vorbei, da hab' ich mir dann irgendwie gesagt: Das ist jetzt hier totaler Schwachsinn, das will ich nicht. Klar, ich wollte zwar Sex haben, ist keine Sache, aber dieses »Sich-Darauf-Fixieren«, das war dann damit erledigt. Das war der Punkt, wo ich wirklich schlagartig von einer Minute zur anderen gesagt habe: Schluß, das lohnt sich nicht, du gehst jetzt hier langsam und ruhig ran und siehst, was sich ergibt. Und so ging es eigentlich auch. Dann kamen so regelmäßig Freundinnen und Urlaubsbekanntschaften, und die intensive Phase eben erst mit 18. Aber ich muß sagen, daß mich das nicht wirklich stört. Ganz ehrlich. Erstens mal, weil, nachdem ich das erste Mal Sex hatte, hab' ich so gedacht: »Toll! Jetzt hab' ich erst mal wieder 'ne Weile nicht ...«, weil die Beziehung auch sofort wieder zu Ende war. Das hat also alles nicht so richtig funktioniert. Und danach ... eine Qual! Also, ich kann jedem eigentlich nur empfehlen, das so lange wie möglich hinauszuzögern, wenn man weiß, daß man danach wieder 'ne Weile »trocken« ist. Weil, das ist so Scheiße! Wenn ich gewußt hätte, wie sehr der Druck, die Not quasi kommt, sobald man den ersten halbwegs vernünftigen Sex hatte, das noch mal haben zu wollen, dann hätte ich, glaube ich, niemals damit angefangen. Also, vorher war das viel ... man hat sich zwar eingeredet, daß man's haben will, aber man wußte nicht, wie sehr man's haben will. Danach war das viel, viel schlimmer, viel belastender. Da war ich froh, daß es erst mit 18 war, weil in dem

Alter generell die Chancen steigen, man für die Mädchen interessanter wird. Weil man schon weiß, was man aus sich rausholen kann, wie man sich geben kann. Man hat sich selbst doch schon recht facettenreich kennengelernt. Da war ich dann doch im nachhinein ziemlich froh, wie das alles so gelaufen ist. Auch, wenn es alles andere als reibungslos gelaufen ist.

Das soll jetzt wirklich nicht so klingen, als wäre das nur die reine Freude gewesen.

Zum Beispiel mein erstes Mal, wenn man's so nennen will, ist im Grunde in zwei erste Male aufgeteilt gewesen. Einmal im Sommerurlaub mit einer, aber da hat es alles nicht so richtig funktioniert. Die war ein Jahr älter als ich, ganz nett, und sie kam später auch mal bei mir zu Hause vorbei, und da wollten wir dann eigentlich auch ganz gerne mal, hat aber nicht so richtig funktioniert, haben wir nicht auf die Reihe gekriegt. Vielleicht war ich zu nervös, und ich hab' auch erst mal ganz schön Komplexe gekriegt, von wegen »öh, Scheiße, klappt ja irgendwie gar nichts«.

Danach war bei mir erst mal ein halbes Jahr Ruhe, und dann kam quasi der zweite Teil vom ersten Mal, aber mit 'ner anderen, und da hat das in der ersten Nacht auch nicht geklappt, in der zweiten Nacht ham wir's halbwegs auf die Reihe gekriegt, und in der dritten Nacht, da ging's, da war's … na, sagen wir: Da war's in Ordnung. Aber da war dann auch so der Zeitpunkt, wo ich eingesehen habe, daß dieses Fernsehbild vom ersten Mal – übereinanderlegen und sofort im siebten Himmel sein – daß das totaler Schwachsinn ist. Ich finde's auch unverantwortlich von irgendwelchen Medien, wenn sie in Filmen das erste Mal so zeigen, auf diese Art und Weise. Weil die jungen Leute ein völlig falsches Bild vom ersten Mal kriegen. Ich hab' auch mit Freunden, mit meinem besten Kumpel, darüber gesprochen, und der hatte beim ersten Mal genau dieselben Probleme. Wir behaupten zwar alle, wir wären total aufgeklärt und wüßten genau, wie's geht, aber die Detailfragen, auf die es eigentlich ankommt, die erzählt uns keiner. Weil da immer noch alle Scheu vor haben.

Zuzugeben, daß man vielleicht nicht so reinkommt, wie man reinkommen möchte, und daß man ja auch im Grunde nicht genau weiß, wie und wo. Man weiß zwar ungefähr die Richtung, aber wenn man dann erst mal dran ist, dann ist das schwieriger, als man denkt. Da kann man so leicht verstört und verängstigt werden! Und das ist echt Scheiße, daß die Leute sagen, heute wär' alles so locker, so einfach. Det isset nich! Das erste Mal ist für mich und die meisten, die ich kenne, nicht unbedingt 'ne schöne Erinnerung. Das muß es aber auch nicht sein. Das Ganze ist ja 'n Lernprozeß, also sollte man sich nicht so drauf versteifen, daß das nun von Anfang an gleich wie im Bilderbuch sein muß. So isses nicht, weil – an Detailfragen scheitert man, und diese Detailfragen werden nie irgendwo richtig besprochen.

Man kann ja darüber nirgendwo was lesen. Diese ganzen BRAVO-Artikel, die sind nicht wirklich 'ne Hilfe, weil – da fehlen die Details, über die nie jemand redet. Weil sie nicht dürfen, oder weil sie sich vielleicht schämen. Und diese Details sind das, was einem auffällt. Die sagen immer, ja, du mußt Verständnis haben und so, aber das sind Sachen, die kann man sich auch selber sagen. Aber die sagen nicht, was ich machen soll, wenn ich nicht reinkomme. Dann steht da: »Laß dir doch von deiner Freundin helfen!« Was mache ich, wenn meine Freundin auch nicht genau weiß, wie das geht? Oder wenn man dauernd wieder rausrutscht und so.

Aber vielleicht gehört das ja auch dazu, daß man selber drauf stoßen muß, daß man eben nicht perfekt drauf vorbereitet ist und merkt, hier klappt was nicht. Auf der anderen Seite kommt dadurch auch wieder Lockerheit rein, weil – am Anfang ist man verklemmt, aber dann sitzen vielleicht beide im Bett, und man lacht auch mal drüber.

Auch, wenn man sich tief drinnen schämt und denkt, ej, ich bin so 'n Looser! Aber Lachen ist schon befreiend. Einfach alles nicht so tierisch ernst nehmen und sich gegenseitig sagen: Dann versuchen wir's halt morgen früh noch mal oder später. Schön war, als mein Kumpel dann in der gleichen Situation war und total das Zittern hatte, da konnte ich ihn beruhigen und ihm sagen: Das war bei mir genauso, und wahrscheinlich ist es am Anfang ganz normal.

Und so kam es eben, daß das erste Mal bei mir über zwei Personen ging. Und das war auch nicht perfekt und nicht so, daß man da gleich alle Stellungen konnte, das klappt nicht. Das geht heute noch nicht, man kann nicht alle Stellungen mit allen Partnerinnen, das geht einfach nicht. Weil dann der eine vielleicht zu verkrampft ist oder der andere, also das gehört, glaube ich, einfach dazu. Ich kann das natürlich jetzt nicht einschätzen, wie das in längeren Beziehungen ist, ich schätze mal, dann kennt man sich, dann weiß man, was der andere will und so, und dann kriegt man sicher auch 'n bißchen Übung. Mag sein, daß man sich da besser aufeinander einspielt, wenn man mit 16 schon eine feste Beziehung anfängt. Ist bei mir halt anders.

Von wegen »große Liebe – erstes Mal«, ist alles Schwachsinn. Die allererste da aus'm Sommerurlaub, mit der war ich auch nicht wirklich zusammen. Wir haben uns zwar ganz gut verstanden, war wirklich 'ne Nette, aber mein Freund war mit ihrer Freundin zusammen, und wir haben dann mehr so aus Langeweile was angefangen. Die beiden haben immer neben uns gesessen und sich rumgebissen, und aus Langeweile haben wir dann eben auch angefangen, 'n bißchen ... na ja, rumzumachen. Aber da war nie irgendwas Festes oder was Ernstes dahinter, und das wußten wir, glaube ich, auch beide. Und die zweite Sache war dann mit jemandem, mit der ich auch mit 16 schon mal zusammen war und die ich überhaupt nicht leiden konnte –, und auch heute nicht leiden kann – das war ganz merkwürdig! Obwohl ich wußte, daß ich sie gar nicht mag, sind wir öfter zusammen ins Kino gegangen, oder, wenn Partys waren, da haben wir miteinander im Zimmer gesessen und gequatscht, stundenlang. Wirklich ganz seltsam, das alles, obwohl ich sie nicht leiden kann. Meine Mutter kann sie zum Beispiel auch nicht leiden. Da vertrau' ich auf die Menschenkenntnis meiner Mutter, die hat damals, als wir mit 16 schon mal befreundet waren, gleich gesagt: »Also, die ist nicht so der Bringer.« Komischerweise meinte die Mutter von meinem besten Freund das auch. Also da sollte man vielleicht doch mal auf seine Eltern hören, auch, wenn man's im ersten Moment nicht möchte. Damals hab' ich's natürlich auch nicht gemacht – aber heute sage ich: Da hat se recht gehabt.

Und trotzdem, obwohl ich dieses Mädchen quasi überhaupt nicht mochte, haben wir miteinander geschlafen. Man sagt ja immer, man müßte die Person sehr mögen, mit der man da was Bettmäßiges startet, aber das muß gar nicht sein. Das kann trotzdem sehr gut sein.

Also zusammengerechnet hab' ich jetzt mit neun Mädchen geschlafen, und sie gehört auf jeden Fall zu den besten dreien. Ich hasse sie abgrundtief, aber der Sex war echt toll. Sie war eben aktiv, laut, fordernd auch, also das fand ich cool. Sie war vorher anderthalb Jahre mit 'nem anderen Kerl zusammen, und ich hatte ja null Erfahrung, war ja quasi 'ne Niete, und sie hat mich – dadurch, daß sie laut war und auch sehr verständnisvoll – in Sicherheit gewogen, und ich hab' mich da wirklich sehr wohl dabei gefühlt. Sehr aufmunternd, dadurch, daß sie so aktiv war. Und da bin ich sehr glücklich, daß ich in so 'ne Situation gekommen bin. Weil – ganz schlimm ist der Sex, glaube ich, wenn beide ganz ruhig sind, vielleicht aber was ganz anderes wollen, sich aber nicht trauen, das zu sagen, gegenseitig.

Das ist jetzt so 'n Standardspruch: Es gehören immer zwei dazu. Aber so isses wirklich! Sex ist immer nur so gut, wie der Partner ist. Weil man selber auch nur so gut ist, wie der Partner ist. Wenn der Partner 'n verhältnismäßig Ruhiger ist, langsam, zurückhaltend, dann ist man selber langsam und zurückhaltend. Wenn man das aber nicht gut findet, das Langsame, Zurückhaltende, oder sagen wir mal, an dem Abend vielleicht nicht gut findet, dann wird's einem auch keinen Spaß machen. Wenn der Partner aktiv, laut, ja – agil ist, dann wird man auch selber viel mutiger. Und daher ist das wirklich immer 'ne Wechselwirkung zwischen Mann und Frau. Man kann sich zwar hinlegen und sich vornehmen: »Heute geb' ich mir mal ganz besonders viel Mühe«, aber wenn da keine Reaktion kommt, dann hat das alles keinen Zweck.

Man kann sich ganz schön hochspielen, sich gegenseitig hochpushen – aber wenn dann einer blockiert, dann geht das alles nicht mehr. Weil man dann denkt: »Warum bearbeite ich sie denn hier?«, oder sie denkt: »Warum bearbeite ich ihn denn hier?«, also, das ist natürlich blöd. Wenn die Hemm-Blockaden da sind, dann macht das zumindest mir keinen Spaß.

Gedanken, die mich hemmen, Schulstreß und so, das habe ich nicht. Man sagt das gerne, daß man vier Wochen vor 'ner Klausur, jeden Nachmittag lernt und so, daß man im Streß ist, weil man erwachsen klingen möchte und weil man ja auch 'n bißchen Mitleid haben möchte. Aber ehrlich: Ich hatte in meinem Leben noch nie so schlimme Probleme, daß sie mich am Sex gehindert hätten. Später vielleicht, wenn da 'ne ganze Familie hinter einem steht und irgendwelche Existenzsorgen, dann vielleicht. Aber jetzt wirklich noch nicht.

Ich habe ja auch die ganze Zeit unterbewußt die Beziehung meiner Eltern beobachtet und mir gedacht: Das willst du auch so machen und das auf keinen Fall. Na ja, die reden zum Beispiel viel miteinander, aber nicht mit uns, also es dringt wenig zu den Kindern durch von dem, was so gesprochen wird. Dadurch habe ich mich auch früh zurückgezogen aus dem Familienleben und mir gedacht, das machst du später mal ganz anders, viel mehr Familiengespräche und so. Klar, das lag dann an mir; ich hab' mich zurückgezogen. Zuerst dachte ich, das habe ich von meinem richtigen Vater, der ist so ein Einsiedlerkrebs, aber meine Mutter sagt: Nee, du bist sozialer.

Inzwischen habe ich sicher viel von meinem Stiefvater übernommen – in Diskussionen ruhig bleiben, zum Beispiel. Mit meiner Mutter keile ich mich eigentlich jeden Tag, aber mit ihm nicht. Und auch sonst, innere Ruhe und Geduld, ich sage meinen Standpunkt, und wenn der nicht ankommt, hat es sowieso keinen Zweck. Erst recht nicht, wenn es laut wird, dann gehe ich weg, weil dann nichts mehr rüberkommt.

Vielleicht wird es deshalb mit meiner Mutter auch manchmal laut, weil nichts dabei rauskommt. Jeden Tag sagt sie zum Beispiel, daß ich mein Zimmer aufräumen soll: Mach jetzt hier mal Ordnung, da sieht's ja aus wie bei Hempels unterm Sofa. Ich sage jedesmal nein, das klappt nicht, und schon werde ich laut. Und dann wird sie laut, und es ist so sinnlos, weil wir beide ganz genau wissen: Sie wird sich nicht ändern, und ich werde mich auch nicht ändern. Das ist also so 'ne Diskussion, die fängt schon mit'm Scheitern an. Es gibt keine Chance, das zu beenden, und manchmal denke ich, wir brauchen das irgendwie, alle beide. Das ist schon Routine geworden. Aber umso schöner sind die Ruhephasen.

Was ich an meinen Eltern auch nicht leiden kann, das ist, daß sie sich nur für meine Hobbys interessieren würden, wenn es jetzt Sport wäre oder ein Verein. Aber daß ich vor 'm Computer sitze, Filme gucke und rumspiele, das wird irgendwie verteufelt. Das zählt nicht als wertvoller Zeitvertreib. Das führt ja zu nichts. Ich krieg' dadurch nur das Gefühl, daß sie sich nicht für mich interessieren oder mich nicht so akzeptieren, wie ich halt bin, und dann kommen als Gesprächsthemen wieder nur solche Sachen raus wie Schule, Zivildienst oder Wohnungssuche. Und das nervt dermaßen! Man kann auch so wenig mit denen anfangen, nicht mal irgendeinen Film angucken, weil meiner Mutter da garantiert zuviel Baller Baller dabei ist, also ich weiß einfach nicht, was man da zusammen unternehmen könnte. Das will ich später mal anders machen. Da muß ich eben mal in den sauren Apfel beißen und 'nen dummen Film angucken, aber man ist zusammen. Ja, ich glaube, das möchte ich anders machen.

Ansonsten ist es aber okay, eigentlich sind das nur Kleinigkeiten, die ändern nichts daran, daß meine Eltern beziehungstechnisch ein Vorbild für mich sind. Doch, ich glaube schon, daß die sich lieben. Meine Mutter geht demnächst auch mit mir zum Rosenstolz-Konzert und zu Dieter Nuhr. Wäre schöner, wenn da die ganze Familie dabei wäre, aber na ja. Vielleicht liegt's auch daran, meine Schwester, die ist erst elf, und damit ist die Lücke einfach zu groß. Kein gleich starkes Gegengewicht, als wenn da jetzt zwei Personen aus der Erwachsenenwelt und zwei Personen aus der jungen Welt da wären. Ich bin eigentlich mehr wie ein Einzelkind aufgewachsen, und jetzt, wo meine Schwester auch so langsam ins jugendliche Alter reinkommt, bin ich schon wieder fast raus und brauche elterliche Betreuung gar nicht mehr.

Obwohl ich die nie sonderlich brauchte.

Wir hatten auch nie Diskussionen, wie lange ich draußen bleiben darf oder wann ich nach Hause kommen muß. Das find' ich bei Eltern so unverantwortlich, diese Weggeh-Einstellung: Du mußt um eins oder um zwei zu Hause sein – auch wenn das jetzt vielleicht nicht so zum Thema gehört. Im Grunde heißt das ja nichts anderes, als daß ich mein Kind zur gefährlichsten Tageszeit auf die Straße schicke. Meine Eltern haben immer gesagt: Wenn möglich, komm morgens nach Hause, wenn die ersten Leute wieder fahren, übernachte da, ruf an, wenn's geht. Das sind so die Dinge, wo Eltern nicht nachdenken, sondern nur irgendwelchen alten Dogmen folgen. Wenn da 'ne Party ist, wo irgendwas läuft, verhindern kann man sowieso nichts, das ist Quatsch! Da müßten Eltern mehr drüber nachdenken, was sie aus Reflex heraus sagen. Anstatt ihre Kinder Verantwortung lernen zu lassen dafür, ihre Zeit selber einzuteilen oder am anderen Morgen auch mal mit aufzuräumen, wenn in der Nacht alles zu Schrott gemacht worden ist.

Es gibt noch mehr so 'ne Sachen, wo man die Kinder nicht ernstnimmt, und das ist etwas, was ich später gern anders machen möchte, daß ich mein Kind ernst nehme und ihm wesentlich mehr zutraue. Okay, ich hatte auch nie irgendwelche Drogenprobleme. Manchmal denke ich sogar, da habe ich was verpaßt. Aber es war halt nie so, und nun ist es auch zu spät dafür, noch mit 'nem Rausch anzufangen. War halt nicht bei mir. Allerdings haben mir meine Eltern auch nie Vorträge darüber gehalten, daß ich nicht rauchen soll, keinen Alkohol trinken soll. Ich glaube, Verbote funktionieren nicht. Besser, man hat 'ne gute, 'ne offene Beziehung zu seinen Kindern und redet darüber, als daß man sich durch irgendwelche stupiden Verbote die Beziehung kaputtmacht.

Dann ist im Grunde auch Wertevermittlung kein Problem. Wenn die Beziehung in der Familie gut ist, dann muß da nicht groß drüber geredet werden, dann sind die Eltern auch 'n Vorbild, und dann passiert das automatisch, diese Vermittlung der – na ja – Werte. Ja, sei strebsam und lerne und bau dir eine Zukunft auf, auch so was. Aber da verlass ich mich eigentlich mehr auf mein Gefühl, auf mein Interesse, was ich wirklich lernen will. Ich saß oft in der Schule und hab' mir gedacht: Okay, für eine Drei, da brauchst du das jetzt bloß irgendwie wiederzugeben, das läuft ganz leicht. Für eine Eins, da müßte ich mich schon mächtig ins Zeug legen, und dann doch bloß, um es dem Lehrer rechtzumachen. Soviel Engagement für Wissen, das mich vielleicht überhaupt nicht interessiert – bloß für andere! Ich sag' mir, ich lebe jetzt noch vielleicht 60 Jahre, und dann bin ich tot. Wenn ich in dieser Zeit möglichst viel Wissen anhäufe, das ich gar nicht wissen will, wem nützt das? Also konzentriere ich mich auf das, was mir liegt, folge den Dingen, die mich interessieren, verdiene dadurch vielleicht weniger Geld. Oder ich gehe den Kompromiß ein, lerne Sachen, die mich gar nicht interessieren, werde dadurch superreich, aber weiß ich, ob mich das glücklich macht?

Wenn ich mir die Leute angucke, die jetzt BWL studieren, weil sie glauben, sie haben dadurch später einen sicheren Job ... Ich glaube, Sicherheit kann man sich einbilden, aber man hat sie nie. Es gibt keine wirkliche Sicherheit. Ich merke immer mehr, ich stehe jetzt auf 'nem sehr unsicheren Terrain. Ich hab' 'nen Abidurchschnitt von 2,9, das ist keine sehr gute Ausgangsbasis, und ich weiß immer noch nicht, wo ich hinwill.

Es ist so, daß ich ganz schön verunsichert bin, aber ich vermeide es, allzusehr darüber nachzudenken, weil das im Grunde auch nichts hilft. Es gibt Leute in meinem Alter, die wissen jetzt sogar schon, welche Fortbildungskurse sie in ihrem späteren Studium machen wollen. Das find' ich schön. Aber es gibt eben auch solche wie mich, und ich finde, das müssen Eltern auch einsehen, daß es eben solche und solche Kinder gibt.

Im Grunde ist jeder unterschiedlich. Darum funktioniert das auch mit diesen ganzen Vorbildsachen nicht. Entweder man folgt einem Vorbild bis zu einem bestimmten Punkt und sucht sich dann ein neues, dem man wieder bis zu einem bestimmten Punkt folgt, oder man läßt es gleich bleiben, weil die Konsequenz aus einem Vorbild wäre, daß man das Leben eines anderen Menschen nachlebt, und das funktioniert einfach nicht, weil die Realität einem immer irgendeine Grenze setzt.

Ganz schön philosophisch. Momentan sind eigentlich mehr so Themen wie Sexleben, Beziehungen, Liebe dran, das sind Themen, über die ich mich wirklich gern unterhalte. Mit Gesprächspartnerinnen, klar. Obwohl – da muß man dann auch unterscheiden zwischen Freundinnen zum Reden – da gibt's ganz wenige, eigentlich nur eine, Franzi – und potentiellen Zielen. Ja, die Zielgruppe, genau. Auf die reagiert man auch anders. Da ist dann gar nicht so das Interesse unbedingt, jetzt 'nen tollen Gesprächspartner zum Reden zu finden, weil man ja zu 'nem anderen Ziel kommen will. Momentan ist es wirklich sehr schwierig, weil ich unterbewußt immer auf der Suche nach 'ner festen Beziehung bin, aber nach zwei Wochen merke ich, da stimmt mir zu vieles nicht, und dann breche ich das ab, und da hilft mir auch kein Gespräch. Ich bin schnell weg. So monatelang in 'ner vor sich hinsiechenden Partnerschaft, das wäre nichts für mich. Dann vielleicht noch anrufen und versuchen zu retten, dafür hätte ich gar nicht die Energie. Manche halten das für rücksichtslos, und es ist sicher auch nicht nett, aber ich bin so. Ich bin der wichtigste Mensch für mich. Und wenn's mir nicht gut geht, dann beende ich das. Mal mit mehr, mal mit weniger Fingerspitzengefühl, je nachdem. Für Blödheit habe ich kein Verständnis. Bei manchen Mädchen ist das so, als würde man Vieh zum Schlachter führen, so kommt es mit denen zum Sex. Da bin ich dann auch nicht besonders zart besaitet. Wenn jemand sensibler ist, dann gehe ich damit auch vorsichtiger um. Wie gesagt, ist nicht nett. Aber die Wahrheit.

Ob und wo ich Mädchen, Frauen kennenlerne, das ist Zufallssache. Also, so an einem Abend aufreißen und gleich das ganze Programm durchziehen, das hatte ich noch nie. Und so oft ist das auch gar nicht. Da liegen oft lange Phasen dazwischen, in denen man auch was anderes macht. Ich zum Beispiel Theater spielen und Stücke schreiben und so. Also, dieses ganze Disco-Abschleppen, da glaub' ich gar nicht dran. Daß das so in Massen vorkommt, ist, glaube ich, 'n richtiger Mythos.

Das Komische ist: Jeder macht sich vor der Disco immer total hübsch; die Hälfte der Jungs bereitet zu Hause schon mal das Zimmer vor, daß es halbwegs aussieht – keine Ahnung, manchmal mach' ich's ooch. Ach nee, ich räum' eigentlich eher selten auf. Also, man spielt mit dem Gedanken, aber dazu kommen tut's eigentlich nie. Aber man sagt sich dann, vielleicht ... und hat so 'n leichtes Ziel, auf das man zureiten kann. Aber wenn's nicht so kommt, dann ist man auch nicht allzu enttäuscht. Es ist im Grunde 'n Spiel. Diese ganzen Sex-Geschichten sind ein Austasten, das andere Geschlecht abchecken. Nee, dann lieber die Freundin, die mich schon lange kennt und weiß, okay, der ist jetzt so und so, und da müssen wir mit leben, wenn wir mit ihm leben wollen.

Meine beste Freundin, Franzi, da ist es so 'ne Mischung, das ist ganz merkwürdig, das ist eigentlich die einzige Person, von der ich mir vorstellen könnte, daß ich eine Beziehung mit ihr führen ... daß ich sie lieben könnte. Als ich sie kennenlernte, da wollte ich erst mal was von ihr, klar, so typisch, meinem Strickmuster folgend. Daraus wurde aber nichts, und dann gab es eine Ruhephase, die war aber recht kurz, so ein, zwei Monate. Dann haben wir uns wiedergetroffen und sind so über die letzten zwei Jahre echt gute Freunde geworden. Heute ist sie meine wichtigste Gesprächspartnerin, und wir wissen trotzdem, daß wir uns zumindest anziehend finden. Wir haben auch schon mal für einen Abend rumgeknutscht, aber danach wußten wir ganz genau, daß wir uns nicht darauf versteifen. Zu wissen, ja, das war jetzt hier ganz nett, aber jeder hat sein Leben. Sie hat momentan 'nen Freund, und ich habe immer mal Freundinnen, wir finden aber trotzdem immer wieder zueinander. Und wir wissen eben auch, daß unsere Beziehung stärker ist als die zu unseren eigentlichen Partnern. Was auch 'n bißchen merkwürdig ist. Wir vertrauen uns mehr, als wir unseren Partnern vertrauen würden. Und wir wissen auch, wenn die Freundschaft noch lange hält, daß die dann irgendwann zu Sex führen wird. Es ist aber auch so, daß Sex, wenn wir miteinander schlafen würden, daß das unsere Freundschaft kaum verändern würde. Sie könnte danach auch mit ihrem Freund zusammensein, das würde mich nicht stören. Wir haben so feste Stellungen füreinander, das könnte niemand ändern. Also, das sehe ich zumindest so, aber ich glaube, sie sieht das auch so. Da bin ich mir ziemlich sicher.

Vielleicht ist so 'ne Beziehung die beste Grundlage für später. Ich weiß es nicht. Wir scherzen da auch oft drüber, daß wir sagen, wenn wir mit dreißig noch nichts anderes haben, daß wir uns dann gegenseitig heiraten. Ich muß ganz ehrlich sagen, ich hätte nichts dagegen. Wenn sie sagen würde, wir sind jetzt fest zusammen, als Paar, dann bräuchte ich auch keine andere mehr. Das wäre so die einzige Person, wo ich sagen würde, ja, bis an mein Lebensende, ich kann mir das vorstellen. Das einzige, was mich daran hindert, das ist sie – na ja, und daß wir noch herumexperimentieren wollen, was ja im Grunde auch nichts anderes heißt, als daß wir herumpoppen wollen. Wir wollen das so. Aber es ist auch ein angenehmes Gefühl, daß da im Hintergrund jemand ist, zu dem man sich zurückziehen kann, ein Fels in der Brandung. Auf den man sich verlassen kann. Dadurch kann ich auch lockerer in andere Beziehungen hineingehen, weil ich im Grunde weiß, wenn das hier nichts wird, dann kann ich mich auch wieder zu Franzi zurückziehen, und dann geht's mir wieder gut.

Im Grunde sind wir gern Singles. Deshalb passen wir vielleicht so gut zueinander, wie zwei Singles, die 'ne Beziehung führen.

Ich hab' auch ziemliche Angst vor Bindungen, da fühl' ich mich sofort irgendwie eingekerkert. Deshalb funktioniert das wahrscheinlich auch mit Franzi so gut, weil keiner dem anderen sagt, du bist mir jetzt Treue schuldig. Und das ist auch, was ich glaube: Ich kann im Grunde nur meine eigene Freiheit einem anderen Menschen schenken, aber ich kann dasselbe nicht von ihm, von ihr erwarten. Ob ich das nun bewußt oder unbewußt erwarte. Und das ist im Grunde, was Liebe bedeutet: jemand anderem seine Freiheit schenken. Das wäre für mich so die Definition von Liebe.

Kurz gefaßt. Manche halten mich für kalt. Die würden sich wundern, daß ich zum Beispiel ganz gefühlvolle Musik mag. Romantische deutsche Lieder, melancholisch, so Rio Reiser, Blumfeld, Herbert Grönemeyer, wo Tiefe drinsteckt. Wenn man da zum Beispiel mal an das »Bochum«-Album denkt, da ist ein Lied drauf, das nennt sich »Amerika«, und das wurde vor zwanzig Jahren oder so geschrieben, und das ist heute immer noch super-aktuell. Genial, der Mann!

Nee, ich kann mir mein Leben nicht ohne Musik vorstellen. Wenn ich das schon nicht mit Menschen habe, dann wenigstens meine Klänge, die mich glücklich machen. Morgens schon im Badezimmer rumhüpfen, ganz laut das Radio aufdrehen, auch, wenn meine Eltern das zur Weißglut treibt. Laute Musik. Ich muß gar nicht wissen, wie sie entsteht, und ich höre auch nicht immer auf die Texte. Das Wichtigste ist, daß Musik so 'ne entspannende Wirkung hat und so beruhigt und so öffnet. Man findet auch zusammen über Musik.

Ich glaube, es gibt die Musik zum Zuhören und die zum Tanzen, zu der man sich bewegen kann. Obwohl, manchmal in der Disco, wenn ich da so 'n lichten Moment habe und mal zuhöre und mir auffällt, da tanzen gerade fünfzig Leute zu einem Lied, wo es um Massenvernichtungswaffen geht, das ist schon schräg. Bei den englischen Titeln, da weiß man das ja oft gar nicht, um welchen Inhalt es geht. Wenn's da in irgendwelchen Slang reingeht, dann kann man ja eh nicht mehr folgen. Es gibt aber auch Bands wie R.E.M. oder U 2, wo man zuhört und denkt: »Hm, stimmt.« Oder selbst solche Pop-Sachen wie Pet Shop Boys, da sind auch manchmal so 'ne Sachen drin. Komischerweise gibt es Bands, die das zu verbinden wissen, Inhalt und Tanzbarkeit, die Ärzte zum Beispiel. Da hat man beides: Sozialkritisches und Sachen, zu denen man halt auch gut feiern kann. So was ist eben auch mal schön, wenn man diesen Mittelweg gehen kann. Aber genauso schön ist es, die ruhigeren Sachen von Rio Reiser und Herbert Grönemeyer in einer stillen Stunde zu hören. Ich bin nicht übertrieben kitschig, aber bei 'nem gefühlvollen Film mit meiner Mutter zusammen vorm Fernseher heulen, das gibt's schon. Sie sieht dabei manchmal so süß aus, ganz weich oder übers ganze Gesicht strahlend. Ich glaube, so ein Gesicht habe ich dann auch. Ich hab' keine übertrieben männlichen Attitüden. Neulich hielten mich Jugendliche für schwul, weil ich mit übereinandergeschlagenen Beinen an 'ner Bushaltestelle saß. So ist das, man schaut auf äußerliche Merkmale und steckt denjenigen in eine Kiste. Dabei könnte ich dort mit 'nem Tütü sitzen und würde immer noch Frauen lieben. Man macht sich halt nicht so gern die Mühe, tiefer zu blicken.

Obwohl, man sagt ja, eigentlich könnten die meisten beide Geschlechter lieben. Einmal, da saß mir in der S-Bahn ein junger Mann gegenüber, nicht mal besonders auffällig oder attraktiv, dunkle Haare halt, blaue Augen, etwa mein Alter; also, bei dem hätte ich mir sofort vorstellen können, mit dem ins Bett zu gehen. Daß da was anfängt. Ich mußte ihn einfach anstarren, ich konnte gar nicht anders. Und so ein »Wow-Erlebnis«, das suche ich bei Frauen im Prinzip auch. Daß man diesen anderen Menschen sieht und auf der Stelle weiß: Der oder die isses. Instinktiv.

Ob ich mich selber schön finde oder nicht, diese Frage habe ich mir nie bewußt gestellt. Also, ich hasse zum Beispiel meine Haare.

Darum muß ich immer etwas damit machen, rot färben, blond färben, hochgelen. Wahrscheinlich werde ich darum auch frühzeitig
Glatze kriegen. Da habe ich mir über die Jahre 'ne ganz schöne Ei-
telkeit angewöhnt, darauf bin ich wirklich so 'n bißchen versessen.
Man könnte's vielleicht als Psychose bezeichnen. Klamotten mochte
ich auch schon immer. Macht mir Spaß, einkaufen zu gehen und
Klamotten auszusuchen, und ich achte auch bei anderen darauf, was
die so anhaben. Ich finde's schade, daß es so viele Jugendliche gibt,
die so 'n billigen Null-Acht-Fuffzehn-Stil haben, gerade Jungs. Da
reichen dann eben Jeans, 'n Replay-Pullover und die häßlichsten
Turnschuhe, die Adidas zu bieten hat. Das war für mich nie 'ne Op-
tion, das wollte ich nicht. Es macht mir Spaß, morgens in meinen
Klamottenschrank zu gucken und mir was für den Tag auszusuchen.
Und – ja, dann schaue ich gern in den Spiegel. Da bin ich eitel.

Das hängt vielleicht auch von der Gruppenzugehörigkeit ab. Ob
man jetzt so 'nem Gang-Stil folgt oder sich mehr zu 'ner Gruppe
von Individualisten zugehörig fühlt. Sieht man ja oft, daß in manchen Gruppen die Leute so unglaublich austauschbar sind. Da sind
die Mädels alle gleich, da sind die Jungs alle gleich, alle im Grunde genommen gleich doof. Da bin ich nicht so freundlich gesinnt,
da sag' ich auch schnell: »Alles Idioten!« Ich mag dann lieber Gruppen, wo viele Individualisten drin sind. Die selber denken. Wo alle sehr eigen sind. Ich bin schon deswegen nie in irgendwelche Cliquen reingekommen, weil da auch soviel Gruppenzwang dahinter
ist, mit'm Alkohol, mit'm Rauchen; jetzt ist gerade Kiffen total me-
ga-in. Man sagt ja immer, daß diese ganzen Kiffer-Truppen, diese
linken Truppen soviel besser sind als die rechten Truppen. Dem
stimme ich im Grunde genommen zu. Mir sind die Kiffer, die Linken viel lieber als die Proll- oder Nazi-Dummies. Obwohl viele in
den linken Truppen auch ganz schön einfach gestrickt sind, das darf
man auch nicht überbewerten. Die sind ooch nicht grade das Perfekte. Na ja, bin ich ja selber nicht, also von daher ... Jedenfalls, ich
bin wohl recht links erzogen worden, obwohl mein Vater jetzt Unternehmer ist, aber dieses »wir müssen miteinander leben und die
anderen achten«, das hab' ich schon in Fleisch und Blut. Auch, wenn
ich das mit meinen Klamotten nicht so ausdrücken muß. Also, ich

brauche keine zerrissenen Sachen, um deutlich zu sagen: Ich bin kein Freund von Ausländerhaß. Das ist für mich ganz klar, daß man versuchen muß, miteinander auszukommen. Auf der politischen Ebene. Auf der privaten Ebene kann's wieder anders sein, da können so viele Streitereien sein, wie sein müssen, da kann ich mit Leuten wirklich Arsch sein. Aber mit anderen Völkern, da sind eben Kriege nie wirkliche Lösungsmittel für irgendwelche Konflikte. Da müßte man versuchen, miteinander zu leben, auch, wenn man den anderen nicht kennt. Gut – könnte man mir jetzt sagen: Ich kenne ja die Rechten auch nicht, die ich verurteile. Ist vielleicht nicht ganz schlüssig, meine Gedankenkette. Aber – hm – nehme ich in Kauf; ist mir in diesem Fall egal!

Wie sind wir jetzt eigentlich da drauf gekommen? Ach so, Gruppenzwang, Männlichkeitswahn.

Nee, also zusammenfassend kann ich wirklich sagen: Besonders männlich bin ich wohl nicht, aber trotzdem habe ich kein Problem damit, dem typischen Männerschweine-Verhalten zu folgen. Es funktioniert eben nicht so gut mit dem Schubladen-Denken, so ist ein Mann, so ist eine Frau. So kalt, wie ich zu anderen bin, könnte ich zu Franzi zum Beispiel nie sein. Wenn mich unterschiedliche Leute treffen und sich dann unterhalten, könnte man bestimmt meinen, die haben völlig verschiedene Personen getroffen. Da gibt's keine Schubladen, in die man mich stecken könnte. Was ist denn auch Schubladen-Denken anderes als ein Schutzinstinkt! Das gibt den Menschen Sicherheit, daß sie andere in Schubkästen stecken. Da sind wir wieder bei der Sicherheit. Die Sicherheit, von der wir ja schon gesprochen haben, die es im Grunde ja gar nicht gibt, aber man macht sie sich gern vor, weil es ein Schutzreflex ist. Das mach' ich auch, mach' ich extrem. Aber ich hol' die Leute auch wieder raus aus den Schubladen. Manches ist ja nur 'ne Hilfe im Leben. Man muß es doch alles nicht so streng sehen.

Da fällt mir dieser Rio-Reiser-Titel ein, »Halt dich an deiner Liebe fest«. Was suggeriert der? Erstens, daß es Liebe gibt, dann, daß man Kraft daraus schöpfen kann und daß man sich daran festhalten kann. Das ist doch absolut in Ordnung, danach kann man leben, selbst wenn das – komplett analysiert – vielleicht alles nicht so sein kann, etwas wirklich festzuhalten im Leben, ist es doch eine schöne Hoffnung, ein schöner Gedanke. Das sind auch so Sachen, die nicht kaputtgehen dürfen, Hoffnungen dürfen nicht kaputtgehen. Sonst hat das ja alles keinen Zweck mehr, wenn man nicht mehr daran glauben kann, daß alles besser wird, daß man auf irgendwas hoffen kann, daß es sich für irgendwas zu leben lohnt – jetzt hätte ich beinahe gesagt: zu sterben lohnt, aber zu sterben lohnt es sich nie – dann, ich weiß nicht, dann macht das ja alles keinen Spaß mehr. Ein Teil des Lebens muß immer unerklärlich bleiben, muß uns verborgen bleiben, weil – wenn man alles ergründen kann, dann isses ja langweilig.

Die schönste Nacht, die ich je erlebt habe, da habe ich mit Franzi zuerst einen Film geguckt, im Fernsehen. Dann sind wir ins Bett gegangen und haben gelesen. Zuerst ist sie müde geworden, hat das Licht ausgemacht und ist eingeschlafen. Ich hab' noch eine halbe Stunde weitergelesen, dann hab' ich meine Lampe auch ausgemacht. Am nächsten Morgen, dieses Zusammen-Frühstücken. Ich seh' uns heute noch, wie wir da ganz gemütlich am Küchentisch sitzen. Das war wirklich meine genialste Nacht. Ganz einfache Dinge.

»Born to be my baby«

Anne und Philipp, 17, Berlin

Sie: Ja, wir sind jetzt schon anderthalb Jahre zusammen, und von so was habe ich eigentlich immer geträumt. Nie von so 'ner Zweiwochenbeziehung oder so. Weil für mich Gefühle wichtiger sind. Und wenn 'ne Beziehung schon nach zwei Wochen endet, dann ist das für mich nichts mit Gefühl.

Er: Ich hatte ja vorher schon ein, zwei Freundinnen, und da war's nicht so lang. Ich habe mir schon gedacht, daß es mit Anne länger wird als davor, aber daß es so lange geht ... Man hört ja immer von Freunden: Mensch, man kann ja neidisch auf euch sein, und das ist total schön! Im Endeffekt genieß' ich es ooch, weil ich da immer noch 'ne Sicherheit hab. Und weil ich weiß, daß es Anne schön findet und gut findet, und ich genieß' es eben auch total. Auch, weil man dadurch viel offener ist und viel mehr Vertrauen zueinander hat, als wenn die Beziehung – was weiß ich – zwei, drei Monate dauert, und dann kommt 'ne Neue, und man muß sich wieder völlig auf was anderes einstellen. Ich mein', das hat auch seine Reize, aber ich denke, so wie's jetzt ist, ist es schon um Längen besser.

Sie: Ich denke auch, daß das mit dem Vertrauen ganz wichtig ist, weil ich, als ich zwei Monate mit Philipp zusammen war, noch nicht das Gefühl hatte, wirklich mit ihm zusammen zu sein. Also da war noch überhaupt nichts, nach zwei Monaten, und darum stelle ich mir auch diese Zweiwochenbeziehungen so unbefriedigend vor.

Er: Hat ja auch alles lange genug gedauert. Unsere Anfänge reichen ganz schön weit zurück, bis zur fünften Klasse eigentlich. Die Eltern von meiner Freundin erzählen gern, daß ich als kleiner Piepel, so mit 10 oder 11, mal vor ihnen gestanden habe und verzweifelt gefragt habe, ob sie nicht irgendwas tun könnten, damit Anne sich in mich verliebt. Damals war's eigentlich 'ne lustige Geschichte. Mein Freund, der Julian, hat mir mal erzählt, daß er auf die Anne steht, da hab' ich mir die Anne mal angeguckt und dachte: Mensch, eigentlich hat er ja recht, die sieht ja nicht schlecht aus. Und dann war mein Hintergedanke: Jetzt hol' ich mir die Anne, und dann hab' ich Julian eins ausgewischt. So war mein Gedanke. Und irgendwann hab' ich gemerkt, daß ich mich wirklich ziemlich in Anne verliebt hab', ja, nur, daß das irgendwie nicht so ganz zurückkam, anfangs. Ja, war halt so, immer hin und her. Irgendwann war sie mit Steve zusammen und dann mit Steve wieder auseinander, und das fand ich alles gar nicht so lustig. Es kam auch mal ein halbes Jahr, da hab' ich sie – na, ich würde nicht sagen abgrundtief gehaßt, aber ich wollte mich einfach nicht mehr mit ihr abgeben, ich hatte so die Schnauze voll! Ja, und irgendwann war es dann nur 'ne ganz normale Freundschaft, weil wir immer zusammen zum Tanzen in die Tanzschule gefahren sind und so. Und daraus wurde dann aber auch immer mehr, weil wir uns immer mehr unterhalten haben – ja, und irgendeinen Abend passierte es dann. Wir küßten uns leidenschaftlich ... Wir haben uns ja – wenn überhaupt – abends getroffen, und irgendwann hatte ich sie eben weichgeklopft.

Sie: Könnte man so sagen, ja. Wie gesagt, ich war ja über Jahre hinweg abgeneigt, weil ich irgendwie dachte: Nee, is nicht mein Typ. Wobei ich mich immer auch gefragt habe: Was ist denn nun eigentlich mein Typ? Kam von dem dunkelhäutigen Italiener über den Nordmann, den blonden, mit den langen Haaren und den kräftigen Schultern zu Rockstars wie Jon Bon Jovi; hab' also die verschiedenen Traumtypen durchgearbeitet, und Philipp entspricht halt keinem von diesen Traumtypen! Na – ist das jetzt der richtige Moment für ein Kompliment, jetzt schon? – also heute ist er für mich der schönste Mann, den ich treffen kann. Aber damals – also, wenn ich Kinderfotos von ihm sehe, dann sage ich immer: Man muß ihn liebhaben, schon aus Mitleid. Er war so 'n kleiner Dicker – heute isser sportlich, aber damals war er so 'n kleines Kugelkind mit 'ner ganz großen Brille, und er hat immer

so 'n Grinsen auf'm Gesicht gehabt; immer so richtig kindlich
war er für mich, auch später. Und ich hab' immer gedacht, hab'
immer so naiv von dem Prinzen auf dem weißen Pferd geträumt,
und das war Philipp nun gar nicht. Er war für mich lange, lange
Zeit einfach nur 'n Anhängsel. Jemand, der mich teilweise richtig gestreßt hat. Und – ich muß auch sagen, mich wundert's, bei
ihm, daß er so lange in mich verliebt ist oder sich immer wieder
in mich verliebt hat, weil ich mich meiner Meinung nach sehr
verändert habe über die Jahre. Ich persönlich würde mich mit
mir nicht mehr abgeben, so, wie ich damals war, und deswegen
finde ich's verwunderlich, daß er mich immer wieder wollte und
es immer wieder mit mir versucht hat. Ich finde mich mittlerweile verabscheuungswürdig, wie ich war: so 'n kleines Kind, was
sich für das größte Kind hält, für das klügste und intelligenteste
und was immer besserwisserisch ist und was auch so auftritt ...

Er: Das biste immer noch! Besserwisserisch ...

Sie: Nein, bin ich ... Ja, vielleicht, aber so zickig, so hyperintelli-
gent und so »ich mach' es allen recht«, das bin ich nicht mehr.

Er: Wir waren ja in zwei verschiedenen Klassen, und so mit dem
Abstand fand ich sie eigentlich immer ziemlich sympathisch. Und
später dann, als wir schon so halb befreundet waren und immer
zusammen zum Tanzen gefahren sind, da habe ich zwar gemerkt,
daß wir so hobbymäßig nicht viel gemeinsam haben, aber daß wir
miteinander reden können, daß wir uns zuhören können und uns
verstehen. Und das hat mir halt ganz viel gegeben, weil ich zwar
'nen großen Freundeskreis habe, aber da sind nicht viele, mit denen ich offen über alles reden kann. Dieses Gefühl, daß ich Anne vertrauen kann, das hat se mir einfach gegeben, und das war
einfach sehr schön. Das gibt se mir immer noch.

Sie: Da gab's eine Zeit, da hat mich das wirklich sehr überrascht,
daß ich mit Philipp so reden konnte. Das hatte ich absolut nicht
erwartet, weil er für mich eben dieses oberflächliche Spielkind
war. Und unsere Telefonnummern hatten wir auch ewig lange
nicht.

Er: Da hab' ich dich nämlich noch unten in der Kantine gefragt,
weil Julian unbedingt deine Telefonnummer haben wollte. Und

da hatte ich die ja dann auch gleich. Hätte ich mir echt schwer vorgestellt, direkt nach der Telefonnummer zu fragen! Aber so konnte ich ganz cool hingehen und lässig fragen: »Anne kannste mir mal deine Nummer geben wegen dem und dem?« – war viel leichter so.

Sie: Mir war das völlig scheißegal, weil Philipp eben nicht der Typ war, mit dem ich zusammenkommen wollte. Irgendwann hab' ich halt seine Telefonnummer gehabt, weil ich dann dachte: Na ja, mein Gott, was soll's, dann könnte man sich ja vielleicht irgendwann mal so verabreden ... Eigentlich hatte ich aber nicht vor, da anzurufen. Ich weiß, daß es bei anderen so 'n typischer Anmachspruch ist: »Kann ich mal deine Telefonnummer haben?« Aber für mich war das nicht so interessant. Nee, angefangen hat das mit uns erst viel später. Im Skilager. Da hatte ich zuerst so 'n bißchen mit ihm »gespielt«, also meine Freunde, die haben sich richtig aufgeregt darüber, daß ich ihn ausnutze und so. Und mir war das auch bewußt, aber ich hab's halt genossen. Eine Beziehung wollte ich nicht, auf keinen Fall. Ich war aber ehrlich zu ihm. Ja, und dann das Skilager. Da war er zuerst anderthalb Wochen weg, und da habe ich schon gemerkt: Hm, der fehlt mir. Zumal er beim Abschied auch noch gesagt hat: »Weißt du eigentlich, mit wem ich da fahre?« Ja, da gab's so 'n gewisses Mädchen ... Und ich sag' noch: »Na, wenn du dir das wagst, dann passiert was!« – Und am Sonntag rief er mich an und erzählte vom Küssen beim Billard. Na toll. Aber er hätte das gar nicht machen brauchen, ich hab' auch so schon gemerkt, daß ich ihn total vermißt habe. Ja, und dann gab es diese blöde Situation: Wir, also meine Klasse kommen mit dem Bus dort im Skilager in Tschechien an, mit dem er, seine Klasse, wieder zurückfahren sollte. Wir hatten also genau zwanzig Minuten, um uns zu sehen und gleich wieder zu verabschieden. Und kaum hatten wir uns begrüßt, mußte ich auch schon zum Mittagessen gehen, und in diesem Speisesaal dort hab' ich tierisch angefangen zu weinen. Ich weiß noch, daß ich mich für das ganze Skilager dadurch mit meiner besten Freundin zerstritten habe, weil die das so doof fand und nicht eingesehen hat, wie man so rumschmerzen kann. Erst spiele ich so mit ihm, und nun das.

Er: Das war sehr hart! Ich weiß noch, da ging es so 'ne vereiste Auffahrt hoch zu diesem Parkplatz, und da sind wir alle hochgeschlittert, um auf den Bus zu warten. Und ich hab' immer krampfhaft nach Anne geguckt, und dann kam se und ist auch noch ein paar Meter vor mir auf dem Eis ausgerutscht. Erst mal mußte ich tierisch anfangen zu lachen, und dann haben wir uns in die Arme geschlossen und angefangen, uns zu küssen, da war uns eigentlich alles egal. Weil – vorher war's ja noch nicht so klar, aber jetzt konnten uns alle sehen. Und für mich war das dann auch der Zeitpunkt, wo feststand: So, jetzt ist der kritische Punkt überwunden, jetzt sind wir übern Berg.

Sie: Krankheit ist abgeschlossen!

Er: So ungefähr. Ja, dann sind die so langsam rein, und wir runter und haben unsere Sachen in den Bus gepackt, und ich immer wieder hochgeguckt ... Irgendwann hat dann unsere Lehrerin zu mir gesagt: »Na, dann renn doch einfach noch mal hoch!« – Dann komme ich in diesen Essensaal rein und sehe Anne, wie sie da sitzt und weint – ja. Hatte arge Probleme, da überhaupt wieder rauszugehen, wollte einfach bei ihr bleiben. Hab' sie noch mal in den Arm genommen und geküßt und mußte dann aber wirklich los. Ich hatte ehrlich auch ziemlich kraß mit den Tränen zu kämpfen. Sie hat mir dann noch 'n Briefchen gegeben, das ich im Bus gelesen habe, das hat mich dann doch schon ziemlich tief berührt, und da sind schon zwei, drei Tränchen gekullert. Aber im Endeffekt fand ich's einfach klasse – die Freude hat überwogen.

Daß wir uns so offen gezeigt haben, das fand ich viel wichtiger an dem Tag. Das war so 'n richtiger Triumph – so: Ja! Diese ganze Arbeit hat sich gelohnt. Na ja, weil so viele immer wieder gesagt haben: Philipp, laß es sein, du kämpfst jetzt schon so lange, und sie zeigt dir einfach, daß sie dich nicht will. Aber ich: Laßt mich doch machen ...

Sie: Ja, es waren nicht nur meine Freunde, die gesagt haben, ich spiele mit ihm, seine Freunde ja auch, und die kannten mich noch weniger. Und bei denen war ich nun die absolute Zicke! War ja sogar mal so, daß sein Vater gesagt hat: »Jetzt laß doch die blöde Zicke einfach, die will sowieso nichts von dir.«

Er: Und das war dann halt für mich: So, jetzt hab' ich's euch allen gezeigt! Ich hab' lange genug dran geglaubt und gekämpft, und im Endeffekt hat sich das alles gelohnt und bezahlt gemacht, und da war ich einfach so glücklich und so stolz. Ich weiß nicht, mein Selbstwertgefühl ist schlagartig nach oben geschnellt, ja, das war echt genial, ich war richtig blumig und sonnig.

Sie: Als wir dann wieder zu Hause waren, da wußte ich irgendwie: Wenn ich jetzt nicht ja zu ihm sage, dann verliere ich ihn völlig. Und so sind wir zusammengekommen, am 28. Januar 2001, nach dem Skilager, ohne daß ich schon verliebt gewesen wäre – bloß aus Angst, ich könnte ihn jetzt ganz verlieren. Und das wollte ich nicht. Ich hatte gleichzeitig solche Angst davor, so 'ne Beziehung anzufangen. Wahrscheinlich, weil ich Liebe so glorifiziere, weil ich wußte, ich war nicht verliebt, und weil ich wollte, daß es – wenn schon – 'ne lange Beziehung ist, wo ich alle Erfahrungen, die man da so machen kann, mit einem Mann mache, und nicht mit fünfundzwanzigtausend. Deswegen wollte ich halt den Richtigen haben, und ich wußte nicht, ob Philipp der Richtige ist.

Er: Solche Zweifel hatte ich nicht. Im Unterbewußtsein war sie schon immer meine Traumfrau. Es klingt jetzt, glaube ich, 'n bißchen hochnäsig, aber ich glaube, daß unsere Beziehung schon was Besonderes ist. Das ist ja nicht so häufig, daß man schon in jungen Jahren so was erlebt, und auch diese ganze Entstehungsgeschichte, die wir ja jetzt schon so 'n bißchen geschildert haben, die ist einmalig. Ich hab's halt schon von Anfang an gemerkt, daß ich mein Leben mit ihr verbringen könnte. Und als sie das dann endlich auch gemerkt hat, daß sie mich liebt, war das alles bei ihr ja auch auf einmal da. Diese Bindung ist einfach so stark, und – wie gesagt – als Fundament diese lange Freundschaft davor, das war mir schon klar, daß das 'ne ganze Weile dauern kann mit uns.

Sie: Das ist ja immer lustig: Beziehungen, die aus Freundschaften entstehen, sind unter Jugendlichen immer so 'n bißchen verschrieen: »Ich will die Freundschaft nicht kaputtmachen« – das war auch eine meiner Ausreden. Inzwischen fasse ich mir nur an den Kopf und möchte am liebsten jedem sagen: Riskiert's! Da kommt was raus, was ihr euch gar nicht erträumen könnt. Ich rate dann

eigentlich immer allen, daß sie es doch probieren sollen. Wie gesagt: Bei mir hat's geklappt.
Alles, was davor war – mit Steve jetzt – das war mehr so 'ne Bud-
delkastenliebe. Ich kann mich an einen Abend erinnern, der sehr
schön und romantisch war, aber ansonsten, da ich sehr eifersüch-
tig bin, wollte ich ihn eben nicht mit irgendwelchen anderen
Freundinnen teilen und habe deshalb an ihm festgehalten. Das
war der Grund, warum wir zusammen waren. Und er hat mir vom
Aussehen her sehr gut gefallen. Er war ...
Er: ... ein kleiner Dicker ...
Sie: Nee, der dunklere Typ, ein ernsthafter, liebevoller, zärtlicher
Welscher. So daß ich mir dachte: Mein Gott, warum nicht der?
Aber ich war halt ziemlich naiv, da war für mich Küssen schon –
au weia – nein, furchtbar! Na ja, irgendwann ging auch das auseinander, und dann kamen so kurze Verliebtheitsphasen, die eigentlich nicht der Rede wert sind. Ja, und dann halt Philipp, der
ist so 'n Fröhlicher, Lustiger; manchmal macht er Witze, sehr weit
unter der Gürtellinie, wo ich dann auch nicht mehr drüber lachen kann, aber andere können halt drüber lachen. Und er zieht
mich eben so 'n bißchen raus aus diesem Nachdenklichen – in
meinen Augen bin ich so 'n Mensch, der nachdenkt, analysiert,
alles wird durchgekaut in Gedanken und durchdacht. Und Philipp ist gar nicht so, Philipp lebt total aus 'm Bauch raus, und da
ergänzen wir uns eben gut. Ich hab' immer gehofft, daß ich ihm
von meiner Nachdenklichkeit was abgeben kann, aber das seh'
ich noch nicht. Er gibt mir auf jeden Fall viel von seinem fröhli-
chen Lebensstil, also das bringt mir ganz viel.
Er: Bei mir war vor Anne nur so 'ne Ferienlagerliebe. Die hieß auch
Anne, aber das war ganz anders. So mit Rumknutschen und zusammen in Betten pennen, aber ohne Sex. Und später, als wir jeder wieder in seiner Schule waren, da rief mich ein Freund an
und fragte, ob ich denn die Trennung gut verkraftet hätte. Und
ich: »Hä?« Und er: »Ach, dann weißt du wohl noch gar nichts davon?« Da war sie schon längst wieder mit 'nem anderen Typen
zusammen. Und da weiß ich, daß Anne, also jetzt hier meine Anne, so was nie machen würde. Da ist einfach viel mehr Zärtlich-

keit und 'n völlig anderes Feeling. Ich hab' ja auch vorher mit keiner anderen geschlafen. Wir waren füreinander die ersten im Bett.

Sie: Das war bei uns recht spaßig! Also, wir hatten nicht so die Probleme – wenn man sich mit anderen unterhält – so dieses ... ja, eigentlich, immer wenn ich vom ersten Mal erzählt bekomme, dann sind's so drei, vier Versuche, Schmerzen, Bluten, was ist da noch? Daß es einfach nicht klappt und man psychisch fertig ist.

Er: Das Mädchen, verkrampft ...

Sie: Hatten wir nicht, Gott sei Dank! Wir haben bis dahin alle möglichen Zärtlichkeiten geplant, so von Woche zu Woche ...

Er: Planung würde ich nicht sagen – Steigerung.

Sie: Ja, genau, 'ne Steigerung. Es war nicht geplant, aber man wußte: Nächste Woche gehen wir wieder 'n Stückchen weiter. Das war abzusehen. Also, vom Küssen zum Streicheln und zum Petting und so weiter. Und das erste Mal, das war eine Woche, nachdem ich zum ersten Mal bei Philipp übernachten durfte. Das hatte auch einen ziemlichen Kardinalstreit in meiner Familie ausgelöst, weil ich noch nicht 16 war. Und der Mann, mit dem ich frühstücke – so nenne ich meinen Zweitvater, also den Lebensgefährten meiner Mutter – wollte gerne, daß ich 16 bin, wenn ich zum ersten Mal bei Philipp schlafe. Ich wollte aber gerne schon vorher, und mit einer großen Diskussion in der Familie haben wir das auch hingekriegt. Aber in dieser Nacht lief gar nichts. Und 'ne Woche später war das dann völlig unverhofft, daß wir wieder geschmust und gekuschelt haben, und Philipp meinte dann: »So, wir planen jetzt nichts, wir machen das jetzt. Punkt.« Und ich: »Nein, ich will das aber jetzt nicht.« Und er: »Doch, wir machen das jetzt.« War dann auch nicht viel mit Wehren, ich war auch neugierig und dachte: Mein Gott, warum denn nicht! Stimmt ja eigentlich alles soweit. Ja, und wir waren dann doch recht aufgeregt beide, aber das ist, glaube ich, normal, oder?

Er: Ja, ich war auch die nächsten Male danach immer noch sehr aufgeregt.

Sie: Und wir hatten dann das Pech, daß zwar bei uns so halbwegs alles geklappt hat, so mit nicht lange suchen und so, aber danach fiel uns auf, daß das Kondom, was wir zur Verhütung benutzt hatten, gerissen war. Und das kommt beim ersten Mal natürlich wundervoll! Da waren wir dann erst mal – zuerst war er ganz aufgeregt und ich hab' ihn beruhigt, und als er dann ruhiger wurde, hab' ich totale Panik gekriegt, und dann hatten wir 'nen halben Monat Streß. Das war so ziemlich das Allerletzte, was ich wollte: Gleich beim ersten Mal 'n Kind! Ausprobieren – ja. Aber gleich schwanger, und das, wo ich eh gefühlsmäßig noch gar nicht so bei der Sache war ...

Er: Ansonsten – für mich war das erste Mal echt schön. Diese neue Erfahrung, wieder 'n Schritt weiter, damit sind wir auf 'ne völlig andere Ebene in unserer Beziehung gegangen. Das läßt sich schwer in Worte fassen. Flugzeuge, Schmetterlinge, wat man nich allet auf einmal im Bauch hat. Es war sehr prickelnd, und ich war so aufgeregt: Hach, hoffentlich machste jetzt nichts falsch! Lief ja dann ganz gut, war zwar relativ kurz, because of the Aufregung, aber ... kommt vor, ja! Na ja, weil wir halt vorher schon ziemlich weit waren, und weil man die Liebe so gespürt hat zwischen uns, dadurch war's eben trotzdem schön ... Zumindest von meiner Seite. Du warst ja wieder gefühlsmäßig völlig woanders.

Sie: Na ja, ich war wirklich so naiv gewesen, daß ich dieses Rosa-Wölkchen-Bild schon hatte. Also, mir war schon klar, daß es nicht mit Rosenblättern und Kerzen und so abgeht ...

Er: Doch! 'Ne Kerze hatten wir aber an!!!

Sie: Ja, aber jetzt nicht so mit roten Seidenkissen à la Hollywood und so. Wußte ich ja, daß das alles Blödsinn ist, und trotzdem hätte ich's mir aufsehenerregender vorgestellt. Jetzt stürzt der Himmel ein und so ... ja, aber war alles ganz normal um mich herum. Ich war danach immer noch Anne und hab' immer noch meine großen Zehen gespürt, und – ich weiß nicht – am nächsten Morgen bin ich aus der Dusche und hab' so an mir runtergeguckt und gedacht: »Hä? Hat sich überhaupt nichts verändert!«

Er: Was haste denn erwartet? Pinke Beine, oder was?

Sie: So etwa.

Er: Ich will auch noch was sagen. Also, ich bin ja an dem Abend nach Hause gefahren. Ich steig' so in die Bahn ein und setz' mich hin, und mir gegenüber saßen schon etwas ältere Herrschaften.

Ich saß da, glaube ich, mit 'nem Grinsen, das mir bis hinter die Ohren ging. Ich glaube, man hat mir total angesehen, daß ich gerade mein erstes Mal hatte. Aber ich guckte mir die Leute an und hatte so die Gedanken: Hm, wann haben die wohl das letzte Mal miteinander geschlafen? Hihi, ich gerade eben erst, hab' ich mich gefreut wie ein Honigkuchenpferd, und dieses Gefühl hat dann eigentlich die nächsten Wochen überwogen. Als dann Anne irgendwann auf mich zukam und sagte, es ist alles in Ordnung, sie hat grade ihre Tage gekriegt, da haben wir auf dem Schulhof in der Pause voll gefeiert und einen spontanen Tanz hingelegt. Später hat sie ja dann die Pille genommen.

Sie: Ich hatte mir nach dem ersten Mal gedacht: So, wir schlafen jetzt nie wieder miteinander, bis ich weiß, daß ich nicht schwanger bin. Das war aber nicht der Fall, ganz im Gegenteil. Ja, und dann mit der Pille, da dachte ich, daß ich jetzt richtig reingehen kann in das Sexualleben ...

Er: Müßte ich nicht eigentlich reingehen?

Sie: Das ist möglich, Kleiner! – Ja, jedenfalls, mit dem Immerweiter-Üben, als wir allmählich ruhiger wurden, da hab' ich dann auch meine Berührungsängste verloren und es kam so was wie Liebe hoch. Ist ja immer für die männliche Welt sehr wichtig – hab' ich 'nen Orgasmus oder hab' ich keinen –, aber ich hab' mit der Zeit einfach das Zusammensein sehr genossen. Also, wär' ich jetzt frigide, würde ich trotzdem gern mit Philipp schlafen, weil es auf der gefühlsmäßigen Ebene für mich auch sehr wichtig ist, daß man einfach ganz nah beieinander liegt und sich gegenseitig was schenkt. Das einzige, was man sich eben nur zu zweit schenken kann. Blümchen kann man ja auch der besten Freundin schenken, einen Teddybär kann man auch Mutti schenken, nee – also wirklich was, das einem auch gehört, wo dann nicht mal mehr 'n Blatt Papier dazwischenpaßt. Bis zum ersten Orgasmus, das hat wirklich monatelang gedauert. Erst war lange gar nichts. Dann begann ich, was zu fühlen, hatte aber Angst davor. Da war ich jedesmal so schockiert, daß ich das erst mal sofort abgebrochen hab', das Ganze. Das dauerte noch 'ne Weile, bis ich das wirklich bis zum Ende getrieben hab', weil ich immer so erschrocken war über die Reaktion ... also, für mich ist das dann wirklich so was, daß die Welt verschwindet, und davor hatte ich eben Angst, am Anfang. Da hab' ich immer geschrieen: Oh, nein, nein, nein, hör auf ... Philipp wollte, daß ich das aushalte ... Weil es eben was mit Sich-fallen-Lassen zu tun hat, total Loslassen, Nichts-mehr-kontrollieren-Können, und davor hab' ich wahnsinnige Angst gehabt. Irgendwann hat er dann nicht aufgehört, als ich's wollte, da hat er nicht lockergelassen und einfach weitergemacht, gestreichelt, da konnte ich mich ja schlecht wehren, und das war irre. Am schönsten find' ich diesen Vergleich mit dem Niesen. Daß es so kribbelt und kribbelt und immer stärker wird, bis man's kaum noch aushält, und dann kommt die Explosion, und danach geht es einem besser. Aber ich find's auch 'n schönes Gefühl, wenn ich eben keinen Orgasmus hatte und weiß, er hatte einen, und wir danach miteinander zusammensacken, und so das Wissen, das haben wir gemeinsam geschafft.

Er: Nee, für mich isses nicht unwichtig, ob Anne 'n Orgasmus hat oder nicht. Es ist sogar ganz schön wichtig. Weil ich finde, es ist auch ganz schön ungerecht ihr gegenüber, wenn ich komme und danach einschnarche – obwohl ich anfangs sogar ganz schön hyperaktiv wurde danach. Da war ich, glaube ich, ziemlich nervig.

Sie: Ich war ganz schön erschüttert, weil ich bis dahin das Bild im Kopf hatte: Der Mann schläft danach immer ein ... Und Philipp wurde immer wacher, wollte aufstehen und rumrennen, und ich dachte: Hä? Irgendwas stimmt da nicht. Das hat sich aber mittlerweile auch gegeben ...

Er: Ich finde's jedenfalls ziemlich wichtig, ihr dieses Gefühl, also den Orgasmus, auch noch zu geben, auch, wenn wir jetzt mit dem Geschlechtsverkehr schon fertig sind. Es gibt ja da mehrere Möglichkeiten – nee, darüber habe ich nie irgendwas gelesen, das lerne ich alles durch Ausprobieren. Learning by doing. Genau.

Sie: Zu Anfang hab' ich nichts gesagt, hab' zwar selbst gemerkt, wo es mir gefällt, hab' aber nichts gesagt, weil ich ihm nicht reinpfuschen wollte und so. Und irgendwann hab' ich dann gemerkt, er *kann's* einfach nicht wissen, wo ... also, da hab' ich dann gedacht: Anne, so schwer, wie's dir jetzt fällt, sag ihm das.

Er: Ich fand das auch gar nicht schlimm, weil ich sowieso der Meinung bin, daß beim Sex beide aufeinander eingehen sollten und
sich gegenseitig sagen: Da oder da.
Und laß uns mal das ausprobieren ...

Sie: Zwischendurch hatten wir dann mal 'ne richtig krasse Phase,
wo wir beim Sex miteinander geredet haben, wie's jetzt gut wäre, in diesem Moment. Seitdem reden wir vielleicht nicht mehr
ganz so viel, aber wir sagen's uns doch eigentlich immer, wie es
jetzt schöner wäre, faß mal da an und so. Und ich muß auch sagen, im Bett ist es für mich erst richtig schön, seit ich den Mut
gefunden habe, ihm das ehrlich zu sagen, weiter unten, mehr links,
mehr rechts ... Das lerne ich jetzt erst mit ihm, so mich selbst befriedigen, das habe ich eigentlich nie gemacht. Oder – doch! Wie
kann ich das vergessen, richtig! Ich hab' ja 'ne Zeitlang – da war
ich aber noch jünger, so zehn, elf – da hab' ich, tja, wie kann man
das jetzt sagen, ohne daß das blöd klingt? Da hab' ich meine Puppen vergewaltigt. Eine bestimmte Puppe. Die hatte lange blonde
Haare, weiche, und harte Beine aus Plastik. Da hab' ich gemerkt,
daß ich durchaus auch erregbar war, und hab' halt so 'ne Art Vor-
spiel mit den Puppen gemacht. Also, so mit denen geredet – nein,
das ist mir jetzt nicht peinlich! – und hab' mich dann selbst befriedigt. Und irgendwann hab' ich das dann mal übertrieben, und
dann hab' ich geblutet. Da hab' ich Angst gekriegt und hab' das
gelassen. Und ab dem Zeitpunkt hab' ich auch nicht mehr das
Verlangen gehabt. Nö. Ich hab' ja jetzt Philipp.

Er: Es hat schon was, das so alles miteinander zu lernen und zu
üben. Ich meine, ich hab' schon oft mal drüber nachgedacht, mit
'ner anderen Frau zu schlafen, aber ich wüßte nicht, wie ich das
in dem Moment machen sollte. Weil ich mit den Gedanken bestimmt bei Anne wäre. Und ich denke, solange wir miteinander
glücklich sind und Spaß beim Sex haben und rumprobieren und
was nicht alles, so lange brauche ich auch keinen anderen Partner.

Sie: Ich hab' mir das auch schon vorgestellt, weil es ja auch andere Männer gibt, die so durch diese Welt laufen, durchaus ...

Er: Echt? Wie viele?

Sie: Drei Milliarden? Nein, also vorgestellt schon und möglicherweise auch reizvoll gefunden, aber sobald ich dem Mann dann
gegenüberstehe, mit dem Gedanken im Kopf, dann komm' ich
mir nur blöd vor. Und da ist dann gar nichts mehr erotisch und
reizvoll, und ich denke nur noch, also, dann müßte ich verzweifelt sein, wenn ich das machen würde. Und das bin ich einfach
im Moment nicht. Ich will's auch nicht. Weil ich – also, diesen
typischen One-Night-Stand, der so favorisiert wird, das stell' ich
mir nicht schön vor. Früher war ich auch so, daß ich dachte: Ich
vögel' mich durch die gesamte Männerwelt, aber das hab' ich aufgegeben. Weil ich es mir ohne Gefühl nicht vorstellen kann. Das
heißt, ich will es mir nicht vorstellen. Mal von den Gefühlen abgesehen – wo denn auch? Es ist ja jetzt schon schwierig genug,
uns zu treffen. Ich meine, wir müssen's nicht auf der Parkbank
treiben, mußten wir noch nie. Aber ich habe schon oft ein schlechtes Gewissen gegenüber meinen Eltern, daß ich sie aus der Wohnung vertreibe. Die gehen dann immer spazieren. Wenn wir aus
meinem Zimmer kommen und da liegt ein Zettel »wir sind spazieren«, da kann ich mir dann schon denken, warum. Weil mein
Hochbett nämlich ziemlich knarzt. Und bei Philipp hatten wir
das noch nicht so. Sein Bett knarzt nicht, aber dafür sind bei ihm
nun wieder die Wände ziemlich dünn.
Er: Aber meine Eltern sind da nicht so. Ich glaube, wenn sie das
stören würde, würden sie es sagen. So sind se. Und da sie bisher
noch nichts gesagt haben ... Sie sind ja auch ziemlich häufig weg.
Und von daher ...
Sie: Für uns beide haben sie sich eigentlich alle gefreut. Im großen
und ganzen. Meine Mutter sagt immer, sie kann verstehen, warum ich mir den Philipp ausgesucht habe, weil er so niedlich und
so freundlich ist. Und der Mann, mit dem ich frühstücke, der
gönnt es mir inzwischen auch. Am Anfang hatte er aber so die typischen Vater-Tochter-Dinger, daß er mißtrauisch war und eifersüchtig. Vielleicht, weil ja nun auch die Streicheleinheiten zwischen Vater und Tochter wegfielen. Aber ich glaube, meine Eltern brauchten nicht soviel Zeit, um da was zu akzeptieren. Ich
glaube, die haben sich einfach mit mir gefreut.

Er: Anne gehört ja bei mir schon zur Familie. Ich wollte sie eigentlich schon ganz früh mit zu Oma-Besuchen nehmen, da wollte sie
noch nicht. Und meine Eltern wissen ganz genau, daß sie mir Anne nicht verbieten können. Da würden sie sich ziemlich ins eigene Fleisch schneiden. Ich meine, mit den Zensuren, das haut bei
mir nicht so ganz hin, und da gibt's oft Diskussionen, auch Verbote. Aber Anne können sie mir nicht verbieten. Zum Fußball gehen und Partytouren schon, aber Anne – das geht nicht. Ich kann
das sowieso nicht nachvollziehen. Ich meine, manchmal, im nachhinein, wenn man so drüber nachdenkt, da muß ich sagen: Okay,
hab' wirklich Scheiße gebaut. Aber Anne, nee, da wissen se ganz
genau, glaub' ich, damit würden sie sich selber schaden.

Sie: Ich hab' da immer Angst vor, daß das irgendwie kommt, weil
ich teilweise mitkriege, was Philipp alles verboten wird. Also Fuß-
ballspiele seines Lieblingsvereins, die doch für ihn – nach mir –
ziemlich wichtig sind. Hoff' ich zumindest, daß es nach mir ist.
Und Abende oder Partys – seine Geburtstagsparty zum Beispiel –,
wo ich mir dann sage, wegen Lappalien so 'ne Verbote auszuspre-
chen, da hoffe ich nur, daß ich dann nicht irgendwann dran bin.
So nach dem Motto: Wenn du jetzt für die Schule nichts machst,
dann kannst du auch Anne nicht mehr sehen. Ich meine, das würde dann auch mich treffen. Darauf hab' ich einfach keine Lust.
Davor hab' ich auch Angst. Und deswegen hoffe ich immer, daß
Philipp auch mal was einsieht und Harmonie spielt mit seinen Eltern und sich bemüht. Aber das macht er ja nicht. Dazu ist er zu
dickköpfig. Und deshalb muß ich mit der Angst weiterleben.

Er: Ich möchte trotzdem mal betonen: Unsere Beziehung hat 'nen
ganz, ganz hohen Stellenwert für mich; da geht nichts drüber.
Steht bei mir an erster Stelle. Ich wüßte, wenn ich Anne jetzt verlieren würde, dann würde ich verdammt viele von meinen Eigenschaften verlieren. Ich würde nicht mehr so fröhlich durch die
Gegend hüpfen – ich würde in 'n Loch fallen. Und aus diesem
Loch würde ich ganz, ganz schwer wieder rauskommen. Es ist
einfach so – wenn's mir scheiße geht, weiß ich, ich kann zu Anne kommen, und wenn ich bei Anne bin, geht's mir wieder besser. Sie ist einfach – klingt zwar jetzt ziemlich hart – so 'n Ener-

giespender. Energiespender in dem Sinne ... , also, du sollst dir
nicht vorstellen, daß du 'ne Tube bist, wo man raufdrückt, und
dann kommt Energie raus. Nee, das ist einfach verdammt wichtig, und ich würde nicht mehr gern drauf verzichten, das geht
nicht. Außer jeden zweiten Samstag, da ist UNION dran.

Sie: Na ja, das sind zwei Stunden. Manchmal geh' ich da ja sogar
schon mit. Nee, aber sonst – das ist bei mir ähnlich, wie es Philipp grade gesagt hat. Es nimmt eigentlich den Großraum meiner
Gedanken ein, das mit uns. Ist schon wichtig, daß da jemand ist,
zu dem ich kommen kann, dem ich vertrauen kann, ohne daß der
gleich sagt: »Ach, du armes kleines Mäuschen.« Bei dem ich Wut
ablassen kann! Ich meine, ich kann ja nicht auf 'ne Freundin zugehen und ihr einfach eine runterhauen und dann sagen, entschuldige, ich mußte grade mal meine Aggressionen abarbeiten. Bei
Philipp geht das. Also jetzt nicht ins Gesicht, ich box' ihn in den
Bauch. Oder wir spinnen total rum zusammen. Oder wir toben
und kampeln uns, ohne daß wir groß was erklären müssen. Das
erleichtert schon sehr. Ist mir auch ziemlich egal, was andere darüber denken. Ich vergleiche mich sowieso nicht mit anderen. Na
ja, höchstens vielleicht mit Beziehungen Gleichaltriger, weil mich
interessiert: Wie machen die das und wie die.

Er: Ich nicht. Weder bei Gleichaltrigen noch bei Erwachsenen. Ich
meine, jede Beziehung ist doch sowieso einzigartig, was soll ich
da vergleichen. Sicher gibt es Parallelen, aber irgendwie sind doch
alle anders. Freunde von uns zum Beispiel, da hat sie ihm in der
Öffentlichkeit nie wirklich gezeigt, daß sie ihn liebt – also zumindest hatte ich immer diesen Eindruck –, und er wiederum hat sich
völlig für sie aufgeopfert, hat sich so verändert, ja. Das sind so
Sachen, die würde ich nicht wollen. Ich möchte, daß wir auch in
der Öffentlichkeit miteinander schmusen. Und ich bin nicht der
Meinung, daß ich mich für Anne verändern sollte, weil ich dann
ja versuchen würde, einem Bild zu entsprechen, so, wie sie's am
liebsten hätte. Und das erwarte ich von ihr nicht, und so bin ich
auch nicht. Daß man sich in 'ner Beziehung anders verhält als mit
fünf, sechs Freunden und 'nem Kasten Bier, ist schon klar. Aber
nicht bis zur Unkenntlichkeit verändern.

Sie: Am Anfang, als ich mit meinen Gefühlen noch nicht so dabei war und Philipp aber immer schon mehr wollte, auch das den anderen offen zeigen, daß wir zusammen sind, da fand ich's noch nicht so toll. Aber heute ist es mir auch wichtig. Und ich gucke auch bei anderen danach: Sind die lieb zueinander, gehen die aufeinander zu, machen sie vielleicht auch mal Abstriche für den anderen. Und was mich natürlich immer interessiert an anderen, das ist die Sexualität. Aber das kriegt man nicht so leicht raus, und darum finde ich ja dieses Buch hier auch so gut. Ich nehme mir halt aus vielen Beziehungen was raus. Als mein Bruder seine erste Freundin hatte, habe ich das total glorifiziert und dachte: Wow, genauso will ich das auch haben! Aber ich bin ganz anders, das weiß ich inzwischen. Ich möchte es so machen, daß ich glücklich bin, und deshalb verlasse ich mich da nicht auf Vorbilder, sondern mehr auf meinen Instinkt.

Er: So, wie es jetzt ist, isses cool, und ich brauche da auch keine Vorbilder. Weil ich meine eigene Beziehung führen und meine eigenen Erfahrungen machen möchte. Ich will meinen eigenen Weg schon machen. Wenn mir fünf Leute sagen: »Nee, Philipp, mach' das nicht, so fällste auf die Schnauze«, dann sage ich: »Na und? Dann fall ich eben auf die Schnauze, dann weiß ich wenigstens, daß es so nicht geht.« Dann mache ich es eben beim nächsten Mal besser. Das ist mir verdammt wichtig, daß ich Erfahrungen sammle in allen Lebensbereichen und irgendwann dann weiß: Okay, so weit kann ich gehen, da liegen meine Stärken, da liegen meine Schwächen, und daß ich mir das nicht von anderen vorschreiben lasse. Learning by doing, wie gesagt.

Sie: Das ist für mich schwerer, das kann ich nicht so. Das bewundere ich auch bei ihm so sehr, und da kommen bei uns die Probleme her. Ich gebe soviel von mir in die Beziehung rein, und mir fällt es viel schwerer zu sagen: So, heute abend mache ich mal das und das, nur für mich und nicht mit Philipp. Wir kommen ja auch aus zwei unterschiedlichen Freundeskreisen, und er findet sich viel leichter in meinen hinein als ich in seinen. Ich bin da schwieriger.

Er: Weil du gerade sagst: Probleme in unserer Beziehung. Die kommen ja auch daher, daß ich so spontan bin. Und manchmal, wenn wir uns verabreden, dann klingelt hinterher das Telefon und Freunde rufen an und wollen mich treffen, und manchmal hab' ich auf einmal drei Termine gleichzeitig, und dann weiß ich nicht mehr, wem ich nun absagen soll. Zum Beispiel: Freitag ist ja eigentlich unser Abend, und manchmal habe ich das aber Mittwoch schon wieder vergessen, weil was anderes dazugekommen ist, und so tue ich ihr vielleicht auch manchmal sinnlos weh. Das würde ich gern an mir ändern. Vielleicht hab' ich mich da auch schon ein bißchen verbessert, oder?

Sie: Na ja ... Ich muß dich ja nicht heiraten.

Er: Ooch, ich würd' dich schon gern heiraten. Manchmal hat sie ja auch so 'ne Phasen, wo sie so sensibel und labil ist und bettelt: »Philipp, heirateste mich?«, und ich: Geil, vielleicht hab' ich se jetzt soweit. Und dann, 'n Tag später: »Heiraten kommt für mich gar nicht in Frage!«

Sie: Ist für mich Gefängnis. Keine Ahnung, warum. Ich hab' jetzt keine schlechten Erfahrungen gemacht, und ich würd's auch nicht darauf schieben, daß ich 'n Scheidungskind bin, das hat damit nichts zu tun. Es hat damit zu tun, daß, was ich so sehe ... Also, ich fange mal von vorn an, sonst versteht man meine Gedanken nicht: Wenn ich mich einem Menschen verschreibe, das ist von mir aus in Ordnung, das würde mich jetzt auch nicht so daran hindern, auch mit anderen zu schlafen. Ich könnte auch mein Leben mit Philipp verbringen, ohne mit jemand anderm zu schlafen.

Er: Es ist doch aber auch eine Steuerfrage! Sagt man doch so ...

Sie: Grade das! Grade das find' ich so eklig. Dann hab' ich Steuervergünstigungen, dann gehören wir zusammen, dann können wir uns nicht mehr trennen, dieses Muß. Und dieses Staatliche. Der Staat hat mit meiner Beziehung überhaupt nichts zu tun. Und deshalb hasse ich Heirat.

Er: Ich find Heiraten schön.

Sie: Ja, vielleicht, wenn ich merken sollte: Das, was ich mit diesem Menschen habe, das reicht mir jetzt einfach nicht mehr, da will ich noch weitergehen. Dann heirate ich vielleicht auch. Aber jetzt kann ich es mir eben noch nicht vorstellen.

Er: Hauptsache, wir verbringen unser Leben miteinander. Ob nun mit Hochzeit oder ohne, ist mir eigentlich egal. Obwohl Bon Jovi, dein erster Mann, Anne, der ist immerhin auch verheiratet! Das ist auch so 'n lustiges Thema zwischen uns beiden, Musik. Ich steh' ja auf Marilyn Manson. Ich war schon zweimal auf einem Konzert von ihm, und da ist mir fast das Herz stehengeblieben. Das hat mich so umgehauen! Ich weiß nicht, obwohl ich vorher nie so auf das Gruftige stand, und meine Leute um mich rum: »Äh, auf den stehst du, bist du eklig!« Und dann hab' ich eben vielen die Biografie von ihm gegeben und den Leuten Musik von ihm vorgespielt, und auch Anne hört ihn ja auch inzwischen gern, obwohl sie ihn früher total verabscheut hat. Ich höre mir ja auch Bon Jovi an. Aber Manson – da fasziniert mich wirklich, wie diese Stories sich so um ihn ranken, daß er das Böse an sich sein soll und angeblich die ganze Welt auffressen will und satanisch ist, und wenn man dann seine Biografie liest und sich 'n bißchen näher mit ihm beschäftigt, da kommt raus, daß er eigentlich klug und 'n total lieber Kerl ist. Er will einfach nur, daß auf der Welt keine Gleichheit herrscht, sondern Individualität, das verkörpert er. Und das finde ich eben auch; wenn Menschen so gedrillt werden und uniformiert, damit komme ich überhaupt nicht klar. Jeder sollte so leben, wie er's für richtig hält, auch, wenn er damit auf die Schnauze fällt. Und ich muß ehrlicherweise noch sagen: Die Musik wirkt auch auf unser Sexleben. Also, wenn wir Marilyn Manson hören, dann gehen wir voll ab. Dann sind wir viel offener und freizügiger und wilder.

Sie: Und wenn wir Bon Jovi hören, dann passiert gar nichts mehr, weil ich immer drauf bedacht bin, die ganzen Texte mitzusingen.

Er: Musik ist auch meine gesunde Droge. Dabei kann ich mich echt auslassen. In 'ne völlig andere Welt bugsieren. Wenn ich von der Schule komme, dann drehe ich auf, spiele Luftgitarre und lasse mich total gehen, und danach geht's mir schon bedeutend besser. Danach ist man so positiv geschafft wie nach 'm Sex, man liegt da, grinst und denkt: Ja, geil ...

Sie: Also Seele rauslassen. Ich hab' früher beim Tagebuchschreiben immer Bon Jovi gehört, und dadurch hab' ich nicht einfach nur geschrieben, sondern Gefühle aufgeschrieben. Das hat das verstärkt. Gesunde Droge, ja, für mich auch.

Er: Ich würde nie harte Drogen nehmen. Manche könnten jetzt sagen, Alkohol ist auch 'ne Droge, und wozu brauche ich das dann, wo ich doch angeblich so 'n fröhlicher Mensch bin. Aber – na ja, ist halt so. Nur – Joints rauchen, nee. Schon der Geruch. Es ist ja 'n würziger Geruch, aber selber dazu greifen, das brauche ich, glaube ich, nicht. Mal 'n Bier oder selten mal was Härteres. Aber neulich, da bin ich mit so 'nem Kopf aufgewacht, das war mir schon zuviel. Hat mich gestört. Ich würde mich jetzt nicht als Trinker, Säufer bezeichnen, der das jedes Wochenende braucht; ich glaube, davon bin ich weit entfernt. Ansonsten, denk' ich, sollte jeder das machen, was ihm im Kopf ist und wonach ihm gerade ist, und sei's das Absurdeste und völlig Abgedrehteste, soll er machen! Entweder, er fällt damit auf die Schnauze, oder er sieht, daß er damit durchkommt. Ich denke, Charakter und positive Lebenseinstellung ist ganz, ganz wichtig. Und jeder sollte so leben, wie er's möchte, und sich nichts vorschreiben lassen. Also, nicht wirklich viel vorschreiben lassen.

Sie: Ich schließ mich dem an. Noch mal kurz zum Rausch: Aus Neugier hab' ich das mal ausprobiert, Rauchen, Trinken, was das für 'n Gefühl ist. Und ich hab' festgestellt: Bei allem, was ich ausprobiert habe, war's 'n Scheißgefühl, und darum hab' ich's dann gelassen. Da gibt's genug spannendere Gefühle, zum Beispiel eben Liebe. Und ich wünschte, dieses Bild, was so kursiert, daß Liebe Blödsinn ist und nicht wirklich sinnvoll, sondern nur Gefühlsduselei, daß das nicht so viele Jugendliche für sich übernehmen, wie's mir vorkommt. Ich kann nur sagen, es ist das Schönste, was in meinem Leben passiert, und daß es sich auf jeden Fall lohnt, dazu Mut zu haben. Und deswegen sollte man das nicht wegdrücken oder ignorieren, sondern leben.

Er: Ich habe jetzt nur noch das Bedürfnis, Anne zu sagen, daß ich sie liebe. Anne, ich lieb' dich.

»Endlich bei mir selbst ankommen«

Gerrit, 21, Berlin

A lso, mir passieren öfter Verwechslungen, wenn ich Briefe aus
Süddeutschland bekomme, da kommt eigentlich ganz häufig:
»Frau Gerrit ...«. Es hängt mir zum Hals raus. Es hängt mir wirklich zum Hals raus, weil viele der Meinung sind, besonders im Sü-
den Deutschlands, daß das 'n Mädchenname ist, Gerrit. Wenn sie
dann keine Telefonate mit mir geführt haben und es sind Behörden
oder so, die mich nicht kennen können, dann passiert das halt immer wieder. Ich hatte 'ne Phase, da hab' ich meinen Zweitnamen
grundsätzlich angehangen: Gerrit-Alexander. Und dann war klar,
daß ich 'n Mann bin. Aber inzwischen hab' ich das wieder aufgegeben, weil – so heiß ich nicht, Gerrit-Alexander. Ich heiße Gerrit,
und den Namen finde ich auch gut.

Ich möchte auch nicht anonym sein. Von mir aus kann jeder wissen, was ich denke. Heute gehe ich ja auch sehr offen damit um,
daß ich schwul bin. Klar, das war nicht immer so. Im nachhinein
denke ich, erahnt habe ich das schon ganz früh, so in der 6. Klasse, glaube ich. Ich hab' mal drüber nachgedacht, wann ich zum ersten Mal was für'n Jungen empfunden hab' oder wann ich einen
Jungen interessanter fand als im Endeffekt ein Mädchen. Das muß
in der 6. Klasse gewesen sein. Mir ist damals aufgefallen, daß ich
einen Jungen besonders interessant fand, mit dem befreundet war
und eigentlich auch schon in so 'nem Stadium, 'n bißchen verliebt
zu sein. Kann man das wirklich als Verliebtsein deuten? Ich weiß
nicht. Das war eher so 'n Gefühl, daß ich irgendwie ständig in seiner Nähe sein wollte und daß sich das dann so entwickelt hat. Der
hat gar nichts davon gemerkt. Aber – es gibt halt keine großen An-
haltspunkte, wo ich heute sagen könnte: Da habe ich es gewußt. Es
ist dann später so geworden, daß ich gemerkt habe, daß ich Jungs

sexuell attraktiv finde. Das war mit 16. Irgendwo merkte ich, Mädchen machen mich überhaupt nicht an, also, ich find' Mädchen nicht attraktiv und sexuell schon gar nicht. Das war alles mehr so auf Jungs gemünzt, auf Jungs fixiert. Wenn ich mich zum Beispiel selbst befriedigt habe, hatte ich immer nur Jungs im Kopf. Ich hab' das aber zuerst nicht wahrhaben wollen. Also, ich hab' es zwar vom Gefühl her gemerkt, aber ich hab' mir nicht bewußt klargemacht: Du könntest schwul sein. Weil – Schwulsein, das war für mich eher negativ behaftet. So die Schimpfworte in der Schule: »Du schwule Sau! Du Tunte! Du Tucke« – das kennt man ja. Also, meine Schwärmereien, die habe ich damals nie als Schwulsein definiert. Ist vielleicht 'ne Phase, dachte ich. Man liest ja auch BRAVO in dem Alter, und da stand, daß das sein kann – und ich hab' mich immer damit abgefunden, daß das 'ne Phase ist.

Und ich hab' dann mit 17 'n Mädchen kennengelernt, mit der ich auch zusammen war, wobei sie mich eigentlich nie wirklich interessiert hat, weder sexuell noch sonstwie. War vielleicht irgendwie so 'n Gruppendruck. Jeder hatte 'ne Freundin zu dem Zeitpunkt, und ich hab' mir das irgendwie eingeredet. Ich fand sie supernett und supersympathisch, aber nicht mehr. Ich bin einfach drauf eingegangen, weil sie mehr wollte, und dadurch hat sich das dann so entwickelt.

Sie hieß Ulrike, sie war recht groß, vom Typ her etwas kindlich und naiv, aber sie fiel auf, wenn sie zur Tür reinkam. Sie war sehr extrovertiert und hat viel geredet und fiel irgendwie auf in der Gruppe. Aber in meiner Zeit mit Ulrike hab' ich schon gemerkt, daß das nicht das ist, was ich leben möchte. Weil der Drang und die Sehnsucht hin zu Jungen immer stärker wurde, also meine »schwule Phase«, wie ich glaubte, die hörte einfach nicht auf. Sie wollte auch mit mir schlafen, und wir haben das auch mal probiert, wobei es nicht richtig geklappt hat. Es lag daran, ich hab' zwar einen hochbekommen, aber ich hab' nicht viel dabei empfunden. Ich fand das irgendwie nicht so toll, und das kriegte sie natürlich auch mit. Und dann will man darüber aber noch nicht so reden, weil man ja nicht weiß, wie der andere darauf reagiert und wie man das überhaupt deuten soll. Ich glaube, sie hat das mehr so gedeutet: »Mein Gott, findet er mich vielleicht nicht schön genug?« oder so. Daß ich generell nicht auf Mädchen stand, das war ihr natürlich nicht klar und mir im Endeffekt auch nicht so richtig. Also, es war mehr so 'n mechanischer Akt, der zwar so halbwegs geklappt hat, aber ich war kein bißchen enthusiastisch oder auch nur mit Gefühl dabei. Und das merkte sie natürlich. Es war übrigens nicht mein erstes Mal, das mit Ulrike. Ich hatte zuvor – an meinem 17. Geburtstag hat 'n Mädchen mir 'n Kondom geschenkt und wollte das mit mir auch gleich ausprobieren. Wir hatten was getrunken, und ich weiß, daß wir damals auf die Wiese gegenüber von der Hütte gegangen sind, die ich für meine Party gemietet hatte, und daß sie dann auf diesem Feld angefangen hat, mir die Hose auszuziehen, und das Kondom übergerollt hat, und ich wußte ja, wie das alles funktioniert. Sie hat dann versucht, mir einen zu blasen, und meinte, ob wir's nicht mal probieren sollten. Das war aber auch rein mechanisch. Aber da war das noch so: Ich war betrunken, es war mein erstes Mal, und deshalb war das eher aufregend. Deswegen war das noch ungehemmter als mit Ulrike, wo ich dann eben in 'ner Beziehung gewesen bin. Da waren wir nicht betrunken, da sollte es Sex aus Liebe sein, für sie. Und da ich keine Liebe für sie empfinden konnte, war das für mich eben ein rein mechanischer Akt, wo ich mich konzentrieren mußte, um das überhaupt richtig hinzukriegen. Daß ich auch alles so mache, wie ich es vom Kopf her wußte, wie Sex abzulaufen hat. Als sie dann vor mir lag, hab' ich mir zwar keinen Mann vorgestellt – Sex mit Männern konnte ich mir zu dem Zeitpunkt ja auch noch nicht wirklich vorstellen –, aber ich hab' halt ziemlich vernunftgesteuert agiert. Wobei – eine Frau kann man eigentlich nicht überlisten, das hat sie schon gemerkt und auch drunter gelitten. Und nach Ulrike hatte ich auch nie wieder was mit 'ner Frau, da hab' ich nie wieder mit 'nem Mädchen geschlafen. Es ging trotzdem noch 'ne Weile weiter mit uns, mehr schlecht als recht.

Zu der Zeit entdeckte ich im Internet einen schwulen Chat. Dabei habe ich einen gewissen Roland kennengelernt aus Saarbrücken. Und mit dem habe ich mir E-Mails geschrieben, und er hat mir von sich erzählt, und ich habe ihm von mir erzählt, daß ich eben 'ne Freundin habe, aber mich mehr für Jungs interessiere und mich nicht traue, das auszuleben. Und er hat mir geantwortet, daß das bei ihm auch so gewesen ist, und wir haben uns eben super verstanden, aber immer nur per Mail. Wir haben dann zwar irgendwann auch mal telefoniert, haben uns unterhalten, und er hat mir sogar mal 'n Foto von sich geschickt. Dabei hat er aber geschummelt, wie sich im nachhinein herausgestellt hat. Das Foto zeigte ihn als 25jährigen, er war damals aber schon dreißig. Ich war sehr, sehr naiv und gutgläubig. Also, ich war immer noch 17, hab' die Beziehung mit Ulrike gehabt und nebenbei, ohne ihr Wissen, mit Roland telefoniert und geschrieben. Und irgendwann fragte er mich, ob ich ihn nicht mal besuchen möchte. Wir hatten uns eigentlich nur darüber unterhalten, daß er gut kochen kann, und so kamen wir drauf, so mehr als Scherz: »Ich kann gut kochen, willste nicht mal vorbeikommen, ich lad dich zum Essen ein.« Und ich antwortete ihm darauf: »War das jetzt ernst gemeint oder nicht?« Und er: »Na, wenn du mich so fragst, war's ernst gemeint. Dann komm'mich doch mal besuchen.« Und ich hab' darüber wochenlang gebrütet und gedacht: Du kannst doch jetzt da nicht hinfahren, du kennst den überhaupt nicht. Und was sollst du deinen Eltern sagen, was sollst du Ulrike sagen? Aber die Neugier war viel zu groß. Das sexuelle Verlangen, überhaupt 'n Mann kennenzulernen, war sehr, sehr groß, auch von den Bildern her, die er mir geschickt hatte, hat er mich – ja, angemacht in dem Sinne. Und ich konnte irgendwann nicht mehr, ich hab' den Entschluß gefaßt, übers Wochenende nach Saarbrücken zu fahren, das war dann kurz nach meinem 18. Geburtstag. Ich hatte mir da 'ne Grenze gesetzt: Wenn du 18 bist, dann kannste's ja machen, dann können dir deine Eltern nicht mehr reinreden. Ich bin dann also nach Saarbrücken gefahren, hab' meinen Eltern gesagt, ich würde meinen amerikanischen Austausch-Schüler dort treffen. Ich war zwei Jahre zuvor in Atlanta gewesen, für einen Monat aber nur. Und jetzt sagte ich halt, dieser amerikanische Schüler würde nach Deutschland kommen, nach Saarbrücken, um hier seine deutschen Verwandten zu besuchen. Und ich wollte dorthin fahren, weil – den sieht man ja nicht so oft. Mir war klar, meine Eltern würden nie mit diesem Schüler in Kontakt treten, um das nachzuforschen. Hab' dann meinen Eltern die Adresse von diesem Roland gegeben, das hab' ich schon gemacht, damit sie wissen, wo ich bin, und hab' ihnen erzählt, das wäre der Onkel von diesem Austausch-Schüler. Also, ich hab' da riesige Geschichten erfunden, nur, um das durchziehen zu können.

Ich hab' dann im ICE von Berlin nach Frankfurt am Main gesessen und gedacht: Was machst du hier eigentlich? Du fährst jetzt zu 'nem fremden Mann, den du nie in deinem Leben gesehen hast, wie wird das überhaupt ablaufen? Ich kann heute nicht mehr nachvollziehen, woher ich die Energie für all das genommen habe. Ich kann es mir im nachhinein nur so erklären: Der Kochtopf war voll in dem Sinne. Die Regentonne war voll mit Wasser, und jetzt kam's zum Überschwappen. Ich konnte das also nicht mehr zurückhalten, diesen Drang oder diese Neugier, das ausleben zu wollen oder überhaupt erst mal: das kennenlernen zu wollen. In Berlin traute ich mich das nicht, und deshalb war es mir ganz recht, daß der ganz weit weg wohnte. Weil ich dachte, ich kann immer wieder weg und so tun, als wäre nichts gewesen. Man fährt vier Stunden bis Frankfurt und dann noch einmal zweieinhalb Stunden bis Saarbrücken, das heißt, ich hätte eigentlich genug Bedenkzeit zum Umkehren gehabt. Aber das wollte ich ja gar nicht, so aufgewühlt ich auch war. Dann stand ich also abends 22 Uhr als grade 18jähriger mit 'nem Rucksack auf dem Saarbrücker Hauptbahnhof, wo ich noch nie in meinem Leben gewesen bin, und er war nicht da. Er hatte mir geschrieben, er würde auf mich warten am Hauptbahnhof, das hat er aber nicht getan. Ich hab' versucht, ihn zu Hause anzurufen, auf seinem Handy, er war aber nicht zu erreichen.

Zum Glück hatte ich dann die Idee: Na, hier muß es doch 'ne Jugendherberge geben. Ich hatte noch meinen Jugendherbergsausweis, bin zum Taxistand und hab' mir 'n Taxi genommen, weil ich wußte, daß man nur noch so bis 22.30 Uhr überhaupt 'n Zimmer buchen kann in 'ner Jugendherberge.

Ich wußte nicht: Kommt er noch? Und muß ich eventuell auf der Straße übernachten, wenn er nicht kommt? Hab' ihn dann von der Jugendherberge aus noch mal auf seinem Handy angerufen, und da war er dran. Er sagte: »Ja, ich hätte nie geglaubt, daß du wirklich kommst. Kann ja wohl nicht wahr sein. Wo bist du, ich hol' dich ab.« Ich sehe mich noch heute vor dieser Jugendherberge stehen mit meinem Rucksack, es fährt ein schwarzes BMW-Cabriolet vor, und es sitzt ein Mann drin, der auf keinen Fall dem auf dem Foto gleicht und um einiges älter ist als 25, der mich aber angrinst und ganz offensichtlich Roland ist. Als er sagte: »Komm, steig ein«, da ging in mir so eine Gefühls-Achterbahn los! Ich dachte: Was machst du hier eigentlich für 'n Scheiß! Es war dunkel, ich sagte mir: Du kennst diesen Mann nicht, und wenn der dich hier abholt, weiß im Grunde keiner mehr, wo du bist. War ja nicht gesagt, daß er mich wirklich zu der angegebenen Adresse bringt.

Ich stieg zu ihm ins Auto, und ich fuhr auch mit ihm nach Hause. Aus heutiger Sicht betrachtet, kann ich wirklich nur noch von Glück sprechen. Weil – dieser Mann hat im Grunde mein Leben verändert, ist wirklich so. Seit diesem Wochenende hat sich mein Leben in eine ganz andere Richtung gewendet. Wir haben zuerst vor dem Fernseher gesessen und »Der bewegte Mann« geguckt, und wir haben uns auch die ganze Zeit unterhalten. Über Ulrike, über meine Eltern, übers Schwulsein, über ihn. Er war alleinstehend, arbeitete bei der Bundeswehr und hatte eine kleine Zweizimmerwohnung. Ich fand ihn einen sehr, sehr tollen Mann, weil er ganz behutsam mit mir umgegangen ist, als ob er irgendwie wüßte, daß das alles nicht so ganz richtig sein kann, was ich da machte. Er sagte auch einen Satz, den ich nicht wieder vergessen habe: »Wir machen es folgendermaßen: Du guckst dir jetzt ein Wochenende mit mir meine Freunde an, wir gehen zusammen schwul weg, in schwule Bars, in eine schwule Diskothek. Du lernst hier mein Leben kennen und fährst dann nach Berlin zurück und kannst dir überlegen, wie du das empfindest und ob dir das überhaupt gefällt.« Hört sich seltsam an. Hört sich vielleicht an wie so 'n schwuler Zoobesuch. War aber für mich der Auslöser, daß ich sagte: Ja, das ist genau das, was ich will. Und dieses Wochenende war faszinierend. Ich geb zu, ich hatte dann mit ihm auch was, ich hab' mit ihm geschlafen. Er hat das forciert, ja, ja. Er hatte 'n Doppelbett, und hatte gleich mein Bettzeug neben sich gelegt, und ich war zu naiv, um was anderes durchzusetzen. Als er sagte, du schläfst neben mir, da hab' ich das gemacht. Ich will nicht von Verführen reden, weil ich derjenige gewesen bin, der zu ihm gefahren ist. Und er hat mich auch zu nichts gezwungen. Das, was ich gemacht habe und was ich zugelassen habe, war alles freiwillig. Es wäre wirklich fatal, wenn das jetzt so rüberkäme, als wäre es 'ne schwule Verführung gewesen. Also, er war da sehr, sehr vorsichtig.

Ich hatte das Gefühl, daß ich auf einmal entdeckte, was Sex bedeutet. Also, so 'ne sexuelle Erregung aus der Erregung heraus – und nicht aus mechanischem Handeln, weil ich weiß, wie man's machen muß. Ich war daran interessiert, 'nen männlichen Körper anzufassen, so. Roland war sehr groß, es war schön, seinen großen Körper anzufassen, seinen Oberkörper, ja. Ich hatte halt auch noch nie 'nen Schwanz von jemand anderem angefaßt. Das war aber für mich irre sexuell erregend, also ich fand das sehr, sehr schön. Oder als er dann anfing, mich zu streicheln, am Oberkörper oder am Arm, das war für mich sehr entspannend. Und erregend. Und das war in beiden Nächten so, am Freitag und am Samstag.

Er hat mich am Samstag dann zu seinen schwulen Freunden mitgenommen, die waren alle so in seinem Alter, um die dreißig. Also, ich fiel da schon auf, als kleiner Achtzehnjähriger, und ich wurde auch erst mal mit Skepsis betrachtet. Ich fand das aber toll, für mich superspannend, ich stand im Mittelpunkt. Auch später, in dieser Bar. Zum ersten Mal in meinem Leben hab' ich 'ne Bar erlebt, wo nur Männer sitzen. Oder abends in der Disco, wo Männer knutschen und Männer Händchen halten.

Aber für mich war das wie so 'n Initialfunke. Ich fühlte mich sofort wohl. Sofort aufgehoben, im richtigen Milieu, als hätte ich mein »Rudel« gefunden. Es machte mir Spaß, ich freute mich, und ich lebte irgendwie auf, hatte ich das Gefühl. Ich redete auf einmal ganz viel von mir. Ohne irgendwas anderes sein zu wollen als ich selbst, so, wie ich bin. Sonntag waren wir zum Brunch bei einem schwulen Paar, der eine war Schauspieler, der andere Erzieher, und ich war wie in einer anderen Welt. Ich hatte noch nie erlebt, wie schwule Paare zusammenleben. Ich kannte meine Eltern, meine Freunde, aber das hier war ganz etwas anderes, Neues. Ich fand das einfach schön, wie die beiden da auf ihrer Couch saßen und sich im Arm hielten.

Daß die so gelöst sind. Man muß sich vorstellen, die kannten mich ja gar nicht. Ich war in einer fremden Stadt, in einer fremden Umgebung, aber die nahmen mich auf, als wenn sie mich seit Jahren kennen. Sie interessierten sich für mich, sie fragten mich aus, ich fragte sie ... Ich merkte, daß ich mich bis dato zu Hause immer anders gegeben hatte, als ich eigentlich wirklich bin. Ich war immer sehr zurückhaltend, ich war sehr gut in der Schule, ich war sehr strebsam. Ich hatte zwar auch Freunde, war aber immer jemand, der nicht groß auffiel in der Gruppe. Und hab' halt viel gelernt, hatte aber immer das Gefühl, ich stehe unter so 'nem Druck, konnte das aber nicht so genau zuordnen, fühlte mich nur so unzufrieden – ja, ich war eben reaktionär. Auf Geburtstagsfesten in Familie verhielt ich mich halt immer so wie der liebe, nette Enkel, Neffe, der von seiner Schule erzählt, wie toll er doch da ist, und was er da wieder gemacht hat, doch es ging mir nicht gut damit. Ich konnte aber nie so genau definieren, woran das lag. Und dort, unter Rolands Freunden, da hatte ich dieses Gefühl nicht. Ich hatte das Gefühl, ich bin ich selbst, ich bin gelöst und kann aus mir rauskommen. Ich konnte erzählen, ich war locker, ich war frei von irgendwelchen Zwängen. Es interessierte sich keiner mehr für meine Schulleistungen, das war total scheißegal. Endlich war ich echt, als Mensch interessant. Sicher hat man mich hier zu Hause auch als Mensch interessant gefunden, aber ich war weg von dieser Schule, weg von diesen Zwängen und – ja. Es war halt was Besonderes, weil ich auch merkte: Es war wider die Norm. Es war aufregend. Die gesellschaftlichen Korsetts spielten keine Rolle mehr. Da wurde auch nicht lange geplant für diesen Brunch – wer bringt was mit? oder: Es sind nur zehn Leute geladen –, ich wurde überraschend mitgenommen, und es war kein Problem.

Also, für mich war das ganze Wochenende wie eine einzige Einweihung. Und um so schwerer fiel dann die Trennung am Sonntagabend. Davor ist noch was sehr Wichtiges passiert: Roland hat einen Bruder, der ist hetero, und mit dessen Frau hatte ich noch ein intensives, sehr warmherziges Gespräch. Ich war natürlich voller ängstlicher Fragen: Was soll ich meinen Eltern sagen, was soll ich Ulrike sagen, wie soll mein Leben weitergehen. Ich will euch wiedersehen! Für mich war das alles ganz tragisch. Und sie sagte zu mir: »Gerrit, du mußt dir erst mal klarwerden, was du willst. Was du wirklich willst und wie du wirklich empfindest. Fühlst du dich zu Männern hingezogen, oder war das nur so 'n Abenteuer, willst du doch mit Ulrike leben? Und wenn du's weißt, dann versuch es zu leben, setz dich durch. Aber mach es schrittweise, geh zu 'nem besten Freund oder zu 'ner besten Freundin, oute dich da, rede über deine Gefühle, am besten noch, geh zu deinen Eltern, zu deiner Mutter, entlaste dich.« Sie war so einfühlsam, so fürsorglich, vielleicht, weil sie 'ne Mutter war. Sie konnte sich in mich hineinversetzen, aber auch so gut hineinversetzen, wie das für meine Eltern sein würde. War ein schönes Gespräch.

Dann haben sie mich zum Zug gebracht. Und ich saß in diesem Zug von Saarbrücken nach Frankfurt und hab' die ganze Zeit geheult. Man muß sich vorstellen, da hatte ich für mich etwas entdeckt, was wirklich superschön war – und ich muß sagen, ich hatte zu dem Zeitpunkt längst realisiert, daß ich schwul bin – und jetzt ging es darum: Wie setz' ich das um? Wie soll mein ganzes Leben weitergehen? Ich griff zum Handy und rief meine Mutter an, und ich sagte ihr, ich möchte gern, daß sie mich vom Bahnhof abholt. Ich möchte ihr was sagen. Meine Mutter wunderte sich natürlich, weil ich vorher nie abgeholt werden wollte. »Hast du geklaut?«, war ihre erste Reaktion. Und die zweite: »Hast du Probleme mit der Polizei?« Und ich so: »Nein, Mama, darum geht's nicht.« Na ja, also wieder vier Stunden im ICE, der ohne Halt durchfuhr und ich mußte immerzu denken: Du kannst nicht mehr aussteigen. Wenn du aus diesem Zug aussteigst, dann steht deine Mutter vor dir! Ich glaube, vom Herzen her wußte ich, daß sie mich auf keinen Fall rauswerfen wird. Aber die Angst war trotzdem da. Dazu kam: Meine Welt und meine Werte stürzten auf einmal ein. Mir war bis dahin wichtig, gut in der Schule zu sein, ich fand das toll, weil ich dadurch Anerkennung bekam. Ich wollte 'n sehr gutes Abitur machen, ich wollte 'n guten Beruf haben, ich wollte gut Geld verdienen. Und ich wollte auch 'ne Familie gründen, wobei ich mir da nicht immer so ganz sicher war. Ich sagte immer, ich will nie heiraten und nie Kinder kriegen, aber auf der anderen Seite fand ich, 'ne Frau gehört irgendwie dazu. Das hab' ich die meiste Zeit verdrängt, ja, und in meiner Rangfolge war das ganz weit hinten.

Dann kam natürlich diese ganze Selbstquälerei: Warum ausgerechnet ich? Was ist gewesen? Wodurch konnte das geschehen? Aber da hab' ich keine Antwort drauf. Da gibt's auch keine Antwort drauf, glaube ich. Denn eine Zeitlang habe ich genetische Bücher gelesen, biologische Verhaltensbücher und so was, und ich weiß jetzt auch nur, es gibt 'n paar Theorien, aber es ist keine erwiesen.

Als ich dann so gemerkt habe, es gibt keine Erklärung, da hab' ich dann auch irgendwann gesagt: Okay, es ist so, und ich frag' nicht weiter, warum es so ist.

Das soll so sein.

Mir kam auch in den Sinn: Mensch, eigentlich hast du Ulrike betrogen! Ich fühlte mich zwar nicht so, weil es halt für mich keine gefühlsmäßige Beziehung war. Aber trotzdem war es, streng genommen, ein Betrug.

Also, mit diesem ganzen Ballast kam ich in Berlin, Bahnhof Zoo an, und auf dem Bahnsteig stand meine Mutter, natürlich mit einem ernsten, besorgten Gesichtsausdruck. Ich sah sie da stehen und fing gleich an zu heulen. Sie nahm meinen Koffer und sagte: Komm, wir gehen erst mal ins Auto. Ich lief weinend hinter ihr her und setzte mich dann neben sie auf den Beifahrersitz im Auto. Sie sagte: »Na, nun erzähl doch mal, was ist denn gewesen?« Und ich: »Ich kann dir das nicht erzählen ...« Und sie: »Ist es denn so schlimm?« Und ich: »Ja, es ist schlimm, es wird alles verändern.« Ich hab' erst mal so angefangen: »Ich hab' dich angelogen, Mama, ich bin nicht dagewesen, wo ich erzählt hatte, und auch nicht mit dem Austausch-Schüler. Sondern ich bin dagewesen, weil ich einen fremden Mann kennengelernt habe.« Worauf meine Mutter fragte: »Fremder Mann?« Und in dem Moment auch noch gar nicht schaltete. Ich erzählte ihr dann alles von Anfang an, den Hauptpunkt habe ich damals aber noch so formuliert: »Ich glaube, ich bin schwul und interessiere mich für Männer.« Ich hab' gesagt, ich weiß es aber nicht. Vielleicht bin ich ja sogar bi. Also, ich fand dafür keine Worte, da war ja immer noch Ulrike. Und bisexuell klang immer noch nicht ganz so hart wie schwul.

Sie hat dann tief durchgeatmet, wir sind nach Hause gefahren. Ich bin gleich ins Bett gegangen, am nächsten Tag hatte ich ja Schule, konnte aber nicht schlafen. Meine Eltern hörte ich nebenan die halbe Nacht reden. Ich weiß nicht, was sie geredet haben und wie mein Vater reagiert hat. Jedenfalls kam nachts um drei mein Vater in mein Zimmer und sagte zu mir, ob ich mir das alles genau überlegt hätte. Das ist doch mit Aids, und das ist doch sehr schlimm, und da kann man dran sterben. Also, er redete gar nicht über's Schwulsein und nicht über Gefühle, sondern nur über Aids und die Folgen von Aids. Das war also sein Hauptthema. Ich glaube, ich war eher erleichtert, daß mein Vater mich nicht rauswerfen wollte. Daß er nicht sagte, ich verabscheue dich oder ich hasse dich. Er sagte auch, wie meine Mutter: Na, wir wollen mal sehen, was die Zukunft bringt, und erzählte nur von Aids. Mir war das überhaupt nicht wichtig, darum machte ich mir nicht so viele Gedanken. Ich hatte das Gefühl, mein Vater und ich waren zwei Welten. Er redete von seiner Welt, und ich redete von meiner, und wir konnten keinen Nenner finden. Weil mein Vater überhaupt nicht damit umgehen konnte. Dann ist er wieder ins Bett und ich auch, und am nächsten Tag bin ich dann doch nicht zur Schule gegangen. Das war das Outing vor meinen Eltern.

Ich hab' dann ziemlich schnell angefangen, es meinen Freunden zu erzählen. Es mußte einfach sein, wie bei 'nem Vulkanausbruch, wenn die Lava da so runterläuft; ich mußte mich einfach jemandem anvertrauen. Das war gar nicht mehr aufzuhalten.

Wobei ich immer noch gesagt habe, ich sei wahrscheinlich bi. Ja, weil ich auch Ulrike immer noch nichts gesagt hatte. Meine Freunde haben schon Verständnis gezeigt, vielleicht auch, weil ich immer sehr durcheinander gewesen bin bei diesen Gesprächen. Sie haben mich dann meistens in den Arm genommen und gesagt: Es ist kein Problem. Und auch, wenn du schwul wärst, wäre das kein Problem.

Ich hab' mich dann von Ulrike getrennt, unter einem Vorwand. Ich habe ihr gesagt, daß ich nicht mehr mit ihr zusammensein kann, weil ich nichts mehr für sie empfinde. Ich traute mich damals nicht, ihr den wahren Grund zu sagen, und das war natürlich falsch. Sie hat dann sehr, sehr gelitten, hat ziemlich geweint über diese Trennung und wollte mich eigentlich nie wiedersehen. Ungefähr 'n halbes Jahr später habe ich es ihr dann doch gesagt, und dann war es nicht mehr so schmerzhaft, sie hatte inzwischen schon 'n neuen Freund, und dann ging es. Es wäre gnädiger und ehrlicher gewesen, es ihr gleich zu sagen, klar. Es wäre viel besser gewesen, ich hatte den Mut aber nicht.

Mit Roland ging es auch nicht weiter. Ich bin später zwar noch mal nach Saarbrücken gefahren, aber da hatte ich dann schon ganz andere Freunde gefunden. Der Kontakt zu Roland hat sich völlig verloren. Nach meiner Trennung von Ulrike fing ich auch an, in der Berliner Schwulenszene wegzugehen, und ab dem Moment war Roland auch gar nicht mehr wichtig. Er war vielleicht wirklich nur so 'n Sprungbrett für mich, muß ich jetzt mal ganz kraß sagen, und mein Interesse für ihn ging sehr schnell runter.

Bis zum heutigen Tag hab' ich also mit zwei Frauen geschlafen und – ich will da mal ehrlich sein – mit dreißig Männern. Das ist viel. Das ist viel.

Mein Leben war ab dem Zeitpunkt völlig anders als davor. Ich lernte halt sehr, sehr schnell in Berlin andere Männer kennen, auch in meinem Alter, und es war wie so 'ne neue Pubertät. Ausleben, ausleben, und vor allem Konsumieren. Also, ich hatte auf einmal das Gefühl, ich konsumierte andere Jungs; ich schlief mit sehr, sehr vielen.

Daß ich das auf einmal ausleben wollte.

Ich hab' trotzdem Abitur gemacht, behielt auch meinen alten Freundeskreis bei, ich ging jetzt bloß am Wochenende nicht mehr mit denen weg, sondern in die schwule Szene. Baute mir da so 'nen – ich würde nicht sagen: Freundes-, aber Bekanntenkreis auf. Die Nächte fanden in deren Wohnungen statt, ich hab' aber auch mal welche mit zu mir nach Hause gebracht, wenn meine Eltern verreist waren.

Also, im Endeffekt muß man sich mein Leben so vorstellen, daß ich mit 18 ½ bis 20 meine wilde Phase hatte, wo ich mit vielen Männern geschlafen habe, dazu zwei Kurzbeziehungen von jeweils vier Monaten, die aber nicht weiter erwähnenswert sind, weil sich daraus nichts Ernsthaftes entwickelt hat. Erst nach meinem 20. Geburtstag kam dann eine intensive, lange und treue Beziehung. Sie hielt acht Monate. Meine erste große Liebe, an der ich heute noch hänge. Markus.

Markus habe ich beim Christopher Street Day kennengelernt in – und jetzt klingt das fast wieder wie so 'ne Fügung – Saarbrücken. Ich hab' ja gesagt, daß ich nach Roland noch mal dort war und auch Freunde da gefunden habe, na ja, und ich bin also wieder bei denen gewesen, zum CSD.

Ich weiß es noch: Es war der 28. Juli 2001, ein Samstag, ein Straßenfest. Und Markus ist mir zuerst gar nicht so aufgefallen, eher sein damaliger Freund, genauer gesagt: ExFreund, bei dem er zu Besuch war, Torsten. Der ist eher so ein Macker-Typ. Und der machte mich auch gleich an, bewunderte meine Fußballerwaden und fing gleich an, mir unterm Tisch ans Knie zu fassen.

Markus saß ruhig neben Torsten und hat nicht viel gesagt, war sehr zurückhaltend. Aber später, da lud er mich auf ein Glas Sekt ein. Wir prosteten uns zu, er nahm einen Schluck, stellte sein Glas weg und sagte: »Komm, laß und rausgehen und reden.« Ich trug ihm seinen Sekt nach, aber er wehrte ab: »Ach, ist doch egal.« Dabei hatte er ihn doch gerade erst gekauft, das Zeug war teuer gewesen. Scheint eigentlich 'ne Lappalie zu sein. War aber 'ne Verhaltensweise, die später in größerem Umfang noch wichtig wurde in unserer Beziehung.

Also, wir unterhielten uns, und wir verstanden uns. Wir gingen schnell in die Tiefe, er erzählte mir von seiner Beziehung zu Torsten. Ich mag große Männer, und Markus ist groß, dunkle Haare, blaue Augen und hat 'ne sehr ruhige Ausstrahlung.

Auf dem Nachhauseweg ging es dann irgendwann darum, ob ich mit zu Markus und Torsten in die Wohnung komme. Hab' ich aber abgelehnt, ich sag' auch ganz ehrlich, warum: Ich wollte nicht, daß daraus irgendwie 'n Dreier entsteht. So was mag ich nicht und hab' ich auch noch nie gemacht. Und für mich war klar, daß Torsten das initiieren wollte. Ja, und dadurch, daß ich mich mit Markus so gut unterhalten hatte, da paßte jetzt Sex irgendwie gar nicht so richtig.

Ich hab' dann in einer WG übernachtet. Und am nächsten Vormittag, so zehn oder elf Uhr, da klingelte's an der Wohnungstür, ich lag noch im Bett, und Markus kam rein. Wollte mir einfach Guten Morgen sagen und gucken, ob ich schon wach war. Mir war das irgendwie peinlich, weil ich nackt war und weil ich nicht wollte, daß Markus denkt, ich hätte dort mit irgendwem geschlafen. Zog mir die Decke bis unters Kinn, und Markus meinte: Na bleib mal ganz ruhig, zieh dir was an, ich gehe so lange auf den Balkon. Ich hab' mich sehr gefreut, daß er vorbeigekommen war. Wir haben dann in der Küche mit der ganzen WG zusammen gefrühstückt und auch den restlichen Tag miteinander verbracht. Irgendwann tauschten wir dann Telefonnummern aus – und ich hab' noch gar nicht erwähnt, daß Markus aus Frankfurt/Main kam. Das paßte, denn in drei Tagen sollte ich ein Vorstellungsgespräch bei der Lufthansa haben, wo ich als Flugbegleiter anfangen wollte. War natürlich 'n Zufall. Ich meine, bis dahin war mir Markus erst mal vor allem sympathisch. Ich dachte nur: Ist ja nett, wenn du den Job bei der Lufthansa kriegst, dann kennst du dort in Frankfurt schon mal jemanden. Ich selbst habe zu dem Zeitpunkt in Köln gewohnt. Wird das jetzt zu kompliziert? Also, ganz einfach: Nach dem Abi habe ich in Berlin Zivildienst gemacht in einer Sozialstation, häusliche Krankenpflege. Und danach bin ich nach Köln und machte dort ein Praktikum bei einer Firma im Marketing. Und später wollte ich eigentlich nach Berlin zurückgehen und studieren, wenn das mit der Lufthansa nicht klappen sollte. So.

Also, Markus hatte meine Telefonnummer und rief mich gleich an, als ich noch im Zug nach Köln saß. Und so ging das weiter: Wir haben die nächsten zwei Abende lange telefoniert. Und am Dienstagabend war's besonders schön, weil – ich war so aufgeregt wegen diesem Vorstellungsgespräch, und er sagte: »Beruhig dich mal, ich hol dich ab danach.« Und ich ging halt dahin, das Gespräch ist prima gelaufen, und er holte mich ab. Es war superschön. Er umarmte mich, wir gingen ins PULSE in Frankfurt, das ist 'n Laden nicht nur für Schwule, wird aber von vielen Schwulen besucht. Und dort haben wir was getrunken, da steht 'ne riesengroße Couch, und da drauf haben wir gekuschelt und geknutscht, mitten in dieser Öffentlichkeit. Ich ließ es mir einfach alles gefallen, obwohl ich nicht wußte, wie das nun alles weitergehen sollte; in dem Moment war es einfach nur schön. Ich bin dann wieder nach Köln geflogen an dem Abend, und kaum zu Hause, rief mich Markus wieder an. Ob ich gut angekommen sei und ob er mich am Wochenende besuchen könne. Am Wochenende wollte aber meine Schwester kommen, die ist vier Jahre jünger als ich, mit ihrer Freundin. Der Zufall wiederum wollte es aber, daß meine Vermieterin sagte, sie sei Samstag, Sonntag verreist. Und damit war genug Platz für uns alle vier.

Als er da zu mir kam, merkte ich zum ersten Mal, ich war richtig verliebt. Meine Schwester hatte eine Heten-Diskothek ausgesucht, und da waren wir dann alle zusammen, und ich wollte meiner Schwester Köln zeigen, da kam Markus eben mit. Und ich weiß noch, daß ich mich sogar verfahren hab'! Wir saßen zu viert im Auto, hörten Musik und Markus hatte die Hand auf meinem Oberschenkel, und ich hätte eigentlich rechtsrheinisch fahren sollen, verpaßte die Brücke und fuhr linksrheinisch Richtung Düsseldorf. Da gibt's dann keine Brücke mehr, und mir fiel erst kurz vor Düsseldorf auf, daß ich auf der ganz falschen Rheinseite bin, weil ich so weg war. Weil ich es so genoß, daß er neben mir saß und meine Schwester hinter mir, und alles war so natürlich und so selbstverständlich. Ja, da wußte ich, mich hat's erwischt. Ich merkte richtig, wie Verliebtsein auftrat.

Bis dato war ich, glaube ich, nie richtig verliebt. Und als er dann wieder wegfuhr, merkte ich auch zum ersten Mal, wie es ist, wenn man jemanden vermißt. Ich wartete auf seine Anrufe, und die kamen auch. Ich hatte also das Gefühl, er empfindet genauso für mich, wie ich für ihn empfinde. Und dann bekam ich den Brief von der Lufthansa, ich würde den Job kriegen. Lufthansa nimmt mich. Ich möchte bitte Ende September nach Frankfurt ziehen und die Arbeit antreten.

Ich kann dieses Gefühl nicht beschreiben. Es war ein Super-Glücksgefühl. Das mit dem Fliegen hatte geklappt, ich hatte Markus getroffen, der auch in Frankfurt wohnte – alles schien auf einmal wie von selbst zu laufen. So ein positives Gefühl, der Höhepunkt meines Lebens bis dahin!

Jetzt kommt natürlich das große Problem: Ich war so überschwenglich in meinen ganzen Emotionen und Erwartungen, und er auch, daß er sagte, du ziehst einfach zu mir in die Wohnung, und dann gucken wir mal, ob du nicht später 'ne eigene Wohnung findest, wenn du dein eigenes Geld verdienst, damit wir nicht zu schnell zu dicht zusammenrücken. Ich meine, wir kannten uns ja noch gar nicht richtig. Andererseits waren wir uns gefühlsmäßig eben schon so sicher, daß wir unbedingt zusammenziehen wollten. Na ja, so schien alles geplant zu sein.

Dann kam der 11. September. Und damit die große Luftfahrtkrise, auch bei der Lufthansa. Die sagten zwar, sie werden mich einstellen, sie nehmen mich trotzdem, ich soll mir keine Gedanken machen, aber es sei auf der Kippe. Sie können mir nichts versprechen. Nun sollte ich aber schon Ende September nach Frankfurt ziehen. Und obwohl ich zu dem Zeitpunkt immer noch nichts von der Lufthansa gehört hatte, tat ich das dann einfach. Ich zog zu Markus in die Wohnung. Anfang Oktober fing ich 'nen Sprachkurs an, für zwei Monate, und danach sollte die eigentliche Ausbildung zum Flugbegleiter beginnen.

So, jetzt kommt das Problem: Markus wurde von seiner Firma entlassen, er ist Systemadministrator. Eigentlich aus Selbstverschulden heraus. Er hatte sich da so einige Ungenauigkeiten seiner Firma gegenüber geleistet, über die ich jetzt nicht so im Detail reden möchte. Jedenfalls wurde es dadurch für mich auch schwieriger. Plötzlich hatten wir zu knabbern, um die Wohnung halten zu können, die Miete zu zahlen. Eins kam zum anderen: Wir begannen, uns öfter wegen der Finanzen zu streiten. Er hatte zum damaligen Zeitpunkt auch schon relativ viele Schulden, die er abbezahlen mußte, und wir rutschten in die Sozialhilfe ab. Weil ich ja auch nicht gut verdient habe; genaugenommen hatte ich ja noch keinen Job. Unsere Miete zahlte irgendwann das Sozialamt, Markus war arbeitslos. Im November fand er dann doch wieder einen Job, und mich vertröstete die Lufthansa weiter auf nächstes Jahr.

Also hab' ich nach dem Sprachkurs 'nen Job in der Marktforschung angenommen in Frankfurt, weil ich unserer Beziehung unbedingt 'ne Chance geben wollte. Darum bin ich geblieben. Aber, was sich ganz am Anfang in diesem blöden kleinen Erlebnis mit dem Sekt angedeutet hatte, das nahm jetzt richtige Ausmaße an: Markus hatte andere Vorstellungen, wie man mit Geld umgeht, als ich. Daraus kamen dann unsere Differenzen, aber wir haben sie viel zu selten offen angesprochen. Eher so hinter dem Rücken des anderen. Dazu kam Eifersucht. Ich war sowieso sehr frustriert, weil das mit der Lufthansa nicht geklappt hatte und weil ich merkte, es ist doch nicht ganz so einfach, die Stadt zu wechseln, mir fehlten meine Freunde. Die Wohnung war sehr klein, wir schliefen im Doppelbett, da war also große Nähe zwischen uns. Einerseits sehr schön, andererseits wurde's eben auch schnell sehr eng. Ich hatte aber immer das Gefühl: Wir schweißen uns zusammen, das wird schon, ich muß durch diese Phase eben durch. Der Sex war schön, ich war ihm die ganze Zeit treu, er sagte, er mir auch, und trotzdem kam immer wieder die Eifersucht hoch.

Ich weiß es nicht, ich weiß nicht, woran es gelegen hat. Jedenfalls war ständig auch Eifersucht mit im Spiel. Ich will's mal jetzt nicht so kompliziert machen, mit Namen und Anlässen und so, das verwirrt, glaube ich, nur. Jedenfalls gab es lauter Kleinigkeiten, die sich zu großen Schwierigkeiten aufstapelten. Und der Druck, der auf unserer Liebe lastete, wurde eigentlich immer größer.

Als sich Lufthansa immer noch nicht bei mir meldete – was sie übrigens bis heute nicht getan hat –, fing ich in Frankfurt ein BWL-Studium an. Nicht weil ich von der Stadt noch so überzeugt gewesen wäre, sondern in erster Linie, um unsere Beziehung nicht aufzugeben. Dadurch entstand – sehe ich heute – nur wieder neuer Erwartungsdruck. So nach dem Motto: Ich gebe hier so viel! Verzichte auf meine Freunde in Berlin, bleibe in dieser Stadt, in der ich mich gar nicht wohlfühle, habe keine eigene Wohnung, bin zu dir gezogen und bin auch der, der diese Wohnung schön gestaltet hat. Es blieb immer so ein schlechtes Gefühl, das nicht wegging.

Und ich versuchte, gut für Markus zu sorgen. Nicht nur, daß ich mit den Haushaltsdingen besser klarkam, ich mischte mich wahrscheinlich auch zu sehr in sein Leben ein. Es gab da eine Sache, die die Beziehung sehr stark gerüttelt hat: Da rief ich bei einer Behörde an, um eine Oberflächlichkeit von ihm aufzuklären, weil ich nicht wollte, daß er damit durchkam. Ich wollte nicht, daß er, der schon genug mit seinen Schulden und seiner Laxheit gegenüber

Geld zu kämpfen hatte, sich da irgendwo noch tiefer reinreitet. Ich will das jetzt nicht näher erläutern, weil ich ihm damit nicht im nachhinein noch schaden möchte. Aber das war natürlich eine Aktion von mir, die ein Riesenfehler war! Vor allem hat es dazu beigetragen, daß er angefangen hat, sich von mir zu distanzieren. Das war klar. Ich weiß auch nicht, ob das jemand nachvollziehen kann. Dahinter steckte eine riesige Angst um ihn, daß er zu seinen ohnehin schon vorhandenen Problemen noch größere dazubekommt. Ich wollte für ihn agieren, wollte Schlimmeres verhindern.

Ich hab' nicht gemerkt, daß das gar nicht mein Ding war. Ich hab' immer versucht, seine Probleme zu lösen, hab' mich immer verantwortlich gefühlt für ihn und hab' mich nicht mehr um mich selbst gekümmert. Hab' zwar mein Studium absolviert, aber so richtig reingekniet habe ich mich nicht.

Vielleicht war es nur eine Frage der Zeit, jedenfalls lernte Markus eines Tages einen gewissen Maik kennen. Von dem schwärmte er mir vor, was das für 'n toller Mensch sei, und ich dachte, dann kann das ja nichts Ernstes sein, wenn er so offen über ihn spricht. Aber tief drinnen, wäre ich ehrlich zu mir gewesen, war ich schon irritiert. Es wurde irgendwie kühler zwischen uns.

Na ja, und eines Abends sagte er mir dann unter Tränen, daß er sich in Maik verliebt habe. Im ersten Moment nahm ich ihn sogar noch in den Arm und tröstete ihn: »Das kriegen wir schon wieder hin.« Also, wir schliefen noch miteinander, und es war immer noch schön. Auch gefühlsbetont und so, ist eigentlich verwunderlich, war aber so. Die ganze schwierige Zeit über schliefen wir miteinander.

Der Schluß war hochdramatisch. Wir heulten beide. Er wollte Maik und wollte mich gleichzeitig nicht verlieren, ein einziges Chaos! Mitten in eines unserer letzten Gespräche platzte ein Anruf von Maik, und Markus verabredete sich mit ihm. Da riß mir irgendwas. Ich dachte: Kann ja wohl nicht wahr sein! Eben reden wir noch, wie schlimm alles mit uns ist und wie wir damit umgehen sollen, und da will er sich wieder mit Maik treffen und macht im Grunde alles zur Farce, was wir gerade klären wollten. Ich schrie – und ich glaube, da bin ich zum ersten Mal in meinem Leben laut geworden –, ich halte es nicht mehr aus, ich kann's nicht mehr ertragen, ich hab' die Schnauze voll. Markus wirkte wie gelöst, zog sich an und ging. Nicht ohne mich vorher noch zu fragen, ob er nicht doch hierbleiben soll. Dann war er weg, und ich erlebte die schlimmste Zeit meines Lebens bis dahin. Es war, als rutschte alles weg. Ich heulte, rief meine Eltern an, die sagten mir, ich soll in ein Hotel gehen, soll nicht in dieser Wohnung bleiben. Aber ich war so müde.

Irgendwann in dieser Nacht hab' ich dann beschlossen: Du gehst morgen in die Uni, suchst dir jemanden, bei dem du einziehen kannst, und dann überlegst du in Ruhe, wie dein Leben weitergehen soll.

So glatt verlief unser Ende natürlich nicht. Es ging noch mehrmals hin und her; wir ersparten uns nichts so richtig. Aber ich zog am Ende aus, und ich wußte auch, ich kann in dieser Stadt nicht bleiben. Ich ging nach Berlin zurück. Und da bin ich nun.

Im Moment wohne ich wieder bei meinen Eltern. Demnächst werde ich in eine eigene Wohnung ziehen, anderthalb Zimmer, hier in Berlin, alleine. Mein BWL-Studium werde ich wieder neu anfangen, im ersten Semester. Und hab' 'nen Job angenommen, im Telefon-Banking, auf 15-Stunden-Basis, mit dem ich mein Studium finanzieren kann. Und bin wieder selbständig. Oder zum ersten Mal im Leben selbständig. Und das ist 'n schönes Gefühl.

An Markus denke ich oft. Auch, ob es nicht besser gewesen wäre, wenn wir uns noch 'ne Chance gegeben hätten. Er hat mir zum Schluß angeboten: »Laß uns doch in 'ne Paarberatung gehen.« Weil er den Satz geprägt hatte, er will diese Beziehung zurück, mit allen Konsequenzen. Er ruft mich ja auch immer noch an, oder ich krieg' 'ne SMS von ihm. Und ich merke auch bei mir, daß noch gefühlsmäßig was da ist, auf jeden Fall. Klar, ich frage mich auch die ganze Zeit, was wir hätten besser machen können.

Ich hätte mich nicht so sehr einmischen sollen in sein Leben. Ich hab' mich in viele Dinge eingemischt, die seine Sache gewesen sind. Ich hätte mehr die Beziehung leben sollen, so von Tag zu Tag. Aber ich hab' immer so an die Zukunft gedacht: O, Gott, er muß aus dieser Schuldenfalle raus, und wir müssen irgendwie beide richtig arbeiten und Geld verdienen, damit wir uns das leisten können. Ich hab' halt weniger das Positive gesehen, war sehr pessimistisch in dieser Beziehung. Ich hab' mir das Leben sehr, sehr schwer gemacht mit ihm. Wir hätten auch nicht so schnell zusammenziehen sollen. Mit all dem habe ich noch ganz schön zu kämpfen. Es gibt oft Tage, wo ich zu weinen anfange, zum Beispiel wenn ich ihn am Telefon höre.

Ist noch so 'ne Hoffnung, so 'n Traum, wieder einen Partner zu finden. Ich möchte schon 'ne feste Beziehung. Und vielleicht gibt Markus und mir das Leben noch mal 'ne Chance. Ich bereite zwar jetzt mein Leben so vor, daß ich weiß, ich bin unabhängig, ich bin selbständig, ich bin nicht abhängig von jemand anderem, aber gleichzeitig auch so das Gefühl: Ich will meine Hoffnungen nicht totmachen.

Weil, ich finde's irgendwo auch schön, Hoffnungen zu haben, Träume zu haben. Und vielleicht ist es doch so, daß es noch 'ne Möglichkeit gibt zwischen uns beiden.

»Ich nehme mir viele Dinge

so zu Herzen«

Candy, 20, Fürstenwalde

Ja, ich nehme mir vieles zu Herzen, unglücklicherweise. Auch meine eigentliche Freundin, meine Exfreundin. Deshalb lese ich auch soviel Dickens, der ist gut. Über Abschied zum Beispiel, daß man sich immer so verabschieden sollte, als wär's das letzte Mal. Diese Stelle aus dem »Raritätenladen«: *»Wie kommt es, daß wir die Trennung im Geiste besser ertragen können als am Leibe und nicht den Mut haben, den Abschiedsgruß zu sagen, während wir doch die Kraft besitzen zu scheiden?«* Ohne Madeleine hätte ich sicher nie Dickens gelesen. Oder Hesse, den »Steppenwolf«. Den hab' ich viermal gelesen, weil ich nicht begreifen kann, wie ein Mensch, der so seinen eigenen Weg geht, so devot werden kann.

Meine langen Haare, ja. Das ist kein eigener Weg, kein persönlicher Stil mehr, sondern das ist ein Gemisch aus Faulheit und dem, was ich deswegen durchgemacht hab'. Und das begründet sich alles noch auf dem einen Jahr, das ich damals in der Schweiz war. Danach ist mein Leben erst so richtig in die Bahnen gerutscht oder rausgerutscht, irgendwas dazwischen. Also, ich kam wieder, und alle Leute hatten sich in irgendwelchen Cliquen zusammengeschlossen, wo ich nicht mehr reinkam. Wir hatten 'nen Schulwechsel vollzogen, da unsere Schule geschlossen wurde, und ich hatte keine Lust, mich mit bestimmten Leuten auseinanderzusetzen. Hatte dadurch zuerst 'n Igelhaarschnitt und hab' sie mir danach lang wachsen lassen.

Teils aus Faulheit und teils, weil ich auch irgendwas entwickeln wollte mit mir, optisch, wo ich aber noch nicht genau wußte, was überhaupt draus werden sollte. Und ich wußte, daß ich nie zu irgendwelchen Nazis gehen wollte, und war schon immer recht links angehaucht, recht stark sogar, und dann sind die Haare so gewachsen.

Ja, und dann hab' ich irgendwann festgestellt, daß es das Einzige ist, was mir halbwegs steht. Und jetzt bleiben sie noch so lange dran, bis mir Koteletten gewachsen sind. Ich weiß es nicht, was draus wird. Mit Klamotten ooch. Ich wollte mir immer mal Stoffhosen kaufen, aber zum Schluß renne ich wieder zu »Schumann's« nach Berlin und kaufe mir Schlaghosen. Weil ich keine Lust hab', mir was anderes zu überlegen oder mich damit auseinanderzusetzen. Wenn ich nicht schnell genug was finde, dann hol' ich mir immer das, was sich bewährt hat.

So mit 13, 14, da hatte ich mal so 'ne Phase, da hab' ich mir die Haare jeden zweiten Tag gewaschen und jeden Tag gekämmt, da waren sie so bis knapp unter die Ohren, mit Scheitel, so schön an der Seite runter, so 'n Schnörksel. Und heute ist es immer situationsabhängig. Wenn's mir grade gutgeht, dann sehen die Haare immer sehr gepflegt aus. Mal ganz davon abgesehen, daß ich im Job, ich lerne jetzt Veranstaltungstechniker in 'ner Firma in Frankfurt/Oder, also daß ich da schon so 'n bißchen auf mein Äußeres achten muß. Da paßt der Chef, die Chefin auch, schon drauf auf. Geht's mir schlecht, dann sehe ich auch klamottentechnisch ziemlich verwildert aus. So in meiner momentanen Situation ist es mir ziemlich egal, was die Außenwelt von mir denkt. Ich will damit auch nichts großartig verkörpern, halt einfach nur, daß es mir egal ist. Weil – zum Schluß muß ich ..., also es hat sich kein anderer über mich 'n Bild zu machen, das ist einfach mal Humbug. Wer mich kennt, der weiß mich auf andere Arten zu schätzen.

Klar, Schlips, Kragen steht mir eigentlich auch sehr gut. Und ich würde mir so was auch gern leisten können. Aber ich kann's halt nicht, und deswegen muß ich erst mal mit dem zufrieden sein, was ich habe. Und wenn ich halt in dem Moment nur 'ne kurze Hose habe, wo 'n Loch im Arsch drin ist, dann muß ich die halt anziehen. Und zum Schluß geb' ich das Geld immer mehr in der Kneipe aus als für Klamotten. Einmal, das erste Mal, da hab' ich wirklich 'n Kauf-Flash bekommen, das war vor drei Wochen. Da hab' ich über dreihundert Euro für Klamotten ausgegeben, und CDs und Konzertkarten. Toto und Air, das waren die beiden Konzerte, das letzte ist ja leider ausgefallen, wegen dem Sturm. Dann zwei Hosen, das grüne T-Shirt mit dem roten Stern auf der Brust, das ich gerade anhabe, noch 'n enges T-Shirt. Das meiste ist dann aus irgendwelchen Second Hand Shops, halt im »Schumann's« im Prenzl'berg, da wird man immer sehr gut beraten. CDs kauft man sowieso viel zu wenig und viel zu selten. Da hab' ich dann gleich fünf Stück genommen. Bin wieder den ganzen Tag rumgerannt, um 'ne Pearl Jam zu kriegen.

Ich weiß auch nicht, Pearl Jam ist irgendwie das geworden, was ich immer hören kann seit Jahren. Meine Arbeitskollegen sagen immer, sie wollen meine Musik nicht hören, das ist die totale Depri-Musik. So Notwist und Jola Tango. Aber ich höre halt so auf die Instrumente, weil ich auch selber Musik mache, und von daher gibt's eigentlich keine depressive Musik. Es gibt nur welche, die halt bestimmte Gefühle betont. Das macht Musik auch grade so interessant.

Also, vor zwei Jahren, da haben wir uns – nur Jugendliche – 'n Haus gemietet, 'ne alte Bibliothek, und haben da Selbstverwaltung und 'ne Ausstellung betrieben, das war halt alles auf künstlerischer Basis. Und da gab's 'n Tape von 'nem Freund von mir, da war diese Band halt drauf, so habe ich die kennengelernt. Und dann, im Osten gab's doch diese Gedichtheftchen, »Poesiealbum« nannten sich die, und die Nummer 43 bis 46, da waren wundervolle Sachen drin von Alexandre ... weiß ich nicht, und dazu hab' ich immer ein Lied von Notwist gehört, und das war dann genau die richtige Stimmung. Das war ohne Gesang, etwas langsamer, mit so Techno-Bop-Beats, und da kommt man dann immer zum Träumen. Vor allen Dingen waren da auch sehr schöne Bläserpassagen drin. Ich hör' am liebsten immer noch Musik, die handgemacht ist. Rockmusik.

Peter Gabriel, also ich bin auch dem Alten sehr verbunden. Police mag ich auch sehr, Sting generell. Ist Wahnsinn. Oder Ton, Steine, Scherben, Rio Reiser. Es gibt in Deutschland nicht viele, die so klar definiert in ihrer politischen Aussage sind. »Träume« und »Halt dich an deiner Liebe fest« gehören zu meinen absoluten Lieblingstiteln. Ich würde sagen, ich hatte 'n Integrationsproblem mit den Leuten. Dadurch, daß ich ja auch das eine Jahr in der Schweiz war und was vollkommen anderes kennengelernt hatte. Da war ich in der vierten Klasse. Meine Eltern sind vollkommen dagegen gewesen, auch schon kohletechnisch, meine Oma hat das ins Rollen gebracht. Aus Liebe zu mir fand sie sogar, ich hätte bis zum Ende des Gymnasiums dort bleiben sollen. Ich bin sozusagen Omas Liebling. Und von meiner Oma die Tante, deren Tochter wohnt in der Schweiz. Die hieß Sigrid und ist mittlerweile an Brustkrebs verstorben. Und sie war die Menschlichkeit und die Fürsorge in Person. Da gab's auch keinen Fernseher. Da war die ganze Familie dort. Die hatten auch einen sehr hohen Stand in ihrer Nachbarschaft und so, freundschaftlich gesehen. Das war direkt neben Luzern 'n kleenes Dorf, Kastanienbaum hieß das. Und die Schule war so gegliedert, daß man in jeder Klasse einen Lehrer hatte, der wirklich sämtliche Fächer mit einem behandelt hat in einem Raum. Mit Teppich und Schuheausziehen. Da war – das Kollektiv, die Gemeinschaft war ganz anders. Die meisten Unterrichtsstunden sind miteinander verflossen. Wir haben auch 'n Buch gemacht, da hat jeder 'n Bild gemalt und 'n Vierzeiler dazu gemacht, und das wurde dann 'n richtiges Buch, mit Siebdruck und festem Einband. Da haben wir alles selber gemacht, gebunden ooch. Das waren so Projekte, die man dann auch nach der Schule gemacht hat, oder selber Käse machen, beim Lehrer zu Hause, der hieß Toni Muff. Und das waren einfach übelste Erfahrungen, da. Die Leute auch, so mit der Schule und der Freizeit, das ist alles ineinander übergegangen. Man hatte Mittagspause, da war man zu Hause, danach war man wieder bis viere da, aber 's hat einem nie Freizeit gefehlt, wirklich. Weil alles mit einbezogen wurde. Da hab' ich also mal was völlig anderes kennengelernt. Und ich denke, so vierte, fünfte, sechste Klasse, das sind so die Jahre, wo man dann mal langsam anfängt, sich selber 'ne Platte zu machen. So mit 9, 10 kriegt man die ersten pseudo-rebellischen Phasen und stinkt das erste Mal rum und ist richtig bockig. Ich kam dann hier wieder an als sehr ruhiger Mensch eigentlich und hatte von dem, wie die Leute hier in der Schule miteinander umgingen, alles vergessen. Verdrängt.

Ich kam auch dann auf meine Freunde wesentlich ruhiger zu. Ich hatte noch nie was mit Bälgereien oder mit Machtkämpfen so am Hut, das war mir immer viel zu anstrengend gewesen. Und als ich zurückkam nach Deutschland, da war mein liebster Freund weggezogen. Ja, und die Cliquen, die waren halt immer so aufgebauscht, man mußte eben immer was beweisen. Das war nix. Und Daniel, der jetzt auch hier in dieser Beschallungsfirma arbeitet, den hatte ich später kennengelernt, da hatte ich dann auch wieder 'nen Freund. Dem wollte ich nämlich mal 'n Stein an den Kopf schmeißen. Wir züchten Bobtails, und ich hatte 'n Hund, der hieß Maika. Und Daniel, der ist immer am Zaun vorbeigegangen und hat gehänselt, so: »Maika macht das Würstchen!«, und da hab' ich so 'ne Wut gekriegt und mir 'n Stein gegriffen und in seine Richtung geschmissen. Zum Glück nicht getroffen. Und dann waren's die modernen Medien. Wir hatten so 'n Master System von SEGA, und Daniel hatte ooch eens, und darüber haben wir uns dann kennengelernt. Dann haben wir im frühesten Kindesalter unsere kleenen Kompaktanlagen, die wir geschenkt bekommen haben, hin und her geschleppt, wenn wir beieinander geschlafen haben. Haben uns aus Alufolie Mikrofone gebaut und haben die ganze Nacht über Radio gespielt. Also, in unsere ganzen Wände haben wir kleine Nägel reingehauen und Boxen-Chassis aufgehängt und haben alles angeschlossen. Haben uns immer gewundert, wenn die Verstärker durchdrehen. Also, das technische Interesse war auch schon immer vorhanden. Ich war ja noch nie 'n Zu-Hause-Glucker, ich war immer irgendwie weg und kam völlig dreckig irgendwann wieder nach Hause. Und die Schweiz, das war was völlig Neues. Es gibt viele Orte, die man sich nicht vorstellen kann, Island zum Beispiel. Und genauso ist die Schweiz, wenn man da wirklich lebt, wunderschön, und man fühlt sich sofort zu Hause. Morgens gab es immer Milch vom Bauern, man guckt aus 'm Fenster und sieht nur Berge, der Vierwaldstätter See, da kann man zehn Meter mit 'ner Taschenlampe nach unten gucken, weil der so klar ist, es ist einfach nur schön. Und Liebe zur Natur, das ist immer noch. Ich laufe immer noch freiwillig gern mal vier Stunden von der Autobahn bis nach Hause und entdecke so die Unterschiede von befahrenen Straßen und großen Häusern zu langsam größer werdenden Gärten und Bäumen auf'm Gehweg und Feldern bis ins Dorf, wo dann kaum noch Autos fahren. Also kleine Filme schieben durch die Stadt. Aber nie ohne Walkman.

Ich denke halt im Moment auch sehr viel über viele Sachen nach. Und dann hat man so Bilder im Kopf von Dingen, die man hätte besser machen können. Und zwischendurch, so im Laufen, da kriegt man dann manchmal so 'nen kleinen Rappel und sagt »Scheiße!«. Weil man wieder genau sieht, was man in 'ner bestimmten Situation falsch gemacht hat, was man versaubeutelt hat. Wo man sich dann erst mal nur haßt, aber dann sagt: Na okay, kannst ja nichts mehr dran ändern. Und sich dann wieder versucht vorzunehmen, was man morgen besser machen könnte. Und dann läuft's wieder nicht. Also, die Leute gucken mich oft verwirrt an, weil ich wahnsinnig sprunghaft bin beim Erzählen. Aber es ist auch alles so viel!

Wie gesagt, meine Oma hätte eigentlich gewollt, daß ich die Schule in der Schweiz zu Ende mache. Ist schwer, im nachhinein zu sagen, was besser gewesen wäre. Ich weiß ja auch nicht, wie ich mich entwickelt hätte. Ich bin dann jedenfalls hier von der Grundschule auf die Gesamtschule gekommen, und ab da hatte ich mit der Welt so 'n bißchen abgeschlossen. Bißchen ist gut, ich bin dann nicht mehr hingegangen.

Es war so schwer, mich wieder zu integrieren. Mit manchen Leuten bin ich einfach nicht mehr klargekommen. Hatte auch nie 'n Interesse daran, irgendwelchen Mädels im Sportunterricht auf 'n Hintern zu hauen, bloß, um der Clique zu imponieren. Um dazuzugehören. Ich stand halt mit Daniel alleine auf 'm Schulhof und hab' meine Stullen reingebabbelt. Und ich hab' zu Hause gesessen und geheult. Meine Oma hat sich für mich eingesetzt, daß ich auf's Gymnasium gehen kann, aber dafür hat's nun mal nicht gereicht. Und von da an ging's dann nur noch bergab. Man hätte bestimmt noch was retten können, aber von da an war's vorbei.

Ich meine, dadurch, daß Deutschland nun grade erst geöffnet wurde, war hier eigentlich 'ne sehr interessante Situation, also im nachhinein würde ich das so beschreiben. Deshalb – so schlimm war es nun auch wieder nicht zurückzukommen, auch wenn mich die Schönheit der Schweiz so überwältigt hat. Erst mal war's halt komisch, daß unsere Schule geschlossen wurde. Dadurch ist die ganze Klasse neu zusammengewürfelt worden, und alle Leute von den kleinen Dörfern ringsum kamen dazu. Mit vielen davon wollte ich nichts zu tun haben. Dann hab' ich auch 'ne Aufgabe gesucht. In der Schweiz hatte ich angefangen, Schlagzeug zu spielen, und Geräteturnen gemacht, da gab's sogar Wettbewerbe, was es hier ja nicht gab. Also, athletische Übungen, das fand ich immer ganz interessant. Und so was hab' ich hier halt nicht gefunden. Irgendwann kam ich dann ins Orchester rein in Fürstenwalde, und damit war das sowieso gegessen. Ich hab' mich auch nicht für andere Leute interessiert außer für Daniel, ganz komisch.

Ich hatte zu Mädchen immer den besseren Kontakt als zu Jungs, glaube ich. Also, richtig gute Freundschaften mit Mädchen. Ich hab' nie mit Puppen gespielt, ich hab' sie halt dann davon überzeugt, daß man mit Autos spielen sollte. Ich hatte auch nie 'ne homosexuelle Ader, aber ich hatte damit nie ein Problem gehabt, mit Schwulen oder mit irgendwelchen Neigungen zu irgendwas. Außer – was ich wirklich nie leiden konnte, war, wenn Leute sich geschlagen haben. Damals war mir schon bewußt, man kommt nur mit einem Ding aus 'ner Schlägerei raus: Man sieht scheiße aus. So oder so. Man sieht 'n paar Wochen lang scheiße aus, traut sich nicht auf die Straße, und dafür braucht man sich nicht zu prügeln. Und mit Mädchen war das nicht so schlimm. Frauen fand ich schon vom Denken her immer interessanter als Männer, die machen sich einfach um andere Sachen 'n Kopf. Ich hatte auch nie ein Fußballinteresse. Ich war mal in 'nem Schachclub, das war meine einzige sportliche Betätigung, abgesehen vom Geräteturnen.

Erste leise Erotik, ja, die gab's mit 'ner Mitschülerin, die damals auch in meiner Straße gewohnt hat. Dafür hab' ich in der Küche mal ganz schön eine geflankt bekommen von meinem Vater. Weil sich die Eltern des Mädchens beschwert hatten. Die üblichen jugendlichen Doktorspielchen oben im Wald. Und die Eltern waren mit 'm Hund spazieren und kamen zufällig vorbei, in 'ner dummen Situation. Da war ich noch nicht mal in der Schweiz gewesen, so zweite, dritte Klasse war das. Hat mir aber jetzt kein besonderes

Trauma eingebracht, nicht, daß ich wüßte. Also, meine erste Freundin hatte ich in der 6. Klasse, die hieß Annika. Hab' mir mal 'n Buch von ihr ausgeliehen, »Vom Lieben und Geliebtwerden«. Da dachte ich, ich hätte's dreckig gemacht und hab' ihr 'n neues gekauft. War ich aber gar nicht, das sah schon vorher so aus. Zu Annika bin ich jeden Tag hingefahren, zwei Kilometer, gelaufen oder mit Fahrrad. Ich war total verrückt nach ihr. Und zu Hause hat mich nichts gehalten. Ja, und da gab's einen Kuß in der Beziehung! Sie kam vom Tanzen, sie war im Tanzkreis Fürstenwalde, und dann hat sie aus so 'ner Orangensaftdose getrunken, so 'ner häßlichen, mit Sprudelzeugs drin. Danach war auf der Dose ein Lippenstiftfleck, und so einen wollte ich auch haben. Hab' einen auf die Wange bekommen. Das war der einzige Kuß in zwei Jahren. Danach bin ich ins Orchester rein und mit unserer Saxophonistin zusammengekommen, mit Chris. Das lief auch über zwei Jahre. Das ging dann über einen Kuß schon gut hinaus. Dann sind wir mit dem Orchester mal nach Griechenland gefahren und haben in Zelten übernachtet, und da wurden dann nachts die Betten hin- und hergetauscht. Das war 'ne schöne Zeit, ja. Und danach ... ja, ich hab' eigentlich meistens nur längere Beziehungen gehabt. Zu meiner Letzten habe ich gesagt: »Ich kann leider aufgrund meiner momentanen beruflichen Situation die Verantwortung für eine Beziehung nicht auf mich nehmen.«

Ich versuch' immer, Gesprächsplanung zu machen. Wenn man 'ne Person gut kennt und man weiß ungefähr, wie sie auf bestimmte Sätze reagiert oder was sie fragt oder was sie für Anworten hat, dann versuch ich immer, das Gespräch 'n bißchen zu planen. Damit ich da nicht rumsitze und nicht weiß, was ich sagen soll, sondern daß ich gleich von vornherein meinem Ziel nachgehen kann. Daß mir nichts in den Weg kommt. Daß ich dann nicht irgendwie abgelenkt werde und zum Schluß zu falschen Entscheidungen gezwungen werde. Das hat mir aber mal ein Mädchen kaputtgemacht, mit »Aber warum?«. Damit habe ich gar nicht gerechnet. Mit Madeleine hat's nie funktioniert. Ich versuche ja immer noch, von ihr runterzukommen, gehe so Zwei- oder Dreitagesbeziehungen ein, obwohl ich gar nicht der Mensch bin für so was Kurzes. Ich lebe in täglicher Trauer um sie, aber es geht halt. Es geht halt.

Meine Rangfolge im Leben, wie ich sie jetzt festgestellt habe, ist der Beruf, ganz komischerweise das Geld, dann das Privatleben und dann Beziehungen. Vollkommen übel. Eigentlich unvereinbar. Weil – eigentlich bin ich der Meinung, was an alleroberster Stelle sein sollte, ist das Leben und dann die Liebe. Wenn man das miteinander vereinbaren kann, dann wär's sogar noch besser. Aber ich glaube, das geht in dieser Gesellschaft einfach nicht. Und von daher fühl' ich mich genötigt, da 'ne andere Reihenfolge einzunehmen. Und da ich mir ja auch Träume erfüllen will, brauch' ich das Geld, so blöd, wie's klingt. Ich brauch' kein tolles Auto, keinen Fiesta, der gestylt ist. Mir würde 'n Wartburg reichen, der bis nach Budapest fährt. Zum Festival, wohlgemerkt. Ich weiß nicht, wie das heißt, aber es ist eine Woche auf der Insel, und hundertvierzig Bands, und es soll nur toll sein. Aber was ich haben will, ist 'ne Wohnung, möglichst in Friedrichshain oder Prenzl'berg. Und ich will mir keine Sorgen machen müssen, ob ich abends weggehen kann. Ich geh' furchtbar gern auf Konzerte, allein oder mit anderen zusammen, ist mir egal. Ich liebe Konzerte. Ich geh' auch gern zu Vorlesungen. Na, Theater war ich bisher nicht so häufig, aber würde mich vielleicht auch reizen. Na ja, deshalb bin ich auf diese Reihenfolge gekommen. Und ich glaube auch, daß, wenn man zuviel in Beziehungen investiert, man sich selbst vernachlässigt. Und seine eigenen Wünsche und Träume aufgrund dessen, was man für den Partner tun will oder was man sich erhofft aus der Beziehung, auch fallenläßt. Also bei Madeleine hab' ich zum Beispiel gesagt: «Geh hin, wo du willst, ich komm' mit, auch wenn ich Clos putzen muß oder so.» Und das, obwohl ich eigentlich grundsätzlich nicht der Mensch bin, der etwas macht, was er nicht machen will. Ich mache nur das, was ich auch machen will. Da fluchte meine Mutter auch schon rum. Deshalb war ich auch drei Jahre arbeitslos.

Nein, es hat schon viel früher angefangen. Schuleschwänzen, nachdem ich aus der Schweiz zurück war. Am Anfang war das Faulheit – und daß ich eben dieses völlig andere Unterrichtsklima gewöhnt war. Zuerst fehlte ich mal 'ne Stunde, oder ich blieb mit anderen draußen auf 'm Schulhof, die 'ne Freistunde hatten. Zum wirklichen Problem wurde mein Fernbleiben erst in der achten, neunten Klasse. Da hatten wir einen in unserer Klasse namens Robert, der ein Nazi-Proll vor dem Herrn war. Sehr kräftig gebaute Struktur und so, wie man sich 'nen jugendlichen Nazi halt vorstellt: bißchen plemplem in der Platte, blöd im Kopf und total scheiße im Hirn. Kann man nicht anders formulieren.

Also, ich hab' eigentlich kein Problem mit Toleranz, aber mit den Leuten geht das einfach nicht. Ich kann mit jedem 'n Bier trinken gehen, normalerweise. Aber von dem wurde ich halt gehänselt, auch wegen der Haare, deshalb sagte ich, ich hab' viel damit durchgemacht. Und ich hatte damals auch schon angefangen, mich in der ANTIFA zu etablieren, diesen ganzen Krempel mitzumachen. Und meine ganzen Freunde von da, auch Daniel, waren auf 'm kreislichen Geschwister-Scholl-Gymnasium in Fürstenwalde.

Ich bin ja auch konfirmiert. Also in meine Kriegsdienst-Verweigerung habe ich reingeschrieben: »Wenn andere zum Pioniernachmittag gegangen sind, ging ich zur Christenlehre«, und so war's auch ungefähr. Und dadurch hatte ich im Privaten 'n völlig anderes Umfeld gehabt, was mir auch zugesagt hat. Also, mit den Leuten da konnte ich immer besser kommunizieren als mit allen anderen, auch wenn's sich überhaupt nicht um Kirche oder um Glauben gedreht hat. Das war eher meine Wellenlänge. Und nach meiner Konfirmation, wo auch Madeleine wieder dabei war, was ich im nachhinein erst feststellen mußte, kam ich dann in die Junge Gemeinde wieder rein und hatte ganz viele Menschen, mit denen ich mich unterhalten konnte. Die auch Bücher gelesen haben und sich nicht für Techno interessiert haben, sondern für Pearl Jam oder Nirvana oder was wir damals so gehört haben. Das war wie so 'n Eldorado der Freundschaft, der Zuneigung und Hilfsbereitschaft. So habe ich mich im Privatleben immer weiter weggedreht von der Schule.

In Fürstenwalde gibt's 'n Jugendclub, der heißt Park Club, und den gibt's seit 1989. Der hat sich seitdem auch als linker Jugendclub etabliert. Seit ich 13 war, gehe ich da immer hin, da fühle ich mich immer sehr wohl. Und hab' auch dort meinen persönlichen Sozialarbeiter, Cola. Ich hatte eigentlich mit den Leuten, die in der Schule waren, nichts mehr zu tun. Und die Stunden, die ich nicht in der Schule war, bin ich immer zum Geschwister-Scholl-Gymnasium gefahren, irgendeiner hatte da immer frei. Die meisten Leute, die ich dann kennenlernte, waren 'n Jahrgang über mir, und da sind Freundschaften draus entstanden, die sind heute die einzigen, die ich noch so habe. Weil – auch durch den Beruf, da geht's ja nicht mehr anders, wir sind doch meistens am Wochenende weg. Aber es gibt so zehn Leute, mit denen ich ständigen Kontakt habe. Die alles wissen, wo man auch immer hingehen kann, und da gibt's keine Oberflächlichkeiten. Da geht man schon eher in die Tiefe. Die machen auch alle etwas anderes, so hat man immer Gesprächsstoff. Der eine, der lernt jetzt zum Beispiel Berufsschullehrer, und für den ist es natürlich interessant, wie wir Lehrlinge über die Berufsschule denken.

Bin dann auch immer weniger nach Hause gekommen, war auch mal 'n Vierteljahr in Berlin mit Cola.

Ja, Jugendclub und Sozialarbeiter. Das sagen wir so, weil wir's halt irgendwie nennen müssen. Der Park Club macht um 18 Uhr auf und schließt, wenn der letzte sein Bier ausgetrunken hat. Und die Sozialarbeiter sind jetzt nicht irgendwelche pädagogischen Autoritäten. Das sind eben die Älteren, die ihre Probleme genauso mit uns besprechen wie wir unsere mit ihnen. Das wird nicht voneinander unterschieden. Man könnte auch sagen, der Park Club ist ein linkes alternatives Zentrum, so.

Also, abends in den Park Club, in Schulzeiten, vormittags, hab' ich mir meine »Junge Welt« gekauft, bin zum Döner gefahren, hab' dort meinen Tee getrunken und meine Nudeln gegessen und bin dann aufs »Geschwister Scholl« gefahren. Ich war da einfach. Das wurde so hingenommen, wie es ist. Weder wurde mir coolness ausgesprochen – dafür, daß ich nicht in der Schule war –, aber manchmal wurde schon gefragt: Na, was willste denn dann später mal machen? Ich hab' dann immer irgendwelche diffusen Pläne vorgelegt, die nicht so richtig aufgegangen sind. 'n paar Leute haben schon den Kopf geschüttelt, kannten aber die Situation, weil viele Eltern auch Lehrer waren. Wenn ich dann so erzählt habe, dann haben die mich verstanden. Also, daß es größtenteils an unseren Rechtsradikalen lag. Ich hatte Angst hinzugehen. Und das wurde dann auch so hingenommen. Die Probleme wurden von den Lehrern versucht zu lösen, aber es war nicht lösbar. Ich bin in der großen Pause nicht rausgegangen und bin über die Klos rausgeklettert, geflüchtet.

Aber natürlich, zu meinen Eltern hatte ich bis vor drei Jahren überhaupt kein Verhältnis mehr. Wir haben uns angekeift, ich bin aus meinem Zimmer übers Dach rüber, und weg war ich wieder für die nächsten vier Tage oder so. Hab' dann immer bei Cola geschlafen. Sozialarbeiter, Bassist unserer Band, Lebensgefährte – ach, was weiß ich noch alles. Es geht nicht ohne Cola. Der ist sieben Jahre älter als ich. Wir haben schon verrückte Sachen zusammen erlebt. Sein Geburtstag, wo sie mich betrunken gemacht haben und zuerst dachten, ich sei ein Mädchen. Oder die Punk-Zeiten, wo sie im Park Club die Scheiben eingeschmissen haben. Da gab's noch richtige Straßenschlachten in Fürstenwalde, '93, das waren noch Originale, die sich eingesetzt haben.

Ja, ich hab' nicht eigentlich Angst vor den Rechtsradikalen, ich hab' Angst davor, was mit mir passieren könnte. Wie gesagt, man sieht danach immer scheiße aus. Und dann hab' ich Angst vor Schmerzen, körperlichen und seelischen. Das ist nichts, was ich gut aushalten kann. Wenn ich Schmerzen hab', dann hilft nur 'ne Gelonida oder was Stärkeres. Bloß weg damit. Das ist nichts für mich. Genauso Angst hab' ich aber auch vor Ärzten und so. Deshalb – ich wollte mich nie mit irgend jemandem körperlich auseinandersetzen, weil ich einfach immer der Unterlegene wäre. Denn was ich bei den Leuten immer wieder bemerke, ist die Hemmungslosigkeit. Ich glaube, wenn man am Boden liegt oder wenn man sich schlägt, gibt es nichts Schlimmeres, was einem passieren kann, als wenn da 'n Gegenüber hemmungslos ist oder in 'nen Rausch verfällt. Ich glaub', da hat man wenig Chancen.

Und das größte Geschenk, was wir haben, ist eigentlich das Leben. Und ich bin sehr stolz darauf: Ich hab' keine Allergien. Das einzige, was ich hab', ist die Kurzsichtigkeit, und die hab' ich auch erst seit 'nem Dreivierteljahr. Seitdem hab' ich die Brille. Und davor hatte ich nichts. Ich bin 'n sportlicher Typ, ich bin gesund, ich bin ja nicht mal Linkshänder oder so was. Also, eigentlich müßte ich immer fröhlich durch die Welt traben.

Meine größte Angst ist eigentlich die vorm Tod und vor 'ner Krankheit, die mich so einschränkt, daß ich nicht das machen kann, was ich machen will.

Nee, mit Schmerzen kann ich nicht umgehen. Dafür gibt's, wie gesagt, Gelonida oder Valoron, lecker Zeugs. Ich hab' mit zwölf angefangen zu kiffen. Meine Mutter ist mit mir zur Drogenberatung gerannt, und die meinten bloß: Na ja, solange er noch kein Speed zieht, ist doch alles in Ordnung. Damals war ich bei uns auf'm Skate-Platz, das war noch vorm Park Club. Und so zwei, zweieinhalb Jahre später hab' ich mal – da war ich schon total breit gewesen und hab' mir noch 'ne Bong gestopft. Also, Bong ist ja klar: Wasserpfeife. Und hab' mir dann halt nur Nikotin reingemacht, und hab' einen ganz schlimmen Nikotin-Flash gehabt. Hab' 'ne Dreiviertelstunde nur über der Toilette gehockt und gespuckt und immer überlegt: So 'ne große Warze kannste ja gar nicht im Gesicht haben, die schwamm da immer im Kreis rum. Dann hab' ich ein Jahr gar nicht gekifft, und dann hab' ich wieder angefangen. Aber die Leute, die ich vorher gekannt hatte, die sind teilweise so ganz schlimm drauf hängengeblieben. Die sind dann rumgezogen und haben den Tag dafür genutzt zu überlegen, wo sie das nächste herkriegen. So war's bei mir aber noch nie. Und so isses auch jetzt nicht. Also, ich rauche zwar immer noch sehr gern, aber nie so wie in den ganzen HipHop-Fraktionen, die sitzen zu Hause, saugen ihre Bong, kippen nach hinten um, und das war's. Das ist 'n Zustand, mit dem ich nicht leben könnte. Ich rauch' auch keine Bong mehr, das geht zu schnell, man kann's nicht dosieren. Ich vermische teilweise Drogen miteinander. Wenn ich auf bestimmte Konzerte fahre, überlege ich mir halt ganz genau, was ich dann mitnehme. Um viel vom Konzert mitzubekommen, mach' ich's dann so, da nehme ich mir Pilze mit, wie jetzt bei Radiohead oder beim Air-Konzert. Und wenn die Band anfängt zu spielen, so 'ne Viertelstunde später, esse ich die Pilze dann halt, 'ne Dreiviertelstunde später wirken sie erst. Und dann weiß ich eben ganz genau: ich krieg' sehr viel vom Konzert an sich mit, und noch 'nen kleinen Teil, der dann auf Drogen ist. Wo man dann 'n Film schieben kann. Aber so ist mir das am liebsten. Weil, ich will ja auch was davon haben von der Konzertkarte. Und ich brauch' auch keine Drogen, um auszuticken. Aber es ist halt schön, wenn man dann so 'nen vollkommen abwesenden Film dazu schiebt. Aber ich bin der Meinung, daß man das dosieren können muß.

Wenn ich nur einen rauche, um danach weg zu sein, dann bringt mir das nichts. Alkohol, find' ich, ist das Schlimmste überhaupt. Man schlägt seine engsten Freunde, man schreit sich gegenseitig an, das hab' ich im Orchester auch ganz kraß festgestellt. Weil – Orchester oder Freiwillige Feuerwehren oder Schützenvereine, das sind ja nur Alkoholikervereine, da führt ja nix drumrum. Und wie sich dann teilweise die besten Freunde beharkt haben, das war immer was, was ich nicht haben wollte. Außerdem ist es auch schlecht zu dosieren. Man kotzt dann schnell und schläft viel zu schnell ein.

Ja, weiter im Text: Ich hab' die neunte Klasse abgebrochen. War ja jetzt sicher auch klar. Darauf läuft's gewissermaßen hinaus.

Ich hab' noch 'n Abschlußzeugnis bekommen, was mit Fünfen und Sechsen voll ist. Und hatte natürlich nicht die Möglichkeit, jetzt irgendwas zu machen. Abschluß zehnte Klasse, weil ich noch ab und zu da war, auch manchmal zu Klassenarbeiten, und meine Lehrer waren auch nicht der Meinung, daß ich ein blöder, hoffnungsloser Fall bin. Ich hatte dann vor, mein Abitur im Fernstudium nachzumachen, aber 'n Klassenkamerad aus der Berufsschule hat neulich genau das Richtige gesagt – den hielt ich vorher für nicht ganz so clever –, der sagte: Man verlernt in der Gesamtschule das Lernen. Und das ist auch jetzt 'n Punkt, der mich immer noch sehr stark bewegt, weil – ich kann's einfach nicht, das Lernen. Das muß ich mir vollkommen neu aneignen. Demzufolge hat meine Mutter zwar das Fernstudium bezahlt, aber ich hab' dann vielleicht zwei Monate was gemacht und dabei nicht wirklich festgestellt, daß es in mir zu 'nem Punkt führt, wo ich mir auch was merke. Also, wenn ich was mache, und ich merke, da passiert nicht wirklich was, dann lasse ich das auch schnell wieder sein. Ich brauche irgendwas, wo man sieht, daß was passiert, damit auch das Interesse dableibt. Deshalb wäre Computerarbeit überhaupt nichts für mich.

Also, ich war dann mit meinem Zehnte-Klasse-Abschluß beim Arbeitsamt, und da sitzt eine Frau Mikosch, die ist wirklich phantastisch, die macht Berufsberatung. Und die sagte: Na ja, laut Ihrem Sechste-Klasse-Zeugnis hätten Sie ja aufs Gymnasium gehen können. Und sie entschuldigte sich fast bei mir, daß sie keine andere Möglichkeit für mich sähe, als mich auf so 'n Oberstufenzentrum zu stecken.

Das sollte ich, wenn's irgendwie geht, durchhalten. Ihr bleibt keine andere Wahl. Und da bin ich dann auch hingegangen, und da war's noch schlimmer als in der Gesamtschule. Dort waren wirklich nur noch Nasen, also manchmal ist der Osten wirklich widerlich. Manchmal wurde ich von fünfzehn Leuten aus 'm Klassenraum geholt, dann bin ich übers Geländer gesprungen, aus 'm ersten Stock geflüchtet und nach Hause gerannt, im Affenzahn. Bin dann da auch nie wieder hingegangen. Bin aber gleich zu Frau Mikosch gegangen, hab' ihr das erzählt und gesagt, das geht nicht. Zuerst hab' ich ja noch gedacht, man kann sich mit den Leuten verbal auseinandersetzen.

Ich weiß auch nicht, es liegt an meiner Person an sich. Ich ziehe das an. Da muß ich gar nichts groß sagen, um sofort mit den Leuten im Clinch zu liegen. Die haben auch immer den zwanghaften Drang, einem ihre Meinung aufzubinden. Und irgendwann hat man dann so 'nen kleinen Aushaker und sagt seine Meinung in zwei Sätzen, aber immer noch sehr nett, weil man ja genau weiß, was passieren kann. Aber man ist dann eben doch gebucht und ist echt gleich Mode.

Ich weiß nicht mehr, wie er heißt, und das ist auch bestimmt kein Name, den ich nennen will. Jedenfalls, er hat immer sehr viel Sachen gesammelt, wenn wir von diesem Oberstufenzentrum aus, als praktischer Teil, auch mal Häuser ausgemistet haben oder so. Er hat dann Postsäcke gefunden mit Hakenkreuzen drauf und hat Panzer gebaut – Militär war auch noch nie so mein Interesse –, und dann kamen halt immer die Diskussionen auf. Er: »Na, du willst doch bestimmt mal verweigern?« Und ich: »Na klar. Meiner Meinung nach kann man Menschen mehr helfen, wenn man Zivildienst macht.« Und er: »Dann würde ich eben Sanitäter machen.« Und ich wieder: »Sanitäter haben eine Überlebenschance von sieben Sekunden auf 'm Schlachtfeld. Ich bin doch nicht doof, mein Leben ist mir heilig.« Und er zurück: »Ja, aber man muß doch das und das verteidigen, das Land und so. Und wie kann man überhaupt so rumrennen wie du?«

Ich meine, ist doch egal, wie man rumrennt. Und damit war der Clinch dann schon wieder gegeben.

Am schlimmsten ist es, wenn sie im Kollektiv auftreten. Ich kenne ja auch viele Rechte noch aus meiner Schulzeit. Mit denen geh' ich manchmal 'n Bier trinken. Wenn die in der Horde zusammen sind, kann man sich mit denen nicht unterhalten.

Also, es ging einfach nicht. Dann war ich drei Jahre arbeitslos, den ganzen Tag über im Park Club, hab' mich in Eisenhüttenstadt rumgetrieben, in Berlin und in Frankfurt/Oder. Nette Partys, viele Konzerte, Freunde von Cola. Vor kurzem war gerade noch mal 'ne Gerichtsverhandlung wegen 'ner Sache, die aus der Zeit stammt. Ja, wir sind da mal in Gärten eingebrochen. Das Verfahren wurde eingestellt, hat mich auch gewundert.

Ich hatte halt auch keine Lust, irgendwas zu machen, was ich nicht machen will. Ich wollte nicht auf 'n Bau, ich wollte irgendwas mit Musik machen, Musik war alles, was mich interessiert hat. Und ich will immer noch studieren. Am liebsten würde ich 'n Lehramt machen, auch wenn ich glaube, die Möglichkeiten sind mir nicht so gegeben, von den Zensuren her.

Aber mal sehen. Lehramt, weil man da was mit jungen Leuten machen kann. Sozialarbeiter würde ich wieder eher nicht machen. Weil ich mich mit den Problemen nicht auseinandersetzen will und weil ich nicht glaube, daß man da wirklich was gegen machen kann. Wenn jemand zu Hause geschlagen wurde, dann kann man so gut sein, wie man will, aber derjenige hat dann halt diese Probleme weg und muß damit leben. Nicht, daß sich meine Mühe nicht lohnen würde, aber man kann das dem anderen ja nicht aus 'm Kopf streichen. Ich weiß nicht, ob ich das packen würde. Ich will zwar gerne was machen, wo ich Verantwortung hab', aber nicht 'ne Verantwortung, die teilweise auch lebensswichtig sein kann. Lehramt – da kann man Leuten was zeigen.

Ja, da gibt's 'n Kneiper in Fürstenwalde, der hat auch 'nen Hund aus unserer Hundezucht, der hat mir dann mal 'nen Job in einem

Berliner Tonstudio verschafft. Die machten 'ne Staffel BRAVO-TV und Glücksrad, Platten von Bed and Breakfast, N'Sync und Claudia Jung. Und ich sollte da immer von 11 bis 15 Uhr sein, bin aber oft zu spät gekommen. Hab' halt viel gefeiert. Ja, ich hab' da richtig gut verdient, aber das Geld auch zum Fenster rausgeschmissen. Das hab' ich mir selber versiebt. Ich hab' da viel gelernt, so mit Computer umzugehen und mit Tontechnik. Aber zum Schluß war da nicht soviel zu tun, da hab' ich CDs sortiert, und das war halt ganz komisch. Irgendwann war das dann vorbei.

Dann ging das auch mit meiner Freundin schief. Und dann war da eben wieder 'ne Zeit mit Alkohol und Drogen. Beruflich waren's erst nur Jobs, so Technik im Park Club machen, mit Cola. Und über Daniel habe ich dann meine Lehrstelle in der kleinen Beschallungsfirma gefunden, hier bei Winklers in Frankfurt/Oder. Letzten Herbst bei Rock für den Wald in Fürstenwalde haben wir da 'ne übelst coole Lichtshow gemacht, mit fünf, sechs Kilometer Kabel – ach, das war 'ne irre Aktion! Ich will es immer so haben, daß die Leute durch die Musik und übers Licht so staunen: Wo bin ich denn nun gelandet!

Willkommen in der neuen Welt, morgen früh biste wieder da, wo du herkommst. Aber für den Abend vollkommen woanders sein. Auch ohne sämtliche Genußmittel. Das find' ich schön, wenn man vollkommen abschalten kann. Macht man viel zu selten. Ja. Zuerst hab' ich hier nur mitgeholfen, und dann hab' ich die Lehrstelle bekommen.

Im September hat's noch nicht geklappt. Da bin ich dann zu Cola gefahren und hab' gesagt: »Ja, war mit irgendwas anderem zu rechnen?« So resigniert halt. Aber ich bin trotzdem weiter helfen gefahren, und Daniel hat auch nicht lockergelassen, und der andere, den sie statt mir genommen hatten, war auch wirklich so schlecht, und auf einmal, kurz nachdem das mit Madeleine zu Ende war, hab' ich dann die Lehrstelle angefangen.

Und man kann sich ja vorstellen: Drei Jahre Arbeitslosigkeit, wenn man von sich selber eigentlich mehr verlangen will, wenn man lieber aufs Gymnasium gegangen wäre und 'n Abitur gemacht hätte – dann hat man ja auch extreme Minderwertigkeitskomplexe. Und die werden immer extremer und extremer und extremer, und die fressen sich rein. Die Leute können's schon nicht mehr hören, und man behält's für sich und driftet irgendwie ab und ist in irgend 'ner bekloppten Traumwelt. Man hofft immer drauf, und wenn man schlafen geht, träumt man davon, daß man's doch irgendwann mal packt. Aber man sieht das Ziel einfach nicht. Man überlegt sogar schon, ob man überhaupt 'n Ziel hat, oder ob sich's lohnt, 'n Ziel zu haben. Und das hat dann natürlich auch übelst auf die Beziehung gedrückt.

Von daher – Erfurt ist eigentlich 'n blödes Thema. Dieser Amoklauf von dem Schüler, der da auf seinem Gymnasium so viele Lehrer erschossen hat. Also, ich gebe die Schuld der Perspektivlosigkeit. Daß die Leute nicht wissen, was sie machen sollen. Aber so ein Wahnsinn! Nichts, absolut gar nix isses wert, das Leben aufzugeben! Aber mit der Situation, wie sie jetzt ist, bin ich sehr glücklich. Mein Traum ist es, einmal im Leben Pearl Jam abzumischen. Aber soweit wird's nie kommen.

Also, ich möchte die Lehre zu Ende machen, noch zweieinhalb Jahre. Und danach ...

Ich hätte gern die Chance, gleich mit dem Abschluß studieren zu können. Nun überleg' ich natürlich, ob ich's doch noch mal probieren sollte, mein Abitur nachzumachen. Dafür wäre natürlich die Berufsschule auch 'ne hervorragende Vorbereitung. Und wenn nicht, dann muß ich halt gucken, ob ich noch was anderes kriege. Weil – da spielt ja wieder die Frage mit dem Lebensstandard rein: Ich möchte mir auch mal was leisten können. Geld ist 'n widerliches Thema. Hat mich früher nie interessiert. Aber inzwischen möchte ich für meine Leistungen auch gut bezahlt werden, wenn ich schon jedes Wochenende unterwegs bin, Bühnen aufbaue und die ganze Technik, im Bundeswehr-Schlafsack auf den Brettern penne und so. Ich möchte spontan leben können, mit 'ner gewissen Arbeitsplanung. Und eben meine eigenen vier Wände haben. Daß ich auch 'n Ruhepol habe, 'ne schöne Anlage zu Hause. Und 'n gewissen Luxus, so jeden Tag zwei CDs oder so.

Mit meinen Eltern ist das Verhältnis heute so gut wie nie. Vor drei Jahren, mein Vater ist handwerklich sehr begabt, da haben wir zusammen angefangen, 'n Holzhaus zu bauen. Dadurch – ja, und sicher auch durch meine Lehre – hat sich zwischen uns alles gedreht und gewendet.

Ich hab' ja auch 'n Autoritätsproblem. Neulich, in so 'nem BMW-Autohaus, da haben wir für 'ne Veranstaltung die Technik gemacht. Ich kam da rein und wollte mich nach den Anschlüssen und so erkundigen, und da steht dieser Typ vor mir, mustert mich von oben bis unten, und dann sagt er: »Na, hatter denn auch einen Führerschein?« Also, der sprach von mir in der dritten Person!

Da könnte ich dann ausrasten und darf's natürlich nicht.

Also, ich weiß einfach noch nicht, was ich hiernach machen kann. Es werden ja eigentlich überall Veranstaltungstechniker gesucht, auf'm Hotelschiff oder in der Türkei, im Robinson-Club. Ich weiß es einfach noch nicht. Hab' eigentlich genug zu tun mit dem, was gerade so passiert. Aber man plant auf einmal viel mehr als früher, das hat sie auch gesagt.

Sie, das ist Susann. Beste Freundin, Mutter, Psychologin, alles. Die Sängerin von unserer Band, wo ich Schlagzeug spiele. Sie lebt eigentlich ohne Geld, die braucht das einfach nicht. Das ist 'ne Frau, der völlige Anti-Beziehungsmensch. Aber wir sprachen mal über eine Freundin von ihr, die weiß, daß man ihr in eineinhalb Jahren die Gebärmutter rausnehmen muß.

Und Susann überlegte, wenn ihr das passieren würde und sie würde in der verbleibenden Zeit noch ein Kind wollen, wen sie dann darum bitten würde, ihr eins zu machen. Ja, und dann kam sie auf mich. Wobei – ich wüßte, das wäre dann wirklich auf 'ner liebevollen freundschaftlichen Basis, aber niemals als Liebesbeziehung. Das ist 'n gutes Gefühl. Sie ist einfach nur 'ne gute Freundin, die ich schon lange kenne.

Meine Frauen, die kriege ich jetzt chronologisch nicht mehr so zusammen. Die erste war Chris, von der habe ich ja schon erzählt. Eigenartig war's eigentlich mehr mit ihrer Schwester, die hat mir immer die Hände eingecremt und die Haare gekämmt. Die hat Schnullebacke zu mir gesagt und mich, glaube ich, so 'n bißchen erzogen. Ganz komisch. Und Chris war Wassermann vom Sternzeichen. Wassermänner haben's mir sowieso angetan.

Nach Chris kam Andrea, mit der hatte ich dann auch mein erstes Mal. In Italien. Das war schnell und betrunken. Danach wurde das aber richtig schön. Ja, ein Jahr ging das, oder so. Und danach hab' ich Madeleine kennengelernt. Und Madeleine ... ja.

Sie hat so die Freiheit bewundert, die ich verkörpert hab'. Sie ist so 'ne gutbehütete, intelligente, moderne, schöne, also wirklich schöne Frau. Das war sie damals auch schon. Lange dunkle Haare, dunkle Augen, und Wassermann.

Also, Madeleine hat mich wirklich vollkommen verzaubert und in ihren Bann gezogen.

Nach 'nem Dreivierteljahr hab' ich mit ihr Schluß gemacht, ich weiß gar nicht mehr warum. Und alles, was danach kam ... Eine, die haben wir »Freundlicher Wille« genannt, unsere Band-Ficke. Die war auch wirklich so, wie wir sie betitelt haben. Und das ging eigentlich auch alles von ihr aus. Die hatte nach irgend so 'ner OP Titan im Rücken, und dadurch konnte sie ihre Farbe von weiß nach rot und umgekehrt verändern.

Die konnte auch in Ohnmacht fallen, wenn sie wollte, 'ne ganz komische Person. Aber nett. Ja, und da hab' ich dann zeitweise 'n ganz enormen Verschleiß gehabt an Mädchen. Das ist einfach so gekommen.

Aber danach waren wir wieder zwei Jahre zusammen, mit Madeleine. Wassermänner haben immer so 'ne komische Ausstrahlung, sie strahlen so 'ne Ehrfurcht aus. Ich selber bin Skorpion. Und das kann man ja nun wirklich überall nachlesen, daß das angeblich nicht klappt mit diesen beiden Sternzeichen.

Gesprächsplanungen haben halt bei ihr nie funktioniert, sie wußte immer alles. Man konnte ihr irgendwie nie widersprechen. Und wenn sie einem irgendwas gesagt hat, dann war man selber stumm. Sie hat's auch immer geschafft, sich durch Fragen und Antworten durchzuschlängeln, halt, daß man weder 'n Pro noch 'n Contra bekommen hat, weder Ja noch Nein, also, sie hat sich immer alle Wege offengelassen. Außer beziehungstechnisch. Erst mal waren wir 'n wunderschönes Paar, auf dem Foto von ihrem Abiball kann man das sehen, und wir haben uns auch abgöttisch geliebt. Bloß, das ist dann alles irgendwie aus 'm Ruder gelaufen. Ich bin immer depressiver geworden. Weil, sie war auch so, so ..., also, wenn Madeleine irgendwo die Tür aufgemacht hat, dann war sofort alles klar. Ach, ich kann das gar nicht beschreiben, ich bin auch drauf hängengeblieben.

Ich hab' auch soviel Scheiß erzählt, einfach nur, weil ich so 'ne Angst hatte, sie zu verlieren. Die Eifersucht, die Angst war so immens groß. Ich hab's geschafft, dreimal am Tag zu sagen: »Also, ich bin der Meinung, du solltest dir was Besseres suchen, das haste ja nicht verdient.«

Das ist natürlich mit das Schlimmste, was man machen kann. Aber es war halt alles so engstirnig irgendwann. Ich hab' nur immer gesehen, ich brauchte unbedingt Arbeit, und ich hab' gesehen, wie sie sich immer weiter fortgebildet hat, grade, weil sie auch so 'n moderner Mensch ist. Weil sie sich für so viele Sachen interessiert und das dann auch immer durchgezogen hat, war das ganz komisch. Und ich hatte immer noch keinen Schulabschluß und immer noch keine Arbeit und konnte mich nicht dazu durchringen, das Fernstudium zu machen, und hab' immer gesagt: Ja, ja, das läuft, das läuft. Aber eigentlich ist gar nichts so richtig gelaufen.

Na ja, dann haben wir uns halt in einem Tränenschwall getrennt.

Ich hab' versucht, drüber wegzukommen, aber das hat irgendwie nicht geklappt, auch durch andere Frauen nicht. Romy zum Beispiel. Alle Leute haben gesagt: Du bist bekloppt, du bist total da drauf hängengeblieben. Ich hab' mich ja auch immer noch mit Madeleine getroffen, und wir haben auch noch miteinander geschlafen. Obwohl wir nicht zusammen waren.

Und das war 'ne ganz komische Waagschale: Es wurde nicht ausgesprochen, auf welcher Basis die zwischenmenschliche Beziehung jetzt liegt. Es wurde zwar gesagt, was man noch füreinander empfindet, das ja.

Aber ich habe mich halt immer bemüht, das zu sagen, was sie hören will, damit ich diese doofe Situation bloß nicht negativ beeinträchtige. Wenn du jetzt zuviel von dir offenbarst, dann schreckt sie das vielleicht ab, dachte ich. Und wenn du zu wenig sagst, dann denkt sie vielleicht, da ist nichts mehr. Also lieber haste die Situation, wie sie im Moment ist, als daß du gar keine Situation mehr hast. Praktisch: Lieber leide ich, als daß ich sie überhaupt nicht mehr sehen könnte. Ja, soweit ist es dann gekommen.

Und – na ja. Ich hab' dann halt sehr viel Zeit und Muße in Madeleine investiert und versucht, irgendwas zu richten. Grade, weil sie auch das letzte Jahr im Abitur war und soviel zu tun hatte mit ihrem Abitur, waren bei ihr auch immer Reizstimmungen da, weil es nicht ganz so geklappt hat, wie sie sich das gedacht hatte. Sie hat 'n Zwei-Nuller-Abi gemacht, wollte aber eigentlich 'n besseres Abi haben und hat die ganze Zeit gelernt. Das hat sich dann gegenseitig immer so 'n bißchen gestreßt. Und mein Streß kam dann noch dazu, und so hatten wir dann keine Basis mehr. Und alles, was ich in Madeleine investiert hatte, hab' ich dann von Romy ganz leicht auf 'n Fingerschnipsen zurückgekriegt. Völlig unkompliziert. Und letztes Jahr im November hat Madeleine mich und Romy in 'ner sehr prekären Situation im Probenraum erwischt. Und seitdem ist Ende. Seitdem haben wir uns vielleicht höchstens drei- oder viermal miteinander unterhalten.

Und nun, nun steh' ich vor noch schwerwiegenderen Problemen als zuvor. Ich weiß einfach nicht, was ich machen soll. Grade bei so 'ner längeren Beziehung, da resümiert man: Das und das haste schon mal gemacht, darüber habt ihr so und so gesprochen, also kannst du das schon mal nicht machen. Brief schreiben fällt aus, hab' ich schon so oft probiert. Soll ich 'n Sampler machen? Mein Gott, wie viele Sampler hab' ich schon gemacht, du schickst andauernd irgendwelchen Leuten irgendwelche Sampler, also geht das auch nicht.

Reden, das ist ja das Schlimmste. Sie hat gesagt, sie kann alles in Frage stellen. Also, praktisch gesehen, komm' ich nicht mehr an die Person ran. Außer, sie meldet sich bei mir.

Sie ist das, was mich größtenteils beschäftigt. Sie ist auch das, weswegen ich achtundvierzig Stunden am Stück ohne Schlaf arbeiten kann. Da hab' ich wenigstens was zu tun. Ansonsten ist Ebbe. Es gibt auch kein Gespräch, was nicht zum Schluß irgendwie auf Madeleine hinausläuft. Ist mir noch nicht passiert.

Ich habe immer gedacht, es ist 'n Hohn, wenn Leute sagen: Ich denke die ganze Zeit an dich. Aber es funktioniert wirklich. Es ist nicht mal mehr 'n Reinsteigern, nur 'ne Situation, die vorhanden ist. Und das Schlimme ist ja: Wenn's 'n Reinsteigern wäre, könnte man's abstellen. So aber muß man damit leben, mit dem Schmerz.

»Wenn ich keine Luft kriege, gehe ich«

Jennifer, 18, Berlin

Ja, ich habe so 'nen Fluchtreflex. Immer wenn eine Diskussion an dem Punkt angekommen ist, wo keiner mehr so richtig weiter weiß, und wo jeder eigentlich vom anderen erwartet, er müßte jetzt den nächsten Schritt machen oder den nächsten Satz sagen, dann kommt dieser starke Drang in mir hoch: aufstehen und rausrennen. Wegrennen. Und dann draußen warten, ob der andere hinterherkommt. Das hatten wir schon so oft, und ich kann einfach nichts dagegen machen.

Heute, wie ich hier so sitze, muß ich schon sagen: Meiner Liebe ist irgendwie die Unschuld genommen worden. Na ja, ich fange mal von vorn an.

Also, ich hatte meine allerersten Erfahrungen schon mit 'ner Frau. Ein Mädchen eigentlich, 'ne sehr gute Freundin. Das war ganz komisch. Hat sich ganz komisch ergeben, so über Zeitschriften, »Coupé« – so was. Ihr Bruder hat die immer gelesen. Irgendwann hat sie die mal mitgebracht, und wir haben uns die zusammen angeguckt, und so fing das an. Das war noch in der Grundschule, so sechste Klasse, mit 12.

Da hatte ich schon längst meine ersten erotischen Gefühle entdeckt. Mag sein, daß es daran liegt, daß ich zu Hause schon sehr früh damit konfrontiert worden bin. Also, meine Mama ist beim Sex sehr laut, und das hört man durch alle Räume, und davon bin ich oft wach geworden. Und daher hab' ich mich schon früh gefragt: Was ist denn da los? Zum Glück ging es in dieser Beziehung offen zu bei uns, zeitig Aufklärung. Also, nicht so: Wir setzen uns jetzt mal hin und dann klären wir dich auf, sondern es hat sich eher so im Gespräch wie von selbst ergeben. Ich habe auch immer gehört: Es braucht dir gar nichts peinlich zu sein, du kannst auch über

Selbstbefriedigung reden, das ist ganz normal. Ja, und gerade durch diese Gespräche, auch mit Freundinnen und so, da kam es dann, daß ich dachte: Hm, was isses denn nun und wie geht es denn nun eigentlich. So am Ende der Grundschule, wenn ich mich in Gesprächen vorsichtig vorgetastet habe, da kam dann oft: Ja, hab' ich auch schon mal probiert, alleine oder mit dem und dem. Das fand ich gut, da fühlte ich mich jedesmal wohl, so: Aha, ich bin also nicht alleine.

Ich glaube, zum ersten Mal habe ich dieses neue Gefühl mit Kuscheltieren unter der Bettdecke erforscht. Ja, ich glaube, so hat's angefangen. So dieses: Huch, was ist das denn jetzt? Ja, meine Kuscheltiere unter der Decke.

Danach ging es eigentlich ganz schnell. Ich hab' dann angefangen herumzuexperimentieren, wie's denn schneller geht oder womit ich es verstärken kann oder so. Das Intensivste war aber wirklich das mit meiner Freundin, daß wir zuerst angefangen haben, uns selbst zu streicheln, und dann dazu übergegangen sind, uns gegenseitig zu befriedigen. Das war das Intensivste, wo ich gemerkt habe: So geht's, das ist schön.

Ich hab' auch nicht darüber nachgedacht, daß es meine Freundin war. Das kam erst viel später, daß ich gestutzt habe: Mensch, deine ersten sexuellen Erfahrungen hast du eigentlich mit einer Frau gemacht! So bewußt ist mir das zuerst gar nicht gewesen.

Das war auch viel mit Spielen verbunden. Wir haben viel solche Rollenspiele gemacht, so mit Verkleiden, Prinz und Prinzessin. Was man da so in dem Alter noch alles für Phantasien hat. Also, es war nicht so: einander treffen und »let's go«, sondern so spielerisch herangetastet.

Daß man das eben so miteinander verbunden hat. Auf jeden Fall war das eine sehr schöne Erfahrung für mich.

Ich hatte ja in der Grundschule auch schon einen Freund. Da war aber das Maximale Händchenhalten, also noch nicht mal Küssen. Da war 'ne riesengroße Hürde, für ihn und für mich. Und ich denke, damit habe ich das dann kompensiert. Wo andere mit ihrem ersten festen Freund, Küßchen hier und Schmusen da, war's eben bei mir das Mädchen, das für mich den Ausgleich gegeben hat.

Ja, und dann kam eigentlich schon Jan. Viel mehr dazwischen war ja dann nicht.

Aber Genuß hatte ich von Anfang an am Sex. Ich hab' mir früher auch nie Gedanken darüber gemacht, wie ich aussehe. Das kam erst später, mitten in der Pubertät wahrscheinlich. Jetzt biste dicker geworden, jetzt fangen Leute an, dich anders anzugucken, so. Aber als es mit den erotische Gefühlen anfing, da hatte ich so was noch gar nicht, irgendwelche Komplexe oder so. Deswegen hab' ich mir auch nie da drüber 'n Kopf gemacht. Ich meine, irgendwas muß ja dagewesen sein, daß ich Lust bekommen habe, mich anzufassen, aber bewußt ist mir das nicht gewesen.

Ich hab' mich nie bewußt im Spiegel angeguckt. Mochte ich nicht. Nee, nee. Auch heutzutage gibt's in unserer Wohnung nur Spiegel, die bloß den Oberkörper zeigen. Ab Bauchnabel nach unten ist Schluß. Ich weiß auch nicht. Hatte ich noch nie, diesen Spiegelfimmel. Also, ich war früher als Kind wahnsinnig lange im Bad, das ja. Für alles mögliche: pflegen, Beine und Achselhöhlen rasieren – das muß sein für die Ästhetik – schminken, habe ich alles schon sehr früh gelernt. Aber ich hab' mich nie bewußt im Spiegel erforscht.

Gedanken mache ich mir schon darüber, jetzt, seitdem ich älter bin. Und das führt dazu, daß ich eher komplexreicher bin und dann lieber kaschiere. Also, ich denke nicht, daß ich häßlich bin, aber ich denke, ich kann mehr aus mir rausholen, wenn ich das mit gewissen Dingen wie Kleidung oder Make-up kaschiere und dadurch eben 'ne schönere Form rauskriege, auch wenn ich sie gar nicht habe.

Mein Bauch auf alle Fälle, der stört mich sehr. Und 'n bißchen größer – also ich hab' jetzt nicht direkt ein Problem mit meiner Größe, ich bin 1,52 Meter – aber manchmal denke ich halt: Ach, so 'n bißchen größer, damit sich das alles ein bißchen streckt, das wäre schon gut. Aber vorwiegend ist es der Bauch.

Die Angst, lesbisch zu sein, die kam nie. Also, die hatte ich noch nie. Zwischen Frauen und so, mir fehlt da was. Also, ich glaube, Ambitionen habe ich da schon, sonst hätte ich es ja nicht zweimal ausprobiert, aber ich könnte mir nie 'ne Beziehung mit 'ner Frau vorstellen. So richtig erkannt, was Liebe und Sex eigentlich bedeuten, habe ich das dann erst mit meinem ersten Freund, mit Jan. Als wir angefangen haben, uns gegenseitig zu entdecken, ganz langsam.

Ich kann Liebe auch nicht von Sex trennen, nicht wirklich.

Das zweite Mal mit einem Mädchen, da war ich sogar schon mit Jan zusammen. Wir hatten schon ein paarmal drüber gesprochen, wie das für ihn wäre, wenn ich mit einer Frau schlafe, und ob das was mit Fremdgehen zu tun hätte. Er sagte immer, für ihn sei das kein Problem, und darum war wahrscheinlich auch für mich die Hemmschwelle ziemlich tief. Zu sagen: Ich stecke ja in 'ner Beziehung, und das wäre keine Gefährdung für meine Beziehung. Also, ich könnte meine Phantasien und meine Ambitionen ausleben ohne Konsequenzen.

Diese zweite Frau und ich, wir haben uns in der Schule kennengelernt und hatten ziemlich schnell 'ne ziemlich eigenartige Beziehung zueinander. Wir waren sehr vertraut miteinander, sie hat mir von Anfang an sehr viel von sich erzählt, was ihre Gefühle und das alles angeht. Ich weiß bis heute nicht genau, warum, weil sie im Grunde eigentlich ein sehr verschlossener Mensch ist. Und ich habe auch schnell gemerkt, daß sie Interesse an mir hegt. Sie hat mir klipp und klar gesagt, daß sie »bi« ist und: Ja, du reizt mich sehr, und wie wär's denn. Also, sie hatte auch was mit Männern, aber sie hat nie einen Hehl daraus gemacht, daß sie sich mehr zu Frauen hingezogen fühlt und auch den Sex mit Frauen viel schöner findet. Ja, ich weiß auch nicht, wir kannten uns da bestimmt schon ein Jahr, anderthalb Jahre, zuerst rein freundschaftlich, und dann fing es an, daß man sich auch mal geküßt hat. Weiter wollte ich aber nie wirklich gehen und hab' dann immer ziemlich schnell abgeblockt. Und irgendwann hat's mich dann aber so gereizt, daß ich sie rausgefordert habe. Sie hat mich massiert, und dann bin ich eben drauf eingegangen, und so hat sich dann der ganze Abend eben ergeben.

Aber es war nicht das, was ich mir erhofft hatte.

Na, sie hat ja nun schon viel Erfahrung, ob Mann, ob Frau, und ich denke eigentlich auch nicht, daß ich wenig erfahren bin, mal abgesehen von der Zahl der Liebhaber oder Liebhaberinnen. Davon hängt Erfahrung ja nicht ab. Jedenfalls, für meinen Geschmack hat sie mich zu sanft behandelt. Also so, als ob's mein erstes Mal wäre, ganz sanft, ganz ruhig, keine Hektik, keine Action. Einfach nur 'n bißchen streicheln und mal 'n bißchen vortasten, und das war's dann. Ich wollte aber eigentlich mehr. Sagen konnte ich ihr das aber auch nicht. Ich war nicht gehemmt, das nicht. Vielleicht war es auch einfach nur die falsche Frau, hab' ich mir hinterher mal überlegt. Nicht diejenige, die mich so angesprochen hat, daß ich vielleicht mehr gemacht hätte oder daß es zu dem hätte ausarten können, was ich eigentlich gewollt hätte. Von daher hat sich meine Phantasie mit dem, was dann tatsächlich passiert ist, nicht gedeckt. Es war auch schon komisch, das erste Mal 'ne Frau – also, ich meine, bei der allerersten, da hatten wir beide noch keine Brust und nichts – und die zweite hat sehr viel Brust, und da war mir schon sehr seltsam zumute. Irgendwas ist eben doch sehr anders als mit 'nem Mann, und ich bin da wohl nicht für geschaffen.

Für mich war das auch kein Fremdgehen, weil ich von mir selbst ja genau wußte, was ich für ein Verhältnis zu ihr hatte. Und wir sind auch jetzt noch befreundet, obwohl sie, glaube ich, sehr gern mehr gehabt hätte und noch heute sehr an mir hängt. Aber ich hab's nie als etwas Größeres gesehen, ich hatte keine tieferen Gefühle für sie, mir ging es nur ums Experimentieren. Und ich hab's dann gleich am nächsten Tag auch Jan gesagt. Und der hat nun wieder völlig anders darauf reagiert, als ich es mir erhofft hatte. Na ja, ich hab's ihm eigentlich ganz locker erzählt, ich hatte gestern Sex mit 'ner Frau. Und dann dachte ich eigentlich, daß er jetzt wissen will, wie's war, und mir heiß entbrannt entgegenkommt, aber nichts. Und ich ganz erschüttert: »Was ist denn los?« Na ja, und dann kam eben auf einmal raus, daß es für ihn doch Fremdgehen ist. Daß für ihn da mehr hintersteckt.

Also fing ich an zu reden und zu erklären, sagte auch, daß es mir gar nicht so toll gefallen hat, und am Schluß meinte er: »Ist okay, ich brauch 'n bißchen, aber ist in Ordnung.« So ist er dann damit irgendwie doch ganz gut umgegangen.

Ich meine – noch heute, wenn ich sage, ich treffe mich mit ihr, dann ist es immer noch so, daß von ihm da 'n spitzer Kommentar kommt. Aber mehr als erklären kann ich's ihm nicht, wie ich dazu stehe, und er weiß auch, daß ich ansonsten treu bin. Und ich bin auch 'n sehr ehrlicher Mensch. Bis auf wenige Dinge weiß er eigentlich alles von mir. Und er weiß auch, daß er mir vertrauen kann.

Wovon er nichts weiß, das ist so ein One-Night-Stand mit einem Jungen. Das ist auch nichts, wo man drüber reden muß. Mir hat's nicht gefallen. Das war eigentlich nur dafür gut, daß ich jetzt umso genauer weiß: Ich bin ein Beziehungsmensch. Wie ich schon gesagt habe, ich verbinde Sex mit Liebe. Und deshalb hat mir dieser Abend auch überhaupt nichts gebracht, und ich hab' die ganze Sache auch schnell abgebrochen. Also, es fing an, und schon, als wir dann im Bett lagen, dachte ich: Oh, nee! Ich hab' das dann so bestmöglich ausklingen lassen, so – daß man nicht gleich sagt: Geh jetzt. Sondern ich hab's dann so versucht: Es geht mir heute nicht so blendend und laß mal lieber – so. Es kam auch nicht wirklich zum Sex.

Na ja, und der andere Junge außer Jan, bei dem war es von den Gefühlen her ganz schön Achterbahnfahren. Frisch getrennt und offene Wunden überall, und dann lerne ich in der Diskothek einfach so jemanden kennen. Auf 'ne total lustige Art. Wir tanzten so, und auf einmal wendete er sich mir zu, und wir tanzten plötzlich zusammen, und mir war das ganz peinlich. Ja, weil ich bis zu unserer ersten Trennung eigentlich nie dachte, daß mich ein anderer Mann angucken würde. Ich war sehr Jan-fixiert. Und ich war total überfordert mit der Situation, daß da auf einmal 'n Mann war, der mich auch noch antanzte. Der total freundlich zu mir war und auch noch Interesse hegte. Männliche Freunde hab' ich viele, die mich mögen und auch mal knuddeln, aber wenn dann plötzlich einer vor dir steht und du merkst: Der guckt dich jetzt wirklich als Frau an und will auch mehr. Schon seltsam.

Und da bin ich das erste Mal geflüchtet. Aber er kam hinterher, hat nicht lockergelassen, und da haben wir dann miteinander getanzt, und irgendwann meinte ich zu ihm: »Willst du mich gar nicht loslassen?« Und er: »Nee, dich lasse ich nie wieder los.«

Und dann haben wir die ganze Nacht geredet, sind wieder auseinandergegangen, aber gleich am Morgen hat er angerufen. Wir haben uns dann gleich wieder getroffen, und ich hab' aufgehört, mich dagegen zu wehren. Es war sicher 'ne Flucht für mich, aus der ganzen Situation. Wo einen einfach mal jemand in den Arm genommen hat, und du mußtest über nichts nachdenken. Aber es hat eben nicht lange angedauert. Weil die Gefühle für Jan einfach zu stark waren, wieder hochgekommen sind, und weil ich vom Kopf und vom Herzen eigentlich gar nicht frei für einen anderen war. Obwohl ich im nachhinein sagen muß, ich war schon stark in ihn verliebt. Also, er ist auch heute noch ein Mensch, der mich wahnsinnig fasziniert, wo ich sage: Gut, daß er mein Leben mal gekreuzt hat.

Ich habe noch nie einen Menschen erlebt, der soviel verwirklicht, was er sich vorgenommen hat. Er sagt: Bis dann und dann möchte ich's, und er schafft's.

Eine Mansardenwohnung mit einer Bastelecke, zusammen mit seinem WG-Partner.

Und dann haben sie sich selbständig gemacht im Event-Bereich, der eine als Techniker, der andere als Zimmermann. Haben sie wirklich gemacht.

Das war es, worüber ich immer gestaunt habe: Boah! So bist du gar nicht, und so wärst du so gerne. Einfach was sagen und das dann auch durchziehen. Ein ganz anderer Typ auch als Jan. Er hat mir echt den Himmel auf die Erde geholt, es war der Wahnsinn! Aber er war eben nicht Jan. Und das war das Problem an der Sache.

Er kam einfach zum falschen Zeitpunkt. Na ja, und er hatte durchaus auch seine Macken. Seine ziemlich umgangssprachliche Ausdrucksweise, zum Beispiel. Also wenn er sich am Sack kratzen mußte, dann sagte er das auch genau so.

Ich denke jetzt nicht, daß ich ein besonders hohes Niveau habe, aber das war mir dann doch irgendwann zuviel. Da saß ich oft da, habe geschluckt und überlegt: Sagste jetzt was oder nicht? Also, er war liebevoll, aber durch seine tolpatschige Art manchmal auch 'n bißchen grob.

Zum Beispiel, wenn wir im Bett lagen und gekuschelt haben, da zog er mich von einer Seite zur anderen, so daß ich immer so lag, wie er's haben wollte. Und so konnte ich manchmal die ganze Nacht nicht einmal in der Position schlafen, in der ich schlafen wollte, und wenn er sich umgedreht hat, mußte ich mich mit umdrehen. Die Nächte sind so einbrennend, weil er mich wirklich nicht losgelassen hat. Und ich mich dann auch wirklich 'n bißchen eingeengt gefühlt habe. Obwohl er das nicht wollte, er wollte in meiner Nähe sein. Aber mir war das zuviel. Und dann, daß ich morgens eben wachgeworden bin und mir gewünscht habe, daß nicht er dort liegt, sondern jemand anders. Jan.

Das hat einfach nicht gepaßt.

Ist schon eine ungewöhnlich lange Geschichte, mit mir und Jan. Ich war 14, als wir uns kennengelernt haben, das ist jetzt schon über vier Jahre her. Eigentlich glaube ich ja an so was, daß es in der Natur des Menschen liegt, daß man gerne jemanden an seiner Seite hat. Manche können das eben mit Freunden kompensieren und haben auch beim Sex viele verschiedene Partner, und manche wünschen sich eben den Einen, die Eine; was Festes. Aber ich kenne viele, die lange Beziehungen führen, auch in unserem Alter. Also so ungewöhnlich ist es auch wieder nicht.

Am Anfang wollte ich ihn gar nicht. Das erste Mal habe ich ihn Silvester getroffen, in einer Gruppe, wo ich eigentlich auf einen anderen fixiert war. Gut, Jan war schon der Bestaussehende von allen. Wo man doch schon so guckt. Aber als Mann hat er mich nicht interessiert. Mit dem, den ich ursprünglich gewollt hatte, hat es aber nicht geklappt, und da meinten die anderen: Jetzt hat se so 'nen tiefen Schlag gekriegt, jetzt müssen wir sie verkuppeln. Also, es war mehr so 'ne Verkuppelungsaktion.

Ich fand ihn auch total arrogant. Von Anfang an. Das Schlimmste war immer: Die haben ja nun auch viel Fußball gespielt, und wenn er dann immer so dastand und stundenlang mit sich selbst gespielt hat, so nach dem Motto: »Guckt doch mal, was ich alles mit dem Ball kann!« Und ich, bei mir: O Gott, nein. Wie kann man nur so selbstgefällig sein! Das waren meine ersten Eindrücke von ihm.

Nun hat er ja damals auch noch 'nen ganz anderen Klamottenstil gehabt, und ich guck' viel auf Sachen. Wenn ich dann immer seine Hochwasserhosen gesehen hab' und seine Pullis, die ihm schon viel zu klein waren ... – also, ich fand ihn schon irgendwie sympathisch. Aber er war auch total unzugänglich. Er hat nicht viel geredet und sich uns kaum zugewendet. Wir waren eben nur die Mädchen, die in so 'ner Jungsgruppe eben so bei sind.

Ja, und – weiß ich nicht, dann hat's angefangen, daß wir uns doch mal unterhalten haben, über Schule, und was er so macht. Er war ja auf dem Gymnasium, ich in der Gesamtschule. Und so kam das dann, ganz allmählich. Einmal haben wir uns auch getroffen, und seine Schwester hat uns so Babyfotos von ihm gezeigt, und er zeigte seine Comics, die er zeichnet. Die Comics waren alle in Heftern, aus Langweile hab' ich dann diese Hefter durchgeblättert, und da fand ich auf einmal ein weggekillertes Herz mit meinem Namen drin. Ich fing wie in so 'm Teenie-Film an, zu kichern und meine Freundin zu rufen. Ihm war das, glaube ich, eher unangenehm, aber er lächelte mich so schüchtern von der Seite an. Und da wußte ich: Aha, von seiner Seite her ist da also schon 'n bißchen mehr.

Von da an haben wir uns öfter gesehen, das war im Winter, und ich hatte immer so kalte Hände. Und da fing es eben an mit Händchenhalten. Den richtigen Klick hat's bei mir erst viel später als bei ihm gegeben. Er meinte ja, er hat mich gesehen und war verliebt. Und bei mir hat sich das erst so nach und nach entwickelt. Irgendwann bin ich aufgewacht und hab' gemerkt: Der Kerl ist der letzte Gedanke, mit dem ich einschlafe, und der erste, mit dem ich morgens wieder aufwache.

Ja, und nun sind wir schon so lange zusammen, mit insgesamt drei Trennungen. Die erste kam von mir, da waren wir so ungefähr ein Vierteljahr zusammen.

Wir sind halt auch sehr verschieden. Ich weiß nicht, mir wurde beigebracht, es ist egal, ob Junge oder Mädchen, du kannst mit allen gleich umgehen. Ist egal, ob da was hängt oder nicht, sind alles nur Menschen. Und bei ihm – na ja, Mädchen waren für ihn irgendwie was Besonderes, da hat er sich nie so richtig rangetraut. Und nun hatte er eine, nun mußte er sie auch hüten bis zum get no. Und alles, was ich gesagt habe, war heilig, und alles, was ich wollte, wurde getan, und eigentlich hat er sich total für mich aufgegeben. Hätte ich gesagt: »Spring!« – er wäre gesprungen. Das war dann nicht das, was ich wollte. Ich wollte ja ihn, und nicht mich als Spiegelbild. Oder als meinen Erfüller. Nee!

Und ich hab' mit ihm geredet und ihm gesagt, daß ich will, daß er sich auch mit seinen Freunden trifft, weil – das hat er total vernachlässigt. Mir wurde früh eingeimpft: Freunde sind das, was du dein Leben lang hast, 'ne Beziehung kann zerbrechen. Und deshalb fand ich es unangenehm, der Grund zu sein, warum er sich nicht mehr mit seinen Freunden trifft. Und das hab' ich ihm 'n paarmal gesagt, aber es hat nicht funktioniert, und da hab' ich gesagt: Das geht so nicht. Ich will nicht, daß er sich für mich aufgibt. Es ist einfach besser, wenn man das dann läßt, dachte ich.

Ich hab' mich dann von ihm getrennt. Was mir sehr, sehr schwergefallen ist, also es war nicht so, daß ich ihn nicht wollte oder so, ich wollte ihn bloß nicht unter diesen Bedingungen.

Notgedrungen, durch meine Familie, hatte ich bis dahin schon viel und ziemlich bitter über solche Dinge nachgedacht, nachdenken müssen.

Ich hatte 'ne schwere Kindheit, ist übertrieben. Aber 'ne sehr holprige Kindheit, so möchte ich das mal nennen. Bei uns war's eben so: Meine Mama hatte nach meinem Erzeuger, der sich wirklich nie um mich gekümmert hat, einen Freund, schon seit ich fünf oder sechs war. Den hatte ich als Vater anerkannt, ich hab' ihn auch Vater genannt. Das war 'n sehr schwieriger Mensch. Meine Eltern hatten einen sehr großen Altersunterschied; er war 19, als sie ihn kennengelernt hat, und sie acht oder neun Jahre älter. Und er war auch vom Charakterlichen ..., also ich sag' heute: Er ist krank im Kopf. Daher war es eben auch sehr schwer für meine Mum und mich. Ich hab' schnell 'ne Position als Seelsorgerin für meine Mutter eingenommen – ist vielleicht zuviel gesagt, aber als Stütze.

Wenn sich die beiden gestritten haben, was oft und heftig vorkam, da stand ich eben dazwischen und sollte Schiedsrichter spielen. Was für Probleme in 'ner Beziehung auftreten, wo sie herkommen und wie sie gelöst werden könnten, darum ging es irgendwie andauernd. Und ich denke, das hat mich ziemlich früh geschult und schneller altern lassen im Kopf als andere Kinder vielleicht.

Eins muß ich auch ganz deutlich sagen: Ich verehre meine Mama, für das, was sie getan hat und was sie geschafft hat, für sich, da bin ich wirklich sehr stolz drauf. Am Ende ihrer Beziehung stand nämlich eine sehr, sehr schmerzhafte Trennung, nach der sie nur noch 38 Kilo gewogen hat. Sie war dann auch beim Psychiater und hat wirklich ein halbes Jahr fast ununterbrochen durchgeheult. Da war ich dann diejenige, die die Mutterrolle übernommen hat und versucht hat, das, was an Familienleben zwischen uns noch übrig war, aufrechtzuerhalten. Und ich hab' halt verzweifelt versucht, sie zurückzuholen, und sie sagt heute noch, ich sei die einzige gewesen, die das geschafft hätte. Ich kann aber nicht mal sagen, daß ich daraus gelernt hätte: So willste es mal nicht machen. Das ist schwer zu erklären ...

Ich glaube, gut war, daß meine Mum trotz der vielen Streits nie aufgehört hat, mit mir zu reden. Daß sie mir viel erklärt hat, woher das kommt, warum Papa böse ist, daß das aber nichts mit mir zu tun hat. Und daß sie mir andererseits aber auch erklärt hat, vielleicht, um selber auch klarer zu werden, wie sie's gern hätte. Sie ist so 'n Mensch, sie sucht die Fehler immer bei sich und zerfleischt sich manchmal auch: »Hätte ich das so und so gemacht, dann wäre das anders gekommen.« Sie will immer allen anderen Leuten helfen und vergißt sich selbst dabei. Das war bei allen ihren Männern so und ist auch heute noch so. Liebe bis zur Selbstaufgabe. Aber sie hat trotzdem inzwischen besser gelernt, daß sie nicht an allem schuld ist und daß sie selbst auch was wert ist. Das sind die Dinge, für die ich sie so bewundere.

Ich kann's mir nicht anders erklären, als daß durch diese Gespräche, die Erfahrungen, zwischen den Fronten zu stehen und für die Mama dazusein, daß ich mir das selbst abverlangt habe, daß dadurch mein eigener Kopf sich eben schnell entwickeln mußte, um das alles zu verarbeiten. Und so ist es sicherlich auch zustande gekommen, daß ich in meiner eigenen Beziehung so rigoros reagiert habe, weil ich dachte: So geht's am besten.

Grundsätzlich bin ich ein sehr sozialer Mensch. Da braucht man sich bloß mal meinen 18. Geburtstag anzugucken. Also, da ist wirklich alles aufeinandergetroffen: von Chaoten über die penibleren Klassen bis hin zu den Lyrikern – alles.

Ist total witzig. Ich find' das auch schön. Klar, aufgrund meiner Reife – klingt das jetzt blöd? ich weiß nicht, wie ich's anders sagen soll – hat es immer schon Leute gegeben, die meinten, ich bin arrogant. Oder ich halt' mich für was Besseres. Das kommt eben auch daher, daß ich schon zeitig die Dinge ganz anders erklärt habe, mit ihnen ganz anders umgegangen bin. Daß ich zum Beispiel einen Streit ganz anders zu schlichten versucht habe, als andere Gleichaltrige das versucht hätten.

Wenn jemand gesagt hat: »Das ist 'ne blöde Kuh!«, hab' ich halt gefragt: »Warum nennste sie jetzt blöde Kuh? Guck dir doch mal deine Fehler an, und dann guck dir ihre Fehler an, biste wirklich soviel besser?« Ja, so moralisch war ich.

Aber 'n Außenseiter war ich trotzdem nie. Ich denke, ich hatte schon immer 'ne Sonderstellung, wurde auch oft als die »Mama« bezeichnet, die sich um alle kümmert, alle hegt und pflegt und so. Das hab' ich sicher auch von zu Hause mitgekriegt. Aber geächtet wurde ich deshalb nicht. Es war vielleicht schwerer für mich selbst, weil ich mir mehr Gedanken gemacht habe. Wo andere sich gestritten haben, mußte ich das dann analysieren, bin auf was weiß ich für Gründe gekommen, so daß fast die Welt zusammengebrochen ist – und für sie war's einfach nur ein schlechter Tag. Das war's vielleicht, was es mir schwerer gemacht hat.

Die Gefahr, daß *ich* mich für andere aufopfere und mich selbst dabei vergesse, die ist schon ziemlich groß. Aber ich bin trotzdem anders als meine Mama, durch meine Erziehung und wegen dem, was ich schon durchgemacht habe. Und weil ich für mich auch schon erkannt habe, wo der Punkt ist, an dem ich sage: Das kann ich nicht und das will ich nicht. Das Einschneidendste war da wohl unsere letzte und längste Trennung – ich komme gleich noch drauf zu sprechen. Wo ich gemerkt habe: Mensch, du hast ja auch noch Freunde! Und es gibt nicht nur diesen einen Menschen, der dich attraktiv findet. Zuerst war es ja so, daß ich dachte: Ohne ihn geht es nicht. Du hast jeden Tag mit ihm telefoniert, dein ganzes Leben war schon auf ihn ausgerichtet, und eigentlich warst du doch schon so 'n bißchen wie deine Mama.

Der Unterschied war dann aber, daß ich nicht – wie meine Mama – in ein Loch gefallen bin, sondern – für die anderen unheimlich – schnell logisch an die Sache rangegangen bin und angefangen habe zu verarbeiten. Okay, es hat nicht geklappt, es ist auch nicht nur meine Schuld, dazu gehören immer zwei, und wir sind zum Glück auch noch jung genug, um weiterzuleben und wieder neu anzufangen.

Ja, also zurück zu unserer ersten Trennung. Die dauerte nur ein paar Tage. Dann haben wir uns mit unserer Clique wiedergetroffen, und – TATA!! – man sollte's nicht glauben, er war er selbst. Das war für mich wahnsinnig schwer, weil: So, wie er jetzt war, wollte ich ihn, hab' ihn auch abgöttisch geliebt, mein Herz pochte, und ich dachte: Ja, jaaaa, genau so, warum kann ich das nicht haben, wenn wir zusammen sind? Und war dann mehr oder weniger verzweifelt und wußte gar nicht, was ich jetzt tun sollte. Ich hab' mich dann mit seiner Schwester unterhalten, und das war so dieses Teenagermäßige: Na ja, soll ich ihm mal was erzählen? Oder so geheime Sachen, daß ich dann urplötzlich ein getragenes T-Shirt von mir in seinem Bett »verloren« hatte. Obwohl er ja 'n Hochbett hat und ich das nie hätte dorthin plazieren können. So von wegen: Guck doch mal, ich bin noch da, willste nicht mal an meinem Pulli riechen? Wirste da nicht sehnsüchtig?

Jedenfalls hat seine Schwester da ein bißchen mitgeholfen. Hat auch Andeutungen gemacht, daß er mir noch viel bedeuten würde, und irgendwann kam er dann tatsächlich zu mir und fragte, ob wir's nicht noch mal miteinander versuchen wollten.

Er war ja eigentlich so 'n Einsiedlerkrebs, der selten hinter seinem PC hervorkam. Aber da kam er zu mir, und von da an wurde unsere Beziehung auch sehr schön und harmonisch. Bis zu dem Moment, wo er gemerkt hat, was er für einen Eindruck bei Frauen hinterlassen kann.

Er meint, ich hätte ihn verändert, und ab dem Tag, wo er eine Freundin hatte, war er plötzlich auch bei den Mädchen an seiner Schule aktuell. Ganz eigenartig. Keine Ahnung, warum. Das hieß Komplikationen.

Wir waren ja nun auch beide noch sehr jung und haben mit anderen keine nennenswerten Erfahrungen gehabt, und irgendwann – denke ich – ist es dann soweit, daß man das auch mal mit anderen austesten möchte. Es fing damit an, daß er 'ne andere geküßt hat. Da gab's dann das erste Mal Zoff. Er hat's mir nicht erzählt, ich hab's durch Zufall mitgekriegt.

Mit uns war es zu dem Zeitpunkt noch nicht so weit. Wir haben ja über zwei Jahre gebraucht, bis wir das erste Mal miteinander geschlafen haben. Das lag nicht an mir, ich wollte schon viel eher. Ich bereue es aber nicht. Weil, ich muß sagen, wir haben wirklich jede Etappe, die man miteinander haben kann, so richtig ausgekostet. Zuerst Rumknutschen, dann fing's an mit 'm bißchen Streicheln, dann, daß man mal den BH ausgezogen hat. Das ging alles ganz langsam und fließend, nicht so: Heute können wir das machen und heute steht das auf 'm Plan, sondern es hat sich einfach so ergeben. Und ich denke, das ist einfach das Schönste so. Auch wenn ich gerne schon viel früher mit ihm geschlafen hätte, auch viel früher schon dazu bereit war, bereue ich es heute nicht. Weil man den Partner eben doch ganz anders kennenlernt, wenn man damit anfängt, ihn zu streicheln, so zusammenwächst, anfängt mit Petting, weil man den Körper des anderen und das, was er mag, ganz anders kennenlernt, als wenn man sich zwei Wochen kennt und gleich miteinander poppt.

Ist so. Ich meine, ich bin schon auch zu Freundinnen gegangen und hab' mich umgehorcht. Ich dachte ja, es liegt an mir, ich bin nicht attraktiv; man macht sich da schon so seine Gedanken. Auch wenn er nur sagt, er möchte's noch nicht und fühlt sich noch nicht dafür bereit. Und da haben mir viele gesagt, die schon mit Jungs geschlafen haben: Nutze's solange aus, wie es geht. Spätestens, wenn du einmal mit ihm geschlafen hast, werdet ihr immer miteinander schlafen und nicht mehr dieses ausgiebige Petting haben. Das hat mir geholfen. Daß die mir geraten haben: Genieß es, weil später wird es nie mehr dazu kommen, daß ihr *nicht* miteinander schlaft, nur streichelt und kuschelt. Und das ist wirklich so.

So wie in der Anfangszeit, wo man noch nicht weiß, wie's eigentlich ist, und das genießt, was man hat, so wird es dann nie mehr.

Ja, dieser erste Kuß. Das hat sich damals irgendwie alles schnell erledigt, ich bin heute mit dieser Frau sogar ganz gut befreundet. Die Aufregung war ziemlich schnell vorbei. Aber dann, nach zwei Jahren, kam eine Phase, wo er Schluß mit mir gemacht hat. Ich war damals dauernd schlecht gelaunt, deprimiert, hab' mich in meiner

Haut nicht wohlgefühlt und mich demzufolge auch nicht anfassen lassen.

Ich weiß gar nicht, warum ich da reingefallen bin, aber es war mit die schlimmste Zeit, für mich, für meinen Körper und überhaupt. Ich hab' da richtige Freßorgien gehabt und war absolut depressiv. Und er wußte überhaupt nicht, was los war.

Und da war das Spielchen genau umgedreht: Er sagte, ich will dich und ich liebe dich, aber nicht so, wie du jetzt bist. Und ich konnt's zu dem Zeitpunkt nicht ändern, ich bin einfach nicht rausgekommen aus diesem Teufelskreis. Und da war es gut, daß er mich verlassen hat, weil das genau der Punkt war, der mich wachgerüttelt hat.

Meiner Mama hätte ich nicht geglaubt. Klar, sie war schon auch 'ne helfende Hand, indem sie mir gesagt hat: »Guck dich doch mal an! Wunderst du dich? Wie du aussiehst, und du läßt ihn doch gar nicht an dich ran! Du schubst ihn selbst von dir weg.« Und da bin ich wachgeworden, das hat mich rauskatapultiert. Das hat auch wieder nur ein paar Tage gedauert, dann waren wir wieder zusammen.

Das war eigentlich alles noch harmlos im Vergleich zu unserer letzten, längsten Trennung, ein ganzes Vierteljahr vor anderthalb Jahren. Das war meine härteste Zeit. Da wurde alles auf den Prüfstand gestellt: ich, meine Liebe, meine Gefühle – alles.

Die Beziehung lief eigentlich, und ich war sehr glücklich. Aber es war immer irgendwas, was mich stutzig gemacht hat. Wie soll ich das erklären? Keine Ahnung, es war einfach ein ungutes Gefühl: Es ist schön, aber es stimmt irgendwas nicht.

Diese Franziska war ja schon immer seine große Liebe, von Anfang an. Ich hatte ihm auch mal prophezeit, daß er mit ihr noch mal zusammenkommt. Ich hab' ja eigentlich schon die ganze Zeit fieberhaft darüber nachgedacht, wie man das miteinander verbinden kann: 'ne Beziehung und dieses Ausleben, das ja unausweichlich kommen muß. Ich meine, er war 17 und hat gerade gemerkt, daß sich die Mädchen nach ihm umdrehten! Und ich fing schon an, über Dreiecksbeziehungen nachzugrübeln, ob das vielleicht ein Ausweg wäre, und hab' ihm das auch vorgeschlagen. Aber er sagte immer: »Nein, ich will so was nicht, ich brauche das nicht«, und hat abgeblockt.

Und ich weiß noch, da gab es einen Abend, wo wir zusammen im Bett lagen und auf diese Franzi zu sprechen kamen, und wo er total anfing, von ihr zu schwärmen. Also, er hat von ihr geredet, und mit jedem Wort, was er gesagt hat, hat er mir eigentlich ins Herz gestochen. Und ich konnte nichts sagen. Ich konnte nicht mal sagen: Hör jetzt auf. Ich dachte nur: Wenn er jetzt nicht bald geht, dann drehe ich durch. Und er mußte dann zum Glück auch bald gehen, und als er weg war, fing ich an, bitterlich zu weinen und mein Tagebuch vollzuschreiben. Und an dem Punkt war für mich zum ersten Mal so 'n richtiger Bruch drin. Weil ich dachte: Wenn er von 'ner Frau, die er angeblich nicht liebt, so spricht, da stimmt was nicht. Das klappt nicht.

Es kam die letzte Nacht, bevor er zur Klassenfahrt fuhr. Und wir lagen zusammen im Bett. Ich wollte ihn morgens zum Bus bringen, und da ist was ganz Merkwürdiges passiert: Ich fing an zu weinen, und er hat sich nicht drum gekümmert. Drehte sich einfach um und schlief ein. Oder tat so, als ob er geschlafen hätte. Und morgens hat er sich auch nur knapp von mir verabschiedet, und weg war er.

Die ganze Woche, während er weg war, hatte ich total die Alpträume, daß er fremdgeht, daß er mich vor anderen bloßstellt; hab' ihn mit anderen Frauen schlafen sehen in Szenen; war wirklich ganz schlimm. Hatte ihm aber für die Reise noch so 'n kleines Package gepackt mit 'nem getragenen T-Shirt, 'nem Tonband, wo ich ihm was raufgesprochen hatte, und Kinderriegeln, weil er die gerne ißt. Aber mental habe ich mich die ganze Woche über drauf eingestellt, daß, wenn er wiederkommt, Schluß ist. Meine Freunde meinten, ich spinne und bilde mir das ein, aber ich wurde diese Bilder einfach nicht los. So habe ich diese ganze Woche gelebt; wie es ist, solo zu sein, wenn er nicht mehr zu mir gehört.

An dem Abend, als er wiederkommen sollte, wollte ich dann auch nicht dasein. Hab' mich angezogen und bin tanzen gegangen. Und er rief auch an, und meine Mum sagte ihm: »Du, die ist feiern; die kannst du erst morgen wieder erreichen.«

Das war für mich so 'n innerer Vorbeimarsch.

Und wir sahen uns dann wieder auf einer Geburtstagsfeier; ich hatte mich extra schön gemacht und war gespannt auf seine Reaktion. Und er kam, hat mich umarmt, es war eine kleine Distanz zwischen uns, aber die hat sich im Laufe des Abends total aufgehoben. Wir sind dann auch zusammen nach oben in ein leeres Zimmer verschwunden. Also, alles schien wieder in Butter zu sein.

Ich hab' ihm dann im Bett sogar noch erzählt, was ich für Alpträume hatte und welche Angst ich hatte, und er hat nichts gesagt. Und an dem Abend war ich auch noch richtig glücklich. Morgens beim Aufwachen schliefen wir wieder miteinander, und wir wollten den Tag zusammen verbringen und abends einen Film angukken.

Der Tag verlief auch ganz gut, bis zu dem Moment, als er sagte, er müsse noch was am PC machen. Ich sagte okay und setzte mich daneben mit einem Buch. Da merkte ich auf einmal, daß er am Computer *spielte* – und wurde sehr sauer!

Ich hab' so 'n Fluchtsyndrom. Wenn ich mich streite und das Gefühl habe, ich werde erdrückt, dann muß ich gehen. Also ging ich und merkte aber erst am Bus, daß ich gar keinen Schlüssel von zu Hause mithatte. Dazu kam: Bis zu diesem Tag ist Jan mir eigentlich immer hinterhergekommen, an dem Abend aber nicht.

Nun mußte ich ja notgedrungen noch mal zurück, und wir sind auch ins Hochbett gestiegen und wollten das Gespräch über uns eigentlich weiterführen. Ich erzähle gerade, daß ich mich in unserer Beziehung gar nicht geborgen fühle – und stelle fest, daß er eingeschlafen ist. Da dachte ich: Das ist jetzt alles nicht wahr!

Ja, und nun fängt es schon an, wie ein Film abzulaufen: Er wurde irgendwann wieder wach, wir schauten diesen Film noch zusammen an, und danach gab es so einen Moment, wo ich ihn festnagelte: »So, jetzt reden wir Klartext, und du sagst mir jetzt, was los ist.« Zuerst wollte er ausweichen: »Es ist nichts.« Und ich: »Hast du mich überhaupt vermißt?« Und er: »Ja, aber jemand anders hätte ich noch viel mehr vermißt.« Und da war für mich eigentlich alles schon klar.

Er wollte mich trösten, aber ich wollte das alles nicht. Ich sagte: »Ich geh jetzt.« Und er: »Ich laß dich so nicht gehen, ich hab' Angst, daß du dir was antust.« Und ich: »So blöd bin ich nicht.« Und hab’ dann meine Mum angerufen, daß sie mich abholen soll.

In dem Bushäuschen, wo ich auf sie gewartet habe, ist dann so ’n Typ vor Schreck gleich von mir weggerannt. Ich hab’ ihn – verrotzt, wie ich war – angesprochen, ob er mal ’n Taschentuch hat, aber er hatte keins. Und ich hab’ mich so dreckig gefühlt. Noch nicht mal so sehr, weil er so lange nicht mit mir geredet hatte, aber daß er noch mit mir geschlafen hat! Das war das Schlimmste, und darum hab’ ich mich auch innerlich und äußerlich so dreckig gefühlt wie noch nie im Leben.

Ja, und dann war’s vorbei.

Das größte Geschenk in der Zeit war im nachhinein für mich: Das erste Mal im Leben hab’ ich meine Mama verstanden. Wirklich verstanden. Weil, früher war’s mir immer unverständlich, wie man sich auf einen Menschen so fixieren kann. So ’ne Aktionen wie Szenen vor anderen, wo ich immer dachte, ich würde mir nie diese Blöße geben.

Oder anfangen zu heulen, mitten in der Öffentlichkeit. Und später hab’ ich sie ja auch angebrüllt: »Hör endlich auf zu heulen. Ich kann’s nicht mehr ertragen.« Das war für mich unbegreiflich, wie man so schwach sein kann. Also, ich hab’s immer als Schwäche gesehen. Aber in dem Moment habe ich gefühlsmäßig genau das durchgemacht, was sie durchgemacht hatte. Diesen abgrundtiefen Schmerz, der nicht weggeht, egal, was man tut. Der einem den Atem raubt, die Gedanken. Wo man Hilfe möchte, aber es gibt gar keine, weil das ’n Ding ist, was man nur alleine bewältigen kann. Das hab’ ich ihr auch gesagt, meiner Mum: Jetzt verstehe ich, jetzt weiß ich, wie’s dir ging. Ich glaube, das war das Schönste an der ganzen Sache.

Wobei sie auch gesagt hat, daß sie erschrocken ist, wie schnell ich damit umgehe. Weil nach drei Tagen diese Heulkrämpfe bei mir vorbei waren und ich nüchtern war und drüber nachgedacht habe und gesagt habe, ich möchte weiter den Kontakt zu Jan und angefangen habe, das Positive in der Sache zu sehen. Ich wußte, daß es kommt. Hätte ja auch sein können, daß ich diejenige bin, die ausbricht. Deswegen war nicht gleich mein ganzes Leben vorbei. Also, ich konnte mich ziemlich schnell auf Grund setzen und bin nicht immer weiter gefallen.

Ich hab' auch so 'ne Tests mit mir veranstaltet: Zuerst seine Fotos angeschaut. Dabei mußte ich in den ersten Tagen immer weinen. Dann habe ich sie eben erst mal weggepackt und später wieder angeguckt. Irgendwann konnte ich das dann. Da bin ich dazu übergegangen, unsere Liebesbriefe zu lesen. Ich muß aber sagen: Darüber bin ich nie hinausgekommen, so abgehärtet war ich eben doch nicht. Hab' ich nie geschafft. Na ja, und es war ja auch nicht unser Ende!

O je, wie sind wir dann wieder zusammengekommen?

Also, Jan hatte ja immer gesagt, wenn das mit uns jemals vorbei ist, dann ist auch keine Freundschaft drin. Nun haben wir es aber trotzdem probiert, Freunde zu bleiben, haben uns ab und zu gesehen, miteinander telefoniert; er gab mir Tips für die Schule. Ich war ja zu der Zeit mit Oskar zusammen, der mit dem Himmel auf Erden, von dem ich vorhin schon erzählt habe. Beide wußten voneinander: Jan wußte, daß da noch jemand ist, und Oskar wußte, daß mein Herz Jan gehört.

Und Jan war mit Franzi zusammen – im nachhinein erfuhr ich dann, daß es mit ihr schon über Monate gegangen war, daß mein Gefühl mich also nicht getrogen hatte –, bis dann mit ihr auch Ende war. Sie wollte ihn nicht mehr, so einfach. Um so enger wurde unsere Freundschaft, und ich bekam Angst, nur der Ersatz für sie zu sein.

Meine Freunde warnten mich auch: Jetzt hat's mit ihr nicht geklappt, jetzt kommt er zu dir zurück, ins warme Nest, wo er weiß, was er kriegt.

Aber das hat mich letzten Endes nicht wirklich abgeschreckt.

Es kam dieser Abend, er hat mir Mathe-Nachhilfe gegeben und lag auf meinem Bett, was ich total unangenehm fand. So selbstverständlich. Ich meine, bei mir gibt's nichts weiter, wo man sich hinsetzen kann, aber daß er da so lag ...

Am liebsten hätte ich mein Bett neu bezogen! Und er lag dann so und sagte auf einmal: »Ich glaube, ich hab' da 'nen riesengroßen Fehler gemacht.«

Und ich dachte: Ist jetzt hier alles 'n Film. Hab' ich auch zu ihm gesagt. Ist das jetzt 'ne Verarschung? Ich hab' sogar angefangen zu lachen.

Das, was man sich die ganze Zeit wünscht, soll jetzt Wirklichkeit werden. Ich wußte nicht, wie ich damit umgehen sollte. Er fing dann an zu reden, und ich war sehr abweisend zu ihm, sehr kühl. Ja, ich weiß auch nicht. Ich ging dann mal kurz aufs Klo, um mich zu sammeln. Und als ich zurückkam, mich zu ihm setzte, da fing er an zu weinen. Eins kam zum anderen, und irgendwann sagte ich zu ihm: »Also, wenn überhaupt, dann will ich alles wissen, wirklich alles.« Und er war sehr ehrlich, hat mir wirklich alles erzählt. Daher weiß ich eben, daß es nicht nur ein One-Night-Stand war mit Franzi. Daß es schon so lange ging.

Seine Ehrlichkeit hat mir sehr geholfen, um zu erkennen, daß ihm wirklich viel an mir lag. Ja, und dann, ihn das erste Mal wieder im Arm zu halten, da ist mir Gänsehaut über den Körper gelaufen und der Atem weggeblieben, ich weiß nicht.

Aber das war nur der Anfang.

Weil – jetzt wollte ich ja Aufmerksamkeit. Ich wollte, daß er sich um mich kümmert, daß er da ist – und das konnte er mir nicht geben. Wir waren wieder zusammen, und er hat einmal in der Woche bei mir angerufen, das war's. Es gestaltete sich alles viel schwieriger, als ich es mir dachte und wünschte. Er konnte sich nicht verzeihen, aber ich konnte es. Er meinte, das wird nichts mehr mit uns, und ich konnte nicht verstehen, wie man sich lieben und doch nicht zusammensein kann. Auf einmal war alles dermaßen kompliziert!

Die ersten Male konnte ich auch noch nicht mit ihm schlafen, das hat regelrecht in 'nem Heulkrampf geendet. Konnte ich nicht.

Erst nach und nach hat sich das gegeben, auch, weil wir viel darüber geredet haben.

Heute, nach über einem Jahr, bin ich wieder sehr glücklich. Aber die Unschuld ist mir genommen worden, die Unschuld meiner Liebe. Es ist so schwer, mir selbst zu vertrauen. Wenn man einmal so ein Gefühl gehabt hat und ist dem nicht nachgegangen, hat's abgetan. Und heute – man hat wieder so 'n komisches Gefühl. Ist das nun ein Phantom oder nicht? Soll man das ernst nehmen oder nicht?

Als die Betrogene muß ich auch ständig aufpassen, dem anderen keine Vorwürfe zu machen, nicht dauernd auf der Lauer zu liegen oder so.

Ich bin viel vorsichtiger geworden. Unter meine Liebesbriefe schreibe ich heute:

»Auf ewig deine Jenny. Solange unsere Ewigkeit dauert.«

»Leben wie im Film«

Steffi, 19, Strausberg, Berlin, Köln, Clarion (USA)

Ja, komm raus aus deiner Filmwelt«, das hat neulich ein Kumpel zu mir gesagt. Weil ich halt ziemlich naiv bin und auch an das, was im Film ist, glaube. Wenn man mir im Film 'ne Liebesstory vorspielt, dann glaube ich, daß das auch im wirklichen Leben funktioniert. Und da sagen mir dann eben immer Leute: »Nee, Steffi, so ist das aber nicht.«

Genau wie Reaktionen von Menschen. Da denke ich – aus meiner Kino- und Fernseherfahrung – der müßte jetzt so und so reagieren, obwohl es Quatsch ist, aber ich hoffe das immer. Und dann bin ich enttäuscht, wenn er nicht so reagiert.

Das hat auch mit meinem Berufswunsch zu tun. Ich habe ja viel mit Medien am Hut und möchte Regisseurin werden oder so was. Filme selbst kreativ mitgestalten.

Mir 'ne Story vorgeben und dann den Leuten erzählen, wie sie es umzusetzen haben. Ich glaube nicht, daß das besonders wirklichkeitsnahe Geschichten wären.

Eher so Traumszenen, eine schöne Traumwelt.

Also, ich hatte jetzt gerade so was, das hätte auch aus einem Film stammen können: Ich hab' mich mit meinem Exfreund noch mal ausgesprochen, so wie man sich das nur wünschen kann. Man läuft einen Waldweg entlang, setzt sich dann irgendwohin und redet einfach, eine total vertraute Situation. Das sind so Dinge, die man auch im Film findet. Also zum Beispiel, ich finde, mein Leben verläuft so 'n bißchen wie – ich weiß jetzt nicht, wer das kennt – wie »Dawson's Creek«, diese amerikanische Fernseh-Jugendserie. So »beste Freundin, bester Freund«, ein ständiges Hin und Her und diese Teenage-Probleme, die sind einfach total real. Und ich finde, auch wenn's blöd klingt, daß ich gut zwischen den Zeilen lesen kann im

Film. Ich weiß ganz genau, was der Film mir damit sagen will, und deshalb glaube ich an das, was im Film ist.

Und so war das auch mit unserer Trennungsgeschichte. Es ist einfach sehr schön auseinandergegangen mit Axel und mir. Zum Beispiel haben wir jetzt beschlossen, daß wir immer, wenn wir aneinander denken, uns dann auf 'm Handy anklingeln. Nur so als Zeichen. Und seit der Trennung bis heute hat es bei mir wirklich nicht erst einmal geklingelt! Und das ist, glaube ich, ziemlich untypisch, daß eine Beziehung so schön auseinandergeht und daß man trotzdem gut miteinander befreundet bleibt.

Ich habe mit so vielen Leuten darüber Gespräche geführt, und die sagen alle, das ist eigentlich gar nicht möglich im normalen Leben. Daß man »danach« befreundet ist mit der Person, die man mal geliebt hat.

Na ja, daran sieht man schon: So dieses typische Naive im Film, das hängt halt an mir dran. Daß ich immer an das Gute im Menschen glaube, auch wenn ich diesen Glauben manchmal schon verloren habe, aber ich glaube doch, daß jeder Mensch irgendwo gut ist. Und daß es 'ne Ursache hat, wenn Menschen böse sind. Daß eigentlich kein Mensch von Grund auf schlecht ist. Dieses Naive, was im Film widergespiegelt wird, spiegele ich halt auch gerne wider.

Ich hab' erst spät angefangen, mich für Jungs zu interessieren. War mehr so 'n »Jungen-Mädchen«, das auch nicht gern mit Puppen gespielt hat, sondern die Lego-Steine bevorzugt hat. Ich bin dann erst später zum Mädchen geworden, so mit 16, mit Schminke und Körperbeobachtung und so.

Bis heute waren es drei Jungs bei mir, wobei der erste, mit 13, der zählt eigentlich nicht so richtig. Das war kindlich und platonisch, wie Brüderchen und Schwesterchen.

Ich bin ja so 'n Mensch, der mehr auf lange Beziehungen steht. Da können dann auch ruhig mal ein, zwei Jahre dazwischen sein oder von mir aus auch kürzer, wenn's sich ergibt; aber wenn schon, dann eben intensiv und lange.

Ich leg's nicht drauf an: Ich muß jetzt einen neuen Freund haben und brauch' den jetzt nur so, sondern da muß schon mehr sein. Ja, man sagt, bei Mädchen erwacht die Sexualität schon zeitig. Aber

ich glaube, ich bin da wohl eher unnormal, weil – ich habe 'n großes Problem mit meinem Körper und steh' da eigentlich nicht so
zu. Zum Beispiel Selbstbefriedigung, das ist bei mir gar kein Thema. Ja, weiß ich nicht, ich habe dieses Lustgefühl nach Sex von mir
aus einfach nicht. Brauch' ich auch nicht. Das kommt erst, wenn
ich mit jemandem zusammen bin, wir in einer bestimmten Situation sind, dann vielleicht. Aber so an sich, gar nicht. Manchmal denke ich, ich bin anormal, aber ich habe da gar nicht das Verlangen
nach.

Ich lege viel mehr auf Zärtlichkeiten Wert. Ich möchte oft und
viel in den Arm genommen werden, mal 'n Kuß auf die Stirn, aber
nicht dieses sexorientierte Beziehungsleben führen. Nee, auf keinen Fall! Und deswegen bin ich auch erst mit 16 mit Sex in Berüh-
rung gekommen, mit meinem zweiten Freund, Max.

Das erste Mal, das war schrecklich! Es war eher ein Unfall. Es
sollte eigentlich nicht passieren. Oder doch – ach, ich weiß nicht.
Also, wir haben uns damals im Urlaub in Portugal kennengelernt,
und da haben wir's dann geplant. Wir sagten: Wenn wir zurückkommen, an dem Dienstag, da besucht er mich, und da passiert's.
Ja, Dienstag, Punkt 14 Uhr, so ungefähr. Und dann hab' ich aber
gemerkt: Nee, auf Knopfdruck kann ich das schon gar nicht. Einen
Tag später war ich bei ihm, und da ging es immer noch nicht. Erst
einen Monat später, wieder bei ihm, da hat es sich dann ergeben.
Aber auch nicht auf die normale Art, also ich meine jetzt so die bekannten Null-Acht-Fünfzehn-Stellungen, sondern so von hinten, er
lag auf mir drauf, und dann so nach dem Motto: »Uups, jetzt hab'
ich dich wohl aus Versehen doch entjungfert. Das tut mir aber leid!«
Er war bis dahin auch noch Jungfrau, das sollte ich vielleicht dazu
sagen. Also, wir beide total unerfahren.

Ich hab' auch geweint, und es hat mir tierisch wehgetan. Aber
dann war's passiert, und letzten Endes war es für mich auch nicht
so die große Sache.

Ich hab' daraus nicht so ein Riesending gemacht: Wann hab' ich
endlich mein erstes Mal? Da habe ich eigentlich gar keine Gedanken dran verschwendet. Und diese Erfahrung gab mir recht: Es war
wirklich alles andere als ein Genuß.

Klar, je besser wir uns kannten und je vertrauter wir miteinander wurden, desto besser wurde es dann auch. Man hat neue Dinge ausprobiert, er hat sich ein Buch besorgt, wo man mal nachschlagen konnte, also das spielte sich dann schon ein.

Aber ich muß auch sagen, ich bin gar nicht so ..., ich denke auch nicht oft an Sex. Also eigentlich fast gar nicht. Wenn's passiert, passiert's, aber meistens muß man mich doch schon überreden, teilweise. Bin gar nicht so 'n Mensch.

Das liegt ganz bestimmt auch an meinen Komplexen wegen meines Körpers. Ja, ich weiß, von außen sieht's perfekt aus, wird mir ja auch oft gesagt. Die Leute wissen gar nicht, was ich eigentlich will. Schlank, trotzdem weibliche Rundungen, lange blonde Haare; die denken, ich spinne. Ich kann's mir auch bloß mit meinen Grundschulerlebnissen erklären. Ich wurde halt oft gehänselt. Ich war früh entwickelt, hatte schon in der vierten, fünften Klasse 'nen ziemlich großen Busen.

Und kein Mädchen außer mir. Da hab' ich mir schon allerhand anhören müssen von den Jungs. Es gab auch einen, der hat mich »Schlampe« genannt, und auf Jugendfahrten wurde ich im Bad bespannert, oder es wurde einfach nur hingefaßt. Das hat irgendwann 'nen Knacks bei mir hinterlassen. Oder auf dem Weg zur Schule wurde ich in aller Öffentlichkeit mal am Bus angegrabbelt, und es hat niemand was gesagt. Einfach dieses – diese ständige negative Aufmerksamkeit, die ich mit meinem Körper erregt habe, die hat dann zu diesem Knacks geführt. Also ehrlich: Meinen Busen würde ich am liebsten verkleinern lassen, auch wenn ich sonst nichts von diesen Schönheits-OPs halte und nicht an mir rumschnippeln lassen würde. Das Geld hab' ich schon mal gar nicht. Und dann denke ich auch: Ich müßte es irgendwann mal lernen, mich zu mögen und gut mit mir klarzukommen, wie ich bin.

Aber jedes Klamottenkaufen wird bei mir zur Tortur, weil irgendwie alles nur auf kleine Busen zugeschnitten ist. Oder schöne BHs, die finde ich einfach nicht in meiner Größe, nur in A und B, und C sind dann schon diese nichts aussagenden BHs. Da steht man dann da und seufzt so vor sich hin: Hm, warum hab' ich nicht wenigstens eine Größe kleiner?!

Viele können das nicht verstehen und sagen, ich könnte ihnen gern was abgeben. Aber wenn du dann 'nen großen Busen hast, ist es auch nicht so prickelnd. Ich meine, manchmal wundere ich mich; ich habe auch Freundinnen, die haben noch mehr als ich, und die kommen damit klar. Rätselhaft. Kann ich mich nur wundern.

Auch mit Essen, da könnte man bei mir durchaus sagen, daß ich nicht ganz gesund bin. Wenn ich auf die Waage steige und sehe, ich hab' wieder 'n Kilo mehr, dann kriege ich sofort 'nen Schreck und denke: Oh, heute ißt du mal nichts oder ganz wenig oder nur Obst. So versuche ich halt immer, auf 'ne bestimmte Art und Weise auszusehen. Ich hab' immer 'n Bild von mir, und so versuche ich auszusehen. Da arbeite ich drauf hin. Also, sagen wir's mal so, im Moment bin ich dem Bild schon ziemlich nahe, also gefällt's mir schon eher. Ich möchte ein noch sportlicherer Typ werden, bin halt mehr so ein eleganter, und das schwankt eben bei mir hin und her. Zwischen elegant und sportlich. Und dann entdecke ich ein Mädchen, das gefällt mir total, und ihr Kleidungsstil gefällt mir, und dann laufe ich einen Tag lang so herum wie sie. Und am nächsten Tag sehe ich eine andere und denke: Wow, das sieht aber auch gut aus, und dann versuche ich es so wie die. Hört sich das jetzt etwa so an, als ob ich jeden Tag meinen Stil um hundertachtzig Grad ändere? Nee, so meine ich das nicht. Es geht mehr um Details, Accessoires; ein Tuch oder ein Schminkstil, 'ne Hose mit einem bestimmten Gürtel oder so. Einfach so 'n ständiges Ausprobieren. Macht das nicht jeder?

Ich bin nicht so, daß ich Models nacheifere; also, ich will keine Fünf-Zentimeter-Durchmesser-Arme haben. Aber schon schlank sein, und ich mag das auch, wenn oben an der Brust Knochen rausschauen. Wo ein anderer sagen würde: Oh Gott, bei der sieht man nur noch Knochen! Mir gefällt das.

Ich kann auch keine Komplimente annehmen, ich weiß nicht. Irgendwas hat da bei mir im Jugendalter »knacks« gemacht, daß ich das nicht kann. Ich weiß auch nicht, mit wem ich darüber sprechen soll. Mit meinen Eltern, hier in Berlin, wo ich wohne, geht das irgendwie nicht. Eigentlich habe ich mich meinen Gasteltern in Amerika mehr anvertraut, als ich drüben war. Die wußten viel mehr von mir. Klar, die haben mir zu dem Punkt auch gesagt: Ist Quatsch, was du redest. Weil, so, wie du aussiehst, und so, wie du bist, das ist in Ordnung, und da gibt's nichts zu bemängeln. Aber ich muß mich halt selbst in mir wohlfühlen, und ich fühl' mich eben nicht so wohl. Das spiegelt sich auch in Launen wider, ich weiß nicht. Ich kann einfach nicht dazu stehen, wie ich nun mal aussehe.

Mein Idol ist Julia Stiles, diese Schauspielerin aus »10 Dinge, die ich an dir hasse« oder »Save the last Dance«. Blonde lange Haare, mädchenhaft zart, oben nicht so viel; ja – und sie spielt auch klasse. Ich mag diese zerrissenen, sensiblen Charaktere, die sie spielt. Nicht so flache Menschen, in deren Gesicht man nichts sieht. Die ist einfach – ja, das isses grade: Sie ist nicht perfekt, aber sie hat dieses gewisse Etwas. Sie strahlt dieses gewisse Etwas aus. Und das ist halt 'ne Person, die ich gern sein möchte. Ich möchte nicht eine von vielen sein, sondern was Besonderes, aber auf eine nicht arrogante Art. Also, ich möchte jetzt nicht so sein: »Hej, ich bin die Tollste!«, aber ich steh' schon gerne im Mittelpunkt. Nicht dieses Überhebliche, aber ich mag's halt gern, wenn sich Leute mit mir beschäftigen.

Ich wollte immer Tänzerin werden, aber ich hab' leider zu spät damit angefangen. Jetzt kann ich zwar Standard und Modern, aber Ballett fehlt mir.

Und zu allen möglichen Dingen, zum Beispiel, wenn ich Tanz studieren wollte, braucht man eben Ballett, diese Biegsamkeit und diese Eleganz. Das kriege ich in meinem Alter nicht mehr hin.

Ich mag eben Leute, die wissen, was sie wollen, aber die auch wissen, wo ihre Grenzen sind. So Menschen, die man gerne sieht. Wo man nicht gleichgültig die Schultern zuckt, sondern sich wirklich freut: Wie schön, daß er oder sie da ist!

Meine Piercings, ja, die sind sicher auch ein Ausdruck davon, daß ich gerne was Besonderes sein möchte. Mit 14 hatte ich mir schon mal die Augenbraue piercen lassen, weil – da gab's 'ne Band namens »Echt«, die fand ich total toll, und der Gitarrist hatte 'n Augenbrauenpiercing. Ich fand das total schick und dachte: Boah, mußte auch haben! Ich bin dann mit 'ner Freundin zu 'nem Arzt gegangen, und wir haben uns das da machen lassen. Meins ist leider nicht so geglückt. Vielleicht hätte ich zu einem Piercer statt zu einem Arzt gehen sollen. Es ist einfach rausgewachsen. Aber es gibt ja diesen Spruch: »Einmal an der Nadel – immer an der Nadel.« Wenn man 'n Piercing hat, kann man nicht mehr damit aufhören. Und dann hab' ich zum 17. Geburtstag von meinem damaligen Freund, von Max, ein Piercing geschenkt gekriegt, so 'n Gutschein. Da hieß es aber grade auch: Du gehst jetzt 'n Jahr nach Amerika. Und diese Organisation, die mir das vermittelt hat, EF (Exchange Foundation) hat mir damals erzählt, Piercings und gefärbte Haare is nich. Zu dem Zeitpunkt hatte ich noch knallrote Haare und dachte schon: Okay, nun muß ich wohl wieder zum Blond zurückkehren, und Piercing ist auch nicht. Aber als ich dann drüben war, schaute ich mir meine Gastschwester an und habe bemerkt, daß sie doch an einigen Stellen gepierct war, und tätowiert war sie auch. Sogar teilweise gefärbte Haare hatte sie. Und dann dachte ich: Nee, so nicht! Genau eine Woche später sind wir zum Piercer gefahren, und seitdem habe ich das zwischen Kinn und Unterlippe. Später kam noch der Bauchnabel dazu, erst einmal und dann das zweite Mal.

Ich hab' mal 'ne Freundin getroffen, die hatte sogar vier Piercings im Bauchnabel, so in jede Himmelsrichtung eins. Das fand ich – das war anders. Ein Piercing hat jeder, ist ziemlich geläufig. Aber mehrere, das ist schon ungewöhnlich. Und so habe ich mir eben noch oben 'nen Ring durchmachen lassen. Und dann noch das Ohr, und dann hab' ich gesagt: Jetzt ist Schluß. Vier Stück, das reicht. Ich find's schön, das ist 'n schöner Schmuck. Ja, und eben nicht so 'n Null-Acht-Fünfzehn-Typ zu sein, sondern anders.

Demnächst kommen noch zwei Tattoos dazu. Zwischen den Brüsten das japanische Zeichen für Ehrlichkeit. Und auf 'm Rücken das japanische Zeichen für Liebe. Ich kann gar nicht Japanisch. Aber Ehrlichkeit und Liebe im Herzen, das finde ich eben total wichtig. – Das klingt jetzt wieder wie im Film, stimmt's?

Mit Filmen hat es auch wieder viel zu tun, daß ich für ein Jahr nach Amerika wollte, als ich 16 war. Ich habe von mir aus meine Eltern regelrecht gedrängelt. Weil, ich war einfach neugierig, ob dieses High-School-Filmbild etwas mit der Wirklichkeit zu tun hat.

Und sind die Amerikaner wirklich so oberflächlich, wie immer gesagt wird? Und ist das Leben so, wie es im Film immer dargestellt wird?

Ich muß sagen: Ja, doch, trifft schon zu. Ich hab' viele oberflächliche Amerikaner kennengelernt, wobei ich finde, daß das teilweise auch okay ist. Ich bin damit gut klargekommen. Am Anfang habe ich gedacht: Hm, eigentlich biste ja 'n Mensch, der gern tiefgründige Gespräche führt. Aber Oberflächlichkeit ist auch okay. Man muß sich doch nicht mit jedem dicke haben. Man hat mir mal gesagt: Es kommt ja nicht auf die Quantität der Freunde an, sondern auf die Qualität. Und da ist ein superguter Freund besser als tausend oberflächliche. Das hab' ich mir dann halt drüben zu Herzen genommen.

Und das High-School-Leben ist auch so: Es gibt diese Mädels, diese supertollen, und wehe, es sagt einer was gegen sie. Sie müssen über allen stehen und haben die Lehrer total im Griff und so. Und dann gibt's diese typischen High-School-Football-Jungs, die von den Mädels nur umschwärmt werden. Also, es stimmt schon alles, und deswegen habe ich mich drüben auch super wohlgefühlt. Weil es einfach so war, wie ich es im Film gesehen hatte. Und auch diese Kleinstadt Clarion, im nördlichen Iowa ist das, alle verstehen sich und es herrscht Harmonie. Zum Beispiel in meiner Gastfamilie, da habe ich am Anfang gedacht: Das ist schon krampfhafte Harmonie. Also es wurde nie gestritten, und das ist einfach was ganz anderes gewesen als das, was ich zu Hause kannte. Mit meinen Eltern hier habe ich mich eigentlich dauernd in den Haaren. Und dort konnte ich mich richtig entfalten, auch in dem, was ich machen wollte. Also, ich schauspielere gern und ich singe gern und ich wurde einfach drüben darin gefördert. Hier müßte ich dafür Tausende von Mark hinlegen, um mal was Ordentliches zu machen, und drüben wird das einfach gefördert, auch in der Schule, weil man's einfach als Unterrichtsfach machen kann. Mein Gastpapa und meine Gastmama waren ganz toll in Theater und Singen, und dadurch wurde ich dann auch noch mal zusätzlich beeinflußt. Das war einfach das, was ich immer wollte, hab' mich pudelwohl drüben gefühlt und wollte am Ende auch gar nicht wieder zurück.

Also, hätte ich nicht hier meinen Freund Max gehabt – den ich ja über zwei Jahre hatte, und es hat auch gehalten –, dann wäre mir das Zurückkommen bestimmt noch schwerer gefallen.

Das Allerwichtigste dabei war sicherlich diese Gastfamilie. Sie haben sich einfach für mich interessiert. Sie haben sich für die Person Steffi interessiert, und wenn ich einen Auftritt in der Schule hatte, sind sie hingekommen. Sie haben gefragt: »Was möchtest du essen, ich mach' dir das«, oder wenn ich Hilfe brauchte bei den Hausaufgaben, war sofort jemand da. Es war auch immer jemand zu Hause. Mein Gastpapa war Pastor, und die Kirche war gleich nebenan, also war immer jemand da. Auch meine Gastschwester; also, ich hatte zu ihr 'n besseres Verhältnis als zu meiner eigenen Schwester. Mit der habe ich mich nur gezofft, bis sie dann ausgezogen ist, und jetzt verstehen wir uns eigentlich ganz gut. Vielleicht ist es auch der Altersunterschied. Also, meine Gastschwester ist ein Jahr älter und meine eigene viereinhalb Jahre älter. Aber es war einfach – diese Harmonie. Man hat sich dauernd gedrückt, und man hat rumgescherzt, es war – was ich hier nicht kannte.

Wenn ich nur an unseren letzten Schulball denke. Ich hab' mitgewirkt und hätte mir gewünscht, meine Eltern sind da, und sie drucksten so rum: »Na ja, müssen wir denn dahin, unbedingt?« – Und ich hätte mir einfach gewünscht, sie wären da, aber ich wollte sie auch nicht zwingen. Also, ich möchte auch niemanden dasitzen haben, der eigentlich gar nicht kommen will und keine Lust dazu hat.

Und das macht meine amerikanische Gastfamilie für mich zu etwas ganz Besonderem. Ich konnte auch mit ihnen über alles reden, was ich hier mit meinen Eltern nicht machen kann. Ich hab' mit meiner Gastmama über Gefühle und alles geredet, und das war schön so, wie es war.

Meine Mama hier in Berlin fühlt sich zum Beispiel mit dem Haushalt völlig überfordert, und mein Papa und ich, wir sind da eher locker: Wenn das eben alles nicht so perfekt ist, uns stört's nicht. Aber ich glaube, meine Mama ist auch mit sich unzufrieden, und das überträgt sie dann auf andere. Mit Papa habe ich noch eher dieselbe Wellenlänge, und wenn dann mal ein Gespräch zustande kommt, dann ist Mama beleidigt: »Redet auch mal jemand mit mir?«, so ungefähr.

Dann hatten wir auch lange Zeit finanzielle Probleme, mein Papa ist selbständig und hat irgendwann den Überblick verloren, wer ihm noch was schuldet und so. Und Ämtern hinterherrennen und dieser ganze Streß, den die Stadt verursacht, das Land und die Arbeit. Das alles wird zu Hause abgeladen, von allen drei Personen gleichzeitig. Und so keifen sich dann alle gegenseitig an, obwohl der andere nicht wirklich was gemacht hat und nicht schuld ist an der Situation. Es kommen einfach drei schlechtgelaunte Leute nach Hause, und das isses dann. Wobei ich auch immer den Eindruck habe: Bei uns wohnen drei Leute zusammen und nicht wirklich eine Familie.

Also, meine Mama versucht zwar immer, an mich heranzutreten, und knuddelt mich auch schon mal. Irgendwo wünsche ich mir das, aber andererseits kann ich's auch nicht mehr zulassen. Da ist bei mir so 'ne Blockade da. Mir kommt das dann immer so vor wie: »Hach, du bist doch meine kleine Steffi!«, wo ich dann denke: »Nee, ich bin schon groß!!!«

Ich meine, meine Eltern haben mir immer allen Freiraum gelassen. Ich hatte auch nie Stubenarrest bei denen, durfte abends spät weggehen. Solange sie halt wußten, wo ich bin, war's okay. Also, sie haben mich da nicht eingeschränkt. Aber sie haben mich eben nie in dem unterstützt, was ich machen wollte. Sie haben mir auch 'ne ganze Weile keine Nachhilfe bezahlt.

Erst jetzt, nach dem Erfurt-Ereignis, nach dem Amoklauf dieses Schülers, da kam dann meine Mama auf einmal an: »Steffi, wenn du Nachhilfe brauchst, dann sag Bescheid!« – »Ach«, hab' ich dann geantwortet, »weil das jetzt passiert ist oder wie?«

Da hat sie abgewiegelt. Aber mir fehlt grundsätzlich die Bestätigung von meinen Eltern, und dadurch geraten wir oft aneinander. Es macht halt jeder so sein eigenes Ding und geht nicht auf den anderen ein. Und da klappt's eben nicht so ganz.

Meine Mama hat auch viel zu verarbeiten bei sich, das muß sie schaffen und jenes; das meine ich, wenn ich sage, sie kommt mir sehr unzufrieden vor mit sich.

Wobei wir uns eben auch sehr ähnlich sind, meine Mama und ich. Und dadurch prallen wir vielleicht gerade immer so aufeinander.

Manchmal kommt sie auch so an und fragt mich: »Glaubst du, daß ich deinen Papa noch liebhabe?« Wo ich mir dann denke: »Das mußt du doch wissen und nicht ich.«

Sie waren mal kurz davor, sich scheiden zu lassen, und dann haben meine Schwester und ich uns im Zimmer eingeschlossen und gesagt: »Wir kommen nicht eher wieder hier raus, bis alles gut ist.« Und seitdem sind sie noch zusammen, und immer noch weiter. Ich glaub' schon, daß sie sich noch sehr lieben. Oder wie meine Mama sagt: Sie können nicht miteinander, aber sie können auch nicht ohne einander. Also, wenn mein Papa meine Mama verlassen würde, das würde gar nicht gehen, meine Mama würde dann zugrunde gehen. Und genauso andersherum.

Dieses Gegensätzliche brauchen sie irgendwo.

Meine Gasteltern in Amerika, die haben sich auch mit Kosenamen betitelt: meine Blume und so. Kann ich was für dich machen?, so dieses richtig Kitschige. Kosenamen geben, ich hab' dich lieb, alles so was. Ich glaube schon, daß das echt war. Am Anfang war mir unverständlich, wie man sich in einer Familie nicht streiten konnte – und dann auch noch so miteinander umgehen! Daß über alles in normalem Ton geredet wurde und nicht gleich jemand ausgerastet ist. Und das war für mich so fremd, ich kannte das nicht. Jeder ist halt auf den anderen eingegangen, es wurde auf den anderen Rücksicht genommen, es wollte nicht jeder seinen Kopf durchsetzen. Und dadurch, daß meine Gasteltern eben auch so viele gemeinsame Interessen hatten, zusammen ins Theater gingen oder in den Chor, dadurch gab es wohl mehr Liebe als bei meinen Eltern. Glaub' ich schon.

Wobei ich auch glaube, daß es diese Stadt ist, daß es Berlin ist. Ja. Hier bin ich immer unzufrieden, könnte dauernd schlechte Laune haben. Ich war jetzt zum Beispiel bei meinen Freunden in Bergisch Gladbach bei Köln, in 'nem kleineren Ort, mit schönen Häusern, familiär und gemütlich, und mir ging's einfach blendend. Ich hab' mich wohlgefühlt, ich hab' nicht die ganze Zeit vor 'm Spiegel gestanden und gedacht: Ach Gott, wie siehst du heute wieder aus?!, sondern ich hab' mich dann einfach mal so genommen. Und hier ist immer dieses Hektische, das bringt Unruhe ins Leben, finde ich. Auch in Clarion, das war auch so 'n ganz kleiner Ort, war es ganz anders. Vielleicht liegt das auch daran, daß ich auf 'm Lande geboren bin, in Strausberg. Ich habe sieben Jahre in Brandenburg in einem kleinen Dorf gewohnt und bin erst mit acht nach Berlin gezogen. Auch diese Anonymität, die ist hier schon wieder zu extrem. Keiner interessiert sich für den anderen, alle leben aneinander vorbei, es wird nicht mal nett gegrüßt oder gelächelt. Und ich weiß auch, wenn ich Abitur gemacht habe, ist das erste, was ich mache, wegziehen.

Ich will in Köln Film studieren. Wäre auch in Sachsen möglich gewesen, aber da wollte ich nicht hin. Nee. Oder ich gehe ins Ausland. Kanada, Australien oder wieder Amerika. Weil mir in Deutschland dieser Esprit fehlt, der Zusammenhalt, und weil ich hier auch die Politik nicht verstehe. Beziehungsweise den Politikern nicht vertraue.

Das war allerdings in Amerika auch nicht viel anders.

Was an dieser High School auch so schön war: Wir hatten alle Kurse in verschiedenen Altersstufen zusammen. Und Abschlußarbeiten wurden manchmal so erteilt: Jeder macht etwas, das er zuvor noch nie gemacht hat. Also, einer hat zum Beispiel ein Zimmer renoviert. Und ich habe ein Buch geschrieben über veganes Leben. Weil mein Freund Max so ein Tierschützer war; der lebte vegan und gehörte zu einer Musikszene, die sich »straight edge« nennt und ein drogenfreies Leben praktiziert. Und damit habe ich mich dann beschäftigt.

Dem war ich die ganze Zeit treu. Nee, ich hab' keinen High-School-Freund gehabt, ich war ganz brav. Ich blieb auch immer die Austausch-Schülerin, also ein Exot in gewisser Weise. Das schönste Kompliment, was ich zum Schluß bekam, war: »You are the coolest exchange student we ever had.« – Du bist die coolste Austausch-Schülerin, die wir jemals hatten. Und das hat mich sehr gefreut. Hätte ich nicht gedacht. Vielleicht liegt es auch daran, daß ich ziemlich offen auf Jungs zugehe. Ich bin so 'n Mädchen, das nicht gerne Freundinnen hat. Das ist mir zu kompliziert und dieser ewige

Konkurrenzkampf zu anstrengend; dieses Mädchengehabe. Mein Freundeskreis besteht zum größten Teil nur aus Jungs. Und damit war ich drüben, glaube ich, etwas Ungewöhnliches, mit diesem: Man kann auch auf Kumpelbasis miteinander umgehen. Ich hab' auch so 'ne freche Art an mir gehabt, und damit bin ich, glaube ich, ganz gut rübergekommen bei den Leuten.

Was Sex betrifft, kam mir das drüben so 'n bißchen verklemmt vor, auch das ist ja in den Kinofilmen ziemlich treffend dargestellt, finde ich. Also, nur mal ein Beispiel: Einmal hat mich mein Freund dort in Clarion besucht, und man hat ja auch 'ne Betreuerin, wenn man da ist, die hat das gar nicht gern gesehen. Es hieß ja auch in den Vorbereitungsheften: Nie die Zimmertür schließen, wenn du Jungenbesuch hast. Und da war dann schon ein großes Drama, daß mein Freund im selben Haus wie ich gewohnt hat. Meine Gasteltern hatten damit kein Problem, aber meine Betreuerin eben. Wir mußten dann – wenn schon – in getrennten Zimmern schlafen. Hat zwar auch nicht so funktioniert, weil ich natürlich nachts rübergeschlichen bin zu ihm. Einmal hat mich mein Gastpapa in den frühen Morgenstunden dabei erwischt. Er hat mir dann tatsächlich 'ne E-Mail geschrieben, daß ich das doch bitte bleibenlassen soll, sonst würde er sich irgendwas einfallen lassen müssen. Andererseits hatten wir 'ne schwangere Neuntkläßlerin an der Schule. Oder eine, für die Abtreibung das Verhütungsmittel Nummer eins war.

Dieses Prüdesein auf der einen Seite, und auf der anderen wieder diese völlige Lockerheit, ist schon ziemlich widersprüchlich. Was für mich aber am allermeisten zählt, das ist, daß ich dort unterstützt worden bin in dem, was ich gemacht habe. Einfach auch mal 'n Lob »Wir sind stolz auf dich« und so, dadurch hab' ich drüben auch an Selbstbewußtsein gewonnen. Da war ich schon ziemlich nah daran, mich so zu nehmen, wie ich nun mal bin. Weil einfach auch dieser Druck fehlte. Man konnte auch mal mit 'm Schlafanzug oder Schlabberhosen oder mit dem letzten abgeranzten T-Shirt in die Schule kommen, und kein Mensch hat was gesagt.

Hauptsache, daß man sich wohlgefühlt hat in den Sachen. Und hier ist es immer so: Man muß sich schon schickmachen in 'nem gewissen Sinne, für die Schule. So, wie ich zu Hause rumrenne, in

Jogginghosen oder so, würde ich nie in die Schule gehen. Da würde gleich wieder jeder gucken, obwohl's eigentlich Schwachsinn ist. Weil – es könnte einem egal sein, was die anderen sagen. Isses aber nicht, hier nicht. Und drüben ist es schon so. Also war für mich so. Wir hatten so »dress up days«, und da war beispielsweise Montag Pyjama-Tag, alle kommen im Pyjama. Oder Dienstag ist »opposite gen«, also alle kommen als gegenteiliges Geschlecht. Und dadurch dieses Offensein für andere Möglichkeiten, das war einfach drüben besser. Und ich habe mich nicht so unter Druck gesetzt gefühlt, Schönheitsdruck, Leistungsdruck, so wie hier. Dadurch ist mir das erst aufgefallen, unter welchem wahnsinnigen Druck die Leute hier stehen, wie man auszusehen hat, was man haben muß, um »in« zu sein; dieses Erreichen. Also, nach Geld strebt ja nun fast jeder, und Kinder eher nach hinten, also, ich weiß nicht, woher das kommt. Vielleicht wird einem das suggeriert, im Fernsehen, auf Plakaten, und irgendwann denkt man: Okay, wenn ich so bin, dann komme ich gut an, dann hab' ich mehr Erfolg und dann werde ich glücklich. Das ist ja auch, warum Leute sich operieren lassen. Ist seltsam; ich selbst akzeptiere mich ja auch nicht so, wie ich bin, aber bei anderen finde ich es blöd. Daß die alles mögliche mit sich machen, anstatt sich einfach so zu nehmen, wie sie sind.

Oder in der Schule, da ist auch dieser irre Druck. Daß man Abitur haben muß, sonst nimmt einen ja keiner mehr. Oder Studienplätze, diesen Numerus clausus, den man dafür schaffen muß. Zum Beispiel glaube ich nicht, daß ich den schaffe. Für so ein Filmstudium brauche ich Zwei-Null, und ich bin grade mal bei Zwei-Acht. In Amerika hab' ich zum Beispiel Einsen geschrieben und war auf einmal eine ausgezeichnete Schülerin. Vielleicht, weil man sich drüben früher spezialisiert, ich auf Medien, andere auf Sport und so. Und weil man mehr ausprobieren darf, einfach so zum Spaß.

Bei uns würde doch kein Mädchen, das etwas korpulenter ist, die Chance haben, Cheerleaderin zu werden. In Amerika kann sie das, wenn sie unbedingt will. Man hat insgesamt mehr das Gefühl, es wird auf die Jugend gebaut, auf sie vertraut. Das ist jetzt auch schon wieder wie im Film, was oft so richtig kitschig wirkt, so dieses »mein Sohn, wir glauben an dich« oder: »Hier sitzen drei Männer, die sind verdammt stolz auf dich«. Aber für mich war das kein Kitsch, ich hab' diesen Geist total genossen.

Ja, und dadurch denke ich halt: Würde jemand anderes an mich glauben, würde ich es auch tun. Aber da es kein anderer macht, tue ich es auch nicht.

Das ist eben dieses Komplizierte.

Das war auch eines der Probleme mit meinem Freund, dem ich ja die ganze Zeit treu gewesen war. Es ging nach Amerika noch drei Monate gut mit uns, und dann war's aus. Ich hatte so an ihm bewundert, daß er Veganer war und völlig drogenfrei lebte. Ich selber brauche das ja auch nicht, höchstens mal ein Glas Sekt, aber das war's auch schon. Und in einem Urlaub gleich nach meiner Rückkehr fing er plötzlich wieder an, zu rauchen und über den Durst zu trinken, wofür ich ihn dann kritisiert habe. Ich war wohl auch ziemlich anhänglich und hatte ihn bis dahin angehimmelt: Was du machst, wird schon richtig sein, so in der Art. Und auf einmal hatte er da selber eine Krise, wußte nicht so recht, wie er nach der Schule weitermachen sollte. Eine Situation, in der er nicht für zwei Leben verantwortlich sein wollte. Er hatte ja mit seinem eigenen genug zu tun.

Und so ist das dann eben auseinandergegangen.

Der ist es übrigens auch, Max, der mir dieses Filmleben vorwirft, und ich soll da bloß rauskommen, und ich wäre zu naiv, würde überhaupt nicht in der Realität leben. Und wenn ich dem sage, ich möchte das und das machen, dann lächelt er mich so 'n bißchen nachsichtig an: »Ja, ja, Steffi, mach' mal ...« und nimmt mich gar nicht ernst. Man wird eben so nachsichtig belächelt.

Mein dritter Freund, der letzte jetzt, Axel, der war da ganz anders. »Okay, wenn du das machen willst, dann helf ich dir dabei«, so war er. Und hat mich einfach in den Arm genommen. Das war schon »Mister Perfect« für mich, aber die anderen nicht.

Also, die Situation war so, daß ich es ohnehin ziemlich schwer hatte, mich nach Amerika wieder hier einzuleben. Zu Hause gab es viel Streit, nun auch, weil meine Mutter natürlich merkte, wie wohl ich mich bei meiner Gastfamilie gefühlt hatte. Dazu kam noch ein Todesfall in unserer Familie, und jetzt diese Trennung. Also, das war schon eine schlimme Zeit für mich. Ich habe sieben Kilo abgenommen damals.

Ja, und in diesen Monaten fuhr ich zu einer Party nach Köln, zu meiner Freundin, die ich in Amerika kennengelernt hatte. Die Party fand in einer Wohnung statt, ich kam da in die Küche und sah Axel dort stehen. Bewunderung auf den ersten Blick, bei ihm stimmte einfach alles. Groß, dunkle Haare, klasse sportlicher Körperbau, also schon mal optisch total anziehend. Ich liebe auch diese Fischermützen an Kerlen, und so eine hatte er auf. Der Blick, den ich meiner Freundin zuwarf, sprach Bände: »Der ist yummie!!« Und sie: »War mir klar, daß der dir gefällt.«

Ich ging immer wieder unter Vorwänden in die Küche, und irgendwann stellten wir dann im Gespräch fest, daß wir auf haargenau die gleiche Musik stehen. Das ist gar nicht so selbstverständlich, es sind nämlich amerikanische und deutsche Bands, die eigentlich ziemlich unbekannt sind. »The get up kids«, »Incubus« und »Kungfu«, ich weiß nicht, wer die kennt. Das sind Bands, die nicht playback singen, sondern ihre eigene Musik live performen. So 'n nachdenklicher, softer Rock. Außerdem haben sie wunderbare Texte, was für mich total wichtig ist. Die Leute, die zu diesen Konzerten gehen, tun das nicht, um teeniemäßig rumzukreischen, sondern, um wirklich zuzuhören. Und darin waren wir eben sofort auf einer Wellenlänge, Axel und ich.

Das war verblüffend, jemanden zu finden, der diese Musik kennt und mag. Ja, und irgendwann raunte mir dann meine Freundin zu: »Du, der findet dich total spitze, und der hat gesagt: Warum muß die tollste Frau in Berlin leben?!« Und ich saß da, offener Mund: »Echt? Kraß!« Er fuhr dann während der Party noch mal für eine Stunde mit seinem Kumpel weg, und als sie wiederkamen, sagte der Kumpel zu mir: »Ach, Steffi, die Autofahrt war der Horror, der hat nur über dich geredet.«

Wir selber sind uns an dem Abend aber eher aus dem Weg gegangen, aus Unsicherheit, denke ich mal. Weil keiner so recht wußte, wie verhalte ich mich jetzt dem anderen gegenüber.

Ja, dann hab' ich mir seine Handynummer besorgt, obwohl ich eigentlich nicht der Mensch bin, der den ersten Schritt macht. Aber ich dachte: Nee, den läßt du dir jetzt nicht entgehen. Und dann haben wir halt Kontakt geknüpft. Aber es war schwer, weil er in Köln gewohnt hat und ich in Berlin. Daran ist auch letztendlich die Beziehung nach drei Monaten wieder gescheitert. Weil – man hat sich halt nicht gesehen, und es ist schon schwer, über Telefon und E-Mail 'ne Beziehung aufrechtzuerhalten.

Aber das hat dann richtig wehgetan. Weil das eben so ein Partner war, der mich wie eine Lady behandelt hat, der mich auf Händen getragen hat. Als ich einmal krank war, hat er sich ganz lieb um mich gekümmert, da sind wir gerade zusammengewesen, in den Ferien. Oder am Valentinstag, da standen plötzlich rote Rosen in meinem Zimmer mit einer kleinen Karte drin. Auf der Karte stand nur »April«, weil wir uns dann wiedersehen würden. Mir hatte vorher noch nie ein Junge Rosen geschenkt! Daß er mich so auf Händen trug und immer für mich da war – sei es auch nur per Telefon oder SMS –, das fand ich superlieb von ihm, und ich war der glücklichste Mensch in dieser Zeit. So muß er sein, mein »Mister Right«, wie im Film!

Der für mich auch mal gesungen hat bei einer Veranstaltung in Köln – er hat nämlich auch ziemlich großes Talent als Sänger! – also, er sang »Flugzeuge im Bauch«, »All my life« von Kc & Jojo und »She's got that light« von Orange Blue. Drei Liebeslieder, das war so wundervoll. Der mich an romantische Orte gefahren hat; gleich nach dieser Veranstaltung zum Beispiel mit mir auf 'm Berg gestanden hat und gesagt: »Guck mal, dort hinten kannste Köln bei Nacht sehen.« Und er umarmte mich so von hinten, der Wind wehte durch meine Haare, ich fühlte mich geborgen wie noch nie in meinem Leben. Er drehte sich zu mir um, wir küßten uns leidenschaftlich – mal ehrlich, klingt das nicht wie eine perfekte Filmszene?

So was hatte ich noch nie erlebt. Einfach überirdisch schön.

Das hat mir auch gereicht, Sex hätte ich nicht unbedingt gebraucht. Da hatten wir ohnehin so unsere Schwierigkeiten. Also, sagen wir mal so, ich war leicht überfordert mit ihm, mit seinem Gerät. Ich weiß jetzt nicht, wie ich das anders bezeichnen soll. War dann doch schon 'ne Klasse größer, als ich gewohnt war. Und bis zu diesem Zeitpunkt hatte ich auch nur auf die Pille vertraut, mit

Kondom, das mag ich nicht so. Aber er hatte Angst und wollte lieber mit Kondom. Bloß nicht, daß du schwanger wirst, das war halt großes Thema bei uns. Klar haben wir auch über den Fall geredet, wenn's so sein sollte. Ich hätte es bestimmt abgetrieben, weil – ich möchte meinem Kind was bieten, und das kann ich im Moment nicht. Und bin auch nicht so 'n Kinder-Mensch, der gerne Kinder haben möchte. Aber wenn ich es genommen hätte, dann wäre er auch dagewesen. Wäre jetzt nicht so 'n Unverantwortlicher gewesen, der mich damit hätte sitzenlassen.

Ihm war's zum Beispiel auch wichtig, daß ich einen Orgasmus habe. Was ich noch nie in meinem Leben hatte, und für ihn war das bestürzend. Wo ich dann dachte: Hej, immer cool bleiben, ich hab' trotzdem meinen Spaß, es ist trotzdem schön, nur, ich hab's eben noch nicht. Aus welchem Grund auch immer. Ich denke, ich kann mich auch nicht wirklich fallenlassen beim Sex. Also, ich denke immer beim Sex. Wo man sagt: Nee, man sollte das nicht tun, sollte aufhören zu denken im Bett. Geht bei mir nicht, ich bin eigentlich 'n Dauerdenker. Meine Mutter sagt das auch oft: »Du machst dich noch kaputt mit deinem Nachdenken.« Aber ich kann's nicht ändern.

Mein Kopf rotiert die ganze Zeit, hin und her und wieder zurück. Das ist mir auch so aufgefallen, als das in Erfurt passiert ist: Da waren eine Freundin und ich die beiden einzigen in der Klasse, die für ein Nachdenken über den Täter plädiert haben, was den eigentlich so in die Verzweiflung getrieben haben könnte. Die anderen fanden, das sei er nicht wert, und man dürfe nur um die Amok-Opfer trauern.

Jetzt schweife ich ab.

Ja, mein ständiges Denken. Darüber hatten wir halt viele Diskussionen. Kann ich nicht erklären, es ist einfach so. Es kamen auch so süße Fragen: Worauf stehen Mädchen eigentlich, auf die Größe oder auf die Länge? Und ich: »Tja – die Technik?« Ich mach' mir da eigentlich nicht so viele Gedanken drüber. Ich hab' ja schon gesagt, Sex ist nicht das wichtigste Thema für mich.

Ich mache mir viel mehr Gedanken über mich und mein Umfeld. Über Freundinnen, über meine Zukunft. Wie ich es schaffen kann, an die Uni zu kommen, vielleicht später 'nen Namen haben im Filmgeschäft; wie ich mich selber mehr mögen könnte.

Dieser Drang, etwas Besonderes zu sein, der ist ja immer noch ganz stark da in mir.

Vielleicht werde ich auch Schauspielerin. Auf jeden Fall Filme kreativ beeinflussen. Na ja, und dann kreisen meine Gedanken natürlich immer noch um Axel, der wieder mit seiner Exfreundin zusammen ist: Warum es mit uns auseinandergegangen ist, und warum er trotzdem sagt, ich sei der liebste Mensch für ihn.

Vielleicht haben wir uns einfach zum falschen Zeitpunkt kennengelernt. Er war gerade mit seiner Freundin auseinander, ich mit meinem Freund. Das hat uns zwar zusammengeführt, aber bei ihm war wohl doch nicht alles aus, wäre er sonst wieder mit dieser Tante zusammen? Als er es mir am Telefon erzählt hat, war er total verheult und hat mir gesagt, wie leid es ihm tut. Zwei Stunden lang haben wir am Telefon zusammen geweint, und da sollen keine Gefühle mehr sein für mich, zwischen uns? Ich meine, seine Exfreundin wohnt dort, in Köln, aber hätten wir nur ein bißchen gewartet und durchgehalten, dann wäre ich auch irgendwann mit der Schule fertig gewesen, und wir hätten das Entfernungsproblem aus der Welt schaffen können. Er sagt, er sei sich nicht sicher, ob er die richtige Entscheidung getroffen hätte. Er hat auch immer noch mein Foto in seinem Portemonnaie.

Vor zwei Wochen habe ich ihn wiedergesehen, ich »überraschte« ihn auf einer Party in Köln. Er war ganz schön platt. Irgendwann an diesem Abend sind wir spazierengegangen, sind dann am Straßenrand stehengeblieben und hielten uns eine knappe Stunde lang nur im Arm. Es war wunderschön. Er sagte mir, wie sehr ich ihm fehlen würde, und er war auch gleich wieder so besorgt um mich und fragte, wieviel ich eigentlich wiegen würde. So dieses Fürsorgliche, das liebe ich eben auch so sehr an ihm.

Als wir auf der Party zurück waren, gingen wir wieder auf Distanz. Das tat weh.

Am nächsten Tag besuchte ich ihn noch, rasierte ihm sogar den Kopf und trank mit seinen Eltern Kaffee. Ich gehörte ja schon irgendwie zur Familie; seine Eltern kannten und mochten mich.

Abends gingen wir auf ein Konzert und hörten dieses Lied, das heißt »Die Andere zurück« und beschreibt genau unsere Situation. Es hätte wieder so schön sein können, aber ich weiß auch nicht, die Stimmung hatte umgeschlagen, die Harmonie war total weg. Nachts brachte er mich noch zu meiner Freundin, wo ich schlief, und dann drehte ich mich um und ging. In diesem Augenblick wollte ich nur noch raus aus der ganzen Situation. Ich konnte es einfach nicht ertragen, daß er mal so lieb und dann auf einmal wieder so abweisend war.

Am Morgen schrieb ich ihm 'ne SMS, daß wir reden müßten. Wieder einmal gingen wir spazieren, schön in der Natur, ich sagte ihm, wie ich mich fühlte, und er schaute mich nur immer mit diesem »Es tut mir so leid«-Blick an und konnte nichts zu unserer Situation sagen. Am Ende hielten wir einander wieder im Arm, wieder diese unglaubliche Geborgenheit. Ich schaute ihn an und meinte nur: »Sag es mir ins Gesicht, wenn du nichts für mich fühlst.« Und er: »Das kann ich nicht, denn es stimmt nicht.«

Auf der einen Seite war es schön, das zu hören, auf der anderen Seite schmerzte es wahnsinnig. Ich begleitete ihn zurück zu seinem Auto, wir streichelten uns und küßten uns noch einmal. Wir hielten uns an den Händen und glitten langsam auseinander, ich gab ihm einen Luftkuß, und er fing ihn auf. Ich meinte, er solle ihn gut aufheben. Wir sagten uns noch, daß wir uns ganz doll liebhätten und daß wir uns gegenseitig diese Handy-Klingelzeichen schicken würden, was wir seitdem tun. Deshalb sage ich auch: Es war der schönste Abschied in meinem Leben.

Er ist etwas ganz Besonderes für mich, wie ein Seelenverwandter. Eigentlich kann man es kaum in Worte fassen. Ich wünsche ihm, daß er sehr glücklich wird mit ihr. Oder vielleicht finden wir beide auch noch irgendwann einmal zueinander, wer weiß.

Unmöglich ist es ja nicht.

Demnächst fahren meine Eltern in den Urlaub, drei Wochen. Ich weiß jetzt schon, daß ich da bestimmt mindestens für zwei Tage traurige Musik auflege und in eine Depri abtauche, nur ich ganz allein. Ich sehe dann auch immer diesen Satz vor mir, der soll auch mal auf meinem Grabstein stehen. Also, wenn ganz viele buntgekleidete Leute – die sollen nicht so traurig in Schwarz dort stehen und weinen – zu meiner Beerdigung sich freuen, mich gekannt zu haben. Dann lesen sie da diese Worte:

»Don't cry because it's over; smile, because it's happened.«

Weine nicht, weil es vorüber ist; lache, weil es geschehen ist.

Die nächste Szene in meinem Lebensfilm, also, wenn ich die schreiben könnte, würde sie ungefähr so aussehen: Ich treibe mehr Sport, ich hab' es so satt, nach Hause zu kommen und vor den Fernseher zu sacken. Ich bin engagierter, ergreife auch mal die Initiative, anstatt immer nur zu jammern. Ich mag mich selbst mehr und habe herausgefunden, was ich falsch mache.

Denn irgendwas muß ich ja falsch machen, wenn immer nur die anderen mit mir Schluß machen.

»Der Winter und Black Metal«

Lutz, 15, Ilmenau

Ich war eigentlich fast die ganze Zeit hier in Thüringen, außer kurz in Sachsen. Das kam wegen meiner Mutter.

Ja, meine Eltern haben sich scheiden lassen, sie hat dann 'nen neuen Freund gehabt, und das ist dann auch wieder zu Bruch gegangen, sag' ich mal so. Dann ist sie in den Westen gezogen, und ich sollte eigentlich erst mal zwei Jahre hier in Ilmenau bei meinen Großeltern bleiben, bis sie sich dort eingewöhnt hat. Aber das ist jetzt schon, warte mal, fünf Jahre her. Daß ich hier bin. Und jetzt bleibe ich auch, werde mein Abitur hier machen, und dann werde ich weitersehen.

Klingt das 'n bissel traurig, ja? Nö, ich find's nicht traurig. Meine Mutter will immer, daß ich zu ihr komme. Aber so richtig die Lust hab' ich nicht, weil ich hier auch meine ganzen Freunde hab'. Und die Umgewöhnung mit der Schule, die ist ziemlich schwer. Das hab' ich ja schon mal durchgemacht, als ich nach Sachsen gezogen war und von Sachsen zurück. Das war in der Nähe von Aue. Dort bin ich eingeschult worden, ging zwei Jahre zur Schule, und ab der dritten Klasse war ich wieder hier. Mag sein, daß man das alles mit zehn noch nicht so richtig mitkriegt, noch nicht so schlimm empfindet, aber heute wäre es das auf jeden Fall.

Ja, meine Mutter wollte Arbeit haben, darum ist sie in den Westen gegangen. Zuerst zu Bekannten nach Bad Homburg, um sich eine Existenz aufzubauen, und dann ist sie in so 'n kleines Kaff gezogen nahe Darmstadt, und jetzt wohnt sie in Darmstadt.

Sie war ursprünglich Kindergärtnerin, dann arbeitslos. Später mußte sie zur Therapie in eine Klinik, ist danach finanziell irgendwie runtergestuft worden und konnte nicht mehr in den öffentlichen Dienst gehen. Hat auch viel unter Mobbing zu leiden gehabt

133

und so. Heute ist sie Sekretärin bei der Kirche, macht so Archivarbeiten. Dann muß sie, glaube ich, noch irgend so 'ne Prüfung machen, und wenn sie Glück hat, wird sie übernommen. Dort im Westen, wo sie Arbeit gefunden hat.

Und sie wollte erst mal keinen Mann mehr haben, weil sie schon soviel durchgemacht hat. Na ja, sie hat ab und zu mal einen Freund, aber sie hat wohl immer 'n bißchen Pech mit Männern.

Mein leiblicher Vater, der ist Tischler, und der ist jetzt auch wieder ganz in der Nähe, in Gehren, so cirka zehn Kilometer entfernt. Zuerst war der auch im Westen, aber dann hat er seine Freundin kennengelernt, ist zurückgekommen und baut jetzt mit ihr ein Haus. Da gehe ich alle zwei Wochen hin, am Wochenende.

Wir haben einen guten Kontakt eigentlich.

Das hört man häufig, daß die Eltern nach'm Westen gezogen sind, wo sie Arbeit finden. Die meisten nehmen dann ihre Kinder mit. Aber wir haben uns eben so entschieden, und für mich ist das auch ganz in Ordnung so.

Familienleben, na ja. Wir haben 'ne ziemlich große Familie, wenn die Eltern andauernd neue Bekanntschaften treffen, und wenn der Vater 'ne neue Freundin hat, dann ist das eben so. Ich bin zufrieden damit. Es wäre natürlich besser, wenn ich mit dem Vater und der Mutter zusammenleben würde.

Das klappte dann sicher besser, ja. Es gibt eben doch ab und zu mal Streß. Na, erstens mit 'm Amt, da muß man viel erklären. Und das Hin- und Hergefahre, mit 'm Zug, wenn man die Mutter sehen will. Oder wenn die Mutter Weihnachten kommt. Dann alle zwei Wochen nach Gehren fahren, zum Vater. Ist schon 'n bißchen – na, anstrengend. Wie man das alles unter einen Hut kriegt.

Ich denke mal, so im Durchschnitt viermal im Jahr sehe ich meine Mutter, Geburtstag, Weihnachten, so. Weihnachten ist eigentlich meine Lieblingszeit. Erstens, weil Winter ist, und dann – weil, es ist so 'n bißchen – na, alle die Leute, die man das ganze Jahr nicht sieht, die kommen zusammen. Da kann man reden und so. Zu meinen Großeltern kommen immer meine Mutter und ihr Bruder, mein Onkel. Die kommen immer zusammen. Ja, und das ist richtig schön. Winter ist sowieso schön, meine Lieblingszeit, hab' ich ja schon mal gesagt. Das kommt auch 'n bißchen durch die Musik, die ich so höre, durch all das. Ich höre Metal, Black Metal. Immortal, Dimmu Borgir, Dissection, Samael, Siebenbürgen, Carpathian Forest, Dark Funeral, Dark Throne, das sind so die bekanntesten Bands. Was das mit dem Winter zu tun hat, ja, das ist schwierig zu erklären. Winter ist irgendwie – der Schnee und die Kälte. Ich mach' auch gern Fotos, vor allem im Winter. Ja, ich weiß auch nicht, wenn man dann so durch den Wald läuft und der Schnee überall auf den Bäumen ist, da ist man ja meistens alleine. Außer den Skifahrern. Das sieht eben irgendwie gut aus.

Und die Musik, die hört man nicht einfach nur wie Popmusik, die lebt man auch. Kann ich mal so sagen. Man schreibt ja auch in die Texte, was man so fühlt über die Welt. Das ist eigentlich mehr so 'ne Überzeugungsmusik. Auch, weil einen die ganze Gesellschaft manchmal ankotzt. Ich kann das nicht so richtig erklären, was das für 'ne Verbindung zum Winter hat. Vielleicht so das Düstere, eher Kalte. Ich denk' noch mal drüber nach, vielleicht fallen mir noch die richtigen Worte dafür ein. Ich kann mich mündlich immer nicht so gut ausdrücken, man versteht schlecht, was ich eigentlich meine. Schreiben geht besser. Ich schreibe ja auch selbst Metal-Texte. Manche handeln von Landschaften und Natur, manchmal so geschichtliche Sachen. Die höre ich auch gern, solche Texte übers Christentum zum Beispiel, die Auswirkungen seiner Ausbreitung; was das mit den anderen Zivilisationen gemacht hat. Manche Texte sind auch sehr kraß, die bringen einen auf die finstersten Gedanken, so selbstmordmäßig. Meistens ist das alles englisch oder skandinavisch. Es gibt aber auch deutsche Texte. Texte von mir, die sind mehr so, die versteht man nicht. Sondern, wenn man die liest, da muß man schon 'n bißchen nachdenken. Also, mehr, was ich fühle, wenn ich durch die Stadt gehe und guck' mir das an, die Menschen und so. Die Korruption, die Gleichgültigkeit, ihr Erscheinungsbild kotzt mich einfach an. Ich will jetzt nicht sagen, daß ich die Menschen nicht mag, aber es ist 'ne eigenartige Art. Also, nicht das Individuum an sich, aber die ganze Art ist seltsam. Die Eigenschaften von den Menschen sind teilweise ziemlich rücksichtslos. Man sieht's ja an der Erde, an der Umwelt. Kann man nichts machen. Das kann ich irgendwie nicht leiden. Ja, was hab' ich denn da so geschrieben? Manchmal nehme ich auch Passagen von Gedichten mit rein. Manche handeln von Menschen, die einfach so in den Tag hineinleben und sich gar nicht bewußt sind, was sie eigentlich haben und was sie leben. Wissen nicht, wieso und warum. Ich weiß, das wissen viele nicht.

Aber mir sind Leute lieber, die sich hinterfragen, das alles hinterfragen, das ganze Sein hinterfragen. Ja.

Wenn ich so mit meinen Freunden zusammen bin, dann bin ich eigentlich ganz normal. Aber wenn ich dann allein zu Hause bin, dann denke ich schon ein bißchen mehr nach, über das alles, über mein ganzes Sein. Und dann kommen die ganzen Texte so zustande. Ja, zitieren – auswendig kann ich keine Texte. Muß ich mal einen holen. Also, zum Beispiel dieser hier, der heißt »Flammenherz«: »Oh, infernalisches Sein. Materie und Geist. / Ich sehe die Würmer, welche sich durchs Leben schleifen/ dieses Lieben, ohne es zu hinterfragen./ Ich frage dich, unermeßlicher Anfang, / ist das der Grund meines Daseins? / Sehe die Intoleranz, sehe die Lügen./ Sehe die Kreierung der Hölle auf Erden./ Es macht mich krank und erfüllt mich mit Stolz / Mein Haß wächst und verbindet sich mit der Materie./ Dieser Sog, er will hinaus / klangvoll erfüllt er meinen Schrei: SHAITAN./ Und schon. Schon zittern Mitren und Kronen, / vom Kloster her dröhnt – Die Rebellion / Um mich herum – schwarz / Ich – ein Schatten meiner selbst/ Heil dir, oh Satan (Set)/Oh Rebellion./ Oh rächende Macht/ Der Vernunft.« – Dazu zeichne ich mich so mit offenen, langen Haaren und der schwarz-weißen Bemalung, mit Stachelhalsband und herabgezogenen Mundwinkeln.

Ich bin eigentlich zufrieden mit mir. Zufrieden vor allem deshalb, weil ich nicht alles mache, was die Masse macht. Klamotten, Musik, das wechselt so alle paar Jahre bei mir. HipHop war vier Jahre lang Mode, und das war ja eigentlich lange sehr stark in den Charts, und jetzt merkt man schon, daß da immer mehr Rock reinkommt. Auch die Achtziger, was die Klamotten betrifft, das kommt ja alles wieder. Das ist eben so trendmäßig, ist eigentlich nicht notwendig, daß man das alles mitmacht, aber das ist jedem Menschen selbst überlassen, sag' ich jetzt mal so. Ich meine, ich hatte ja selbst verschiedene Phasen. Das ist noch gar nicht lange her. Ich war früher normal. Dann war ich bei meiner Mutter drüben, und da isses ja immer schon früher – also, bevor das aus 'm Westen zu uns rüberkommt, das dauert ja immer so 'n bißchen, sag' ich mal so. Die Mode. Und da waren eben diese tiefen Hosen modern, die man in den Kniekehlen trägt. Die hab' ich mir da drüben gekauft, auch, um Eindruck zu schinden. Und dann bin ich wieder hier rübergekommen, da haben sie mich ausgelacht, daß ich solche Hosen trage. Ja, und 'n halbes Jahr später hatten sie's dann auch alle an. Die hab' ich jetzt auch noch, manchmal ziehe ich die immer noch an. Damals war ich 13. Black Metal Musik hab' ich manchmal schon mit elf gehört. Dann mal wieder »Böhse Onkelz« oder Techno, aber so richtig bin ich erst durch meinen Cousin da rangekommen, an Metal, meine ich jetzt. Das hat alles mal mit einem Gutschein angefangen, den ich für eine CD gekriegt habe. Da hat mir mein Cousin 'n paar Bands aufgeschrieben, die ich mir mal kaufen könnte. Also bin ich halt in 'n Laden gegangen und hab' mir von Death Metal »Six Feet Under« gekauft, und danach bin ich immer mehr reingerutscht. Die hat mir eben sehr gut gefallen, die Richtung.

Meine Gefühle wurden auf einmal ganz anders als normalerweise. Also, die Stimme des Sängers ist ziemlich tief, und da denkt man erst mal: »Hä?« Dann fühlt man aber, daß einem das gefällt, daß einen das auf Gedanken bringt, die man früher noch nicht gedacht hat. Ich hab' mir dann immer mehr CDs gekauft, und so bin ich immer weiter reingerutscht, wie gesagt. Eines Tages kam mein Cousin mit einer Black Metal CD, da war die Stimme nicht so tief, aber dafür viel kratziger, und die war dann melodischer. Das hat mir besonders gefallen: Dieses Zwischenspiel zwischen der Härte, aber trotzdem dem Melodischen, und die Liebe für die Natur. Wie bei mir: diese Liebe zur Natur, oder zumindest für bestimmte Stellen in der Natur. Das kann man eben auch leben, die Musik. Bei manchen Passagen kann man nicht einfach nur so dastehen, sie reißt einen mit, die Musik. Es läuft einem dermaßen kalt den Rücken runter, man will einfach nur alles vergessen, nur noch bangen!

Es ist ziemlich schwer, den Trend nicht mitzumachen. Sich aus der Masse rauszubewegen, in so was rein. Weil, man hat ja die Umstellung, wenn man plötzlich andere Hosen anhat oder 'nen anderen Haarschnitt hat oder so. Bei meinen Haaren war's sehr extrem. Da hatte ich erst – so vor zwei Jahren – gesagt, ich laß mir die Haare lang wachsen, und da hab' ich sie mir auf einmal nicht mehr geschnitten. Hab' sie mir dann so lange gegelt, bis sie zu lang dafür waren. Dann, um die Umstellung so 'n bißchen abzumildern, weil einen dann immer alle sehr komisch angucken, wenn man dann anders auftritt, mit 'nem anderen Erscheinungsbild, da hab' ich dann 'ne Mütze aufgesetzt. Später hab' ich die Haare lang herunterhängen lassen, das war die größte Qual, weil da einen dann alle ausgelacht haben. Und jetzt ist mein ganzer Kopf rasiert an der Seite, nur dieser lange blonde lockige Pferdeschwanz, den binde ich jeden Tag am Hinterkopf zusammen, weil's einfach praktischer ist. Weil ich so komische Locken hab'. Es ist ziemlich schwer. Weil, wenn man einmal raus ist und in der anderen Szene – soll ich das so sagen? eigentlich hasse ich diesen Begriff! – na ja, also jedenfalls in dieser Gruppe drinne ist, mit der Zeit akzeptieren die Leute einen dann. Aber wenn man so zwischendrin ist, dann kommen immer so komische Bemerkungen wie: »Ja, du willst so sein, aber kannst nicht! Hast doch keine Ahnung!« Ist schon ziemlich lästig, so 'n Umstieg.

Von der Einstellung auch, und von den Klamotten. Man kann ja nicht von einem Tag auf den anderen neue Klamotten kaufen, man will ja die anderen noch 'n bißchen anziehen. Ja, und wenn ich dann die hängende Hose wieder anhab, schon denken die anderen: »Ha! Jetzt isser wieder HipHopper.« Obwohl ich nie einer war. Nur wegen der Mode. Zieh ich ja manchmal noch an. Kann ich ja nicht wegschmeißen, wieso auch, wenn sie mir noch paßt?! »Hä, wie isser denn jetzt wieder drauf? Kann sich nicht entscheiden«, oder so. Ja, das ärgert mich ziemlich, aber kann man nichts machen, das dauert eben.

Außer mir gibt's schon noch andere, die so rumlaufen, wie ich jetzt rumlaufe, mit schwarzen Klamotten. Schwarze Jeans und schwarzes T-Shirt, das was ich gerade anhabe, da hab' ich mir das Bild selber draufgenäht. Das ist von einem CD-Cover abkopiert und vergrößert, selber gedruckt. Das ist der Gitarrist der einen norwegischen Band, von Dimmu Borgir, weißgeschminkt mit schwarzumrandeten Augen und vor ihm diese vielen Kerzen. Das gefällt mir halt. Was ich gestern anhatte, da drin fühle ich mich eigentlich nicht so wohl, das ziehe ich sonst nie in die Schule an. Ist mir ein bißchen zu pervers, mit den nackten Frauen und kitschig und so. Wo man eben viel gesehen hat. Und hinten mit'm Teufel drauf und mit'm Papst, bißchen kitschig gemacht, das ziehe ich nicht gern an. So fleischige und perverse Sachen kann ich sowieso nicht so ab. So dargestellte Sachen. Die Lehrer machen eigentlich nie Bemerkungen dazu, ich vermute mal, die denken sich alle ihr Teil. Hab' ich eigentlich noch nie was gehört. Es sei denn, wenn ich Stiefel anhab, dann gucken sie einen schon mal so merkwürdig an und lächeln. Aber man sieht's richtig, daß es eigentlich nur 'ne Fassade ist.

Wie gesagt, andere laufen manchmal auch so rum, aber die meisten von denen haben keinen Plan dahinter, die wollen einfach nur provozieren oder Eindruck schinden: »Hey, seht mich an! Ich bin jemand von den ganz Harten!« Das kann ich eigentlich nicht leiden, die so verkünden: Ja, wir gehen auf den Friedhof, schmeißen Grabsteine um, beten Satan an und so. Das finde ich total schwachsinnig, weil, die haben überhaupt keinen Plan, was sie machen. Kann ich nicht leiden, solche Typen.

Ja, ich hab' zumindest den Plan, daß ich den Verstand hab', nicht die Grabsteine von den anderen umzustoßen. Denk' ich mal, dafür hab' ich genug im Kopf. Was gehört sonst noch zu meinem Plan? Mein Lebensplan ist eigentlich, daß ich – o je, was ist das jetzt gleich? Stichwort »Sinn des Lebens«, ja? Hm. Mein Sinn des Lebens ist eigentlich, Freude am Leben zu haben. Und dafür muß man eben 'n bißchen arbeiten. Muß zum Beispiel in die Schule gehen, um 'n guten Job zu haben, um Geld zu haben ... Ich meine, Geld ist nicht alles, um Spaß zu haben. Aber 'n Teil davon muß schon sein. Um es – sag ich mal – bequemer zu machen, das Leben, ist Geld nötig. Für materielle Dinge, die aber wiederum nicht alles sind.

Was für ein Job? Zum Glück hab' ich da ja noch 'n bißchen Zeit, um mir das zu überlegen. Heute würde ich sagen, ja – ich hab' eigentlich gedacht, studieren möchte ich nicht unbedingt. Lieber so 'n Zwischending zwischen Lehre und Studium. Maschinenbau-Zeugs oder so was. Oder 'n Kumpel von mir, der ist knapp fünfzig, der hat gesagt: »Na ja, machste dein Abitur, und danach machste 'ne Offizierslaufbahn beim Bund.« Ja. Scheint nicht zu mir zu passen, ich weiß. Aber doch! Ich will nicht sagen, daß ich militant bin, aber ich interessiere mich schon fürs Militär. Und es hängt schon mit mir zusammen, auch das Thema Disziplin. Das übe ich ja auch.

Oder allein das Thema Christianisierung in Skandinavien und den ganzen Ländern, war ja auch mit vielen Kriegen verbunden. Und deswegen ist es auch 'n bißchen kriegerisch, das Ganze mit meiner Musik. Ich hasse Versklavung der Seelen. Daß die Christen die anderen Völker unterdrückt haben, ich meine, das war sicherlich nicht nur in diesem historischen Fall so, aber manchmal denke ich, sie spielen sich ein bißchen auf. Aber was soll's! Ich höre und lebe eben die Musik gerne, ja. Ich selber bin getauft und konfirmiert, und das war's. Höchstens zu Weihnachten gehe ich immer mit meinem Opa in die Kirche, weil das so feierlich ist.

Ich meine, gegen die Evangelen habe ich eigentlich gar nichts. Aber die Katholiken haben so veraltete Ansichten, zum Beispiel die Sache mit 'm Papst, daß der eben keinen Sex haben darf mit 'ner Frau. Daß der auch nicht verheiratet sein darf. Und das ist schon mal menschenfeindlich. So 'ne Sache aufzustellen für 'nen Mensch. Ihre beschissenen Ansichten passen außerdem nicht in unser Zeitgefüge. Früher waren die Menschen naiv – wobei ich manchmal auch heutzutage nicht an der Naivität zweifle! – und haben das Überirdische erschaffen, weil sie sich einige Sachen einfach nicht erklären konnten.

Ich gehe auch in die Kirche, wenn mal so was ist wie jetzt mit Erfurt, mit dem Schulmassaker. Nicht wegen der Ansichten der Kirche, aber um der Opfer zu gedenken. Ich hatte 'ne enge Verbindung dazu, weil mein Opa zu dem Zeitpunkt, als das geschah, im Nachbargebäude war, der ist auch Lehrer. Und da hat er mir das gesagt, am Telefon: Da rennt einer rum und erschießt Leute. Ich hab' grad gelesen und dachte, na, guckst mal im Fernsehen. Und da hab' ich den Fernseher angemacht, war alles voll davon. Dann ist es mir so nach zwei Stunden real geworden, daß Opa übelstes Glück gehabt hat, daß er nicht betroffen war von der Schießerei. Da kam erst mal alles hoch, und bestimmt eine Woche lang war ich schon ziemlich gedrückt danach. Und wo ich dann in der Kirche war, man kann sagen, das war wie so 'n Abschied, 'n Schlußstrich unter der ganzen Sache.

Für mich selber, was jetzt die Gefühle betrifft, gibt es diesen Schlußstrich nicht. Man denkt schon ab und zu noch mal nach, vor allem über diesen Schüler, warum er das gemacht hat. Die Gründe und so. Das fand ich auch 'n bißchen eigenartig, daß sie alle auf ihm rumgehackt haben. Ich meine, ist klar, daß er Straftaten begangen hat, aber mal daran zu denken, warum er das gemacht hat, Folgen daraus zu ziehen, um eventuelle Nachahm-Täter gleich – um das gleich zu vermeiden, das hat keiner gemacht. Teilweise hab' ich mit ihm mitgefühlt. Als wir in der Schule darüber diskutiert haben, da hieß es gleich: »Ja, der war einfach nur krank. Der war einfach nur doof.« Da ist es bei mir schon 'n bißchen übergekocht, weil – warum ist er denn so geworden? Ich meine, am Ende wußte er vielleicht keinen Ausweg mehr, hatte keine Perspektive mehr, und – ich will ihn jetzt nicht decken oder so, aber – na ja, man hätte sich vielleicht mal gleich danach damit beschäftigen sollen, warum er's eigentlich gemacht hat. Er hat vielleicht wirklich keine Perspektive mehr für sich gesehen. Könnte ich mir vorstellen.

Kann ich mich da reinversetzen? Na, zumindest war ich auch schon mal an einem Punkt, wo ich im Leben keinen Sinn mehr gesehen habe. Wenn alles zusammentrifft. Zu Hause hat man vielleicht gerade Streß mit den Großeltern. So, dann kommt das Nächste. Dann sagt man sich: Toll, deine Mutter wohnt dort, dein Vater wohnt dort. Dann der nächste Gedanke: Wenn er das noch mal macht, der Opa, wenn er dich noch mal so vollkäst, dann hab' ich einfach keinen Bock mehr, dann hau ich von zu Hause ab oder so. Aber bei mir ist es dann so, daß das sehr schnell wieder abflacht. Ich leg' mich dann hin und denk' das, vielleicht fünf Minuten bis 'ne Viertelstunde oder so, penn dann 'ne Runde, und danach ist es eigentlich schon fast wieder weg. Ich bin nicht so nachtragend. Es sei denn, es zieht sich länger hin, in der Schule oder so. Letztes Jahr war's nicht so, aber vor zwei Jahren, wo ich – na ja, nicht schlecht, aber für mich persönlich schlechte Noten hatte. Ich hatte eben vier Vieren auf 'm Zeugnis, und da war's mir jeden Tag richtig schlecht.

Andauernd sagte ich mir: So kann's nicht weitergehen, du mußt irgendwas machen, damit du besser wirst. Dann kam noch die Angst oder der Respekt vor den Großeltern dazu. Ja, nölen sie einen wieder voll, und dann passiert wieder das und wieder so 'n Verbot und alles so was. Aber wenn was Normales ist, dann flacht das wirklich schnell wieder ab. Dann reg ich mich auf, paar Minuten, und dann geht's wieder.

Gedanken an Selbstmord, doch. Die hatte ich auch schon. Kommt ja auch in den Texten vor, wenn ich meine Musik höre. Oh, da hab' ich jetzt so 'ne Barriere. Darüber will ich nicht reden. Ich kann es auch gar nicht erklären, wie man da denkt. Da kommt dann eben alles zusammen. Man denkt Sachen, die man eigentlich normalerweise nicht denkt. Denkt über Gott und die Welt nach, ob das Leben nicht nur eine armselige Reise ist zwischen Erde und Ewigkeit; was eigentlich alles so los ist in der Welt. Aber in solchen Texten, das ist nicht offensichtlich, hier: »Bring dich um!« oder so. Die bringen dich zum Nachdenken, die Texte, und du denkst dann eben wirres Zeug manchmal. Zu mir hat mal einer gesagt: »Mit Black Metal mußte aufpassen, dabei kannste wahnsinnig werden!« Das stimmt auch. Es tauchen Fragen auf, die keiner beantworten kann. Ich hatte zum Beispiel mal einen Kumpel bei mir, der ist – also, der geht zweimal in der Woche in die Kirche. Und zu dem hab' ich gesagt: »Jetzt mach' ich mal 'ne CD rein, da kriegste voll die Depression.« Wegen der Musik und wegen der Stimme. Na ja, hab' ich so leise im Hintergrund spielen lassen, und dann hat er mich auf einmal Sachen gefragt, die hab' ich noch nie von ihm gehört. Zum Beispiel: »Ja, was denkst du, was nach dem Tod ist?« So was hab' ich noch nie von ihm gehört! Da mußte ich erst mal lachen und hab' zu ihm gesagt: »Siehste, es fängt schon an mit der Musik!« Da hat er irgendwie so 'n bißchen durchgehangen, und da hab' ich dann gesagt; komm, jetzt machen wir mal andere Musik, sonst gehste mir noch kaputt.

Die Meinung in den Texten ist ziemlich versteckt. Aber wenn man sich dann so damit beschäftigt, denkt man oft: Hej, das denkste ja auch, es ist dir bloß noch nicht eingefallen. Bei Judas Iscariot geht mir das so, das war ja der, der Jesus verraten hat. Das ist so 'ne Einmann-Band aus Amerika. Der sagt: Egal, wo seine sterbliche Hülle sein wird, wird es eine US-Band bleiben, denn er wurde geboren, geschlagen und geächtet in Amerika. Seine Träume wurden in Amerika vernichtet, und sein Geist starb in Amerika. Der macht alles alleine, singen, alle Instrumente. Und im CD-Cover steht dann, warum er so geworden ist. Die Intoleranz in den USA kotzt ihn an, die Gesellschaft hat ihn zerstört, er hat sich vom Leben abgeschottet. Sein letztes Album wurde aus den Todesqualen der 30.000 Sterblichen geboren, die in der Bartolomäusnacht in der Nähe von Kronstadt, Rumänien, 1460, durch die Hand des Drachenprinzen umkamen und deren Stimmen er gehört haben will. Das klingt teilweise ziemlich kraß. Aber das ist noch einer von den Richtigen, die's mit ihrer Musik noch ernst meinen. Ansonsten wird auch Black Metal immer zugänglicher und immer kommerzieller.

Es geht halt meistens nur um die Kohle.

Abschotten, daran hab' ich auch schon manchmal gedacht. Obwohl, ich will mich eigentlich nicht vom Leben abschotten. Deshalb mache ich ja auch Sport. Früher Leichtathletik und jetzt Kraftsport, seit einem Jahr zweimal die Woche anderthalb Stunden, mit unserem Sportlehrer in der Schule. Nicht wie die Bodybuilder, nur fürs Aussehen, nee. Damit man fit bleibt. Ich hab' das richtig gemerkt: Wenn man keinen Sport macht, wird man träger, und dann flacht auch die Leistung in der Schule ab. Aber so fühle ich mich fit, und es geht auch in der Schule ganz gut.

Der Mensch kann sehr viel aus sich rausholen, was er gar nicht weiß. Was er im Alltagstrott gar nicht so mitkriegt. Das macht mir Spaß: mich austesten, an Grenzen gehen. Eine Form davon ist ja auch, wenn ich in voller Montur durch die Stadt gehe.

Na, erst mal Stiefel, schwarze Hose, Patronengurt, dann noch Gürtel und vielleicht noch Metallarmbänder oder Lederarmbänder mit Spikes. Das ganze Zeugs eben, schwarze Jacke, manchmal auch Bemalung. Die trage ich aber nur für Fotos oder auf Konzerten. Schwarze Striche nach oben über die Augen und nach unten quer über die Wangen. Sieht schon gefährlich aus. Da stört dummerweise bloß noch meine blöde Zahnspange. Ich hab' ja so eine feste, die die ganze Zeit drin bleiben muß. Ach so, Ketten noch, und der ganze Schmuck, der dazugehört. Ich meine, manche machen das auch in der Schule dran, aber ich nicht. Ich ziehe auch nicht gern Stiefel in der Schule an, weil das total unbequem ist. Eigentlich ziehe ich die volle Montur nur für Fotos an, oder wenn ich auf ein Konzert gehe. Oder für 'n Stadtfest. Das ist manchmal richtig kurios, so durch Ilmenau zu laufen. Die Reaktionen so zu erleben.

Die Leute verstehen das nicht richtig, die können das nicht unterscheiden, weil sie sich ja nicht in dieser – na ja, Szene will ich nicht sagen – also ..., jetzt muß ich doch sagen: Szene, weil sie sich darin nicht befinden. Die können nicht unterscheiden zwischen den Leuten, die Grabsteine umstoßen, und solchen wie mir, die eben musikalisch sind. Es kommt immer so rüber: Ja, der springt mir gleich an den Hals und trinkt mich aus oder will mich opfern oder so. Sie weichen einem aus und gucken einen an, aber wenn man dann zurückguckt, dann schauen sie schnell weg; geben also nicht zu, daß sie hingeguckt haben. Teilweise gefällt mir das, weil – die Menschen haben Respekt. Wobei: Dieser so erschaffene Respekt, der ist eigentlich Schwachsinn. Aber dadurch ist auch der Zusammenhalt viel größer, wenn ich jemanden sehe, der zum Beispiel einen Pullover mit meiner Lieblingsband drauf anhat, dann gehe ich eben hin: »Hallo! Servus, wie geht's?« Da ist der Zusammenhalt viel größer.

Meine Großeltern, die machen sich teilweise darüber lustig oder sie sind unsicher. Die haben ja auch keine richtige Ahnung davon und haben manchmal schon genölt, »ja, ja, du Satansmörder« oder so was in der Art. Ich meine, im Grunde sind sie schon ziemlich tolerant und sehen da drüber hinweg. Aber sie machen sich halt auch Sorgen um ihr eigenes Image. Wenn ich zum Beispiel Stiefel anhab, dann versuchen sie, mir die auszureden: »Die ziehste nicht an!« Obwohl ich keine Springerstiefel hab', nur Stahlkappenstiefel. »Ja, da denken doch alle Leute, du bist 'n Rechtsradikaler!« Meine Oma und mein Opa. Und ich so: »Das sind keine Springerstiefel und ich bin auch kein Rechtsradikaler!« Und sie: »Aber das wissen doch die anderen Leute nicht.« Haben sie ja im Grunde genommen recht, die wissen das nicht. Die können das ja nicht auseinanderhalten. Ich meine, ich könnte jetzt sagen, daß es mir egal ist, aber es ist mir nicht egal. Die Leute könnten mich ja auch fragen, aber da haben sie natürlich wieder Hemmungen. Das ist das ganz Menschliche, daß man nicht einfach hingeht und fragt: »Hej, wie bist 'n du drauf? Bist du rechtsradikal oder was?« Das ist nun mal so, daß man das nicht fragt.

Weil auch einfach die ganze Gesellschaft so verschlossen ist.

Klar, es hat auch Vorteile, sich so 'ne Schale zuzulegen, die die Menschen auf Distanz hält. Aber jeden will man sich ja gar nicht auf Abstand halten, Mädchen zum Beispiel. Das ist auch der Grund, warum ich eben nicht so oft die volle Montur anziehe. Es gibt natürlich auch Mädchen, die haben davon Ahnung, und die bestaunen mich so 'n bißchen: »Ooch, ej, guck' mal den an, der hat 'n T-Shirt von meiner Lieblingsband an! Toll, wie der aussieht!« Die freuen sich dann eben auch, daß sie mal jemanden sehen, der so rumläuft. Aber andere, die so normal sind, der Durchschnitt – obwohl: Was heißt »normal«? Normal ist relativ! –, auf die wirke ich vielleicht so 'n bißchen abstoßend, denke ich mal. Was heißt abstoßend, vielleicht auch brutal; angsteinflößend oder so. Auf jeden Fall wirste so 'n bißchen als Außenseiter behandelt.

Nö. Das gefällt mir eigentlich nicht. Bei denen, die mich kennen, ist das ja egal, die wissen ja, wie ich in Wirklichkeit bin. Die machen höchstens mal 'nen Scherz. Wie siehst denn du heute wieder aus, oder so. Aber freundlich. Blöd ist es nur bei denen, die mich noch nicht kennen. Da will ich eigentlich nicht für brutal oder gewalttätig gehalten werden.

Verliebt bin ich zur Zeit nicht. Nicht mehr. Oder nicht mehr richtig, sag' ich mal so. In den Sommerferien war ich in Spanien, und da haben sie so 'nen komischen Flirtabend gemacht, sinnvollerweise am vorletzten Tag. Da hab' ich jemanden kennengelernt. Eigentlich ist das dann erst so im Bus gekommen, als wir wieder heimgefahren sind. Sie ist in 'nem anderen Bus gefahren als ich. Da haben wir 'n bißchen telefoniert, mehr nicht. Da ist das eben gleich wieder abgeflacht. Aber wir schreiben uns Briefe, und wir sehen uns vielleicht auch in nächster Zeit mal.

Das erste Mal war ich in der ersten Klasse verliebt oder sogar schon im Kindergarten. Ohne Quatsch jetzt! Na ja, aber man kriegt eigentlich, wenn man altert, immer mehr mit, wie man selber reift. Vor zwei Jahren, da ging's eben nur darum, auf 'ne Party zu gehen, sich zu besaufen und mit irgendwem, ist ja fast egal, mit wem; jedenfalls mit so vielen Mädchen wie möglich rumzuknutschen. Mit 13 war das so, da wußte man es halt noch nicht besser. Da hab' ich jetzt eigentlich keinen Bock mehr drauf. Weil, erstens ist das, wenn man irgendwo besoffen rumliegt, peinlich. Und andere lachen über einen, das muß ja nun wirklich nicht sein. Und das andere muß auch nicht sein. Weil, das spricht sich rum. Mit 13 ist es egal, da macht es jeder. Aber später, wenn sich das rumspricht, da hat man wieder 'n schlechtes Image. Wenn man mit jemandem rumlöffelt, also rumknutscht, dann denkt die vielleicht, man will was von der. Dabei hat man nur so Bock grade. Am schlimmsten ist es, wenn man die näher kennt, das hatte ich auch schon. Dann ist man bei den ganzen Mädchen erst mal 'n halbes Jahr hintendran! Also befreundschafteten Mädchen. Weil, die hängen ja alle zusammen. Das macht im Nu die Runde, und dann sind die eben alle 'n bißchen sauer auf einen. Ganz schlechtes Image.

Was ist ein gutes Image? Hm, na ja. Also, es muß auch gar kein Image sein, Hauptsache nicht dieses: Ja, der löffelt mit jeder rum. Und danach schiebt er die wieder ab. Da will einen ja keine haben – was heißt »keine haben«, aber es spricht sich halt rum, und danach biste dann eben ooch der Arsch. Peinlich ist das.

Zum ersten und bisher einzigen Mal Sex hatte ich mit 14, vor ein und einem Vierteljahr, so. Ich meine, es gibt ja welche in meinem Alter, die haben alle zwei Wochen 'ne neue Freundin. Das will ich eigentlich nicht. Ich meine, klar, da kriegt man Erfahrungen in der Erotik und einfach so, wie's ist, sich damit auseinanderzusetzen. Aber es ist ja nichts Richtiges und nichts Ganzes. Also, wenn, dann muß es schon ... Ich hab's einmal probiert, mit jemandem zusammenzusein, in die war ich eben mal verliebt, und die wollte später was von mir. Und da hab' ich mir halt gesagt: Ach, komm, warst schon mal in die verliebt, versuchste's halt mal. Und zu dem Zeitpunkt war ich halt nicht in sie verliebt, und das hat nicht geklappt. Da kam keine Liebe wieder, die war dann doch vorbei bei mir. Und wenn man mit so einem Mädchen rumhängt und liebt sie gar nicht,

das ist dann immer so 'n bißchen peinlich, sag' ich mal so. Hab' ich
dann gesagt: Ach, lasses, das wird eh nix. Mein erstes Mal, das war
eigentlich auch nicht so richtig, weil ich da ziemlich angetrunken
war. Bißchen komisch, unerwartet. Das war auf 'ner Party, eine Zelt-
party auf 'ner Wiese. Irgendwann sind die anderen alle gegangen,
und ich war etwa drei Stunden mit dem Mädchen allein. Im Gras,
ja. Ach, was soll's! Ich rede da wirklich absolut nicht gern drüber,
ist mir richtig unangenehm. Ich kann noch nicht mal einschätzen,
war's nun schön oder nicht. Ich hab's ja gar nicht so richtig mitgekriegt, weil ich zu betrunken war. Schade drum, ja.

Das war das erste und einzige Mal bis jetzt. Ich meine, ist nicht
so schlimm, weil – ich sage immer: Es gibt auch andere schöne Dinge im Leben, und wenn es so sein soll, wird es sowieso noch kommen. Man muß ja nichts überstürzen. Aber bis dahin – andere schöne Dinge genießen, für mich eben zum Beispiel die Musik.

Ich denk' mir eben auch, bei den meisten ist das so, daß die sich
lieben, heiraten, und dann flacht das ab, kommt der Alltag rein und
so. Das ist ja bei vielen das Problem. Daß die dann sagen: Ach,
komm, laß uns zusammenbleiben. Und sind dann bloß noch so Lebenspartner. Keine richtige Frau – das kann man dann gar nicht
mehr so sagen. Das flacht alles ab. Ich weiß ja nicht, wie das ist,
aber ich denke mir: Kann sein, daß man auch später – vielleicht mit
70 – noch Sex hat, aber für die meisten ist es ab 'ner gewissen Stufe nur noch 'n Lebenspartner. Ist ja dann auch in Ordnung, wenn
man mit dem zurande kommt. Ist bei meinem Vater auch so, denke ich. Weil ich da noch nie irgend 'ne Andeutung gesehen hab'.
Was weiß ich, 'n Kuß oder irgendwelche Schäkereien oder so was
in der Art. Hab' ich eigentlich noch nie gesehen, Zärtlichkeiten zwischen ihm und seiner Freundin.

Ich meine, wenn sie gut miteinander auskommen, ist es ja okay.
Aber, mir wär' das irgendwie zu schade, für mich selber jetzt. Mit
30 Jahren schon in irgend so 'nem blöden Dorf abzuhängen, jeden
Tag zur Arbeit zu gehen und mir dann 'n Haus zu bauen und mit
'ner Lebenspartnerin zusammenzusein. Das wäre mir irgendwie zu
einseitig, ich weiß auch nicht. Das kann irgendwo nicht der Sinn
sein.

Ja, was könnte der Sinn sein? Da sind wir wieder bei dieser großen Frage. Ich meine, ist klar: Am Ende sterben wir alle. Mein Cousin sagt immer: Sinn des Lebens ist Warten auf den Tod. Das kann ich nicht so richtig teilen. Man wartet ja nicht sein ganzes Leben auf den Tod! Für mich ist der Sinn des Lebens eigentlich, Spaß zu haben. Und für den Spaß muß man eben was tun.

Eins steht fest: Ich werde mein Leben, egal, was kommt, dem Black Metal widmen.

Ich will es nicht so langweilig haben: jeden Tag ackern und einmal im Jahr in den Urlaub fahren. Ist klar, daß man arbeiten muß. Aber ich würd' gern einfach mal raus, in die Welt. Ich find zum Beispiel die Typen cool, die sich einfach mal so 'n Fahrrad schnappen und fahren so 'n bißchen in der Welt rum. Das find ich kraß.

Oder man kann ja sich bereiterklären, irgendwo zu helfen. Zum Beispiel, was weiß ich, in Afrika oder irgendwo in so 'm Krankenlager oder so was. Daß man einfach auch mal 'n bißchen rumkommt und sieht, was in der Welt los ist. Nicht jeden Tag in seiner Stadt abhängt. Dann sagen viele Leute: Ja, ich weiß doch, was in der Welt los ist, ich geh dreimal im Jahr im Urlaub ins Ausland. Toll, da fahren se nach Spanien, da sind se zwar in Spanien, aber in der Touristenanlage! Was eigentlich praktisch noch Deutschland ist, wo 'se kaum was von dem eigentlichen Land mitkriegen. Wenn man was mitkriegen will, muß man schon alleine weg.

Auf jeden Fall werde ich mit 18, 19 erst mal allein oder mit meinem Cousin Urlaub in Norwegen oder Schweden machen. »To feel the northern darkness.« – Um die nördliche Dunkelheit zu spüren.

Sehe ich mich also doch alleine, ohne Familie, wenn ich in die Zukunft schaue, was? Das fällt mir gerade erst so richtig auf, jetzt. Ja. Schon 'n bißchen egoistisch. Hm.

Ich meine, man muß ja auch 'n bißchen für die Eltern dasein, für die Großeltern. Ein bißchen was zurückgeben, was leisten, wenn die dann im Alter sind. Ist ja klar. Aber an sich könnte man ja – also, ich könnte schon die Einstellung haben: Ich leb' nur einmal, ich mach' mir mein eigenes Leben, so gut, wie's geht, und die anderen interessieren mich nicht. Das könnte man machen. Aber ich weiß auch nicht, da ist dann doch wieder bei mir so 'ne innere Barriere,

und am Ende kommt doch wieder das Menschliche durch. Das –
zur Abwechslung mal – gute Menschliche, daß man auch für andere dasein will.

Den großen Halt im Leben, den muß ich mir schon selber geben.
Den verspreche ich mir nicht von einer Frau. Aber man kann sich
ja dann gegenseitig helfen und unterstützen. Das wär' schon praktisch, ja.

Würde ich mich jetzt gern wieder verlieben? Tja, das ist immer
so 'ne Sache. Das kann das Schönste sein. Das kann aber auch das
Schlimmste sein, was es gibt. Betrug, Eifersucht. Bist in jemanden
verliebt und kommst nicht ran; kriegst Abweisungen oder so. Wenn
man dann zu Hause liegt, biste zwar verliebt, aber hängst leidend
im Bett rum, hast keinen richtigen Hunger, keinen Durst; willst
schlafen, aber kannst nicht. Bleibst dauernd wach, weil du nachdenken mußt.

Ist irgendwie nicht so toll.

So Traumtyp, das gibt's bei mir nicht. Bei mir muß es einfach passen. So, was ist deine Lieblingsfarbe und so – das ist mir völlig egal,
es muß einfach passen. Ich kann Leute nicht verstehen, die sagen,
ja, meine Traumfrau muß groß sein, blonde Haare haben, vollbu-
sig oder so. Und wenn man dann jemand anders sieht und nur aus
dem Aspekt, daß die keine blonden Haare hat, sagt: Nö, die nehm'
ich nicht, das ist doch Schwachsinn. Es muß alles zueinander passen, das reicht schon.

Ausstrahlung und solche Dinge.

Na ja, Ausstrahlung ist eigentlich sehr wichtig! Auch bei der, die
ich in Spanien getroffen habe, da hab' ich immer so gedacht: Die
hat aber 'ne krasse Ausstrahlung! Und da war mein Kumpel aus Bre-
men dabei, den hab' ich dort kennengelernt, und der ist so der Typ
Urlaubsmacho und Ficken und so. Ist eigentlich egal, siehste nie
wieder, die Frauen. So ist der. Und mit der Masche hat er eigentlich jede gekriegt, die er wollte, weil die anderen waren ja auch alle so drauf, auch die Mädchen. Und dann hat er es bei ihr so versucht, und da ist er nicht rangekommen. Hat er mir völlig fassungs-
los erzählt: »Ja, ich hab's gestern mit allem versucht, was es gibt.
Mit Proll-Sprüchen, mit romantischen Sprüchen, »du hast so schö-

ne Augen« und so, ich hab' alles versucht, aber ich bin nicht dran-
gekommen.« Das hat mich irgendwie diebisch gefreut. Vor allem,
als er sich dann noch aufgeregt hat, daß ich viel mehr drankomme,
obwohl ich eigentlich gar nichts gemacht hab'. Das zeigt eigentlich
wieder, daß – na ja, wenn's paßt, dann paßt es eben.

Wäre eigentlich schön, wenn was daraus wird. Vielleicht fehlt
mir das noch zu meinem Glück. Zur Zeit bin ich relativ gut drauf,
aber vor 'nem halben Jahr ging es mir psychisch richtig schlecht.
Hab' nur noch rumgehangen, war allein, obwohl ich mit Kumpels
zusammen war. Diese Art von Qualen sind unvorstellbar. Ich wollte Schluß machen, aber es müssen noch Träume erfüllt werden ...

Glück ist im Moment für mich, also, so 'n richtig perfekter Tag,
das ist: Ich bin früh ausgeschlafen, wache auf, ohne daß ich sage,
ich hab' keinen Bock.

Treffe auf dem Weg zur Schule jemanden, den ich kenne, bin nicht
allein. Sind alles so Kleinigkeiten, die den Tag verschönern. So, dann
interessante Themen, vor allem keine unerwarteten Leistungskon-
trollen oder so was, daß eben alles glatt läuft.

Dann gehe ich nach Hause, das Mittagessen schmeckt gut, das ist
auch wieder so 'ne Kleinigkeit. Meine Oma kocht ja jeden Tag für
mich. Das ist wirklich 'n gutes Essen. Dann gehe ich vielleicht noch
'n bißchen in die Stadt, schlendern, mache später Hausaufgaben in
der Hoffnung, daß es nicht so viele sind. Und dann mache ich noch
so 'n paar Sachen, zum Beispiel Gitarre zocken oder Figuren anmalen.

Na, ich spiele so Strategiespiele mit Warhammer-Figuren. Das ist
so 'n System, das gibt es als Fantasy-Version mit Elfen und Chaos-
kriegern und so, oder als Zukunftsvision. Da hat man dann verschiedene Völker, die gegeneinander kämpfen, und man kann dann
gegen einen Kumpel spielen, strategisch. Ist eben militärisch, sag'
ich mal so. Alles kostet eben Punkte, jede Figur, jede Waffe, und bis
zu einem bestimmten Punktewert kann sich jeder seine Armee zusammenstellen. Und dann kämpft man gegeneinander. Das Regel-
buch ist fünf Zentimeter dick. Das Spielfeld kann so groß sein, wie
man will, die Armee auch. Bei mir ist es ein grüner Teppich in meinem Zimmer, der ist zwei mal ein Meter zwanzig. Und je nachdem

– wenn man 'ne Stadtschlacht spielen will, stellt man halt 'n Stadt-
gelände auf, was man auch selber gebastelt hat, die Häuser und so.
Wenn man 'n Dschungel haben will, stellt man eben Dschungelbäu-
me auf und so. Das kann man zu zweit spielen, das kann man aber
auch zu sechst spielen. Hat jeder 'ne kleine Armee, dann gibt's verschiedene Missionen oder so. Dauert ziemlich lange, so 'n Spiel. Also, das ist nichts für zwischendurch, wie ein Brettspiel oder so. Man
kann es auch draußen auf großen Wiesen spielen. Wenn die Armee
groß genug ist, muß man sich ja taktisch ausbreiten können. Das
Spiel gibt's auch für 'n Computer, kommt auch jeden Monat 'ne
Zeitschrift dafür raus.

Ich bin eigentlich nicht so 'n Computersitzer. Ich meine, ich kenne mich soweit damit aus, daß ich damit arbeiten kann: den Scanner benutzen, Bilder bearbeiten und Texte, zum Beispiel für die
Booklets für meine Musik-CDs. Aber spielen am Computer, das
mache ich eher selten, und wenn, dann vor allem im Winter.

Wenn ich Langeweile hab'. Womit wir wieder beim Winter wären. Da fällt mir gerade noch was dazu ein: Winter ist gemütlich.
Wenn's draußen schneit, und man sitzt drinnen. Deswegen mag ich
auch, wenn's regnet. Wenn es warm draußen ist, dann hat man immer so den Drang, rauszugehen, weil ja dann alle draußen sind, und
dann verpaßt man ja was, wenn man drinnen hockt. Aber wenn's
regnet, dann kann man sich gemütlich vor 'n Fernseher setzen –
wobei Fernsehen ist Massenverdummung – oder lesen oder Figuren anmalen und basteln.

Ich meine, ich sag' das so, »Fernsehen ist Massenverdummung«,
obwohl ich selber jeden Tag bestimmt drei Stunden gucke. Meistens
gucke ich aber nur passiv; die Kiste läuft nebenbei, wenn ich die
Warhammer bastle. Mich erinnert das so 'n bißchen an »Herr der
Ringe«. Das gucke ich mir dieses Jahr wieder im Kino an, freue ich
mich schon auf die Schlachtszenen. Ja, das sieht schon gut aus, wenn
über hügeliges Land die Formationen so aufeinander zukommen
und sich die Krieger dann so gegenüberstehen, das sieht schon gut
aus. Wenn sie dann alle ihre Schwerter heben, und wenn dann noch
die Kameraführung gut ist, das vielleicht alles so 'n bißchen düster
gemacht ist, dann ist es eigentlich perfekt.

Wie bei »Braveheart« mit Mel Gibson, den Film mag ich auch sehr. Im Fernsehen guck' ich in letzter Zeit nicht mehr so gerne Action-Filme, lieber Filme, die es vom Thema her so noch nicht gab. Zum Beispiel »Final Destination«, wo es darum geht, daß im Grunde niemand seinem Schicksal, niemand dem Tode entfliehen kann. Auch, wenn es zuerst so aussieht, aber dann trifft einen der Tod halt auf andere Weise. Er bleibt auf jeden Fall der Sieger. Faszinierend. Der Tod hat 'nen Plan, und den verwirklicht er, so oder so. Hab' ich so noch nicht gesehen.

Jetzt nicht wegen dem Tod; ich mag ja auch nicht bloß Horror, sondern auch Filme über den Alltag. Comicserien, zum Beispiel die »Simpsons«. Die sind ja so erfolgreich und beliebt, weil es um den ganz normalen Familienwahnsinn geht. Und witzig ist.

Ja, das war so mein normaler Alltag, wie der so abläuft. Am Wochenende oder in den Ferien, da gibt's schon auch mehr Feten, und die sind feuchtfröhlich, klar.

Normalmetaller trinken eigentlich jeden Tag Alkohol, das gehört ja schon dazu. Bei mir nicht, obwohl mein Bierverbrauch immer mehr ansteigt. Aber bei manchen, da merkt man das schon. Andere Drogen, also Chemie, spielen in der Szene eigentlich keine Rolle. Vielleicht mal 'ne Tüte, also 'n Joint. Aber mehr nicht. Nicht bei mir. Ich stufe mich selbst so ein, daß ich abhängig bin vom Rauchen, also Nikotin. In den Sommerferien hab' ich wieder viel geraucht, und ich bin immer so genau auf der Grenze, zwischen Noch-Kontrolle und Sucht. Also jetzt in der Schulzeit, da versuche ich immer, von Montag bis Donnerstag nicht zu rauchen. Na ja, es ist schon besser, wenn man keine Drogen nimmt, überhaupt keine. Weil, das klingelt sich so ein mit der Zeit, das kriegt man gar nicht so mit. Oder, wenn ich eine Zeit nicht geraucht habe, dann merke ich erst mal, wie das Leuten gehen muß, die nie rauchen. Und die das dann riechen müssen, den Gestank. Vorm Männertag, da hab' ich mal sechs Wochen nicht geraucht, und da ging mir das so richtig auf den Sack. Eklig. Total eklig.

Nö, meine Lieblingsdroge ist da eher die Natur. Wenn es regnet, bin ich gern im Wald. Oder, dann schlafe ich auch gern ein, wenn die Tropfen so sachte fallen.

Bei meinen einsamen Spaziergängen, da kommen mir auch die besten Gedanken. So, »alles was lebt, ist göttlich«, zum Beispiel. Könnte auch mein Lebensmotto sein. Oder: »Angst erschuf die Götter.« Im geschichtlichen Sinne wurden die Götter so erschaffen. Das ist kein Widerspruch, auch wenn es sich vielleicht so anhört. Das letzte ist ironisch gemeint. Und das erste finde ich sehr wichtig; für mich heißt das: Es gibt keinen übergeordneten Gott, sondern jeder für sich ist göttlich, jedes Individuum. Jeder trägt etwas Göttliches in sich.

Gefällt mir, der Gedanke.

Ich hasse es nun mal, wenn Menschen sich höher als andere Lebewesen stellen, obwohl sie doch eines Tages auch von dem kalten Wind erfaßt werden, welcher sie eines Tages in Vergessenheit geraten lassen wird.

Oder eben das mit dem Winter, meine Lieblingsjahreszeit. Vielleicht kann ich es jetzt noch besser ausdrücken, auf den Punkt bringen: Irgendwie hat für mich der Winter was Warmes, obwohl er eigentlich kalt ist.

Verdammt, was spürt ihr, wenn ihr – es reichen schon zehn Kilometer; entfernt von jeder Stadt, vollkommen allein im ganzen Wald, in das bezaubernde Schimmern des winterlichen Nachthimmels blickt? Spürt ihr Kälte? Dann ist es nur euer Herz. Was hört ihr? Nichts? – Dann hört mal genau hin!

Der Winter ist warm, obwohl er kalt ist.

Er hält die Menschen zusammen.

»Just do it!«

Kristin, 16, Erfurt

Ja, stimmt. Im Moment ist es gar nicht lustig, eine Schülerin aus Erfurt zu sein. Weil jeder sofort fragt: »Ach, ist das deine Schule, wo das passiert ist?« Oder: »Kennst du da jemanden, hast du Freunde da?«

Nun ist Erfurt ja auch noch so ein kleines Nest, wo eigentlich jeder jeden kennt. Und mit der Zeit nervt das alles ganz schön. Es ist auch nicht grade die Berühmtheit, die man sich von seiner Heimatstadt wünscht. Wenn ich jetzt manchmal so durch Erfurt gehe, dann denke ich: Scheiße! Wir haben so schöne Ecken, die Krämerbrücke, den Dom und so. Darüber spricht gar keiner mehr. Die Leute hören »Erfurt«, und sofort ist dieser Amoklauf da. Neulich in Berlin ist mir das wieder so gegangen. Da hab' ich jemanden kennengelernt, und gleich fragte der wieder danach.

Dabei bin ich froh, das selbst halbwegs überwunden zu haben. Diese Bedrückung und die Enttäuschung in der Zeit danach, darüber, wie sich die ganze Stadt so verhalten hat. Drei Tage vor der Trauerfeier auf dem Domplatz kam ja dann auch dieser Lehrer Heise zu uns in die Klasse und hat mit uns darüber gesprochen. Gut, ich verstehe, daß der drüber sprechen muß, um das selbst für sich zu verarbeiten. Aber ich weiß nicht, ob man 15-, 16jährigen wirklich so haarklein erzählen muß, wie da eine Lehrerin blutüberströmt liegt und wie er sie gefunden hat. Viele mußten weinen, und manche haben das auch wirklich nicht verkraftet. Die sind erst mal nach Hause gegangen und hatten so zwei, drei Tage die totale Funkstille. Sind schon komische Gefühle hochgekommen. Klar, manchmal bin ich auch schon ziemlich sauer und aggressiv innerlich gewesen, aber letzten Endes denke ich dann doch: Da kann der Lehrer eigentlich nichts dafür. Ist ja meine eigene Blödheit, wenn ich die Arbeit versemmelt hab'. Weil ich nicht gelernt habe oder so. Und ich kann nicht anderen die Schuld geben, wenn ich mal versage. Klingt das etwa altklug, weise? Na, ich hab' letztes Jahr den externen Regelschulabschluß gemacht, freiwillig, und da ist mir das halt ganz deutlich klargeworden. Wenn ich mich nicht hinsetze und nichts mache, dann klappt das auch nicht so, wie ich mir das vorstelle. Externer Regelschulabschluß – das ist, damit man wenigstens einen Schulabschluß sicher hat. Sonst ist das hier in Thüringen ja so, daß man gar nichts hat, wenn man durchs Abitur rauscht. Und das wollte ich nicht. Jetzt habe ich das in der Tasche, und nun möchte ich mein Abitur so gut wie möglich machen, damit ich mir mein Leben so gestalten kann, wie ich will. Ja, klingt zwar jetzt doof, aber ich will Geld verdienen. Geld ist einfach 'ne Absicherung. Und ich will entweder Jura oder BWL studieren und dann in den medizinisch-rechtlichen Teil gehen. So Klinikmanagement und so was.

Ja, davon erhoffe ich mir einfach so 'ne Sicherheit in mir drin. Daß ich weiß, ich bin sozial abgesichert, und es kann mir einfach nicht viel passieren. Und mir trotzdem noch so 'ne persönliche Freiheit für mich erhalten. Daß ich reisen kann, daß ich machen kann, was ich will. Ich möchte unabhängig von einem Mann bleiben, also geldlich und auch seelisch. Wenn ich mich zu sehr an jemanden klammere, das wär' nix für mich. Ich weiß nicht.

Ich möchte nicht unbedingt wie die Mutter meines Vaters werden, weil – die hat sechs Kinder gehabt, der Opa ist sehr früh gestorben, und es war halt nie Geld da. Und so alleine durchschlagen mit so vielen Kindern, das wär nichts für mich. Ich hab' genug zu tun, wenn ich mich um mich selber kümmern muß. Thema Kinder – also, ich möchte gern 'n Mädchen, aber bitte nur eins. Junge ist mir zu kompliziert, da hab' ich keinen Zugang zu. Hört sich nach 'ner ziemlich klaren Lebensplanung an, ja, eigentlich schon. Wenn ich mich so in zwanzig Jahren sehe, dann auf jeden Fall in der oberen Managementschicht, also in der oberen Gesellschaft. Weil, ich möchte den Lebensstandard, den ich jetzt durch meine Eltern hab', erhalten und am liebsten noch steigern können. Ich möchte einfach nach irgendwas streben können. Ich kann nicht einfach so in den Tag hineinleben, ohne ein bestimmtes Ziel zu haben.

Manchmal kann ich's mir gut vorstellen, später mit 'nem Kerl zusammenzuleben, aber dann sehe ich auch gleich wieder die Probleme, die damit auf einen zukommen. Weil, ich bin schon jemand, der seine persönliche Freiheit eigentlich ziemlich weit oben ansiedelt, und ich weiß nicht, ob ich das so leicht aufgeben könnte. Dann schon lieber 'ne Singlefrau, die in 'nem Loft lebt und ein so gutes Einkommen hat, daß es für die Tochter noch mit reicht. So ungefähr.

Meine Mutter ist Rechtspflegerin im Grundbuchamt, und mein Vater ist Drucker und nebenbei Heilpraktiker. Wir haben 'ne große Wohnung und können uns eben alles das leisten, was wir gerne möchten. Bei mir ist das schicke Kleidung. Daß ich auch Nachhilfestunden nehmen kann, wann ich will und wie oft ich will. Ja, daß wir essen gehen können, ohne sagen zu müssen: höchstens einmal in der Woche oder einmal im Monat. Daß ich einfach so spontan sein kann, auch mit 'm Geldausgeben. Nicht so eingeengt.

Nachhilfe hab' ich immer zur Absicherung. Mathe, Englisch, Deutsch und Chemie. In den Fächern möchte ich so mindestens zwölf Punkte erreichen. Damit ich das Wissen, was da ist, festigen kann und immer noch neues dazukriege. Ja, klar, ich bin sehr ehrgeizig. Meine Mutter war richtig stolz auf mich, als ich endlich den externen Abschluß hatte. Das wollte ich haben, als Absicherung, ich wollte mir bestätigen, daß ich's kann, und ich wollte schon mal so 'ne Ahnung davon kriegen, wie es dann später im Abi wird. Weil, das waren vier schriftliche und vier mündliche Prüfungen, war auch ziemlich viel Streß dabei, nebenbei, neben der Schule. Also, das war doch ziemlich heftig.

Die Prüfungen waren zwei Wochen nach diesem Amoklauf in Erfurt. Und das erste Mal, in der schriftlichen Matheprüfung, da hatte ich schon ein ziemlich mulmiges Gefühl. Weil, ich weiß nicht, man lauert irgendwie doch noch drauf, daß was passieren könnte. Hoffentlich dreht jetzt keiner durch, so. Weil, die Mathe war ganz schön hart, einer der Prüflinge war schon dreißig, alle anderen längst aus der Schule raus, ich war die einzige Sechzehnjährige, die einzige unter zwanzig. Und da war mir eben ängstlich: Wenn jetzt einer denkt, Scheiße, das krieg ich doch nicht hin! und schmeißt es dann und ahmt den Amoktäter vielleicht nach. Solche Gedanken kommen einem da, ob du willst oder nicht. Du kannst es einfach nicht verhindern. Aber als es dann gut war, hab' ich mir gedacht: Ja, hast dich nur heißgemacht, so. Nächste Prüfung wird genauso. Kannste's locker angehen.

Und so war es ja dann auch.

Ehrlich gesagt, noch mehr Angst schienen ja die Lehrer zu haben. Die luden plötzlich alle zu persönlichen Gesprächen ein, auch die, mit denen man sonst auf Kriegsfuß stand. Dann hat man auf einmal wirklich gesehen, daß die Lehrer auch Menschen sind. Weil, wenn sie da vorne in der Klasse stehen und irgendwas erklären, dann wirken sie ja ziemlich von oben herab, manchmal. Und in dieser Situation ihnen dann so direkt gegenüberzusitzen und zu hören, was der meint und was der denkt, da sind wir uns wirklich schon nähergekommen. Also, ich bin in 'ner musisch-künstlerischen Klasse. Und da werden wir dann immer so 'n bißchen belächelt, weil wir weniger Mathe haben als andere und weniger Naturwissenschaften überhaupt. Ja, die können ja bloß schauspielern und singen, so 'n bißchen abfällig. Und da war die Reaktion der Mathelehrerin die schärfste! Die hat auf einmal angefangen, uns wie richtige Menschen anzusehen und ist sogar zu unserer Aufführung gekommen. Das war vorher noch nie da.

Ja, das scheint bei mir gar nicht zusammenzupassen, Musik und Kunst, und dann meine Berufswünsche. Ich würde nie die Kunst zum Beruf machen, das ist mir einfach zu unsicher. Aber ich mach' jetzt gerade Wirtschaft und Recht als eines meiner Grundfächer mit zwei Stunden in der Woche, und – ja, das läuft eigentlich alles super. Weil, meine Mutter hat Jura studiert, meine Oma war Richterin – lange Zeit sogar fast die einzige Richterin in Weimar. Das liegt mir im Blut, würde ich mal so sagen. Schon im Kindergarten hatte ich so 'n Gerechtigkeitssinn, ich weiß nicht. Ich bin da immer vorgetreten und hab' laut meine Meinung gesagt. Als Kleinkind kann man zwar nicht viel machen, aber was ich richtig und was ich falsch fand, das habe ich immer deutlich verkündet.

Ja, schon, ich hab' klare Ziele. Vielleicht fragt man sich jetzt, wo in so 'nem zielstrebigen Leben eigentlich andere Sachen Platz haben, Gefühle, Liebe, so was. Stört ja eigentlich nur. Und ich find's wirklich manchmal nervig. In den Ferien vielleicht, da kann man auch ein bißchen aus sich rausgehen. Also, ich hatte ziemlich viele Ferienbeziehungen, ein paar Fernbeziehungen, so nach Berlin rein.

Wir waren zusammen in Frankreich, zwei Wochen, und da haben wir uns ganz gut verstanden, ja. Und dann haben wir uns gefragt: Wollen wir's weitermachen? Ja. Das hat einen Monat geklappt, und dann mußten wir kapitulieren. Wir kamen nicht zueinander, Bus und Bahn sind zu teuer, Auto hatten wir nicht, also haben wir's dann lieber seingelassen. Bevor noch irgendwas passiert, so Fremdgehen oder so. Das ist ja auch nicht das Richtige dann.

Ich hatte insgesamt zwei Ferienbeziehungen und zwei hier in Erfurt. Jetzt grade bin ich solo. O Gott, wann fing das an? So mit 14, ungefähr. Da hab' ich mir gedacht: Ja, jetzt könntest du ja langsam mal anfangen. Na, meine Freundinnen, die fingen dann so langsam an, mit Kerlen rumzumachen, und da hab' ich mir so gedacht: Ist ja eigentlich ganz lustig. Aber ich wollte halt immer erst so sehen, wie der Kerl wirklich ist, also erst mit ihm befreundet sein. Um zu sehen, wie der ist, wenn er mal sauer ist oder so. Nicht, daß ich dann später 'ne Seite an dem entdecke, die mir gar nicht gefällt. Und ich muß den Kerl auch leiden können und er mich auch.

Die erste Liebesgeschichte, das war in England, auch wieder in den Ferien. Ich war mit 'ner Freundin in England, und der hatte auch einen Freund mit, und dann sind wir immer zu viert rumgezogen. Ja. Und das ging dann halt die vierzehn Tage, das war super, aber das war's dann auch. Mehr Spaß als Liebesgeschichte, im Grunde.

Und zu Hause? Ich weiß auch nicht, in Erfurt, da kennt jeder jeden. Und die Auswahl der Kerle, das ist auch nicht immer das Beste. Mein Erfurter Freund, mit dem war's dann ganz lustig. Der hat ganz in meiner Nähe gewohnt, und der war auch schon 'n bissel älter. Der war schon 18, hatte ein Auto, und wir konnten also auch was zusammen unternehmen. Das hielt dann erst mal drei Monate, und dann mußte er zum Bund, und das war's dann. Er hat sich auch sehr verändert als Soldat. Ich weiß nicht, vorher war er richtig lieb und nett und auch richtig zärtlich, und dann fing er auf einmal an, Trübsal zu blasen: »Ja, ich krieg' ja eh nichts im Leben zusammen, und Ausbildungsplatz ist auch Scheiße, und studieren will ich auch nicht.« Der hat sich dann in Selbstzweifel verrannt und geglaubt, daß er nichts kann. Ich hab' versucht, mit dem zu reden, aber das ging dann einfach nicht mehr. Da war irgendwann so 'ne Barriere zwischen uns. Dann hat er auch angefangen, sich mit anderen Freunden zu treffen, und – ich weiß nicht. Da hab' ich einfach nicht mehr ins Raster reingepaßt, weil, seine Freunde waren so komisch drauf! Nur saufen, kiffen, und sonst eigentlich nur durch die Gegend heizen und irgendwelche Scheiße bauen. Und da hab' ich nicht mehr dazugepaßt. Ich trinke auch mal gern mit Freunden 'ne Flasche Wein, aber man muß sich ja nicht bis zur Besinnungslosigkeit vollaufen lassen.

Wahrscheinlich bin ich auch in der Liebe ziemlich kopfgesteuert. Ja, manchmal denke ich auch: Scheiße! Kannste nicht mal aus 'm Bauch raus entscheiden? Aber, ich weiß nicht, ich möchte auch was Zielstrebiges haben. Ich möchte nicht einfach nur so 'nen Laffo haben, der da sitzt – 'n Laffo ist 'n Schlaffi; einer, der sich hängenläßt – und so was kann ich nicht gebrauchen. Ich möchte jemanden, der konkrete Vorstellungen hat, wie er sein Leben gestalten will. Und ich weiß schon, daß ich mit dem Freund, den ich vielleicht mal in zwei Jahren hab', nicht bis an mein Lebensende zusammen bin. Das kann ich mir auch gar nicht vorstellen: mit 18 'n Kerl kennenzulernen, mit zwanzig zu heiraten, und dann ewig mit dem glücklich zu sein.

Das kann ich mir einfach gar nicht vorstellen.

Daß es mich mal so richtig erwischt hat, das war in Frankreich, auch in den Ferien. Ich mache ja immer solche Schüler-Sprachreisen, um auch im Urlaub was dazuzulernen; meine Sprachkenntnisse zu verbessern. Und das war dann wirklich mal so aus 'm Bauch heraus. Zuerst dachte ich, hm, eigentlich kannste den gar nicht leiden. Und dann hab' ich hin- und herüberlegt, und meine Freundin war zu der Zeit auch gerade in jemanden verliebt, also die war auch keine richtige Hilfe dabei. Ja, und dann waren wir einen Abend in der Gruppe in der Disco. Die anderen sind in der Nacht irgendwie, irgendwann nach Hause gegangen, und dann waren ich und der

Kerl noch da. Dann haben wir uns so unterhalten, und dann ist auch irgendwo was für mich rübergekommen. Da hab' ich mir dann so gedacht: Den schnappste dir jetzt, und mal gucken, was daraus wird.

Das hab' ich vorher noch nie gemacht. Einfach so spontan drauflos: Der gefällt dir jetzt, den nimmste jetzt mit. Mitnehmen ins Quartier ging nicht, weil – wir waren in 'ner Gastfamilie, und meine Freundin war noch mit auf 'm Zimmer. Ja, und ich muß ja nicht gleich mit dem Kerl ins Bett springen. Also – wir sind zwar 'n bissel am Strand spazierengegangen und haben auch 'n bissel rumgeknutscht, aber mehr war dann eigentlich auch gar nicht. Mehr wollte ich dann auch erst mal nicht.

Wollte ich bis jetzt überhaupt noch nicht, mit jemandem schlafen. Ich bin sozusagen noch Jungfrau. Und hab' ich auch vor, noch 'n bissel zu bleiben. So ein, zwei Jahre. Ich will mir wirklich sicher sein, ob's der Richtige ist. Nicht irgendwie – ich meine, es ist ja was Einzigartiges, was nicht wiederkommt. Und das will ich halt so gut wie möglich haben. Nö, ich hab' da jetzt kein Bild aus einem Film oder eine Szene aus einem Buch vor Augen. Ich will eigentlich nur, daß es romantisch ist. Ich weiß, das klingt jetzt 'n bißchen – hm, ja, das will eigentlich jeder. Aber daß der Kerl auch zu mir paßt und daß ich mich wirklich auch fallenlassen kann bei dem. Nicht nur irgendwie so: Wir waren Freunde, und jetzt sind wir halt zusammen. Sondern, daß das auch richtig was Schönes, was Besonderes und was Festes ist.

Natürlich hat schon mal einer mehr von mir gewollt als nur Knutschen, klar. Aber ich sag' dann immer: Wenn, dann soll er sich auch drum kümmern, dann soll er sich auch drum bemühen. Weil, wenn er einfach nur so sagt: »Wir könnten jetzt eigentlich miteinander schlafen!«, dann sag' ich: »Hm, ja, spinnst du? Laß dir mal 'n bissel was einfallen!« Dann zeig' ich ihm 'n Vogel. Also, einige Knaben sind schon sehr ungeschickt. Ja. Also, 'ne Freundin hat mir mal erzählt, daß ihr Freund so anfing, als sie grade mit 'm Auto mitten in der Pampa standen: Das wär' doch hier ganz hübsch, guck' mal, der Baum; guck' mal, da läuft 'ne Maus, und ist das nicht schön hier?! Da hab' ich mir auch gedacht, als sie mir das erzählt hat: Scheiße, wenn die wirklich alle so sind, mach' ich mir doch Sorgen! Der erste war 17, und ich war 14. Auf dieser Sprachreise nach England, hab' ich ja vorhin schon so 'n bißchen erzählt. Der war sehr zielstrebig. Der wollte auch Jura studieren und Richter werden, und das hat mir doch sehr imponiert. Ich weiß ja von meiner Oma, wie die Ausbildung ist. Und daß der mit einer Zielstrebigkeit vorgegangen ist; der ist ja nur nach England gefahren, um dort Englisch zu lernen, und der hat auch mit jedem Deutschen englisch gesprochen. Das hat mir auch imponiert, daß der es wirklich durchgehalten hat, die ganze Zeit englisch zu sprechen. Und ich mit meinen 14 dann immer so rumgestottert, und dann haben wir uns geeinigt, daß er in meiner Gegenwart deutsch spricht, und dann sind wir uns wirklich nähergekommen. Der war kein Laffo, ja, der hätte mir eigentlich gefallen müssen. Er war ziemlich groß, hatte leider 'ne Brille, aber dahinter ziemlich hübsche Augen, die konnte man durch die Brille nicht sehen. Wenn ich die Augen sehen kann, dann weiß ich auch 'n bißchen, wie der Mensch ist. Hab' ich so das Gefühl.

Ja, das war schade. Daß es mit ihm nicht geklappt hat. Aber er hat halt in Nürnberg gewohnt, und meine Eltern haben mir nicht erlaubt, dorthin zu fahren. Und daran ist es dann kaputtgegangen. Drei Stunden haben wir uns einmal am Telefon unterhalten, und da hat er gesagt, das bringt einfach nix. Der große Abstand, die Eltern, die die Fahrerei nicht erlauben. Und bevor wir uns dann ganz aus den Augen verlieren und uns entfremden, macht er lieber Schluß. Bleiben wir lieber Freunde.

Und ich hab' jetzt immer noch mit dem Kontakt. So in den Ferien, wenn ich zufällig mal in die Ecke dort runter komme, dann sehen wir uns auch. Aber wir sind halt Freunde und mehr nicht mehr.

Bei meinem zweiten Freund, den ich in Frankreich kennengelernt habe, war das auch so. Ein Berliner. Der hatte sich im Urlaub den Arm gebrochen, und das war ziemlich komisch, 'n Freund zu haben mit so 'ner Gipsflosse – ja, muß man wirklich so sagen. Der war lieb und nett, richtig dolle höflich und Gentleman, aber – ich weiß nicht – der war dann doch nicht der Richtige. In den war ich einen Monat lang richtig heftig verliebt, und wir haben uns auch täglich E-Mails geschrieben. Aber dann hab' ich gemerkt, wie bei mir so

Desinteresse kam. Das war dann nur noch 'ne Frage der Zeit. Und dann hab' ich ja auch meinen dritten Freund, hier in Erfurt, kennengelernt.

Und da dachte ich: Der Neue, der bringt's eigentlich eher, wenn er hier wohnt und nicht so elend weit weg. Ja, hab' ich kalkuliert. Hört sich 'n bißchen doof an – »kalkuliert« und so, aber es war wohl so. Paßt zu mir. Und mit dem vierten war ich dann drei Monate zusammen, und da kam plötzlich so ein Hochgefühl bei mir, wie ich es vorher noch nie kannte. Und entsprechend fertig war ich dann auch, als es auf einmal wieder wegging. Die Zeit hatte mir so gefallen, die hat mir soviel Spaß gemacht, und dann plötzlich so: Vorbei. Ich hab' zwar noch Kontakt, und ab und zu sehen wir uns noch in der Stadt, zwangsläufig isses ja so. In Erfurt kannst du dir gar nicht lange aus dem Weg gehen. Aber – hat mir wehgetan. Ich möchte nicht unbedingt daran erinnert werden, weil – da ging's mir wirklich einen Monat richtig scheiße danach. Und ich möchte nicht unbedingt wieder an diese Zeit zurückdenken müssen.

Ja, ganz blöd und simpel: Der kam eines Tages an und sagte: Ich hab' jemanden kennengelernt im »Fun«, einer Disco ... Ja, toll. Das war der Tag, wo ich mal nicht mit war. Und ich meine, wenn wir länger zusammen wären, dann würde ich ja ganz bestimmt auch nicht jeden Freitag oder jeden Samstag mitkommen. Und was ist dann, wenn der dann 'ne andere kennenlernt. Und da hab' ich mir so gedacht: Scheiße! ... – Und dann fing der so an: »Ja, die ist ja so nett, und die ist ja so toll!« – Und da hab' ich mir so gedacht: Scheiße, jetzt kommt's bestimmt gleich! Und richtig: Er sagte:»Ja, wir können ja Freunde bleiben.« Und ich so: »Bestimmt nicht. Wir nicht mehr!«

Und danach hing ich so durch, das hat mir dermaßen wehgetan; dadurch hat sich das dann noch verstärkt, daß ich mir gesagt habe: So, jetzt sorge ich für mein Leben selbst und nehme das systematisch in die Hand. Meine Mutter, die hatte mir das ja sowieso von klein auf eingebleut: Such dir 'n Job, und wenn du heiratest, dann mach' dich niemals von 'nem Mann abhängig. Das sagt meine Mutter heute noch fast täglich. Die ist sehr eigenständig. Und mein Papa, der hat manchmal 'n kleines Problem damit, aber – Gott! – was soll's. Und meine Mutter beneide ich auch so 'n bißchen, weil, die hat auch so 'ne Zielstrebigkeit. So wie sie möchte ich halt auch ein Ziel haben und darauf hinarbeiten können.

Mein Vorbild ist sie nicht unbedingt im Beziehungstechnischen, aber sonst – ja. Warum nicht im Beziehungstechnischen? Na ja, die ist jetzt 25 Jahre mit meinem Vater verheiratet, und ich weiß nicht, was ich davon halten soll. Also, ich weiß nicht, vor zwei Jahren, da gab's mal 'ne Zeit, da konnten sie sich partout nicht leiden, und jetzt sind sie wieder frisch verliebt und alles wunderbar und alles toll. Und dem Frieden trau ich nicht, also nicht immer, nicht unbedingt. Obwohl, das dauert jetzt auch schon ein Jahr, dieser neue Frühling, und jetzt hab' ich mich langsam damit abgefunden, daß es wohl immer so hoch und runter geht. Ist in 'ner Ehe so.

Ja, ich hab' nichts grundsätzlich gegen Hochzeit. Ich werde bestimmt auch mal heiraten, so »weißes Kleid, Kirche«, aber über zwanzig Jahre? Das ist so 'n langer Zeitraum! Und meine Mutter war bestimmt vor der Heirat auch ein anderer Mensch als jetzt. Klar, mit 25 ist man 'n anderer Mensch als mit 51. Vielleicht ist sie häuslicher geworden. Oder vielleicht auch nicht. Und gut, daß sie ihren Beruf noch hat; dadurch kann sie auch heute noch ganz gut aus sich rausgehen.

Das beste Verhältnis habe ich zu meiner Großmutter. Ich war jetzt grade mit ihr zwei Wochen Urlaub machen, oben an der Ostsee, in Warnemünde, nur wir zwei. Das machen wir jetzt schon seit sieben Jahren so. Und ich find's auch wirklich toll, daß meine Oma in ihrem Alter sich noch in den Zug setzt und die Strapazen so 'ner Reise auf sich nimmt. Weil – 81 ist ja nicht mehr unbedingt sehr jung. Und ich find's einfach nur immer lustig, mit ihr zusammenzusein. Ich mache Geschichts-Leistungskurs, und sie kann mir dazu immer so viel aus ihrem Leben erzählen. Die hat den Krieg miterlebt. Und meine Mutter ist unehelich geboren. Mein Opa ist in den Westen abgehauen und hat sich da aus'm Staub gemacht, hat nix bezahlt. Und meine Oma hat meine Mutter durchgebracht, ihre eigene Mutter noch dazu, und da bewundere ich meine Großmutter schon wirklich, daß sie die Stärke hatte. Auch diese Zeit am Weimarer Gericht, wo sie eben eine von ganz wenigen Frauen war. Da ist ihr wirklich manchmal das Leben schwergemacht worden. Sie kann so schön erzählen, ich höre ihr unheimlich gern zu. Und ich find's eben total cool, wie sie ihr Leben gemeistert hat. Ja, da ist schon viel Bewunderung und Ehrfurcht bei mir für sie.

Ich finde das grundsätzlich ganz gut, wenn die Frau aus sich rausgeht und nicht nur am Herd steht und dem Mann hinterherrennt. Die Frau ist ja 'n selbständiges Wesen, genau wie der Mann. Und ich weiß ja nicht, ob's immer so richtig ist, in der Religion den Gott als Mann darzustellen. Ist einfach nicht richtig, weil – beide Geschlechter glauben ja eigentlich daran, und warum dann 'ne Frau an einen männlichen Gott glauben soll, das ist mir eigentlich ziemlich schleierhaft.

Also, ich hab' kein Problem damit, 'ne Frau zu sein. Und ich weiß nicht, was da immer so rumgemacht wird: »Ja, Feministinnen, die haben lila Hosen an und Achselbehaarung ...«, und sonst irgendwas. Oder die sind so bei den Grünen. Das find' ich einfach nur scheiße, weil – das sind solche Vorurteile, die stimmen meistens gar nicht. Genauso wie mit den Frauenzeitschriften, da frage ich mich das auch. Ich weiß nicht, ob das alles nur Emanzen sind, die alle nur lesbisch sein sollen. Also, ich glaub' auch schon, daß die 'n Mann angucken. So »Lisa« oder so 'n Schrott. Also, ich interessier' mich nicht unbedingt dafür. Ich interessiere mich mehr für Musik, lese »Rolling Stone«, so was.

Meine Lieblingsmusik ist was Rockiges. Solche Rockballaden, das find' ich immer noch am schönsten. So Bon Jovi, das ist richtig geil. Oder Aerosmith, das ist richtig cool.

Na, ich weiß nicht, was diese ganzen Boy Groups so machen, das ist irgendwie was für die Dreizehnjährigen. Ich muß ja zugeben, daß ich auch mal Fan von den Back Street Boys war, als ich zwölf war. Aber ich weiß nicht, jetzt steh' ich über den Dingen so 'n bißchen drüber, und manchmal denke ich: Wissen die überhaupt, was die da machen? Ich glaub' kaum, daß so 'ne Boygroup-Leutchen unbedingt so 'nen seichten Pop machen wollen. Ich glaub' eher, daß die richtige Rocker sein wollen. Und – nee!

Was die Musik mit mir macht, das kommt ganz drauf an. Manchmal höre ich eben die harten Klänge, wo man richtig abgehen kann, aber dann wieder lieber diese Balladen. Es ist eigentlich auch egal, ob laut oder leise und sanft; es muß aus 'nem Menschen rauskommen, es muß was Persönliches sein. Daß die Musik irgend 'nen Inhalt hat und nicht nur darauf ausgerichtet ist: Ja, damit komm' ich jetzt in die Charts, damit mach' ich jetzt richtig viel Kohle. So was höre ich höchstens nebenbei im Radio, aber das geht mir nicht richtig rein. Ich war jetzt mit meinen Eltern bei Elton John, als der in Erfurt war. Das war richtig geil. Weil, der hat für Erfurt gesungen, das Geld ist den Amok-Opfern zugute gekommen, und die Stimmung war irre. Ich weiß nicht, da waren kleine Kinder und 'n alter Opa, der war bestimmt neunzig oder so. Und dieses verbindende Gefühl, was bei den Liedern war, das fand ich einfach klasse. Und solche Termine oder Reportagen darüber, das will ich wissen.

Ja, Musikzeitschriften, Konzertberichte, die lese ich sehr gern. Wenn ich schon so was höre – »die ist 16, die liest bestimmt noch BRAVO« – dann kriege ich innerlich gleich Pickel und denke: Wenn du wüßtest! Da fahre ich meine Krallen aus. Das ist 'n Kapitel, damit habe ich abgeschlossen, als ich zehn war! Schon allein dieses Overdressed-Sein: Wenn du das und das machst, dann siehst du aus wie Jennifer Lopez oder so. Oder dieser Dr. Sommer mit diesen unsäglichen Fragen: Ist mein Penis zu kurz?, oder so. Da kann ich nicht mal mehr drüber kichern. Wenn ich so was schreiben würde, dann doch wenigstens über Dinge, die man auch als richtiges Problem ansehen kann!

Nicht, daß ich jetzt das einzelne Männchen mit seinem Problem nicht ernst nehmen würde, aber manches sind nur eingebildete Komplexe, die da als Fragen drinstehen. Wo ich wirklich mal gern was drüber lesen würde, das wäre zum Beispiel, ob die Leute verklemmt sind beim ersten Mal oder aus sich rausgehen. Im Fernsehen, da wird immer vorgespielt: Ja, die sind alle so leidenschaftlich und so was, und dann im wahren Leben erlebt man meist 'ne richtige Enttäuschung. Und ich weiß nicht, die Leute haben so 'ne übersteigerte Sehnsucht danach, wie Sex wirklich sein soll. Daß jeder so 'nen tollen Orgasmus kriegen soll. Was weiß ich.

Ja, Gott, manchmal ist es schon einschüchternd, wenn da kommt: »Die neueste Stellung!« oder so. Oder wie man sich da akrobatisch verrenken soll. Also, ich weiß ja nicht. Das wäre mir 'n bissel kompliziert. Und es soll ja was mit Spaß zu tun haben, und nicht: Ah ja, das war im Kamasutra drinne, das müssen wir jetzt nachmachen, oder so. Also, nee.

In meinem Freundeskreis sprechen wir darüber. Da sind zwei, die waren vor 'n paar Jahren zusammen und konnten sich dann nicht mehr leiden und sind jetzt wieder zusammen. Dadurch sprechen wir zwangsläufig darüber. Aber ganz locker, nicht so zwanghaft: Ja, was hast du für ein Problem damit?, oder so. Es ist doch jedem seine Privatsache, und dadurch ergibt sich das von selbst. Wer reden will, tut's, wer nicht, der läßt es eben bleiben. Wir drängeln niemanden: Ooch, erzähl doch mal!, oder so. Als ich zum Beispiel jetzt im Sommer in Malta war – ja, wieder 'ne Sprachreise –, da waren wir, ich glaube, vierzehn Mädels im Bus zusammen, und da haben wir auch ständig über die Themen geredet, und das war nicht peinlich. Aber das ist eigentlich eher harmlos. Wir sind eine eingeschworene Gemeinschaft, und wenn es gegen die Jungs geht, um so besser. Wir tratschen so ein bißchen: »Ej, haste den Kerl gesehen oder den?« Und nach 'ner Party: »Bist du mit dem abgezogen? Wo warst du denn, wir wollten doch zusammen nach Hause gehen.« Oder:

»Doreen ist jetzt wieder mit Martin zusammen, aber habt ihr schon gehört, was Martin für 'ne Scheiße gebaut hat?« So was eher.

Mit meiner Oma kann ich auch über Sex reden, ja. Ich hab' sie gefragt, wann sie ihre Jungfräulichkeit verloren hat, ob sie verliebt war und wie, und wie sie an meinen Opa gekommen ist. Das hat mich wirklich mal interessiert. Sie war schon 28, als sie meinen Opa kennengelernt hat, und sie war davor bis zum Alter von 19 noch Jungfrau. Und mein Opa war zwei Jahre jünger als sie. Das fand ich auch ziemlich lustig, daß meine Oma sich 'nen Jüngeren geangelt hat, und das in früheren Zeiten!

Bei ihrem »erstes Mal«, da war sie gerade Hilfsschwester beim Roten Kreuz in Berlin und hat in einem Hospital in Wilmersdorf gearbeitet. Er war ein Patient, und sie haben sich danach noch mal getroffen. Der wollte sie sogar heiraten, auch, als er mitgekriegt hatte, daß sie Artfremde ersten Grades war, während sein Vater so 'n kleiner Nazi gewesen ist und natürlich Arier. Er kam aus Schlesien, mußte dann an die Front und ist im Krieg gefallen.

Aber meine Oma hat auch gesagt, sie hätte sich nie vorstellen können, mit meinem Opa verheiratet zu sein. Weil, der hatte so 'ne Vorstellung: Ja, das Mädel muß jetzt mit 15 mit der Schule fertig sein, muß dann sofort auf die Handelsschule oder sonstwohin, und dann steht die Frau für den Rest ihres Lebens in der Küche, und der Mann geht arbeiten. Opa war ja auch selber noch verheiratet, als er meine Oma kennengelernt hat. Sie hätte sich nie in so was eingefügt. Das wäre nix für sie gewesen. Da hätte sie sich eingeengt gefühlt. Hätte nicht zu ihr gepaßt.

Ich finde, meine Oma hat einen ziemlich guten Geschmack und achtet schon darauf, daß sie gut angezogen ist. Wobei sie immer sagt, in ihrem Alter zählen die inneren Werte mehr als das Aussehen. Sie ist nie sehr groß gewesen, höchstens 1,65 m, und jetzt dürfte sie nur noch so 1,40 m sein. Jedesmal, wenn ich sie besuche, meint sie, ich wäre schon wieder gewachsen. Nee, sag' ich dann immer, du wirst bloß immer kleiner. Ansonsten ist sie etwas proper und hat kurzes gelocktes Haar. Am Haaransatz schon ganz weiß, nach hinten hin aber noch ziemlich schwarz. Sie meint manchmal, das sähe aus wie bei einem Esel. Sie hat auch sehr dunkle Augen mit einem blauen Rand um die Pupille, wie ich. Ihre sind nur etwas wäßrig geworden, und zum Lesen trägt sie immer eine Brille.

Für mich spielen Äußerlichkeiten nicht so die große Rolle. Halt, stimmt das? Also, bei 'nem Kerl steh' ich eigentlich drüber. Wenn er nett ist, ist es mir eigentlich egal, ob er klein ist, ob er dick ist, Brille oder Bart, was weiß ich. Aber, wenn's mein Freund ist, dann schon wieder nicht, denn der sollte keine Brille und keinen Bart haben. So was finde ich dann nicht so schick. Aber sonst ist es ziemlich egal. Mir selbst ist mein Aussehen schon wichtig. Morgens brauche ich immer 'ne Dreiviertelstunde im Bad. Ich hab' mich jetzt immerhin auf 'ne halbe Stunde gesteigert bzw. reduziert. Na, ich trage Kontaktlinsen statt Brille. In meiner Augenfarbe, also schwarzbraun. Und dann versuche ich halt immer, Feuchtigkeitscreme zu benutzen, dezenten Schmuck und Make-up. Aber Make-up, davon hab' ich jetzt 'n bissel abgelassen, weil das einfach viel zu stressig früh ist, mir das alles noch ins Gesicht reinzuschmieren, also hab' ich mir gesagt: Du siehst auch so hübsch aus, also brauchst du das nicht unbedingt. Aber so der Grund ist immer so 'n bissel Rouge, was schnell geht. Meine Haare gefallen mir eigentlich so, wie sie sind, lang und dunkel und hinten zusammengebunden. Offen ist es unter dem Pelz 'n bissel warm. Vor einem Jahr ungefähr habe ich sie auch mal gefärbt, rot. Da hatte ich gerade Tanzstundenball, und ich hatte 'n weinrotes Kleid. Und da dachte ich, rote Haare, so im selben Ton, die wären ja eigentlich ganz schick dazu. Noch 'ne schikke Hochsteckfrisur, mit Spray festgemacht, dann sieht das ja ganz fesch aus. Aber die Hochsteckfrisur, die die Friseuse mir verpaßt hat, da dachte ich: Scheiße, die machste jetzt sofort raus und machst dir deine Banane.

Weil, das sah so schrecklich aus! Da hat mein Vater auch gesagt, »Au weia, ist das meine Tochter?« Die hatte mir so 'n komisches Make-up verpaßt und 'ne Frisur, da sah ich aus wie zwanzig und noch dazu wie so 'ne kleine Nutte. Und da hab' ich mir gedacht: Nee, das machste jetzt alles raus! Und hab' mich dann umgestylt und wohlgefühlt. Ich weiß nicht, dieser Über-dressed-Stil, das ist einfach nichts für mich. Ich möchte natürlich bleiben, ich betone meine Augen und sonst halt höchstens 'n bissel was mit den Haaren machen – und, ja, die Kleidung.

Nee, ich orientiere mich da nicht an 'ner bestimmten Clique oder Gruppe. Ich trage am liebsten T-Shirts und Jeans und 'ne Strickjakke drüber, wenn's kälter ist. Also sportlich, aber immer noch so ein bißchen elegant, weil ich auch fraulich aussehen möchte. Ich bin 'ne Frau, und das möchte ich auch betonen. ESPRIT ist meine Lieblingsmarke, weil – das ist genau mein Stil, was die da haben, und außerdem sind das noch ordentliche Preise. Aber so was von CHANEL oder GUCCI, das würde ich mir nicht zulegen. Das wäre dann eben schon wieder overdressed, auch, wenn da so das Label draufsteht, am Pulli und an der Jeans, übelst, das mag ich einfach nicht, wenn das so extrem auffällig ist. Lieber bequem und dabei fraulich wirken. Also feminin, sagt man ja.

Ja, Stichwort Achselhaare, weil ich das vorhin so gesagt habe: Emanzen sind Frauen, die Achselbehaarung haben. Na, in meinem

Alter gibt's schon kein Mädchen mehr, das sich nicht die Körperhaare abrasiert, ehrlich. Beine, Achseln, das ist für mich selbstverständlich, seit ich 13 bin. Da ging's dann in der Clique drum: Ja, ich hab' das jetzt mal probiert, und das geht alles nicht so. Und dann haben wir uns gegenseitig Tips gegeben, jeder hat mal irgendwas probiert. Dann wurde Wachs, Epilierer und Lady Shave in der Runde verteilt, und das war dann immer richtig lustig mit den Mädels. Na, ich weiß nicht, ob das wirklich so sehr zeitig ist? Also, in unserer Klasse, da gab's 'ne Gruppe, die fingen schon mit elf an, sich irgendwelches Zeug ins Gesicht zu schmieren. Die hatten schon Angst, mit 14 noch Jungfrau zu sein und so was. Also, das war aber nicht unbedingt meine Gruppe, wo ich mich so aufgehalten hab'.

Meine Grund-Clique, das sind so sieben Mädels und ab und zu ein paar Kerle noch dazu, damit's ein bissel lustiger wird. Die sind eigentlich alle in meiner Klassenstufe, obwohl wir jetzt durch das Kurssystem ein bissel getrennt worden sind. Das sind Leute wie ich, ganz normal eigentlich. Die extremeren, die habe ich in meinem Darstellendes-Gestalten-Kurs, das sind die Hippies, die Grufties und die Punks. Aber die sind alle total nett. Gott, manchmal finde ich sie 'n bißchen nervig, wenn sie so in ihren Hippie-Klamotten rumrennen und dann 'ne Bestellung fürs Kiffen aufgeben. Dreißig Gramm sind dann halt billiger, als wenn jeder einzeln losrennen würde. Ja, in 'ner Freistunde zum Beispiel, das ist wie: Jemanden losschicken, um Gummibärchen zu kaufen. Na ja, wenn's ihnen Spaß macht, sollen sie's machen.

Mein Freundeskreis, wir sind da wirklich eher harmlos. Wir haben so fest eingeschworene Rituale, zusammen lernen, in die Bücherei gehen, in die Stadt oder ins Kino, die Ferienerlebnisse lang und breit auswerten. Über die Schule herziehen. Die Welt verbessern. Aber alles so im Rahmen des Normalen.

Denn, die Welt verbessern – ich weiß nicht. Man könnte mich sicherlich für eine Idealistin halten, wegen möglichen Berufswunsches Richterin. Aber eigentlich will ich lieber erst mal meinen eigenen kleinen Rahmen zusammenkriegen. Bevor ich die großen Dinge anstrebe, möchte ich erst mal bei mir anfangen, was zu verändern. Weil, das bringt auch nichts, wenn man selber unvollständig ist und dann die Welt verbessern möchte. Das geht einfach nicht. Man muß selber mit sich im reinen sein, bevor man dann anfängt, andere Dinge, andere Leute verändern zu wollen.

Der Gedanke ist mir auch gekommen, als ich mit diesen ganzen Leuten bei der Regelschulprüfung zusammen war. Als ich gesehen habe, daß die mit dreißig noch keinen Schulabschluß hatten und mit 14 aus der Schule raus, und daß die eigentlich planlos durchs Leben gegangen sind. Und da ist mir klargeworden, daß ich so nie sein möchte. Da hab' ich mir überlegt, was ich dagegen tun kann, wie ich mein Denken umstellen kann. Und das merken andere inzwischen auch. Eine Freundin, die mich sechs Monate nicht gesehen hatte, die sagte neulich zu mir: »Du hast dich aber verändert!« Die meinte, als wir uns das letzte Mal gesehen haben, da war ich noch viel komischer, also so auf Kerle fixiert und so. Da war ich dann so flippig drauf und dachte: Hah, jetzt bin ich 15, jetzt muß ich unbedingt leben! Gott, was verpasse ich denn schon groß, wenn ich jetzt 16 bin und es ein bißchen ruhiger angehen lasse.

Also erst mal kleinere Schritte, schön langsam, damit ich nicht über den großen Stein rüberstolpere, der vielleicht kommt. Der nächste Schritt ist das Abi, und dann will ich ein Jahr nach Australien zum Au pair. Meine Eltern haben gesagt, mach, was du willst, von uns aus zieh durch die Welt. Sie haben mir auch so 'n kleines finanzielles Ruhekissen gegeben, fürs Studium. Ich will so gut wie möglich sein. Das habe ich mir vorgenommen. Und ich denke mal, dann schaffe ich das auch.

Ich bin eigentlich 'n ziemlich ausgeglichener Mensch. Das mit dem Freund aus Erfurt, das hat mich als einziges Mal wirklich aus der Bahn geworfen. Das hat mich erstaunt, daß ich wirklich einen Monat lang total down war. Das ist mir sonst nie passiert. So 'n richtiges Tief. Und das hat dann eben auch den Ausschlag gegeben, daß ich gesagt habe: So, jetzt nimmste dein Leben in die Hand, und jetzt geht's los.

In der Trauerzeit – so muß ich es ja beinahe nennen – da hab' ich dann halt viel gelesen. »Das Labyrinth der Welt«, das ist so 'n dikker Schinken von meiner Mutter. Oder ich bin in die Bibliothek gegangen, hab' mich mit Australien beschäftigt, mit den Ureinwohnern, mit den Städten. Hab' mich halt abgelenkt. Im Kopf gewälzt: Was willste tun, wie wird das sein, au pair, an meiner Zukunft gebastelt. Gott, manchmal hab' ich sogar Geschichte gelernt, obwohl ich gar keine Lust dazu hatte. Nur, um irgendwas zu tun. Ich spiele noch Klavier, und da hab' ich mich dann wirklich mal rangesetzt. Meine Mutter hat sich in dem Monat gewundert, weil ich so viel geübt hab'. Ich kam mir wirklich schon selber wie so 'n kleiner Streber vor. Aber es hat geholfen gegen den Schmerz.

Ich hab' dann von meiner Lehrerin auch 'n paar Noten von Liedern bekommen, die ich gespielt habe, und da waren auch Songtexte dabei. »Entdeckung des Paradieses« zum Beispiel, das hat gut gepaßt in der Zeit. »Conquest of Paradise« von Vangelis. Das war eigentlich mein Lieblingslied. Das fand ich schön. Das hatte ich dann eben in einer Version für Klavier, und das hat mich manchmal wieder richtig hochgezogen.

Jetzt ist das Tief ja zum Glück wieder vorbei. Ich mag diese Zeit nicht, und darum werde ich auch nicht gern dran erinnert. Vielleicht ist es ja auch deshalb so, daß ich so zweiflerische, grüblerische Typen nicht mag. Ängstliche Typen. Klar, es gibt schon auch Sachen, die mir angst machen. So echt tiefe Angst habe ich davor, daß meine Großmutter stirbt. Daß die nicht mehr da ist, kann ich mir überhaupt nicht vorstellen. Ich geh' sie so einmal in der Woche besuchen, kauf ihr ihre BILD-Zeitung oder sonst irgendwas für sie. Und wenn sie nicht mehr da wäre, würde ein ganz wichtiger Teil in meinem Leben fehlen. Allein unsere Gespräche! Und sie gibt mir so viele Hinweise, wie ich was machen kann, aus ihrer reichen Lebenserfahrung. Und ich rede mit meiner Oma über Themen, über die ich mit meiner Mutter nie reden würde, wo mir das nie einfiele. Hab' ich ja vorhin schon so 'n bißchen erzählt. Meine Oma ist wirklich viel lockerer drauf so in Sachen Liebe und Sex, viel lockerer als meine Mutter. Weil – meine Mutter besteht dann immer drauf: Ja, du mußt unbedingt selbständig sein. Immer »selbständig«. Aber ich will noch viel mehr wissen, so über – wie behauptet man sich gegenüber 'nem Mann, oder so. Vielleicht kommen die wichtigsten Fragen ja auch erst noch, wenn ich mein »erstes Mal« gehabt habe. Und dann möchte ich unbedingt damit zu meiner Oma gehen können. Echt. Sie ist die einzige, die ich das alles ganz offen fragen würde.

Aber deshalb muß ich da noch lange nichts überstürzen. Hab' ich keine große Sehnsucht danach. Sehnsucht hab' ich im Moment vor allem nach was Fremdem. Ich hab' mich in letzter Zeit so 'n bißchen mit dem Islam beschäftigt, solche Themen wie arabische Zeit und Harem und so was. Mein Urgroßvater stammt aus Baschkirien, dort irgendwo vom Ural. Der war auch Moslem. Und dadurch hab' ich mehrere Bücher darüber gelesen und rausgekriegt, daß im Islam die Rolle der Frau nicht so schlimm ist, wie sie täglich dargestellt wird. Wenn man die Frauen selber fragt, dann sagen sie eigentlich: Ja, wir tragen das Kopftuch freiwillig, und es ist nicht unbedingt Unterordnung. Wir respektieren einfach unsere Männer. Das ist nicht so, daß die uns immer schlagen, das ist einfach 'n Vorurteil.

Genauso ein Ammenmärchen ist das auch mit dem Harem. Im Harem leben nur die Frauen, Männer haben keinen Zutritt. Also, nichts mit erotischen Träumen. Wenn ein Mann so etwas erlauben würde, dann wäre er kein guter Moslem, denn man soll die Frau achten und sie nicht versklaven. Außerdem leben im Harem auch die Mutter, die Schwestern und die Ehefrau und deren Bedienstete. Der Mann betritt den Harem nie, die Frau kommt immer zu ihm. Und als Junge muß er ihn mit acht, neun Jahren verlassen. Und was ich besonders bemerkenswert finde, in diesem Harem, da gibt's so 'ne Ruhe, kam aus den Büchern so raus, daß die Frauen sich dort wirklich fallenlassen konnten. Nicht immer in der Welt zu sein und nicht immer auf was losschieben zu müssen. Nicht immer irgendwas machen müssen. Einfach nur sich gehenlassen.

Einfach mal bis um zwölf im Bett bleiben, auch wenn Montagmorgen ist, und sie noch sonstwas erledigen wollen. Einfach mal so in den Tag hineinleben.

Und das wäre mal schön. Das würde mir auch gefallen.

Damit ich das mal bei 'nem Kerl kann, mich so fallenlassen, dazu müßte der schon stark sein. Zärtlich, 'n guter Freund. Und er dürfte mir nicht zum Munde reden, bloß, um mich zu behalten. Der müßte schon seine eigene Meinung vertreten und mir auch mal sagen, wenn ich irgendwo schiefliege, daß ich auch an mir arbeiten kann, und nicht so anhimmelnd sagen: Ach ja, du bist ja so toll. Weil – ich weiß innerlich, daß das gar nicht stimmt, ich hab' meine Fehler, und nicht zu knapp. Und wenn mich dann einer so auf 'nen Sockel stellen will, auf 'ne höhere Stufe oder so, dann will ich das gar nicht. Ich will einfach so gesehen werden, wie ich bin. Und ich hab' schon meine kleinen Macken.

Ich hab' zum Beispiel Angst vor solchen Treppen, die unten nicht abgeschlossen sind, wo man durchgucken kann beim Hochsteigen. Oder vor engen Räumen. So Kirchtürme hoch, das kann ich auf keinen Fall. Nicht mal ein Stückchen; ich denk', ich sterb' da drin. Oder Angst vor Spinnen. Hab' ich auch.

Woher das kommt, weiß ich auch nicht so genau. Als ich sieben war, da stand ich mal auf 'm Eiffelturm. Und da hab' ich runtergeguckt und tief unten die Menschen gesehen, die waren so klein wie Ameisen. Und da hab' ich gedacht: Nee, ich möchte lieber dort unten bei den Menschen sein als so weit oben und auf ihre Köpfe gukken.

Und danach bin ich auch mit 'm Lift runtergefahren, weil ich die Treppen einfach nicht mehr runtergehen konnte.

Der ältere Bruder meiner Oma hat immer gesagt: »Gott und Allah haben mich immer beschützt.« Im Krieg war der an der Westfront in Frankreich. Damit kann ich was anfangen. Ist doch gut, für sich eine höhere Macht zu haben, die beschützt und trägt. Sonst kriegt man ja irgendwann so beladene Schultern, die nur noch herunterhängen von der Last. Und irgendwas muß ja auch dran sein, wenn so viele Menschen an etwas Größeres glauben und eine heilsame Lebensart daraus beziehen. Dieses: einfach so zu sein, wie man ist. Und nicht ständig was beweisen zu müssen. Wenn du nichts leistest, nicht der Beste bist, nicht die höchste Position und kein Geld hast, dann bist du ein Niemand. Das kommt in der westlichen Industrie-Welt wirklich manchmal so rüber für mich. Obwohl ich selber versuche, da mitzuhalten, würde ich mir trotzdem was anderes wünschen.

Außer mit dem Islam habe ich mich noch mit Buddhismus und Hinduismus beschäftigt, und meine Eltern haben gesagt: Mach ruhig, Hauptsache, du gehst nicht in eine Sekte. Vor der Jugendweihe, da hatten wir so 'nen Kurs, Sekten und böse Energien oder so. Und mit dem Leutchen, der das geleitet hat, hab' ich auch diskutiert, bis der schon ganz fertig war. Da hab' ich gemerkt, das könnte mir auch Spaß machen, so Philosophie oder so. Das Wissen teilen, das ist cool.

Neulich war ich mal mit meiner Oma bei ihrem Bruder und dessen Frau in Rostock. Da saßen diese drei Leutchen und waren zusammen über 200 Jahre alt. Zwei davon ehemalige Lehrer, eine Richterin. Da nehme ich schon mal 'nen Rat an. Und die sagten mir, du kannst dich schon mal hängenlassen im Leben, dir 'ne Auszeit leisten. Aber wichtig ist, dann wieder anzufangen, was zu tun. Just do it. Einfach draufloszuarbeiten.

Was ich gerne noch erreichen würde, das ist, einfach mal spontan zu sein. Mich nicht immer so anstrengen zu müssen. Das hat mir jetzt auch in Malta so gefallen, dieses lockere Lebensgefühl. Die Leute schlendern dort einfach über die Straße und machen sich keinen Kopf, ob da nun ein Auto kommt oder nicht. In Deutschland würde man brav zwanzig Minuten an der Bordsteinkante stehen, bei so 'nem Verkehr. Und einfach mal dieses Abschalten und nicht an die Risiken denken, das wär's. Das wäre erstrebenswert.

Ich würde gern mit fünfzig immer noch so denken wie heute. Und nicht ab dreißig: So, jetzt wirste alt, jetzt wirste häuslich. Nee, ich will einfach meine Persönlichkeit nicht für 'nen Mann aufgeben. Wenn meine biologische Uhr anfängt zu ticken, dann such' ich mir 'nen Samenspender. In der Clique sprechen wir oft da drüber. Manchmal im Scherz und manchmal auch ernsthaft.

Denn wirklich wichtig ist ja eigentlich nur eins: einfach nur glücklich sein.

»Nur tote Fische

schwimmen mit dem Strom«

Stefan, 17, Kronach

Ich kämpfe jeden Tag mit diesen blöden Manschettenknöpfen. Jetzt mache ich sie mal raus und nachher wieder rein, ja? Die Dinger sind ja ganz schick, aber beim Arbeiten stören sie.

Darf ich rauchen? Rauchen und Kaffeetrinken, da bin ich wohl so 'ne Art Junkie. Das hält mich in Schwung. Ich habe ja 'ne Firma. Schule allein füllt mich nicht aus. Ein richtiges Unternehmen, mit Steuernummer und allem, Event-Management. Schulveranstaltungen, Jugendfeiern, private Feste, das organisiere ich alles. Fünfundzwanzig Euro plus Mehrwertsteuer kostet das pro Stunde. Manchmal sage ich aus Spaß: Verleger bin ich auch noch, wegen der Schülerzeitung, die ich herausgebe. Also, die Schule mache ich jetzt bloß deshalb noch zu Ende, weil's halt sein muß. Danach werde ich voll und ganz Unternehmer. In der Politik war ich auch schon.

Eigentlich wollte ich immer Bundeskanzler werden.

Das höre ich öfter, daß Leute mich ganz ungläubig fragen, ob ich wirklich erst 17 bin. Auch wegen meines Outings, daß ich da in so jungen Jahren schon so klar bin. Meine Mutter zweifelt da auch noch oft: Junge, hast du dich da nicht geirrt? Aber, das merkt man halt einfach. Ich hatte vor gut anderthalb Jahren 'ne Freundin, nicht die erste, aber eine. Und bei der habe ich dann richtig gemerkt, das ist nicht das Wahre, das macht dir keinen Spaß. Immer wenn Zärtlichkeit aufkam, war da 'ne Blockade. So »bis hierhin und nicht weiter«. Und da ich halt auch schon mit Jungs angefangen hatte, wie das eigentlich normal ist – angeblich hat ja jeder so 'ne Phase –, da hab' ich mir dann eben irgendwann Gedanken darüber gemacht: Ja, könnte es denn sein?

Zuerst den Gedanken sofort wieder verworfen, weil: »Ich doch nicht, kann ja gar nicht sein!«, oder »Warum ausgerechnet ich?«. Aber das hat trotzdem weiter in mir gearbeitet, auch in Form von ängstlichen Gedanken: Was, wenn das tatsächlich so ist? Die Klein-stadt, meine Mutter, so was. Und dann hab' ich mich in meinen be-sten Freund verliebt, der heißt auch Stefan. Da beschloß ich: Gut, das ist jetzt so, und dann ist es eben so.

Nee, Quatsch, so einfach war es natürlich auch wieder nicht. Zu-erst kam eine Phase, wo ich vermutete: Vielleicht »bi«? Eine wirk-liche Beruhigung wäre das für mich nicht gewesen. Ich hab' hier immer das Gefühl, homosexuell, das geht grade noch. Aber mit al-len Geschlechtern, das kommt dann so richtig billig rüber. Der He-terosexuelle demonstriert Anspruch, indem er nur mit dem ande-ren Geschlecht schläft. Der Homosexuelle demonstriert Anspruch, indem er mit dem gleichen Geschlecht schläft. Aber der Bisexuelle nimmt alles, was bei drei nicht auf 'm Baum ist. Und was oben ist, wird runtergeschüttelt.

Wenn ich zurückdenke, so 'ne Art sexuelles Erwachen, das war bei mir mit 13. Man liest ja BRAVO, sehr entscheidend! Und man macht sich Gedanken: Warum ich noch nicht? Warum geht das noch nicht, Onanieren et cetera. Rein biologisch bedingt. Die Arme ta-ten weh, aber es passierte nichts; es kam einfach noch nichts. Wie in dem Film »Kleines Arschloch«, den liebe ich übrigens sehr. Und das »Kleine Arschloch«, dem geht es genauso. Das probiert und pro-biert, und eines Tages klappt es dann. So war's bei mir auch. Eines Tages klappte es dann eben doch noch.

So, und dann: Juchhuu, es geht! Aber das kann's ja auch noch nicht sein. Und wie es der Zufall so wollte, die gleiche Situation bei meinem Freund Martin.

Irgendwie sind wir drauf gekommen, haben über das Thema ge-sprochen, und haben dann halt irgendwann mal den ganzen Spaß zusammen gemacht. Ja, so fangen die meisten Jungs an, habe ich gehört. Wir trafen uns immer mal wieder und haben das miteinan-der geübt, sozusagen.

Und irgendwann, mit 14, kam die erste Freundin. Die erste Freun-din, wohlgemerkt, nicht die erste Liebe. Meine erste Liebe war

schon davor, aber die endete unglücklich. Die habe ich kennengelernt auf 'ner Modenschau, mich in sie verliebt, aber höllisch. Und
sie hat das halt nicht erwidert, das ist ihr ja nicht vorzuwerfen. Aber
das tat richtig weh, auweia. Das war das erste Mal, daß ich geheult
habe wie ein Schloßhund. Das war Lena. Dann kam Stefanie. In der
Schule gesehen, gedacht: Hej, was für 'n hübsches Mädel! Sie angesprochen, ich war ein Jahr älter, und das ist ja immer cool, wenn
man 'n älteren Freund hat. Also, sie sagte ja, wir waren zusammen.
Sind aber nicht weit gegangen, weil, ich wollte noch nicht mit ihr
schlafen, sie übrigens auch nicht. Ehrlich gesagt, habe ich da gar
nicht so drüber nachgedacht. Vor allen Dingen habe ich gemerkt:
Das macht mir irgendwie keinen Spaß, so Beziehungen allgemein.
Ich fühle mich schnell eingeengt. Das ist aber, wie ich heute weiß,
nur bei Mädchen so gewesen. Dann habe ich nach drei Wochen
Schluß gemacht, und sie hat mir den Teufel an den Hals gewünscht,
und die ganze Familie, Terror und Streß. Aber jetzt reden wir wieder miteinander.

Dann war erst mal lange nichts. Mit Jungs habe ich weiter geübt,
mit diesem Martin. Das lief bis vor 'nem halben Jahr, immer so in
Monats-, Zweimonatsabständen. Ganz unkompliziert: »Haste mal
wieder Lust?« – »Ja, komm' vorbei.« Erfahrungen sammeln. Erfahrungen sammeln heißt, alles außer Analverkehr. Bei mir ist die Reihenfolge: Oral und dann kommt anal. Das ist bis heute ganz eigenartig: Dieses letzte habe ich mir richtig aufgehoben für meine große Liebe.

Ich hab' dann immer weiter Jungsgeschichten gehabt. Einmal mit
'nem Dreißigjährigen, auch, als ich 14 war. Ich hab' ihn auf der
Straße auf sein Auto angesprochen, ich bin 'n Auto-Freak, und er
hatte einen 8er BMW. Da haben wir uns dann aus 'm Stand heraus
zwei Stunden unterhalten, zuerst über das Auto, wieviel PS und so,
dann über Gott und die Welt. Haben uns am nächsten Tag wiedergetroffen und sind uns dann in diesem BMW sehr nahe gekommen.
Das war schön, das war gut, ja. Das hat mich trotzdem allem noch
nicht so stutzig gemacht. Weil, wie gesagt, man liest BRAVO, und
da steht dann drin: Das ist nur 'ne Phase, die geht wieder vorbei.
So was findet man in der Rubrik: »Bin ich schwul?« oder »Ich hat-

te was mit 'nem Kerl, bin ich jetzt schwul?« Rückblickend würde ich sagen: Nicht alles, was da steht, ist Schwachsinn, aber vieles. Weil grundsätzlich jedem gesagt wird: Das ist nur 'ne Phase. Und bei manchen ist es eben offensichtlich nicht so.

Dann habe ich mich in meinen besten Freund Stefan verliebt, sagte ich ja schon. Der erwiderte das Ganze aber nicht, weil er hetero ist. Wir haben uns zwar mal geküßt an einem feuchtfröhlichen Abend, aber weiter war da nichts.

Es kam auch noch ein Mädchen, mit 15, Christin. Als es mit ihr zu Ende ging, da hatte ich ein völliges Blackout, mit Selbstmordversuch. Ja, das war bitter.

Um diese Geschichte würde ich mich am liebsten drücken, das verdränge ich normalerweise. Also, ich war zu dem Zeitpunkt schon ziemlich verwirrt. In meinem Gefühlsleben herrschte ein totales Chaos. Aus Prestigegründen wollte ich schon 'n Mädchen haben, weil – du brauchst ja eine, und außerdem ist es ja angeblich von Gott gewollt, daß Mann und Frau zusammen sind. Tja, totales Chaos. Ich stürzte so richtig ab. Ja, mich will anscheinend keine. Das ganze Schlußmachen habe ich dann auch noch bloß per E-Mail erfahren, und da dachte ich: Nö, so nicht. So macht das alles keinen Spaß. Das war der absolute Tiefpunkt in diesem Leben bis jetzt.

Das war ein Sonntag, meine Eltern, also meine Mutter und ihr Lebenspartner, waren verreist. Ich hab' 'ne SMS geschrieben an Christin, was ganz Normales, ob sie gut geschlafen hat oder so. Und sie schrieb zurück: »Ja, ich hab' dir grade 'ne E-Mail geschrieben, guck' mal in Deine Mailbox.« Und da stand das dann halt so, daß sie mich zwar ganz nett findet – so der typische Kram: Laß uns Freunde bleiben, laber und nöl. Und dabei hab' ich ein bestimmtes Lied immer wieder gehört, von Metallica »Nothing else matters« in der Orchesterversion. Sehr schön. Und hab' mit Stefan telefoniert. Zu dem Zeitpunkt kannte der mich wahrscheinlich besser als ich mich selbst. Er kennt mich immer noch besser als meine Eltern. Jedenfalls, ich hab' ihm das vorgelesen, was Christin mir da geschrieben hatte, geheult und nur den einen Gedanken gehabt: So macht das keinen Spaß. Dann hab' ich meinen letzten Willen niedergeschrieben. Also, rechtskräftig ist das ja nicht, aber ich hoffte, meine Mutter würde dran denken, daß das ja mein Wille ist. So wichtig war's nicht, sagen wir so: Es ging um Geld. Ich hab' ja schon gesagt, ich bin Unternehmer. Und da ist schon ein Sümmchen zusammengekommen. Na ja, Stefan war also die ganze Zeit am Telefon und wurde langsam sehr besorgt. Dann war noch Wodka im Haus. Das ist ja im Film immer so: Wenn Leute Probleme haben, trinken sie Wodka. Also warum ich nicht, probieren wir's mal, vielleicht hilft's ja. Hat nicht geholfen. Aber ich wurde immerhin enthemmter.

Wie gesagt, die ganze Zeit mein Freund am Telefon. Und mir fiel ein: Ich hatte ja früher mal Schlafstörungen, und davon waren noch Schlaftabletten da. Und hab' die dann halt in den Wodka gemacht und alles ausgetrunken. War nicht so gut. Ich bin eingeschlafen, Stefan hat das mitgekriegt, ist mit seinem Vater zu mir gefahren. Sind dann halt rein zu mir, die Oma unten hatte einen Schlüssel, dann Notarzt geholt, Krankenhaus, Magen ausgepumpt. Bin dann noch paar Tage dortgeblieben, hab 'n paar Stunden mit 'm Psychiater verbracht. Aber der hat auch bloß gesagt: Ja, Gott, Liebe halt! Nicht krank im Kopf oder so.

Die Zeit mag ich nicht, weil sie nicht erfolgreich war.

Ich mag keine erfolglosen Zeiten, Erfolglosigkeit überhaupt nicht.

Meine Schlußfolgerung daraus war: Nicht beziehungsfähig. Eltern geschieden, der Vater das dritte Mal jetzt verheiratet, bist einfach nicht bindungsfähig.

Gehe ich jetzt zu schnell darüber hinweg? Na ja, das ist, weil ich es eben nicht mag. Ich kann das ganze Thema nicht leiden. Natürlich, im nachhinein muß ich auch zugeben, daß ich bestimmt nicht wirklich sterben wollte. Sonst hätte ich wohl nicht die ganze Zeit den Telefonhörer daneben gelegt. Sagen wir so, es war ein Hilfeschrei. Hilfe, ich kann so nicht mehr. Obwohl, so schlecht ging es mir gar nicht. Es war halt nur dieser eine total erfolglose Moment, dieser Tiefpunkt, der dann in dieser Kurzschlußreaktion geendet hat. Die dann aber – das hat auch dieser Psychiater gesagt – ein Hilferuf war. Muß wohl so gewesen sein.

Meine Mutter kam am nächsten Morgen ins Krankenhaus, und – na ja – halt endlose Gespräche: Warum und wieso. War alles total doof, irgendwie. Aber ich hab' mich dann wieder gefangen, und nun isses gut damit, ja?

Totaler Mißerfolg ist Aufgeben, also nichts mehr zu probieren. Da fällt mir dieses Zitat von Hannelore Kohl ein: »Das Letzte für mich wäre aufzugeben.« Ironie des Schicksals: Das hat sie einen Monat vor ihrem Freitod gesagt. Also, die Frau mußte aufgeben oder wollte aufgeben. Aber der Satz ist gut, der stimmt für mich. Und Erfolg ist demzufolge für mich nicht so sehr das Ergebnis als vielmehr der Prozeß, dieses Sich-Mühegeben. Wenn jemand Müllfahrer ist und mit seinem Leben glücklich ist und sich Mühe gibt, daß er glücklich ist, dann ist er für mich erfolgreicher als der Multimillionär, der jeden Abend heult, weil er total unglücklich ist mit seinem Leben. Weil er keine Freunde hat, weil er was weiß ich nicht hat, aber trotzdem mit 'nem Ferrari fahren kann. Das ist für mich nicht erfolgreich. So definiere ich Erfolg.

Meiner Meinung nach ist das Leben wie 'ne Tangens-Kurve. Es geht immer bergauf, weil, man gibt sich ja Mühe, und dann kommt der Punkt, wo's einfach nicht mehr weitergeht, weil, nicht definiert. Und dann fällt man runter.

Und dann fängt man wieder von vorne an. Da gibt's zwar zwischendurch immer noch so kleine Zacken hoch und runter, wie beim Börsenkurs. Aber so, wie das bei mir war, immer hoch und dann der Absturz, und jetzt geht es wieder bergauf. Der nächste Absturz, der kommt zwangsläufig irgendwann wieder. Ich hoffe bloß, ich falle nicht noch mal so tief. Jetzt bin ich schlauer und für mich selber gestärkter.

Weil, mit 15, da ist das auch noch was anderes. Man macht sich Vorwürfe, man ist labil, man sieht nicht gut aus. Nichtssagend. Nullacht-fuffzehn, total stinknormal. Pickel, keine gegelten Haare, nicht wirklich eigener Geschmack. Als die HipHopper-Hosen rauskamen, das erste, was sein mußte, war so 'ne Hose, obwohl ich mich da drin total unwohl gefühlt habe. So richtig unglücklich mit allem, so »huähh!«, mich selber angekotzt, wenn ich mich bloß im Spiegel gesehen habe.

Und wenn man keine Freundin hat, sieht man um so schlechter aus. Oder wenn du keine richtigen Freunde hast. Dann biste kein guter Mensch, und wenn du dir das jeden Tag einredest, dann glaubst du's irgendwann wahrscheinlich auch.

Und vielleicht nicht zufällig war ich dadurch dann auch völlig aufs Geld fixiert.

Ich hab' mit Anfang 15 angefangen, Zeitungen auszutragen. Mit 13 hatte ich meine erste Spekulation an der Börse. Der Lebensgefährte meiner Mutter hatte 'n Brokerkonto, und ich fand das faszinierend. Und er sagte mir: Na, besorg dir Geld, dann kannste's auch versuchen. Ich hab' gespart wie 'n Blöder und war auch wirklich erfolgreich. Das waren damals für Aktienkäufe noch bessere Zeiten als heute.

So 13 – oder eigentlich schon ab 10, 11 – das ist ja genau die Zeit, wo man sich profilieren muß. Wo's die teuerste Hose, die teuersten Schuhe sein müssen, und das war bei uns genau die Zeit, wo meine Eltern sich erst mal scheiden ließen. Und da hatten wir wirklich nicht viel, weil: alleinerziehende Lehrerin und Wohnung bezahlen und so. Meine erste Geschäftsidee hatte ich eigentlich damals schon, so mit elf. Da hab' ich Kastanien aufgesammelt, die in akribischer Kleinarbeit getrocknet, also wirklich in Größenordnungen: Am Ende hatte ich zwei gelbe Säcke voll.

Und die hab' ich zum Forstamt geschafft und – was weiß ich – fünf Mark dafür gekriegt. So, und dann hatte meine Mutter in dem Mietshaus, wo wir gewohnt haben, mit dem Hausmeister ausgemacht, daß sie die Treppe wischt. Einfach, um die sehr teure Miete etwas zu drücken. Und immer, wenn sie einmal die Woche diesen Hausflur saubergemacht hat, durfte ich vorher kehren und habe fünfzig Pfennig dafür bekommen. Dafür würde ich mich heute nicht mehr bewegen. Wenn ich mir das heute überlege: Aus 50 Pfennig sind 25 Euro plus Mehrwertsteuer pro Stunde geworden; kann sich doch sehen lassen als vorläufige Bilanz!

Mit Antiquitäten habe ich mich auch mal zwischendurch versucht. Der Bruder meiner Mutter hatte einen Säbel aus 'm Dritten Reich, mit 'nem Hakenkreuz drauf. Den hab' ich gekauft und teuer verkauft, an einen Sammler hier in der Gegend.

Also, es zeichnete sich schon ziemlich zeitig ab, wo meine wahren Stärken liegen.

Ich war auch in der Schule der Beste im Wirtschaftsunterricht. Wir hatten ja dieses Planspiel Börse, wo mit fiktiven 50.000 Mark spekuliert wurde, und da war ich der Beste, so mit 15, in der achten Klasse. Als Belohnung dafür durfte ich nach Frankfurt fahren, an die Börse.

Und da saß Carmen mit im Bus. Zu dem Zeitpunkt hab' ich gerade Genetik gehabt in Biologie, das hab' ich nie verstanden! Kurz vorher sogar 'ne Sechs gefangen in dem Fach. Nicht weiter tragisch. Denn das ist wieder nicht Erfolglosigkeit! Weil, das Thema will ich nicht, das mag ich nicht, und wenn ich mich daran nicht versuche, ist es nicht Erfolglosigkeit. Wenn ich auf was hinstrebe und dann scheitere, dann ist es erfolglos. Jedenfalls, da war nun Carmen mit im Bus, wir standen noch ewig lange im Stau, und da hat sie mich auffälligst um Feuer gebeten. Wir kamen ins Gespräch, und sie hat mir Genetik erklärt. Das ganze Zeug, mit Charles Darwin und so. Und ich hab's wirklich verstanden.

Ja, und wir haben uns dann wiedergetroffen, in meinem Lieblingscafé in der Stadt. Zusammen Kaffee getrunken, ganz romantisch hinterher spazierengegangen im Regen und uns geküßt. Herzklopfen. Sie war ein Jahr älter und viel reifer als ich, hatte schon einen festen Freund und auch schon Sex gehabt. Und ich dachte: Was kann ich ihr bieten als kleiner Knirps, fast null Erfahrung bis auf irgendwelche Feiern, wo man besoffen mit 'nem Mädchen rumhing und sich rumgebissen hat. Das kann ich nun wirklich nicht mehr im Detail erzählen, das kriege ich nicht mehr zusammen.

Und dann waren wir halt zusammen, zwei Wochen, Carmen und ich. Da war ich gerade 16 geworden. Und es war noch nichts gewesen, nicht mehr als Küssen. Irgendwann lud uns ein Kumpel zu 'ner Faschingsfeier ein, und davor waren wir bei mir zu Hause, in meinem Zimmer. Lagen da so im Bett, wieder sehr romantisch. Sie hat mir das T-Shirt ausgezogen, ich ihr das Oberteil, und dann hab' ich versucht, mich so 'n bißchen mit ihren Brüsten zu beschäftigen. Genau in dem Moment habe ich gemerkt: Das ist es nicht. Das macht so keinen Spaß.

Zu der Feier sind wir noch zusammen gegangen. Ich hab' noch zehn Mark verloren, weil ich gewettet hatte: Carmen gewinnt gegen den Gastgeber beim Billard. Hat se halt verloren. Und in der Woche drauf haben wir am Telefon Schluß gemacht. Ihr hat was gefehlt und mir auch, das hat nicht gepaßt. Und das war dann das letzte Mal, daß ich es mit 'nem Mädchen versucht habe. Wir treffen uns noch manchmal auf der Straße und schwatzen. Sie hat mir übrigens neulich gesagt, daß sie »bi« ist.

Das sind so herzerfrischende Gespräche: »Du, ich bin übrigens schwul, nur, daß du es nicht hintenrum erfährst.« Und sie: »Ach ja, ich bin bi.« Und ich: »Ist ja cool, komm, gehen wir einen trinken.«

Die Welt ist nicht mehr eingestürzt, das war wirklich nur das eine Mal mit Christin so.

Und so tief falle ich auch nicht mehr. Es war so dämlich! Wenn ich mir jetzt anschaue, was ich für einen Spaß am Leben habe und mir überlege, das wäre mir alles verlorengegangen! Unvorstellbar.

Also gut, ich bin schwul. Mein erster Gedanke war: Bloß aufpassen, daß es keiner merkt. Das darf nicht rauskommen. Die größte Angst dabei war, verstoßen zu werden, alleine dazustehen. Daß meine Freunde sich von mir abwenden würden, von meinen Eltern ganz zu schweigen. Der ganze Prozeß hat aber nur ungefähr 'ne Woche gedauert. Ich hab' mir selber das Prädikat »schwul« gegeben, und dann war erst mal nichts weiter. Bis auf Martin. Der zieht sich durch bis vor kurzem, so bis zum letzten Jahreswechsel.

Ich hab' mich einfach auf die Schule konzentriert, das Schuljahr noch durchgestanden, Klassensprecher gewesen. Das ist auch so witzig! Ich hab' mich in der siebten Klasse zum ersten Mal zur Wahl gestellt. Und hatte sage und schreibe eine Stimme, das war meine eigene. War also nicht wirklich erfolgreich. Kleines Mäuschen, viel zu ruhig, unbeliebt, mit wenig Freunden. In der achten Klasse hatte ich schon ein paar Stimmen mehr, in der neunten dann knapp gescheitert, und in der zehnten dann: »Tschaka! Das ziehste jetzt durch, probierste's noch mal«, und hat halt geklappt. Bin dann Klassensprecher geworden. Vorher hab' ich mich immer ums Klassenbuch gekümmert, weil: Ich mag das. Ich wollte immer Verantwortung haben.

Hat sicher auch 'n bißchen was mit Macht zu tun, mit Machtgeilheit. Nun war ich Klassensprecher und wollte jetzt Schulsprecher werden. Mich mit eingeschaltet in das gesamte Schulgremium, da bewiesen, daß ich gute Ideen habe und die auch umsetzen kann – das stand dann auch im letzten Zeugnis, wo es noch Wort-Beurteilungen gibt, in dem von der zehnten Klasse. Ich mach's kurz: Mit nur einer Stimme Enthaltung bin ich dann stellvertretender Schulsprecher geworden, und da meine ehemalige Chefin jetzt weg ist, weil: Abi gemacht, werde ich nun wohl aufrücken. Bei der nächsten Wahl möchte ich nun endlich Schulsprecher werden.

Auf jeden Fall habe ich so ganz allmählich Selbstvertrauen gewonnen. Du kannst ja was, du bist ja zu was gut. Das war sehr wichtig für mich. Aus dem Grunde hab' ich auch mal Fußball gespielt, wegen der Anerkennung und der Nähe der anderen. Ich war da sogar mal ganz erfolgreich als Torwart. Inzwischen komme ich leider nicht mehr dazu; ich sollte mehr Sport machen, aber ich schaff 's nicht.

Was zu meinem Outing noch zu sagen ist, kann ich eigentlich kurz fassen. Meinen Freunden gegenüber habe ich es in einem Sommer-Zelturlaub gemacht, und die hatten weit weniger Probleme damit als ich. Da ist eigentlich nur einer, der mich jetzt meidet. Sein Problem, oder?! Ich selbst war in dieser Zeit himmelhoch jauchzend – zu Tode betrübt. Happy in der einen Minute, total down in der nächsten. Ich hab' sogar mal nachts aus dem Zelt über Handy die Telefon-Seelsorge angerufen. Leider war es die katholische. Die haben mir natürlich nicht gerade viel Mut machen können. Ich verlorenes Schaf sollte doch wieder auf den rechten Weg kommen.

Aber wer wirklich erschüttert reagiert hat, das war meine Mutter. Mit einem Gedanken, den ich echt nicht erwartet hatte. Unter Tränen gestand sie mir, daß sie mit 17 mal eine Abtreibung gehabt hätte. Und daß sie nun, wo ich ihr das gestehe, daß ich schwul sei, daß sie da denkt, ihre Gene seien es eben nicht wert, weitergetragen zu werden. Du lieber Himmel, was dabei so für Selbstvorwürfe und Ängste hochkommen! Sie hat tatsächlich eine ganze Woche durchgeheult. Viel später lud sie dann aber sogar meinen Freund zum Mittagessen ein. Hat sich also doch noch irgendwann, irgendwie an den Gedanken gewöhnt. Wo sie's schon nicht ändern konnte, hat sie halt versucht, damit zu leben. Wie ich auch.

Der größte Trost und die größte Beruhigung für mich waren die schwulen Internetseiten, die es so gibt. An Chats teilgenommen, mir schwule Pornografie runtergeladen, und immer nur auf die Kerle geguckt. Das war wichtig für mich, wie so 'ne Bestätigung: Ja, du hast recht, du hast die richtige Entscheidung getroffen.

Ich will aber jetzt nicht sagen, daß ich nur auf den schwulen Sex fixiert war in dieser Zeit. Irgendwie habe ich davon abgesehen ja immer weiter nach Herausforderungen gesucht. Und da fiel mein Interesse auf Michel Friedman. Wunderbarer Mann! Nicht unbedingt nur wegen der Ästhetik, obwohl ich ihn weiß Gott nicht häßlich finde.

Zum Geburtstag hat mir mein damaliger Freund mal eine Karte zu einer seiner Live-Sendungen geschenkt, und ich bin da hingegangen und konnte immer nur denken: Wow!, was für ein irrer Typ! Ich weiß, daß sich an ihm die Geister scheiden, aber ich finde ihn faszinierend in seiner Art, seiner Schärfe. Klar, bei ihm in der Sendung als Talk-Gast zu sein, das gleicht schon einer Hinrichtung. Ich möchte nicht bei ihm auf der Couch sitzen. Aber ich bin von ihm begeistert. Inzwischen habe ich schon einen dicken Ordner voll mit Informationen über ihn aus dem Internet und aus der Zeitung. Und ein Zitat von ihm ist so 'ne Art Lebensmotto für mich geworden: »Lassen Sie sich nicht einreden, Sie müßten sich anpassen. Zeigen Sie, woran Sie glauben, zeigen Sie Ihr Gesicht.« Das hat er zu Schülern in Baisingen gesagt bei einem Vortrag.

Und das hat bei mir eingeschlagen wie ein Blitz. Hej, hab' ich mir gesagt, eigentlich hat er ja recht. Und dann sein politisches Engagement gesehen und mir gedacht: Du machst das jetzt auch. Na ja, und dann habe ich die richtige Partei für mich gesucht.

Friedman als mein großes Vorbild war CDU. Ich muß wirklich sagen: Ich hab' den förmlich imitiert. Ich hatte lange Haare, hab' die nach hinten gegelt. Mittlerweile sind sie wieder kurz. Aber der Kragen ist geblieben, Haifischkragen. Lange Zeit bin ich nur mit Krawatte rumgelaufen; jetzt trage ich das Hemd oben wieder offen. Also, mein Idol war CDU, aber das ging für mich leider nicht. A, bin ich nicht christlich und B, deren Homosexuellenpolitik ist für mich indiskutabel. Nicht wirklich das Wahre.

Dann – SPD? Herrgott, du hast mit elf angefangen, für Geld zu arbeiten, du bist nicht wirklich sozialdemokratisch. Bin ich auch heute nicht. Grüne? Die rot/grüne Regierung ist für mich 'n Attestat dafür, daß Grün das Letzte ist. Weil, biegsam, verlogen, opportunistisch – genau das eben, was Friedman kritisiert. Und PDS? Vierzig Jahre lang, nie wieder hoffentlich. Also blieb mir nur noch die FDP. Na ja, liberal klingt eigentlich nicht schlecht. Dann kursierte zu der Zeit der Ausspruch von Rexrodt: »Die Partei der Besserverdienenden.« Da fand ich: sympathischer Gedanke. Paßt irgendwie zu mir. Cooler Zusammenhang. Das einzige, was mich noch gehindert hat, war, daß ich vor 18 eigentlich nicht in eine Partei wollte. Aber da gibt's ja noch die Jugendorganisationen! Also bin ich den JuLis, den Jungen Liberalen, beigetreten, im September 2001. Da war ich noch 16. Ich hab' ja Silvester Geburtstag, dadurch paßt das bei mir immer zum Kalenderjahr.

Das lief alles übers Internet, mein Antrag und so. Irgendwann bekam ich dann 'ne E-Mail vom Landesvorsitzenden der JuLis, der sich mit mir unterhalten wollte. Ich gleich – was? Ein Landesvorsitzender will mit mir reden? Wow!

Haben wir uns eben ganz gemütlich wieder in meinem Lieblingscafé getroffen, das ist eh mein Lebensmittelpunkt, kann man schon sagen. Und er erzählte mir so einiges über seine Arbeit, und ich dachte nur: Ja, das isses! Da übernimmst du Verantwortung über 88 Millionen Deutsche, kannst aufsteigen – Aufsteigen ist immer geil. Und, die Menschen fetzen, die Ansichten sind gut, und du hast so 'n bißchen Kungelei. Ich brauch 'n bißchen Reibung. Weil, wenn das alles zu aalglatt läuft, macht das ja auch keinen Spaß. Und ab dem Tag war ich also mit dabei.

Hab' das gesamte politische Landesprogramm in allen möglichen Veranstaltungen mitgenommen, Diskussionsrunden, Jugendmessen. Und immer wieder hörte ich dieses: »Ich kann gar nicht glauben, daß du erst 16 bist. Du wärst perfekt für den Landesvorstand.« So einfach hatte ich mir das nicht vorgestellt, obwohl ich da mit einem Auge schon hingeschielt hatte. Wahlen, neue Vorstandswahlen waren im November, also, als ich gerade mal zwei Monate dabei war – und der allerjüngste Spund. Die Strategie war: Bis dahin machste erst mal alles mit, wir machen dich berühmt – oder doch zumindest bekannt – und zeigen den Leuten, daß du was drauf hast.

Ich kann mich noch gut daran erinnern, wie ich in der Zeit mal auf einem Kongreß an einer Diskussionsrunde über Sterbehilfe teilgenommen habe. Da waren so Arbeitskreise, und dort hab' ich halt mitdiskutiert. Fünf Minuten meine Gedanken runtergelabert, alle starrten mich nur an, ich merkte schon: Die hielten mich jedenfalls nicht für einen Idioten. Und ich hatte wieder so 'nen ganz starken Aha-Effekt: Du kannst also noch 'n bißchen mehr! Und solche Highlights brachten mich den Vorstandswahlen halt dann immer näher.

In dieser Zeit war ich auch auf einer Jugendmesse, und hinter einem Stand sah ich Christoph. Christoph war zwanzig, sah sehr gut aus; ich dachte: Hui! Aber der ist bestimmt nicht schwul. Weil ich bis zu dem Zeitpunkt noch nicht wußte, daß die da eh alle schwul sind. Fast. Ist wirklich so.

Ich hatte immer sehr darauf geachtet, daß die ja nicht mitkriegen, daß ich schwul bin, weil ich immer befürchtete: Wenn die das wissen, kommste vielleicht nicht in den Landesvorstand. Ich rechnete halt immer mit diesen Hemmnissen, Gesellschaft, Vorurteile, was weiß ich.

Zwei Wochen später, das große Ereignis, die Wahlen. Schon bei der Abfahrt – ich: völlig fertig, Knieschlottern. Ich konnte nichts essen, nur Kaffee trinken und eine nach der anderen rauchen. Wir fuhren da also hin, im Auto, und irgendwann nahm ich meinen Mut zusammen und sprach den Landesvorsitzenden an: »Du, ich muß dir mal was sagen.« Und er: »Ja? Hau raus!« Und ich: »Na ja, du hast doch letztes Mal was von schönen Mädchen gesagt, die auch zum Wahl-Kongreß kommen ... Das interessiert mich nicht sonderlich.« Und er so: »Ach, biste etwa auch schwul?« Und ich: »Hä? Wieso auch?« Und er: »Ach, das sind bei uns ganz viele. Nee, ich ausnahmsweise nicht. Aber zum Beispiel der und der ...« Und er zählte sie alle auf. Christoph war dabei. Mensch, das war schön. Auf der Fahrt haben wir noch weitergeredet, über Schwulsein, Gott und die Welt. Und ich war sehr erleichtert.

Jedenfalls, wir kamen an, schon im Foyer saß Christoph. Ruhig bleiben, sagte ich mir, erst mal ganz ruhig bleiben. Außerdem hatte ich ja ganz andere Sorgen, weil – morgen Wahl, und ich wurde immer nervöser. Das muß man sich mal vorstellen, ich als blutiger Neuling; es wurde noch ein bißchen gekungelt, daß ich auch irgendwie durchkomme, und alles hin und zurück durchgesprochen. Die Nacht habe ich anderthalb Stunden geschlafen, mich dann wieder mit Kaffee hochgeputscht.

Und an dem Tag hab' ich drei Schachteln geraucht. Das ist viel.

Der Kongreß ging los, Antragsberatung, und ich dachte: Na ja, gut, wenn die dich nachher wählen sollen, dann mußte jetzt irgendwas Schlaues sagen. Also, wozu mir auch immer was einfiel, bin ich vor ans Rednerpult gegangen und hab' meine Meinung kundgetan. Immer ein Bild von Friedman dabei, meinem großen Vorbild, auch rhetorisch. Das kann ihm nun wirklich keiner absprechen, daß er rhetorisch top ist! Hab' also schön kluge Sachen gesagt, mich noch mit keinem angelegt, immer schön konstruktiv, nach vorne orientiert, aber nie gegen jemanden persönlich oder gar gegen 'ne Meinung von jemandem. Immer nur: Ich denke das, aber nie gesagt: So wie der und der denke ich nicht. Ganz diplomatisch.

Irgendwann kam dann das Mittagessen, aber das hab' ich wieder verschmäht, weil – ging nicht. 14 Uhr Wahl. Der Landesvorsitzende wurde bestätigt. Bei mir: Angstschweiß, den Rücken runter, Hände feucht, so ein Streß. Jetzt wäre das überhaupt kein Thema mehr, aber damals war es eben mörderisch. Es gibt da acht Positionen, muß ich kurz erklären: Landesvorsitzender, zwei Stellvertreter, einen Schatzmeister und vier Beisitzer. So. Die ersten vier konnte ich vergessen, weil: dafür einfach zu unbekannt und zu unbeliebt auch. Weil sich natürlich viele gefragt haben: Was? Der ist zwei Monate dabei, da soll der jetzt schon in den Landesvorstand? Es gibt halt immer Skeptiker und Zweifler! Also, Beisitzer 3 haben wir uns geeinigt, also vorletztes Rad am Wagen. Bei der Wahl dafür bin ich durchgefallen.

Nun liegt es aber in meiner Art: Wenn ich was will, dann mache ich so lange, bis wirklich finito ist. Zu den anderen gesagt: »Leute, ich möchte noch auf Position 4.« So, das war nicht abgesprochen. Und nun gibt es ja immer zwei Lager in jeder Gesellschaft, egal, wie klein sie ist: Die einen haben den aufgestellt, die anderen den.

Meistens steht das ja vorher fest. Aber ich wollte's nun mal unbedingt wissen. Also noch mal kandidiert – und gewonnen! Mit einem Schlag hatte ich ein paar Feinde mehr; die, die gegen mich verloren hatten. Aber ich war glücklich, weil: Es war geschafft. Gegen 18 Uhr, 18.30 Uhr bin ich auf mein Zimmer gewankt, dort ins Bett gefallen, nicht mal die Schuhe ausgezogen, bin tief und fest eingeschlafen.

Zwei Stunden später war ich wieder wach. Ausgeruht, mit dem Gedanken: So, jetzt haste das geschafft, irgendwas brauchst du jetzt noch heute abend. Den nächsten Kick, immer höher. Okay, jetzt biste in diesem Scheiß-Landesvorstand, jetzt willste den Christoph noch. Der war ja immer noch da, und der hat mich auch gewählt.

Da hab' ich schon drauf geachtet.

Hat aber nicht so geklappt, wie ich mir das vorgestellt hatte, weil er irgendwie feiern wollte und keine Zeit hatte. Ich 'n bißchen deprimiert. Hab' mir dann seine Nummer besorgt und auf der Heimfahrt angerufen: »Hallo, wie geht's? Bist du schon zu Hause?« Und er natürlich erst mal nur: »Wer ist denn da überhaupt?«

Und das bahnte sich so an. Eine Woche später haben wir uns dann bei ihm getroffen; er wohnt nur knapp fünfzig Kilometer von mir entfernt, und wir verbrachten einen ganzen Tag zusammen. Und in der Kreisgeschäftsstelle der FDP haben wir uns zum ersten Mal geküßt. Das war nun zwar nicht mein erster Kuß, aber der erste Kuß, bei dem ich wirklich merkte, was ein Kuß bedeuten kann. War dann mit dem zusammen, anderthalb Monate, erster legaler schwuler Freund für mich, wunderbar. Nach anderthalb Monaten hat er Schluß gemacht. Wir würden nicht zueinander passen. Im nachhinein sehe ich das auch so. Aber erst mal war ich total deprimiert. Habe aber diesmal nicht an Suizid gedacht! Bin zu meinem alten Freund Stefan gefahren, hab' mich bei dem ausgeheult, dann an dem Abend gefeiert bis zum Gehtnichtmehr. Bis nachts um drei, um vier. Dann nach Hause gefahren und noch bis früh um sieben auf der Couch gelegen, ferngesehen, die Katze auf 'm Schoß. Wenigstens was zum Kuscheln. Mit Christoph hatte ich übrigens nicht geschlafen, wir hatten keinen Sex. Sehr interessant, finde ich. Weil, ich wollte zwar, aber er hat gesagt: Nee, noch nicht.

Zwei Wochen ging's mir total dreckig. Dann wurde's langsam wieder besser. Weiter Landesvorstandsarbeit gemacht und ganz nebenbei weiter zur Schule gegangen. Erwähnte ich das gar nicht? Doch, dort war ich bis jetzt immer, hab' nie geschwänzt. Schule ist mir eben nicht so wichtig. Nicht, weil es mir besonders leichtfallen würde. Ich bin Mittelfeld, zwischen Zwei und Drei, aber das reicht mir. Selbst, wenn ich das ganze andere nicht machen würde, würde ich zu keinem besseren Durchschnitt kommen. Weil, ich bin dann nicht gefordert, und dann falle ich mit Leistungen eher noch zurück. Ich bin ein Streß-Mensch. Ich brauche Streß, sonst klappt es nicht.

Dann kam ein ganz bestimmter Neujahrsempfang der FDP. Ich war mit einer Freundin dort. Und auf einmal höre ich, wie einer meiner schärfsten Widersacher in der Partei laut durch die ganze Halle schreit: »Ach, Stefan, wo's mit den Kerlen nicht klappt, nehmen wir wohl jetzt das andere Geschlecht, was?«

Ich stand da wie vom Donner gerührt, hatte gerade so den Christoph verwunden und konnte mich halbwegs freundlich wieder mit ihm unterhalten, und jetzt so was. Ich hab' mir gedacht: Du Arschloch! Das war natürlich einer der Neider; einer von denen, die gesagt hatten: »Der ist erst zwei Monate dabei und soll schon in den Vorstand.« Der konnte mich noch nie leiden, kann mich auch heute nicht leiden.

In dem Moment hab' ich nicht darauf geantwortet, konnte auch nicht antworten.

In der nächsten Landesvorstandssitzung habe ich ihn dann zum Rücktritt aufgefordert. Ich als dritter Beisitzer, als Jüngling, fordere so 'nen Etablierten zum Rücktritt auf! Mit der Begründung, daß das für mich nicht in Ordnung war, keine political correctness war. Das hatten ja schließlich alle mitgekriegt.

Er tat natürlich einen Teufel und trat nicht zurück. Dafür fiel die ganze Angelegenheit nun auf mich selber zurück. Wegen meiner Art, mich mit Meinungsgegnern auseinanderzusetzen, wurde ich dann von anderen zum Rücktritt aufgefordert. Ich lehnte ab. Hab' mich aber immer kritischer zu innerparteilichen Dingen geäußert. Wurde wieder aufgefordert zurückzutreten. Ich wieder: »Nein. So werdet ihr mich nicht los.« Zwei Wochen später das gleiche Spiel. Da ging ich dann doch.

Ich trat wirklich zurück. Weil ich mir dachte: Wer mich nicht will, der hat mich nicht verdient. Und zu dem Zeitpunkt war ich schon so selbstbewußt, daß ich wußte, daß ich etwas kann. Bin dann halt Basismitglied gewesen. Bis zu dieser Antisemitismus-Debatte. Da bin ich ganz ausgetreten aus der Jugendorganisation der FDP, weil ich da solidarisch mit der Position Michel Friedmans war und das auch zeigen wollte.

Das war's also mit der Politik.

Dann habe ich mich wieder auf die schwulen Internetseiten konzentriert und Kontaktanzeigen aufgegeben. Viele Spinner waren unter denen, die geantwortet haben, aber eines Tages auch Patrick. So alt wie ich, sah sehr gut aus auf'm Bild, und er wohnte wieder so hundert Kilometer von mir weg. Bin ich halt mal dorthin gefahren, mit einer Ausrede für meine Mutter. Irgendwie dachte ich: Sie soll nicht denken, daß ich eine schwule Schlampe bin und ständig wechselnde Partner habe. Hab' also einen Tag mit Patrick verbracht, ohne daß da mehr war, und bin wieder nach Hause gefahren. Am Tag darauf – er hatte diesen Telefonanschluß, wo es sonntags nichts kostet – haben wir fünf Stunden telefoniert, und am Wochenende darauf bin ich wieder zu ihm gefahren. Und was da zwischen uns passierte, ich sage mal, »sowohl, als auch«, das werte ich als mein »erstes Mal«.

Obwohl ja vorher schon was mit Kerlen war, ist es mit Patrick zum ersten Mal wunderschön gewesen, ganz ehrlich. Wir haben uns so richtig schön Zeit gelassen. Ich bin ja ziemlich verwöhnt, also im besten Haus am Platze eingecheckt und uns erst mal ausführlich unterhalten. Patrick war un-geoutet; wir durften uns also bei ihm zu Hause, bei seinen Eltern, nicht blicken lassen. Irgendwie bin ich ihm dann nähergekommen, wir haben uns ganz tief in die Augen geguckt und geküßt. War wunderbar. Dann so 'n bißchen angefangen, uns zu ertasten, zu erproben, zu streicheln und so. Haben uns aber nicht ausgezogen. Sondern sind dann abends mit ein paar Freunden von ihm essen gegangen. Dann sind wir zu ihm, weil die Eltern nicht da waren. Dort weitergemacht, zwar schon mit Ausziehen, aber immer noch nicht bis zum Ende. Und so um eins in der Nacht sind wir wieder in dieses Hotelzimmer gezogen, weil die Eltern um halb zwei kommen wollten. Sind zuerst noch nachts durch die Stadt spaziert, Hand in Hand, und dann wieder ins Hotel, wo wir weitergemacht haben bis gegen vier. Also, ganz viel Zeit gelassen.

Das war dermaßen schön! Leider bin ich mit ihm auch nicht mehr zusammen. Weil von ihm nicht das zurückkam, was ich als Feedback brauche. Das ging fünf Wochen mit uns oder so. Er hat nicht angerufen, ist nur einmal zu mir gekommen. Es sind immerhin zwei Stunden Zugfahrt hin und zwei zurück, und ich bin jedes Wochenende hingefahren. Das kostet ja auch alles Geld. Und von ihm kam überhaupt nichts zurück, so Aufmerksamkeiten. Mal 'ne E-Mail, das kostet überhaupt nichts, aber nicht mal das. Und ich dachte, na ja, gut, nur für den Sex? Da setzte wieder das Rationale ein. Nur für den Sex, da brauchste nicht soviel Zeit und Geld zu investieren, das kannste auch hier mit Martin haben. Oder könntest du. So aktuell war Martin da ja auch schon nicht mehr. Also, ich hab' Schluß gemacht. Patrick hat mir das ein klein wenig übelgenommen. Nichts von »Freunde bleiben« oder so, er hat das nicht verstanden, glaube ich. Aber, wie gesagt: Wer mich nicht will, der hat mich nicht verdient. Der kriegt mich auch nicht. So ist das nun mal. Ist mir dann auch egal.

Wieder ins Internet, und wieder hab' ich neue Freunde gefunden. Der nächste, Alex, sechs Tage hat's gehalten. Das ist 'n Abstieg. Von sieben Wochen, Christoph, auf fünf Wochen, Patrick, sechs Tage, Alex. Dann hab' ich wieder mal gezweifelt: Geht das jetzt immer so weiter? Warum klappt das nicht? Warum halten mit dir Beziehungen nicht? Oder zumindest nicht lange.

Dann wieder lange nichts. Mehrere One-Night-Stands. Die im Detail aufzuzählen, wäre Wahnsinn. Ich hatte in meinem Leben bis jetzt Sex mit siebzehn Menschen.

Das ist schon ganz schön viel.

Na ja, und in letzter Zeit ist mir was passiert, das gibt mir nun doch ganz schön zu denken: Drei Menschen haben unabhängig voneinander zu mir oder über mich gesagt, daß sie mich für ziemlich gefühlskalt halten. Der erste, das begreife ich immer noch nicht so ganz. Das war ein schwuler Freund, dem ich auch noch eine ganze Nacht lang zugehört habe. Er hat sich richtig bei mir ausgekotzt, über die Scheidung seiner Eltern, seine Selbstmordgedanken und so weiter. Und hintenrum erfahre ich, er erzählt über mich: »Stefan ist gefühlskalt.« Ich weiß zwar, daß ich nicht wirklich emotional bin, zwar romantisch, aber trotzdem rational. Niemals aber kalt, gefühlskalt. Na ja, er sah das aber so.

Dann mein Vater. Also mein richtiger Vater, zu dem ich eigentlich nicht das allerbeste Verhältnis habe. Er ist auch der Grund dafür, warum ich sowieso nie hätte Kinder haben wollen, auch wenn ich hetero wäre. Das war von vornherein klar. Ich hab' auch vor, mich mit 18, wenn ich das selber entscheiden kann, sterilisieren zu lassen, damit mir das nie passiert. Ich mag Kinder nicht, und ich wäre auch kein guter Vater. Ich weiß, wie mein Vater als Vater ist, und ich weiß, daß ich genauso bin – nee, das muß wirklich nicht sein! Streng und unerträglich, starrköpfig, fies, andererseits auch wieder lieb und anhänglich, dann wieder aggressiv, nicht gewalttätig, aber ständig schwankend in seinen Stimmungen. Darunter hab' ich auch ziemlich gelitten, wahrscheinlich wegen dieser Angst, selber so zu sein. Jetzt ist es für mich okay, ich hab' den Lebensgefährten meiner Mutter, der ist mein Ersatzvater, und das ist gut so.

Also, ich war seit langem mal wieder bei meinem leiblichen Vater, meinem Erzeuger.

Warum ich so selten zu ihm hingehe, liegt daran, daß er selber Lehrer ist und mich immer dazu bringen will, mich mehr auf meine Schule zu konzentrieren. Er sagt, er hört immer über mich, was ich so alles nebenbei mache, und er findet, ich sollte besser auf meine Zensuren achten. Und das kann ich absolut nicht leiden, wenn jemand mir versucht zu erklären, wie ich mein Leben leben soll. Für mich ist es gut so, ein besseres Zeugnis will ich gar nicht, und Punkt. Anstatt daß er sich freut, daß ich nicht rumhänge und saufe, daß ich so viele Dinge mache.

So, ich war also bei ihm, und dann sind wir über diese typische Diskussion dabei angekommen, daß er es auch nicht gerade besonders weit gebracht hat im Leben und daß ich nicht so enden will wie er. Und wenn er mich nicht unterstützen will – nicht finanziell, das interessiert mich nicht, das brauche ich ja auch nicht –, sondern einfach als Vater, dann soll er's eben bleibenlassen. Aber er soll mir dann auch nicht weiter reinreden. Und dann hat er auf einmal mitten im Gespräch angefangen zu weinen. Das war das erste Mal, daß ich meinen Vater habe weinen sehen.

Und ich dachte: Was ist denn hier los? Bin ich im falschen Film?

Und er erzählte, als ich geboren wurde, 'n paar Tage alt, als ich schon zu Hause war, waren meine Füße auf einmal blau. Und er – keine Ahnung. Obwohl er schon 'ne Tochter hatte – mit einer anderen Frau, von der er auch geflüchtet ist –, das hatte ich ihm auch gleich noch mit vorgeworfen. Jedenfalls, ich hatte blaue Füße, da konnte ja etwas nicht ganz normal sein, Sauerstoffmangel wahrscheinlich. Er hat seine Mutter angerufen, die ist gleich gekommen. Und zusammen mit meiner Mutter haben mich dann die beiden Frauen sozusagen gerettet und auch aufgezogen. Als Oma später starb, da waren ihre letzten Worte: »Paß mir ja auf den Kleinen auf.«

So, und jetzt kommen mir die Tränen, jetzt werde sogar ich emotional. Das geht mir irgendwie so richtig nahe. Ihre letzten Worte.

Aber als ich meinem Vater da gegenübersaß, da zeigte ich keine Regung. Bloß nichts anmerken lassen, ich weiß auch nicht, warum. Und mein Vater schaute mich an: »Stefan, du bist gefühlskalt. Akzeptier' doch mal, daß sich andere Menschen um dich sorgen.« Nummer zwei. Und dann kam ich ins Grübeln. Wenn selbst das Arschloch Vater sagt, du bist gefühlskalt, da muß ja was dran sein.

Noch ein paar Tage später saß ich in der Schule, in Englisch, neben meinem besten Freund Stefan. Und er erzählte mir irgendwas von einer Hetero-Beziehung, die gescheitert ist. Und ich so: »Ja, was interessiert mich fremdes Leid, ich hab' genug eigene Probleme ...« – Und er so: »Stefan, du bist gefühlskalt.«

Da reagierte ich dann schon so fatalistisch, daß ich beinahe lachen mußte: »Ha, dankeschön. Das häuft sich ja in letzter Zeit.«

Dazu kam noch ein anderer Freund, der mich beiseite nahm und offen sagte: »Du bist so ein Arschloch geworden in diesem Jahr, wenn du so weitermachst, dann wollen wir langsam nichts mehr mit dir zu tun haben.«

Ich so: Gott, Klasse. Jetzt bricht also alles zusammen!

Aber zumindest habe ich mir das zu Herzen genommen und versuche, mich wieder ein bißchen mehr auf die anderen einzulassen. Ich hatte wohl wirklich zuviel um die Ohren. Meine Sachen sind alle gescheitert, von Politik bis zu Liebe, und für schwule Beziehungen interessiert sich eben auch keiner von meinen Hetero-Freunden wirklich.

Da kann keiner mitreden. Aber dadurch, daß gerade Ferien waren – und ich als Event-Manager für Schul- und Jugendveranstaltungen in den Ferien auch nicht wirklich viel zu tun habe –, konnte ich wieder viel mit meinen alten Kumpels unternehmen, und wir sind wieder mehr zusammengewachsen. Ich muß mich halt um sie bemühen, nicht umgekehrt. Von ihnen kann ich das nicht verlangen.

Wir nähern uns dem Happy-end!

Auch in diesen Ferien, da war ich in der Disco. Und hab' jemanden gesehen, also, das war wirklich so was wie Liebe auf den ersten Blick. Hab' ihn eine Weile beobachtet und mir gedacht: Ej, wenn der nicht schwul ist, wer dann! Das war Rocco. Macht 'ne Lehre als Pferdewirt.

Über viele Umwege habe ich seine Telefonnummer rausgekriegt. Eine Woche gewartet, weil ich mich inzwischen kannte: Jetzt findest du ihn noch geil, vielleicht auch noch morgen und übermorgen, aber erst mal sehen, wie das nächsten Sonntag aussieht. Am nächsten Wochenende, wieder vor der Disco, habe ich ihm eine SMS geschrieben, und es kam dazu, daß wir uns unterhalten haben, über alles mögliche.

Was heißt unterhalten; erst mal nur über SMS, ganz schüchtern. Ich klopfte natürlich auf den Busch, weil ich immer noch nicht genau wußte, ist er nun schwul oder nicht. Aber zuerst sagte er immer so ausweichend, er wüßte nicht, ob er mir so weit vertrauen könne. Nach einer Weile sagte er es aber dann doch: Ja, ich bin bi.

Und ich, innerlich: Hurra, Nachtigall, jetzt wird es schön, das Leben! Zuerst sagte er zwar noch, er hätte eine Freundin. Aber dann ging es doch ziemlich schnell mit uns beiden. Spaziergänge im Stadtpark, Küsse, Zärtlichkeiten.

Seit Samstag sind wir offiziell zusammen, seit einer knappen Woche also. Nun bin ich kein Single mehr, und wenn ich es mir aussuchen könnte, dann soll das bitte ewig halten.

Ich fühle mich alles andere als gefühlskalt. Falls das doch enden sollte, dann wäre das schon ziemlich erfolglos, weil ich's mir so sehr wünsche.

Ja, diese Begriffe »erfolgreich« und »erfolglos«, die wende ich schon auch auf die Liebe an. Ich habe darauf hingearbeitet, und ich hab's geschafft.

Das ist erfolgreich.

»Es ist so schwer, anders zu sein«

Anna, 17, Berlin

Über mich selber nachdenken, mir Gedanken machen, das passiert eigentlich täglich, andauernd. Aber das jetzt so laut jemand anderem mitteilen, das ist eher selten. Dadurch, daß ich das zu Hause sowieso nicht so kann ... Mit Freundinnen vielleicht, aber das war früher auch intensiver. Im nachhinein würde ich sagen: Kinderkram. Also, daß ich wirklich mal zusammenhängend laut denke, so wie jetzt, das ist schon was ganz Besonderes.

Zu Hause liegt zwar immer ein Tagebuch, für den Notfall sozusagen. Wenn mal alles gegen den Baum gegangen ist. Manchmal sitze ich dann da und heule, oder ich schnappe mir mein Fahrrad und heize durch die Gegend, bis mir wieder besser ist.

Erst mal versuche ich immer, meine Konflikte mit mir selber auszutragen.

Eigentlich müßte es mir im Moment gutgehen.

Ich war ja jetzt grade mit Freundinnen in Prag, in den Ferien, und da habe ich leider auch Seiten von denen kennengelernt, die würde ich lieber nicht kennen. So primitive Gespräche, Trinkspiele und so. Da kann ich gut drauf verzichten. Man sitzt dann da, läßt sich hängen, nicht wirklich große geistige Anstrengung. Nur irgendwelche doofen Kartenspiele spielen. Ich weiß nicht, ich hatte vorher immer den Eindruck gehabt, daß man mit diesen Leuten philosophieren kann. Und das war halt das Schöne, was mir an denen gefallen hat. Daß man wirklich tiefgründig übers Leben nachdenken kann. Und plötzlich, wenn man sie 'ne Woche um sich hat, merkt man: Da ist gar nichts. Hat sich jetzt mir 'n bißchen verschlossen, die Welt der anderen.

Na ja, und da war ich dann ziemlich fertig nach dem Urlaub und dachte: Was mache ich hier eigentlich? Die Freunde, wo ich dachte, daß es welche sind, die sind mir eigentlich völlig fremd, und die will ich gar nicht haben. Na, und dann hab' ich erst mal 'ne Woche zu Hause rumgehangen und mir 'nen Kopf gemacht, was ich tue und was ich lasse. Und dann kam im richtigen Augenblick meine Cousine mit einer Freundin, und die haben zu mir gesagt: Du, Anna, wir haben jetzt endlich Ostseeurlaub geplant, laß uns mal hochfahren. Also habe ich mich mitreißen lassen, wir drei haben einfach gezeltet, und es war schlicht und ergreifend toll!

Wir hatten auch Glück. Ostsee ist ja wieder sehr überlaufen, und telefonisch wollte uns erst mal niemand was versprechen. Also sind wir losgefahren, mit dem Zug nach Usedom, Ückeritz. Mitten im Wolkenbruch. Und dann standen wir da an dieser Rezeption, wo die Empfangsdame uns was von Dauerregen erzählte, und daß sie nicht wüßte, ob nicht schon alles weggeschwommen ist. Aber wir blieben da, fanden einen Platz für unser Zelt und hatten ab da eigentlich nur noch Spaß. Ich hab' soviel gelacht wie lange nicht. Ja, da hat es mir gar nicht so gefehlt, das Philosophieren. Außerdem haben wir ja miteinander, übereinander geredet; also, das war auch mit drin. Das war von vornherein höhergeistige Gesellschaft, um's mal komisch auszudrücken.

Dann haben wir auch noch nette andere Leute kennengelernt, mit denen wir uns amüsieren konnten. Und dann wir als Ostseeliebende Menschen, die sich einfach nur gefreut haben, aufs Meer zu schauen und zu genießen, wie der Wind so um unser Gesicht gefegt ist – es war einfach nur schön.

Ja, »nette andere Leute« waren schon Jungs, ja, eigentlich nur Jungs. Na ja, die einen waren unsere Zeltnachbarn, die sind einen Tag später gekommen als wir. Wir uns schon gewundert, als wir morgens aufgestanden sind: Hä, sind die anderen abgereist? Stand auf einmal 'n neues Zelt da, ein Auto daneben mit Berliner Kennzeichen. Wir so: Oh, nee! Nicht noch mehr Berliner! Dafür sind wir nicht hierhergefahren. Und dann haben wir die irgendwann gesehen: zwei junge Herren, Anfang zwanzig. Und, ja, haben wir uns ab und zu so 'n bißchen unterhalten. Weil wir eben Nachbarn waren, und – war halt einfach nur witzig. Und irgendwann hat das dann total geregnet, und dann meinten die: »Na ja, kommt doch in unser Zelt rein.« Weil, die hatten das größere Zelt. Und mit Tisch und so. Also haben wir den einen Abend alle zusammen verbracht und geredet und Spaß gehabt und so.

So ergab sich das von selbst. Am Strand saßen wir von da an zusammen, wenn wir vorm Zelt gekocht haben, kamen die Unterhaltungen von ganz alleine. Falls sich das bis jetzt rein platonisch anhört, so war's natürlich nicht. Meine Freundin Kathi hat mit dem einen ziemlich bald was angefangen. War halt der Konflikt bei ihr, daß sie einfach einen Freund zu Hause hat. Aber als wir da bei denen im Zelt saßen, der eine, Ronny hieß er, der war eben total nett, also wirklich! Die waren beide sehr charmant, so was habe ich noch nie getroffen. Und daß man einfach nur offen ist und so herzlich, von vornherein, das war herrlich. Na ja, und Kathi saß halt neben Ronny und hat sich an ihn angelehnt, und irgendwann war's dann soweit, daß es doch zum Küssen kam. Und ich weiß auch, daß ich ganz schön sauer war im ersten Moment.

Weil – ich hatte ihr das doch vorher erzählt. Also, Mädels gehen ja nie alleine aufs Klo, und wir mußten natürlich dauernd aufs Klo, um die Dinge auszuwerten, die da so passierten. Und ich ihr gesagt, ach ja, den finde ich ja wirklich total süß. Na ja, und dann meinte sie so: Okay, dann halte ich mich zurück. Und sie hat sich natürlich nicht zurückgehalten, auch gegen ihr Versprechen. Ich meine, ich kann ihr das ja noch nicht mal übelnehmen, was sich ergibt, ergibt sich halt. Aber ich war trotzdem stinkig. Weil ich mir zum Kompott auch noch diese ganze Mitleidstour anhören mußte: Wie schlecht es ihr doch geht, mit ihrem Freund zu Hause und so weiter. Wo ich immer nur dachte: Ej, das mußt du jetzt nicht vor 'nem fremden Menschen ausbreiten! Irgendwann hab' ich's dann aufgegeben und dachte mir: Nee, das ist mir jetzt alles zu blöde hier. Und bin in unser Zelt verschwunden.

Vor allen Dingen, unser Zelt war in der Zwischenzeit fast weggeschwommen. Ich so ins Vorzelt rein und erst mal »flatsch«, in eine Riesenpfütze. Na, klasse, das nun also auch noch. Aber – die Aufregung hat sich schnell gelegt. Am nächsten Tag schien die Sonne, wir wieder an den Strand, und dort wurden wir beobachtet von vier anderen Herren. Und wir natürlich zurückbeobachtet und uns ausgetauscht: Mensch, die sind ja süß, die müssen wir mal ansprechen. Und ich: »Na, macht's doch einfach!« Und die so: »Nee, wir trauen uns nicht«, und trallalla ... Na, jedenfalls, am Ende war es dann doch wieder ich, die hingegangen ist. Zwar nicht am selben Tag, aber den Tag darauf, da bin ich einfach fragen gegangen, ob sie sich nicht zu uns setzen wollen. Das war schon so herrlich, als ich da angekommen bin!

Die saßen auf 'ner Decke, und da meinte der eine von denen so zu mir: »Na, sind denn bei euch auch Mädels?« Ich guck' ihn so an: »Na, sag mal, was bin ich denn?«

Und da meinte ein anderer: »Hm, na ja, mal schauen ...« – Und ich stellte mich so im Profil hin, so provozierend, und hab' so 'n bißchen posiert. Und er: »Ja, ist gut, genehmigt.« Und dann kam er gleich an, hat den Arm um mich gelegt, und ist mit mir rübergeschunkelt zu unserer Decke. Oh, dachte ich, ist ja gleich 'n bißchen sehr heftig. Na ja, aber war ja Urlaub. Unsere Zeltnachbarn kamen auch noch dazu, und dann waren wir eine ziemlich große Runde. So elf Leute am Ende, glaube ich.

War lustig, wie gesagt, ein richtig schöner Urlaub. Und obwohl die ja alle viel älter waren, Anfang zwanzig, so, haben die doch in mir etwas Ebenbürtiges gesehen. Der eine, also, der hat sich mit mir unterhalten, über Beziehungen und solche Dinge. Und auf einmal saß ich da und konnte überhaupt nicht mehr folgen. Er mir da was erzählt von Vertrauen und Liebe, und ich dachte nur: Boah! Das gibt's doch überhaupt nicht, solche Menschen. Ich hab' den, glaube ich, richtig offen bewundert. Na ja, und mit dem einen von dieser Jungs-Gruppe kam es dann auch noch zu mehr, so Küssen und Kuscheln. Und das Verrückte war: Dann ist es wieder meine Cousine gewesen, die auf mich sauer wurde, weil die wohl auch ein Auge auf Sebastian – so hieß der – geworfen hatte. Dieselbe Situation wie am Anfang, bloß genau umgekehrt: Jetzt war ich es, bei der was klappte – und die andere war Neese.

Und leider wußte ich eben von ihr, daß ihr das schon öfter vorher passiert war: Immer sprangen die Jungs auf ihre Freundinnen schneller an als auf sie. Hatte sie mir hundertmal erzählt. Und als sie dann so neben mir saß und ziemlich betrübt war, da dachte ich:

»Mann, was ist denn das hier für ’n blöder Zwiespalt! Und auf der anderen Seite wieder: Mann, warum soll ich immer zurücktreten? Immer Rücksicht nehmen; die anderen Spaß haben lassen und mir selber nie was gönnen?! Und da hab’ ich mir dann gesagt: Nö. Ich genieß es jetzt auch mal.

Meine Cousine war dann zwar sehr stinkig, ist alleine zum Wasser gegangen und hat mich abends im Bad noch angemeckert. Hat gesagt: »Ja, tut mir leid, Anna, ich kann dich jetzt nicht mehr anlächeln und mit dir nicht mehr so locker umspringen. Weil, mir ist das schon so oft passiert, das geht halt einfach nicht anders.« Na ja, konnte ich ja nun auch nicht ändern.

Ich hab’s trotzdem fertiggebracht, das mit Sebastian zu genießen. Es ist soweit gegangen, daß ich kurz davor war, mit ihm zu schlafen. Aber ich dachte mir dann: Nee, das muß jetzt nicht sein, das geht mir zu schnell. Ich meine, die Umstände waren auch einfach nicht so günstig: Auf’m Zeltplatz, wo man sich ’n Zelt mit seinem Kumpel teilt.

Dann kommt der vielleicht grad rein, wenn ich da liege – nee! Das muß ich nicht haben. Weil ich ja nun auch schon länger wieder solo bin. Und da sagte ich mir: Nein, ich muß das jetzt nicht haben, bloß, um mir zu beweisen, daß ich gut im Bett bin.

Ich würde lieber was Längerfristiges aufbauen. Aber dann dachte ich auch: Na toll. Du hast das schon mal versucht, aus so ’ner Flirtlaune heraus was aufzubauen, und das hat nie geklappt. Wo ich mir dann sagte: Ja, klasse. Kannste also auch wieder vergessen. Also kannste das jetzt auch in vollen Zügen genießen und danach wieder wegwerfen, sozusagen. Und so war es auch. Aber ich muß schon sagen: Sebastian war einfach nur süß. Ich bin immer noch hin und weg, heute noch.

Irgendwann sind wir dann wieder abgefahren. Sebastian war gerade baden, den hab’ ich gar nicht mehr gesehen. Kathi hatte sich von Ronny getrennt, ohne nach seiner Telefonnummer zu fragen. Wie kann man nur so verpeilt sein! Ich hatte Sebastian wenigstens meine Adresse und Telefonnummer gegeben; er hatte mir auch fest versprochen: Ich ruf dich an und schreib dir auch ’ne Karte. Ich war total bezuckert!

Und so saßen wir in diesem Zug, wälzten das hin und her, und meine Cousine sagte nur: »Ej, fangt jetzt bloß nicht an zu heulen, dann setze ich mich von euch weg!« War schon blöd. Ich wußte ja im Grunde gar nichts. Hat er zu Hause 'ne Freundin oder nicht? Ruft er mich wirklich an? Keine Ahnung.

Na ja, irgendwann waren wir also wieder zu Hause. Einen Tag lang nur in der Ecke gehangen, uns nicht groß bewegen können. Ich hatte Kathi angerufen und schon gehört: total verheulte Stimme. Und ich war ja auch zerknirscht, also schlug ich vor: »Komm her, dann setzen wir uns 'n bißchen zusammen und sind wenigstens nicht so allein.«

Na ja, und dann kam die fixe Idee: Laß uns morgen einfach noch mal hochfahren mit'm Wochenend-Ticket! Damit wir das wenigstens gebacken kriegen, daß sie die Telefonnummer bekommt und ich mich wenigstens vernünftig verabschieden kann. Na ja, dann haben wir meine Cousine angerufen, weil wir fanden, zu zweit ist es 'n bißchen teuer mit dem Wochenend-Ticket. Und haben ihr gesagt: Komm, wir drei machen noch mal richtig Urlaubs-Abschluß am Strand, damit das hier komplett ist. Schnell noch unsere Eltern überredet, und dann ging das alles klar. Samstagfrüh zehn nach drei aufgestanden, dann zum Zug gesprintet, und dann waren wir so vormittags halb zehn wieder auf Usedom.

Klar waren die Typen ziemlich überrascht, als wir plötzlich wieder vor ihnen standen. Aber für mich sah es zumindest ganz so aus, als ob Sebastian sich gefreut hätte, mich auf einmal wiederzusehen. Er hatte mir inzwischen 'ne Karte geschrieben – die ist auch wirklich angekommen! – und er sagte, anrufen wollte er mich auch, sobald er wieder zu Hause wäre. Mußte ich ihm ja glauben. Ich entschloß mich, einfach glücklich zu sein, weil das ja auch so 'n Entgegenkommen und so 'ne Herzlichkeit war, die ich nicht erwartet hätte. Wir verbrachten dann noch einen schönen Tag zusammen, dann sagten wir »Tschüß« – diesmal aber richtig. Und hier in Berlin fand ich seine Karte. Na ja, und nun warte ich, daß er mich endlich anruft. Und hoffe.

Es ist halt so ein unsicheres Gefühl, wenn da schon mal was dermaßen schiefgegangen ist wie bei mir. Das war im Herbst, also so

etwa vor einem Dreivierteljahr. Da waren wir auf einer Klausurta-
gung, von der Kirche aus. Die Leitungsmenschen, die im Dekanat
was zu sagen haben, die sollten halt neu gewählt werden. Und ich
war angesprochen worden, ob ich dafür nicht kandidieren will. Also fuhr ich zu diesem Wochenende mit, um mir das mal anzugucken,
wie mir das so gefällt. Und da war eben dieser Typ. Irgendwas hat
uns dann wohl übermannt, jedenfalls lagen wir abends zusammen
im Bett, kuschelnd; also geschlafen haben wir nicht miteinander.
Es bahnte sich aber irgendwas an. Am Ende war das Wochenende
dann vorbei, und ich wußte nicht, was ich fühle und was nicht. Hab'
mich nur zu ihm hingezogen gefühlt, wußte aber nicht, was das nun
werden sollte.

Silvan hieß der. Zwei Jahre älter als ich. Und in der Woche darauf klingelte auf einmal das Telefon, und er war dran. Ich dachte:
Hä? Träume ich oder was?

Wir haben uns dann getroffen, auch die Woche zusammen verbracht, Zärtlichkeiten ausgetauscht, die jeder wohl grade so brauchte. Und wir haben immerzu überlegt, ob wir nun was Festes anfangen sollen oder nicht. Na ja, die Entscheidung fiel dann von seiner
Seite. Wieder eine Woche später kam er zu mir und meinte: »Schade, klappt einfach nicht mit uns.« Und wir hatten uns auch ausgemacht: So früh wie möglich. Wenn halt einer das Gefühl hat, es
wird nichts, dann sagt er es dem anderen sofort. Damit er nicht
noch mehr verletzt wird. Tja, das war nun also er. Er sagte: »Du,
ich liebe dich nicht, ich kann mit dir keine Beziehung anfangen, tut
mir leid.«

Das war's dann. Ich glaube schon, daß ich ihn geliebt habe. Es
fing ja auch gerade erst an mit uns. Ich hätte uns noch Zeit gegeben, aber wenn er nicht will?! Nein, miteinander geschlafen haben
wir nicht. Ich weiß auch nicht, ich bin nicht so schnell. Weil mein
erstes Mal ein solches Chaos war, das war so schrecklich! Und das
möchte ich nicht wiederholen müssen. Ich möchte mir das schon
aufheben für was wirklich Wichtiges. Und dann erkläre ich mein
zweites Mal zum ersten Mal.

Das erste Mal hake ich unter »Ausrutscher« ab. Das war letzten
Sommer, genau vor einem Jahr. Mit meiner Mama im Urlaub. War

halt alles ziemlich öde; das war auch nur unter der Überschrift zustande gekommen: »Los, Tochter, mach noch einmal mit mir Urlaub!« Und ich: Na, wenn's unbedingt sein muß. Hatte eigentlich überhaupt keine Lust so richtig, hab' mir aber dann gesagt: Okay, bis jetzt habe ich die ganzen Ferien über nur mein Zimmer renoviert, Küche tapeziert, geackert. Ein paar Tage ausspannen kann eigentlich nicht schaden. Mal raus aus Berlin.

Und dann waren wir irgendwann auf einem Zeltplatz, Mecklenburgische Seenplatte. Und da waren halt so 'n paar Chaoten, die sich quer über den Zeltplatz verteilt hatten, da immer langrannten und 'nen tierischen Krach gemacht haben. Wir waren schnell ziemlich gestreßt von denen und sind umgezogen, aus dieser »Einflugschneise« der Chaoten raus. Und dann wurde ich irgendwann auf dem Weg zum Klo angequatscht, und ich hab' zuerst gar nicht reagiert: Nee, ich laß mich hier nicht so plump anmachen. Und er: »Sag mal, kannste nicht hören?« Und ich: »Na, vielleicht will ich nicht hören.« Und schon stolperte ich in eine Unterhaltung rein.

Irgendwann lud er mich ein: »Komm doch mal abends zu uns und setz dich ein bißchen mit mir und meinen Kumpels vors Zelt.« Und ich dachte: Na klar, willkommene Abwechslung im Vergleich zu: mit Mama im Zelt sitzen und 'n Buch lesen. Na ja, bin ich halt hingegangen, hab' mich mit denen unterhalten. Ich weiß dann auch nicht, wie sich das entwickeln konnte: Aus irgendwelchen meiner Worte wurde entnommen, daß ich irgendwem nachstelle von denen. So 'n Geplänkel halt. Und einer von denen machte da nicht mit, der saß nur ganz betrübt daneben.

Den hab' ich dann versucht, 'n bißchen aufzubauen, weil ich dachte: Mensch, den kannste hier nicht so sitzenlassen. Daß man halt so sagt: »Ej, du bist doch 'n netter Mensch, jedenfalls beim ersten Eindruck«; daß man den eben so 'n bißchen aufbaut, wie gesagt. Na ja, und der fing dann gleich an, mich mißzuverstehen. Fragte nach Beziehung und so, wo ich dann erschrak: Was? Hilfe! Wo mich dann alles 'n bißchen überrollte. Und ich sagte ihm: »Du, soweit will ich gar nicht gehen! Das ist mir hier alles 'n bißchen zuviel.« Da wurde er stinkwütend, hat mich angemeckert, so nach dem Motto: Ja, erst anmachen und dann fallenlassen. Der hat mich richtig mit Schimpfwörtern beballert; hat mir an den Kopf geworfen: »Ja, ich wünsch dir, daß dich jemand schwängert, der Typ dann abhaut und du alleine dastehst!« Da dachte ich dann: Was iss 'n nu los? Wie kann mir so 'n wildfremder Mensch so wehtun und solche Dinger an den Kopf werfen? – Und einer von den anderen hat nun wiederum versucht mich zu trösten. Dann war es halt einfach so, daß ich zuviel getrunken hatte, mit dem im Zelt verschwunden bin, und dann war's einfach zu spät.

Das bereue ich, daß ich nicht mehr klar denken konnte und mich dadurch hab' verleiten lassen, mit 'nem sehr viel Älteren im Zelt so unromantisch mein erstes Mal verbracht zu haben. Das war wirklich überhaupt kein bißchen schön, und ich wollte's nur ganz schnell wieder vergessen.

Ich hab's auch immer wieder versucht zu verdrängen, aber es kommt halt doch immer wieder hoch. Hab' ich mir eben gesagt: Gut, dann lebe ich damit, aber ich werde das nicht groß dick einrahmen unter »erstes Mal«. Werde ich halt still und heimlich irgendwie verschwinden lassen und dann mein zweites Mal als erstes Mal deklarieren. Und das soll dann richtig schön und romantisch werden. Da kann ich jetzt auch ruhig 'ne Weile noch drauf warten.

Den ersten richtigen Zungenkuß, den hab' ich ja von einem Mädchen bekommen. Und das zum Beispiel hab' ich nie bereut! Das war an einem von unseren katholischen Jugendwochenenden, nach zwei oder drei Gläsern Rotwein. Wir haben so über Unterwäsche geplaudert, was gerade so »in« ist. Und dazu muß man wissen: Wir sind sowieso Schmusekinder. Drücken, sich umarmen also, kuscheln, auf die Wange küssen, das ist da ganz normal. Na ja, und an dem Abend, aus einer Laune heraus, fingen wir mit dem Knutschen an. Das ging so die Reihe rum, jede gab der nächsten Zungenküsse. Das war schön, das hat mir nie leid getan.

Genauso wie unsere lustigen Mädchenabende, die gab's ja auch mit Schulfreundinnen zur Genüge. Die liefen immer ähnlich ab: Sekt getrunken, gequatscht, angefangen, uns zu küssen. Manchmal haben wir da alle zusammen auf einem Sofa gesessen, gekuschelt und es uns einfach miteinander gutgehen lassen.

Und das Beste war, fand ich: Wir konnten uns hinterher jedesmal noch in die Augen schauen. Ja, klar, die Grenze zur Erotik war da schon weit überschritten.

Aber das lassen wir jetzt mal offen. Da möchte ich nicht weiter ins Detail gehen.

Das wirklich Wichtige ist, daß davon nur schöne Erinnerungen übriggeblieben sind. Während das »erste Mal« bloß Ekel erzeugt hat. Ekel vor mir selber, vor ihm.

Ich hatte ja danach sogar noch versucht, mit ihm zu reden. Hab' ihn auch mal besucht an einem Wochenende in Neustrelitz, einfach, um zu sehen, ob da nicht vielleicht doch noch etwas Schönes bleiben könnte. Daß er ein netter Mensch ist, wenigstens, mit dem ich mich gut unterhalten kann. Aber der war nur genervt. Er hätte grade 'ne Scheidung am Hals und wüßte nicht, wie das mit seiner Tochter weitergeht, und nun auch noch ein verliebter Teenie. Wo ich dann dachte: Hej, wenn er mal zuhören würde, dann wüßte er, daß ich nicht in ihn verliebt bin. Ich wollte doch bloß diesen schalen Geschmack loswerden, den das Ganze bei mir hinterlassen hatte. Heute muß ich sagen, ich hab' zu lange gelitten. Dafür, daß ich jetzt mit so schlechten Gedanken an ihn denke. Ich hätte's lieber schneller überwunden. Aber da geht es nicht nach mir. Ich war damals 16, er 24.

Das klingt blöd im nachhinein, daß ich noch mal zu ihm gefahren bin, was? Ich hatte sogar überlegt, ob ich mir schnell noch die Pille verschreiben lasse, aber das hätte zeitlich nicht mehr hingehauen. Na ja, dachte ich, dann nimmste eben Kondome mit, dann ist das auch okay. Aber als ich ihm das eröffnete, meinte er bloß: »Nee, na dann nicht.« Kondome wollte er nicht; ich sollte mich darauf verlassen, daß er schon aufpassen würde. Also, bei allem Entgegenkommen meinerseits, aber da wußte ich: Nee, das will ich nicht, auf keinen Fall. Das ist mir echt zu riskant. Also sagte ich: Dann lass' ich das. Wenn er so 'n Egoist ist.

Ja, mein Glauben würde die Pille erlauben. Also, mein persönlicher Glauben. Der von meiner Mutter nicht. Ich hab' mit ihr nie so direkt drüber gesprochen. Aber was ich so unterschwellig mitbekommen habe, hat sie eine ganz ablehnende Haltung dazu. Die

Pille zerstört die romantische Liebe. Und dann kann man immer zusammen ins Bett gehen, und das kann ja nicht sein, das finde ich nicht gut. So sieht das meine Mutter.

Aber ich will auch nicht permanent dran denken müssen, daß ich 'n Kondom dabeihabe oder irgendwas anderes. Klar, ich will das jetzt nicht so abstempeln: Die Frau ist dafür zuständig, daß verhütet wird. Es ist nur einfacher. Auch wenn ich damit die Arschkarte gezogen habe, daß ich jeden Abend dran denken muß, daß ich diese Tablette nehme, aber – mein Gott – für mich selber ist es mir wichtiger. Und dann ist es auch okay. Ich meine, ich sehe es auch nicht ein, daß ich jetzt mit meiner Mutter darüber streiten muß. Wenn es soweit ist, daß ich mit jemandem schlafen möchte, dann geh ich halt zum Frauenarzt und laß mir die verschreiben. Ich bin ja jetzt über 16, brauche also auch nicht mehr die Einverständniserklärung der Eltern.

Ich lasse es dann einfach unter den Tisch fallen. Wenn sie's irgendwann weiß, dann weiß sie's eben, aber ich muß es nicht drauf anlegen.

Ich selber weiß, daß die Mädels in meiner katholischen Jugendgruppe die Pille nehmen, und ich denke mal, wir sind schon so modern und so aufgeklärt in der Kirche, daß man das durchaus auch so machen kann. Ich denke mal, unsere Muttergeneration, also eine älter als wir, die sind sicherlich dagegen. Aber die meisten davon wollen sicher eh keine Babys mehr und haben bestimmt ihre eigenen Methoden zu verhüten. Ich höre es oft, daß da ein Konflikt ist zwischen Mutter und Tochter, der wirklich viele in meinem Alter betrifft. »Wieso Pille, ich will nicht, daß du jetzt schon mit deinem Freund schläfst«, so etwa. Aber ich denke, mit 16, 17 ist man schon soweit, das selber zu entscheiden. Oder – was bedeuten schon Alterszahlen?! Einer ist mit 18 noch wie 14, und der nächste ist mit 13 schon wie 19.

Ist doch sowieso alles unterschiedlich.

Ich bin bestimmt so verantwortungsbewußt, daß ich das für mich bestimmen kann: So weit gehe ich und so weit nicht. Insofern hat meine Vorstellung vom ersten Mal, wie's sein sollte, jetzt auch nichts mit kirchlichen Idealen zu tun, sondern eher mit Annas persönlichen moralischen Ansprüchen. So, nur für eine Nacht oder bloß kurze Zeit ein bißchen Spaß miteinander haben, das reicht mir einfach nicht. Ich will nicht nur für fünf Tage glücklich sein und dann wieder alleine dastehen. So diese Sehnsucht, vier, fünf, sechs Monate zusammenzugehören – oder länger – und daß man jemanden hat, mit dem man sich unterhalten kann. Das ist so der Hauptaspekt bei mir. Daß ich dastehe und denke: Ja, du würdest jetzt gern jemanden haben, dem du deine Gefühle mitteilen kannst, dem du sagen kannst, was du denkst, was du empfindest – so einfach alles loswerden. Na ja, und mit meiner Mutter, da brauch' ich gar nicht drüber nachzudenken, das kann ich vergessen. Weil ich keinen Draht mehr zu ihr habe.

Der muß gerissen sein, als ich so 12, 13 war. Bis dahin hatten wir 'n ziemlich gutes Verhältnis zueinander, haben viel erzählt und geredet, und – ich weiß auch nicht. Ich glaube, für mich hat es damit angefangen, daß sie lange arbeiten mußte, daß sie dann erst um neun oder um zehn nach Hause kam in der Woche. Ich meine, dafür kann sie ja nichts. Aber trotzdem, es war dann eben so: Ich war auf mich gestellt. Mein Bruder war ja auch nie sehr selbständig, um den hab' ich mich dann noch mit gekümmert, auch wenn er älter ist. Und dann immer einkaufen gehen, Haushalt machen, abends alleine ins Bett – und dann kam Mutter erst nach Hause.

Ich hab' mir meinen ganzen Alltag im Prinzip selber gestaltet. Und irgendwann kam sie dann wieder an, hat wieder kürzer gearbeitet und war der Meinung: Jetzt haben wir ja wieder Zeit füreinander. Aber da hab' ich dann schon für mich persönlich mein Leben alleine gelebt. Ich hatte schon längst angefangen, zu tun und zu lassen, was ich wollte, und hatte nun natürlich keine Lust mehr, mir da irgendwo reinreden zu lassen. Und sehe es auch heute noch nicht ein, wenn sie plötzlich ankommt und vorschlägt: Laß uns mal am Wochenende das und das machen. Ich hab' mein eigenes Leben, und da kann man mir nicht mehr einfach so reinreden, indem man mich da und da und dahin schleift. Das ist halt dieser Punkt, wo ich mich so oft mit ihr streite. Mir tut das dann manchmal leid, wenn sie so vor mir steht und das nicht verstehen kann: Aber du bist doch meine Tochter, wir können doch was zusammmen unternehmen. Und ich finde: Ja, vielleicht, im begrenzten Rahmen. Aber früher hatte sie ja auch keine Zeit für mich, außer vielleicht am Wochenende zusammen Mittag essen und zur Kirche gehen. Und da sag' ich mir: Nee, das ist mir alles viel zu künstlich. So 'n zwanghaftes Festhalten, das ich nicht haben kann.

Man könnte vielleicht meinen, durch unsere gemeinsamen Kirchgänge und den Glauben, daß uns das stärker zusammenhält als andere Mütter und Töchter. Da ist aber auch eher ein starker Zwiespalt zwischen uns. Haben wir auch jetzt gerade im Urlaub wieder drüber gesprochen: Ich für meinen Teil finde, glauben muß ich nicht in der Kirche. Das kann ich auch so. Meinen Glauben habe ich für mich, den kann ich auf der Parkbank praktizieren oder im Bett oder sonstwo. Und dafür muß ich nicht in die Kirche rennen. Und ich sehe das auch alles gar nicht ein, was weiß ich, mit den ganzen Kirchensteuern und diesem Drumherum.

Ich gehe auch gern mal in die Kirche und höre mir 'ne schöne Predigt an. So Bibelstellenauslegung; 'n bißchen drüber nachzudenken und einen Anstoß zu bekommen. Aber dieses wöchentliche: »Wir gehen Sonntagfrüh in die Kirche« – immer diesen Druck – ich find's einfach nur dumm. Und vor allem: Ich habe auch nicht wirklich was davon, wenn ich da in der Kirche sitze, 'ne Predigt höre und bloß denke: Na toll! Ich hab' wieder kein Wort verstanden, weil's wieder hochtheologisch war, wo ich nicht hintersteige. Und da denke ich: Nö, da muß ich nicht hingehen.

Also, das einzige, wo ich sage, da gehe ich wirklich gerne hin, das sind diese Stadtjugendmessen, die einmal im Monat sind. Wo dann in der Hedwigskathedrale 'n junger Priester ist, der einfach einen Gottesdienst zum Anfassen macht. Wo dann nicht weniger geistliche Themen, genauso wichtige und komplizierte Textstellen bearbeitet werden, die sich mir dann aber ganz anders erschließen.

Hm, fällt mir dazu jetzt 'n Beispiel ein? Neulich war irgendwas von wegen – das kommt auch in der Bibel vor – jeder hat 'nen Schatz. Das wird dann so ausgelegt, daß der eine eben liebenswürdig ist, der andere schön, der nächste kann mit Geld umgehen, jemand anders ist hochgeistig – diese Schätze. Also, daß jeder Mensch für sich etwas Unverwechselbares hat. Dann haben sie das eben so gemacht, in Form einer Talkshow, da saßen halt drei Leute vorne, so ähnlich wie »Herzblatt«: »Ja, und nun, wer wird nun dein Schatz?« – so ungefähr. Klingt vielleicht ein bißchen albern, aber das sind einfach so 'ne süßen Dinger, wo ich dasitze und schmunzle, und ich merke mir das auch ganz anders. Und dazu stand dann auch noch so 'ne große Schatztruhe, und da meinten sie: »Ja, nach der Kommunion, da könnt ihr da reingreifen und euch einen Schatz mitnehmen.« Und da waren dann solche farbigen Glassteine drin, solche Dekosteine, und da konnte sich dann jeder einen mitnehmen. Der liegt jetzt bei mir zu Hause auf dem Schreibtisch, und immer, wenn ich den sehe, dann denke ich daran zurück, an die Predigt. Daß mir da gesagt wurde: Jeder hat seinen Schatz. Das tut mir echt gut! Und dann guck' ich mir diesen Stein an, denke an mich selber: das und das habe ich; das und das würde ich gern haben.

Das sind so Sachen, die mir Kraft geben. Wo ich dann aus dieser Stadtjugendmesse rausgehe und mir sage: Ja, ich werde geliebt, und wenn's nur Gott ist, der mich liebt. Das ist einfach so ein Halt, den ich bekomme. Ganz anders, als wenn ich sonntags aus dieser Messe rausgehe und nichts begriffen habe.

Mein größter Schatz ist vielleicht, daß ich gut zuhören kann. Ich glaube, das ist wohl auch das, was andere an mir am meisten schätzen. Wobei ich da manchmal denke: Ja, ist wieder typisch! Ich höre mir alles an, von anderen; aber was ist, wenn ich mal Probleme habe?! – Na ja, egal. Jedenfalls bin ich eine gute Zuhörerin. Und Ratgeberin sicherlich auch. Weil ich denke, daß ich durch unsere Familiensituation zu Hause, Streit, aber auch die friedlichen Zeiten, einfach schon 'ne Menge mitgemacht habe. Dadurch kann ich dann auch nachvollziehen, was mir meine Freunde erzählen. Ich sitze nicht einfach nur da und sage: Ja, ich verstehe. Sondern, ich verstehe's dann auch wirklich.

Das klang jetzt bestimmt so 'n bißchen bitter: »Wenn ich mal Probleme habe, dann ist da keiner, der mir zuhört.« Aber ich weiß auch nicht. Manchmal frage ich mich schon, wie andere mich eigentlich sehen. Wahrscheinlich wie nichts Wirkliches. Man kann mich in keine Schublade stecken. Man kann nicht von mir sagen: »Das ist die, die nie was sagt« oder: »Das ist die, die immer nur zuhört«. Im

Grunde denke ich, daß keiner 'n Bild von mir hat, weil ich teilweise viel zu verschlossen bin. Also, zum Beispiel in der Schule, da verdrehen sie immer die Augen und stöhnen: »Ach ja, du läufst ja immer in Schwarz rum.« Das ist halt so dieses Vorurteil: Du bist Satanist. Wo ich dann sage: Hallo, ich bin katholisch, da kann ich niemals Satanist sein. Das ist einfach mal 'n Widerspruch in sich. Nee, mit Satanismus hat das gar nichts zu tun. Das ist einfach diese tiefe Trauer, die ich damit ausdrücken will, daß ich nur schwarze Klamotten trage. Die Trauer um verlorene Kindheit; um viel zu viele Dinge, die mir schon passiert sind. Wo ich sage: Das hätte ich nicht haben wollen. Ich hätte gern ein bißchen mehr Glück gehabt. Aber war dann halt nicht so. Und sicher auch 'n Stück weit Trauer darum, daß ich soviel nachdenken muß.

Sicher, einerseits bin ich froh, daß ich nicht so 'n Popkulturkind bin, das in Hellblau und Rosa rumläuft und sich nur freut – was weiß ich –, daß wieder neue Schminke im Angebot ist, irgendwo. Aber – das ist auch einfach schwer, anders zu sein. Ich muß sagen, ich bin gerne anders, aber es ist eben auch verdammt hart, sich durchzusetzen und zu sagen: So bin ich nun, das ist mein Weg, und das mach' ich so.

Viele verstehen das einfach nicht. Die sagen dann nur: »Mann, du hast ja immer schlechte Laune, das kann doch gar nicht sein.« Dabei, wenn man sich mit mir auseinandersetzt, dann sieht man auch, was ich für 'n Mensch bin, daß ich auch lachen kann, daß ich wirklich viel Spaß haben kann am Leben. Aber daß ich eben auch meine Phasen habe, wo ich dasitze und übers Leben grüble. Und Leben und Tod und diese und jene Seite und Pro und Contra. Und deshalb denke ich mal einfach, kann man mich nicht gut einschätzen. Ich wüßte auch nicht, was ich über mich sagen würde, wenn ich mich irgendwo sehe und erlebe.

Wer kann die Feinheiten der sogenannten Szenen schon unterscheiden! Ich denke schon, daß ich mich so 'n Stück in die Gothic-Szene einordnen kann. Aber eben nicht mit Haut und Haaren. Diese dunkle Seite des Lebens und das viele Grübeln über den Tod und den Grund des Lebens überhaupt, warum man auf Erden ist, das fasziniert mich daran so. Das ist teilweise so kraß, daß man über seinen eigenen Tod nachdenkt und sich vornimmt: Gut, in drei Wochen werde ich sterben. Aber so extrem bin ich dann halt doch nicht. Das ist einfach nur diese dunkle Seite, die mich anzieht. Und dazu gehört auch diese viele Musik, die da entspringt. Manche sagen, das ist Totengräbermusik. Aber ich find' halt soviel an dieser Musik, weil die so verdammt melodisch ist und die Texte tiefgründiger sind als Pop Charts. Wo ich echt nur wegschalte.

Also, jetzt zum Beispiel Inchtabokatables, das ist so 'ne Gratwanderung zwischen Gute-Laune-Musik und Gothic. Also, da ist ein Lied, das heißt »Das Beil«. Und das handelt von einem Henker. Und darin gibt's auch den Knochengeiger, der ist so 'ne Art Maskottchen von der Band. Und die eine Zeile, die geht in etwa so: »Spielt der Knochengeiger einen Takt«, daß dann das Beil fällt und die Menschen exekutiert werden. Und das ist nicht so, daß ich mich jetzt daran freue, daß da Menschen sterben, sondern das ist einfach nicht mit Worten zu erklären. Mehr wie so 'ne Warnung oder ein Achtungszeichen, um nicht zu vergessen, daß andauernd Menschen sterben, hingerichtet werden; angefangen vom Mittelalter bis heute. Und zusammen mit der Musik erzeugt das eine ganz merkwürdige Stimmung, die mir aber sehr gefällt.

Oder andere Bands, die sind noch viel extremer. Die behandeln das Vor-sich-Hinvegetieren, Kurz-vorm-Tod-Stehen; das ist mir zum Teil dann doch zu heftig. Da sag' ich dann auch: Nee, das will ich nicht.

Also, meine Zugehörigkeit, die praktiziere ich jetzt nicht so richtig; es ist mehr so 'ne Gefühlssache. Meine Freundin Kathi, mit der ich an der Ostsee war, die ist da auch so durch mich mit reingerutscht. Und dann Leute, die ich bei der Stadtjugendmesse sehe, die auch in Schwarz rumlaufen. Man hat sich mal kennengelernt, mal unterhalten, auf einem Jugendwochenende oder so. Ja, und das sind halt auch nur Menschen, die verzweifelt sind irgendwo. Die was Schlimmes erlebt und danach für sich beschlossen haben: Nee, ich will nicht mehr lachen, ich will nicht mehr bunt rumlaufen; ich hab' sowohl Lachen als auch Weinen verlernt. Wo ich manchmal dastehe und selber sage: Oh, das finde ich ganz schön heftig. Und es ist jetzt nicht so, daß ich gezielt loslaufe und sage: Ich gehe jetzt zu der und der schwarzen Messe, weil ich unbedingt so 'ne Menschen kennenlernen muß. Die sind mir einfach zu kraß. Und was soll das auch! Wenn ich da ankomme und sage: Ja, hm, ich bin katholisch, ich wollte mir das mal angucken, dann werfen sie mich gleich wieder raus. Weil sie so kraß drauf sind, daß sie einfach mal den Teufel verehren und umgedrehte Kreuze tragen, also, das sind dann wirklich Satanisten. Ich nicht.

Ich hab' mich auch mal umgeguckt: Im Februar, da war ich ja zu 'nem Konzert von den Inchtabokatables, und da hab' ich Leute gesehen, wo ich dachte: Nee! So krank kann man ja gar nicht sein. Also, die sehen schon selber aus wie der Tod auf Latschen. Und mit solchen Leuten will ich nicht in Kontakt treten.

Ich muß auch sagen, ich hab' viel gelernt durch einen, der läuft auch immer bei der Stadtjugendmesse rum, groß, langer schwarzer Mantel, irgendwelche interessanten Amulette; der sieht schon klasse aus. Und ich hab' mich irgendwann mit dem angefreundet, er schreibt auch selber Gedichte und hat mir so 'n dickes Epos gegeben. Und ich hab' das gelesen und gedacht: Boah! Kraß!! Da schlummern Talente in den Leuten, das ist unglaublich. Und vor allem: Er schreibt, weil er verzweifelt ist und weil er seine Gefühle ausdrücken muß. Und da entstehen so wunderschöne Werke. Er hat's »Schmerz« genannt. Da geht's um eine Beziehung, die vor drei Jahren auseinandergegangen ist, und da hat er das letzte Mal geweint, eine Träne, und jetzt weint er nicht mehr. Er will nicht mehr verletzbar sein, hat soviel gelitten und hat solche dicken Mauern um sich rumgebaut, um keine Gefühle mehr zuzulassen. Ganz schön verzweifelter Mensch, muß ich schon sagen.

Da kann ich von mir behaupten, ich bin noch mega-lustig! Sehe ja auch ganz gesund aus, braungebrannt und so. Kein Tod auf Latschen. Eher das blühende Leben, was? Sagt man ja so.

Na ja, diese ganzen Richtungen und Stile kann man wirklich schwer trennen. Die Leute sehen nur die Farbe Schwarz, und schon schmeißen sie alles in einen Topf: Satanisten, Dark Metaller, Gothic. Wenn ich auf der Straße laufe und Leute mir hinterherrufen: »Ej, du Satanist, du!« Ist mir auch grade auf'm Zeltplatz wieder passiert. Daß Kathi und ich in Schwarz rumgelaufen sind und 'n paar

Jugendliche uns reizen wollten: »Hallo, Satan lebt!« Da haben wir
'ne Weile gebrodelt und dann den Spieß umgedreht: »Genau, und
wir veranstalten hier gleich 'ne schwarze Messe, und da werden wir
euch opfern!« Wenn ich dann solche Leute sehe, die echt nur mit
dem Modetrend rennen und dann noch große Lippe riskieren! Dann
solln se doch ihren Mund halten, wenn sie es nicht besser wissen.
Ich fang ja auch nicht an, wenn ich so 'n Rosa-Top-Girl mit blon-
dierter Hochsteckfrisur und weißem Miniröckchen über Plateau-
schuhen sehe, und sage: »Ach, du Frutte, du hast sowieso keine Ahnung von nichts!«

Klar, wenn dann so 'ne dummen Kommentare kommen, dann ist
die Versuchung schon groß, einfach genauso zurückzupaulen und
zu wettern. Aber im Grunde können sie es ja auch nicht besser wissen, oder?

Also, genau beschreiben und klar abgrenzen kann ich das auch
nicht. Aber ich sehe es so: Gothic-Musik hört man hauptsächlich
alleine, zu Hause. Man macht sich Kerzen an und grübelt. Weil das
alles sehr ruhig und bedächtig ist. Da stehste nicht da und brüllst
rum und verzweifelst über die Welt.

So ist meine Auffassung dazu. Wahrscheinlich kann man das schon
deswegen nicht alles in einen Topf werfen, weil es so große Unterschiede gibt zwischen den einzelnen Menschen.

Fast alle in meiner »Szene«, wenn man so will, sind übrigens Raucher. Das ist mir auch bei der Stadtjugendmesse schon aufgefallen.
Vielleicht, weil man ja irgendwas noch machen muß, wenn man alleine Musik hört und sich die Kerze anschaut, keine Ahnung. Alkohol eher weniger. Ich kenne keinen, der sich jetzt sinnlos besäuft,
das hat einfach keinen Stil. Ab und zu kiffe ich auch mal. Das erlebe ich schon bewußtseinserweiternd, zum Philosophieren anre-
gend. Manche reden ja auch vom »Niveau eines Sechsjährigen«, das
man dadurch bekommt; also man denkt absurd. Ein Freund hat sich
dabei mal anderthalb Stunden lang über die Funktion eines Tief-
kühlers ausgelassen, und wir anderen lachten uns scheckig darüber.
So 'n richtiger Lachflash. Man ist auch ganz gelöst. Es ist eigentlich
schon traurig, daß ich 'ne Droge brauche, um so loslassen zu können.

Meine Mutter weiß davon nichts. Sie hat sich damals schon genug über meine neue Lieblingsfarbe gewundert. Als ich auf einmal sagte – so vor zwei Jahren muß das gewesen sein: »Nee, das zieh ich nicht mehr an, das ist bunt. Ich möchte jetzt Schwarz tragen.« Und sie: »Na sag mal, du bist doch 'n junges Mädel, du kannst Farbe tragen!« Und hat mir dann immer wieder solche Sachen hingelegt, und ich: »Nee, das ziehe ich nicht an, das ist bunt.«

Und sie: »Was soll denn das?« – Und irgendwann: »Dann geh halt alleine einkaufen, ich brauch' den ganzen Streß nicht mehr mit dir.« Hat sie mir Geld gegeben, und ich hab' mir meine Sachen selber gekauft, natürlich nur in Schwarz. Jetzt sagt sie nichts mehr dazu. Außer so kleine Bemerkungen, wenn wir mal zur Firmung gehen oder so, und ich doch mal 'ne helle Bluse rauskrame, dann sagt sie gern: »Ach, Mädel, heute siehst du mal richtig gut aus.« Aber sonst hat sie sich dran gewöhnt, glaube ich. Hat sie akzeptiert, mein Schwarz und meine Traurigkeit.

Ich denke mal, ich trauere vor allem darum, daß das zu Hause nie so 'n schönes Elternhaus war, wie ich es gern gehabt hätte. So »Mutter, Vater, Bruder«, und einfach nur sich geborgen fühlen und zu Hause sein. Und dadurch, daß mein Vater von uns gegangen ist, als ich vier war und mein Bruder acht, da ging die Ehe halt auseinander. Dann waren wir halt lange Zeit zu dritt alleine, Mutter ging arbeiten, und wir Kinder waren viel mit uns alleine beschäftigt, hab' ich ja schon erzählt.

Kein Erwachsener da, der uns mal in den Arm genommen hat. Einfach dieses, was man als Kind gerne hat an Zuneigung und Aufmerksamkeit.

Dann, als ich sieben war, hatte meine Mutter einen neuen Freund, und mit dem sind wir dann aufgewachsen. Mit dem habe ich mich aber nie wirklich verstanden. Er war so 'n sehr Intellektueller und nicht so mega-kinderfreundlich. Also, er war immer nett zu uns, aber ein in sich gekehrter, doch sehr eigenbrötlerischer Mensch. Mit dem konnte man nicht so richtig klarkommen, weil er so viele Ansprüche hatte. Zum Beispiel Ruhe in der Wohnung wollte er haben. Und er wollte sich dann auch oft zurückziehen und alleine im Wohnzimmer sitzen. Na ja, und wenn du klein bist, dann tobste durch die Wohnung und bist nicht ruhig. Und als wir dann älter wurden, war's die Musik. »Ja, macht doch mal die Musik leiser, ich will nicht so laute Musik!«

Zuerst durfte sich das mein Bruder anhören, dann durfte ich mir das anhören. Dann kam meine Mutter an und sagte: »Nun nehmt doch mal 'n bißchen Rücksicht!« und trallala. Und da fühlt man sich dann auch so wie das dritte Rad am Wagen, so als wäre er wichtiger als wir. Dieses Teilen-Müssen, das habe ich lange nicht eingesehen. Ich hab' da richtig rebelliert. Zuerst: Nee, ich will das nicht. Und später so zu meiner Mutter: »Tja, du solltest dich mal entscheiden. Entweder er oder wir, deine Kinder!« Da hat se mich ganz böse angeguckt und gesagt: »Ihr steht immer über ihm, auch wenn du das nicht merkst, aber es ist so!«

Aber ich habe es nie für mich überwunden, daß er mir meine Mutter genommen hat 'n ganzes Stück. Jetzt im nachhinein sage ich: Gut, okay, sie ist auch bloß 'n Mensch, und sie will Zuneigung haben und braucht das einfach auch, dieses Seele-Streicheln. Aber so was hab' ich halt damals gar nicht verstanden.

Und ich muß auch sagen: Teilweise war ich froh, als es auseinanderging, und teilweise hab' ich mitgelitten, weil ich wieder ein Stück meiner Kindheit verloren habe. Weil der Mensch einfach immer da war, und dann – zack, weg war er. Das war ein Schock, kann ich nicht leugnen. Aber meine Mutter hat noch mehr gelitten, ist ja klar. Und das fand ich auch hart, wenn ich sie im Wohnzimmer hab' weinen hören. Wenn ich dann hingehen mußte und sie trösten. Wo ich auf einmal Angst bekam: Ich schaff' das nicht! Wenn ich meine Mutter, die eigentlich immer 'n Vorbild für mich war, die stark war, 'ne tolle Frau, wenn ich die dann weinen sehe. Und wenn die dann bei mir, ihrer Tochter, in den Armen liegt, weint und sich streicheln läßt, das ist so was, wo ich sage: Oh nee, das kann ich nicht. Das ist verdammt schwer!

Und irgendwann hat sie gesagt: So kann das hier nicht weitergehen, und hat Kontaktanzeigen gelesen und sich mit irgendwelchen Leuten getroffen. Und irgendwann hat se dann auch mal einen mitgebracht. Das war auch so blöd für mich: Plötzlich war er dann da und hat sich ausgebreitet; daß sie von Jetzt auf Gleich mit ihm Tisch und Bett teilt. Wo ich dachte: Ej, nee, mir erzählt se, daß ich warten soll, bis es die große Liebe ist, und ja nichts überstürzen, und dann seh' ich sie und kann nur denken: Schlechtes Vorbild! Das hab' ich ihr auch mal gesagt, und da meinte sie so zu mir: »Ja, ich bin auch um einiges älter als du!«, und schon hatten wir wieder Streit. Jetzt im nachhinein verstehe ich das schon, aber so 'n Unbehagen ist geblieben.

Klar, sie fängt jetzt an, ihr eigenes Leben zu leben. Sie sagt sich: Meine Kinder sind erwachsen, um die muß ich mich nicht mehr soviel kümmern; ich kann jetzt wieder als eigenständiger Mensch über die Erde laufen. Wo ich sage: Ja, okay, ich bin auch 'n eigenständiger Mensch, ich will auch endlich auf eigenen Füßen stehen. Und jetzt hat halt jeder so seinen Weg; wir leben halt miteinander in einer Wohnung, aber doch irgendwie nebeneinanderher, nicht irgendwie eng miteinander verflochten.

Und dann kommen eben wieder diese Dinger: »Laß uns mal das machen« und so, und damit überrollt sie mich wieder. Wenn sie mich nett fragt: »Wollen wir nicht das und das zusammen machen?«, dann vielleicht, aber nicht so als Feststellung: »Ja, wir fahren da und dahin.« Das find ich nicht okay.

Da läuft soviel schief zwischen uns! Als mit Silvan Schluß war, zum Beispiel. Da habe ich den einen Abend im Bett gesessen und geheult. Meine Mutter kam rein und meinte nur so, na ja, das wird schon wieder vorbeigehen. Hm, schönen Dank auch! So 'nen allgemeinen Satz, auf den kann ich wirklich verzichten. Meine Freundin, die hat den richtigen Nerv getroffen. Die sagte: »Mensch, der Typ weiß doch gar nicht, was er verpaßt!« Das hat wirklich getröstet, das tat mir gut. Und so was würde ich mir von meiner Mutter auch mal wünschen.

Na, jedenfalls, die erste Kurzbeziehung, die ging dann bei ihr auch schnell wieder in die Brüche. Der Mann war ihr nicht intellektuell genug. Sie braucht halt jemanden, der sich auch für die Oper interessiert, und da war ihr langjähriger Lebensgefährte einfach nicht zu toppen. So ein kulturinteressierer Mann, das gibt's einfach nicht zweimal auf der Welt. Na ja, also das war auch irgendwann vorbei. Und mittlerweile ist 'n Neuer da, den sie im Betrieb kennengelernt hat. Ja, weiß ich auch nicht. Das ist so ein total lieber, netter Mensch, der mir aber schon wieder zu nett ist. Der so schnell so locker mit mir umgeht, das kommt mir spanisch vor! Ich bin 17, ich möchte mein eigenes Leben haben und nicht so überrollt werden wie 'n kleines Kind.

Nur mal so 'ne Kleinigkeit: Alle möglichen Leute nennen mich »Anna«, selbst meine Tanten und Onkels. Und der, nach'm dritten Mal, als er bei uns war, nennt er mich gleich »Mariechen«. Das dürfen sonst wirklich nur engste Freunde sagen, die wissen, daß Marie mein zweiter Name ist. Und das ist so 'n Stückchen Intimsphäre, wo ich sofort Stacheln ausfahre: Halt! Stop! Dann gehen bei mir die Alarmglocken an, und ich weiß: Ich will hier nicht so schnell mit eingewickelt werden.

Ja, ich würde schon gern mit 18 ausziehen, aber ich hab's mir mittlerweile abgeschminkt, aus finanziellen Gründen. Das Alleineleben würde mir nichts ausmachen. Ich war ja schon öfter mal alleine über längere Strecken in der Wohnung und hab' gemerkt: Ja, ich kann die Waschmaschine anwerfen, ich kann kochen, ich weiß, wann ich ins Bett gehen muß, wenn ich Schule habe; hab' halt meine Grenzen selber ausgetestet. Sicherlich ist es hart, aber das würde ich schaffen. Das Problem wäre, ich müßte neben der Schule arbeiten gehen, für die Miete, wenn ich ausziehen wollte. Aber das ist – glaube ich – zuviel. Also habe ich beschlossen: So stressig das zu Hause ist, muß ich eben hierbleiben und meine Freiheiten so genießen.

Aber sobald es irgendwie möglich ist, gehe ich sowieso.

Andererseits: Am liebsten würde ich 17 bleiben. Das ist irgendwie ein schönes Alter. Wenn du erst mal 18 bist, na toll! Dann ist das halbe Leben vorbei, schon fast, auch wenn sich das jetzt 'n bißchen blöd anhört. Auch so: Biste 18, biste strafmündig, mußte wählen gehen, dann wird das plötzlich alles so ernst. Und das will ich alles noch nicht. Bißchen vor der Verantwortung drücken.

Ich möchte ja später in die Kunstrichtung gehen. Das ist mein Traum, und den möchte ich auch so schnell nicht aufgeben. Sonst verzweifle ich ganz schnell. Als Künstlerin in meinem Atelier meine eigenen Sachen machen und meine Grenzen ausloten. Vielleicht

muß ich dafür einen Halbtagsjob machen, damit wenigstens ein bißchen Geld reinkommt. Aber das wär's schon. Ich hab' ja schon immer versucht, in Bildern und Zeichnungen meine Gefühle und Gedanken zu verarbeiten. Dadurch meine Ruhe finden, nachdenken
können und – ja, mit jedem Strich, den ich aufs Blatt mache, 'n
Stück von einem Gedanken auch loswerden. Daß ich halt immer
klarer werde und immer mehr wieder zu mir selbst zurückfinde.
Ich würde schon gern alles machen, also sowohl Bildhauerei als
auch Schnitzen und Malen, alles mögliche. Vielleicht hängt das auch
mit meiner Künstlerseele zusammen, so dieser ganz starke Wunsch,
anders zu sein als andere.

Neulich habe ich mal Leute aus meiner Kindergartengruppe wiedergetroffen und war beinahe erschrocken darüber, wie viele von
denen auch zeichnen. Da dachte ich wieder, was ich vorhin schon
gesagt habe: Hm, Anderssein ist ganz schön schwer.

Ich meine, anders ist man sicherlich immer, ob nun besser oder
schlechter – das ist mal dahingestellt. Vielleicht war in mir auch immer so 'n kleiner Konkurrenzkampf: Wenn die besser zeichnen können als ich, was will ich denn da Künstlerin werden?

Aber ob ich da ankomme, was ich mir so erträume, und vielleicht
auch erst mit sechzig, keine Ahnung. Aber wenn ich den Traum verliere, dann kann ich auch gleich ganz aufgeben.

Meine Mutter hatte ja auch ihren Traum. Sie hätte gern in einer
Kulturredaktion gearbeitet. Nun war sie damals in der DDR aber
nicht in der FDJ, weil katholisch. Konnte auch kein Abitur machen
– und aus der Traum. Jetzt arbeitet sie bei einem Architekten, also
ganz was anderes. Aber sie jammert nicht. Sie sagt, nun ist sie so
auch ganz zufrieden.

Wenn ich jetzt, heute ein Bild malen würde, wo alles reinfließt,
was mich im Moment so umtreibt, das würde ungefähr so aussehen: eine karge Baumlandschaft – also leere, entlaubte Bäume habe ich ja schon immer gern gezeichnet, auf meine abstrakte Art und
Weise – und dann dunkler Himmel, und am hintersten Zipfel 'n
Sonnenstrahl, also so 'n leichtes Aufhellen. So daß die Dunkelheit
überwiegt, aber trotzdem ein Stückchen Frohsinn da ist. Und vielleicht das Bild insofern teilen – also jetzt nicht genau halbe

halbe –, als da neben den kahlen Bäumen auch ein grüner steht und die Wiese voller Blümchen ist oder so. Daß einfach da, wo Sonne hinkommt, auch was wachsen kann.

»Brüste sind wie Augen«

Jana, 15, Langewiesen

Viel unternehme ich nicht in Langewiesen. Das ist ja so 'n kleiner Ort. Ich hab' zwar Freunde da, gehe auch manchmal in die Sportanlage, die wir da haben, aber lieber bin ich in der Stadt. Ich stelle mir auch vor, später mal in die Großstadt zu ziehen. Das wird günstiger sein für meinen Beruf, für die Kontakte mit Bossen oder mit den großen Firmen.

Irgendwie stellt man sich ja immer vor, daß »die Heimat« einen nie so richtig losläßt, daß man da immer dran hängt, aber ehrlich gesagt, ich würde lieber bald was Richtiges erleben. Daß Langewiesen zwar immer mein Zuhause bleibt, wo ich mich eine Weile ausruhen kann, aber dann geht's schon wieder irgendwie los. Weiter. Und wenn ich dann alt bin, kehre ich wieder »nach Hause« zurück.

Ich würde gerne Journalistin werden oder Schauspielerin. Die Anregungen dazu habe ich aus Büchern oder Filmen. Jetzt darf man bloß nicht so was Hoch-Wissenschaftliches erwarten! Ich lese am liebsten Frauengeschichten, Abenteuer, Krimis und Fantasy. Ja, meine Eltern sagen immer, ich soll doch mal was Anspruchsvolleres lesen. Darum habe ich fast ein schlechtes Gewissen dabei, das jetzt so zuzugeben. Aber ich mag auch sehr gefühlsbetonte Filme. Oder so was wie »Die Mumie«, wegen des ägyptischen Flairs. Ich weiß auch nicht, warum mich das so anzieht.

Nee, die Schlange aus Metall, die ich hier um den Hals trage, die hat damit nichts zu tun. Sieht aus wie ein ägyptisches Schriftzeichen, ganz entfernt, ja vielleicht. Das ist aber ein Geschenk von einem Freund. Das hat er selbst gemacht. Für mich ist das wirklich bloß ein Freund, kann aber sein, daß es für ihn mehr war, als er mir das geschenkt hat. Ich glaube schon, daß da ein tieferes Gefühl mit verbunden war. Er hat aber 'ne Freundin. Und ich bin so 'ne Person, die nicht mit jemandem zusammen sein kann, den ich nicht liebe. Oder dem ich nicht dieselben Gefühle entgegenbringen kann wie er mir. Dann ist so 'ne Blockade in mir, und dann mach' ich das halt nicht. Ich warte eigentlich auf den Jungen, wo die gegenseitigen Gefühle da sind.

Liebe, das müßte Vertrauen sein. Er müßte zu mir stehen. Er müßte mit mir lachen können, so den Humor mit mir teilen. Er dürfte nicht so oft an mir herummeckern, und er sollte viel mit mir unternehmen. Sportlich, aktiv, alles mögliche. Nicht so 'n Langweiler oder so 'n Muffel, der bloß mit mir abhängt, »keinen Bock« oder so. Ich meine, ich hänge auch gern mal ab, aber aktiv zu sein gefällt mir besser. Mit mir tanzen gehen müßte er, das auf jeden Fall. Tanzen wäre so 'n Beweis, ob ein Junge Feingefühl hat. Tanzen ist ja ein Ausdruck von Gefühl. Ich tanze schon ziemlich lange, auch so Standard und Latein. Man muß da gar nicht viel reden; man merkt einfach, was in einem vorgeht.

Na ja, gut, bißchen lasse ich mich auch vom Fernsehen leiten, oder von Büchern. Wenn du so siehst, wie die Romanzen sich aufbauen, da bildet sich schon so 'n Traummann. Aber man checkt ja auch in sich selbst: Was sagt mein Gefühl dazu? Warum gefällt mir dieser – und warum gefällt mir jener vielleicht nicht? Was könnte der an sich noch verbessern, so was. Dadurch entsteht dann so ein Bild.

Momentan lese ich ein Buch über eine sehr kämpferische Frau. Die kommt eigentlich aus einem schlechten Umfeld; ach so, ich muß noch dazusagen: Das spielt im Amerika zur Zeit der Indianerkriege. Ihr Vater trinkt und schlägt sie seit dem Tod ihrer Mutter. Und damals gab's noch Hochzeitsvermittler als richtigen Beruf. Sie meldet sich bei so einem, der sie an einen reichen Farmer weitervermitteln soll, aber sie verliebt sich in den Vermittler selbst. Für den ist es zuerst nur so, daß er bloß seinen Spaß haben will; er hält sie zunächst auch für eine Hure. Daß er sich dann aber unmerklich doch in sie verliebt, und daß er am Ende zu dieser Liebe auch steht. Das ist halt so traummäßig, phantasieanregend, das find' ich schön. Das Buch heißt »Die Widerspenstige« und ist von Penelope Williamson. Das entspannt mich total, wenn ich so was lese. Die Abenteuer, die sie so erlebt, dieses Wechselspiel der Gefühle und am Schluß das Happy-End. Klar, ich stelle dann schon Vergleiche an – kann ich mich mit der Heldin identifizieren oder nicht? –, aber ich denk' mal: Ich bin auf jeden Fall nicht so die Kämpfernatur.

Ich hab' zwar meine Ziele und Zwecke, aber ich würde sie nicht so energisch vertreten, wie sie das gemacht hat, die Frau in diesem Buch. Sie wehrt sich, sie zeigt in dem Buch sehr stark ihre Gefühle. Man kann ihr das auch ansehen, sagen die Personen, mit denen sie so im Laufe der Handlung zu tun hat. Und ich denke mal, bei mir ist das nicht so. Ich brauche dann schon 'ne Person, der ich das unter vier Augen erzählen kann, was mich innerlich bewegt. Und nicht, daß das jeder gleich von meinem Gesicht ablesen könnte.

Andererseits: Ich glaube schon, ich habe auch genug Kämpfernatur in mir, um den, bei dem ich spüren werde, daß er es wirklich ist, um den dann für mich zu erobern. Vorausgesetzt, er ist nicht ganz abgeneigt. Und vorausgesetzt, daß ich mich traue ...

Am liebsten hätte ich, daß sich im Leben alles zusammen gut miteinander verbinden läßt: Liebe, Beruf, Familie. Aber ich denke mal, wenn ich mich entscheiden muß – und das wird ja wohl so kommen –, dann geht mir am Ende sicherlich die Liebe und die Familie vor, und daß ich mir dann einen Job suchen muß, wo ich was zu Hause machen kann. Wo ich mehr im Hintergrund arbeiten könnte. Damit meine ich nicht, daß ich etwas »Kleines«, Unbedeutendes machen möchte. Aber zum Beispiel Schreiben, das könnte ich auch zu Hause und mit 'm Kind. Ich denke mal, ich schaff' das dann schon, so organisatorisch.

Das sind eben alles meine Wünsche und Vorstellungen. So konkrete Erfahrungen mit Beziehungen – ehrlich gesagt, die habe ich noch gar nicht. Weil ich eben dieses Ideal habe, vielleicht blockiert mich das auch ein bißchen. Ich habe schon Interessenten gehabt, aber das ist nie was geworden, wegen mir. Weil ich diese innere Blockade habe, die ich schon erwähnt habe vorhin. Ich mag denjenigen, schaue ihn gern an, und wenn ich mir das dann vorstelle, daß mit dem mehr zustande kommen könnte, dann weigert sich alles in mir dagegen. Ich weiß nicht, warum. Mit 11, 12 habe ich angefangen, bewußt auf Jungs zu schauen. So drüber nachzudenken:

Hm, was ist denn das für 'n Typ? Und dann hab' ich mir auch versucht vorzustellen, wie ich vielleicht auf die Jungs wirke. Ich bin so 'ne Person, mir ist es schon wichtig, wie ich auf andere wirke, nicht nur auf die Jungs. Auf keinen Fall möchte ich so »blond, Dummchen« aufgestempelt kriegen!

Ich möchte zeigen, daß ich was in der Birne habe, daß ich ernst sein kann; daß ich eine Person bin, mit der man über alles reden kann. Und damals, also etwa vor drei Jahren, da hab' ich schon angefangen, drauf zu achten, daß die Jungs nicht das falsche Bild von mir bekommen. Irgendwie war da ganz stark der Gedanke in mir: Wenn die merken, daß ich nicht ganz dumm bin, finden die mich vielleicht gar nicht mal so übel.

Und ich weiß noch, als ich zum ersten Mal meine »Tage« bekommen habe, da hab' ich mich als Frau gefühlt. Da war ich total überrascht, weil, du hörst das ja immer von anderen oder liest das in Büchern. Und plötzlich hab' ich also selbst meine Tage bekommen, und mein erster Gedanke war: Oh, jetzt kannste schwanger werden!

Seltsamerweise war das für mich wie ein Triumph. Ein ganz irres Triumph-Gefühl, mit 12. Endlich eine Frau.

Ich meine, ich beobachte mich jetzt nicht ständig oder gucke dauernd in den Spiegel.

Morgens vielleicht, beim Kämmen und Anziehen. Aber lieber ist es mir, nicht nach Äußerlichkeiten beurteilt zu werden, sondern mit Jungs durch Gespräche in Kontakt zu kommen. Das Wichtigste sind doch die Augen, Blickkontakt. Da achte ich eigentlich immer drauf, wenn mir jemand gefällt: seine Augen. Und dann der Humor, laß ich auch immer durchblicken, daß ich darauf Wert lege. Ich mag's auch, wenn ich einen Jungen zum Lachen bringe, der vielleicht grade nicht so gut drauf war – wenn der dann lachen muß wegen mir oder über etwas, das ich gesagt habe, das gefällt mir total gut.

Am meisten mag ich meine Augen und meine Lippen. Meine Augen sind schön groß und graugrün, ausdrucksvoll, denke ich. Und mein Mund, also mir hat die Natur da was geschenkt, für das sich andere Frauen erst die Lippen aufspritzen lassen müßten. Und vom Charakter her gefällt mir, daß ich sehr feinfühlig bin, manchmal auch 'n bissel sentimental. Und ich mag's, daß ich mit meiner Art, Gefühle auszudrücken, manchen Leuten helfen kann. Oder, daß ich meine Meinung sage, und die finden's hilfreich. Das mag ich.

Zum Beispiel, ein Junge aus meinem Freundeskreis war mal sehr traurig, weil er 'n Mädchen toll fand und sich durchgerungen hatte, ihr das auch endlich zu zeigen. Beziehungsweise, es waren zwei Interessentinnen, und über die eine hat er nachgedacht, weil die sehr attraktiv war und sehr »drauflos« auf ihre Art, sehr spontan. Und er ist aber nun wiederum sehr sensibel und ruhig. Und das andere Mädchen war eben auch eher stiller, sportlich und nachdenklich.

Also, ich fand die zweite besser für ihn. Und er hat mich halt gefragt, ich hab' ihm gesagt, daß ich die zweite passender für ihn fände – und so fiel seine Wahl dann auch am Ende aus. Er nahm die Ruhigere von beiden. Dann stellte sich aber auf einmal raus, daß dieses Mädchen ihn nur so lange süß fand, bis sie sein Herz gewonnen hatte, und verlor dann das Interesse an ihm. Dadurch war er eben ziemlich traurig. Und in der Situation habe ich ihn dann wieder aufgebaut.

Am Ende war er wieder der Alte. Das fand ich schön.

Ja, manchmal gefällt mir diese Rolle. Allerdings nur bei Personen, die mir nahestehen, und die mir vertrauen. Ich bin jetzt nicht grundsätzlich die Kummerkastentante, so nicht. Ich bin auch 'ne sehr neugierige Person, und wenn dann mal was ist, entschließen sich halt einige, zu mir zu kommen. Weil die mir eben vertrauen. Dann ist das auch okay. Entweder, sie erzählen's mir, oder sie erzählen es mir nicht. Aber wenn ja – echt, das mag ich.

Was mir an mir selber überhaupt nicht gefällt, also so äußerlich, das sind die Weiblichkeiten. Was, ich sehe perfekt aus? Ach, nee. Nee. Ich mag's nicht, wenn man so ein breites Becken hat als Frau. Obwohl, man sagt immer, das ist gut so, wenn man Kinder kriegt, aber es gefällt mir halt nicht so. Die Proportionen. Was genau – na, meine Oberschenkel. Ja, ja, die typischen »Problemzonen« ...

Und vom Charakterlichen her: Ich bin ziemlich schnell gereizt. Wenn ich 'n schlechten Tag habe, dann komme ich da manchmal ewig lange nicht wieder raus. Ich bin nicht so der Mensch, der schlechte Laune hat – und dann: Klick!, wieder gute Laune. Ich möchte mit den Leuten Kontakt haben, ich will, daß die mit mir reden. Aber wenn ich nicht gut drauf bin, dann nerven mich die anderen auch schnell. Dann weiß ich gar nicht mehr, was ich will: Sollen die nun verschwinden und mich in Ruhe lassen, oder sollen sie sich vielleicht doch um mich kümmern. Hinterher tut's mir meistens leid, wenn ich in so 'ner Stimmung mal jemanden angefahren habe.

Ich will auch immer recht haben. Also, wenn ich meine Meinung sage und davon überzeugt bin, dann kann ich es ganz schwer aushalten, wenn ich vielleicht mal nicht im Recht bin. Ich hab' immer so Probleme mit meiner Mama. Wenn wir 'ne Auseinandersetzung haben, dann will ich mich manchmal über sie stellen, aber dann kann ich das auch wieder nicht. Dann fangen wir an zu streiten, und ich weiß schon, wie das endet: Ich sage irgendwas Unverzeihliches, und dann muß ich mich bei ihr entschuldigen, auch wenn ich innerlich koche und am liebsten irgendwas zerrupfen möchte. Ist halt so. So die Mutter-Tochter-Konflikte halt, sie sieht noch das Kind in mir, und ich fühle mich mit einem Bein schon als Frau. Hört sich eigentlich ziemlich harmlos an, wenn ich das erzähle, um welche Lappalien es da so geht.

Zum Beispiel Aufbleiben. Ich möchte gerne lange aufbleiben, und meine Mutter sagt dann immer: Nee, du solltest jetzt ins Bett gehen. Klar, sie will auch ihre Ruhe haben. Und sie weiß, daß es wichtig ist, ausgeschlafen zur Schule zu gehen und so. Ich meine, ich lese sowieso immer noch im Bett, das ist ihr ja auch klar. Na ja, und das sind eben die scheinbar kleinen Dinger im Zusammenleben, um die es dann zum Streit kommt. Aber wenn ich aus Wut mal wirklich was Gemeines sage, dann entschuldige ich mich auch bei ihr. Muß dann schon sein.

Es ist auch nervig, einen jüngeren Bruder zu haben. Manchmal ist der noch so 'n richtiges Kind. Dem macht das Spaß, absoluten Blödsinn zu fragen, nur, um mich aus der Reserve zu locken. Und meistens gerade dann, wenn ich einen Film gucke, dann fragt der wie der erste Mensch: »Jana, wer ist denn das jetzt? Warum macht der das? Was hat der gesagt? Warum?« Ich meine, der ist 12! Manchmal könnte ich ihn so nehmen und ihm 'ne Kopfnuß verpassen, damit er seine Klappe hält und mich endlich in Ruhe läßt. Aber das gefällt dem grade.

Und genau solche Kindsköpfe sind meistens auch die Jungs in meinem Alter. Sagt man ja so, daß die im Durchschnitt so zwei Jahre in ihrer Entwicklung hinter den Mädchen hinterherhinken. Und genau so kommen die mir manchmal auch vor. »Komm, wir gehen jetzt miteinander.« Oder solche Sprüche wie: »Ich will jetzt die Puppe mit den dicksten Dingern.«

Da wundert es mich gar nicht, wenn die meisten Mädchen mehr nach den älteren Jungs schielen. Vielleicht, weil die schon einfühlsamer sind, ich weiß es nicht so genau. Könnte ich mir jedenfalls vorstellen. Ich kann mich komischerweise auch noch gut dran erinnern, wenn mir früher meine Eltern so 'n Gutenachtküßchen auf die Wange gegeben haben, wie geborgen ich mich da gefühlt habe, so voller Wärme. Und das ist jetzt natürlich anders, nicht mehr so kindlich. Aber auch noch nicht eindeutig sexuell. Eher so 'n Zwischending, und wenn ich Freundinnen umarme, dann spüre ich, das vorherrschende Gefühl dabei ist trotzdem: freundschaftliche Wärme, sehr angenehm. Ich umarme auch Kumpels, so ganz brüderlich, kann man schon sagen. Ich mag das; ich hab' gern körperlichen Kontakt. Das ist schön. Ich bin ganz bestimmt 'n sehr kuscheliger Mensch. Ich kuschele mit Freunden, mit Freundinnen.

Und klar: Man beobachtet sich schon im Spiegel, wenn man sich wäscht oder so. Dann kriegt man das schon extrem mit, wie sehr sich der eigene Körper verändert hat. Und manchmal ist es auch 'ne Belastung. Die »Tage« finde ich inzwischen auch belastend, am liebsten hätte ich sie jetzt nicht mehr. Aber es ist halt da, man muß sich damit zurechtfinden.

Oder die Brüste, das ist halt für mich – wie die Augen. Die Augen sind auffällig, die Lippen, die Gesichtspartie. Und genauso die Brüste. Für Mädchen sind die wie so 'n Erkennungsmerkmal. Auch für einen selber. Aber wichtiger sind halt doch die Augen, auch ohne Brüste biste ein Mädchen.

Manchmal machen wir so Video-Abende mit Freunden, da liegen wir alle miteinander auf einer Couch, und ein Kumpel legt vielleicht mal so den Arm um mich rum, und dann liegt man eben etwas näher beieinander. Diese Art von Kuscheln, die mag ich. Oder ein anderer, wo ich wirklich mal 'ne Zeitlang dachte, da würde 'ne Beziehung draus werden, da lagen wir auch mal so nebeneinander, und er hat meinen Arm gestreichelt. Jetzt nicht irgendwie näher, dafür war die Beziehung noch nicht reif, aber das fand ich auch schon sehr schön, diese vorsichtigen Zärtlichkeiten. Hab' ich sehr genossen.

Das ist schon mal so 'n Austasten oder so 'n Rantasten. Ich hab' ja noch keinen Sex gehabt, bin also noch Jungfrau. Aber so könnte sich das ergeben, irgendwie fließend. Von den Zärtlichkeiten her, daß es sich dann wie von selbst ergibt. So stelle ich mir das vor. Daß ich die Person dann auch wirklich liebe. Es muß nicht perfekt sein, aber ich muß fühlen, daß ich das jetzt genauso und mit diesem Jungen will.

Das ist manchmal wie so 'n Zwang. Viele meiner Freundinnen haben ja schon Erfahrungen mit Sex, mit mehreren Jungs, und die erzählen auch ganz offen darüber. Ja, und dann denke ich schon: Wenigstens knutschen solltest du nun langsam mal können. Aber wenn mir dann wieder einer gegenübersteht, und der will mich vielleicht küssen, aber bei mir rührt sich innerlich nichts, dann ist es wieder da, dieses: Nein. Das geht nicht. Ich kann nicht auf einmal gegen mein Inneres handeln. Ich lerne manchmal im Ferienlager jemanden kennen, und dann hätte man ja die Gelegenheit, nur zum Spaß. Aber mit mir ist das einfach nicht möglich.

Und eigentlich tut mir das auch gar nicht leid. Denn dadurch, daß ich so bin, weiß ich ja auch: Wenn es soweit ist, daß es dann auch was Besonderes ist.

Ansatzweise war das schon mal da, aber es hat sich dann verflüchtigt, als wir zusammen waren. Da war so einer, der hat mich zum Lachen gebracht. Aber als wir dann ernst machen wollten, dann hatten wir, vielleicht aus Schüchternheit, gar kein gemeinsames Thema mehr. Das war auch im Ferienlager. Wir saßen nebeneinander im gleichen Bungalow, und das war's dann. Er hat sich mit Gameboy-Spielen beschäftigt, und ich saß daneben. Da hatte ich mir natürlich was anderes vorgestellt, ganz ehrlich.

Eigentlich kein Wunder, daß das nicht lange gehalten hat. Keiner von uns hat so richtig Initiative gezeigt. Und wenn ich so was spüre, daß es einfach nicht so sein soll, dann lasse ich das auch ganz schnell wieder sein. Denn dann kann das nicht Liebe sein, irgendwie. Maximal wohlige Wärme, aber nicht mehr.

Das ist jetzt drei Jahre her. Seitdem haben mich schon mal andere Jungs interessiert, aber es war nie so aufregend, daß ich jetzt wirklich mal über meinen Schatten gesprungen wäre und das laut ausgesprochen hätte. Daß ich von mir aus auf jemanden zugegangen wäre.

Neidisch bin ich nicht, wenn meine Freundinnen mir vom ersten Mal erzählen, eher neugierig. Die meisten sagen, es war nicht geplant, sondern es hat sich aus einem Gefühl heraus ergeben. Wenn sie's mir berichten, dann strahlen sie und schwärmen.

Aber wenn man dann genauer nachfragt, stellt sich meistens heraus: So richtig schön ist es nicht allzuoft. Den meisten Mädchen tut's weh, und darum konnten sie sich nicht fallenlassen und drauf einlassen. Oder manchmal gehen diese ersten Lieben auch auseinander, weil er das dann öfter oder ständig haben will und sie nicht. Oder sie kriegt das gar nicht organisiert, wann und wo. So was höre ich öfter.

Wir haben ja irgendwie sowieso ein ziemlich inniges Verhältnis zueinander, meine Freundinnen und ich. Wir küssen uns auch mal auf den Mund, das ist gar nicht selten und nicht so schlimm. Manchmal, zu einem Geburtstag zum Beispiel, da kam es richtig zum Gruppenknutschen.

Manche Mädels tauschen Zungenküsse aus. Ich finde das nicht irgendwie abschreckend oder so. Aber ich selbst hab' das noch nicht gemacht. Auf den Mund ja, mit Zunge nicht. Gekuschelt habe ich schon öfter mit 'ner Freundin, so aneinandergeschmiegt auf 'nem Bett gelegen. Aber intim ist es nicht geworden. Es blieb freundschaftlich.

Was es so zu lesen gibt in Zeitschriften und so – ich meine, die sind ja wirklich voll von Sex –, das lesen wir, nehmen es aber nicht besonders ernst. Ich glaube, da kann ich für mich und für meine Freundinnen gleich mit sprechen: Wir ziehen uns das aus Neugier rein und zur Unterhaltung, aber das eigene Erleben, das läßt sich keine von uns nehmen. Und auch nicht dadurch beeinflussen, nee, glaube ich wirklich nicht.

Man bildet sich vielleicht schon davon 'ne Meinung, aber keine Zeitschrift kann einem abnehmen, wie sich ein Zungenkuß anfühlt; wie das überhaupt geht. Das ist dasselbe wie mit dem Ethik-Unterricht.

In Ethik habe ich so manchmal das Gefühl, daß es einem vor die Nase gesetzt wird: So ist das und das, und für manche ist es gar nicht so. Und dann kriegste sogar noch Noten dafür! Ich denke, das geht eigentlich überhaupt nicht.

Klar, unsere Generation wird von allen Seiten zugedröhnt mit Aufklärung und Informationen. Aber ich sehe, daß die meisten sich das trotzdem nicht nehmen lassen, das eigene Erleben.

Wir hatten ja Sexualität in Ethik, 9. Klasse, ja. Und da ging's um Definitionen des Orgasmus. Laut Lehrbuch der »Höhepunkt der geschlechtlichen Erregung bei Mann und Frau; führt zu tieferer Verbundenheit«. Dann gibt's noch genaue Definitionen von Liebe und Sexualität. Da hat eigentlich unsere ganze Gruppe protestiert. Ich meine, wenn du hörst: Orgasmus ist der Höhepunkt der Lust, die und die Gefühle stellen sich da ein, die und die Stellungen gibt's und so und so ist das. Das schreit ja nach Widerspruch! Kann man denn wirklich soviel vorschreiben und eingrenzen? Ich denke, die meisten machen ihre Erfahrungen selbst und sind gespannt auf die Gefühle, die sich dann einstellen.

Ich meine, manche Dinge kann man vielleicht sachlich erklären. Was es für Beziehungen gibt, homosexuelle, bisexuelle. Aber einmal, da wurde erklärt, wie die Liebe ist. So, Sonnenschein und Glücksgefühl, zwei Herzen werden aufeinander abgestimmt. Und da sagen die meisten von uns: So ein Quatsch! Wir glauben, daß die Liebe sich erst mal entwickeln muß; daß sie also nicht von einem Augenblick zum anderen so einfach da ist. Oder was mich an Ethik auch so aufregt, das sind diese ganzen Gelehrten von damals. Die haben ihr Idealbild entwickelt, von Liebe und vom Zusammensein der Geschlechter. Und so sollte dann gleich das ganze Volk empfinden. Daß die Frau eben ihre Rolle als Hausfrau hat und Liebesgerät, und daß sie nicht so viel dabei empfindet. Das wurde so festgeschrieben. Und das wird nun in Ethik immer noch so intensiv drangenommen. Das regt mich irgendwie auf.

Ich sehe mich weder als Hausfrau noch als Liebesgerät, das ist ja wohl klar. Vielleicht liegt es manchmal auch an der Lehrerin, die so was rüberbringt. Unsere, die erzählt immer gern von irgendwelchen Gelehrten. Vielleicht wäre es fesselnder, wenn sie mehr über sich selbst erzählen würde, sich trauen würde, ihre eigenen Erfahrungen, meinetwegen auch mit Sex, in den Unterricht einzubringen. Statt dessen haben wir jetzt diesen chinesischen Gelehrten – wie heißt der? – Laotse. Das geht mir so auf den Geist! Daß einer solche Sprüche entwickelt und damit durchs Volk geht, und das soll dann die Meinung von allen sein. Wenn ein einzelner Mensch sich aufschwingt, für alle anderen zu sprechen, dann finde ich das regelrecht falsch.

Jeder hat doch seine eigene Sicht auf alles.

Unter Meinungsfreiheit verstehe ich, daß jeder seine Meinung offen und ehrlich sagen kann. Daß es keine »herrschende Meinung« für alle gibt. Also, ich möchte gerne meine Meinung behalten. Wenn mir zum Beispiel mein Vati was Besseres sagt, dann versuche ich, am Anfang dagegenzudrücken. Aber mein Vati ist für mich ziemlich vielwissend, also er weiß wirklich ziemlich viel. Der ist 'n Computermensch, aber mit großem Allgemeinwissen. Und das Lustige ist, wenn ich mit meinem Vati gestritten habe bis aufs Messer, bloß, um meine Argumente durchzusetzen, und hinterher diskutiere ich mit einem Schüler über dasselbe, dann höre ich mich plötzlich die Gedanken meines Vaters aussprechen.

Das Gute ist: Durch unsere Streitgespräche bin ich hinterher sehr gefestigt in dem, was ich vertrete. Das ist dann echt hieb- und stichfest. Das klingt jetzt ein bißchen theoretisch.

Fällt mir dazu ein konkretes Beispiel ein? Im Moment, glaube ich, nicht.

Ja, mein Vater ist so mein Haupt-Gesprächspartner für Fragen. Wenn ich meine Eltern so anschaue, dann denke ich schon, daß die sich sympathisch sind. Sicherlich nicht so leidenschaftlich, oder so, daß jeder gleich sieht: Wow, wie heiß und innig die sich lieben. So nicht. Aber wenn sie so Blicke oder Küßchen austauschen, dann würde ich sagen: Wohlige Liebe, irgendwie kuschelig. Deshalb vielleicht auch so 'n Bild, das ich habe. Aber ich denke, ewige Liebe gibt es sowieso nicht, oder?

Grade, wenn man verheiratet ist, dann weiß man ja eigentlich: Okay, es gibt Streit, es gibt Differenzen, aber dann muß man drüber reden und läßt deswegen seine Gefühle nicht gleich hängen. Die verebben nicht gleich, sonst hätte man ja gar nicht erst geheiratet. Stelle ich mir jedenfalls so vor. Warum sollte man sonst versuchen, sein Leben zusammen zu verbringen?!

Also, ich würde heiraten, wenn ich jemanden liebe und damit klarkomme. Ja, man sagt immer, was ändert sich dadurch schon. Aber ich find's irgendwie schön, wenn man durch 'ne kleine Geste wie einen Ring oder ein Papier zusammen ist. Daß man 'ne Familie zusammen trägt, auch wenn man das ohne Urkunde vielleicht genauso könnte. Aber für mich ist das Zusammengehörigkeitsgefühl irgendwie schöner, wenn ich so an Hochzeit denke. Doch.

Aber im Grunde ist das alles individuell und privat. Genau wie Körper, Nacktheit. Das ist privat. Ich finde das eher eklig, wenn Menschen sich da so präsentieren. Auf den BRAVO-Seiten zum Beispiel. Die reden über ihre Hobbys, und daneben ist ein Nacktfoto. Das finde ich dermaßen blöd. Darum habe ich auch aufgehört, das zu lesen. Mein Vater hat den FOCUS abonniert; der ist mehr auf die wahren Probleme konzentriert. Von Frauenzeitschriften mal ganz zu schweigen. Wenn ich schon das Wort »Problemzonen« höre! Das geht ja nur noch darum. Problemzonen, und wie man die angeblich los wird; mit Diäten, Schminke, Klamotten, Schönheitsoperationen.

Wenn ich zum Beispiel 'ne dicke Frau sehe, die dann auf dem nächsten Bild strahlt und schlank ist, klar: Dann schiele ich schon nach solchen Kapseln, die dieses Wunder bewirkt haben. Aber dann höre ich natürlich auch von meinen Eltern und Freunden: Ist totaler Schwachsinn, du brauchst das überhaupt nicht. Ich selber grüble schon: Soll ich so was auch mal austesten? Oder mehr Sport treiben vielleicht? Dabei ist es bei mir bis jetzt zum Glück auch geblieben. Basketball, Volleyball, Kegeln und Tanzen. Aber alles mehr als

Hobby. Fahrradfahren. Da fühle ich mich fit. Das ist eigentlich der Hauptgrund, warum ich mich bewege: nicht so sehr, um schlank zu werden; mehr, weil ich merke, daß mir das schöne Gefühle macht.

Schönheits-OPs finde ich eigentlich nicht gut. Vielleicht, wenn man sich absolut depri fühlt, dann ja. Aber erst ab 18, wenn man das selbst entscheiden kann und wenn man ausgewachsen ist. Sonst ist es schädlich für den Körper, denke ich. Wer jetzt wirklich denkt, er braucht das für sein Selbstwertgefühl, der soll das doch machen. Ich für mich hab' nur gedacht: Ja, vielleicht mal Fett absaugen. Ich weiß nicht. Das ist so 'ne fixe Idee. Keine Ahnung, ob die sich wirklich hält. Ob ich das dann später wirklich mache, wenn ich volljährig bin, das bezweifle ich eher.

Ich war schon öfter mal total deprimiert. Da gibt's ja immer so Phasen, wo man sich völlig häßlich fühlt und sich am liebsten verstecken würde. Das hab' ich immer mal. Zum Glück, es war noch nie so schlimm, daß ich jetzt alles wegschmeißen wollte. Weil, irgendwie denke ich ja doch immer noch: Wenn einen jemand mag, dann so, wie du bist. Ja, klar, das sage ich jetzt so vom Kopf her: So sollte es eigentlich sein.

Aber wenn ich mal im Loch stecke, also ich verkrümle mich dann immer irgendwohin, lese ein Buch oder so. Manchmal esse ich dann auch grade noch was dazu, obwohl ich die Fresserei ja eigentlich reduzieren will. Oder ich höre Musik.

Bei mir ist es eigentlich nicht so sehr eine spezielle Musikrichtung, sondern immer einzelne Titel. Ich mag zum Beispiel sehr von Whitney Houston: »And I Always Love You«. Das ist sehr gefühlsbetont. Genauso wie »Colourblind« von Eiskalte Engel.

Das mache ich eigentlich immer so kurz vorm Schlafengehen. Daß ich mich da in meinen Lieblingssessel hocke, der direkt vor der Musikanlage steht, die Beine anziehe und mich in die Musik versenke. Meistens kommen mir dann die Tränen, einfach nur so, ganz stille Tränen. Und dann gehe ich ins Bett, schlafe drüber, und danach geht es dann meistens wieder.

Ich habe mir mal vorgenommen, Tagebuch zu schreiben. Aus dem Grund: Ja, wie bei Anne Frank, wenn das dann später jemand findet, das ist eine schöne Vorstellung. Daß dann jemand meine Gefühle verstehen wird, später vielleicht mal. Aber leider bin ich zu faul zum Schreiben. Ich habe immer irgendwas anderes zu tun, und dann paßt das immer nicht. Die Abstände zwischen den Eintragungen werden immer größer, und am Ende lasse ich es ganz sein. Mit Briefen ist es dasselbe. Sogar bei SMS und E-Mails bin ich eher schludrig. Ein Freund hat sich mal beschwert: Du schreibst ja gar nicht zurück. Aber ich schaffe das alles gar nicht.

Weil ich gesagt habe: Später soll mal jemand meine Gefühle verstehen. Na ja, das ist hauptsächlich das Gefühl, irgendwas zu verpassen. Ich hab' ja schon gesagt, ich bin sehr feinfühlig und sentimental, und ich beneide Leute in meinem Alter, die scheinbar tausend andere Leute kennen und ständig mit denen auf Partys sind. Ich weiß, das ist meistens gar nicht so, aber mir kommt es manchmal so vor.

Und ich kriege dann Frust auf meine Eltern, wenn sie mir wegen der Schule verbieten, auch mal mitzugehen auf Feten oder dort zu übernachten. Entweder muß ich um 22 Uhr schon zu Hause sein oder das Ganze eine Woche vorher anmelden, damit sie drüber nachdenken können.

Die einzige Ausnahme sind Bälle in unserer Tanzschule, und das auch nur, weil meine Eltern dort selber tanzen und dann immer mit dabei sind. Und da beneide ich manchmal Mitschüler, deren Eltern viel lockerer sind. Die sagen öfter mal ja, auch zum Über-Nacht-Bleiben, und meine sagen immer nein.

Den größten Frust macht mir zur Zeit, daß mein Handy kaputt ist. Ich hab' so viele Leute kennengelernt, die mir SMS schreiben wollten, und die kann ich nun alle nicht empfangen. Vielleicht wäre ja was Interessantes dabei!

Da wären wir wieder bei den Beziehungen. Ja, es ist schon irgendwie blöd. Ich meine, ich sage mir: Ich bin nun bald 16, und die meisten machen ihre Erfahrungen schon ziemlich früh, und ich stehe immer noch irgendwo alleine im Regen. Und wenn ich dann höre: »Och, alles schon mit 13 erlebt!«, dann denke ich: Na, sag' mal, sollste erst 'ne alte Oma sein, bevor du deine erste richtige Beziehung hast – oder was?

Das macht mir Frust. Obwohl, die meisten sagen, es kommt ganz unerwartet, wenn man gar nicht dran denkt. Also denke ich: Jetzt grüble doch nicht ständig darüber, sei unvorbereitet! Und das klappt sowieso nie.

Wo kriege ich nun 'n neues Handy her? Ich müßte's selbst berappen, und ich bin sehr geizig. Ich will ja auch noch den Motorradführerschein machen, und dazu brauche ich das Geld, was ich mir erarbeitet habe. Also kein Handy, kein neuer Fotoapparat, keine neuen Klamotten. Geld ist für mich etwas, das ständig knapp ist. Meine Eltern sagen: Wir unterstützen dich, aber du muß auch selbst was dafür tun. Ich will ihnen auch gar nicht ständig auf der Tasche liegen. Das will ich nicht!

Und darum wünsche ich mir für später einen Job, der mir soviel Geld bringt, daß ich nicht immerzu sparen muß. Wo ich zwar 'ne kleine Reserve anlegen kann, die ich im Hinterstübchen sicher habe, aber wo ich mir vor allen Dingen alles das leisten kann, was ich will an den schönen Sachen des Lebens. Siehe oben. Dafür bin ich auch bereit, viel und hart zu arbeiten.

Trotzdem habe ich meine Berufswünsche nicht unbedingt wegen des Geldes ausgewählt, das ich da erwarte. Nee, Journalistin, weil ich an meine Neugier denke – und, daß ich Sätze auf dem Papier ganz gut formulieren könnte. Und Schauspielerin, weil ich sowieso die ganze Zeit schon Theater spiele und mir das liegt. Das ist vielleicht sogar der noch viel stärkere Wunsch. Schauspielern, in andere Personen schlüpfen. Andere Leben versuchen auszuleben.

Wenn man jetzt zum Beispiel 'n Wilden Western nimmt und dann vielleicht so 'ne Cowboy-Lady spielt, das wäre echt mal was ganz anderes. So abenteuermäßig, weil es das ja heute gar nicht mehr gibt. Oder eben »Die Mumie«, da hätte ich auch gern mitgespielt. Die Pyramiden, das Ägyptische. Obwohl ja das meiste doch schon mit Computer gemacht wird, leider ist da auch nicht mehr soviel Raum für die Phantasie.

Wenn jetzt ein Regisseur käme und sagen würde: Okay, Jana kriegt von mir eine Wunsch-Rolle, dann würde ich am liebsten in einem Tanzfilm mitspielen. Zum Beispiel »Save the last dance«. Übrigens, der Junge, der Hauptheld aus diesem Film, das wäre so 'n Traum-

Junge! Der ist intelligent, hat viel Gefühl und gefällt mir vom Charakter sehr. Er war in der Beziehung offen und ehrlich und hat zu seiner Liebe gestanden. Dessen Partnerin wäre ich gern gewesen. Auch, unter anderem, weil ich eben so gerne tanze. Ich würde aber auch in 'ner Teenie-Komödie mitspielen, zum Beispiel »Zehn Dinge, die ich an dir hasse«. Das wäre auch 'n schöner Film. Luftig, locker. Und ich wäre die Zicke! Gerade, weil ich in natura das Gegenteil bin. Na ja, stimmt nicht ganz.

In unserem Theaterzirkel in der Schule hab' ich bis jetzt nur in einem Stück mitgespielt. Da ging's um Rassismus und Faschismus. Also, 'n ziemlich ernstes Thema. Das hat mich irgendwo sehr belastet. Weil ich ein Mädchen gespielt habe, das mit den Leuten befreundet war, die bedroht wurden. Die Opfer halt. Und ich wurde dann auch selbst dazu; also die Elisabeth, die ich gespielt habe, die wurde zum Opfer von Anschlägen. Dieser Haß von den Neonazis kam dann über mich. Und das ist schon nicht so schön, wenn man Kampfszenen spielen muß. Oder wenn man dann am Boden liegt und schreit. Ich konnte mich jetzt nicht hundertprozentig mit Elisabeth identifizieren, weil ich selber so was nicht erlebt habe. Aber ich denke, es ist wichtig, so was zu spielen, und ich fand's auch gut, ich würde's auch immer wieder machen. Aber noch lieber was Fröhlicheres, was Humorvolles.

Das Beste war die Zusammenarbeit mit den Leuten. Daß man sich zusammen eine Meinung bildet und probt. Das war ja ein Stück, was Schüler selbst geschrieben haben, und dieses Darum-miteinander-Ringen, das hat mir echt gut gefallen.

Ich stehe eigentlich total gerne auf der Bühne, wo die anderen mich angucken und hinterher vielleicht sagen: Das hast du gut gemacht. Ich mag das. Da stört mich auch nicht das an meinem Körper, wo ich sonst dran rummeckere. Genauso beim Tanzen. Da ist ja dieser große Spiegel im Saal, in dem man sich wirklich gnadenlos betrachtet; das macht mir gar nichts aus. Das hilft wohl eher dabei, daß ich mich selbst so annehme, wie ich bin. Bühnen-Flair ist wirklich etwas ganz Besonderes.

Das einzige, was ich mir nicht vorstellen kann, ist: Schauspieler müssen ja auch ihren Körper nackt präsentieren, wenn so Liebesszenen oder Sex-Szenen sind. Da habe ich schon Hemmungen, wenn ich mir vorstelle, so 'n fremder Schauspieler ... Peinlich. Ich meine, die Umgebung ist ja dann steril, aber irgendwie wäre das trotzdem blöd. Ich würde's sicher machen, aber ich würde mich bestimmt die ganze Zeit fragen: Wie findet der mich denn jetzt eigentlich? Mit mir so was zu machen, was hält denn der jetzt eigentlich von mir? Und wenn ich das Gefühl hätte, der zieht das jetzt bloß durch »mit der Kleinen«, dann würde mich das ängstlich machen und verunsichern. In gewisser Weise habe ich das auch schon mal erlebt. Da gibt's ja so 'ne Szene in unserem Stück, ich bin da mit den Opfern zusammen, und da gibt's so 'ne Szene, wo das Mädchen dem Jungen näherkommt, einem Türken halt. Und da sollte es auch 'ne Kußszene geben, aber wir wollten ja kein Liebesdrama draus machen. Also blieb es bei 'nem Kuß auf die Wange. Und dennoch gibt es so peinliche Haltungen für uns.

Der Junge steht hinter dem Mädchen, umfaßt sie so, und sie lehnt sich eng an ihn ran. Und man steht da so zum Publikum und denkt: Mensch, ist das peinlich! So würde ich das in Wirklichkeit nie machen. Da würde man höchstens nebeneinandersitzen oder auf dem Boden zusammen liegen. Aber da stehste so da, und er schlingt die Arme um meinen Körper; am liebsten würde man sofort anfangen zu schreien, also vor Lachen. Da kommt ja dann zu dem engen Körperkontakt noch der Text dazu: Er schwärmt so von seiner Heimat, der Türkei. Und sie muß dann die Augen schließen, in diese Welt eintauchen und muß den Geruch riechen, diese Bilder vor sich sehen ... Die meisten haben dann auch gelacht bei der Aufführung. Ja, weil wir alle wissen: So würde das in der Wirklichkeit von uns eigentlich keiner machen.

Manchmal würde ich mir schon wünschen, ich wäre unabhängiger von der Meinung anderer. Ich denke von manchen: O Gott, ist der bescheuert. Da halte ich manchmal gar nichts von so einem Charakter, und doch denke ich: Der soll mich wenigstens respektieren. Er muß mich ja nicht supergut leiden können, aber Respekt ist schon extrem wichtig. Sonst ärgere ich mich über die Person.

Das zeigt eigentlich nur, daß ich noch nicht das Riesen-Selbstbewußtsein habe, das ich gerne hätte, was? Wenn mir die Meinungen von anderen über mich so viel bedeuten, selbst, wenn ich die gar nicht leiden kann.

Ich möchte elegant wirken, und ich möchte meine Weiblichkeiten betonen. Obenrum kann ich's ja tragen! Und ich schmink' mich gern, aber nicht jeden Tag. Ich bin zu faul dazu. Vielleicht Pickel abdecken, aber sonst ... – Dann muß man sich ja bloß jeden Abend abschminken. Andere schminke ich gern, da bin ich manchmal richtig süchtig danach. Komm, laß mich dich schminken! Ich weiß auch nicht, warum.

Kleidung muß bequem sein. Diese Hosen, die Jeans, die bis zum Bauchnabel gehen, die kann ich nicht anziehen. Da fühle ich mich so eingeengt.

Die Haare, die hatte ich viele Jahre lang. Vor kurzem habe ich sie mir abschneiden lassen, weil ich so frecher wirke. Die langen Haare waren mir zu brav.

Soviel zu den Äußerlichkeiten. Wenn ich so 'ne Art Lebensmotto formulieren sollte, dann wäre das: Nicht immer bloß sagen »Träume sind Schäume«, sondern meine Träume zu verwirklichen – und dabei menschlich zu bleiben. Also jetzt nicht dafür über Leichen zu gehen. Aber ich kenne viele, die sagen, Träume kannste nicht verwirklichen, das geht nicht. Oder das ist noch nicht mal besonders günstig.

Meine Eltern raten mir zum Beispiel von der Schauspielerei ab. Sie sagen, das ist 'ne brotlose Kunst, und da mußte soviel beweisen für erst mal gar kein Geld. Das ist deprimierend. Aber ich denk' dann immer an solche Leute wie Michelle Pfeiffer. Die war Kaufhausangestellte und ist dann so 'ne berühmte Schauspielerin geworden. Sicher, da kann man nun wieder sagen: Das ist eine Ausnahme. Aber ich würde schon gern allen beweisen, daß ich das kann. Und dann Kontakte erschaffen, die mich wieder unterstützen, und immer weiter arbeiten.

Du klammerst dich ja an deine Träume, was hast du schon sonst?! Aber andererseits habe ich auch Angst davor, was sein könnte, wenn das dann wirklich nicht klappt und meine Eltern recht behalten. Dann sind vielleicht die anderen Züge schon abgefahren. Und was mache ich dann?

Ich stehe irgendwie ständig unter Druck. Leistung bringen in der Schule, die richtigen Entscheidungen für die Zukunft treffen, die große Liebe finden. Manchmal denke ich: Scheiße, jetzt ruhst du dich einfach mal aus. Du stehst hier ständig unter Druck, du dürftest dich eigentlich gar nicht ausruhen, aber es geht doch gar nicht. Und letztes Jahr, als ich wirklich mal mehr auf mein Vergnügen aus war, da hab' ich's dann auch gleich wieder bereuen müssen. Weil ich sofort zu wenig für die Schule gemacht hab'.

Das schlimmste Gefühl ist, daß du durch diesen Leistungsdruck etwas verpaßt. In dem Moment, wo ich immer nur lerne, kann ich ja nicht mit Freunden weggehen. Und schon kommt es mir so vor, als ob ich etwas Wichtiges verpasse. Ist ja eigentlich Quatsch, angeblich kriegt man ja immer wieder eine neue Chance.

Am meisten wünsche ich mir Zufriedenheit. Erfolg in der Schule und die Liebe zugleich. Ich meine, manche schaffen's ja. So was hätte ich auch gerne.

»Ich versuche, den Tag zu nutzen«

Sascha, 20, Jüterbog

Diese beiden langen Narben an meinem linken Unterarm, ja, die sind immer gut beim Erstkontakt. Jeder fragt danach, und man ist immer sofort im Gespräch. Das war beim Basketball. Ich bin gestürzt und hatte einen offenen Armbruch. Konnte es danach kaum abwarten, bis ich wieder spielen durfte. Fing an, fiel wieder hin, auf die gleiche Stelle. Danach war's dann erst mal aus. Nach dem zweiten Bruch durfte ich ein Jahr lang nicht Basketball spielen. Das war wirklich schlimm, da habe ich dann echt geweint. Ich hatte mich so an meinem Sport festgehalten damals. Das war mit 14, mitten in der Scheidungszeit meiner Eltern.

Jetzt bin ich Zivi in 'ner Drogenberatungsstelle. Das läuft nicht so ab, wie sich die meisten Leute das vorstellen, wenn ich denen das erzähle, nicht ganz so dramatisch. Sind eher so unterstützende Aufgaben: Kaffeekochen, Fahrdienste, Botengänge. Wichtige Papiere transportieren, Unterschriften einholen, so was. Dann kommt noch zwei-, dreimal in der Woche Telefondienst dazu, also im Büro sitzen, Anrufe entgegennehmen und weiterleiten. Das hört sich erst mal nicht so stressig an, war's aber zuerst schon. Zum einen, mit der Telefonanlage klarkommen, und dann: Ich kannte ja die Leute dort alle nur mit Vornamen, wir sagen alle »du«. Ist 'ne ziemlich offene und jugendliche Atmosphäre dort. Und plötzlich an der Strippe wollte jemand den »Herrn Müller« sprechen. Ehe ich das so raushatte, das dauerte schon 'ne ganze Weile.

Es kommen auch Anrufe von Hilfesuchenden, klar. Dann soll ich immer auf unsere offenen Sprechstunden hinweisen. So was machen wir nicht am Telefon. Die Leute kommen her, kriegen einen Drogenberater zugeteilt, das wird sozusagen ihr fester Betreuer; sie bekommen Termine, und dann wird denen geholfen.

Gleich an meinem dritten Tag dort hatte ich ein ziemlich aufwüh-
lendes Erlebnis. Da stürzte ein Junkie bei uns zur Tür rein, dem
ging es offensichtlich sehr schlecht. Und der war laut. Brüllte da
rum, er hätte die Nacht zuvor schlechtes Heroin bekommen, und
nun wollte er substituiert werden, also er wollte von uns Metha-
don haben. Na ja, und weil ich ja mit dem ganzen Zeug und der
ganzen Problematik noch nie in Verbindung gekommen war, da
war's für mich erst mal komisch. Ich konnte den nicht einschätzen,
ich hatte Angst, der tickt jetzt gleich aus. So, wie der rumpoltert.
Und meine Kollegen standen um den rum und sind nicht unruhig
geworden. Die blieben bewundernswert gelassen, ganz im Gegen-
satz zu mir.

Ich dachte die ganze Zeit: Was passiert als nächstes? Wird der
gleich ausfallend, greift der jemanden an, wie kriegen wir den wieder raus? Aber er ließ sich halt recht schnell beschwichtigen. Der
ist so 'ne Person, der will halt nur, daß man ihm zuhört. Hab' ich
inzwischen schon festgestellt, ich kenne ihn ja nun, weil er öfter
kommt.

Mein Verhältnis zu Drogen hat das jetzt nicht entscheidend verändert, aber mein Verhältnis zu Drogenabhängigen auf jeden Fall.
Die Distanz und die – na ja, wie soll ich's nennen – die Furcht, An-
näherungsschwierigkeiten, Vorurteile vielleicht auch, die sind schon
ziemlich weggeschmolzen inzwischen. Weil die Personen, die ich
kennengelernt habe, die sind eigentlich, oder die waren zumindest
vor ihrer Drogenkarriere ganz normale Leute. Und selbst so herun-
tergekommen, wie sie bei uns reinschneien, sind sie trotzdem wirklich freundliche Leute. Also, ich dachte immer, Junkies sind Menschen, die dir im nächsten Moment die Kehle aufschlitzen, weil sie
an dein Geld wollen, um Drogen beschaffen zu können. Aber bei
uns in der Stelle ist es so, daß sie alle Hilfe möchten, Hilfe brauchen und deswegen auch mit der Einstellung hinkommen, daß sie
weg davon wollen. Und die treten sehr freundlich auf, sympathisch
und manchmal richtig schüchtern. Man merkt denen an, daß sie
nicht bedrohlich sind, sondern einfach nur verzweifelt, krank.

Ich selber hab' kein besonders ausgeprägtes Verhältnis zu Drogen. Zu den normalen Drogen, also zu denen zähle ich Alkohol,

Nikotin und Haschisch, was so mehr der Alltagsgebrauch ist, da ist
es bei mir so: In der 6. Klasse habe ich mal mit dem Rauchen angefangen, wie fast alle in meinem Alter, aber mir hat's nicht gefallen. Ich hab' danach unheimliche Kopfschmerzen bekommen, ge-
hustet und so. Und seitdem habe ich's nie wieder probiert. Alkohol
ist bei mir so, daß ich eigentlich relativ wenig trinke, nicht mal jedes Wochenende, und dann nie, um mich zu besaufen. Ich weiß
auch nicht, will ich einfach nicht. Und Haschisch oder Cannabis
oder was weiß ich, das rauch' ich alles nicht, weil ich nicht rauche.
Und die sogenannten harten Sachen, Heroin und so, da hat sich
jetzt als Zivi der Eindruck verstärkt: »Finger weg«, weil ich eben
sehe, was aus den Leuten wird, die so 'ne Sachen nehmen.

Wobei, wenn Abschreckung wirklich helfen würde, dann müßte
ja die Welt schon längst drogenfrei sein, oder?! Wir haben zum Beispiel in der Schule den Film dieser Christiane F. gesehen, »Die Kinder vom Bahnhof Zoo«, und da war man für drei Stunden schokkiert, aber danach hat man's wieder vergessen. Oder ich hab' gehört, daß irgendwo in Skandinavien, also die Regierung druckt da
auf die Zigarettenschachteln Bilder von verteerten Lungen oder
Raucherbeinen, also so richtig abschreckende Bilder. Oder Fehlge-
burten, richtig eklige Sachen, damit die Leute schockiert werden.
Und das find' ich gut. Weil ich inzwischen total gegen Rauchen bin,
und wenn die Leute nicht rauchen würden, das wär' schön.

Ursprünglich wollte ich eigentlich nur raus aus Jüterbog. Das ist
'n kleiner Ort, da wohnen knapp 14.000 Leute. Und da wollte ich
weg, nach Berlin. Um der Kleinstadt zu entfliehen, und um näher
bei meiner Freundin zu sein, die wohnt in Berlin. Zuerst hatte ich
mich in Jugendherbergen beworben, weil ich unbedingt mit Jugendlichen zusammensein wollte. Selbst, wenn ich nur saubergemacht
hätte oder in der Küche gearbeitet, mit Jugendlichen hätte das ja
auf jeden Fall was zu tun. Aber da hieß es immer: Nein, Sie sind
von außerhalb, und Fahrtkosten plus Unterkunft können wir nicht
bezahlen. Daraufhin hab' ich mich bei BOA beworben, weil meine
Mutter da jemanden aus dem Vorstand kannte, ja, und das hat dann
auch am Ende geklappt. BOA heißt: Begegnung, Orientierung, Anfang.

Meine schlimmste Krise bisher, wo ich auch das einzige Mal im Leben dachte, am liebsten würde ich mich jetzt irgendwie wegmachen, das war mit 13, 14. Als meine Eltern sich scheiden ließen. Das war keine schöne Sache, nicht geordnet und ruhig, sondern richtig mit Streiten, Schreien, Schlagen verbunden. Und weil wir das als Kinder alles sehr dicht mitbekommen haben, ich wahrscheinlich noch mehr als mein Bruder, gab's halt viele Momente, wo ich am liebsten gar nicht dagewesen wäre. Lange Jahre war immer alles so harmonisch; wir sind eine ganz normale Familie gewesen. Und auf einmal ging das los. »Du betrügst mich!«, »Du betrügst mich ja auch.« Sogar im Urlaub. Wir waren so fünf Jahre hintereinander in Holland, nach der Wende, und die letzten zweimal sind es einfach keine schönen Ferien mehr gewesen, weil sie sich auch da nur angeschrien und gestritten haben.

Ich war am Ende auch total froh, als sie sich endlich getrennt hatten, als die ganze Sache vorbei war. Das war die beste Zeit, danach.

Mein Vater hat dann nach der Scheidung gleich wieder geheiratet, wo ich dachte: Das kann nicht wahr sein, da muß doch auf jeden Fall schon die ganze Zeit vorher was gelaufen sein. Also, da kennt man jemanden so lange, lebt mit ihm zusammen und hat doch keinen blassen Schimmer von dem. Das kann ich immer noch nicht fassen. Ich weiß nur eins, für mich: So will ich nicht leben, so doppelbödig. Für mich hat es auch keinen Sinn, immer zu sagen »wegen der Kinder«. Wegen der Kinder bleiben wir zusammen, da muß man das doch hinkriegen und so, oder wegen der Etikette, was dann die Nachbarn sagen oder die Leute – alles Quatsch! Das führt bloß zum Elend ohne Ende. Lieber ein sauberer Schnitt und in Frieden neu anfangen. Man muß Sachen nicht unnötig in die Länge ziehen; nicht versuchen, um jeden Preis so was zu retten. Das verschlimmert alles nur.

Mein Bruder ist vier Jahre älter als ich. Warum ich sage, der hat das alles vielleicht nicht so klar mitgekriegt wie ich, ja, der ist geistig behindert. Vom Intellekt her ist er ungefähr mit 'nem Fünf- oder Sechsjährigen zu vergleichen. Er ist 'n Stückchen kleiner als ich, stämmig, und er sieht eigentlich aus wie 'ne normale, im Leben stehende Person. Er lebt auch in 'ner eigenen Wohnung und hat seinen Platz in der Dorf-Feuerwehr in Jüterbog, da ist er richtig eifrig dabei, ganz wichtige Sache für ihn. Aber er ist in 'nem Betreuungsverfahren drin, seine finanziellen Angelegenheiten werden von 'nem Betreuer geregelt, und wenn er Sachen unterschreibt, kann er dafür nicht haftbar gemacht werden. Sagt man dazu, er ist entmündigt? Hat meine Mutter angeleiert, und das finde ich gut. Weil er sehr schnell von Sachen überzeugt werden kann. Also wenn ihm Leute Handy-Verträge aufschwatzen, ist er der erste, der unterschreibt. Da ging's halt Ratz-Fatz, daß er auf einmal drei Handy-Verträge am Hacken hatte, und dann wußten meine Eltern natürlich nicht, wohin damit. Das war ja auch viel Geld, und das hat ihn schnell in Schulden geritten, als er 18 war, und deshalb ist das jetzt so die beste Lösung für ihn, für alle.

Er ist eigentlich adoptiert, mein Bruder. Also, ohne ihn würde es mich gar nicht geben. Denn meine Eltern schienen keine Kinder bekommen zu können, haben ihn dann adoptiert, und drei Jahre später ist meine Mutter mit mir schwanger geworden.

Was habe ich für ein Verhältnis zu ihm? Also, ich glaube, früher ging er mir auf die Nerven, weil er halt immer eine Menge Probleme verursacht hat. Man könnte vielleicht denken, er hat so 'ne Art Fürsorglichkeit in mir geweckt, aber das war nicht so. Kommt vielleicht noch.

Ich kann manchmal mit ihm reden, manchmal nicht. Klar, ich helfe ihm auch, fahre ihn mal irgendwohin oder freue mich, wenn er so mit Begeisterung bei der Feuerwehr dabei ist. Da kann ihn ja schon manchmal das Aufrollen eines einfachen Schlauches entzücken. Andererseits verliert er auch schnell die Lust an einer Sache, wenn sie ihn nicht mehr fasziniert. Also, ich sag mal so: Ich find's gut, wenn es meinem Bruder gutgeht. Mir geht's schlecht, wenn's ihm schlecht geht. Ich finde's schön, wenn er glücklich ist.

Ich bin ja mehr so 'n zurückhaltender Typ. Nicht direkt introvertiert, das nicht. Ich guck' mir halt Sachen und Menschen gern erst mal an, bevor ich auf die zugehe. Aber dann, wenn sie mir gefallen oder mich interessieren, bin ich auch offen. Ich war ja ein Jahr in Amerika, zu so 'nem Austausch, und da habe ich das auch an mir bemerkt. In der Zeit nach der Scheidung meiner Eltern, da bin ich vielleicht außerdem noch 'n bißchen giftig geworden. So siebte, achte Klasse.

Da bin ich aufs Gymnasium gekommen, und da waren Leute, die sind auch aufs Gymnasium gekommen, aber die waren grottenschlecht. Und ich fand, die haben uns ziemlich gestört, weil wir halt immer alles dreimal erklären mußten, damit die es auch verstehen. Das hat mich tierisch genervt, und das hab' ich die Leute auch wissen lassen. Da war ich ziemlich intolerant. Keine Ahnung, ob das damit zusammenhing, daß ich so 'ne Art seelisches Ventil brauchte, aber ich hab' hinter deren Rücken über die gelästert und geschimpft und immer wieder betont, daß ich mich frage, wie die überhaupt aufs Gymnasium gekommen sind. Daß es voll nervig ist mit denen. Aber das hat sich später merkwürdigerweise gelöst. Die Leute, auf die ich damals so 'nen Haß hatte, sind heute teilweise unter meinen besten Freunden.

Das waren drei Mädchen, und die kamen nicht aus Jüterbog, sondern vom Dorf, und die hatten damals eben völlig andere Interessen: ältere Freunde, erste Kiffer-Erfahrungen, erste Beziehungs-Erfahrungen, und die hatten halt keinen Sinn für die Schule. So erkläre ich's mir heute. Und die haben sich auch alle total gedreht. Als sie gemerkt haben, daß es jetzt aufs Abitur zugeht und wichtig wird, da sind die alle richtig gut geworden in der Schule. Ich denke mal, am Anfang hatten die einfach nicht den Bock. Aber damals hab' ich das halt alles nicht gesehen, und es hat mich auch nicht interessiert.

Ja, es ist möglich, daß ich so 'n bißchen großkotzig gewesen bin. War dann später auch Klassensprecher, in der Sekundarstufe zwei. Sind das die Typen, die von Mädchen angehimmelt werden? Ich hab' keine Ahnung, kann schon sein. Aber ich hab' das sicher auch deshalb nicht so mitbekommen, weil ich eigentlich nie auf die Mädchen in meiner Klasse, in meinem Alter stand. Eher so auf die, die zwei Jahre älter waren als ich. Weil die nicht so kindisch waren, von den jüngeren Freundinnen mal ganz zu schweigen, die meine Freunde so aufzuweisen hatten. Die fand ich ja nun nur doof.

Ehrlicherweise muß ich dazusagen: Mich hat's auf der anderen Seite auch immer sehr frustriert, daß Mädchen in meinem Alter immer nur ältere Jungs wollten. Also, bis zur elften oder zwölften Klasse standen die immer nur auf die Älteren, und das hat mich so angekotzt!

Daß erotische Gefühle erwacht sind, daß ich die zum ersten Mal wahrgenommen habe an mir, na ja, das war auch so in der Zeit, siebte, achte Klasse. Ich weiß nicht, ist das spät? So in dem Zeitraum Wechsel zwischen Grundschule und Gymnasium.

Das war, glaube ich, so die Zeit, wo ich irgendwelche Soft-Pornofilme nachts auf SAT 1 gesehen habe, so 'ne »Schulmädchenreport«, die da wiederholt wurden. Wo ich so was zum ersten Mal bewußt gesehen habe. Alleine, heimlich, nachts, wie gesagt.

Wie hat das auf mich gewirkt? Am Anfang blöd. Igitt, was machen die da, sieht ja affig aus. Und dann irgendwann auch ansprechend vielleicht, ja.

Am Anfang hab' ich nur geguckt und später dann dabei auch onaniert. Na ja, ich glaube, das braucht man nicht zu leugnen, oder?!

In der achten Klasse hatte ich dann – na ja, nicht meine erste Freundin, aber die erste längere Beziehung. Fünf Monate, also das fand ich schon ziemlich lang. Aber mein erstes Mal, das war erst in der zehnten Klasse. Mit 16 oder kurz bevor ich 16 wurde. Das war jemand ganz anderes! Ich hab' ja schon erzählt, ich war in Amiland, und da hab' ich dann so 'n Stipendium bekommen für einen parlamentarischen Austausch zwischen USA-Parlament und Deutschem Bundestag. Und da waren wir so 'ne ganze Gruppe aus allen Bundesländern, ja, und da hab' ich mich in ein Mädchen aus dem Ruhrgebiet verliebt. Und wir hatten anderthalb Wochen Vorbereitungstreffen, und da dachte ich: Wow, wie die aussieht, und vor allem auch, was die sagt!

Also, bei mir ist das so, mich interessiert ja nicht nur, ob die Mädchen schön sind, sondern auch, was rauskommt, also was sie denken und aussprechen, so. Wie sie vom Intellekt sind. Ja, und die war halt richtig gut. Ein Stück kleiner als ich, was ja nicht besonders schwer ist, ich bin einsvierundneunzig. Sie war eher zierlich, schulterlange dunkle Haare, bißchen anders gekleidet als alle anderen, bißchen alternativer; stach halt für mich raus. Und was sie sagte, fand ich ziemlich clever.

Zu dem Zeitpunkt war HipHop noch nicht so breitgelatscht, wie's heute ist. Das war noch unbekannt, vielleicht sogar 'n bißchen verpönt. Also, ein Freund und ich haben die Musik gehört, weil sie so 'n bißchen Underground war. Und die hatte offensichtlich 'ne ähnliche Einstellung und trug auch solche Klamotten. Bißchen lockerer, bißchen weitere Sachen, aber trotzdem hat man halt erkannt, daß sie darunter gut aussah.

Also »alternativ« meine ich jetzt nicht so in dem Öko-Sinne. Afrikanische Gewänder oder Cordsachen, so nicht. Aber zu dem Zeitpunkt trugen Jungs halt enge Jeans und Mädchen – weiß ich jetzt gar nicht mal so genau, was Mädchen trugen; jedenfalls nicht so wie sie. Sie fiel auf.

Erst mal ist es ja so, daß man denkt: Dieses Stipendium, das kriegen 60 Leute aus ganz Deutschland, da geht man doch von 'nem gewissen Niveau aus, oder?! Und als ich die dann so kennenlernte, fand ich manche von denen total blöd. Da hab' ich mich gefragt, wie die wohl das Stipendium bekommen haben. Da war auch einer, der war so 'n Aufschneider-Typ, der hat uns gleich am ersten Abend lang und breit erzählt, was er zu Hause alles so für Freundinnen hat, so 'n Gigolo, keine Ahnung. So 'n Typ, der tausend Weiber aufreißt und sich damit brüstet; fand ich in dem Moment schon voll doof. Ich hab's ihm nicht gesagt, ich hab's mir angehört und in mich reingeschmunzelt. Und er hat natürlich auch dieses Mädchen angemacht und ist immer um sie rumgeschwärmt, und sie hat ihm die kalte Schulter gezeigt und ihn so richtig cool abblitzen lassen. Das fand ich total gut an der.

Und wenn wir jetzt irgendwelche Diskussionen geführt haben, da hat sie auch immer gut überlegte Sachen dazu beigetragen. Fällt mir jetzt kein konkretes Beispiel dafür ein. Auf jeden Fall fand ich sie wundervoll und war schwer verliebt. Na ja, es kam der vorletzte Abend, wir waren in so 'ner Abschiedsstimmung schon. Die Seminarsachen waren zum größten Teil erledigt, und wir saßen zusammen. Na ja, und dann haben wir uns halt verdrückt, in ihr Zimmer, und dort kam's dann zum berühmten »ersten Mal«. Das waren Dreierzimmer, aber da die anderen beschäftigt waren und gepartyt haben, waren wir zwei völlig ungestört.

Ich war relativ stolz, daß ich dabei nüchtern war. Weil ich halt von meinen Freunden weiß, daß viele dabei betrunken gewesen sind, bei ihrem ersten Mal, und das fand ich immer ziemlich scheiße. Insofern war's gut, daß uns beiden klar war, was wir da eigentlich tun. Daß es ein bewußter Moment war.

Für sie war's nicht das erste Mal. Sie war seit einem Jahr schon mit jemand anderem zusammen und auch zu dem Zeitpunkt noch, das fand ich eigentlich alles ziemlich seltsam. Ich glaube im nachhinein auch, daß ich vielleicht ein bißchen verblendet war von dieser ganzen Sache, die ich grade erzählt habe. Wie sie mir gefallen hat und so. Aber sie hatte halt 'nen Freund und hatte den auch danach noch. Wir blieben zwar in Verbindung, so briefmäßig und telefonisch, und sie erzählte immer, sie müsse sich jetzt bald mal entscheiden, und wie schlecht es ihr ginge, aber letzten Endes blieb sie bei ihrem Typ. Ist ja irgendwo auch verständlich, weil: Berlin–Ruhrgebiet ist ja auch 'ne ganz schöne Distanz. Wenn ich von heute aus draufgucke, hatte die Sache wahrscheinlich sowieso keine Zukunft. Aber ich hab' mich dran geklammert. Und wahrscheinlich hat für mich mehr dahintergesteckt als für sie.

Ist ja auch ganz logisch, daß das erste Mal mir viel bedeutet hat. Und es war schön, wirklich. Zwischendurch auch witzig, weil irgendwann jemand an die Tür geklopft hat, und da mußten wir uns mucksmäuschenstill verhalten und unter der Bettdecke verstecken. Pause machen, und so tun, als ob keiner da ist. War ziemlich gut. Also, sagen wir mal so: Katastrophal war's nicht. Ich hatte danach bessere »Male«, aber es ist eine besondere Erinnerung, weil alles so neu war und weil wir so aufpassen mußten, daß uns die anderen nicht entdecken. Sie hat mir auch geholfen, aufgrund ihrer Erfahrung. Ja, auf jeden Fall war das eine Hilfe. Ja, ja.

Danach war ich ziemlich lange solo, und ich hab' mich wohl damit gefühlt. Alle anderen waren plötzlich irgendwie in Beziehungen, und ich dachte: Gut, biste halt nicht so einer wie alle anderen. Fand ich okay. Und dann war ich in Amerika, wie gesagt. Und in der zweiten Hälfte dort war ich auch mit 'nem Mädchen zusammen, aber dadurch, daß die moralischen Standards da ganz anders sind, ist es nie zu irgendwelchen sexuellen Annäherungen gekommen. Furchtbar! Ich habe zum Beispiel jetzt gerade wieder mit meinem Gastvater telefoniert und habe ihm erzählt, daß ich gerne mal wieder rüberkommen würde und meine Freundin mitbringen. Die war in Kanada und ist deshalb auch sehr gut in Englisch, und sobald wir vielleicht mal wieder ein bißchen Kohle haben, würde ich ihr eben gern mal meine Gasteltern vorstellen. Und der amerikanische Vater meinte: Ja, geht in Ordnung, aber nur, wenn ihr nicht in einem Zimmer schlaft. Ich meine, in Berlin wohnen wir zusammen!

Bei meinem Freund ist das auch so: Der war diesen Sommer drüben mit seiner Freundin, und die mußten auch in getrennten Zimmern schlafen.

Ja, und dadurch kam es eben nie zu irgendwas. War aber wohl auch mehr 'ne freundschaftliche Beziehung. Ich bin nicht traurig, daß wir nicht miteinander geschlafen haben. Wäre vielleicht auch schön gewesen, war aber nun mal nicht so.

Dieses Jahr bedeutet für mich, daß ich offener geworden bin, noch besser improvisieren kann und noch selbständiger geworden bin, als ich vorher schon war.

Ja, und daß ich auch mal so den Einblick bekommen habe hinter die Kulissen. Hinter die Kulisse Amerika. Also, daß es nicht so ist, wie uns immer vorgespielt wird, daß alles total toll sei und so. Ich bin danach zu der Einsicht gekommen, wenn ich noch mal 'n Austauschjahr machen könnte, daß ich dann auf keinen Fall nach Amerika gehen würde. Weil Deutschland immer mehr so wird wie Amerika. Das ganze Leben. Reiches Industrieland. Und viele Leute sind halt ziemlich arrogant. Die denken, sie sind die Größten, weil sie Teil der Supermacht USA sind, und die gucken gar nicht über ihren Tellerrand. Die wissen zum Beispiel teilweise gar nicht, wo Europa ist oder wo Deutschland ist. Vielleicht lag's auch daran, daß ich in 'ner ländlichen Gegend gewohnt habe, aber die haben mich teilweise gefragt, ob wir schon Autos haben. Ja, kein Scheiß! Und da wird jeder Austauschschüler sagen, daß er wenigstens einmal so 'ne obskure Frage gestellt bekommen hat. Gerade in solchen ländlichen Gegenden, wo die Leute sich nicht besonders für Politik interessieren.

Also, insofern hat dieses Jahr Amerika für mich auch entzaubert. Definitiv.

Ich würde lieber mal nach Asien gehen, in den Fernen Osten. Weil ich darüber zu wenig weiß, nur das, was ich aus dem Fernsehen kenne. Und da ich ja nun weiß, daß das von uns erschaffene Bild über Amiland nicht richtig ist, kann ich mir vorstellen, daß das bei Japan oder entwickelten Teilen von China genauso ist. Also, daß da Leben ganz anders ist, als wir uns das vielleicht vorstellen.

Aber es ist jetzt nicht so, daß ich mir das fest vornehme, also daß ich das schon geplant hätte. Eher so, daß ich es mir vorstellen könnte, irgendwann in der Zukunft.

Ansonsten bin ich eigentlich mehr der Typ »Carpe Diem«, nutze den Tag. Ich versuche wirklich, im Heute zu leben.

Karriere ist insofern wichtig, daß ich mir vorgenommen habe, mir 'nen Job zu suchen, der mich und gegebenenfalls meine Familie sehr gut ernährt, und ich würde schon gern 'n schönes Haus haben, also 'nen gewissen Lebensstandard. Aber ich möchte nicht mein ganzes Leben im Büro verbringen, oder ich möchte nicht superreich werden. Ich möchte nur genug Geld haben, um leben zu können, und dann vielleicht die Welt entdecken. Also nicht nur in Deutschland arbeiten, sondern vielleicht mal in England oder Spanien, einfach, um rauszukommen und zu sehen, wie's woanders ist.

Ich sehe mich nicht als Ernährer oder Versorger oder so, falls das jetzt so rausgekommen sein sollte. Aber ich seh' mich als Familienmensch. Ich möchte auf jeden Fall 'ne Familie haben später, und ich sehe das natürlich nicht so, daß meine Frau nur am Herd steht. Sondern daß wir als Familie genug Geld haben, und wenn ich meinen Teil dazu beitragen kann, dann tue ich's.

Jedenfalls, Amerika war zu Ende, dann war ich also wieder in Deutschland und mußte mich hier wieder eingewöhnen. Wieder bin ich solo gewesen, was mich auch nicht gestört hat. Und dann kam eine gewisse Party, wo ich mit meinem Kumpel Musik gemacht habe, und da lernte ich dieses Mädchen kennen. Die ganze Party war nicht so toll, weil total wenig Leute da waren. Und sie ist halt die einzige gewesen, die ich noch nicht kannte. Sie sah so aus, als langweilte sie sich, also setzte ich mich zu ihr. Laura heißt sie. Wir haben uns ziemlich schnell ziemlich gut unterhalten. Dann hat eine Freundin mir ihre Telefonnummer aufgedrückt. Ich hatte überhaupt nicht dran gedacht, ja, du könntest sie ja mal nach ihrer Nummer fragen. Und deshalb hab' ich sie mir auch gern aufgeschrieben, als ich sie nun über diese Dritte bekam. Aber es hat noch eine ganze Woche gedauert, bis ich mich getraut habe, dort anzurufen. Beim ersten Mal, da war auch nur der Anrufbeantworter dran, da war ich fast erleichtert, weil ich eben so aufgeregt war. Irgendwann hat sie dann zurückgerufen, und ab da haben wir über einen Zeitraum von ein, zwei Monaten regelmäßig und ausführlich miteinander telefoniert.

Da wurde dann klar, daß wir so ziemlich gleiche Interessen haben, uns total gut verstehen. Ab und zu haben wir uns auch gesehen; wenn ich mit meinem Kumpel nach Berlin kam, in den Knaack-Club oder so. Wir sind uns halt immer nähergekommen, und irgendwann hat's dann gefunkt, sozusagen, und dann waren wir zusammen.

Zu allgemein? Also, ich war halt irgendwann soweit, daß ich gesagt habe: So, jetzt reicht's. Ich bin total verliebt, ich war nun lange genug solo, und da ich ja eigentlich wirklich ein Beziehungsmensch bin, so würde ich mich einschätzen, wäre das das Mädchen, die Frau, mit der ich eine Beziehung eingehen würde. Nee, nee, falls das jetzt wie eine Kopfentscheidung klingt, so war's nicht. Während unserer langen Telefonate, da habe ich oft gedacht, daß ich sie schon ganz lange kenne. Und ihr ging das genauso, wie sie mir später erzählt hat. Wir haben uns richtig eng miteinander verbunden gefühlt, das gab den Ausschlag. Also Herz statt Kopf.

Die Situation war so: Ich hab' ihr gesagt, daß ich in sie verliebt war, Laura war zuerst etwas verhalten, aber dann sagte sie, daß sie das genauso sieht. Dann haben wir uns geküßt, und ich mußte wieder nach Jüterbog zurück, am späten Abend. Und so ging es hin und her zwischen Jüterbog und Berlin, bis meine Schule zu Ende war. Jetzt sind wir über neun Monate zusammen, und inzwischen wohnen wir zu zweit in einer kleinen Wohnung in Berlin-Friedrichshain. Und ich bin total glücklich darüber, und es ist auch nicht so, daß ein Ende abzusehen wäre. Läuft total prima.

Laura ist kleiner als ich, war ja klar. Aber sie ist einen Meter fünfzig groß, also schon ziemlich doll kleiner als ich. Sieht witzig aus, wenn wir zusammen laufen, aber das war kein Hinderungsgrund für mich. Ansonsten, sie hat braune halblange Haare. Ist total süß in ihren Bewegungen, also alles, was sie macht, finde ich total toll. Dunkle Augen, dunklerer Hauttyp; und so von ihrer ganzen Art – also, sie ist einfach »generous«, wie sagt man? Offenherzig, freigiebig – großzügig! Großzügig, genau.

Also, zum Beispiel, jetzt, wo wir in dieser eigenen Wohnung wohnen, sie noch zur Schule geht und wir noch keine Mietbeihilfe bekommen vom Zivildienstamt, da ist es halt von ihrer finanziellen Situation so, daß es gerade so reicht. Wir teilen uns die Miete. Sie bekommt von ihrem Vater das Kindergeld ausgezahlt und geht neben der 12. Klasse her noch jobben, Eis verkaufen. Und obwohl sie wirklich nicht die dicke Kohle hat, spendet sie für die Flutopfer. Also, solche Sachen finde ich total toll an ihr. Daß sie in solchen Dingen total selbstlos handelt. Ist klasse.

So zu leben, auf einmal, finde ich einfach nur wundervoll. In so 'ner engen Beziehung zu leben, daß jemand da ist, neben dem man einschläft, neben dem man aufwacht. Der sich um mich kümmert, wenn mal 'n Tag nicht so toll gelaufen ist. Der auch zu einem kommt, wenn er – also sie – Probleme hat, das finde ich alles richtig gut. Ich war ja auch lange genug Single, oder solo. Das Wort »Single« mag ich eigentlich nicht so. Tja, warum eigentlich nicht? Weil's so ein Modewort ist? »Ich bin jetzt 25, komme grade aus 'ner Beziehung und bin jetzt wieder Single.« Das klingt doof für mich. Solo klingt besser. Und zu zweit ist es das Allerbeste. Dieses zusammen leben und Sachen organisieren und zusammen was machen. Wir waren jetzt auch miteinander im Urlaub, zelten in Dänemark und an der Ostsee, erst nur wir zwei und dann mit Freunden; Ich hab's so genossen! Also, ich find's einfach nur schön, zusammen zu sein. Ist ja nun klar rausgekommen, oder?!

Mal 'n Gegenbeispiel: Also, 'n Kumpel von mir, der spielt in 'ner Band. Die machen so Musik, und für die habe ich manchmal schon Texte geschrieben, und der ist mehr so 'n One-Night-Stand-Typ. Also, der sucht sich Mädels, verbringt mit denen 'ne Nacht und findet das ganz toll. Und der findet auch Mädels, die das auch ganz toll finden; ist jetzt nicht so, daß der Frauen ausnutzt. Und für den ist das okay so. Der lebt halt ganz anders. Ist eben jedes Wochenende halbwegs »Hacke« und ständig nur am Gucken, wen er jetzt als nächstes abschleppen kann. Und für ihn funktioniert das alles ganz toll, und für seine Partnerinnen anscheinend ooch, aber das finde ich irgendwie gar nicht gut. Das würde mir irgendwie nichts bringen. Weil ich weiß, wie es in 'ner Beziehung ist, und weil ich das schätze. Und zwar nicht nur wegen dem Sex, sondern wegen der Beziehung an sich. Und wenn ich so leben würde wie er, dann hätte ich zwar den Sex, aber nicht diese Nähe. Ja.

Und bis auf diese Sache mit dem Mädchen aus dem Ruhrpott, die ja auch nur diese eine Woche gehalten hat, die wir da zusammen waren – nee, bis auf das eine Mal habe ich so was noch nicht gehabt. Vermisse ich auch nicht.

Der Sex in so einer engen Beziehung, wie ich sie lebe, ist natürlich nicht von Anfang an perfekt. Am Anfang mußten wir uns schon aufeinander einstellen. Und da ich auch noch nicht so viele sexuelle Kontakte hatte, mußte ich auch noch viele Dinge lernen. Was einer Frau gefällt; wie man einen Frauenkörper liebkost, dieses ganze komplizierte Zusammenspiel eben. Und überhaupt so, mit Kondom klarkommen, das ist ja alles nicht so einfach. Aber, wie gesagt, dadurch, daß wir diese ungeheure Nähe zueinander haben, hatten wir eigentlich auch keine Berührungsängste, so miteinander zu üben. Sicherlich waren die ersten Male nicht so schön wie die, die danach kamen. Aber ich denke, das ist ganz natürlich, wenn man sich erst aufeinander einstellen muß. Wir lernen das miteinander, nicht aus Büchern oder so.

So was hilft vielleicht am Anfang, Aufklärung in Zeitschriften und in der Schule. Damit man erst mal weiß, wie verhindere ich ungewollte Schwangerschaft, wofür sind Kondome oder so. Aber wie man miteinander schläft, wie sich das ganz praktisch darstellt und anfühlt, das kann einem doch keiner beibringen. Da muß man schon seine eigenen Erfahrungen machen und auch erst mal gucken, wie der Partner reagiert. Und insofern sind diese ganzen Aufklärungssachen schon wichtig wegen gegenseitigem Schutz und so, aber so vom Miteinander ..., so vom Prozedere, wenn man das jetzt mal so nennen will, da sollte schon jeder seine eigenen Erfahrungen machen. Vielleicht ist das auch nicht direkt ein »Lernen«, sondern mehr ein Ausprobieren. Stellungen zum Beispiel. Ich meine, wenn man einmal mit jemandem geschlafen hat, kennt man ja noch nicht die Welt, sozusagen. Man kann ja viele Dinge ausprobieren, in verschiedenen Variationen, das meine ich damit. Was es beim Sex halt so gibt. Also, zum Beispiel mit dem Mund, Oralverkehr ist ein blödes medizinisches Wort. Aber so was eben, das macht man ja nicht von Anfang an. Dazu gehört schon eine gewisse innige Vertrautheit, bis man soweit miteinander ist, oder?

Sachen, die dir nicht beim ersten Mal passieren; die sich halt erst entwickeln, bis man so weiß, was dem anderen gefällt und was nicht.

Und Medien, die uns beeinflussen könnten; ich weiß ja nicht, wie das bei Laura ist, aber für mich gibt's da gar nicht so viele. BRAVO, Dr. Sommer, habe ich kaum gelesen, die fand ich nicht so wahnsinnig interessant. Da hatte ich vielleicht fünf, sechs Hefte zu Hause, bloß, um mich mal zu informieren, was da so gefragt wird: Mädchen, wie sie mit der Pille klarkommen, Jungs mit Kondomen, so was halt.

Laura nimmt die Pille nicht, nee. Sie hat das am Anfang probiert, aber sie hat sie nicht vertragen, sagt sie. Sie sagte, sie hat dadurch an Gewicht zugenommen, und auch sonst haben diese ganzen Hormone ihr Wohlbefinden beeinträchtigt. Da haben wir uns halt gemeinsam entschieden, Kondome zu benutzen. Ob wir die Dinger dann vielleicht irgendwann mal weglassen, ja, keine Ahnung. Das wird nicht so streng durchgeplant, unser ganzes Leben. Wir leben halt so, wie wir jetzt leben, und dann gucken wir mal. An Kinder denken wir auf keinen Fall, weil wir erst neun Monate zusammen sind, das ist alles noch viel zu frisch. Und dann müssen wir beide unsere Ausbildung zu Ende machen, Schule, beide Studium. Und wie das dann in der Zukunft aussehen mag, also das ist heute noch ziemlich ungewiß. Also planen wir nicht voraus, sondern wir schauen einfach, was passiert.

Ja, für die nähere Zukunft plane ich schon. Ich hab' mich zum Beispiel in der 13. Klasse schon für mein Studienfach entschieden.

Das ist noch ziemlich neu; da weiß noch gar keiner so richtig, welche Berufsbilder sich daraus ergeben könnten. Kognitionswissenschaften. Dabei werden die Prozesse der Wahrnehmung erforscht. Und mit den erworbenen Kenntnissen kann man dann die Mensch-Maschine-Kommunikation verbessern. Also zum Beispiel Benutzeroberflächen von Computerprogrammen und Bedienelementen so gestalten, daß der Mensch besser damit klarkommt. Für mich war die Verbindung reizvoll, daß es dabei um Psychologie geht, um Biologie – wobei ich davon nicht so der Fan bin, weil ich den Bio-Lehrer nicht leiden konnte –, aber Psychologie finde ich total interessant. Und daß das auch mit Neuen Medien zusammenspielt, also es geht dabei auch um Maschinen. Da ist auch Physik wichtig und Mathematik, so 'ne Sachen.

In Amiland hab' ich auch 'n Psychologiekurs belegt, und da hab' ich Feuer gefangen. Allein die Tatsache, daß wir viele Dinge nicht ohne Grund tun; also aus einem Grund, der uns selber nicht bewußt ist. Daß wir Sachen tun, um Aufmerksamkeit zu erregen, ohne daß es uns bewußt ist. Oder, daß man aus Menschen Wahrheiten herauslesen kann, die sie eigentlich nicht sagen wollen. Allein aus ihrer Körperhaltung, wie sie sich geben. Oder wie Menschen sich beeinflussen lassen, was in großen Gruppen passiert; Gruppendynamik, so. Das finde ich total interessant.

Ich hab' mal gelesen, daß Menschen sich für Psychologie entscheiden, weil sie anderen Menschen helfen wollen; weil sie 'ne Praxis aufmachen und andere analysieren wollen. Das ist für mich nicht der Hauptgrund. Daß ich akut Menschen helfen muß. Sicher würde ich's auch tun, aber das ist nicht mein Haupt-Motiv, warum ich mich dafür interessiere. Aber was nun eigentlich der Grund ist, das kann ich gar nicht so genau sagen. Ich find's halt nur interessant, was überhaupt alles möglich ist, vielleicht ist es das.

Als wir in der zwölften Klasse Physik hatten, da fand ich auch total interessant, wie Sachen funktionieren. Wie zum Beispiel ein Laser funktioniert. Daß man denkt, da kommt ein Licht vorne raus, und der macht dann alles kaputt, so diese einfache Vorstellung. Aber was eigentlich dahintersteckt, wie aus kleinen Details, Atome, wie die so 'ne Kettenreaktionen auslösen können, daß das zu 'nem Lichtstrahl führt, der Sachen zerschneidet, solche Sachen finde ich toll. Wie aus wenig viel passiert. Und das ist ja bei der Psychologie so ähnlich.

Natürlich kann man das menschliche Wesen nicht in Formeln pressen. Ich glaube auch nicht, daß es für mich darum geht, Sachen in den Griff zu bekommen, zu kontrollieren, sondern Sachen zu verstehen. Warum Sachen passieren, was bestimmte Phänomene auslöst. Daher kommt, denke ich, meine Faszination. Also, man kennt den Effekt, aber was ist die Ursache? »Was ist was?«- Bücher find' ich total toll, die solche Dinge erklären.

Klar, irgendwann fällt einem auf, daß alles das auch was mit einem selber zu tun hat. Insofern interessiere ich mich schon auch für Psychologie, um mich eines Tages vielleicht selber ein bißchen besser zu verstehen. Da bin ich allerdings noch nicht sehr weit vorgedrungen. Warum ich so bin, wie ich bin; warum ich mich für diese Dinge begeistern kann, für die ich mich interessiere. Musik zum Beispiel. Mein Freund und ich sind, wenn man so will, DJs, also wir wechseln CDs. Und wenn wir so Musik machen, versuchen wir, vom Mainstream fernzubleiben. Also nicht die Sachen, die man auf »Energy« hört oder wenn man VIVA guckt, sondern mehr so Alternativ-Rock. Auch Oldies, aber solche, die so alt sind, daß sie schon wieder kultig sind. Zum Beispiel »Upside Down« oder Aretha Franklin mit »Think« oder Blues Brothers-Soundtrack, so was. Und sonst, wie gesagt, machen wir rockige Musik und Sachen, die mehr sind als Rock, die man schon als Hardcore bezeichnen kann.

Zum Beispiel, wer vielleicht »Rage against the machine« kennt, und davon noch 'ne Stufe weiter. Also Hardcore ist halt für viele schon keine Musik mehr, viel zu laut, viel zu schrammelig. Und weil man von den Texten, nur vom Zuhören her, nicht allzu viel versteht. Aber es geht halt darum, daß Hardcore viel mehr Energie beinhaltet als normale Musik und daß die Texte sich mit Sachen beschäftigen, mit denen sich der Großteil der Leute nicht beschäftigt. Straight edge und Veganismus, das sind zum Beispiel so Sachen. Also, daß Jugendliche sich 'ne Platte darüber machen, was in der Welt passiert, und daß viele davon aus Überzeugung Vegetarier werden oder sogar Veganer, daß die vollkommen drogenfrei leben. Und das geht bis hin zur Treue in der Partnerschaft. Straight edge heißt auch, Sex nur in Verbindung mit Liebe zu haben, absolut monogam zu sein. Das ist im Grunde eine völlig eigene, neue Jugendkultur. Und ich mag das. Das sind Sachen, mit denen ich mich identifizieren kann. Bewußt leben, die Augen aufmachen, ein sauberes Leben führen. Und so sind dann auch die Texte. Ich mag den Teil der Hardcore-Musik, wo noch eine Melodie erkennbar ist, aber dieses Energetische doch schon spürbar ist. Dann gibt es noch die Variante, die ich zu kraß finde. Das ist schon nicht mehr hörbar, driftet schon in Metal ab. Und das gilt auch für die Texte, da sind manche wirklich extrem. Über Tierschutz zum Beispiel; die stellen teilweise das Leben der Tiere über das der Menschen. Oder die rufen dazu auf, Fast-Food-Ketten wie McDonald's zu boykottieren. Ich meine, ich gehe da auch nicht hin, obwohl ich kein Vegetarier bin. Aber die krassesten Texte rufen eben dazu auf, aktiv zu werden. Da sind schon gewalttätige Aktionen reininterpretierbar, und viele verstehen das auch so. Mein Ding ist das nicht.

Also, ich find's deshalb faszinierend, weil die Musik so energiegeladen ist, und weil diese eben beschriebene Jugendkultur dadurch entstanden ist, wo junge Leute sich Gedanken machen, was in ihrem Leben nicht glatt läuft, und was jeder einzelne selbst sofort daran ändern kann. Und nicht halt nur blöde vor sich hinleben, wie so viele andere Jugendliche das eben tun. Ich bin zwar nicht straight edge, weil ich Fleisch esse und Alkohol trinke, aber irgendwie zähle ich mich zu dieser Lebensweise doch dazu.

Wir spielen zum Beispiel auch HipHop, mein Kumpel und ich. Weil, am schönsten finde ich es, so viele unterschiedliche Leute wie möglich zusammenzubringen. Das Ganze hat sich ja mal aus einer Party entwickelt, die ein Gesamtschüler und ein Gymnasiast zusammen veranstaltet haben. So was finde ich klasse. Nicht diese Schranken zu haben, sondern ganz viele verschiedene Lebens- und Sichtweisen zusammenzubringen. Das ist eigentlich unser Ziel, und darum spielen wir auch so eine seltsame Musikmischung. Aber Hardcore ist immer dabei.

Wenn ich für mich so 'n Lebensmotto formulieren sollte, dann wäre das schon: Ich versuche, den Tag zu nutzen, ganz bewußt.

Manchmal würde ich am liebsten dazu aufrufen, daß Jugendliche nicht nur auf sich selbst fixiert sind und wer die coolsten Klamotten anhat. Sondern mal dahinterzusteigen, wo eigentlich die ganzen Trends herkommen, nachzudenken. Auch mal Nachrichten zu gucken, Zeitung zu lesen. Wer uns manipuliert, damit wir genau das und das kaufen, haben wollen.

Ich selbst versuche, meinen eigenen Weg zu gehen, auch was die Klamotten betrifft. Aber das ist schwierig, weil man ja auch nur 'n bestimmtes Angebot hat. Ich trage viele Band-T-Shirts oder Hemden mit den Namen meiner Lieblingsbands drauf. Und ich kaufe halt bei H & M ein, weil ich als Zivildienstleistender auch nicht grade die fette Kohle habe. Diese beiden Holzperlenketten, die ich da eng um den Hals trage, die schicken jetzt nicht gerade 'ne Botschaft in die Welt. Das ist auch nur ein Mittel, um 'n bißchen individueller zu sein, aus der Masse rauszustechen. Vor zwei Sommern, als ich aus Amiland zurückkam, da hat plötzlich jeder 'ne Kette getragen, und da hab' ich keine getragen. Aber jetzt ebbt das gerade so 'n bißchen ab, und darum habe ich sie wieder um. Früher waren es sogar drei Ketten am Hals, aber dann ist mir der Verschluß kaputtgegangen, nun sind's nur noch zwei.

Irgendwie ist das im Moment so, daß alle individuell sein wollen, aber daß trotzdem alle gleich sind. Also, zum Beispiel Schuhe! Ich hab' mir gedacht, ich kaufe mir rote Schuhe, und damit bin ich was Besonderes.

Und auf einmal sehe ich tausend Leute mit roten Schuhen. Die genau die gleichen Schuhe anhaben wie ich, auch von der gleichen Firma. Vielleicht ist es aber auch so, daß man denkt, man hat was Individuelles, und darum gerade danach guckt. Und daß einem dann auffällt, wie viele Leute das auch haben. Obwohl's nicht mehr geworden sind als vorher, nur man guckt halt danach. Genauso, wie andere auch mich taxieren, in der U-Bahn oder so, auf der Straße. Ich weiß gar nicht mal so genau, ob ich dann bewußt etwas ausstrahlen möchte. Will ich in 'ne ganz bestimmte Schublade gesteckt werden?

Also, wenn ich jetzt irgendwelche Techno-Jünger sehe oder BWL-Studenten, dann ist es mir wurscht, was die von mir denken könnten. Techno-Jünger, das ist gerade wieder im Kommen; daß man diese Buffalo's anzieht, diese großen dicken Schuhe, weite Hosen und knallgelbe Jacken. Ist auch wieder 'ne ganz eigene Kultur, das gebe ich ja gerne zu, aber ich find's blöd, weil da keine Message hinter ist. Die eifern halt alle diesem Trend nach, hören diese Musik, die ich nicht toll finde, und von daher ist das 'ne Sache, die mir total abgeht, und die ich nicht unterstütze. Auch das Aussehen von den Leuten finde ich doof; diese hochgegelten Haare mit den Spikes und diesem Kranz rund um den Kopf rum. Machen halt viele Leute nach.

Oder Irokese. Fußball-Weltmeisterschaft, David Beckham oder Christian Ziege machen sich 'nen Iro, und – bums! – schon haben's alle. Tobi Schlegel im Fernsehen oder Sasha, und schon rennen alle so durch die Gegend.

Und das andere Etikett, das ich grade erwähnt habe, BWL-Studenten, das sind für mich irgendwelche gelackten Leute, die einfach nicht wissen, was sie studieren sollen, aber unbedingt studieren wollen, und darum bei BWL landen. Die das nur nutzen, damit sie erst mal nicht arbeiten müssen. Damit sie einfach so in den Tag hineinleben können. Wobei man das nicht verallgemeinern kann, wie man so vieles nicht verallgemeinern kann. Mein bester Kumpel, der mit mir Zivi ist in der Drogenberatungsstelle, der will auch Internationale Wirtschaft studieren, was ja nun am Ende auch nichts anderes ist. Aber der ist einer, der will wirklich später was Gutes damit anfangen. Das ist was anderes als Leute, die nicht so den Plan haben.

Ich meine, ich war auch schon »Böhse Onkelz«-Fan und hab' so ausgesehen, wie die Leute halt aussehen. Oder es gab mal 'ne Phase, wo viele meiner Freunde dachten, sie müßten jetzt rechts werden, und da hab' ich mir halt auch 'n Polo-Shirt und 'n Pullover in dem Stil wie die gekauft. Ohne jetzt das Gedankengut zu verinnerlichen, einfach nur, um nicht aufzufallen. Ich wollte einfach nur in der Gruppe dazugehören. In der siebten Klasse war das. Ich glaube sogar, das fällt genau mit der Trennung meiner Eltern zusammen. So richtig wach geworden bin ich erst danach, daß ich nicht mehr so in der Masse latschen wollte.

Also, zur Ausgangsfrage zurück: Wenn ich so in die Bahn steige und meine Band-Shirts anhabe, dann wäre das, was ich auslösen möchte, vielleicht, daß Leute überlegen. »Ich kenne zwar diese Bands nicht, aber was macht denn der eigentlich?«, so was wäre schon eine coole Reaktion. Vielleicht denken sich die Leute aber auch gar nichts, vielleicht sehe ich stinknormal aus. Weil, wie gesagt: Jeder versucht, individuell zu sein, ich auch, und dadurch bin ich schon wieder nicht individuell.

Ich mache mich doch nicht selbst zum Symbol. Die Leute sollen mich ja nicht sehen und einen geistigen Kick kriegen. Ich versuche ja nur, für mich selbst mein Leben in den Griff zu kriegen. Und wenn man mich sieht oder hört und andere sich dabei was überlegen, ist es schön. Dann haben sie ihren Kopf angestrengt. Und wenn nicht, ist es auch nicht so schlimm. Dann haben sie's halt nicht.

Heute habe ich wieder Bürodienst, und da muß ich von zwei bis sechs dasein. Ich mag es, gefordert zu werden. Also, nur die Stunden absitzen und rumhängen, bis die Zeit vorüber ist, das finde ich blöd. Vergeudete Zeit ist überhaupt doof. Ich will was lernen bei dem, was ich mache. Ja, ist schon so: Carpe Diem, ich versuche, den Tag zu nutzen.

»Liebe auf den ersten Klick«

Melissa, 17, Memmingen und Frank, 19, Krefeld

Sie: Wenn es das Internet nicht gäbe, dann hätten wir uns nie getroffen, ist so. Dann hätte ich Frank nie getroffen. Das wäre schon schlimm gewesen.

Er: Sehr schlimm sogar!

Sie: Na ja, aber ich meine: Wenn ich es nicht gewußt hätte, wäre es ja auch wiederum nicht schlimm gewesen; dann hätte ich es ja niemals geahnt, daß es ihn gibt. So viele Kilometer, wie zwischen uns liegen.

Er: Fünfhundert ungefähr, bißchen mehr vielleicht sogar. Man fährt mit dem Zug sechs Stunden, mit Umsteigen halt, und teuer ist es natürlich auch.

Sie: Das normale Ticket von Köln nach Ulm, das ist so 'n Billigticket, das man auch im Internet buchen kann, das kostet fünfundfünfzig Euro. Aber wir müssen ja auch noch diese Umsteigetickets von Köln nach Krefeld und von Ulm nach Memmingen zahlen, und die kosten dann noch extra.

Er: Also, ja, so insgesamt ist es dann bei siebzig Euro. Und ich geh' noch zur Schule, zwölfte Klasse, und Melli auch, da muß man sich schon was einfallen lassen, um das Geld zusammenzukriegen.

Sie: Na ja, wie jeder Jugendliche heute auch! Wir gehen halt nebenbei jobben, und das Taschengeld fließt da natürlich auch mit rein, klar. Aber das Geld ist eigentlich nicht so schlimm, finde ich. Wenn es mal gar nicht geht, haben wir das so organisiert, daß wir's uns teilen.

Was mir viel mehr zu schaffen macht, das ist die Fahrt, daß man so lange fahren muß und sich so selten sieht. Andere haben Freunde, wo sie einfach nur um die Ecke gehen müssen, wenn sie Probleme haben. Und bei uns geht's halt nur telefonisch.

Er: Wir sehen uns jeden Monat mindestens einmal.

Sie: Und in den Ferien natürlich auch. Aber wir haben ja unterschiedlich Ferien. Wenn ich Schule habe und er Ferien, dann kommt er halt zu mir und umgekehrt dann auch. Wie jetzt zum Beispiel: In Bayern sind noch bis zum 16. September Sommerferien, in Nordrhein-Westfalen waren sie schon am 31. August vorbei. Also, wir versuchen schon, zueinanderzukommen. Das Längste war vielleicht, daß wir uns mal einen Monat nicht gesehen haben. Ja, man kann schon sagen, die Deutsche Bahn hat eine ganze Menge von uns!

Er: Und wenn man dann noch zusammen wegfährt, irgendwohin. Als wir das letzte Mal bei Melli waren, da konnten wir das Auto von ihrer Mutter nicht benutzen, und wir haben einen Ausflug nach München gemacht, dazu nehmen wir dann auch den Zug. Aber oft dürfen wir auch den Wagen benutzen, ich hab' ja schon den Führerschein. Also, wir improvisieren das irgendwie. Das geht nun schon seit einem Jahr und neun Monaten so, so lange sind wir inzwischen zusammen. Damals, im Dezember 2000, da hatten wir noch gar nicht lange Internet, vielleicht grade mal seit Anfang des Monats, wenn ich mich richtig erinnere. Na ja, und da bin ich halt schon mit der Absicht in den Chat gegangen, vielleicht jemanden kennenzulernen, und hab' geschrieben: »Gibt's denn gar keine netten Mädels hier?« Und da hat sie drauf geantwortet: »Doch, hier!« Und dann kamen wir halt ins Gespräch, bis ich aufhören mußte mit dem Chatten, weil es schon spät war. Aber wir haben uns gleich wieder verabredet, für den nächsten Tag. Und ich war total nervös, weil ich genau wußte, das ist was Besonderes. Und da hab' ich halt voll nervös mehrmals am Tag meine E-Mails gecheckt und nachgeguckt, ob irgendeine Nachricht von Melli dabei ist. Und hab' auch selber E-Mails geschrieben, stundenlang, und dazu noch gechattet, so.

Ich würde schon sagen, daß auch übers Netz, wenn man sich eigentlich nur vom Schreiben kennt, daß da doch so was wie Seele rüberkommt. Doch, würde ich schon sagen.

Sie: Viele sagen ja, daß man sich dabei so verstellen kann, und das ist bestimmt auch oft so. Aber ich weiß nicht, ich bin schon der

Meinung, daß man da auch was von der Person, von dem Charakter erkennen kann, weil – es ist schwer zu beschreiben – es ist zwar nur die Schrift, aber was der antwortet, was der sagt, wie er's sagt ... Man fragt ja auch und tastet sich vor. Also, am Anfang sind die Fragen oberflächlich, so Hobbys und was weiß ich. Aber die werden ja dann auch intimer, und wie er drauf reagiert, danach merkt man ja, wie die Person ist.

Also, wie war denn das nun mit uns? Es war kurz vor Weihnachten, gell? Und ich hatte vorher schon mehrere übers Internet kennengelernt, ich war sowieso schon voll süchtig danach. Weil das halt immer Spaß macht und so. Aber daß ich dann so viele E-Mails geschrieben hätte und den Kontakt über längere Zeit gehalten, das war halt nicht. Auf jeden Fall war ich an dem bewußten Abend auch im Internet, und ich wollte schon gehen, weil's total langweilig war und mich keiner angesprochen hat. Und man kann ja so Privat-Chats aufmachen. Also, es gibt da diese großen Chats, und wenn einem einer gefällt, kann man den anklicken und mit dem allein chatten. Da hat er halt diese Frage gestellt, und da dachte ich: Ja, komm, das ist so langweilig, jetzt antworte ich halt mal, und dann sind wir in diesem Privat-Chat ins Gespräch gekommen. Ich glaube, das waren bestimmt gleich zwei Stunden, die wir ohne Unterbrechung geredet haben. Im Internet ist das sowieso viel einfacher als in echt. Am Anfang stellt man so Fragen: Wie alt, woher kommst du, was machst du in deiner Freizeit, so normal. Und dann, ich weiß nicht, stellt man plötzlich 'ne Frage, und dann taucht man tief ein. Zum Beispiel an dem Abend, da hab' ich gefragt, ob er 'ne Freundin hat und warum er keine hat und wie lange das schon her ist, daß er eine gehabt hat, und warum das auseinandergegangen ist ...

Er: Ja, da war ich 17. Das mit meiner damaligen Freundin war grade auseinandergegangen. Schule lief auch nicht so toll, weil in dem Jahr davor, da war ich grade sitzengeblieben, hab' also wiederholt. Und sonst – ja, halt der normale Ärger, den man mit Freunden und mit der Familie nun mal hat. Wie das als Jugendlicher so ist: daß man wegen irgendwelcher Kleinigkeiten mit seinen Eltern streitet über Dinge, die es eigentlich gar nicht wert sind. Aufräumen und so. Mein Vater war früher im Außendienst tätig, hat in allen möglichen Ländern gearbeitet, und dadurch haben wir uns höchstens ein Drittel vom Jahr gesehen, wenn er mal hier war, sonst immer im Ausland. Auf die Art hatte er natürlich nicht allzuviel Einfluß auf meine Erziehung. Und als er wieder da war, stellte er fest, daß er vieles anders gemacht hätte; daß er mir Dinge gern anders beigebracht hätte. Dadurch gab's Zoff.

Wenn ich ihm helfen sollte, wenn ich im Haushalt was machen sollte oder mit dem Hund rausgehen, da sind dann halt so 'n paar Sachen aufgetaucht, wo wir uns drüber gestritten haben, weil ich nicht so wollte, wie er wollte. Das war die Situation, in der ich damals Melli kennenlernte. Vorher hatte ich nicht wirklich viele Freundinnen. Ein paar Beziehungen, aber daß man das nun Freundinnen nennen kann, das war nicht so.

Sie: Also, als ich ihn im Internet gefragt habe, wie viele Freundinnen er schon gehabt hat, da hat er gesagt: Sieben.

Er: Ja, das waren Mädchen, mit denen ich zusammen war, aber nicht Beziehungen. Also, wo man miteinander redet und sich versteht und dem anderen versucht zu helfen. Nicht nur küssen, sondern wo man auch wirklich was für den Menschen empfindet.

Sie: Ich hatte erst einen richtigen Freund vor ihm. Mit dem war ich ein Jahr zusammen. Da war ich 15, als ich ihn kennengelernt habe. Der hat auch weiter weg gewohnt. Zu dem Zeitpunkt, als ich den Chat mit Frank angefangen habe, da hatte ich gerade Streit mit meinem Exfreund, also die Dinge haben sich voll geschnitten. Aber ich muß sagen, für den anderen habe ich auch nicht viel empfunden. Wir waren davor schon mal auseinander und haben uns eigentlich dauernd gestritten.

Er: Ja, und dann geht man schon mit dem Gedanken ins Internet: Das Elend muß jetzt ein Ende haben, ich will ein Mädchen kennenlernen. Aber man glaubt eigentlich nicht daran, daß dann so was Ernstes draus werden könnte wie bei uns beiden. Nee.

Sie: Ich hab's oft als Ablenkung gemacht, wenn's mir schlecht ging. Weil eben immer jemand da ist, und man kann immer reden ...

Er: Man kann ja auch anonym bleiben!

Sie: Ja, schon. Aber mit der Zeit merkt man das schon, wer die Wahrheit sagt oder wer irgendeinen Scheiß erzählt. Daß die lügen. Die erzählen irgendwann immer was, was man echt nicht glauben kann. Ja, was weiß ich: »Ich bin Basketballspieler, Profi und einsneunzig groß und hab' tolle Muskeln«; wenn so einer voll angibt, das merkt man dann schon, wenn der prahlt. Ich hab' das Chatten auch eigentlich nie ernst genommen und mir nie vorgestellt: Da wird jetzt die große Liebe draus. Oder da finde ich jemanden fürs Leben. Gar net. Ich glaub', ich hab' eher so 'nen Widerwillen gegen Jungs gehabt, so: Nö, ich will keinen Freund, die sind doch eh alle so doof. Weil, also mein Exfreund, der war gerade – na ja, fremdgegangen war's eigentlich nicht, aber da war halt was mit 'ner anderen, und da stand ich kurz vorm Schlußmachen. Und wie der dann darauf reagiert hat! Der hat mir angedroht, daß er sich umbringt, wenn ich nicht zurückkomme, also voll schlimm. Der hat mich voll angekotzt, ich war so sauer auf den und fand das alles nur noch absolut unmöglich. Wie kann der so was Blödes sagen! Da bin ich auch total ausgeflippt und hatte gar kein Mitleid, weil, das war klar, daß der sich nicht umbringt. Das war bloß so 'ne Androhung von dem. Bescheuert! Meine seelische Großwetterlage sonst in der Zeit? Na ja, mit meiner Mutter hab' ich schon immer Streß gehabt. Auch schon mit 15. Aber in dem Moment? Nee, ich glaube, da habe ich gerade mal keine so richtigen Probleme zu Hause gehabt. Wie war denn das? Meine Eltern waren geschieden, und meine Mutter hatte gerade einen neuen Freund, Peter. So 'ne neue Familie, ja sagen viele: »Das muß doch Streß für dich sein.« Ich fand das eigentlich leichter, als es vorher war. Weil, wenn meine Eltern Streit hatten, da hab' ich oft mitgeheult, wenn Mama immer so fertig war und die sich in den Haaren hatten. Das fand ich viel schöner hinterher, auch viel familiärer. Wir haben ja jetzt auch ein Reihenhaus, und Peter ist total kumpelhaft und aufgeschlossen und lacht ständig, und deshalb hab' ich sicher da auch weniger Probleme gehabt. Zwischendurch hab' ich mal mit meiner Mutter eine Weile allein, also zu zweit in einer winzigen Wohnung gewohnt, und da haben wir auch viele Probleme auf engem Raum miteinander ausgetragen. Und ganz schlimm war's da, als Peter dann schon dazukam, in diese Fünfzig-Quadratmeter-Zweiraumwohnung; da haben wir uns – glaube ich – am allermeisten gestritten. Jetzt habe ich mein eigenes Zimmer im Haus ganz oben, und Peter redet halt oft mit mir, kommt zu mir hoch, und das finde ich voll lieb von ihm. So geht es uns allen schon besser; sie ist ja auch glücklicher dadurch, und das merkt man auch.

Woran das nun liegt, daß wir soviel Streit miteinander haben? Hm ... Ich finde, das ist jetzt nicht nur Teenager-und-Mutter-Streß, sondern eher so ..., vielleicht, daß unsere Charaktere halt so anders sind. Sie sagt oft, daß ich so bin wie mein Vater, und sie hat ja auch viel mit meinem Vater gestritten. Vielleicht, daß es daran liegt. Daß ich so bin, wie sie es halt nicht gern hat, also in manchen Dingen zumindest. So genau hab' ich es auch nie gewußt, woran es liegt und was eigentlich los ist zwischen uns. Hab' ich erst neulich ein bißchen verstanden vielleicht. Also, ich fühle mich ständig falsch verstanden und sie sich auch. Richtig miteinander reden konnten wir auch selten, und das geht durch Peter jetzt ein bißchen besser, daß der vermittelt und so.

Er: Das macht es auch ein bißchen kompliziert, wenn ich bei Melli zu Gast bin. Darauf kommen wir ja vielleicht nachher noch. Jetzt erst mal weiter in unserer Anfangsphase: Also, wir haben uns dann jeden Tag im Chat getroffen, E-Mails geschrieben mit irgendwelchen Gedichten. Oder wir haben uns auch Geschichten erzählt, weil wir uns damals noch nicht vorstellen konnten, wie das ist, wenn wir zusammen sind. Daß wir so phantasiert haben, wie das wäre, wenn wir uns treffen würden, was wir dann machen würden und so was.

Sie: Ich weiß noch ein Beispiel! Er hat mir eigentlich immer solche Geschichten erzählt; ich weiß gar nicht, ob ich das auch gemacht habe. Er hat das immer voll gern gemacht ...

Er: Wenn du das gern hast, sag' ich das gern!

Sie: Er hat zum Beispiel erzählt, er wäre gern im Sommer mit mir zusammen und würde gern am See mit mir spazierengehen, und dann würden wir unsere Füße im Wasser baumeln lassen und ein Eis essen zusammen, und so. Und dann manchmal von englischen

Songs die Texte, die zu uns und zur Liebe passen. Liebesschnulzen. Von Bon Jovi, Billy Joel oder Brian Adams. Welche genau, weiß ich gar nicht mehr.

Er: Das ist ganz unterschiedlich bei mir: Im Moment stehe ich mehr auf ältere Musik. Wir haben neulich in Deutsch 'nen Film gedreht, so 'ne Hommage an Elvis Presley, und dann seine Musik in den Film reingebracht.

Seitdem höre ich das, und überhaupt viele Oldies aus der Zeit. Und sonst Black Music oder Soul, so langsame Sachen, Balladen. Kommt immer drauf an, wie meine Stimmung ist. In letzter Zeit habe ich auch viel Barry White gehört, weil das in dem Film, den wir zusammen gesehen haben, vorkam. »Party Animals«. Hab' ich mir gleich die CD besorgt.

Sie: Aus dem Film war die Musik, echt? Ich hab' gedacht, aus der Sendung »King of Queens« ...

Er: Nee, der hat doch in der einen Szene zu den Typen gesagt, welche Sachen er dafür braucht, um ein Mädchen rumzukriegen: Massageöl, Barry White und Kerzen. Und da ich alles andere habe, mußte ich mir nur noch Barry White besorgen! Nee, Scherz beiseite: Die Musik hat mir aber auch wirklich gut gefallen.

Jedenfalls, wenn mir so ein Text gefallen hat, dann hab' ich ihn gleich Melli gemailt. Das hat ja vier Monate insgesamt gedauert, bis wir uns zum ersten Mal in echt begegnet sind! Wir haben natürlich Fotos ausgetauscht, also die eingescannt und rübergeschickt. Meine ersten waren nicht so toll, weil ich die einfach in den Scanner reingelegt hab' und die falsche Auflösung gewählt, und dann war die Qualität natürlich nicht mehr so gut. Extra welche genommen aus'm Fitneßstudio und aus'm Ausweis, die also besonders schön sein sollten. Aber dadurch, daß ich mich mit dem Scanner noch nicht so gut auskannte, war wahrscheinlich gar nichts richtig drauf zu erkennen.

Sie: Ich hab' ihn fast gar nicht erkannt, als ich ihn dann schließlich gesehen habe, weil, das sah echt ganz anders aus. Total verschwommen und nix gescheit zu erkennen.

Er: Sonst hat man sich halt beschrieben, wie man aussieht. Später haben wir die Fotos dann im Brief ausgetauscht, das war aber erst nach einiger Zeit, kurz vor unserem ersten Treffen.

Sie: O Gott, das war schrecklich! Diese Angst vor der ersten Begegnung – Hilfe!

Er: Am aufgeregtesten war ich auf der Zugfahrt zu ihr. Im Abteil saßen alte Leute – also zwei alte Frauen. Mit denen bin ich auch ins Gespräch gekommen, über die Fahrt hin. Und zum Ende hab' ich gesagt: Ja, ich fahre jetzt zu meiner Freundin, die habe ich im Internet kennengelernt und noch nie gesehen. Und die haben mir dann so richtig mütterlich Mut gemacht: »Hach, das wird alles gut, du schaffst das schon.«

Ja, das war schon sehr aufregend. Und dann bin ich angekommen, aus dem Zug ausgestiegen, und da war ich. Der Ulmer Bahnhof ist eben wie alle Bahnhöfe: unten der Gang, und dann gehen Treppen zu den Gleisen und zum Ausgang hoch.

Sie: Ich weiß nur noch, daß du die Treppen hochkamst und ich runter ...

Er: Ja. Da hab' ich zuerst die Schuhe gesehen, dann die Hose, ganz zittrig innerlich: Oh, ob sie das jetzt wirklich ist?! Und dann kam sie mit dem Hund an, und wir waren so nervös, wir haben uns, glaube ich, noch nicht mal richtig geküßt ...

Sie: Ich bin noch beinahe hingefallen, weil der Hund so an der Leine gezogen hat. Klar, ich stand sowieso nicht besonders sicher auf den Beinen, weil ich so aufgeregt war, und dann noch der Hund, also ich wäre wirklich fast da runtergestürzt. Ich weiß nicht, Angst davor, daß das jetzt voll die Enttäuschung wird, habe ich eigentlich nicht gehabt. Einfach nur davor, daß ich mich blamiere. Weil, von Natur aus bin ich schon ziemlich schüchtern. Und ich weiß noch, wie ich davor meine Freundin genervt habe: »Was soll ich bloß mit dem machen? Was soll ich bloß mit dem machen? Wenn wir daheim sind, sollen wir Fernsehen gucken oder was? Das ist doch doof. Der kommt an, und wir gucken Fernsehen! Was soll ich bloß machen, wenn ich nicht gleich 'n Gesprächsthema finde?«

Weil wir uns halt noch nie gesehen hatten, und dann nebeneinandersitzen und miteinander reden. O Gott, da war ich halt total nervös, daß das nicht klappt. Ich hätte ihn ja auch nicht gleich wieder wegschikken können. Die weite Reise; also er mußte auf jeden Fall erst mal bei mir übernachten. War schon ein gewisses Risiko dabei. Zumal mir das auch schon öfter passiert ist mit Menschen: Da sitzt man da, grinst sich blöd an und weiß nicht, was man sagen soll. Und er sollte – wenn alles halbwegs gutgeht – mindestens eine oder sogar zwei Wochen bei mir bleiben. Was man da reden soll, das war eigentlich meine größte Angst in dem Moment.

Und natürlich: Was ziehe ich an?! Das war auch so 'n Akt. Da war halt meine Freundin dabei und hat mich beraten. Das war, glaube ich, schon fünf Tage davor, immer in der Pause, in der Schule: »Mensch, kann ich das anziehen oder lieber doch nicht?«, da habe ich sie immer genervt. Im Endeffekt war es dann gar nichts Besonderes: meine Take-two-Hose, so 'ne Jeans mit eingearbeitetem Glitzer.

Er: Und so Turnschuhe mit einem rosa und einem gelben Schnürriemen ...

Sie: Nein, die hab' ich gar nicht angehabt! Ich hab' Stiefel angehabt von meiner Mutter, die hab' ich mir ja extra noch ausgeliehen. Ja.

Er: Echt? Aber auf jeden Fall so 'nen langen Mantel mit Fransen.

Sie: Ja, das war noch winterlich kalt damals, obwohl schon Frühling war. Und da hatte ich eben Mama gefragt, ob ich ihre neuen Stiefel krieg', so Lackstiefel mit hohem Absatz. Ja, und meine Haare waren damals auch schon lang. Die hab' ich extra noch gelockt, mit 'nem Eisen. Das weiß ich noch. Da hab' ich stundenlang mit meiner Freundin vorm Spiegel gestanden und hab' mir Löckchen reingedreht, hab' mich noch 'n paarmal verbrannt am Kopf dabei. Das war vielleicht ein Akt! Ja, so 'n Lockenstab. Den hab' ich zu meinem 13. oder 14. Geburtstag bekommen und seitdem immer benutzt, weil mir das Ergebnis so gut gefallen hat. Geschminkt habe ich mich aber nicht so sehr. Bloß Puder und Lipgloss; ich trage soviel Make-up sowieso nicht. Trotz meiner Akne mag ich das nicht.

Er: Auf Fotos habe ich das ja gesehen. Und sie hat auch beschrieben, daß das so viele Narben sind im Gesicht, am Hals, Dekolleté und auf den Schultern.

Sie: Na, ich hab's ihm auf jeden Fall mit Absicht schon vorher erzählt, weil ich dachte: Nicht, daß er dann 'nen Schock kriegt. Weil es eben auch im Ausschnitt so schlimm war mit den Narben. Also, ich hab' dich auf jeden Fall vorgewarnt, das weiß ich. Ich glaub', ich hab' auch geschrieben: »Hoffentlich findest du das nicht schlimm« und so. Aber in dem Moment, am Bahnhof Ulm, war ich viel zu aufgeregt, um darüber nachzudenken, ob man das jetzt sieht oder so.

Das einzige, woran ich mich noch ganz genau erinnere, ist, daß wir dann irgendwann alle zusammen in der Bahnhofs-Vorhalle standen, und meine Mutter, die mich mit dem Auto hergefahren hatte, sagte: »Jetzt müssen wir noch zum Bäcker, Kuchen kaufen.«

Wo ich dachte: Mutter! Wie kannst du nur in so 'nem Moment an Kuchen denken!!! Und ich sollte dann gehen – nee: Meine Mutter wollte eigentlich gehen, aber ich hatte so Angst, mit ihm alleine dazustehen, da hätte ich ja gleich 'n Gesprächsthema haben müssen. Und da hab' ich mich angeboten: »Ich gehe schon.« Mir hat echt alles gezittert.

Und als ich in dem Bäckerladen stand und die Verkäuferin das Kuchenpaket zurechtgemacht hat, da konnte ich so rübergucken auf den Vorplatz, wo Mutter mit Frank stand, und da hab' ich zum ersten Mal gedacht: O Gott, sieht der süß aus! Das weiß ich noch, ja.

Er: Sie sah halt wirklich so aus wie auf den Fotos, das war nicht geschummelt. Ich hatte ja vorher schon gedacht: Mann, sieht die gut aus! Und nun, in natura, noch um so besser, wie ein Model, echt. Ich selber hab' mir gar nicht so die Gedanken gemacht, wie ich äußerlich wirke. Klar, vielleicht habe ich mich im Zugfenster gespiegelt, ob die Haare auch sitzen und so. Aber was ich angehabt habe, zum Beispiel, das weiß ich gar nicht mehr.

Sie: Ich weiß es noch! Diese beige Nylonhose, die so quietscht, wenn man läuft. Und 'ne Winterjacke. Das sehe ich noch vor mir.

Er: Na ja, irgendwann kam Melli dann also mit dem Kuchen aus diesem Bäckerladen, wir sind zu ihrer Mutter ins Auto gestiegen und haben da zusammen auf der Hinterbank Platz genommen. Und ich weiß noch: Wir sind dann aus Ulm rausgefahren, und da habe ich sie gefragt, ob ich sie jetzt endlich küssen darf. Und dann haben wir uns die ganze Fahrt lang geküßt. So vierzig Minuten lang.

Sie: Da hat sich meine Mutter ziemlich aufgeregt ...

Er: Ja, da hat sie sich beschwert, daß ich halt kein Wort gesagt habe, sondern gleich losgeknutscht. Und ich glaub', beim ersten Mal, da mochte sie mich auch nicht wirklich besonders gern, als ich da in Memmingen war. In dieser Woche fand sie, glaube ich, daß ich mich ziemlich schlecht verhalten hätte ...

Sie: Nee, nee, das hab' ich dir schon mal erklärt. Sie hat sich dir gegenüber so distanziert verhalten, weil sie das auf der Autofahrt total unverschämt fand, das fand sie echt schlimm. Wer weiß, was das für einer ist, so. Und deshalb ist sie erst einmal auf Abstand gegangen. Aber ich bin ja wirklich nicht das arme Opfer; ich hab's ja schließlich auch gemacht! Und ich fand's sogar sehr schön, ja. Ich war selber überrascht, als wir plötzlich daheim waren, also daß die Zeit so schnell vorbeigegangen war, während wir uns geküßt haben.

Hätte ich nicht gedacht, daß ich das auch so will.

Er: Ja, vor allen Dingen, weil man sich vorher ja noch nicht gesehen hat.

Aus unserem Privat-Chat wußten wir voneinander, daß wir beide noch Jungfrau waren. Und mir ist so was vorher auch noch nie passiert; ich bin ja eigentlich kein Draufgänger. Ich bin auch eher schüchtern ...

Sie: Von wegen! Wer so wie du auf jeder Zugfahrt sofort mit allen Leuten ins Gespräch kommt, der ist ja wohl kaum schüchtern! Ich kann das nicht. Und dann – grade, weil er den Satz gesagt hat: »Darf ich dich jetzt endlich küssen?«, also das fand ich schon überhaupt nicht schüchtern. Das hätte ich mich nie getraut, vor allem, wenn ich so nervös bin. Im Gegenteil. Also, Frank, ich hab' dich echt nicht so kennengelernt, daß du schüchtern bist!

Na ja, und irgendwann kamen wir dann also nach Hause, Peter stand in der Küche und hat gekocht. Der macht immer Riesenessen, wenn jemand zu Besuch kommt. Und wir beide sind dann aber erst mal nach oben in mein Zimmer gegangen, haben das Gepäck abgestellt und weitergeknutscht, bis sie uns nach unten gerufen haben.

Ich glaube, viel geredet haben wir gar nicht in der Zeit ...

Also, wir haben schon ein Riesenglück gehabt miteinander, daß das wirklich so gefunkt hat zwischen uns. Klar, ich hatte mir im vorhinein auch überlegt, was ist, wenn er mir nicht gefällt. Dann hätte ich ihm das ja ehrlich sagen müssen. Ich hätte ihm dann wahrscheinlich vorgeschlagen, »nur« Freunde zu sein und uns miteinander zu unterhalten. Aber gleich wieder wegschicken hätte ich ihn ja nicht können.

Er: Ich wäre sehr enttäuscht gewesen. Da fällt mir noch was ein: Sie hat am Anfang auch immer geschrieben, sie wäre 16, obwohl sie erst 15 war, damit ich nicht gleich wieder abspringe und sage: Du bist mir zu jung, oder so.

Das war mir alles so egal. Mir war auch ganz egal, wie sie aussieht. Ich meine, ich will jetzt nicht behaupten, daß ich nicht aufs Äußere achte, und daß ich nicht etwa froh wäre, daß sie so gut aussieht, aber ich hatte sie auch so schon lieb, von ihrem ganzen Wesen her. Ich hatte mich in sie verliebt, obwohl ich sie noch nie gesehen hatte.

Sie: Er hat am Anfang im Chat gesagt, ich könnte auch voll dick sein und häßlich, und er würde mich trotzdem lieben, aber das habe ich ihm nie geglaubt. Und ich hab' dann immer mit Absicht nachgebohrt:

Komm, wenn ich jetzt so und so aussehen würde, sei ehrlich: Dann wäre ich niemals deine Freundin!

Aber verliebt war ich auch schon durchs Schreiben in ihn. Wenn ich das nicht so empfunden hätte, hätte ich ihn sicher niemals zu mir eingeladen. Also, so 'n gewisses Gefühl hat schon gestimmt bei mir.

Er: Man muß ja auch mal sagen: Wir hatten großes Glück, daß ihre Mutter überhaupt zugestimmt hat. Daß ihre Tochter da irgend-

wen übers Internet kennenlernt, der zu Besuch kommt und gleich
auch da schlafen darf.

Sie: Vor allem: Ich war ja erst 15! Da gibt's bestimmt viele Mütter,
die das nie im Leben erlaubt hätten. Ich weiß das von 'ner Freundin, die hat auch einen kennengelernt, und deren Eltern haben
das zum Beispiel nicht erlaubt. Ich fand das sogar 'n bißchen komisch, daß meine Mutter da einverstanden war.

Er: Na ja, eigentlich sollte ich ja auch im Gästezimmer schlafen.
Aber dann hab' ich die erste Nacht doch bei Melli geschlafen,
und ab da halt immer, die ganze Zeit.

Sie: Also, ich muß vielleicht dazu sagen: Im Chat geht es ziemlich
schnell um Liebe und Sex. Grade im Chat, weil man sich da nicht
direkt gegenübersitzt, da ist das leichter. Also, ich habe ihn schon
am zweiten Tag gefragt, wie weit er mit seiner Exfreundin so gegangen ist. Oder ob er noch Jungfrau ist.

Da stellt man dann so hintendran: » ... Wenn ich fragen darf« und
so. Und er hat auch ganz offen geantwortet, daß er halt noch
Jungfrau ist und noch nicht viel Erfahrung hat. Und daß es noch
nicht weiter ging wie: Oberteil ausziehen und Küssen. Das war
es, was ich von ihm wußte. Was das betrifft, waren wir wirklich
ziemlich schnell.

An unserem ersten Abend, als wir da zusammen im Bett lagen,
da ging es eben auch schon so weit, daß wir uns gegenseitig ausgezogen haben und immer weiter geküßt. Ich dachte schon: Dafür, daß ich noch nie vorher nackt vor einem Jungen gestanden
hatte, ging das wirklich ziemlich schnell, ja. Wobei – es blieb lange beim Streicheln, beim Vortasten.

Das erste Mal miteinander geschlafen haben wir erst ein halbes
Jahr später! Also, in diesen Frühlingsferien im April nicht, in den
Sommerferien nicht, erst in den Herbstferien. Unglaublich eigent-
lich. War aber so.

Er: Wie kam das eigentlich? Ich glaube, wir waren neugierig, endlich diesen Schritt zu wagen. Vielleicht wollte ich auch etwas mehr
ausprobieren als sie. Es war einfach soweit, denke ich.

Sie: Na ja, wir hatten ja vorher schon viel drüber gesprochen, wie
es sein wird. Und ich hatte auch schon, seit er das erste Mal da

war, die Pille genommen, weil ich Angst hatte, daß vielleicht was passieren könnte. Ja, war eigentlich von Anfang an klar, daß es auch weiter gehen könnte; ich wollte halt nicht gleich so wahnsinnig schnell, wenn's irgendwie ginge. Ich wollte schon abwarten. Und mir war das auch nicht so wichtig, gleich mit ihm zu schlafen und so. Aber mit der Zeit will man dann schon mehr, weil man ihn schon so lange kennt.

Er: Das erste Mal ist natürlich völlig anders als im Liebesroman. Weil man sich noch nicht auskennt: Wie jetzt? Und was man nicht machen sollte. Ja, daß es dann auch wehtut, halt ...

Sie: Wobei: 'ne Katastrophe war es auch nicht. Also, als wir das erste Mal miteinander geschlafen haben, fand ich's schon schön. Nur, daß wir's davor schon oft probiert haben, und daß es da immer so wehgetan hat, daß wir wieder aufhören mußten. Bis zum ersten richtigen Mal war's wirklich lange. Und dann war's auch ziemlich kurz. Am schönsten fand ich, ihn einfach so nah zu fühlen und daß wir so intim, so offen miteinander umgehen können. Und daß wir das erste Mal geschafft haben, und mich so frei dabei zu fühlen, ja. Das war's, glaube ich, was ich am meisten genießen konnte.

Er: Verändert hat sich danach für uns nicht viel. Vielleicht höchstens, daß man sich noch verbundener gefühlt hat. Daß man noch eine neue Seite an dem Menschen kennengelernt hat.

Sie: Ich finde, das verändert nicht so viel. Wir hatten ja vorher auch schon viel Körperkontakt miteinander, nur daß es jetzt vielleicht die Krönung war, daß man nun endlich miteinander schläft. Ich bin auch nicht so: Oh, toll, nicht mehr Jungfrau! Daß mir das jetzt ein spezielles Hochgefühl geben würde, nee. Wenn man jemanden liebt, ist es schön, aber viel verändern tut's nicht. Aber wenn man davor nicht miteinander reden kann, dann kann man es danach auch nicht.

Er: Wir haben auch immer viel zusammen unternommen. Sind einkaufen gegangen, ins Kino oder Eis essen in der Stadt, haben unsere Füße in so einem Brunnen baumeln lassen. Also, insofern sind auch meine Phantasie-Geschichten wahr geworden, die ich ihr immer geschrieben hatte.

274

Sie: Das klingt jetzt vielleicht 'n bissel kitschig oder so, aber ich fand das wirklich schön, weil ich vorher noch nie mit 'nem Jungen einkaufen war.

Nur immer mit Mädchen.

Und wenn doch mal Jungs dabei waren, dann fand ich das immer voll peinlich. Mir vor denen Klamotten rauszusuchen, das war eher lächerlich. Aber mit Frank hat das voll Spaß gemacht.

Und heute ist es so: Jedesmal, wenn wir uns wieder trennen müssen, dann ist es für mich sehr, sehr schlimm. Für ihn bestimmt auch, weil ich ja dann jedesmal am Bahnhof anfange zu heulen. Ich find' das voll komisch: Weil – das ist wie zwei Welten. Die eine, wenn wir zusammen sind, und die völlig andere, wenn wir getrennt sind. Das ganze Lebensgefühl ändert sich dann. Weil wir ja alles zu zweit machen. Wenn ich bei ihm bin oder er bei mir ist, dann sind wir ja vierundzwanzig Stunden am Tag beieinander. Er schläft bei mir, wir duschen zusammen, einfach alles. Und wenn ich eine Weile hier in Krefeld war und komme danach wieder nach Hause, dann brauche ich immer zwei, drei Tage, bevor ich das überhaupt verstehe, was mit mir vorgeht. Also, den ersten Tag allein ins Bett zu gehen, das ist so schlimm und ungewohnt! Das dauert, bis man sich da wieder reingelebt hat in den Alltag.

Er: Daß man dann versucht zu telefonieren, schon während der Zugfahrt, um den anderen ein bißchen aufzumuntern. Daß wir uns ja bald wieder sehen und daß es sehr schön war. Daß wir uns doch haben und daß wir das schon überstehen, wenn wir uns mal vier oder fünf Wochen nicht sehen. Ich bin bestimmt nicht weniger traurig als sie; es ist auch nicht so, daß ich vor ihr nicht weinen kann, aber bei mir ist das so: In dem Moment des Abschieds ist es für mich nicht so schrecklich, dafür dann aber in der Zeit danach. Besonders, wenn ich zu Hause Streß habe und Melli ist so weit weg, da fällt mir das dann erst so richtig auf, wie weh das tut.

Sie: Also, ich finde: Der Unterschied ist, daß ich auf dem Bahnsteig alles rauslasse und in Tränen schwimme, aber danach geht's mir gleich besser, schon im Zug. Dann kann ich mich wieder fassen.

Genau umgekehrt wie bei ihm: Meiner Meinung nach mache ich's
halt so, daß ich immer sofort alles rauslasse, den ganzen Schmerz.
Was bei so einer Fernbeziehung, wie wir sie führen, auch ein Problem ist, das ist das Vertrauen. Eigentlich habe ich ihm sehr vertraut. Ja, ich spreche in der Vergangenheit. Weil da was passiert
ist ... Und seitdem ist es sehr schlimm. Davor hab' ich ihm sehr
vertraut. Klar, ich hab' mich mies gefühlt, wenn er am Telefon
gesagt hat, er geht jetzt auf 'ne Party oder so, und da ist die und
die. Vor allem am Anfang unserer Beziehung, da hat er halt viel
von seiner Ex-Freundin erzählt, und daß sie noch Freunde sind
und so. Daß sie zum Beispiel Geburtstag hat, und er fährt hin. Also, das hat mich sehr gestört; in dem Moment hab' ich mich sehr
schlecht gefühlt. Ich hab' zwar nicht gedacht, daß er da sofort
was anfängt, aber allein dieses Zuhause-sitzen-Müssen und Abwarten, bis er zurückkommt, das war schon sehr schlimm.

Er: Das geht mir aber auch nicht anders. Da reicht schon so 'ne
Kleinigkeit, und dann mache ich mir voll Gedanken. Sie hat ja
jetzt den Realschul-Abschluß gemacht und erzählt, daß sie dann
alle zusammen auf 'ne Abschlußparty gehen und daß sie dann alle in der Schule übernachtet haben, die ganze Stufe. Ja, und grad,
als ich sie dann enttäuscht hab', hab' ich mich natürlich tierisch
davor gefürchtet: Hoffentlich zahlt sie mir das jetzt nicht heim
und macht nicht den gleichen Fehler wie ich! Und dann hab' ich
gemerkt, daß sie viel intelligenter ist und mit keiner Faser daran
denkt, mir jetzt aus Rache eins auszuwischen.

Was das nun war? Hm. Da spreche ich eigentlich nicht so gern
drüber. Ich war mit ein paar Freunden in den Sommerferien in
Holland, da hatten wir einen Bungalow gemietet. Und – ja, da
bin ich halt fremdgegangen, drei Tage lang. Ich weiß jetzt gar
nicht mehr, woher dieses Mädchen eigentlich ist. Ist ja auch egal.
Wir haben uns halt geküßt ..., ist aber nichts weiter passiert als
Küssen. Und, ja. Natürlich ist das für mich auch Fremdgehen.
Und das noch Schlimmere war: Ich hab's Melli erst in diesem Jahr
im Februar erzählt, also ein halbes Jahr danach. Hätte ich's ihr
gleich erzählt, hat sie gesagt, dann wäre das Vertrauen nicht ganz
so schwer wiederherzustellen. Aber daß ich das sechs Monate ver-

heimlicht habe, sie die ganze Zeit praktisch angelogen habe, ihr das verschwiegen habe, das war das Unverzeihlichste daran.

Fremdgehen ist ja eigentlich das Schlimmste, was man seinem Partner antun kann, oder?

Na ja, wie war die Situation? Strandkneipen, das war wie so 'n Center Park, wir hatten was getrunken, auch mal an einem Joint gezogen. Aber ich kann mich nicht mal darauf herausreden, daß ich nicht ganz bei mir war; so besoffen bin ich nie gewesen. Ich war nicht unzurechnungsfähig. Jetzt im nachhinein kann ich's mir auch nicht mehr vorstellen, wieso ich das gemacht habe. Heute halte ich's für absoluten Schwachsinn, dafür die Beziehung zu Melli aufs Spiel zu setzen. Ist mir selber unverständlich heute.

Sie: Auf jeden Fall war's kein Ausrutscher, das kannst du mir nicht erzählen. Er war ja mehrere Tage mit ihr zusammen. Das hätte ich auch noch eher nachvollziehen können, wenn man jetzt auf 'ner Party ist und aus der Stimmung heraus mit jemandem abzieht. Und am nächsten Tag wird es einem dann klar. Aber so?! Und er hat's mir gar nicht von sich aus erzählt. Ich hab's eigentlich eher rausgefunden.

Er: Das war so: Ich hab' zu dem Zeitpunkt ab und zu noch geraucht. Und irgendwie sind wir darauf zu sprechen gekommen, weil sie Rauchen nicht mag. Am Telefon war das übrigens. Jedenfalls, ich hatte ihr versprochen, daß ich aufhöre zu rauchen, und an dem Tag gestand ich ihr, daß ich das nie durchgehalten habe. Und ihre Reaktion darauf: »Na, wenn du mir das verheimlicht hast, verheimlichst du mir bestimmt noch was anderes!«

Sie: Weiblicher Instinkt vielleicht, das war nur so ein Gefühl. Aber diese Heimlichtuerei hab' ich nie verstanden; ich wäre ja nicht ausgerastet, wenn er mir gesagt hätte, er raucht noch. Ich wollte halt nur, daß er aufhört damit. Na ja, und über so was Blödes wie die Raucherei bin ich dann auf meine unheilvolle Nachfrage gekommen.

Er: Und ich hatte nicht mal den Mut, ihr das gleich zu beantworten. Ich sagte irgendwas von »ich muß erst zum Essen gehen, ich ruf dich nachher wieder an«. So was Doofes. Als ob man erst essen geht, um dann so ein Geständnis zu machen!

Sie hat dann gesagt: »Ja, und tschüß!«, und ich hab' später immer wieder versucht, sie anzurufen ...

Sie: Du hast gar nicht angerufen! Du hast aufgelegt, und dann ging's mir so richtig sauschlecht. Und das nächste, was passiert ist, war: Bei mir kam 'ne SMS an: »Ich glaube, ich habe Melli grad verloren, weil ich im Urlaub fremdgegangen bin.«

Er: Ja, die war für einen Freund bestimmt, und ich hab' aus Versehen oder aus Reflex die falsche Tastenkombination am Handy gedrückt. Und damit hatte ich die Nachricht Melli geschickt anstatt meinem Freund.

Sie: Ja, und dann hab' ich halt bei ihm angerufen, war zuerst voll erbost. Und so kam die ganze Sache eben raus. Am Anfang hab' ich ihn voll zusammengeschrieen: »Was soll denn der Scheiß?« und so. Das war ab da eine total lange Prozedur, mit Hin- und Hertelefonieren, Aggressionen und Leiden.

Er: Ich hab' dann zwischendurch mit meiner Mutter geredet; die hat das nur deshalb mitbekommen, weil ich die ganze Zeit verheult herumgelaufen bin. Ja, und die hat mir auch gesagt, daß sie das voll scheiße von mir findet. Daß sie auch mal so Vermutungen hatte, was meinen Vater betrifft, in seiner Zeit als Außendienstler. Aber daß ihr dazu dann auch irgendwann bloß eingefallen ist: Man muß Vertrauen haben, sonst geht das überhaupt nicht. Ich meine, wenn ich mir das alles genau umgekehrt vorstelle, daß mir das mit Melli passiert wäre und sie fremdgegangen wäre, ich wüßte, ich würde genauso tief verletzt reagieren. Auch schon bei einem Kuß, klar.

Sie: Für mich ist das Fremdgehen, auf jeden Fall. Ich finde nicht, daß da unbedingt Sex dazugehört. Man betrügt ja einen Menschen sofort, wenn man ... wenn man ..., ich weiß nicht, eigentlich fängt es doch wirklich schon früher an. Sobald man mit dem Gedanken spielt, sobald man einen anderen toll findet ...

Er: Na ja, toll finden! Toll finden kann man doch auch einen Menschen, den man nicht begehrt, oder?

Sie: Ja, »toll finden«, du weißt genau, wie ich das meine! Anziehend findet, so wie man normalerweise einen Partner anziehend findet. Und das dann auch noch in die Tat umsetzt, ohne mit dem anderen vorher Schluß zu machen, und wenn man so rummacht, flirtet oder einen anderen küßt, dann ist das auf jeden Fall Fremdgehen.

Klar, ich habe in dem Moment schon mit dem Gedanken gespielt, mit Frank Schluß zu machen.

Er: Es war eigentlich schon Schluß, oder? Ich hab's zumindest so empfunden. Ich war auch davon überzeugt: So 'nen Fehler wird sie mir nie verzeihen. Das ist nicht wiedergutzumachen. Es ist halt vorbei. Ich habe nicht geglaubt, daß sie mir noch 'ne zweite Chance gibt. Wir hatten vorher auch schon über solche Dinge gesprochen, weil eine Freundin von ihr mal betrogen worden war. Und daher kannte ich Mellis Meinung dazu. Es gab, im nachhinein betrachtet, viele Gelegenheiten, wo ich hätte sagen können: »Ich bin auch fremdgegangen, ich hab' die gleiche Scheiße gemacht.« Statt dessen habe ich gesagt: »Ja, ich verstehe's auch nicht, wie man so was machen kann!« Weil ich's halt am liebsten verdrängen wollte, was passiert war.

Sie: Das war ja der Hammer! Wir haben echt sehr oft darüber gesprochen, und er war immer empört. Er hat auch mal von seiner Exfreundin erzählt, deren Freund nebenbei noch eine andere hatte, und dazu hieß es von Frank immer: »Wie kann die nur so bescheuert sein, mit dem überhaupt noch zusammenzusein!« Und dadurch habe ich dann eben gedacht: Wie kann einer nur so lügen! Was kann ich dem überhaupt noch glauben! Daß der voll gut schauspielern kann, hab' ich gedacht, weil ich dem ja alles geglaubt hatte vorher.

Bei mir hat das so 'ne Art Wahnsinn ausgelöst. Nachdem ich den Telefonhörer aufgelegt hatte, hab' ich angefangen zu schreien wie verrückt und mich auf den Boden geschmissen, weil ich das so schnell gar nicht verstehen konnte.

Voll blöd.

Und meine Mutter kam hochgerannt, hat mich geschüttelt und immer gefragt: »Was ist? Was ist?« Und ich hab' gar keine Luft mehr gekriegt. Und sie: »Soll ich 'n Krankenwagen holen?« Alles sehr übertrieben in dem Moment. Dann hat sie eben auch gesagt, das ist ja krankhaft und bist du denn verrückt und so. Dann hab' ich ihr das erzählt, also ich konnte gar nicht erzählen, hab' nur so geschrieen, und dann hat sie bloß gesagt: »Sag mal, bist du krank? Deswegen muß man doch nicht so ausflippen!« Also, sie hat gar kein Verständnis gezeigt, ich hörte immer nur »krankhaft, krankhaft«. Und ich konnte das gar nicht verstehen, daß sie jetzt nicht auf meiner Seite ist. Und ich sie immer so angebrüllt: »Ja, weißt du eigentlich, was der getan hat?« Und da fand sie das halt voll übertrieben, und ich meine, das war vielleicht auch voll übertrieben, weil es mir halt das erste Mal so passiert ist, und weil ich das nie im Leben gedacht hätte, daß so was möglich ist bei uns, bei Frank und mir.

Also, für mich ist da schon alles zusammengebrochen. Die Liebe steht bei mir auf Platz eins. Also, jetzt nicht nur die Liebe zwischen Partnern, sondern eben auch zur Mutter oder so, bedeutet mir auch viel. Aber in dem Moment – o Gott, ej! Vor allem, weil wir ja schon über ein Jahr zusammen waren. Und ich saß da und dachte: Nee, nee! Träumst du jetzt? Das kann doch alles gar nicht sein! Wirklich, wie in so 'nem schlechten Alptraum. Ich wollte das alles gar nicht wahrhaben.

Und später, dann wollte ich alles wissen: Wie, warum und wer? Aber so ein richtiges Gespräch war auch gar nicht möglich zwischen uns. Ich hab' sofort angefangen zu schreien, dann haben wir wieder aufgelegt, und dann wieder neu angerufen. Zuerst hat er nie angerufen, immer nur ich. Da dachte ich dann schon: Nee, also dann ist es wohl vorbei. Der bemüht sich noch nicht mal mehr!

Er: Ich hatte Angst, ganz einfach.

Sie: Ja. Aber bei mir kam nur an: Toll, alles vorbei. Und das wollte ich ja nicht. Deshalb hab' ich echt oft angerufen. Und dann hab' ich mit Peter drüber geredet, weil dem das auch schon mal passiert ist, mit seiner Exfrau. Und der sagte auch, daß er das nie mehr könnte, noch mal mit jemandem zusammensein, der schon mal fremdgegangen ist. Aber er sagte, im Endeffekt liegt es halt an mir, das muß ich selber wissen. Ich hab' viel drüber geredet und nachgedacht, auch mit meiner besten Freundin. So die ersten zwei Tage waren totale Verzweiflung und Enttäuschung, und dann kam voll die Wut in mir hoch, dann war ich so sauer auf ihn. Und dann hab' ich ihn oft angerufen und ihn fertiggemacht, weil ich das irgendwie rauslassen mußte, daß ich so stinkwütend war.

Er: Also, für mich war klar, daß Melli jetzt nicht mehr will, daß für sie jetzt Schluß sein muß. Und ich hab' auch immer wieder nachgefragt, ob das so ist und sie jetzt nicht mehr mit mir zusammensein möchte. Und ich hab' sie immer wieder gefragt, ob sie mir nicht noch 'ne zweite Chance geben möchte, und versprochen, daß ich so einen Fehler nicht mehr machen würde. Und irgendwann stimmte sie dann zu ...

Sie: Das war aber erst viel später. Ich finde, da kommt noch viel mehr dazwischen. Das war 'ne echt lange Prozedur, bis wir wieder soweit waren. Am Anfang war's nur Anschreien, Wut rauslassen, wie gesagt, und dann erst konnten wir anfangen, richtig miteinander zu reden. Und dann wollte ich erst mal alles wissen, warum, weshalb, also das hat lang gedauert. Und ich dachte immer wieder: Was soll ich jetzt bloß machen? Ich kann doch nicht mit ihm zusammenbleiben, grad auf die Entfernung! Da kann ich dem nie vertrauen. Aber, Schluß machen, das wollte ich ja auch nicht ernsthaft. Mir war schon irgendwie klar, daß das noch nicht vorbei sein konnte. Daß das jetzt schon alles gewesen sein sollte, das wollte ich nicht.

Er: Wir haben auch drüber geredet, ab jetzt nur Freunde zu bleiben, aber das wollte ich auch nicht. Das hätte ich mir nicht vorstellen können, daß das geht. Weil ich halt so viel für sie empfunden habe, das wäre für mich nicht drin gewesen.

Sie: Na ja, und auf die Entfernung Freunde! Das sind dann auch keine Freunde mehr!! Jedenfalls, das hat lang gedauert. Und ich hab' viel drüber geredet und nachgedacht, bis ich dann soweit war, daß ich ihm eine zweite Chance gegeben hab'.

Er: Ich weiß, Melli ist für mich alles, und ich würde alles für sie tun. Aber ich mache natürlich auch Fehler, daß ich sie nicht so behandle, wie man seine Liebste behandeln sollte. Ja, klar, es ist ein großes Versprechen: »So was passiert nie wieder.« Aber wie man aus Fehlern halt lernt. Daß man weiß, was das für Konsequenzen hat, daß man das nicht nur auf sich selber bezieht, sondern daß man auf einmal begreift, wie sich das auf einen anderen Menschen auswirkt, den man doch eigentlich liebt.

Daß das für Melli großen Schmerz bedeutet und daß nicht nur ich unter einer möglichen Trennung leiden würde, sondern zum größten Teil Melli leiden würde. Und jetzt habe ich auch gar nicht mehr das Verlangen danach, ein anderes Mädchen zu küssen oder irgendwas anderes zu machen mit einer anderen. Weil ich halt nur mit Melli zusammensein möchte. Dafür habe ich in letzter Zeit auch viele Freunde von mir vernachlässigt, weil es mir wirklich das Wichtigste ist. Ich bleibe halt lieber zu Hause, damit sie weiß, wo ich bin, und gehe nicht auf irgendwelche Partys. Mir ist schon klar, daß ich das sicher nicht ewig durchhalten kann, aber für eine Übergangsphase ist das schon okay, bis das Vertrauen wiederhergestellt ist.

Sie: Nee, verlangen tue ich das auf keinen Fall von ihm, ganz im Gegenteil: Ich hab' am Anfang immer gesagt: Das bringt mir eigentlich nix, dann gehst du bloß nicht fremd, weil du nicht weggehst und weil du nicht mit deinen Freunden zusammen bist. Verlangt hätte ich das nie; er hat's freiwillig gemacht. Aber trotzdem ging's mir schlecht.

Weil ich mir dachte, im Alltag gibt es ja noch genug Möglichkeiten. Also, wenn's wieder passieren soll, dann passiert's sowieso, ob nun mit Party oder ohne.

Er: Wir hatten dann irgendwann so 'ne Abmachung: Wenn ich in Krefeld weggehe, daß Melli dann in Memmingen weggeht. Daß also nicht einer von uns zu Hause rumsitzt und grübelt und wartet, sondern jeder so 'n bißchen abgelenkt ist.

Sie: Ich wußte ja, ich kann nicht mit jemandem zusammensein, bei dem ich mich ständig so verrückt machen muß. Wobei, ich kann ja für mich auch nicht die Hand ins Feuer legen, wenn ich ehrlich bin. Ich bin der Meinung, man kann nie »nie« sagen. Weil, man verändert sich ja auch, und wer weiß, was dann noch alles kommt. Aber jetzt, von meinem heutigen Standpunkt her – nö, find ich Fremdgehen total doof. Grad, weil ich ja weiß, wie man sich dann fühlt.

Er: Jetzt sind wir gerade wieder seit sechs Wochen zusammen, und zwei Wochen liegen noch vor uns. Das ist schon heftig. Weil man dann den anderen so richtig pur kennenlernt, auch in Streßsituationen. Wir arbeiten stundenweise zusammen in so einer Baguetterie, ich hinter der Theke und Melli als Bedienung. Und grade heute, da gab's so einen Moment: Hochbetrieb, alle standen unter Druck, und Melli sollte eine Bestellung zu Tisch sieben bringen. Und ich hab' nur gerufen: »Zu den vier Typen, Tisch sieben.« Ich kenne mich natürlich viel besser aus als sie; ich jobbe da schon ziemlich lange. Und als sie sich noch suchend umsah, hab' ich sie an den Schultern gepackt und in die Richtung geschoben und noch mal, wie zum Mitschreiben, gebrüllt: »Tisch SIEBEN!!« Wir waren halt alle im Streß.

Sie: Ich war echt sauer, vor allen Kunden! Ich hab' mich umgedreht und hab' ihm nur den gestreckten Mittelfinger gezeigt. So was Bescheuertes; die haben mich alle angeschaut, als ob ich behindert wäre, und das von meinem eigenen Freund!

Ich muß schon sagen: Gerade in den letzten sechs Wochen haben wir uns bestimmt zweimal am Tag gestritten. Da sind dann schon die Fetzen geflogen; das wird auch immer gleich so aggressiv. Hinterher tut's uns dann leid, und ich denke: Oh, Mann, das macht man doch nicht, wenn man sich liebt! Ich führe das darauf zurück, daß wir entweder gar nicht zusammen sind oder – wie jetzt – sechs Wochen am Stück, und dann aber auch gleich 24 Stunden am Tag. Andere treffen sich mit ihrem Freund, wenn sie Lust haben hinzugehen. Aber ich hab' ja jetzt null Rückzugsmöglichkeit. Wir wohnen bei seinen Eltern; wo soll ich da hingehen, um mal allein zu sein! Und dann kommen noch andere Probleme dazu: Zum Beispiel, als wir davor bei mir waren, hab' ich wieder voll Ärger mit meiner Mutter bekommen. Gut, da kann er mich unterstützen, aber wenn wir uns dann auch noch streiten ...

Worum ging's diesmal eigentlich? Also, wir haben ein paarmal das Auto ausgeliehen, und das ist auch eine typische Eigenschaft meiner Mutter. Sie sagt mir nicht immer konkret: Das und das ist los, daß man es gleich klären kann. Und eines Morgens habe ich gefragt, ob wir das Auto kriegen, und da lehnte sie ärgerlich ab. Und die Begründung war: Weil da Brösel drin sind. Und das hab' ich halt nicht verstanden, daß sie deswegen so sauer mit mir ist. Und das hat sich ein paar Tage hingezogen, wo sie dann echt gar kein Wort mehr mit mir geredet hat, außer, sie ruft dann oben in meinem Zimmer an und befiehlt: Melli, tu dies, Melli, tu das. Wir durften zum Beispiel auch den Sperrmüll wegfahren, aber danach kam nicht mal ein »Danke« oder so. Und mich greift das dann auch immer so an; ich fühl' mich gleich gar nicht mehr geliebt, wenn sie nicht mit mir redet, das kenne ich schon zur Genüge. Wir haben schon so oft versucht, darüber miteinander zu reden; ich trau mich schon gar nicht mehr, auf sie zuzugehen. Irgendwann sagte Frank dann: »Gut, dann geh' ich jetzt«, und ging runter zu ihr in die Küche.

Er: Und da rief Mellis Mutter halt – das war, glaube ich, fünf Tage vor Abfahrt –, ob wir das Ticket nicht umbuchen könnten, sie will nicht mehr, daß wir noch länger da sind.

Sie: Und das war für mich der ausschlaggebende Punkt, wo ich dachte: Das ist nicht mehr meine Mutter. Wie kann sie nur so was sagen. Und hab' nur noch geheult und ernsthaft überlegt, ob ich zu meinem Vater ziehe; das war echt das Schlimmste.

Es ist wahrscheinlich unser Problem die ganzen Jahre über, daß sie von mir erwartet, ich würde viele Dinge von alleine merken und tun, wo sie mich erst auffordern muß. Aber ich hab' auch immer das Gefühl gehabt, ich kann's ihr einfach nicht recht machen. Ich hab's versucht, etwas von selbst zu sehen, aber ich fühl' mich dann auch voll unter Druck gesetzt: Äh, was mußt du jetzt noch machen? Daß du bloß nichts übersiehst, und so. Voll doof. Und so kommt das, daß wir ständig streiten. Aber wenn schon, dann bin ich so der Typ, ich möchte am liebsten, daß am nächsten Tag alles wieder gut ist. Aber sie kann tage-, wochenlang verstummen und gar nicht mehr mit mir reden. Und ich werde dann nicht offen aufmüpfig oder so; klar, ich sage schon meine Meinung, mehr als früher sicherlich. Aber innerlich breche ich eigentlich jedesmal voll zusammen, und mir kommt es so vor, als ob sie mich haßt, richtig haßt in dem Moment. Und das ist eigentlich das schlimmste Gefühl dabei. Ich glaube auch nicht, daß sich das zwischen uns ändern würde, wenn ich jetzt ausziehen würde. Ich denke, das müßte mal grundsätzlich geklärt werden. Ich will aber mal folgendes dazu betonen: Das liegt mir ja alles gerade deshalb so am Herzen, weil ich meine Mama schließlich sehr liebhabe. Das darf man bei dem ganzen Frust jetzt wirklich auch nicht vergessen. Wäre sie mir egal, dann würde mir das wohl nicht dermaßen viel ausmachen. Also, aus diesem Grunde soll sich das nicht so anhören, als gebe es nun bloß Zank und Streit zwischen uns.

Sondern natürlich – wie in jeder Familie – haben wir auch schöne Zeiten und Abschnitte, in denen wir uns gut verstehen.

Jetzt habe ich gerade eine Fachoberschule angefangen, Wirtschaftszweig. Auch wegen Frank, weil der ja noch zur Schule geht, und wenn wir Ferien haben, sind einfach die Chancen größer, daß wir uns oft sehen können. Und ich bin ziemlich froh, daß ich das überhaupt geschafft habe. So schlecht, wie meine Zensuren waren.

Er: Ich hoffe, daß ich mein Abitur hinkriege; fällt mir ja nicht gerade leicht, das Lernen. Obwohl mir Melli viel hilft dabei. Ja, und danach mache ich Zivi, auch wegen uns beiden. Ich stelle mir das so vor, daß ich als Zivi einfach viel mehr freie Zeiteinteilung habe, als wenn ich zum Bund ginge. Also auch auf uns beide ausgerichtet, was ich so anpeile.

Später wird's dann schon schwieriger: Ich würde gerne Mediengestalter werden, am liebsten bei einem großen Fernsehsender. Mediengestalter für Bild und Ton. Aber dafür muß ich natürlich wegziehen, nach München, Köln oder Berlin. Und wie es dann weitergehen soll – keine Ahnung. Krefeld finde ich eine schöne Stadt zum Wohnen, aber hier kann ich so einen Beruf natürlich nicht lernen.

Sie: Eins würde ich nie machen: Sofort zu Frank ziehen. Weil, er hat hier seine vertraute Umgebung, seine Freunde und alles, und ich hab' meine in Memmingen. Und wenn ich dann so total in sein Leben umsteige, hätte ich viel zuviel Angst, nur noch das zu machen, was er will. Kenne ich auch von 'ner Freundin: Die steht jetzt ganz allein da, weil die sich verkracht haben, und damit haben sich auch alle Freunde von ihr abgewandt; nun hat sie aber ihren Job da und kann auch nicht so einfach wieder weg. Das würde ich nicht wollen, daß ich nur auf ihn eingehe. Wenn, dann, daß wir beide in eine Stadt gehen, wo wir keinen kennen und dort zusammen neu anfangen.

Er: Wer weiß, wie das alles so wird. Eins fällt mir grade noch ein: Eigentlich seltsam, aber das Internet spielt jetzt keine besonders große Rolle mehr für uns, für unsere Kommunikation.

Sie: Stimmt. Höchstens zur Information noch, aber sonst telefonieren wir lieber miteinander. Wir müssen das ja selbst zahlen, weil die Rechnungen immer ziemlich hoch sind. Chatten und E-Mailen wäre wesentlich billiger. Aber in dem Stadium, wo wir beide jetzt angekommen sind, wäre das doch wieder zu unpersönlich. Wenn man die Stimme des anderen nicht hören kann und keine direkte Reaktion kriegt ...

Er: Wir haben ja aus Kostengründen auch schon versucht, übers Internet zu telefonieren. Aber das kommt dermaßen verzerrt und manchmal mit Verzögerung rüber, ist auch doof.

Sie: Also Internet nur zum Kennenlernen. Ansonsten funktioniert das mit der Liebe am besten von Mensch zu Mensch.

Er: Ganz genau.

»Challenge – Die Herausforderung«

Anja, 17, Kiel

Ja, einsdreiundsiebzig, lange blonde Haare, das hört sich wohl an wie ein Model, was? Aber ich würde mal sagen: Das stimmt nicht so ganz. Ich hab' grade mal bißchen zugespeckt, und die Schönheit in Person bin ich, finde ich, nicht. Ich weiß nicht, ich bin eigentlich recht zufrieden, aber – das ist jetzt wirklich 'n bißchen seltsam, das zu sagen ... Ich könnte mir zum Beispiel vorstellen, später mal 'ne Schönheitsoperation machen zu lassen. Hm, würde ich überlegen, also wenn ich das Geld dazu hätte und mir 'nen vernünftigen Arzt dazu aussuchen könnte. Ja, klar!

Ich würde meinen Speck am Kinn wegmachen lassen. Das find' ich voll nicht hübsch. Ich hätte gern so 'n eckigeres Kinn. Und auch hier – wie heißt das? – der Übergang zwischen Kieferknochen und Hals, das hätte ich gern 'n bißchen dünner und scharfkantiger.

Ich denke mal, daß jeder 'n Schönheitsideal hat, oder? Und ich würde's einfach mal aufs Fernsehen und die Medien zurückführen. Mir steht da jetzt keine bestimmte Frau vor Augen.

Aber das Ding ist einfach, daß so gut wie jeder, der jetzt im Fernsehen ist, außer vielleicht 'n paar ganz wenige Schauspieler, alle Moderatoren und alle Stars sind dünn und haben 'ne richtig gute Figur. Und dann siehst du die irgendwo in der Zeitung und siehst irgendwelche Fotos von denen, und die haben unwahrscheinlich tolle Körper und unwahrscheinlich hübsche Gesichter, aber weil sie drei Stunden in der Maske saßen, und daran denkst du natürlich nicht, wenn du nur dieses Bild siehst. Und daß da natürlich auch irgendwas wegretuschiert wurde und so. Das merkst du ja auch nicht, oder du weißt das auch nicht immer. Die werden ja nahezu perfekt gemacht. Ja, klar, obwohl man das durchschaut, beeinflußt es einen doch.

Ich bin zufrieden mit mir! Ich denk' jetzt nicht: O Gott, o Gott, bin ich häßlich! Obwohl, manchmal denke ich das auch. Ich bin da wirklich sehr komisch. Und das macht auch viel von meinem Charakter aus, diese Widersprüchlichkeit. Ich denke nur manchmal, daß es besser sein könnte und daß ich nicht den Erwartungen entspreche, den ich entsprechen wollen würde. Welche Erwartungen das sind? Na, die der Allgemeinheit. Ist zu allgemein? Na ja, auch die Männer, die mir vorhin aus den Autos an der Kreuzung hinterhergepfiffen haben, ja, klar! Menschen, die du auf der Straße triffst und die dich sehen. Nicht Menschen, die dich auf deinem Lebensweg beeinflussen und in deiner Psyche. Nein, mir geht es wirklich um die Allgemeinheit und um ein Schönheitsbild, einen gewissen ersten Eindruck, den ich hinterlassen will.

Ich glaube allmählich, dieses Gespräch wird mich selber auch zu Erkenntnissen bringen! Das ist gut so? Na, mal schauen.

Ja, weil – ist es nicht so, daß sehr viele Leute nach dem ersten Urteil, nach dem ersten Eindruck superschnell abstempeln. Ich meine: Ich bin mir sehr sicher, daß ich nicht dazugehöre, aber ich habe bemerkt, daß der Großteil der Leute das macht. Was ich nicht schön finde, aber es ist halt einfach so. Wann mir das zum ersten Mal aufgefallen ist? Warte mal, ein Beispiel dazu ...

Ich war 13, wir hatten März-Ferien, und es war Freitagabend. Und ich bin in so 'nen Jugendtreff gegangen. Und alle meine Freunde waren in den Skiferien, weil, ich wohne da in so 'ner etwas reicheren Umgebung. Und jedenfalls war kein Mensch da, ich kannte aber eine oberflächlich, mit der bin ich da hingegangen. Also ein Mädchen, mit dem ich mich so nach und nach ein bißchen anfreundete. Und die erzählte mir viel später, ihr erster Eindruck sei gewesen, daß ich unwahrscheinlich arrogant wäre. Und hat mich auch gleich so abgestempelt. Und sie sagte auch, sie wäre unendlich überrascht gewesen, daß ich letztendlich doch nicht arrogant sei, sondern voll lieb bin. Also, das jetzt nur so zum ersten Eindruck.

Ich will so eigentlich nicht wirken. Ich glaube, Arroganz ist nicht unbedingt der schönste Eindruck, den man haben kann von einer Person. Ich denke, einerseits ist es nicht ganz schlecht, eventuell arrogant zu wirken, weil dann nicht alle möglichen Leute bei dir an-

kommen und dich zuquatschen. Aber wenn diese Leute dann sehen, daß diese Person hinter all ihrer vermeintlichen Arroganz interessant sein könnte, und wenn sie es dann auf einen zweiten Eindruck ankommen lassen, den sozusagen hinterherschieben, dann ist
es ja wieder gut.

Verstehst du, was ich meine?

Wenn ich alles unter Kontrolle hätte mit dem ersten Eindruck,
den ich hinterlasse? Ich hätte zumindest gerne, daß die Leute denken: Nicht schlecht. Das hätte ich gern.

»Nicht schlecht« bedeutet bei mir soviel wie »wow!«. Aber klar,
dann könnte es schon wieder problematisch werden, weil alles sich
nur auf das Äußere bezieht. Am liebsten hätte ich alles auf einmal:
»Wow, das Model, wow, der Kumpel, wow, was für eine tolle Frau!«
Wobei – Kumpel ist eigentlich auch wieder nicht so erstrebenswert.
Kumpels kleiden sich schon mal nicht besonders schick, und die
strahlen ja etwas aus, so was Freundliches. Jedenfalls bist du nicht
sexy, als Kumpel-Frau. Ich bezweifle, daß mir das gefallen würde.
Und da bedarf es auf jeden Fall noch des zweiten Eindrucks; ich
glaube, das siehst du alles doch nicht auf den ersten Blick.

Auf den ersten Blick siehst du wieder nur so was wie mein nicht
sonderlich schmales Kinn.

Nö, Angst vor solchen Operationen habe ich nicht. Ich glaube,
das entwickelt sich ja alles weiter. In dreißig, spätestens in fünfzig
Jahren ist das bestimmt total normal. Ist es ja auch heute schon,
teilweise. Ich kenne eine Frau vom Sehen, die ist so um die dreißig,
die kenne ich aus dem Fitneßcenter. Also, ich gehe selber nicht ins
Fitneßcenter, aber meine Freundin arbeitet da, und die kennt sie
halt gut. Jedenfalls, diese Frau geht dahin, und die hat irgendwas
machen lassen. Sagt sie selbst. Sie verrät aber nicht, was. Ich vermute mal, die hat sich Fett absaugen lassen. Ach ja, und 'ne Freundin von mir hat sich ihren Busen verkleinern lassen. Das war wirklich – also, die hatte 'ne ganz schön große Oberweite, und das war
für sie auch 'ne ganz gewaltige Belastung. Ihr Rücken tat auch schon
weh und so.

Aber wir waren bei mir, als ich 13 war. Da hatte ich ein Riesen-
problem; im Grunde war das mein größtes Problem, daß ich ganz

schön schüchtern war. Und eigentlich bin ich da schon in der Phase gewesen, wo ich mich bemüht habe, das wegzubilden, das loszuwerden. Weil, mit zehn war das ganz extrem. Aber das ging nicht so schnell mit dem Abgewöhnen, und ich war halt immer noch sehr schüchtern. Und ich denke, relativ unauffällig war ich auch. Ja, das meine ich: Das sind die Widersprüche bei mir. Innerlich so, und nach außen habe ich ganz anders gewirkt. Arrogant, wie wir ja vorhin schon festgestellt hatten.

Also, mit 13, da hatte ich dann irgendwann einen Freund. Der fand mich ganz toll, und ich fand ihn auch nicht schlecht, aber wenn man uns so auf der Straße gesehen hat, hätte man denken können: Das sind Geschwister, mehr nicht. Nee, mein erster Freund war das nicht. Der erste, den hatte ich mit zehn. Der Sohn einer befreundeten Familie, die wohnten in Berlin. Und ich weiß noch, wenn wir da hingefahren sind, so eine Viertelstunde vor Ankunft im Auto, da hatte ich schon Kribbeln im Bauch. Und wenn wir dann dawaren und ich bei ihm, da haben wir uns gar nicht unterhalten. Freitagabend konntest du eigentlich knicken, weil wir bloß schweigend zusammengesessen haben. Außer: »Kann ich mal die Butter haben?« vielleicht. Und wenn das Wochenende vorüber war, am Sonntag, dann waren wir endlich mal soweit, daß wir unsere Schüchternheit überwunden hatten, aber dann mußten wir uns auch schon wieder trennen.

Aber wir sind dann auch öfter miteinander in den Urlaub gefahren, also mit unseren Eltern, und da war das dann ganz nett, weil, da hatten wir mehr Zeit, um diese Blockade runterzuschubsen. Und da haben wir uns dann ziemlich gut verstanden.

Das war mein erster Kuß, mit zehn! Ja. Und wir haben mal zusammen in einem Zimmer geschlafen. Auch im Urlaub. Da hatten wir jeder unser Zimmer, aber jeder mit Doppelbett. Und da hab' ich mal so aus Quatsch gesagt, daß wir ja auch voll in einem Zimmer schlafen könnten. Und das hat seine Mutter mitbekommen, und dann wurde ich gleich umverfrachtet in sein Zimmer. Na ja, wir waren ja erst zehn, was denken sich dann Eltern! Und sie hatten ja auch recht. Wir haben uns einmal geküßt, und das war's. Das war also nicht meine erste große Liebe, sondern das erste Mal Verliebtsein. Oder Schwärmerei, oder wie man das bezeichnen möchte.

Etwas ernster wurde es so in der sechsten bis siebten Klasse. Da richtete mir meine damals beste Freundin mal aus, daß es einen Jungen gäbe, der mich ganz nett findet und in mich verliebt sei. Ben. Ja, und dann hab' ich mir den halt mal angeguckt, weil, er war in meiner Parallelklasse, und er hatte mich zu der Zeit überhaupt gar nicht interessiert. Und dann war das so: Ich wollte mit meinen Eltern in den Urlaub fahren, nach Spanien, und kurz vorher wollte er mir noch ein Foto von sich geben. Also haben wir Fotos ausgetauscht. Und er hat mir auch einen ganz süßen Brief geschrieben in diesen Sommerferien. Und kurz, nachdem ich wiederkam aus Spanien, waren wir auf einmal so etwas wie ein Paar. Aber es war nicht doll. Na ja, weil ich halt so schüchtern war. Und ich nie genau wußte, worüber ich mich jetzt eigentlich mit ihm unterhalten soll. Du kannst ruhig sticheln, wenn du möchtest.

Ich denke schon, daß ich in Ben verliebt war. Ich fand ihn toll und cool, und seine Eltern hatten ganz schön viel Geld, und deshalb fand ich ihn noch cooler. Er hatte immer richtig tolle Klamotten an und sah sehr gut aus und war sehr nett. Ich muß auch sagen, so genau erinnere ich mich gar nicht mehr an ihn. Aber ich muß ihn recht gut gefunden haben, sonst wäre ich bestimmt nicht ganz so schüchtern gewesen. Denn ich hatte zum Beispiel auch einen männlichen Kumpel – womit wir wieder beim Thema Kumpel wären! –, und dem gegenüber konnte ich viel lockerer sein. Ich glaube, ich war vor allem dann schüchtern, wenn mir einer sehr gut gefiel. Wie Ben.

Also, da muß schon was gewesen sein; nicht sonderlich extrem, aber doch.

Ja, und irgendwann hab' ich gedacht, das macht ja so keinen Sinn. Er war zwar auch nicht der große Rangeher, aber daß wir nun so gar nicht wußten, was wir miteinander anfangen sollten. Ich glaube, das fand er ziemlich doof. Im nachhinein würde ich sagen, wir waren noch zu jung; viel zu jung. Wir waren Kinder! Und da hab' ich zu ihm gesagt, laß uns doch mal Schluß machen und mal gukken, wie das dann so wird mit uns beiden. Und da sind wir dann aber, glaube ich, wieder zusammengekommen. Bis da auf einmal so 'n anderer Typ war. Nee, nee, also mit Erotik und Sex war da gar nix. Das hat ja meine Schüchternheit mit eingeschlossen.

Außerdem waren wir da wohl auch noch ein wenig zu jung zu.

Ja, das war ein fliegender Wechsel mit den beiden. Der nächste war auch in meiner Parallelklasse, und der fand mich auch ganz toll. Gleich kommt noch meine große Liebe! Aber zuerst mal war ich also mit Steve zusammen, der nächste aus der Parallelklasse, und dem hab' ich wohl auch ziemlich sein Herz gebrochen, im Sommerurlaub mal wieder. Denn da, in den Ferien, hab' ich mit anderen Typen rumgeknutscht – gar nicht wahr, es war nur einer: Tobias. Und das war auch sehr, sehr nett, von wegen erotisch und so. Da hat's mich, glaube ich, zum ersten Mal so richtig erwischt. Auf einer Jugendreise nach Italien, auf einem Campingplatz. Und da war er halt auch. Das war Hals über Kopf.

Ich war mit meiner Freundin dorthin gefahren, und da hab' ich ihr den noch ziemlich weggeschnappt. Weil, wir hatten uns vorher noch unterhalten: »Oh, der ist ja ganz niedlich.« Da waren wir uns einig. Ich dachte: Ja, wenn sie das jetzt so sagt, stimmt eigentlich. Und 'n paar Abende später hatte ich auf einmal seine Zunge in meinem Mund. Ganz überraschend! Und dann hab' ich halt mit ihr geredet, und sie meinte: »Ja, okay, kannst ihn haben!« Und dann waren wir ein Paar, und zwischendurch hat er mit mir Schluß gemacht, ich weiß gar nicht mehr, aus welchen Gründen. Ich weiß nur noch, ich war unwahrscheinlich fertig und hab' nur geheult, konnte gar nicht mehr. Aber wir sind wieder zusammengekommen. Und irgendwann ist er wieder gefahren, und ich war am Boden zerstört. Ich hab' drei Briefe von ihm, die er mir nach diesen Sommerferien noch geschrieben hat, aber der Kontakt ist abgebrochen. Auch, weil er irgendwann zu meiner Freundin meinte, er hätte mal lieber was mit ihr anfangen sollen als mit mir.

Übrigens, das wundert dich jetzt vielleicht, aber wenn meine Freundin gesagt hätte, ich soll die Finger von dem lassen anstatt »du kannst ihn haben«, hätte ich mich danach gerichtet. Doch, hätte ich gemacht. Weil sie meine allerbeste Freundin ist und nicht irgend jemand. Eine der wenigen Personen in meinem Leben, auf die ich mich immer verlassen kann. Weil sie wirklich 'n Schatz ist. Und sie wäre mir wichtiger gewesen als so 'n Typ für 'n paar Tage im Urlaub. Ja. Das hätte mir zwar Schmerzen bereitet, und früher oder später hätten wir da sicher drüber geredet. Aber ich weiß, daß sie das Gleiche für mich gemacht hätte. Also, hat sie ja letztendlich auch. Ich habe noch eine andere beste Freundin, die wohnt zwei Straßen weiter. Und mit der habe ich schon immer alles gemacht, was man mit so 'ner besten Freundin eben macht: Partys, Weggehen, Eis essen, alles. Und irgendwann sind wir mal zu einer Schulparty gegangen, da war grade ein Typ Schulsprecher, den sie ganz toll fand, und dann sind wir halt da hingegangen. Und auf dem Weg dahin, mit anderen Leuten zusammen, wobei wir auch ziemlich angetrunken waren, wenn ich mich recht erinnere, auf diesem Weg also, da haben wir uns geküßt. Aber nur aus Spaß halt. Und danach haben wir das öfter gemacht, weil wir die Reaktion der Leute sehr lustig fanden. Also auf der Rolltreppe, im Bus und so. Da haben wir das aber meistens so gemacht, daß wir nur Filmküsse getauscht haben, nicht mit Zunge und so. Wir waren auch zusammen auf der Love Parade und standen auf so einem Wagen obendrauf, haben getanzt und uns auch ziemlich geküßt. Muß wohl so gewesen sein, so genau weiß ich das gar nicht mehr; da war ich auch ganz schön angetrunken. Jedenfalls haben uns viele bekannte Leute dabei gesehen und uns wochenlang drauf angesprochen. Eine Bekannte von mir meinte zum Beispiel zu ihrem Exfreund: »Mit der kannste ruhig was anfangen, weil, die ist ja eh lesbisch.«

Ja, klar hab' ich mir Gedanken darüber gemacht, ob das so sein könnte, aber ich würde momentan sagen: Nö. Also, ich würd's nicht ausschließen, mal was mit 'ner Frau zu haben, aber ich bin mir ziemlich sicher, daß ich keine Beziehung mit 'ner Frau haben würde. Also, ich schließe es nicht aus, aber ich glaub' nicht, daß es das ist, was mich so erfüllen würde. Frauen sind zickig. Weiß ich nicht, kann ich nicht sagen; es ist irgendwie nicht so der Reiz. Gleiche Ebene, nicht soviel Neues, denke ich. Aus dem gleichen Grund auch wieder, aus dem ich mir durchaus vorstellen könnte, was mit 'ner Frau zu haben. Aber eben keine Beziehung, denn dafür ist mir das einfach zu langweilig.

Okay. Also, der Sommerurlaub war vorbei. Und dann wurde meine beste Freundin 16, die ist zwei Jahre älter als ich. Und sie hat bei ihrem Bruder in der Wohnung 'ne Party gemacht. Sie war kurz vorher im Skiurlaub gewesen, wo sie neue Leute kennengelernt hat, und die hat sie dann teilweise auch zu ihrer Party eingeladen. Und auch mit Hintergedanken, glaube ich. Wer zu wem passen könnte, so. Und das war 'ne ziemlich nette Party, und die Bowle war ziemlich prozentig – ja, Alkohol bestimmt mein Leben! Hört sich wohl so an ... – Auf jeden Fall kann ich dir leider nicht mehr genau sagen, wie das kam. Aber ich erinnere mich an eine Szene, wo ich in diesem Flur stand, mit dem Rücken an der Wand, und dieser Tom gegenüber von mir, und wo der Bruder meiner Freundin ankam, ihr Bruder ist übrigens schwul. Und der Bruder steckte Tom in seine Hemdtasche von hinten was rein. Mit den Worten: »Na ja, vielleicht braucht ihr's ja.« Weil wir, das sollte ich vielleicht noch dazusagen, am Rumknutschen waren. Auf jeden Fall hat er ihm letztendlich da 'n Kondom reingesteckt, allerdings 'n Schwulenkondom, also 'n bißchen unangebracht. Und dann sind wir da noch so 'n bißchen weiter abgestürzt, und am Ende wollte er, daß ich noch mit zu ihm komme. Weil, er hatte schon 'ne eigene Wohnung. Das konnte ich aber nicht, da mit hingehen, weil ich meiner Freundin versprochen hatte, noch mit aufzuräumen.

Wir sind jetzt mittendrin in der Geschichte meiner großen Liebe, will ich nur noch mal ganz deutlich sagen. Also, wie ging das dann weiter? Es war wieder Love Parade, und wir wollten uns irgendwie verabreden. Das ging ewig hin und her – »laß uns mal da treffen, laß uns mal da treffen« – alles per Handy und in dem ganzen Krach, wo man das sowieso kaum verstehen konnte. Jedenfalls hab' ich Tom alle Viertelstunde angerufen und dachte am Ende gar nicht mehr, daß wir uns überhaupt noch treffen würden. Haben wir aber doch noch geschafft, und so endete der Tag, indem wir knutschend an der Ecke standen. Und ab da waren wir, glaube ich, zusammen, Tom und ich. Meine erste große Liebe.

Meine Eltern fanden's nicht so toll, daß er schon alleine gewohnt hat, und er 16, ich 14. Na ja, man zieht da so seine Schlüsse draus, oder? Warum wohnt einer in 'ner Jugendwohnung? Weil er mit seinen Eltern nicht zurechtgekommen ist. Warum kommt man mit seinen Eltern nicht zurecht? Da schließen doch die meisten draus, daß das 'ne Person ist, die sehr schwierig ist oder sehr rebellisch. Auf jeden Fall nichts Positives. Aber sie haben sich die Gründe nicht wirklich angehört. Weiß ich nicht, vielleicht war das einfach 'n bißchen zuviel Unabhängigkeit, die ich da auf einmal haben wollte durch ihn. Auf die meine Eltern nicht gefaßt waren, denk' ich mal.

Er ist schon irgendwo 'n Rebell. Soweit ich weiß, hat er Probleme mit seinem Vater gehabt, weil der auch 'n ziemlicher Dickkopf ist. Und dadurch hat Tom dann zuerst in einem Internat gewohnt und später in dieser Wohnung. Klar, ich hab' seine Unabhängigkeit schon toll gefunden. Äußerlich hätte ich mich gar nicht mal so sehr für ihn interessiert, weil, so hübsch finde ich ihn nicht. Aber sein Charakter ist schon sehr beeindruckend. Also, es war nicht Liebe auf den ersten Blick wie bei dem Typen da im Sommer. Sondern einfach nur so 'ne Art Interesse, aus der sich dann langsam mehr entwickelt hat, würde ich sagen. Und daß ich so nach und nach immer baffer wurde, und in die Verliebtheit bin ich so reingeflossen. So irgendwie.

Ja, mein Papa mochte ihn überhaupt nicht. Wahrscheinlich auch aus dem Grund, daß er mein erster richtiger Freund war und ich sein kleines Mädchen, dadurch, daß ich ja auch Einzelkind bin. Ich denke, das hat da auch 'n bißchen reingespielt. Und er mag auch diesen Typ Mensch nicht, der Tom ist, wobei er sich nie richtig mit ihm unterhalten hat. Aber mein Papa ist eben auch ein sehr großer Dickkopf. Von daher ist das auch schon wieder ein Problem.

Irgendwann wurde mir dann verboten, zu Tom zu gehen. Aber ich war auch nicht grade die Liebste zu der Zeit. Ich war 'ne ziemliche Zicke und wollte alle meine Freiheiten haben, die man zu der Zeit nur hätte haben können. Alles, was meine Freundinnen durften, wollte ich natürlich auch, und da dachten meine Eltern logischerweise, daß das alles bloß von Tom kommt. Sein schlechter Einfluß, gewissermaßen. War 'n bißchen schwierig. Also, der Kontakt zu ihm wurde mir verboten, und ich glaube, das war, nachdem meine Mama rausgekriegt hatte, daß ich bei ihm geschlafen hatte. Wo ich natürlich vorgegeben hatte, bei einer Freundin zu übernachten.

Das fand sie irgendwie nicht so lustig, hat aber meinem Papa netterweise nichts davon erzählt. Die war ganz schön sauer. Ja.

Auf diese Weise hatte ich auch mein erstes Mal, ja, klar. An Tom habe ich, sozusagen, meine Jungfräulichkeit verloren. Nee, das war nicht so nett. Ich hatte mir – denke ich – ein bißchen mehr erwartet. Andererseits war ich auch wieder nicht sonderlich enttäuscht. Ja, woran lag's? Weiß ich nicht; alle Welt spricht davon: Sex ist das Wichtigste auf der Welt, ganz toll und unwahrscheinlich unbeschreiblich und so. Weiß ich nicht! Bei mir war's mehr so: »Hä? Und was war daran nun so toll?«

Aber, wie gesagt, ich war auch nicht so sonderlich enttäuscht, weil: Es ist noch kein Meister vom Himmel gefallen. Damit tröstete ich mich halt. Es war nicht berauschend, aber auch nicht unwahrscheinlich schlimm. Mehr so: Na ja ...

Schmerzen gingen. Die richtige Stelle hat er auch gefunden, er war ja keine Jungfrau mehr. Also wußte er schon Bescheid. Letztendlich war ich fast ein Jahr mit ihm zusammen, und wirklich toll war's nie. Nee, nee. Wirklich toll war's nie.

Weil es mir keinen Spaß gemacht hat. Und ich war immer noch sehr verklemmt und sehr schüchtern. Er allerdings nicht. Also, er war zwar jetzt auch nicht das komplette Gegenteil davon, aber wie gesagt: Er wußte halt, was er wollte, und er weiß auch leider, wie man das bekommt. Weil, er ist sehr intelligent und hat eine unwahrscheinliche Gabe, andere Leute zu überreden. Also nicht, daß er mich lange zu überreden brauchte, das will ich damit nicht sagen. Aber wieso es für mich nicht toll war ... – Ich denke, daß das relativ normal ist! Ich hatte keinen Spaß da dran, nicht wegen Schmerzen, sondern ich konnte mich nicht loslösen, will ich mal so sagen. Dadurch, daß ich eben so schüchtern und verklemmt war.

Ich hab' auch ziemlich früh mit ihm geschlafen. Wo ich ihn ja noch gar nicht kannte. Aber das muß ich nicht bereuen, deshalb, weil wir eben so relativ lange ein Paar waren. So muß ich mir nicht sagen: Mist, ich habe mein erstes Mal mit irgend so 'nem Idioten gehabt oder so. Wir haben das beide wieder so rausgerettet, daß es für mich nicht doof gewesen ist. Aber wenn ich die Zeit noch mal zurückdrehen könnte, dann würde ich länger warten. Weil, es hätte ja genausogut sein können, daß da keine längere Beziehung draus wird. Daß der am nächsten Tag sagt, ich will dich nie wiedersehen. Und dann – glaube ich schon – wäre ich nicht so glücklich gewesen. Aber das war ja Gott sei Dank nicht so.

Also, mir wurde dann verboten, zu ihm zu gehen. Von Eltern ist das relativ unklug. Weil, du verschlechterst den Kontakt zu deinem Kind, und ich meine, du änderst nichts am Grundproblem. Ich konnte ihn ja immer noch sehen, und Sex kann man auch überall haben, das ist nicht das Ding. Behindertentoiletten könnte ich empfehlen. Weiß ich nicht; wer sucht, der findet! Autos, was weiß ich, manche Leute benutzen öffentliche Verkehrsmittel; ich denke nicht, daß das so problematisch ist.

Den schlimmsten Schaden dabei hat das Verhältnis zwischen mir und meinen Eltern genommen. Ich war ziemlich stinkig und hab' auch ziemlich rumgezickt, logisch. Dabei hat sich das ja irgendwann alles ganz von selbst erledigt.

Ich bin ein Mensch, der schnell von Personen und Dingen gelangweilt ist, und diese Beziehung wurde schon fast zur Routine. Es waren Kleinigkeiten, die mich auf einmal gestört haben. Auch wenn er mich immer mal wieder überrascht hat mit seiner Art und seinem Charakter, war's halt trotzdem immer die gleiche Person, und ich bin jung und neugierig. Und außerdem war da so 'n Typ ...

Ich hatte Silvester mit zwei sehr guten Freunden gefeiert, und ich hab' diesen Steve wieder geküßt und hab' hinterher Tom davon erzählt, und der war ganz schön fertig. Wir saßen da so auf dem Bett und haben darüber geredet. Das Ding ist aber auch, daß ich noch einen dritten Typen kennengelernt hatte, Phil heißt der, und der hat mich ganz schön fasziniert. Der war 19 zu dem Zeitpunkt, und da war halt wieder was Neues, was ich nicht kannte. Aufregend, spannend. Einerseits das Alter, andererseits, weil er interessant war und keine Routine. Und mit dem hab' ich hin und wieder telefoniert und war auch mal mit ihm im Kino. Allerdings wußte Tom davon nichts. Und dann hatte 'ne Freundin von mir Geburtstag, in einer anderen Stadt, die ist 16 geworden, und ich wollte eigentlich mit Tom dahin fahren. Und da hab' ich mir dann überlegt: Ich könnte ja auch mit dem anderen dahin fahren, mit Phil.

Und dann hab' ich Tom halt abgesagt und hab' auch mit ihm
Schluß gemacht vor diesem Wochenende, weil ich mir schon gedacht hatte, daß mit diesem Phil was laufen würde. Und ich hatte
keine Lust, Tom zu betrügen, weil, er war mir immer noch sehr
wichtig. Fand er natürlich nicht so toll, aber irgendwie hat er's auch
verstanden, weil, wie gesagt, bei uns war zu dem Zeitpunkt irgendwie die Luft raus.

Letzten Endes war das Wochenende dann aber doch 'n bißchen
komisch. Wir haben uns zwar geküßt, aber dieser Phil kam mir beinahe schon schizophren vor. Sehr merkwürdig. Im einen Moment
sehr lieb und supernett, und im nächsten Moment schnauzte er mich
an: »Verpiß dich, was willst du denn jetzt von mir?« Hat mich angeschrien, und ich stand da nur ganz verstört und wußte gar nicht,
was eigentlich los ist. Der hat mich völlig verwirrt. War schon komisch. Genau das andere Extrem; das Gegenteil von Routine. Am
Ende war es gar keine Beziehung, und Phil meinte auch, ich wäre
viel zu jung für ihn, und was denn seine Freunde sagen sollten, wenn
er mit so 'ner Kleinen ankommen würde. Das ging gar nicht.

Was Tom betrifft, hab' ich es nicht direkt bereut, daß ich mit ihm
Schluß gemacht hatte. Das Ding ist: Seitdem wir uns kennen, würde ich sagen, daß wir uns auf 'ne gewisse Art immer geliebt haben
und es heute immer noch tun. Ich wußte, daß das mit uns nicht abgeschlossen war und daß wir irgendwann wieder zusammenfinden
würden. Nur, wir hatten eben da grade so eine Art toten Punkt, wo
es einfach nicht mehr weiterging. Aber – ach so, soll ich mal kurz
erzählen: Momentan sind wir nämlich gerade wieder zusammen!
Na ja, das dazu.

Das kann man schon sagen: Tom ist meine große Liebe, die hängt
mir irgendwie an. Die werde ich wohl einfach nicht los.

Zwischendurch hatte er auch 'ne Freundin, mit der er ziemlich
lange zusammen war. Aber sie war leider eine sehr große Psycho-
Frau. Also wirklich, sie hat Drogen genommen ohne Ende und ihn
da wieder mit reingezogen. Wieder, ja, du hast richtig gehört. Er
hatte auch Drogen genommen, als ich ihn kennengelernt hatte. Und
auf jeden Fall hat ihm diese Freundin nur geschadet und wollte ihn
umbringen und so, also ganz heftig. Und war unwahrscheinlich ei-

fersüchtig auf mich. Sogar, wenn er Playstation gespielt hat und den ausgesuchten Spielerinnen meinen Namen gegeben hat. Da ist sie durchgedreht, also ziemlich hart. Und während der Zeit hatte ich auch gar keinen Kontakt zu ihm. Das wäre nicht gegangen, weil sie eben so eifersüchtig war. Dann hat er sich aber doch mal gemeldet, und dann haben wir uns heimlich getroffen. Das hat sie aber mitgekriegt, weil er die eine SMS nicht gelöscht hatte, die ich ihm geschrieben habe, und die hat sie halt gelesen. Und Terror, Terror, Terror.

Sie hat bei mir angerufen, ich bei Tom, und dann hab' ich mit den beiden geredet, damit die ihre Beziehung wieder in den Griff kriegen, beziehungsweise, daß die Frau nicht total durchdreht. Sie so 'n bißchen beruhigen und irgendwelche Lügengeschichten auftischen. Und dann war irgendwann wieder Funkstille, er war immer noch mit ihr zusammen, und dann hat er sich nach einem halben Jahr wieder gemeldet. Zwischendurch wußte ich auch gar nicht, wo er wohnt, wie's ihm geht, was er macht, und das hat mich doch ziemlich mitgenommen, weil's halt meine erste große Liebe ist, die doch ganz schön tief sitzt.

Erzähl' ich eigentlich zuviel? Ich hätte mal mein Tagebuch mitbringen sollen. Aber dieses Gespräch hier, das ist ja fast wie so 'n ganzes Tagebuch der Pubertät. Ich hab' noch nie vorher einem Menschen soviel von mir und meinem Leben erzählt!

Jedenfalls – die Problematik war: Er konnte sich dann lange nicht entscheiden zwischen dieser Freundin und mir. Hat sich mit mir verabredet und mich dann doch versetzt, und das dreimal hintereinander, so daß ich überhaupt nicht mehr wußte, was nun Sache war. Welche Rolle die Drogen dabei gespielt haben, weiß ich nicht. Keine Ahnung, ich vermute mal: nicht die allergrößte. Weil – Tom und Drogen, so was hab' ich noch nicht erlebt! Er – mir fällt grade auf, meine Eltern können dieses Buch echt nicht lesen – also, seitdem ich ihn kenne, kifft er. Und anfangs war ich sehr dagegen. Hab' ihn immer unwahrscheinlich zur Sau gemacht und oft sogar gedroht: »Wenn du dir jetzt diesen Joint ansteckst, dann gehe ich!« Er hat es gemacht, ich hab' ihn zusammengeschrien wie sonstwas. Was ich sonst nie gemacht habe, aber weil ich das in dem Moment unheimlich respektlos fand. Hab' ihn also übelst beschimpft. Hab' dann aber irgendwann mitbekommen, daß er sich eigentlich gar nicht verändert, wenn er kifft oder andere Drogen konsumiert. Überhaupt kein Stück. Einem normalen Menschen, dem merkt man das einfach an, der verändert sich zumindest ansatzweise. Und er überhaupt gar nicht. Null. Na, das hab' ich dann irgendwann eingesehen. Zu Anfang unserer Beziehung hat er auch Pillen genommen und gelegentlich gekokst, und da hab' ich 'n bißchen auf ihn eingeredet, er soll das mal lassen, was er dann letztendlich auch gemacht hat. Und dann kam diese Freundin, die ist am Wochenende weggegangen, von Freitag bis Sonntag, und hat zehn Pillen geschmissen. Na ja, und er war da wohl auch nicht besser.

Ich – gar nicht. Ich hab' zwar zuerst gesagt, ich würde gern mal wissen, wie Pillen oder Koks wirken, aber ich weiß auch nicht: War's der Zeitpunkt, der irgendwie nicht so angemessen war? Oder war's was anderes? Wir sind auch nicht so zusammen auf Partys gewesen. Also, meine Erfahrungen beschränken sich auf Kiffen und auf Alkohol. Aber Kiffen fand ich auch nicht so toll. Ich war unwahrscheinlich breit danach und saß in der Ecke und hatte so das Gefühl von völligem Kontrollverlust. Das mochte ich überhaupt nicht. Daß ich so dachte: Eigentlich müßtest du jetzt mal aufstehen, konnte aber meinen Körper irgendwie nicht bewegen. Hat mir gar nicht gefallen. Also, ich hab' das selten gemacht, einmal im Monat, so. Oder drei Monate nicht, und dann, weil Ferien waren, dreimal in der Woche. Das kam auch vor.

Wenn man immer die richtige Dosis erwischen würde! Einmal auf 'ner Party von 'nem Freund, da war das so. Da hat jemand einen Joint angemacht, ich hab' da dran gezogen, und dann haben wir einen Film zusammen angeguckt. Und ich hab' noch voll alles mitgekriegt, hatte gute Laune, konnte alles kontrollieren, war lustig und nett, das war wirklich gut. Aber sobald ich zuviel Züge genommen hab' oder zu bekifft bin, dann werde ich kontroll-unfähig, und das Gefühl mag ich gar nicht. Das ist ja beim Alkohol genauso. Früher hab' ich oft die Grenze nicht gemerkt, wie ich von »gut angetrunken« in »total besoffen« geschlittert bin. Das hängt ja auch von der Tagesform ab. Na ja, mittlerweile hat man's raus;

das ist wahrscheinlich auch die Erfahrung, die's dann bringt, denke ich.

Hab' ich schon erwähnt, daß Tom auch mit Drogen gedealt hat? Verstehst du langsam, warum meine Eltern das hier nicht lesen dürfen? Ja, ganz schöner Käse!

Was denkst du grad? Große Liebe, trotz Drogensumpf und Fremdgehen; treue Seele Anja und so? Nee, du, ich bin, glaube ich, 'ne ganz schön untreue Socke.

Jetzt wird's interessant! Du hättest mich vielleicht mal in zwei Monaten fragen sollen, weil, ich fahre demnächst höchstwahrscheinlich wieder nach Australien, wo ich ein halbes Jahr gewesen bin und auch einen Freund hatte. Den treffe ich dann dort wieder, und das, wo ich ja grade wieder mit Tom zusammen bin. Und – na ja, jetzt ist das alles schon 'n bißchen ernster als meine Eskapaden mit 13 oder 14, diese ganze Rumknutscherei.

Ich muß mir halt drüber klar werden, was ich will, und mir dann selber meine Grenzen setzen, beziehungsweise, mir selber erlauben, was ich darf und was nicht. Und dann eben auch mit den Konsequenzen leben.

Den in Australien hab' ich auf der Straße kennengelernt. Ich war einkaufen, hab' mich dann hingesetzt, um mir eine Zigarette zu drehen. Da hat er sich dazugesetzt und gefragt, ob er eine schnorren dürfe. Hab' ich ja gesagt, und schon waren wir im Gespräch. Das war John, in Kurzfassung. Wir haben uns am nächsten Tag wiedergetroffen, einen Tag darauf hatte er Geburtstag, hat reingefeiert. Und mich eingeladen. Waren ganz komische Leute da, er ist 26, muß ich dazusagen. Sieht aber aus wie 18, hab' ich am Anfang zumindest gedacht. Also, 26 ist für mich ja schon alt.

Jedenfalls, er hatte grade 'ne Beziehung hinter sich gehabt und seine Freundin, so 'ne doofe Model-Kuh, hat nach vier Jahren mit ihm Schluß gemacht, wodurch er verstört war. Außerdem ist sein Papa gestorben, und dadurch war er doppelt depressiv, weil er 'n sehr sensibler Mensch ist und so. Er ist Musiker in 'ner Rockband, und das ist eigentlich auch alles, was er so macht. Also, er hat keinen Schulabschluß, keinen Führerschein, gar nix. Wohnt bei seinem Manager zu Hause.

So 'n kleiner Freak halt. Jedenfalls, da war ich nun also auf seinem Geburtstag und hab' mich total unwohl gefühlt, er hat sich auch gar nicht um mich gekümmert. Ich dachte immer nur: Okay, wenn's noch schlimmer wird, dann kannste ja gehen. Bin aber dageblieben, hab' den letzten Bus verpaßt, bin dann bei ihm geblieben – aber halt auch nur *bei* ihm. Aber wir haben uns danach wiedergetroffen, und dann waren wir auch schnell miteinander im Bett und haben uns sehr oft gesehen. Er hatte keine Arbeit, meine Schule war bei ihm in der Nähe, und ich hab' dann oft bei ihm übernachtet. Das war eigentlich sehr nett. Er ist auch so 'n durchgedrehter Typ. Weil – wie sag ich das denn? – er ist hyperaktiv. Er hat wenig Manieren und Benehmen; er hat mir nie richtig zugehört, aber wenn man sich richtig mit ihm beschäftigt, kann man halt rausfinden, daß er 'nen sehr lieben Kern hat. Auch wenn er äußerlich wohl ganz oft für ein Arschloch gehalten wird. So meine Kurzversion von ihm. Er ruft immer noch alle zwei Tage bei mir an. Ja, und das miteinander Schlafen konnte ich auch mit ihm zum ersten Mal so richtig genießen. Mit John, dem Australier. Warum? Keine Ahnung. Kann ich nicht richtig beantworten. Ich denke mal, die Übung hat's gemacht, am Ende. – Warte, ich pack gleich mal richtig aus.

Also, meine Gründe, die mich bewegt haben, nach Australien zu gehen, waren zum einen die Sprache. Weil meine Englisch-Noten auch nicht immer die besten waren. Aber überwogen hat der Punkt, daß ich mich nicht mehr wohlgefühlt habe zu Hause, in der Schule, in Kiel. Die Leute, die Freunde, die Umgebung – ging alles gar nicht mehr. Weil, sehr kühl, sehr kalt und arrogant. Bei mir in der Klasse, da gehen halt auch diese ganzen Schnösel hin, die viel Geld haben, und viel Geld scheint immer zumindest auch 'n bißchen was damit zu tun zu haben, daß die Leute von sich denken: Alles klar, ich hab' viel Geld, also bin ich toll. Sehr viel Oberflächlichkeit, sehr viel Geläster, Gezicke, Getratsche. Und damit bin ich gar nicht mehr klargekommen. Zwischendurch hab' ich auch immer mal überlegt, ob ich die Schule wechseln wollen würde, und da kam mir das mit Australien ganz recht, würde ich mal so sagen.

Nee, sitzengeblieben bin ich jetzt erst, nachdem ich wieder da war. Das dürfen wir nicht verwechseln, das ist nicht der Grund gewesen. Das erste Halbjahr mache ich grade so, und im zweiten Halbjahr hole ich immer halbwegs die Noten raus, die ich brauche, damit ich noch grade so durchkomme. Also, so war das zumindest immer bisher. Und meine Abwesenheit hat mir dieses System so 'n bißchen durcheinandergebracht. Na ja, und ehe ich nun bloß noch zu Hause sitze und büffeln muß, mache ich das Schuljahr lieber noch mal ganz von vorn. Ist mir lieber so.

Gut, ich bin also nach Australien gegangen. Mit Tom, das war zu dem Zeitpunkt ein ewiges Hin und Her. Wir waren nicht zusammen, aber richtig auseinander waren wir auch nicht. Also bin ich auch weggefahren, um mir klarzuwerden, was ich da eigentlich will. Mit dem Gedanken: Alles klar, das ist jetzt so 'n halbes Jahr Urlaub, ein halbes Jahr Abschalten. Du wirst dich verändern, die Leute zu Hause werden sich hoffentlich verändern, und dann mußt du mal gucken, wie du dich später wieder reinschleichen kannst. Ich hab' das auch als so 'ne Art Auszeit gesehen, auf jeden Fall. Und das war's letztendlich auch. Ich bin schon fast mit dem Vorsatz dahin gefahren, daß ich dachte: Probier das, was du probieren möchtest, und nimm mit, was du mitnehmen möchtest, was du für gut und richtig befindest. Das ist jetzt so 'ne Art Auszeit von meinem normalen Leben. Das muß ich nur vor mir selbst verantworten, was ich hier auslebe. Ja, und ich glaube, das hab' ich auch ganz gut umgesetzt.

Heißt – ..., also das wird jetzt echt 'n bißchen heftig. Die Leute, die das gehört haben, denen sind so 'n bißchen die Mundwinkel runtergeklappt. Dich kann nichts erschüttern? Okay, ich werd' dich testen.

Da war so 'n Typ. Also, ich war in der Schule, hatte aber keinen Unterricht, weil die anderen ein Examen geschrieben haben, das ich nicht mitzuschreiben brauchte. War aber da, um den Lehrern zu helfen und in jüngeren Klassen Deutschunterricht zu geben. Es war Pause, ich ging raus, um eine zu rauchen, und da stand der da. Kam mir grade recht, denn ich kannte dort noch keinen. Nummern ausgetauscht, am nächsten Tag haben wir uns schon getroffen. Sind was trinken gegangen, haben gequatscht, und irgendwann abends fuhr mir der letzte Bus weg, der erste am Morgen sollte erst wieder um sieben fahren. Also sind wir in eine Bar, dann in noch eine

Bar, dann zu ihm, um »weiterzuplanen«. Was wir dann aber letzten Endes nicht gemacht haben, sondern wir sind im Bett gelandet. Nix mit Planen.

Wir haben uns dann noch ein paarmal getroffen, auch bei mir, also bei meinen Gasteltern. Mein Gastpapa hat das ganz locker aufgenommen, aber meine Gastmama ist eher ein bißchen konservativ. Sie stammt aus Trinidad, ihre Familie aus Indien, und ihre Moralvorstellungen sind noch etwas strenger. Die fand das nicht so klasse. Na, wie auch immer, am Ende fanden sie ihn dann doch ganz nett, aber ich fand ihn nicht mehr so nett. Dann war das irgendwie auch ziemlich schnell gegessen.

Dann war's so, daß mittwochs immer School Disco gewesen ist. Und das erste Mal war ich dort mit meiner Freundin Jane. Und Jane kam angesichts der Disco plötzlich auf die Idee, eine Art Wettkampf zu machen – nee, nicht Wettkampf! Manchmal fallen mir schon die deutschen Begriffe nicht mehr ein. Challenge heißt nicht Wettkampf, sondern Herausforderung, stimmt's? Also, sie wollte ein Challenge veranstalten. Und das hieß: Wir wollten auf eine Party gehen und gucken, wie viele Typen wir so abknutschen können an einem Abend.

Übrigens habe ich einen vergessen. Na, egal, war eh nicht so wichtig.

Und nun also Challenge. Was übrigens gar nicht mal so unüblich ist! Ich war dort mal mit einem Bekannten auf einer Party, und da standen rechts und links vom Gang wie in einer langen Reihe knutschende Pärchen. Und so viele Paare gehen nicht zusammen auf Partys, also die müssen sich einfach erst dort getroffen haben! Also, das war schon irgendwie sehr seltsam. Aber offenbar ganz normal.

Okay, was wir dann gemacht haben, das war schon nicht mehr normal, denn meine Freundin Jane hatte am Ende unseres Challenge vierzehn Abgeknutschte vorzuweisen, eine andere Freundin elf, und ich war bei sieben oder so. Was, du bist immer noch nicht schokkiert? Warte ... Ich hab' da so 'nen Franzosen geknutscht, und dann sind wir in eine Ecke gegangen, und irgendwas wollte der mir erzählen, dazu war es da aber zu laut – und, also blieb uns nur das Behindertenklo, und bla und bla, und irgendwann war da aber nicht mehr soviel blabla; und das war dann alles ziemlich behindert. Also, wenn ich die Zeit noch mal zurückdrehen könnte, ich würd's nicht noch mal machen. Eigentlich war der Franzose mir ganz schön widerwärtig. Also sieben plus einmal »richtig«, das war meine Bilanz an dem Abend von unserem fairen Wettkampf.

Weiter. Ein Freund meiner Gastfamilie, eher ein Nachbar, das war Boris. Boris war Pastor. Und der sollte an einem Wochenende vorbeikommen. Als er ankam, saß ich grade vorm Fernseher, und er hat nur so reingeguckt ins Zimmer und »Hi« gesagt. Ich auch: »Hi«. Später am Abend sind wir dann alle zusammen in einen Pub was trinken gegangen am Ende unserer Straße, und das war richtig lustig und nett. Sehr angenehm auf jeden Fall, mit Karaoke und allem. So gegen elf sind wir nach Hause gegangen und haben weitergetrunken, am Küchentisch. Irgendwann ist Boris mal aufs Klo gegangen, und da hab' ich meine Füße auf seinen Stuhl gelegt. Als er wiederkam, wollte ich die runternehmen, aber er hat gesagt: »Nee, nee, du kannst die da ruhig lassen.« Ich hab' sie dann trotzdem weggezogen und auf diese Querstrebe unten am Stuhl getan. Irgendwann spürte ich auf einmal seine Finger auf meinem Fuß und fand das schon sehr seltsam. Nur mal so nebenbei: Er ist 34 und Pastor, wie gesagt. Und, na ja, ich wurde langsam etwas verwirrt. Zwischendurch hat er plötzlich meine Hand gehalten, da dachte ich noch: Oh, oh, oh, jetzt muß ich aber mal auf Toilette! Und war ganz schön verwirrt, ziemlich sehr verwirrt sogar. Und kam dann aber wieder, weil ich dachte: Ich kann ja jetzt nicht einfach auf mein Zimmer verschwinden. Und war allmählich unwahrscheinlich verwirrt. Wußte gar nicht, was das denn jetzt sollte; Pastor und so alt und überhaupt ... Die Familie ist letztendlich so um fünf ins Bett gegangen, ich wollte noch Playstation spielen. Hab' die Spiele nicht gefunden, dafür war immer noch Wein da. Ich war immer noch sehr verwirrt, Boris hat mich geküßt, ich war jetzt schon unerträglich verwirrt. Dann haben wir darüber geredet, und er meinte, er war auch verwirrt. Hat dann aber so weitergemacht bis ungefähr sechs Uhr morgens. Das Ding war aber, daß die Oma der Familie schon immer sehr früh aufgestanden ist, und der wollten wir nicht begegnen, das ist so 'ne Schreckschraube. Also mußten wir jetzt überlegen: Geht er in sein Bett und ich in mein Bett oder wir zusammen. Das stand halt zur Frage.

Dann dachte ich mir aber, nachdem meine Verwirrtheit sich so langsam legte, daß man das ja theoretisch mal machen könnte und dann um eine Erfahrung reicher wäre. Und das ist dann auch bei rausgekommen. Eine Erfahrung über – wie soll ich sagen? – ungefähr sehr schlechten Sex. Ja. Ich weiß nicht, ich hatte nicht das Gefühl, daß er 34 war, sondern eher vielleicht 14. Okay, er ist Pastor, vielleicht deswegen. Und nach ungefähr zwei Minuten meinte ich »Boris ...?«, und er: »Ja, ja, ist schon okay.« Und damit war das auch schon wieder vorbei. Er hatte einfach von gar nix 'ne Ahnung, und das war sehr, sehr seltsam.

Boris hat dann später immer noch telefoniert mit mir und mir auch mal 'nen Brief geschrieben, daß es ihm leid täte, daß das alles nicht so geklappt hat, aber mir war das Ganze nur noch unangenehm. Für mich war das damit abgehakt.

Mein Gastpapa hatte davon irgendwas mitgekriegt, und den hab' ich irgendwann gefragt, ob er jetzt sauer auf mich ist. Er sagte: »Nee, nee, ist doch eure Sache, was ihr macht.« Er hat mich auch gar nicht als Kind gesehen, das man jetzt bestrafen müßte, sondern als Freund. Er hat mir auch viel von sich erzählt, von seiner ersten großen Liebe, die er zum Klassentreffen wiedergesehen hat, so was erzählt der mir alles. Also ganz freundschaftlich. Trotzdem war er der nächste, übrigens. Ja. Ganz freiwillig von meiner Seite und ganz freundschaftlich. Und dann, nach ihm, kam nur noch John, von dem ich ja vorhin schon zuallererst erzählt habe.

Wenn ich diese Australien-Zeit noch mal von vorn leben könnte, also, ich würde's noch mal so machen. Ich würde mir vielleicht andere Typen suchen, nicht so widerwärtige wie diesen Franzosen auf dem Behindertenklo und nicht so ungeschickte wie den Pastor, aber die Lust auf Erfahrungen, die wäre sicher noch mal ganz genauso da.

An meinem Verhältnis zu Männern hat das eine ganze Menge geändert. Daß ich auch Sex mit Männern haben kann ohne weitere Hintergedanken an Liebe oder Beziehung und so. Daß ich keine tieferen Gefühle dazu brauche, habe ich mir damit wohl selber bestätigt. Ja. Liebe steht in meinem Weltbild, in meiner Rangfolge fürs Leben eh nicht ganz oben, an erster Stelle. Ich denke, ganz wichtig ist es, Freunde zu haben. Also wirkliche Freunde, so wie meine allerbeste Freundin. Dann – seine Ziele zu verfolgen. Mein Ziel ist es, meine Schule so gut wie möglich zu Ende zu machen. Und mein allernächstes Ziel ist grad mal mein Führerschein. Und dann überleg' ich, ob ich studieren will danach. Nee, weiß ich noch nicht so genau. Also, die Richtung, in die ich gern gehen würde, wäre Management oder irgendwas Kreatives. Schuhe designen, zum Beispiel. Das würde mir Spaß machen.

Auf jeden Fall keine Hausfrau sein, nee, das nicht. Ich möchte schon gern heiraten, ich meine nur, daß ich es nicht als das Allerwichtigste betrachten würde zu heiraten. Liebe ist ... also, wenn du 'ne gute Freundschaft hast, dann brauchst du, denke ich ... – nee, das kann man nicht verallgemeinern. Warte mal, ich sag's anders: Liebe ist nett, aber nicht notwendig. Meiner Ansicht nach.

Liebe und Sex hatte ich bisher eigentlich nur mit Tom zusammen. Oder? Ich hab' bisher noch niemanden richtig geliebt. Außer Tom.

Denkst du jetzt, ich bin ein unmoralisches Wesen? Sag doch auch mal was! Und guck' mal: Dadurch, daß ich mit Tom damals Schluß gemacht habe, bevor ich mit Phil was angefangen habe, hab' ich doch auch 'n bißchen Moral, oder?

Ich denke, was unwahrscheinlich wichtig ist: mit sich selbst zufrieden zu sein. Wenn das ein Weg ist, dann habe ich ungefähr die Hälfte bewältigt. Doch, ich denke schon.

In mancher Beziehung bin ich bestimmt sogar 'n bißchen besser als andere Menschen, auch wenn sich das jetzt kraß anhört. Zum Beispiel, was Ehrlichkeit betrifft. Wodurch du dich allerdings auch ganz schön in die Scheiße reiten kannst, auf Deutsch gesagt. Du kannst ausgenutzt werden dadurch.

Irgendwo unterwegs ist mir die Naivität verlorengegangen. Die Schüchternheit nicht ganz. Das merke ich jedesmal dann wieder, wenn mir zum Beispiel einer gefällt und ich den nicht so locker ansprechen kann, wie ich gern wollen würde. Es ist vielleicht nichts direkt Schlimmes an Schüchternheit, aber es ist ziemlich nervig, wenn du dich nicht so ausleben, aussprechen kannst, wie du es dir wünschst. Das ist so 'n bißchen behindernd, weil du eben nicht ganz offen sein kannst. Aber das paßt schon, denn es ist eigentlich nicht immer so.

Aber so schlimm ist das alles nun auch wieder nicht.

Viel schlimmer finde ich das Gefühl, nicht zu genügen. Ich bin nicht schön genug, mit mir will keiner sprechen, keiner hat mich lieb. Was ich am Anfang schon so angedeutet habe, als es um die Schönheits-OP ging. Das »Bei mir reicht's nicht« führt dann schon zu ziemlichen Downs. Und auf der anderen Seite auch wieder zu euphorischen Ups. Dadurch halt, daß man ja doch recht oft hört, daß das alles gar nicht stimmt, daß man wirklich hübsch gefunden wird und so. Na ja.

Das ist mein innerer Komplex, so.

Vielleicht habe ich dafür ja auch diese Herausforderung gebraucht. Wer weiß.

»Vom häßlichen Entlein zur Frau«

Chrissy, 18, Bergisch Gladbach und Köln

Ich halte mich an meiner Liebe fest, ja, das kann man wirklich so sagen. Acht Monate, fast neun, bin ich jetzt mit Aron zusammen, und ich wünsche mir, daß das nicht so bald vergeht. Seine Mutter ist Türkin, aber schon mit elf Jahren nach Deutschland ausgewandert. Ich mag die Bezeichnung »Halb-Türke« nicht, das klingt in meinen Ohren blöd. Aron ist Aron, und er ist vor allem meine erste große Liebe. Für mich ist das etwas zum Festhalten, auf jeden Fall.

Ja, ich weiß, daß auch Kinder heutzutage schon längere Beziehungen proben und leben wollen. Aber ich denke, dafür ist man erst mit 18, 19, also so in meinem Alter, wirklich reif. Meine Meinung dazu.

Wie wir uns kennengelernt haben, das ist 'ne komplizierte Geschichte. Als ich aus Amerika zurückkam, ich war ja ein Jahr dort und bin seit Sommer 2001 wieder zurück. Und in der neuen Stufe, da hab' ich halt viele Leute kennengelernt, und eine davon war Anja, eine gute Freundin, würde ich sagen. Sie ist so 'n Mädchen, kann man vielleicht so beschreiben, die genießt es eben, umschwärmt zu werden und an jedem Finger 'nen Freund zu haben, sag' ich mal. Und Aron war halt einer davon.

Und Anja wollte auch nach Amerika gehen. Ich hatte ihr so 'n bißchen von meiner Erfahrung damit erzählt, und das hat sie halt begeistert. Aber einen oder zwei Monate, bevor sie fahren wollte, hatte sie eben Aron kennengelernt. Ich kannte ihn bis dahin nur flüchtig, durch sie. Ich fand ihn immer schon niedlich. Als ich ihn das erste Mal gesehen hab', fand ich ihn schon süß. Und ich konnte nicht aufhören, von ihm zu reden und an ihn zu denken. Und irgendwann hat Anja dann für mich in eine Deutsch-Lektüre seine

Handy-Nummer geschrieben und meinte aber, ich soll mich nicht, bevor sie nach Amerika geht, bei ihm melden.

Also, sie war nie wirklich mit ihm zusammen. Ab und zu haben sie sich getroffen, aber da war keine Beziehung, weil Anja wirklich nur mit ihm gespielt hat. Sie ist so was in weiblich, was man bei einem Kerl einen Casanova nennt. So jemand, der Kerle 'n bißchen an der langen Leine verhungern läßt. Na ja, und dann kam das eben so, an dem Abend, als sie nach Amerika geflogen ist, sind wir dann alle zusammen in einen Club weggegangen, alle ihre Freunde. Und da war Aron auch dabei. War ein schöner Abend, wir haben uns gut verstanden. Am nächsten Tag hab' ich ihm 'ne Kurzmitteilung aufs Handy geschickt, das ging dann so hin und her. Als nächstes sind wir mal ins Kino gegangen, zuerst mit Freunden, dann zu zweit, und irgendwann waren wir zusammen. Das war echt 'ne schöne Zeit. So die Anfangszeit in 'ner Beziehung, die ist ja immer perfekt, da stimmt einfach alles. Man hängt sich nur in den Armen und so. Und ich schwebte im siebten Himmel, ganz ehrlich.

Ja, klingt das komisch mit meiner Freundin Anja? Daß sie von mir gefordert hatte, ich soll warten, bis sie weg ist – und daß ich mich letzten Endes auch daran gehalten habe? Ja, okay, das kam auch zum Streit zwischen uns, als ich ihr später erzählte, daß ich mit Aron zusammen sei. Das liegt einfach an ihr; Anja ist eine sehr besitzergreifende Person.

Was Beziehungen zu Männern betrifft, ganz besonders. Also, sie möchte nicht, daß eine Freundin von ihr etwas mit einem Kerl hat, mit dem sie vielleicht mal intim war oder so. Das möchte sie nicht, und da ist sie eben sehr besitzergreifend. In dem Punkt sind wir sehr verschieden. Weil – ich bin der Meinung, man kann nichts dafür, wo die Liebe hinfällt. Damals habe ich mir das auch nicht grade ausgesucht, und doch ist es passiert. Ich hab' auch gar nicht wirklich verstanden, was sie eigentlich von mir wollte. Sie hat mir so oft die Ohren vollgeheult, daß Aron viel zu ruhig wäre und sie nerven würde und gar nicht ihre Art von Mensch und daß sie angeblich gar nicht mit ihm klarkommen würde. Das waren ihre Worte gewesen! Und, ja, wenn man ständig so was von seiner Freundin hört, dann denkt man natürlich, der kann ihr ja nicht wirklich viel be-

310

deuten, oder?! Deswegen hab' ich mir gedacht, als sie dann endlich weg war: Jetzt scheiß drauf, jetzt meldest du dich einfach mal bei ihm, und jetzt riskierst du das. Weil mir das wirklich viel bedeutet hat. Als wir an Anjas Abschiedsabend in diesem Club waren, da stand er einmal hinter mir – an so 'ner Treppe, 'n paar Stufen über mir – und hat dann so angefangen, mir den Rücken zu massieren. Das war nur ganz kurz, aber in dem Moment flogen tausend Schmetterlinge bei mir im Bauch rum. Und da dachte ich halt am nächsten Tag, als ich aufgewacht bin, jetzt versuchst du einfach dein Glück. Und direkt positive Reaktion von ihm, da wußte ich sofort: Bei ihm ist da auf jeden Fall auch was!

Na ja, und nach ein, zwei Wochen, die ich dann mit Aron zusammen war, hab' ich mich bei Anja gemeldet und ihr das gebeichtet. Und sie tat so, als ob er ihr gehören würde! Sie war fies zu mir und hat mich beleidigt. Daß ich 'ne schlechte Freundin wäre, weil ich so was mache, und solche Dinge. Das tat mir ja auch alles leid, aber ich konnte wirklich nichts dafür. Man kann nichts dafür, in wen man sich verliebt. Ich wiederhole mich jetzt, aber es ist doch so. Dann war für zwei Monate Zapfenstreich zwischen Anja und mir, also keine hat sich bei der anderen gemeldet, und unsere anderen Freundinnen haben sich rausgehalten. Haben sich auf keine Seite geschlagen, was ich auch gut finde, weil das wirklich ein Streit zwischen uns war, Anja und mir. Und nach ein paar Monaten ist ihr dann zum Glück auch selbst klargeworden, daß sie eigentlich nichts Ernstes mit Aron hätte anfangen wollen. Dann kam dazu: Sie hatte inzwischen auch Dates in Amerika, und da ist ihr bewußt geworden, daß sie mich als Freundin vermißt. Und dann hat sie sich wieder bei mir gemeldet, jetzt sind wir wieder gut befreundet, sie ist vor 'ner Woche wieder nach Deutschland zurückgekommen, und es ist eigentlich alles wieder wie früher. Wir vermeiden nur die Situation Anja, Chrissy, Aron. Das möchte sie persönlich nicht, hat sie mir extra gesagt. Sie meint, das wäre ihr unangenehm, diese Konstellation zu dritt. Aber, ich meine, ewig kann sie sich davor auch nicht drücken. Na ja.

Das mit Aron ist für mich eigentlich die erste ernste Sache, weil ich relativ spät angefangen habe mit den ganzen Dingen. Also, den ersten Kuß hatte ich mit siebzehn, als ich Austausch-Schülerin in Amerika war, und den ersten Sex auch mit siebzehn mit dieser Person. Und seitdem ich jetzt mit Aron zusammen bin, merke ich, was das für Freundschaften zu Mädchen bedeutet. Einige beschweren sich auf einmal bei mir, daß ich sie vernachlässigen würde und mich zu sehr auf Aron fixieren würde. Und das ist mir über die Ferien auch bewußt geworden, daß da vielleicht was dran sein könnte. Ich war noch einmal drei Wochen in Amerika, hab' meine Gastfamilie dort noch mal besucht und Aron länger nicht gesehen. Und hab' dadurch gelernt, damit umzugehen, wenn er mal nicht da ist. Und seit ich wieder hier bin, ist das Verhältnis zu meinen Freundinnen wieder 'n bißchen besser geworden. Mir ist auch klargeworden, daß ich mich da ein bißchen mehr einsetzen muß, für Freundschaften. Ich kann nicht davon ausgehen, ja, die sind halt auf Abruf da für mich, wenn ich sie mal brauche. Ich muß da auch schon was dafür tun; Freundschaften bleiben nicht von allein erhalten, so sollte ich das wirklich nicht sehen. Ist schon 'n Geschenk.

Das Blöde war: Klar hatten meine Freundinnen auch Jungs, aber das waren alles Fernbeziehungen. Der eine wohnte in der Schweiz, der andere in Schweden oder Norwegen, und irgendwann ist das alles in die Brüche gegangen, und ich war die einzige mit einem festen Freund. Und damit sind die alle nicht so richtig klargekommen.

Ich denke, ich bin ein ziemlicher Beziehungsmensch. Also, ich sehe meinen Freund gerne jeden Tag, da hab' ich gar nichts dagegen. Und wenn ich mal 'ne Nacht ohne ihn schlafe, dann mag ich das auch nicht grade besonders. Also, da ist schon 'ne gewisse Abhängigkeit da. Auch wenn das traurig ist, wenn man abhängig ist von seinem Partner, aber irgendwo finde ich das auch wichtig, daß man nicht mehr ohne einander kann. Ist schon schön.

Ja, ich weiß nicht, irgendwo ist Abhängigkeit immer besorgniserregend, weil die Person dich so schnell verletzen kann, wenn du so abhängig wirst. Ja, und dann kann die Person wirklich mit deinen Gefühlen machen, was sie will. Also, auch wenn die Person dich nicht so liebt wie du sie. Dann macht sie vielleicht Schluß mit dir, und du hängst immer noch an ihr oder so. So 'ne Abhängigkeit meine ich. Aber was Aron betrifft, bin ich damit gut klargekommen, grade jetzt, wo ich wieder in Amerika war. Das ist auch wichtig; das ist eine andere Zeit, die man mit Freunden, der Gastfamilie oder auch mit der Familie zu Hause verbringt. Aber die ist genauso wichtig wie Zeit, die man mit seinem Liebsten zusammen ist. Ich finde es immer gut, mich auch mal mit Mama zu unterhalten, mit Papa über die Arbeit, mit meinem Bruder über die Uni. Also, so Dinge, die man vermissen würde, wenn man sie gar nicht mehr mitbekäme. Weil, ich bin ständig nur mit der Familie meines Freundes zusammen, bin ganz oft da, bei ihm zu Hause. Und wenn ich nicht aufpasse, bekomme ich von meiner eigentlichen Familie gar nichts mehr mit.

Als ich gerade über Abhängigkeit geredet habe, das klang so, als hätte ich da konkrete Erfahrungen gemacht, ja? Das stimmt. Das war meine erste Beziehung, die ich in Amerika hatte, mit siebzehn. Das war nicht wirklich 'ne Beziehung, was ich allerdings erst hinterher so richtig mitbekommen habe, wie das manchmal so ist.

Ich hab' Chris – er hieß Chris – damals kennengelernt bei einem Ausflug mit meiner Gastfamilie und Freunden noch dazu. Und er war halt dabei. Ist jetzt zu kompliziert, das im einzelnen aufzudröseln, warum er dabei war. Jedenfalls – wir haben uns da kennengelernt und sehr gut verstanden, von Anfang an. Ich fand ihn auch sofort »wow!«, gleich auf den ersten Blick. Breites Lächeln, schöne Zähne, ein schönes Gesicht, ein netter Kerl – weiß ich auch nicht, warum sonst noch, warum ich gedacht habe »wow«. Ganz und gar mein Typ; die ganze Ausstrahlung hat gestimmt.

Ja, und dann kam also die Situation: Wir saßen in so 'nem Van, so 'nem amerikanischen Kleinbus. Und der hat ja sieben Sitze, und in den hinteren Reihen hat er drei Plätze, und dort saß ich zwischen einem anderen und Chris. Und da wurde ich quasi von beiden Seiten angegraben, doch mit Chris habe ich mich noch besser verstanden als mit dem anderen. Keine Ahnung, die ganze Zeit unterhalten, und er hat sich immer so 'n bißchen an mich rangemacht und hat dann irgendwann seinen Arm so um mich rumgelegt, so typisch diese Masche: Von wegen »ich muß mich mal strecken!«, und dann den Arm so auf der Lehne liegenlassen. Ja, und auf der Rückfahrt haben wir uns schon geküßt. Und das war dann also mein allererster Kuß, auf der Rückbank von 'nem Auto, direkt zwei, drei Stunden, nachdem ich den kennengelernt hatte. Da sieht man schon mal, wie schnell das manchmal bei mir geht. Also, ich wollte ihn einfach nicht gehenlassen, ohne irgendwas davon gehabt zu haben. Ja, so war das mit mir und ihm.

Und dann ging das 'ne ganze Weile so, daß wir uns an den Wochenenden gesehen haben. Also, er hatte Uni immer unter der Woche und war dazu immer in der nächstgrößeren Stadt und kam nur am Wochenende nach Hause. Damals war er 19 oder 20, ich weiß gar nicht genau. Und wir haben uns also immer getroffen, das fand ich ganz schön. Er wollte natürlich immer mehr von mir, aber ich hab's nicht so zugelassen, weil ich das nicht wollte, so schnell. Aber dann kam diese Zeit kurz vorm Abschlußball, und dazu braucht man ja in Amerika immer ein Date.

Zu dem Zeitpunkt waren wir schon zwei, drei Monate zusammen; also nach meiner Ansicht jedenfalls. Ich hab' das immer als Beziehung gesehen. Weil wir ja auch unter der Woche ständig telefoniert haben, also so, wie ich mir immer 'ne Beziehung vorgestellt habe, daß man so in Verbindung miteinander ist. Na ja, und deshalb war es auch ganz logisch, daß ich ihn gefragt habe, ob er mit mir zum Abschlußball gehen würde. Ja, und in der Nacht ist es dann passiert.

In der Nacht nach dem Abschlußball hab' ich meine Jungfräulichkeit an ihn verloren.

Also, die Nacht nach dem Abschlußball ist wirklich die einzige, wo die ansonsten strengen Regeln mal gelockert werden. Da darf man mal länger wegbleiben, hat also nicht – wie sonst in amerikanischen Familien – so 'n Limit, das man gesetzt bekommt.

Normalerweise mußte ich um halb zwölf zu Hause sein am Wochenende, und das war schon richtig heftig für 'ne Siebzehnjährige! Aber das war auch immer noch 'n Unterschied, ob ich mit Mädchen oder Junge unterwegs war. Also, mit Chris, da durfte ich nur bis elf, halb zwölf, und wenn ich mit Freundinnen weg war, dann ging's auch schon mal bis eins oder zwei. Meine Gasteltern, vor allem wohl meine Gastmama, hatten, glaube ich, große Angst davor, daß etwas passieren könnte, Sex.

Ich hatte ja selber Angst. Man hört so viel davon, daß es schmerz-haft ist und so, und da hatte ich Angst vor. Ich hatte mir selber auch gesagt: Ich will wirklich sicher sein, daß ich der Person was bedeu-te und daß der Kerl mir auch was bedeutet. Und vor allem wollte ich, daß das was Besonderes ist. Und ehrlich gesagt, habe ich das schon lange vor dieser »Prom«, vor diesem Abschlußabend, im Kopf gehabt, daß das die Nacht ist. Hätte man mich gefragt, ich hätte ir-gendwie vorahnungsmäßig gewußt, daß das in dieser Nacht pas-siert. Ja, weil ich wollte, daß das was Besonderes ist, daß wir alle Zeit der Welt haben, so was.

Und wie war's nun? Schmerzhaft, in jeder Hinsicht. Ja, die Situa-tion: Also, vorher geht man mit Freunden essen, dann ist der Tanz-ball, das geht bis Mitternacht. Und dann ist da immer noch so 'ne Veranstaltung, die nennt sich »After Prom«. Also, man fährt noch mal nach Hause nach dem Ball, zieht sich bequeme Sachen an und fährt wieder hin zur Schule. Dort war dann in der Sporthalle so 'ne kleine Showeinlage: ein Hypnotiseur. Das hat 'ne Dreiviertelstun-de gedauert, war ganz lustig. Nee, ich war aber nicht etwa hypno-tisiert; darauf kann ich mich nun wirklich nicht rausreden.

Also, danach sind wir dann zu Chris nach Hause gefahren, und dort, bei ihm, hab' ich mich im Wohnzimmer auf den Teppich ge-legt. Ich war so fertig und müde. Und er holte mir aus der Küche was zu trinken: »Hier, haste 'ne Pepsi, schön Coffein drin, da bleibst du wach ...« Ja, Nachtigall, ich hör dich trapsen, genau. Dann kam er auf die Idee, ob ich nicht 'n Eis will, und das Eis war dann im Keller, und im Keller war zufällig auch sein Zimmer. Und dann sind wir runtergegangen in den Keller, haben Eis geholt, und dann war halt das Bett da.

Ja, weiß ich nicht, da hat er mich draufgelegt, hat 'ne Kerze an-gemacht, hat das Licht ausgemacht – war schon irgendwie schön. Aber die Aktion an sich war echt schmerzhaft. Ja. Mir sind echt die Tränen in die Augen geschossen. Ich hätte nicht gedacht, daß das so wehtut. Ich weiß nicht, lange haben wir das auch nicht gemacht, weil er gemerkt hat, daß mir das wehgetan hat, irgendwo. Dann war ich auch froh, daß er im Endeffekt »fertig« war. Oder wie man das nun nennen soll.

Ich hab' es nicht nur ihm zuliebe gemacht, nein. Ich wollte es schon auch irgendwo, weil ich die Erfahrung machen wollte. Jetzt bin ich siebzehn, jetzt wird's aber mal Zeit! Genau, ja, das war schon so. Ich hab' mir früher, mit 14, 15 schon geschworen: Aber spätestens mit 17, das muß dann schon sein. Vielleicht ist es nicht unbedingt das Alter. Aber ich denke, das ist schon so: Weil das jeder macht, willste's dann halt irgendwann auch mal ausprobieren. Jetzt im Rückblick sage ich: Schöner wär's gewesen, wenn ich das erste Mal mit Aron gehabt hätte, weil da einfach viel mehr Liebe im Spiel gewesen wäre.

Das mit Chris ging ja dann noch weiter. Irgendwann war die Graduation, also der Abschluß der Schule da. Da fährt man so rum, verteilt Geschenke und Glückwunschkarten und stellt die eigenen Geschenke und Karten bei sich zu Hause aus. Das ist so 'n bißchen festlich, mit Kaffee und Kuchen, und jeder kann zu jedem kommen, und man quatscht natürlich auch mit jedem. Und an dem Tag hab' ich von einer amerikanischen Freundin erfahren, daß Chris wohl sehr gekränkt sei darüber, daß alle Welt denkt, er und ich seien ein Pärchen. Ein oder zwei Tage später kam er dann auch zu mir und brüllte mich an: »Sag mal, erzählst du überall rum, daß wir zusammen sind? Das ist ja echt nicht normal!« Da hab' ich ihn so verständnislos angeguckt und gestammelt: »Ja, Entschuldigung, aber wenn wir so Dinge miteinander machen und uns so oft sehen, dann kann ich doch denken, daß wir 'ne Beziehung haben. Das ist doch wirklich nichts Unnormales!« Und da meinte er, ich wäre einfach zu naiv. Und wie soll das denn werden, wenn ich in ein, zwei Monaten wieder nach Deutschland muß, das wäre doch totaler Humbug, und wir sollten doch einfach nur Spaß haben. Er hat mir dann Freundschaft angeboten – wie nennt man das? – »friends with benefits«, hat er dazu gesagt. Freunde, die noch miteinander schlafen. Ja, genau so was meinte der. Und das hat er mir dann angeboten, so 'n unmoralisches Angebot quasi.

Und ein, zwei Tage später bin ich dann noch mal drauf eingegangen, hab' dann das zweite und letzte Mal mit ihm geschlafen, was auch noch geschmerzt hat, aber nicht mehr so schlimm wie beim ersten Mal. Da waren wir zufällig allein bei ihm zu Hause.

Aber so richtig Spaß war es für mich weder beim ersten noch beim zweiten Mal. Nee.

Das war eben mehr so gefühlsmäßig, daß ich mich an ihn gebunden gefühlt habe. Wir sind ja auch über Abhängigkeit drauf gekommen, auf das Thema Chris und ich. An dem Tag, als er mir das gesagt hat, daß es für ihn nie 'ne Beziehung war, da habe ich auch wirklich nur noch geweint und bin fix und fertig gewesen.

Das war 'ne harte Zeit für mich, weil – ich weiß nicht – ich war vielleicht wirklich zu naiv, um glauben zu können, daß es solche Menschen gibt, die einen so betrügen und hintergehen können. Ich hab' dann hinterher noch rausgefunden, daß er wohl noch drei, vier Mädchen neben mir hatte und mit mindestens einer davon auch noch Sex hatte und daß er sich auch an den Wochenenden mit denen getroffen hat, so wie mit mir. Das war immer dann, wenn er mir gesagt hat, er hätte grade keine Zeit.

Ja, und das tat dann schon weh.

Dann kam der Juni, und meine deutschen Eltern kamen zu Besuch. Wir sind dann erst mal vier Wochen gemeinsam in den Urlaub gefahren. Und als ich wiederkam, hörte ich gleich als erstes, Chris sei mit einem anderen Mädchen durch den Ort spaziert und mit der sei er wohl auch zusammen. Ich hab' ihm dann noch eine E-Mail geschrieben, wie es ihm geht und ob das stimmt mit dem Mädchen. Nicht sauer oder so, nur interessiert. Und dann ist er auch noch mal vorbeigekommen, um sich von mir zu verabschieden, und hat mir das dann erzählt. Daß sie jetzt wirklich zusammen sind und daß er hofft, daß das was Ernstes ist. Ich glaubte das nicht, und inzwischen weiß ich, daß ich damit recht hatte. Denn nach einem Jahr hat er mit ihr Schluß gemacht, weil er 21 geworden ist. Und für die Amis fängt das Leben ja mit 21 erst an, weil sie dann Alkohol trinken dürfen und in die ganzen Clubs rein dürfen. Und so sagte auch Chris, er hätte Schluß gemacht, weil er sich erst mal so 'n bißchen ausleben will. Weil er jetzt 21 ist und sich quasi durch die Welt vögeln will.

Na, ich wünsche ihm viel Spaß dabei. Ehrlich.

Ich war viel zu stark an ihn gebunden. Ja, abhängig, weiß ich nicht. Ich hab' ihn schon auch irgendwie gebraucht. Dieses Gefühl:

Da ist jemand für dich, und der kann dich mal in den Arm nehmen und dir das Gefühl vermitteln, du bist ihm was wert – auch, wenn er es vielleicht wirklich nicht so meint, wie ich dann im Endeffekt rausgefunden habe. Und – na ja. Am Ende, irgendwann hab' ich dann nur noch gedacht: Scheiß auf das Arschloch! Also, der hat dich wirklich behandelt wie Dreck.

Dem mußt du wirklich nicht hinterhertrauern. Das hat mir so wehgetan, daß ich irgendwann so 'ne Mauer aufgebaut habe, die wirklich keine Gefühle mehr zugelassen hat ihm gegenüber. Und den Rest hat der Abstand gebracht.

Meine Vorstellung, wie das erste Mal sein sollte, die war ja nun in der Realität auch 'n bißchen anders. Ich meine – so mit 'ner Kerze und Licht aus und so, das stimmte schon. Aber daß der Kerl halt so selbstsüchtig ist, bloß an seinen Spaß denkt, während ich da unten lieg' und heul' fast, weißte, das war's nun wirklich nicht. Ich hatte mir das viel schöner vorgestellt, mit mehr Liebe. Daß man sich mehr Zeit nimmt, das ging alles viel zu schnell. Als wir fertig waren, sofort wieder hoch und was gegessen, und dann hat er mich nach Hause gebracht, so nach dem Motto: »Wir sind jetzt fertig, willste nicht endlich gehen?«, so. Das ist nicht grade, was ich mir unter einem erotischen Moment vorstelle.

Erotik, daß sich dafür so 'ne Art Gefühl einstellte, das war bei mir frühestens mit 15. Also, ich war immer sehr verschlossen, bin nie groß aus mir rausgegangen, war nicht besonders emotional. Ich war auch so 'n Mauerblümchen, so 'n häßliches Entlein irgendwo. Keiner wollte mit mir was zu tun haben. Kann man sich nicht mehr vorstellen? Ja, das sagen mir heute viele. Aber damals: Riesen-Hornbrille, pummelig und alles mögliche. Und ich war wirklich so, ich hab' mich zwar ab und zu mal verliebt, aber ich hab' das nie zugegeben, weil ich einfach soviel Angst hatte, gekränkt zu werden, und das wollte ich einfach nicht zulassen.

Ja, woher kam diese Angst? Einfach, weil ich mich wahrscheinlich nicht wohlgefühlt habe in meiner Haut. Weil ich mir nicht vorstellen konnte, warum einer, der die Auswahl zwischen ganz vielen hübschen Mädchen hatte, warum der mich auswählen sollte, wenn die ganzen anderen so schöne Schwäne sind quasi und ich so 'n häßliches Entlein. Das hat mich schon immer sehr gestört, und mit 16 hab' ich dann endlich meine Kontaktlinsen bekommen. In Amerika fing wirklich erst so meine Erfahrung damit an, daß ich Leuten gefalle. Dort wurde mir dann schon mal hinterhergepfiffen und solche Sachen. Das war irgendwie alles neu für mich. In Amerika fing wirklich 'n ganz neues Leben für mich an. Dadurch wird man viel offener! Und auch viel selbstbewußter, wenn man weiß: Man kann rausgehen und ist nicht häßlich. Man fühlt sich nicht häßlich. Dann hat man ein viel gestärkteres Selbstbewußtsein, hatte ich immer das Gefühl. Das verändert wirklich alles.

Als 13jährige hab' ich auch wenig unternommen. Ich hatte nur eine gute Freundin, Sandra hieß die, und mit der hab' ich in der Schule viel Zeit verbracht. Hatte auch in der Schule keine Freunde außer ihr; und sie war auch die einzige, die mich zu Hause mal besucht hat. Ich bin auch nie auf Partys gegangen, weil ich einfach so 'n Stubenhocker war. Pummelig bin ich dadurch geworden, daß ich nur vorm Fernseher hing und gefuttert habe. Ich hatte wirklich kein spektakuläres Leben, auf gar keinen Fall.

Ja, dann fühlst du dich schon in deiner Haut nicht wohl, und dann kommen all diese merkwürdigen Gefühle in der Pubertät über dich, das ist schon ziemlich belastend. Ich wußte auch immer, daß ich diese ganzen Erfahrungen mit Jungs und so nicht so schnell machen würde wie meine Schulkameradinnen – so, wie ich aussah und wie ich mich selbst sah. Weil ich auch immer das Gefühl hatte – und das denke ich heute noch –, daß in unserer heutigen Gesellschaft das Aussehen so sehr zählt, daß du vom Aussehen einer Person so geblendet sein kannst, daß das Innerliche nebensächlich wird fast. Oder nicht nebensächlich, aber daß der erste Eindruck eben vom Äußerlichen kommt. Und da hab' ich mir damals keine Chancen ausgerechnet.

Ich weiß nicht, ich kann das nicht so beschreiben. Ich hab' eigentlich nie daran geglaubt – ich habe zwar immer irgendwie gehofft, daß da irgendwann mal die große Liebe kommt, aber hab' nie so wirklich dran geglaubt. Ich war zwar immer mal wieder heimlich verliebt, aber den Angebeteten haben mir dann immer andere Mädchen vor der Nase weggeschnappt. War halt so.

Ja, ich war auch selber zärtlich zu mir. Vielleicht so mit 14, als ich meine Periode bekommen hab', doch. Da war das schon. Na, so wie alle, vermute ich mal. Daß ich meinen eigenen Körper entdeckt und erforscht habe. Ja, was soll ich groß darüber sagen. Man entdeckt halt Stellen an sich, wo einem das gefällt, wenn man sich da anfaßt. Aber ich bin nun wirklich nicht der Mensch, der das häufig betreibt. In der Anfangszeit der Pubertät vielleicht zwei-, dreimal im Monat. Vom Kopf her wußte ich, daß das etwas ganz Natürliches ist, wofür man sich nicht schämen muß. Ich meine, man liest doch die BRAVO und guckt BRAVO TV, das Dr. Sommer-Team, und da erfährt man das. Das klingt jetzt vielleicht 'n bißchen blöd, aber die BRAVO hat mich wirklich aufgeklärt. Ich hatte nie das Gespräch mit meinen Eltern über die Bienchen und die Blümchen und Mann und Frau. Also, ich weiß und wußte auch damals schon, daß man sich dafür nicht schämen muß, aber in dem Alter ist das einfach so; da schämt man sich für alles. Und ich hätte das niemals offen zugegeben. Gerade so eine wie ich! Ich wäre sicher noch mehr veräppelt worden, wenn ich mit irgendwem über Selbstbefriedigung gesprochen hätte.

Bei mir war es auch sehr früh, daß meine Brüste gewachsen sind. Meine Freundin, die war zum Beispiel sehr flach, also wirklich: Brett mit Erbsen drauf. Die haben auch alle deswegen gehänselt. Und ich war halt immer so groß gebaut, ist ja heute auch noch so, aber nicht mehr so auffallend. Mit 14 hat mich das genervt. Ich weiß noch, da hat mich nach den Ferien mal eine Freundin drauf angesprochen: »Die sind jetzt aber auch gewachsen!«, und das ging mir ziemlich auf den Wecker. Mit 14 willste das noch nicht, mit 16 vielleicht, ab siebzehn biste dann sogar stolz drauf, ja, kann sein. Aber am Anfang ..., ein Klassenkamerad hat immer gerufen: »Ach ja, die Christiane, die hat so große Ohren«, und mich dann immer so veräppelt. Wo ich dann dachte: Ja, toll! Das hat mich sehr gekränkt, weil, irgendwie war ich schon immer 'n sehr zerbrechlicher Mensch.

Ich bin leicht gekränkt und leicht verletzt.

Ja, klar, heute achte ich schon auf meine Wirkung. Obwohl, ich will mich jetzt nicht so übertrieben kleiden, und ich bin auch nicht der Mensch, der sich 'n Meter Schminke draufklatscht. So, wie ich heute aussehe, hellblauer weicher Rollkragenpulli, in derselben Farbe wie meine Augen, wie die Kontaktlinsen auch. Und diese kleinen Glitzerblümchen in den Ohren, Haare lang und blond, nichts übermäßig Gestyltes, ja, so laufe ich normalerweise rum. Dezent und gepflegt. Höchstens noch Wimperntusche, 'n bißchen Labello, das war's. Natürlich, wenn ich weggehe, mache ich schon 'n bißchen mehr. Ich finde, man sollte schon den Unterschied merken zwischen normalem Alltag und was Festlicherem.

Kann schon sein, daß inzwischen Welten liegen zwischen dem häßlichen Entlein von damals und der Frau, die ich jetzt bin. Also, die Leute, die mich von früher kennen, die waren sehr schockiert, als ich aus Amerika wiederkam. Also, die waren hin und weg, haben sich so gegenseitig angestoßen: »Hej, guck mal, das ist doch die und die, das glaub' ich nicht!« Ja, ja. Und heutzutage werde ich auch von ehemaligen Klassenkameraden angeflirtet, die mich vor drei, vier Jahren noch nicht mal zur Kenntnis genommen haben. Da hätte ich damals nur davon geträumt, von denen mal 'nen Blick zu kriegen, geschweige denn, daß sie das Wort an mich gerichtet hätten. Und jetzt muß ich denen gewissermaßen einen Korb geben: »Ja, tut mir leid, bin schon vergeben.« Das ist schon irre. Müßte ich ja lügen, wenn ich nicht zugeben würde, daß ich das schön finde.

Meine Haare hab' ich mit 13 mal knatsch-rot gefärbt, meine Mutter war echt begeistert! Das war so in dem Alter, wo man alle mal erschrecken will, und das hat auch funktioniert. Das hat lange gedauert, bis das wieder rausgewachsen ist; aus blonden Haaren wäscht sich das ja nicht so leicht wieder raus. Ich hatte auch mal so 'nen ganz kurzen Haarschnitt, da war ich richtig häßlich, würde ich jetzt mal sagen. So mit 14, 15. Das war so die pummeligste Zeit, und dazu noch diese kurzen Haare. Wie 'n besonders unansehnlicher Junge. Nee, ich glaube, so die schulterlangen blonden Haare, wie ich sie jetzt habe, das steht mir am besten.

Als ich so 15, 16 war, da hab' ich im Fernsehen immer dieses Musikvideo gesehen von Christina Aguilera, das ist so 'ne ganz schmale, ganz dünne Frau. Und die fand ich immer so beeindruckend, ich wollte genau so aussehen wie die. Und da hab' ich schwer gehungert, das war auch schon nicht mehr gesund. Meine Freundinnen haben sich schon Sorgen gemacht, weil ich wirklich extrem wenig gegessen hab' 'ne Zeitlang. Meine Mutter hat dann auch aufgepaßt, aber letztendlich hatte ich großes Glück und konnte genau zum richtigen Zeitpunkt wieder aufhören mit dem Hungern, bevor das Ganze umgekippt wäre in eine Bulimie, eine Magersucht oder so. Also, ich hab' wohl grade so die Kurve gekriegt zu einer relativ gesunden Ernährung wieder. Mir ist schon manchmal richtig schlecht geworden, und ich mußte verdammt aufpassen. Ich hatte vorher 63, 64 Kilo und hab' danach 57 Kilo gewogen, was bei 'ner Größe von einsneunundsechzig eigentlich ziemlich gut ist. Und da war ich auch zufrieden, und dann hab' ich, wie gesagt, zum 16. Geburtstag noch die Kontaktlinsen bekommen, und dann sah ich schon fast so aus wie jetzt.

Doch, ich hab' mich gefreut, daß da Leute waren, die ein bißchen auf mich aufgepaßt haben. Meine Mutter hat viel Essen gekocht, das mir geschmeckt hat. Ich hab' danach auch nie wieder so viel zugenommen. Wahrscheinlich, weil ich mehr auf gesunde Ernährung geachtet habe, weniger Süßigkeiten gegessen, aktiver Sport gemacht habe. Ich hab' dann angefangen, Volleyball zu spielen, und war tanzen – solche Sachen. Vielleicht kam's auch dadurch. Step-Aerobic einmal die Woche, da schwitzt man ordentlich. Alles solche Dinge, die haben mir geholfen. Ja.

Also, ich sah dann schon ganz gut aus, aber in Amerika kam noch was dazu, was mich noch schöner gemacht hat. Ich weiß auch nicht; man lernt, mit sich besser umzugehen, sein Äußeres zu akzeptieren, und man weiß, was einem steht.

Und in demselben Maße ist auch meine Verschlossenheit verschwunden. Ich hab' gemerkt, daß ich seitdem den Menschen mehr in die Augen geguckt habe. Also, ich bin mit dem Kopf mehr nach oben durch die Welt gelaufen. Früher immer gesenkt und auf den Boden gerichtet: »Dich sieht hoffentlich keiner.« Und seitdem, seit meiner Veränderung, bin ich offener geworden und gucke den Menschen mehr ins Gesicht. Man sagt mir auch oft – also heute morgen hat mir das erst 'ne Mitschülerin gesagt: »Wie kannst du bloß immer so fröhlich in die Schule kommen?«

Ich bin immer am Lachen, am Lächeln. Und das höre ich nun oft, daß ich positiv bin und etwas Gutgelauntes ausstrahle. Da kommt also auch sofort etwas zurück.

Wenn ich so zurückblicke, dann hat Amerika wirklich viel mehr Gutes in mein Leben gebracht als Trauriges. Klar, das mit Chris, das war schon eine Krise. Aber was er nun wieder keinesfalls geschafft hat: meine alten Komplexe wieder wachzurufen. Nein! Ich war eher enttäuscht; so 'n bißchen schockiert von der ganzen Männerwelt.

Danach hab' ich die Suche nach was Größerem erst mal aufgegeben. Als ich aus Amerika zurückgekommen bin, hab' ich mich erst mal so 'n bißchen ausgelebt.

Ja, na klar: Wenn du nach einem Jahr zurückkehrst, dann hast du erst mal den Kontakt zu deinen alten Freunden verloren. Ich hab' mir dann neue Freunde im Internet gesucht. Hab' dann einen Sascha kennengelernt, auch gleich mit Foto. Der war schön blond, ich stehe ja eigentlich auf blond, obwohl mein jetziger Freund Aron eher dunkel ist. Na, jedenfalls, wir hatten dann so 'ne kleine Affäre, haben uns manchmal bei mir zu Hause getroffen, wenn meine Eltern nicht da waren, und haben uns so 'n bißchen ausgetollt. Eigentlich war das nur wegen des Betts. Das erste Mal mit Sascha, das war mein drittes Mal, daß ich je Sex hatte, da tat das noch ein bißchen weh, aber ab dann fing es eigentlich an, daß ich Sex wirklich genießen konnte. Vielleicht hat er sich auch ein bißchen besser angestellt, mich zu befriedigen, als Chris das damals gemacht hat. Der war sehr geschickt mit sexuellen Praktiken und intimen zärtlichen Küssen, wo er richtig gut drin war. Das sag' ich jetzt mal so.

Ja, er hatte das richtig gut drauf. Und das war auch wieder das Problem, denn er wußte genau, daß er's draufhatte, und er hat sich verdammt ausgelebt. Also, er hatte tausend Mädchen gleichzeitig, und wenn er bei mir war, hat dauernd das Handy geklingelt, und er hat viele Kurzmitteilungen bekommen. Das hat mich dann schon wieder verletzt, weil ich auch bei ihm wieder angefangen hatte, mich gefühlsmäßig an ihn zu binden. Mich auch wieder zu verknallen, und das passiert mir nämlich sehr schnell. Weil ich auch am Anfang eigentlich dachte, er will mehr von mir. Aber dann hat er mir gesagt, er möchte keine Beziehung, weil er nicht treu sein kann.

Dann hab' ich ihm sogar gesagt, das ist mir egal, er muß gar nicht treu sein. So sehr wollte ich mit ihm zusammen sein, das muß man sich mal vorstellen. Ob er treu ist oder nicht, was eigentlich bescheuert war. Das war richtig krank! Weil, der war damals die einzige Person, die ich hatte. Es waren auch noch Ferien. Aber dann kam zum Glück die Schule, und damit lernte ich auch wieder Freundinnen kennen.

Mit Sascha hab' dann letzten Endes ich Schluß gemacht. Wir haben uns immer öfter gestritten, darum, daß er nichts Tieferes will, daß er nur meinen Körper will. Und mir hat das alles irgendwann nur noch wehgetan, und damit hatte sich das auch wieder verlaufen. Auch wenn ich manchmal noch an ihn denke, aber das ist echt 'n Scheißkerl. Ja, 'n toller Liebhaber, aber 'n Scheißkerl. Die lernen das halt in den vielen sexuellen Erfahrungen, die die haben, denk' ich mal einfach. Deswegen sind sie gute Liebhaber. Na ja und seufz! Was soll ich dazu sagen ... Aber ich meine: Die Erfahrung war nicht umsonst. Die hat mir auch schon was gebracht, gerade in sexueller Hinsicht. Daß ich besser wußte, was mir gefällt, was ich mag und wie schön das alles sein kann. Aber vom Herzen her hab' ich halt angefangen, mich an ihn zu binden, und das war echt negativ. Und da hab' ich gemerkt, jetzt mußt du einen Schlußstrich ziehen, das geht so wirklich nicht. Da gehe ich ja bei kaputt. Nee, nee.

Danach hab' ich noch einen Kerl im Internet kennengelernt, der hieß Alex, der kam aus Dormagen, hinter Düsseldorf, das ist 'ne Dreiviertelstunde mit der Bahn von mir entfernt. Mit dem hab' ich mich dann getroffen. Und der hatte sich wohl schon am Telefon in mich verliebt, wenn ich seinen Worten glauben darf. Und das war irgendwie totaler Humbug. Das war auch wieder so einer, der das völlige Gegenstück zu mir ist. Der sich schnell verliebt und so. Der hat auch so 'ne – na ja, nicht feminine – Art, aber das ist einer, der sich schnell verliebt und sehr emotional, also nicht so wie Sascha. Dann hab' ich mich mit ihm getroffen und dachte auch nach dem ersten Mal, daß ich im siebten Himmel schwimmen – nee, Quatsch, fliegen würde. Aber da hab' ich mich getäuscht. Einmal lag es an der Entfernung; die Fahrerei und so, und zu dem Zeitpunkt hatte ich ja noch keinen Führerschein. Und das andere war: Als ich ihm so von Amerika erzählte, da fing er plötzlich mit rassistischen Dingen an und ließ da 'ne sehr komische Einstellung rausgucken. Ich fing dann an, mich vor ihm zu ekeln; er hatte auch so Blicke drauf, also beim Sex zum Beispiel, nee! Da fand ich ihn nur noch eklig. Das ging gar nicht für mich. Nach ein, zwei Wochen hab' ich dann auch wieder Schluß gemacht, worauf ein Gezeter losging von seiner Seite. Er hat mich täglich angerufen und geweint; also für ihn war's wohl hart. Für mich nicht so, weil ich mich diesmal nicht an ihn gebunden hatte.

Na ja, und danach kam eine Phase, da bin ich viel weggegangen mit Freundinnen und so, hab' geflirtet, aber mehr nicht. Bis zum Aron hatte ich gar keinen sexuellen Kontakt mehr.

Aron ist nun so 'n richtiger Volltreffer! Er sieht nicht nur gut aus, was mir ja als erstes aufgefallen ist an ihm, ich habe das Gefühl, er ist genauso verliebt wie ich und hängt genauso an mir wie ich an ihm. Er ist auch ähnlich eifersüchtig. Also, bei mir ist das schon extrem: Die Mädchen, mit denen er früher mal was hatte, zum Beispiel, die will ich gar nicht sehen. Warum wir Frauen so sind – keine Ahnung! Einerseits bohre ich immer und will alles wissen, andererseits bin ich dann eifersüchtig. Vielleicht will ich bloß hören, daß ich seine einzige bin und so. Muß ja wohl so sein.

Daß ich hören will: »Ja, die ist nie so toll gewesen wie du, die kommt gar nicht an dich ran.« So was will man einfach hören, glaube ich. Denn sonst ist es ja eigentlich die reine Selbstquälerei. Hat überhaupt keinen Sinn; tut nur so richtig weh. Echt!

Aber sonst – tja, wenn sich das super-harmonisch und perfekt anhört mit Aron, ja, das ist es aber auch. Er ist ein Jahr älter als ich, und zu der Zeit, als wir uns kennengelernt haben, hat er noch Wehrdienst gemacht. Am Anfang sind wir immer noch nach Hause gefahren, nachdem wir die Abende miteinander verbracht hatten. Aber irgendwann haben wir gesagt: Ist doch Quatsch, wenn wir schon eingeschlafen waren, noch mal aufzubrechen, und seitdem verbringen wir die Nächte eigentlich beieinander; er bei mir und ich bei ihm. Und dann hat sich das so ergeben. Und inzwischen können wir gar nicht mehr ohne einander. Jetzt macht er eine Ausbildung als Elektroinstallateur. Da arbeitet er bis vier Uhr nachmit-

tags, und ich fahre nach der Schule zu ihm hin. Quatsche 'n bißchen mit seiner Mama oder mit der Schwester, wenn er noch nicht
zu Hause ist. Also, mit der Familie komme ich sehr gut klar.

In Amerika wäre das undenkbar, daß deine Eltern dir erlauben,
wie selbstverständlich die Nächte zusammen zu verbringen. Ich hab'
da auch mal mit meiner Gast-Mutter drüber gesprochen, wie lok-
ker ich das hierzulande finde, daß mein Freund bei mir schläft, während meine Eltern im Nebenzimmer sind. Und sie meinte ganz klar,
unter ihrem Dach würde sie das nie erlauben. Aber ich meine: Warum? Sex ist was ganz Normales, und du kannst das deinen Kindern nicht verbieten! Meine Gast-Schwester in Amerika, die hat
zum Beispiel die Einstellung: Kein Sex vor der Ehe. Und die ist auch
super-christlich und so. Ich meine, das ist ihre Sache. Die fängt dafür mit anderen Sachen jetzt schon an, mit 14, da hab' ich oft das
Gefühl: Da stimmt was nicht. Die redet über Knutschen und Beziehungen, als ob sie schon 18 sein wollen würde, und das finde ich
schrecklich. Also, im Grunde denkt die erst recht an nichts anderes als an Jungs, und dann tut sie so moralisch. Das haut doch auch
nicht hin!

Das sind so Geschichten, wo ich denke: Mann, du mit deinen
vierzehn Jahren, da biste doch wirklich noch gar nicht reif dafür.

Ich finde's viel besser so, wie es hier ist, daß es viel offener ist
und so. Ich habe auch mit meiner Mutter über Chris geredet, weil
– irgendwie willste ja auch, daß dich mal jemand in den Arm nimmt
und tröstet. Irgendwann kam meine Mutter auch mal mit dieser typischen Frage: »Bist du eigentlich noch Jungfrau?« Und da will ich
auch nicht lügen. Da hab' ich ihr eben die ganze Geschichte erzählt,
und sie hat auch ganz menschlich und locker drauf reagiert. Mit
meinen Eltern bin ich wirklich sehr zufrieden. Es ist auch noch nie
passiert, daß meine Eltern irgendwie ins Zimmer reingelaufen sind,
wenn Aron und ich da unter der Bettdecke lagen. So was passiert
nur bei ihm. Also, der Vater kam mal im falschen Moment: Er hat
angeklopft, wir haben »nein« geschrien, und er hat »herein« verstanden. Also, es war jetzt nicht so schlimm, wir hatten Decken drüber, aber bei Aron kann man halt die Tür nicht abschließen, das finden wir ätzend. Bei mir kann man das zum Glück. Aber ich bin da

auch nicht so verklemmt. Ich meine, wenn die selber Kinder haben, dann haben sie auch schon nackte Frauen gesehen. Und wissen auch, wie das aussieht beim Sex. Trotzdem, muß eigentlich nicht unbedingt sein, solche Überraschungen.

Klar, ich zoffe mich auch schon mal mit meiner Mutter, aber nicht über solche Dinge. Wir zoffen uns höchstens über Sachen wie Zimmer aufräumen oder im Haushalt helfen. Das ist aber normal. Früher war das viel schlimmer! Da hab' ich auch manchmal Ohrfeigen kassiert, weil ich so frech war.

Ich denke, da habe ich meine angestauten Aggressionen voll zu Hause abgelassen. In meiner »Häßliches-Entlein-Phase« war das. Ich hatte das auch wirklich nicht anders verdient, muß ich schon so sagen. Aber so ist das eben: Je weniger man mit sich selbst zufrieden ist, um so mehr kriegt das auch die Umwelt zu spüren. Die Familie dann eben in erster Linie.

Was Beziehungen, Partnerschaften betrifft, da sind meine Eltern schon eine Art liebevolles Vorbild für mich. Bei Arons Eltern denke ich eher: O Gott, bloß nie so!

Arons Mutter leert mir auch immer ihr Herz aus über ihre Ehe, weil da alles nicht so toll läuft. Ich bin da schon so 'ne Art Freundin für die Mutter geworden, ist echt so. Das Problem ist wohl: Er ist so 'n ganz Stiller und sagt eigentlich nie so richtig, was in ihm vorgeht. Und wenn sie dann auf ihn einzugehen versucht, dann herrscht er sie manchmal an; da fallen dann auch schnell Worte wie »blöde Kuh«, wo du denkst: Au weia. Sie sind auch sehr unterschiedlich: Sie so 'n lebensfroher Mensch, die gern redet und gern tratscht, und er hat immer nur seinen Sport im Kopf und guckt gerne Fußball und so. Die sind auch so 'ne Sportlerfamilie, die spielen alle Handball, Aron auch. Manchmal gehe ich am Wochenende zu Spielen mit, wo ich mich eigentlich zu Tode langweile, aber ich mach's halt ihm zuliebe. Jedenfalls, der Vater hängt dauernd vor der Glotze, und die Frau sitzt daneben und muß klein beigeben; würde sich eigentlich auch gern mal mit ihrem Mann unterhalten, aber – wie gesagt – er redet nicht gern. Und ich weiß: Aron ist auch so 'n ruhiger Typ, aber ich werde das verhindern, daß er auch so wird. Auf jeden Fall.

Und bei meinen Eltern, die hatten vor kurzem silberne Hochzeit, und die sind so süß verliebt wie am ersten Tag. Da war nie die Rede von Scheidung, so wie bei Arons Eltern. Der Vater meint: Wenn die Kinder aus dem Haus sind, dann trenne ich mich von meiner Frau. Und Arons Mutter ist Türkin, also sie ist mit elf Jahren mit ihrer Mutter aus der Türkei ausgewandert, spricht auch perfekt deutsch. Und Aron sieht keineswegs aus wie 'n Türke oder so. Das klingt jetzt vielleicht mißverständlich, aber ich hab' auch 'ne Hemmschwelle gegen so richtige »Assi«-Türken, ich weiß nicht, ob man das versteht: Diese Klischee-Türken, die ihre Haare nach hinten gegelt haben und die die Mädchen widerlich anmachen – nee! So einer ist Aron absolut nicht.

Ich bin nicht rassistisch, aber diese Typen sind ätzend. Wenn du nicht ruhig über die Straße gehen kannst, ohne daß dir hinterhermiaut wird. Und dann kommen die dümmsten Sprüche. Ich meine, es gibt auch Deutsche, die so blöd sind, klar!

Okay, drauf gekommen bin ich wegen der Ehe meiner »Schwiegereltern«. Ja, ich find's traurig, wie das da ist. Die Mutter hat jetzt wirklich tierische Angst. Der ältere Bruder von Aron ist 21 und sucht gerade mit seiner Freundin eine Wohnung. Und nun denkt sie: Jetzt geht's los, jetzt ziehen die Kinder aus, und jetzt bin ich auch bald dran. Irgendwo tut sie mir sehr leid. Sie wird dieses Jahr 50, der Mann ist Mitte vierzig. Vielleicht durchlebt er grade seine Midlifecrisis und braucht mal wieder was Jüngeres, keine Ahnung. Für sie tut es mir jedenfalls sehr leid, daß sie so schlecht behandelt wird. Klar, Aron und ich reden auch schon mal über die Zukunft. Wie wir das machen, Familie, Kinder und so. Ich meine, als Elektroinstallateur wird er sicher nicht die große Kohle machen. Das sind zwar Jobs, die werden immer gebraucht, aber die sind ja dermaßen unterbezahlt! Und wir wollen beide Kinder. Auch wenn das jetzt vielleicht 'n bißchen übertrieben klingt, aber wir reden schon über solche Dinge.

Daß wir auch beide dafür arbeiten müssen, daß wir später 'n schönes Leben haben.

Ich selbst mag Büroarbeit – auch wenn das für andere vielleicht 'n bißchen trocken klingt. In den Ferien habe ich jetzt gerade beim

TÜV Rheinland gearbeitet, als Urlaubsvertretung, und da hab' ich viel Post abgearbeitet. Das hat mir Spaß gemacht. Ich würde auch gern etwas mit meinen sprachlichen Kenntnissen anfangen, wenn ich jetzt durch Amerika schon so gut Englisch sprechen kann.

Nee, studieren möchte ich nicht, das reizt mich nicht unbedingt. Ich bin nicht so 'n Mensch, der sich tierisch in die Bücher schmeißt und stundenlang lernt und so. Aber was soll's, richtig gute Sekretärinnen brauchen auch Sprachkenntnisse. Ich weiß auch nicht: Briefe abheften und abtippen mag ich, wenn alles so seine Ordnung hat, das mag ich. Ich arbeite auch gern am Computer; hab' in Amerika das Zehn-Finger-System gelernt. Mir gefällt das, so die Vorstellung, im Büro vom Chef Schriftstücke diktiert zu bekommen und die dann sauber zu Papier zu bringen, selbständig zu arbeiten, immer mehr. Sekretärinnen sind auch loyal, irgendwie treu; das könnte ich mir von mir auch vorstellen. Ich mag feste Arbeitszeiten und Stetigkeit, so neun Uhr im Büro zu sein. Spießig geradezu! Ja, nee. Was ich mir so vorstelle, ist halt eine Arbeit, die zu mir paßt und die mir Spaß macht. Ich wünsche mir eine gesicherte Zukunft, aber kein verschwenderisches Leben. Geld soll dasein als Grundlage, um sich schöne Dinge leisten zu können; um sich ohne Sorgen so 'n bißchen dem Lebensgenuß zuwenden zu können. Um auch meinen Kindern später ähnlich aufregende Erfahrungen bieten zu können wie bei mir dieser Amerika-Aufenthalt. Nein, ich will nicht dauernd drüber nachdenken müssen, ob das Geld auch reicht. Ich meine, meine Eltern haben da schon ganz gut für mich vorgesorgt, mit Bausparvertrag und dem Erbe meines Opas zum Beispiel. Auch auf die Gefahr hin, daß das jetzt wieder spießig klingt, aber ich stelle mir das schon so vor: Zusammenbleiben mit Aron, Heiraten, Kinder, Einfamilienhaus, ja!

Neulich haben wir uns gegenseitig diese Silberringe geschenkt als Zeichen unserer Zusammengehörigkeit. Den trage ich auch jeden Tag. Ach, übrigens: Chris hat sich tatsächlich noch mal gemeldet. Der hat versucht, ob er noch bei mir landen kann, als ich schon mit Aron zusammen war. Das tat mir richtig gut, in dem Moment zu spüren: Über den Kerl bin ich drüber weg, der kann mir nicht mehr wehtun.

Bei Aron bin ich mir so sicher, daß das der Richtige ist, ich weiß auch nicht. Wir hatten auch schon sehr zeitig Sex miteinander, schon nach zwei Wochen. Und sein erstes »Ich lieb' dich«, das hat mich so berührt; das war alles so zärtlich und kam von Herzen. Ich finde's auch echt gut, daß er so ein gefühlsbetonter Mann ist. Als ich ihm später die ganze Geschichte erzählt habe, wie das alles mal anfing, und daß Anja ihn so benutzt hat, da lag er in meinen Armen und hat geweint.

Wir schlafen nicht täglich miteinander, so alle drei Tage vielleicht. Ich hab' meine Schule, er seine Arbeit, dazu noch das Handballtraining; also da ist man manchmal einfach nur noch müde, klar. Aber wenn, dann genieße ich das sehr. Es wird eigentlich immer offener und abwechslungsreicher mit der Zeit. Man sagt dem anderen, was man will, und was man nicht will.

Wie gesagt: Liebe ist für mich was zum Festhalten. Und ich hoffe, daß das so bleibt.

»Arbeit ist das halbe Leben«

Thorsten, 20, Borgholzhausen

Klar, ich arbeite sehr viel und gerne. Ich hab' 'nen kurzen Arbeitsweg, und da reicht das, wenn ich halb sieben aufstehe. Um zehn vor sieben soll'n wir in der Firma sein. Und dann – was haben wir denn als erstes gemacht, heute morgen? Warte mal ..., schon lange her! Ja, als erstes mußten wir 'nen Trockner abholen beim Kunden und nachgucken, was da los ist. Da läuft Wasser unten raus, und keiner weiß, warum. Wir haben's da nicht hingekriegt, mußten ihn mitnehmen in die Werkstatt. Und dann hatten wir noch so 'ne große Pumpe auf dem Hof stehen, die mußten wir überprüfen, die lief auch nicht mehr richtig. Ja, und da ging der Tag eigentlich auch schon ziemlich mit rum. Und ab vier Uhr, da waren wir in Dissen, da ist demnächst ein Stadtfest, und da mußten wir dafür noch aufbauen. Und jetzt eben war ich viertel vor neun zu Hause, hab' noch kurz geduscht – nee, Quatsch, Duschen bin ich gar nicht mehr zu gekommen. Und nun sitze ich hier und soll so ausführlich von mir reden. Sehr neu für mich, das ist wirklich mal was anderes; so was habe ich überhaupt noch nicht erlebt. Mal schauen.

Wenn du so ein Stadtfest mit aufbaust, dann bist du als Elektriker ein ganz wichtiger Mensch. Die ganzen Imbißbuden verkabeln. Da haben wir so große Verteilerschränke, und da können die Leute ihre 230-Volt-Stecker einstöpseln. Und dafür müssen wir richtig dicke Kabel legen, vom RWE, vom Stromversorger, kriegen wir einen Anschluß, und das müssen wir halt vorbereiten. So fünf Stunden dauert das ganze Aufbauen – mein Chef, ein Kollege und ich, der grade ausgelernte Lehrling. Aber während der ganzen Marktzeit muß natürlich auch jemand dasein, falls es mal einen Stromausfall gibt, damit das Ganze dann schnell wieder läuft. Und dann machen wir das immer so in unserer Firma: Sonntagabends gegen acht ist Schluß, dann müssen erst die Buden abbauen, und dann ab elf Uhr können wir auch loslegen, sonntagabends. Dann bauen wir wieder alles ab, das dauert auch so vier, fünf Stunden, und dann ist es vier Uhr morgens. Dasselbe haben wir in Borgholzhausen jetzt auch zum Herbstanfang. Dann ist Kartoffelmarkt, so nennt sich das, und das ist genau dasselbe, nur ein bißchen größer als in Dissen. Aber dann bauen wir auch wieder nachts ab.

Meine Lehre habe ich gerade abgeschlossen, nach dreieinhalb Jahren. Man kann das auch auf drei Jahre verkürzen, aber dann muß der Notendurchschnitt schon genau passen und die Zwischenprüfung muß gut ausfallen. Ja, ich war schon ganz gut, aber man muß beim Notendurchschnitt von 2,2 sein, glaube ich, und da war ich nicht ganz dran. Hatte ich auch, ehrlich gesagt, nicht so ganz die Lust zu. Da hätte ich ein volles halbes Jahr vorholen müssen und richtig büffeln zu Hause dafür, und der Typ bin ich irgendwie nicht. Nee, da hab' ich mir gedacht: Das halbe Jahr, da kommt's nun auch nicht drauf an. Und so aufs Geld angewiesen bin ich auch nicht, ich wohne ja noch zu Hause, mit meinem Vater auf unserem Hof, und von daher war das kein Problem.

Mein Chef, das ist direkt mein Nachbar. So fünfzig Meter übern Hof, dann bin ich schon in der Werkstatt. Ich bin da wohl so reingewachsen. Als ich 14, 15 war, da kam der Herr Nachbar schon mal rüber und fragte, zum Beispiel für den Kartoffelmarkt, ob ich da mit aufbauen helfen könnte. Na ja, und dann hab' ich eben geholfen, und mit der Zeit wurden es immer mehr Sachen, bei denen ich helfen konnte. Ich konnte ja dann immer mehr. Und irgendwann hat sich das auch als Berufswunsch für mich ergeben. Ganz allmählich.

Einmal war's ganz praktisch, von den Bedingungen her – gleich nebenan und so –, und dann muß ich wirklich sagen: Es hat mir auch Spaß gemacht. Es ist ziemlich abwechslungsreich, man erlebt viel jeden Tag. Man kommt unter Leute. Normalerweise hat man so vier, fünf Kunden am Tag, wo man hinfährt, so im Schnitt; man ist immer unterwegs, es ist nie langweilig. Und die durchgemachten Nächte, die stecke ich auch weg. Ja, okay, manchmal stört's doch, wenn man was vorhat, daß man nicht immer so pünktlich

Feierabend hat. Und wenn man mal was vorhat, muß man meistens erst lang und breit erklären, warum man denn pünktlich Feierabend machen will. Das nervt dann manchmal 'n bißchen, aber so im großen und ganzen hab' ich da nix gegen.

Gestern zum Beispiel. Drei Freunde von mir, die waren gerade viereinhalb Wochen in Brasilien, und da wollten wir gestern 'nen Fotoabend machen. Alle Fotos angucken, die waren jetzt fertig. Aber da sind wir dann auch nicht mehr zu gekommen. Wir haben nach der Arbeit noch Volleyball gespielt, dann haben wir die Kiste Bier leergemacht, und dann konnte keiner mehr fahren von uns, und mit 'm Fahrrad hatten wir auch keine Lust ... Natürlich, das nehme ich ernst. Wenn ich was getrunken habe, setze ich mich nicht mehr ans Steuer.

Ja, wenn man mit der Freundin was machen will, das geht den Chef ja eigentlich nichts an, oder mit Kumpels. Ich meine, wenn ich mal 'nen Termin beim Zahnarzt habe oder bei der Bank oder sonst was, was man halt so hat, das kann er ruhig wissen. Aber wenn es so private Dinge sind, das geht den ja eigentlich nichts an. Will er wohl trotzdem wissen. Er fragt dann immer: »Warum mußte denn schon wieder weg? Was ist denn schon wieder?« Na ja, kannste ja nicht jedesmal sagen, du mußt zum Zahnarzt, das fällt dann irgendwie auf ...

Mit meiner Freundin bin ich erst seit Anfang dieses Jahres zusammen. Seit dem 2. Januar. Kennengelernt haben wir uns eigentlich so auf Partys, will ich mal sagen. Und ich bin ihr eher aufgefallen als sie mir. Und dann fragte sie mich mal nach meiner Telefonnummer, und dann hab' ich das erst mal so richtig geschnallt. Weil, eigentlich war da 'n Kumpel von mir, der fand die auch immer ganz nett, und da dachte ich eigentlich, daß bei den beiden was läuft. Die hatten sich auch mal getroffen, und da habe ich das gar nicht weiter ins Auge gefaßt. Ja, und dann, irgendwann, kam das so, daß sie meine Telefonnummer haben wollte, und da ist bei mir erst der Groschen gefallen. Und dann immer telefoniert, so zwei, drei Wochen. Das war grade zur Weihnachtszeit; sie hatte Familienfeiern, ich auch, und da konnten wir uns nie treffen. Und dazu kam noch Tiefschnee und Glatteis, da konnten wir nirgendwo hinfahren. Das ist hier so am Teutoburger Wald. Dadurch hat sich das über drei Wochen erst mal nur mit Telefonieren hingezogen. Einmal haben wir's geschafft, zusammen ins Kino zu fahren, und dann sind wir zusammengekommen. War ein richtig schöner romantischer Abend – ja. Silvester haben wir auch nicht miteinander feiern können, also haben wir das so 'n bißchen nachgeholt. Sind zu zweit auf so einen einsamen Berg gewandert, haben da oben 'ne Rakete steigen lassen. Nur so wir beide, da war kein anderer. Und da kam das dann auf einmal so. Wir hatten uns vorher auch schon super verstanden, und durchs Telefonieren sowieso, stand also irgendwie vorher schon fest, daß wir an dem Abend zusammenkommen. Aber das kam dann auf einmal ganz plötzlich. Ja.

Das kam von beiden gleichzeitig. Wir standen da Arm in Arm mit der Silvesterrakete, und dann haben wir beide dasselbe gedacht. Dann kam der erste Kuß, dann haben wir drüber gesprochen, und dann war eigentlich alles klar.

Sie ist ein Dreivierteljahr jünger als ich, hat gerade Abitur gemacht und fängt jetzt 'ne Lehre als Industriekauffrau an. Ja, was finde ich gut an ihr? Die ganze Art, ich weiß nicht, wie ich das beschreiben soll. Wir kommen super miteinander klar, ergänzen uns, haben ungefähr dieselben Interessen. Sind beide lustig, ab und zu mal 'n lockeren Spruch, so. Sie sieht super aus, gefällt mir einfach gut. Ich hatte ja früher schon in der Disco manchmal mit ihr getanzt. Aber ich dachte halt immer, sie und mein Freund kämen zusammen. Ich hatte das nie aus einem anderen Blickwinkel betrachtet. Tja, und dann ist es eben doch andersrum gekommen!

Und ich finde inzwischen: Doch, das paßt ganz gut zusammen mit uns beiden.

Schon ein Dreivierteljahr sind wir jetzt ein Paar, ja. Und das ist das große Problem bei uns: Wir haben kaum Zeit füreinander. Ich hab' immer was, einmal durch Arbeit und dann auch andere Sachen noch. Tausend Bekannte, jetzt, wo ich Elektriker bin – im vierten Lehrjahr schon oder auch im dritten wurden's immer mehr; sämtliche Bekannten kommen an: »Kannste mal hier, kannste mal da?«, so nach Feierabend. Und ich kann leider schlecht nein sagen, hab' also immer zu tun. Dann fahr' ich noch gerne Motorrad, das muß auch zwischendurch sein. Ja, und dann ist die Zeit immer schnell rum. Sie reitet und geht tanzen, und so ist unsere gemeinsame Zeit knapp.

Zwei-, dreimal die Woche getroffen, mehr geht gar nicht.

Wir treffen uns zu Hause, entweder bei ihr oder bei mir. Nö, bis jetzt hat noch nie einer was gesagt oder dagegen gehabt, wenn wir zum Beispiel beieinander übernachten wollten. Das ist kein Problem.

Streiten tun wir eigentlich auch nicht darüber, daß jetzt einer den anderen öfter sehen will oder so. Einmal hab' ich sie versetzt. Da war ich auf der »Nacht von Borgholzhausen«, das ist ein Lauf mitten durch Borgholzhausen, mit Bier und Würstchenbuden für die Zuschauer. Ich hab' mir immer gesagt: Ich darf nichts trinken, weil, ich muß noch zu meiner Freundin fahren, die war auf 'nem Geburtstag von einer Freundin in Steinhagen. Und dann waren hier aber so viele Bekannte, und da gab's nachher das letzte Bier noch umsonst. Und dann kamen die Kumpels an: »He, Kerl, du kannst doch hier nicht das letzte Bier stehenlassen!« – Tja, und dann war's soweit, daß ich dachte: Scheiße, jetzt ist es egal. Und da gab's dann ein bißchen Ärger. Aber sonst eigentlich noch nie. Das war das einzige Mal. Sonst, weil wir zeitmäßig nicht hinkommen, eigentlich noch nicht.

Klar, wir würden da schon gern dran arbeiten, daß wir uns 'n bißchen öfter sehen. Wir versuchen's. Etwas besser ist es ja auch schon geworden. Nur, man kann es im Moment einfach nicht ändern. Sie will ihre Hobbys nicht fallenlassen, ich kann meine Bekannten, meine Hobbys – ins Fitneßstudio geh' ich auch ab und zu – nicht fallenlassen; bis jetzt kommen wir noch super damit klar. Wenn es irgendwann mal mehr Ärger deswegen geben sollte, müssen wir sehen, daß wir da was verändern, aber bis jetzt ist es eigentlich in Ordnung so. Jeden Tag will man sich auch nicht sehen!

So eine Art Eheleben, daß man jetzt gleich so eng auf Zweisamkeit macht, ach, das will ich noch gar nicht. Ich will noch viel mehr Action. Also, so schon in eine Wohnung; ich kenne das von meinen Freunden, die schon zusammengezogen sind, das wäre nichts für mich. Ein Paar, die sind jetzt schon ein halbes Jahr zu zweit in einer Wohnung, und jetzt ist jeden Tag dasselbe: Abends nach Hause, sich sehen, zusammen essen und dann – na ja. Können sie auch nicht immer zusammen weggehen, da hat man ja auch nicht die Lust zu, und dann liegt man auf'm Sofa, guckt Fernsehen, und das war's. Das finde ich langweilig, jeden Tag dasselbe. Und das wollte ich eigentlich noch nicht. Das soll ruhig noch ein paar Jahre dauern.

Ja, ich finde: So 'n regelmäßiger Tagesablauf, das ist auch mit 28, 30 früh genug. Das ist ja schon fast wie Familienleben, und das hat man ja dann die nächsten dreißig, vierzig Jahre immer noch. Normalerweise. Da kann man auch mit warten. Also, da will ich noch 'n bißchen mehr erleben. Auch mit den Kumpels, mit denen bin ich jetzt immer noch unterwegs. Wenn ich mir da zum Beispiel meinen Arbeitskollegen angucke: Bei dem ist das ein bißchen schiefgelaufen, der hat jetzt schon 'n Kind gekriegt, mit 21. Ja, und der muß jetzt immer zu Hause bleiben, auf das Kind aufpassen, und der hat mit seinen Kumpels nichts mehr zu tun. Ab und zu mal höchstens, bißchen grillen, aber das ist selten. Und deshalb, das würde mir alles fehlen.

Ja, und meine Freundin akzeptiert das nicht nur; ihr geht's eigentlich genauso. Sie will zwar jetzt im Winter auch in 'ne eigene Wohnung ziehen, aber daß ich da mit einziehe, da war noch nie die Rede von; ist sowieso zu klein für zwei Leute. Und das muß ich auch noch nicht. Dann hätte ich auch so 'n weiten Arbeitsweg, von Steinhagen bis hierher, das sind 25 Kilometer. Das kann ich mir sparen, wenn ich hier wohne. Na ja, ab und zu schlafe ich auch schon mal bei ihr, dann muß ich morgens halt früh raus, weil ich die halbe Stunde Fahrt mit einrechnen muß. In der Woche nicht so oft; wenn, dann am Wochenende.

Ob sie meine große Liebe ist, das weiß ich nicht. Sie ist meine erste Freundin, ich weiß nicht, ob es noch was Besseres gibt. Ich hab' noch nicht so viele Erfahrungen damit. Ich hatte früher nicht so das Verlangen danach. Da war mehr: Wochenende immer weg, auch immer was zu tun, und sonst nie drüber nachgedacht. So Partygeschichten, das ist ja schon mal vorgekommen, aber 'ne feste Freundin hatte ich noch nicht. Partygeschichten, das heißt: Wenn alle so 'n bißchen angetrunken sind, daß man mit einer mal so 'n bißchen rumknutscht oder so was. Das passiert dann schon mal. Aber mehr nicht.

Ich weiß, daß ich damit relativ spät dran bin, aber das hat mich nie gestört.

Ich meine, die meisten Kumpels von mir auch nicht. Einer hatte schon mal eine, so für anderthalb Jahre, aber die anderen nicht. Ja, das hab' ich auch schon gemerkt; die Leute, die in der Großstadt wohnen, die sind da alle viel eher dran damit, so mit 15. Aber meine Kumpels und ich, wir sind alle mehr vom Lande, und da sieht das anders aus. Ich denke schon, das hat was mit den Unterschieden zwischen Großstadt und Land zu tun. Ich denke schon, ja. Man hat dann irgendwie 'ne andere Beziehung dazu. So, die alle in der Stadt, wenn man die sieht; die rennen den ganzen Tag mit ihren Freundinnen rum und haben nichts anderes zu tun. Aber hier hat man eben eine Menge anderes zu tun! Es ist immer Arbeit da. Also zum Beispiel wir, wir haben unseren Bauernhof, da ist ja nun noch mehr zu tun. Aber auch sonst, die auf dem Lande wohnen und keinen Hof haben; die ackern auch sehr viel, die ganze Zeit.

Also ich denke, es liegt daran.

Man wird ja auch groß damit. Wenn ich so durch Borgholzhausen fahre, dann sehe ich ja andere, die rennen den ganzen Tag durch die Stadt. Da hätte ich gar keine Zeit dafür, hab' ich nie gehabt. Ich hab' immer zu Hause was zu tun. Gartenland haben wir ja auch, Gemüse anpflanzen, so was. Rasen mähen. Fällt immer Arbeit an.

Wenn ich so zurückdenke, vor ein paar Jahren, so mit 13, 14, 15, da war ich noch mehr ein Arbeitstier als heute. Ja. Bei unseren Nachbarn, da war ich immer auf'm Bauernhof helfen, mit 12 hat das schon angefangen. Da bin ich ganz gerne Trecker gefahren. Also, zu Hause, da haben wir ja auch einen Trecker, da bin ich mit 10, 11 schon mal ein bißchen rumgefahren, aber nicht viel. Ja, und dann bin ich eben zum Nachbarn gekommen, auf den Bauernhof, und da meinte der: »Na, fahr doch mal den Trecker hier 'n Stückchen weiter!« Und ich: »Das kann ich doch gar nicht.« Und dann hat er mir das gezeigt, ja, und dann hat mir das Spaß gemacht, also bin ich den nächsten Tag wieder hin. Und so konnte ich immer 'n bißchen mehr fahren und besser, so ging das dann los. Jeden Nachmittag kam ich von der Schule, Ranzen in die Ecke und rüber zum Nachbarn. Bis abends um sieben und danach Hausaufgaben, und dann war ich natürlich auch irgendwann k.o. und mußte schlafen. Ja, so ging das bestimmt ein paar Jahre lang jeden Tag bei mir.

Mit 12 hat das angefangen, bis zur Ausbildung. Und jetzt hab' ich keine Zeit mehr dafür. Macht mir zwar immer noch Spaß, aber ich komme da ganz selten dazu.

Daß ich so 'n Arbeitstier bin, das ist wahrscheinlich angeboren. Keine Ahnung, wo das sonst herkommen soll. Mein Vater ist auch so. Also, mal auf 'n Samstag gar nichts machen, das geht überhaupt nicht. Man muß immer irgendwas machen. So alle Fünfe grade sein lassen, das kann ich gar nicht. Hab' ich keine Ruhe zu. Ich kann mich auch nicht drei Stunden vorn Computer setzen. Draußen arbeiten, drei Stunden, das ist kein Problem. Aber drei Stunden vorm Computer, weiß ich nicht. Das halte ich einfach nicht aus. Ich hab' einfach keine Lust dazu. Oder auch ein Buch lesen. Ich kann mich nicht drei Stunden hinsetzen und 'n Buch lesen. Früher in der Schule, zwangsweise, wenn wir lesen mußten, aber danach hab' ich nie wieder 'n Buch gelesen. Nur in der Schulzeit. Ich bin halt gerne draußen an der frischen Luft.

Sieht man mir auch an, ja? Na ja, krank bin ich auch fast nie. Da hab' ich wirklich kein Problem mit. Und zum Glück brauche ich auch wenig Schlaf. Sechs Stunden reichen vollkommen, manchmal auch weniger. Es macht mir gar nix, wenn ich mal bloß zwei Stunden schlafe. Dann kann ich genauso arbeiten und den anderen Abend wieder auf Partys gehen, kein Problem. Woher das kommt, weiß ich auch nicht, aber es geht einfach. Nach der Arbeit ziehe ich oft noch mal los, treffe mich mit Freunden oder unternehme irgendwas. Kurze Nächte machen mir gar nichts aus.

Was gibt mir das ständige Arbeiten, hm? Ich glaube, ich bin einfach froh, wenn's hinterher fertig ist, wenn es schön aussieht. Oder Treckerfahren, das macht einfach Spaß, wie ich schon gesagt habe. Deswegen macht mir das wahrscheinlich auch alles gar nichts; ich hab' ja immer nur gearbeitet, und wenn ich sonst nichts vorhabe, stören mich eben auch die Überstunden nicht. So wie heute abend,

erst viertel vor neun zu Hause, normal hätte's noch 'ne Stunde länger gedauert, aber ich mußte ja nun jetzt zum Interview. Na ja, morgen geht's auch noch, das auf Arbeit alles fertigzumachen.

Natürlich stelle ich mir mein Leben hier, auf dem Lande, vor. In
die Großstadt zieht es mich nun wirklich nicht. Wenn ich nur daran denke: die ganzen Hochhäuser, wo die Leute vielleicht 'n Balkon haben von zweimal drei Metern oder so was – dann ist er schon
groß! – und ich weiß nicht, Autolärm; da möchte ich einfach nicht
wohnen.

Diese Anonymität; da gibt es ja so viele Menschen, die haben mit
dem Nachbarn aus der Tür gegenüber schon nichts zu tun. Da ist
es hier auf'm Lande schon was anderes. Vor allem die ganze Nachbarschaft, die verstehen sich alle super. Du müßtest mal hier sein,
wenn wir eine Feier haben; Rosenhochzeit oder Martin-Luther-Sin-
gen, das wird auch ganz groß gemacht hier bei uns. Normal gehen
ja nur die Kinder rum und singen an den Haustüren für Süßigkeiten. Und hier gehen die Erwachsenen auch immer mit und singen,
und die kriegen dann 'nen Schluck. Und dann, warte mal, wieviel
Häuser haben wir denn? Fünfzehn, sechzehn Haushalte, hier auf
der Heidbrede; auf'm Lande, am Wald sind wir ja hier. Na ja, und
jedesmal nimmt man ein, zwei Kurze – zwischendurch gibt's noch
'n Glühwein zum Aufwärmen – und zuletzt ist dann noch Spiegel-
eieressen. Das ist eigentlich das Beste vom ganzen Jahr, da freut
man sich immer drauf!

Also, ich kann auch ohne Alkohol, das auf jeden Fall. Aber so in
der Gemeinschaft, gehört irgendwie so 'n bißchen dazu. Man muß
sich ja nicht abschießen, aber 'n bißchen, so ein, zwei trinken, finde ich, gehört dazu. Das ist hier so drin. Also, ich kann auch ohne!
Wenn ich jetzt sage: Die nächsten vier Wochen trinke ich nichts,
dann trinke ich auch nichts. Also nicht, daß ich irgendwie süchtig
bin. Aber ich finde, das gehört alles dazu. Mit anderen Drogen hab'
ich nichts zu tun. Klar, auf Discos, wenn man die richtigen Leute
kennt, da könnte man auch an anderes kommen. Aber da kenne ich
keinen von. Das brauche ich nicht. Genauso wie mit dem Rauchen.
Das habe ich ein –, zweimal versucht, aber da kriege ich immer 'nen
Hustenanfall, das geht nicht.

Na ja, wenn ich so in meine fernere Zukunft spinne, irgendwann mal als Bauer leben, mit dem bewußten Mädchen, mit der Frau, vielleicht und vielen Kindern; ja, ich denke, in die Richtung wird's gehen. Daß ich irgendwann mal den Hof von meinem Vater übernehme und dann 'n bißchen umbaue. Macht man ja immer, einen eigenen Stil finden. Aber sonst, ja, darauf wird's wohl hinauslaufen. Also, ich bin jetzt nicht der Typ, der gegen seinen Vater rebelliert oder so, sondern der kann sich auf mich verlassen, daß ich das dann alles weiterführe. Das auf jeden Fall.

Ich finde's ja auch schön hier. Bis jetzt kenne ich nichts Schöneres. Wenn ich vielleicht irgendwann mal was Schöneres kennenlerne, dann will ich das nicht abstreiten, daß ich meine Meinung dann doch noch mal ändern könnte. Aber bis jetzt habe ich's noch nicht gefunden. Auf unserem Bauernhof sind wir im Moment zu dritt: meine Oma, mein Vater und ich. Meine Mutter, die ist verstorben. Aber schon vor zwanzig Jahren. 'n Autounfall.

Ich war ein Jahr alt. Ja, irgendwer hat nicht aufgepaßt und ist meiner Mutter ins Auto gefahren. Ich hab' es auch noch nicht ganz genau erzählt gekriegt, wie das jetzt war mit dem Unfall. Auf jeden Fall, ich saß auch mit im Auto, im Kindersitz, aber ich hab' nichts abgekriegt. Tja.

Ja, wie alt war sie da? Ja, so Rest dreißig. Ich rechne da auch nie mit; ich hab' sie ja nie gekannt, und darum weiß ich das auch alles nicht so, mit den Daten. Ich hab' sie ja nun wirklich nie gekannt, ich kenne das gar nicht, ein Leben mit Mutter. Und darum merke ich das eigentlich gar nicht.

Ich sehe das Leid nur an meinem Vater. Gut, jetzt nach zwanzig Jahren hat er nun endlich mal wieder 'ne andere Frau kennengelernt. Und sonst, daß er immer so 'n bißchen einsam war. Daran konnte man das merken. Er ist nie losgegangen, irgendwohin. Das will man alleine ja auch gar nicht. Ja, daran hab' ich's 'n bißchen gemerkt, die ganzen Jahre, aber für mich persönlich war das nicht so schmerzhaft. Für ihn war's ein riesiger Schock, auf jeden Fall.

Er hat da sehr dran gekämpft.

Ich glaube, mir haben sie das so mit sechs, sieben erklärt. In dem Alter kann man das ja so halbwegs verstehen. Aber, ganz ehrlich, so richtig kann ich mich da gar nicht mehr dran erinnern. Ist schon zu lange her. Ich meine, das liegt daran, daß ich meine Mutter nicht kenne. Hätte ich sie vorher zehn Jahre gekannt, dann wäre es wahrscheinlich ganz anders gewesen. Aber so ... Mit einem Jahr hat man da noch gar keine Ahnung von, und ich merke da gar nichts von. Meine Schwester schon eher, die ist drei Jahre älter als ich, die war damals schon vier, und die merkt das schon ein bißchen. Da sieht das schon anders aus: Die macht sich schon mehr Sorgen um meinen Vater, und die kann sich da noch dran erinnern, wie das früher war, und die kommt wohl auch ein bißchen nach meiner Mutter.

Gut, wenn ich andere Familien so sehe, die so glücklich miteinander leben und immer was machen, dann denkt man dann schon manchmal dran: Wäre schön gewesen. Für meinen Vater jetzt, vor allen Dingen. Aber es ist nicht zu ändern.

Ich hab' auch nie versucht, über meine Schwester etwas rauszukriegen. Darüber, wie das war mit meinen Eltern. Ich hab' noch nie darüber nachgedacht, ehrlich gesagt. Und da kommst jetzt du und fragst mich solche Sachen! Ich kann dir aber immer nur das eine antworten: Ich hab' sie nie gekannt, daran liegt das. Darum weiß ich gar nicht, wie das ist, und darum hab' ich nie daran gedacht, daß mich das interessieren könnte. Vielleicht kommt das irgendwann noch mal, aber bis jetzt ...

Klar, ich habe auf jeden Fall einen Schutzengel gehabt, das kann man wirklich so sagen. Ich war ja noch im Kindersitz, vielleicht hat der auch geholfen. Also, soweit ich weiß, war das 'n Frontalzusammenstoß. Meine Mutter hatte für meinen Vater zum Geburtstag einen Pullover gekauft, glaube ich, und der paßte nicht, und da wollte sie losfahren, den umtauschen. Tja. Also war es direkt nach meines Vaters Geburtstag, einen Tag danach oder so. Müßte ja wohl so gewesen sein.

Jetzt haben sie ja meinen Nachbarn ..., also, das war gestern. Der hatte einen schweren Unfall – zum Glück hat er nichts abgekriegt. Er stand an der Hauptstraße, wollte links abbiegen. Er stand da einfach! Und da kam 'n großer Kranwagen von hinten, hat den zu spät gesehen und 'ne Vollbremsung gemacht. Ist nach rechts ausgebro-

chen, und da hat der den ganzen Kofferraum bis zur Rückbank zu-
sammengeschoben, da sieht man nix mehr von, und, äh – gut, der
Kranwagen lag rechts im Graben, der Mercedes von meinem Nachbarn hat sich so rumgedreht. Dann kam aus der anderen Richtung
ein LKW, und der ist dem noch mal voll in die Seite reingeknallt.
Und er hat nichts abgekriegt, ist ausgestiegen, das war's.

Eine Stunde später saß er schon wieder im Auto von seiner Freundin. Also, das nenne ich wirklich: Glück gehabt. Wenn der Kranwagen den weggeschoben hätte, auf die andere Fahrbahn womöglich und frontal vor den anderen LKW, das darf man sich gar nicht
vorstellen. Der hat auf jeden Fall Riesenglück gehabt. So 'n großer
Kranwagen, der wiegt ja – was weiß ich – dreißig, vierzig Tonnen
bestimmt. Und ob da nun grade 'n Auto davor war, da merkt der
ja gar nichts von.

Ja klar, darum nehme ich das wahrscheinlich auch so ernst, daß
ich eben nicht mehr fahre, wenn ich was getrunken habe. Unfälle
sind mir ein Horror. Natürlich will ich auch nicht, daß mein Führerschein weg ist, aber hauptsächlich, daß mir nichts passiert. Weil,
dann kann man wirklich nichts mehr steuern. Mit dem Auto, das
geht sogar noch, aber beim Motorrad ist es echt gefährlich. Weil,
ich hab' das mal gemacht, eine Flasche Bier getrunken. Normal
trinkt man eine Flasche Bier, merkt man nichts von, als ich dann
aber aufs Motorrad gestiegen bin, das war gleich 'n ganz anderes
Fahrgefühl. Man fährt ganz anders durch die Kurven, geht nicht.
Ich war froh, als ich zu Hause war. Das meine ich. Sofort kannst
du nicht mehr das Gleichgewicht halten, so, wie du es sonst kannst.
Na ja.

So Cliquen, Motorradgangs oder so, falls du jetzt daran denkst,
so was gibt's hier nicht. An der Tankstelle, da treffen sich neuer-
dings immer die aus der Stadt. Die haben so aufgemotzte Autos und
so. Aber mit denen hab' ich nichts zu tun. Nö. Sonst eigentlich nicht.
Gut, auf Partys vielleicht, die meisten kenne ich auch, aber daß man
mal 'nen Streit miteinander hat – so Dorf gegen Stadt – nee, das
gibt's hier nicht. Wenn ich die mal treffe, redet man auch mal 'n
paar Takte miteinander, aber mehr auch nicht. Und sonst, da an die
Tankstelle mit hinstellen tue ich mich nicht.

Mit meinen Freunden treffe ich mich zu Hause. Früher sind wir öfter in die Kneipe gegangen, aber seit dem Euro nun auch nicht mehr; ist zu teuer geworden. Oder im Sommer sind ja viele Scheunenpartys, da fahren wir immer hin. Scheunenpartys, Deelenparties, so was. 'ne Scheune, das ist jetzt so 'n großer Raum, wo Maschinen drinstehen. Und 'ne Deele, da stehen links und rechts die Tiere. In der Mitte hat man Futter liegen. 'ne Scheune ist 'n Extra-Gebäude, und die Deele gehört mit zum Haus. Da hat man dann hinten noch die Zimmer dran verteilt. Das ist der Unterschied. Bei den Partys gibt es keine Unterschiede. Was, ob die Tiere mitfeiern? Nee, nee, das passiert natürlich nur in leerstehenden Gebäuden. Da ist nix mehr. Oder Zeltpartys, so was.

Das Tollste an diesen Partys ist: Da trifft man alle aus der Umgebung, da kennt man echt fünfzig Prozent meistens davon. Da kann man gut quatschen und tanzen, da ist immer gute Musik. Meistens, nicht auf jeder, aber meistens. Ja, was ist gute Musik? So im Auto höre ich ganz gerne Techno-Musik; ich hab' auch einen Subwoofer hintendrin im Kofferraum. Da hör' ich ganz gerne Techno, und in der Disco auch, wenn da 'ne gute Anlage ist, wenn sich das gut anhört. Und so auf Scheunenpartys, da werden meist Schlager gespielt, und da macht das auch richtig Spaß. Auf solchen Partys, da hat man meist auch einen getrunken, und da wirkt das ja auch noch mal anders. Ja, ansonsten Techno, und ab und zu Schlager. So die neuesten Hits natürlich, die im Radio gespielt werden, da ist meistens die beste Stimmung so dazu.

Also, ich fahre jetzt nicht »Scheiben runter und Bässe hochgeschraubt« durch die Stadt, so nicht. Da bräuchte man dann schon 'n getuntes Auto und 'ne stärkere Anlage als meine dazu. Nee, muß ja nicht sein. Und daß ich Techno mag, heißt ja auch nicht, daß ich mich so anziehe wie die Leute aus der Szene. So ein Fan bin ich da wohl auch wieder nicht.

Ich hatte da auch keine Phase, etwa eine Rapper-Phase mit den breiten Hosen, die bis in die Kniekehlen hängen. Bei mir war bis jetzt eigentlich immer alles ganz normal. Ich liebe halt vor allen Dingen die schöne Natur, die wir hier bei uns haben. Der Wald, die Wiesen, frische Luft, das gehört einfach dazu. Im Sommer abends

343

auf der Terrasse sitzen, die Vögel zwitschern, auch ganz schön. Wobei, da komme ich ja selten zu, mal einfach nur sitzen und entspannen.

Ein Lebensstil, der mir guttut. Allerdings, manchmal, wenn wir auf der Arbeit einen Neubau haben und das ist mit richtig Dreck verbunden, dann frage ich mich schon, ob ich das bis zur Rente machen möchte, das weiß ich nicht. Da überlege ich manchmal schon. Ich bin ja noch jung genug, ich kann ja noch alles machen. Und da überlege ich schon, ob das das Wahre ist. Ich meine, jetzt, so die nächsten zehn oder auch zwanzig Jahre, da ist das kein Problem, so lange man noch körperlich fit ist und alles. Da kann man das ja alles machen. Aber wenn man irgendwann älter wird, Stemmen zum Beispiel, da glaube ich nicht, daß das dann noch das Beste ist.

Nur 'n Bürojob, das liegt mir natürlich auch nicht.

Höchstens in der Industrie, daß man da was findet. Hab' ich mir auch schon mal so überlegt. Nächstes Jahr mache ich erst mal Zivildienst, und dann will ich mir das alles noch mal genau überlegen, dann hat man ja 'n bißchen mehr Freizeit. Als Zivi werde ich in die Stadt Borgholzhausen gehen, die haben da 'n Umweltamt und 'n Sozialamt. Und auf 'm Sozialamt betreuen die die Aussiedler, wir haben dort 'n Aussiedlerheim und Sozialwohnungen, und die müssen immer in Ordnung gehalten werden. Wenn jetzt irgendwo was kaputt ist, da muß ich hinfahren und das reparieren. Da ist es natürlich ganz gut, daß ich 'ne Elektroausbildung hab', da nehmen die mich ganz gerne. Und da kann man halt sämtliche Sachen renovieren und instandsetzen, mal Möbel hin- und herschleppen und so was. Das hab' ich mir selber ausgesucht. Ich kenne den einen auch, der bei uns die Zivildienstleistenden verwaltet, der denen sagt, was sie machen müssen, und dann hab' ich den mal gefragt, ob die nicht einen Platz freihaben. Und der meinte: Ja, gib mal 'ne Bewerbung rein, dann regeln wir das schon. Und dann bin ich mit der Bewerbung zu seinem Vorsitzenden hingefahren, hab' mich da persönlich vorgestellt. Aber der kannte mich auch schon von der Arbeit, da sind wir auch schon oft gewesen. Ich hab' ihm meinen Namen gesagt, und da wußte er das auch sofort wieder, wer ich bin und wo ich arbeite, und da hat er gleich gesagt: Ja, ist kein Problem.

Das ist auch 'n Unterschied zur Stadt. Hier kennt jeder jeden, und da läuft das schon. Ist 'n ganz praktischer Job, ist nicht weit zu fahren, ich mußte nicht groß Bewerbungen schreiben und durch die Gegend schicken dafür. Daß ich nicht zur Bundeswehr wollte, das wußte ich. Warum, ich weiß nicht. Das ist – Verarsche will ich nicht sagen – ja, was isses eigentlich? Der Hauptgrund war: Wenn man da hingeht und 'ne Ausbildung macht, und dann bricht irgendwo Krieg aus, dann ist man der erste, der da mit hingezogen wird. Dann muß man, befehlsmäßig. Ja, und in den Krieg wollte ich eigentlich nicht unbedingt, wenn's nicht sein muß. Und, das Schießen reizt mich auch nicht, daß ich jetzt nun so unbedingt schießen lernen muß.

Was mich daran wohl gereizt hätte, das wäre: Man kommt mal weiter weg von hier. Man lernt mal andere Leute kennen, von den Kameraden her. Das wäre so das einzige, was mich daran vielleicht doch gereizt hätte, aber sonst nichts. Alle Sachen, die man da so machen muß, die Grundausbildung ist einmal ziemlich hart, durch den Schlamm kriechen und Wanderungen machen. Gut, das hätte ich auch überlebt, denke ich mal, genau wie andere auch. Aber danach dann die acht Monate, was macht man dann? Wenn man Pech hat, kommt man auf 'ne Schreibstube, und da sitzt man dann nur rum, braucht nicht viel machen. Was ich darüber so gehört habe von Bekannten. Also, da würde ich verrückt werden. Da wollte ich schon was Nützlicheres machen. Der einzige Reiz daran wäre gewesen, weiter weg zu sein. Ist ja nur für zehn Monate, das ist ja zu verkraften.

Dann weiß man auch nicht, was man für Kollegen hat auf dem Zimmer, nachher hat man vielleicht nur Ärger mit denen. Und dann sitzt du da zehn Monate rum ... Ein Freund von mir macht das jetzt, der war erst so begeistert, weil, der ist sogar bei der Marine. Der hat von vornherein gesagt: Ja, ich mache zwei Monate länger. Und nun gefällt ihm das gar nicht. Und jetzt, nach der Grundausbildung, hat er überhaupt keine Lust mehr. Und nun kommt er da nicht mehr raus! Die langweilen sich den ganzen Tag, können nichts machen außer Schießübungen. Und jetzt werden sie nach Rügen versetzt, müssen den ganzen Tag nur Wache schieben. Und dann kommt er jetzt gar nicht mehr nach Hause; ich weiß nicht, bis Rügen fährt man, glaube ich, von hier aus auch zehn, zwölf Stunden. Erst war er total begeistert davon, hat gesagt: »Scheiß-Zivis, Scheiß-Drücke-berger«, sagt man ja immer so, und jetzt wäre er froh, wenn er's ge-macht hätte.

Doch, da ist auf jeden Fall auch so 'n kleiner Wunsch in mir, mal hier rauszukommen. Das muß ich ehrlich zugeben. Mal was ande-res sehen. Ich wäre jetzt auch gerne mit den dreien nach Brasilien geflogen, mit meinen Freunden. Das wär' ja auch mal ganz schön gewesen. Aber das ist mitten im Sommer, in der Hochsaison, und da haben wir auch Ernte und so, da will ich meinen Vater auch nicht alleine lassen. Das war der Hauptgrund, warum ich da nicht mit-gefahren bin. Aber sonst, vier Wochen Brasilien, was die anderen jetzt so erzählt haben, das wäre wirklich nicht schlecht. Hätte ich gerne mal gemacht.

Nur so, mal woanders hingehen und was anderes erleben. Aber nicht ernsthaft wegziehen; also immer wieder hierhin zurück. Es ist auch nicht mal eine Frage des Geldes. Geld steht bei mir nicht an erster Stelle im Leben. Ja, soviel wie man braucht, muß man schon haben, aber jetzt nicht Überschuß. Klar, 'n schöneres Auto, ein grö-ßeres, würde ich schon auch fahren, muß aber nicht sein. Wenn's nicht ist, dann ist es nicht. So viel, daß man vernünftig leben kann, das reicht mir.

Freundeskreis steht an erster Stelle und Liebe. Auf jeden Fall Freundschaft ist wichtig. Gut, ich würde die Freunde nicht verlas-sen, wenn ich jetzt – zum Beispiel in Thüringen – 'ne Liebe gefun-den hätte. Ich glaube nicht, daß ich dann hier alles liegenlassen wür-de. Das glaube ich nicht. Freunde sind wirklich das Allerwichtigs-te.

Auch zum Reden, na klar. Wir reden über alles, bloß nicht über Sex. Zumindest nicht so offen in der Gruppe, nee. Wenn da mal je-mand Bedarf hat, dann setzt man sich zu zweit hin, bespricht das unter vier Augen. Alle zusammen, ja, höchstens Witze, daß man so Späße macht da drüber, das ja. Gut, die meisten haben ja noch gar keine Freundin. Klar, das meiste spielt sich in Form von Scherzen da drüber ab. Ist einfach so.

Sonst ist Sex wirklich eine Geschichte, die geht nur zwei an. Die macht man, die übt man, aber man quatscht nicht darüber. Ich erzähle da nichts drüber. Mit meiner Freundin rede ich da schon offen drüber, über alles. Aber sonst geht das von außen eigentlich keinen was an, oder?! Es war jetzt auch nicht die Hürde, erst mit zwanzig meine Jungfräulichkeit zu verlieren oder so, falls man das jetzt denken könnte.

Das erste Mal, das beschreiben die meisten ja eher als Katastrophe, als daß es ein erhebendes Erlebnis gewesen wäre. Also doch, das stimmt schon, auch wenn ich jetzt von mir rede. Man stellt es sich erst anders vor, aber, na ja.

Nein, mehr möchte ich dazu nicht sagen. Muß nicht unbedingt sein. Ich bin da wirklich nicht der Typ, der das so ausbreitet. Ich bespreche das direkt mit meiner Freundin, und das muß reichen. So bin ich nun mal.

Der kluge Mann genießt und schweigt.

Laß uns lieber noch ein bißchen übers Motorradfahren reden. Oder Fitneßstudio. Wofür einer wie ich, der eh soviel ackert, das braucht? Na, weiß ich nicht: Alleine hätte ich's vielleicht auch nicht gemacht. Aber da hat ein neues Studio aufgemacht in Borgholzhausen, und mit einem Kumpel habe ich beschlossen: Da gehen wir mal hin. Und da war das so, wenn man sich an dem Tag der Eröffnung anmeldet, da konnte man die Grundgebühr sparen. Ja, und das haben wir dann gemacht, und das ist jetzt zwei Jahre her. Und da hat man dann so viele neue Leute kennengelernt, da kann man eigentlich gar nicht mehr weg. Jetzt über den Sommer bin ich nicht dazugekommen, aber im Herbst und im Winter geht's wieder los. Dann versuche ich schon, so dreimal die Woche da hinzugehen. Einmal, um die Leute zu treffen, und zum anderen, um den Körper so 'n bißchen zu trainieren. Ich meine, ich arbeite zwar, aber sonst mache ich ja kaum Sport. Außer Volleyball, aber sonst ...

Man fühlt sich wohler. Man hat viel mehr Kondition. Wenn ich abends so richtig tot ins Bett falle, bin ich am anderen Tag viel fitter. Also, wenn ich mich abends im Fitneßstudio so richtig verausgabt habe, da bin ich viel fitter, als wenn ich nur halb-»fertig« ins Bett gehe. Da kann ich am anderen Morgen besser aufstehen. Vielleicht, weil ich tiefer schlafe oder so. Ich meine, so Muskelaufbau, daß ich jetzt so 'n Schrank werde, das muß gar nicht sein. Einfach in Form bleiben und die ganzen Leute treffen, das ist einfach interessant. Erst aufs Laufband und so zwanzig Minuten aufwärmen und Fahrradfahren, und dann so alle Muskelgruppen einmal durchtrainieren. Ein Tag Beine, ein Tag Bauch und Arme und den dritten Tag Rücken und Brust. Und das Ergebnis gefällt natürlich auch meiner Freundin. So 'n paar Muskeln, also das mag sie schon.

Ohne das bin ich halt einfach noch nicht ausgepowert. Reicht nicht.

Meine Freundin hat auch von Anfang an gesagt, sie will nicht, daß ich meine Hobbys für sie aufgebe. Daß wir uns sehen, schon, aber ich soll trotzdem alles so weitermachen wie bisher. Und – ja, mach' ich eigentlich auch. Wie gesagt, jeden Tag muß man doch nicht was zusammen machen. Dazu gezwungen werden will ich eigentlich nicht.

Meine Leidenschaft ist das Motorradfahren, das würde ich mir auch von niemandem verbieten lassen. Jetzt im Frühjahr waren wir auf 'ner richtigen Rennstrecke, in Most in der Tschechei. Vorher bin ich auf der Straße auch immer ganz gut in die Kurven gefahren, schön schnell und so. Und jetzt war ich auf der Rennstrecke, und da konnte man sich so richtig in die Kurve legen. Und man wußte auch, daß nichts passiert. Gut, wenn man mal wegrutscht, dann rutscht man eben weg, ins Kiesbett. Aber auf der Straße, da kannste überall gegenknallen, gegen einen Baum, eine Leitplanke, gegen ein anderes Auto, sonst was. Ja, und da wußtest du: Du rutschst halt weg, aber das war's. Okay, wenn der Arm jetzt ungünstig aufkommt, kannste auch Pech mit haben, aber im Normalfall ja nicht. Auf jeden Fall stirbst du da ja nicht sofort. Ja, und nach der Rennstrecke, wie ich da jetzt wieder auf der Straße gefahren bin, da war das gleich ein ganz anderes Gefühl. Man traut sich auf einmal nicht mehr soviel. Kann man wohl mit dem Gewissen nicht mehr vereinbaren.

Auf der Rennstrecke, das hat Riesenspaß gemacht, das würde ich jederzeit wieder machen. Ist nur 'n teures Hobby. Ich wohne ja zu Hause, krieg Gesellenlohn, von daher ist das eigentlich überhaupt kein Problem. Das Motorrad habe ich mir auch selber gekauft. Wie gesagt, nein sagen kann ich ja auch nicht, wenn's um Feierabendarbeit geht. Da geht das schon irgendwie. Zum Fahren reicht's. Die Karre ist auch 'n älteres Ding, da pfriemel ich viel selber dran rum. In die Werkstatt lohnt nicht für so 'n altes Motorrad.

Da waren wir zu dritt, in Tschechien. Motorräder auf 'm Anhänger, sonst wäre das zu weit gewesen. Ja, dort angekommen, erst mal in die Disco, sehen, wie das dort so abgeht. Sonntag brauchten wir dann zum Ausruhen, und ab Montag ging es richtig los auf dieser Rennstrecke. Drei volle Tage lang. Das war echt richtig klasse.

Mein Vater hat schon 'n bißchen Angst gehabt um mich. Ist ja sicher ganz logisch, bei unserer Familiengeschichte. Aber er konnte mich auch nicht dran hindern. Nee. Aber das fand er wirklich nicht so gut. Ich wollte das aber unbedingt mal ausprobieren, und dann habe ich das auch gemacht.

»Alles kommt, wenn's dran ist«

Julia, 18, Bielefeld

Mein Leben gehört der Musik. Ja, kann man schon so sagen. Und halt – die Bühne. Ich will unbedingt auf die Bretter, die die Welt bedeuten. Hab' ich schon als ganz kleines Mädchen gesagt: »Ich will Schauspielerin werden.« Warum das so ist, tja, das ist 'ne gute Frage. Warum will man auf der Bühne stehen?

Zum einen, weil ich das gerne tue, was man auf der Bühne tut, so singen, tanzen, spielen. Und zum anderen, weil man da die Möglichkeit hat, eine große Masse Menschen einfach glücklich zu machen. Und grade wenn ich durch Bielefeld laufe, da krieg' ich Depressionen, weil die Leute hier sehr miesepetrig sind, viel. Auch wenn das jetzt dazu beiträgt, daß sie das sind, wenn man das so sagt, so öffentlich. Aber viele laufen halt nun mal mit so langen Gesichtern rum, oder man sieht sie Trübsal blasen, wenn man in der Bahn sitzt. Und wenn man auf der Bühne steht und singt, dann freuen sich die Leute, dann lachen sie und sind dann mal für 'ne Stunde oder so in 'ner ganz anderen Welt, und das tut einfach vielen – allen! – gut.

Ich bin jetzt im fünften Semester an diesem Oberstufenkolleg, muß insgesamt acht machen, hab' also die Hälfte rum. Mein Weg hierher, also bis ich diese tolle Schule gefunden hatte, der war lang und verschlungen. Ja. In der Grundschule war ich noch eine sehr gute Schülerin, mit einem ganz feinen Zeugnis. Nur eine Drei in Schrift, die mir mein Zeugnis ein bißchen runtergezogen hat, ansonsten alles prima. Und dann bin ich aufs Gymnasium gekommen, und ich bin ein kleines faules Stück, ich bin nicht so der Schulmensch, hab' halt vier Jahre durchgehalten auf'm Gymnasium, hab' dann gewechselt auf die Realschule, durfte dann aber direkt in die nächste Klasse. Weil ich die Schule verlassen hatte, haben sie mir nur eine Fünf statt dreien gegeben. Ja, und dann hat mir meine Realschullehrerin von diesem Oberstufenkolleg erzählt. Also bin ich hierhergefahren, mit meiner Freundin, die jetzt auch hier ist, ja, und so bin ich hier gelandet. Und auch nur, weil man hier Instrumental- und Gesangsunterricht kriegt. Gesangsunterricht hab' ich schon immer gehabt, auch schon damals, als ich noch bei meiner Mutter wohnte. Aber es ist halt 'n finanzielles Problem. Und hier wird der ganze Unterricht eben bezahlt. Musik und Sport hab' ich hier, das sind eigentlich die idealen Voraussetzungen, um auf die Bühne zu gehen.

Ging das jetzt alles zu schnell? Okay, eins nach dem anderen, schön langsam. Dieser erste Bruch, erst Super-Schülerin und dann faules Stück, das scheint nicht zusammenzupassen, aber – doch, das paßt. Ich hab' noch nie was für die Schule getan, bis ich hierher gekommen bin. Ich meine, jetzt mache ich ja auch mein Abitur, ich hätte halt bloß was tun müssen. Aber damals war das nicht so. Wenn man aus der vierten Klasse der Grundschule kommt und gewöhnt ist, daß das schon alles läuft, dann muß man sich am Gymnasium dazu bewegen zu lernen, und das habe ich halt nicht getan. Und das ist schiefgegangen.

Ich bin auch so 'n Mensch – »lalala« –, und mich mögen halt viele Leute, aber mich mögen halt auch viele Leute nicht, grade so Leute meines Alters. Ich hatte immer Probleme auf 'm Gymnasium dann. Die ersten zwei Jahre fanden die mich ganz toll, die Mädels, und haben mich zu so 'ner Art Anführerin gemacht, und nach zwei Jahren ist das dann umgekippt, und die hatten gar keinen Bock drauf. Und haben mir vorgeworfen, ich würde mich so in den Vordergrund drängen. Das wurde eigentlich immer schlimmer mit der Zeit, und deshalb war ich auch froh, daß ich nach vier Jahren die Schule wechseln konnte. Und dann waren wir auf der Realschule die Neuen. Das erste Jahr war furchtbar; also wir waren zu dritt, die gegangen sind.

Auf 'm Gymnasium lernt man eben selbständig, und auf der Realschule wurde uns alles vorgekaut. Und die hatten halt Physik, Chemie und Geschichte voll viel, die hatten viel mehr Wissen als wir, weil die eben einfach pauken mußten. Und bei uns war das so gewesen: »Ja, mach mal«, und wenn du 'nen Lehrer hast, dem das egal ist, dann lernst du eben nichts. Nee, 'ne Anführerin war ich da nicht mehr. Da war das Alter auch vorbei, glaube ich.

Das war so fünfte, sechste Klasse, da ist man mit allen Mädels zusammen über den Schulhof gelaufen und so, und dann wurde ich immer – dann wurde Julia immer gefragt: »Was machen wir denn jetzt?« und trallallallala ... Also, ich bin mir sehr sicher: Ich kann da nichts für, wie das alles so gekommen ist. Was heißt »nichts« – das kann man ja auch immer nicht so sagen, aber trotzdem: Ich trage da nicht so sehr viel Schuld dran. Es wird oft etwas in mich hineininterpretiert, was gar nicht so ist. Dadurch, daß ich halt so selbstsicher wirke und so.

Daß ich nun ganz genau das Gegenteil davon wäre, nö, das stimmt auch wieder nicht. Aber auf jeden Fall ist es nicht richtig zu denken, daß ich immer alles in der Hand haben will und so. Ich will auch gefragt werden: »Hej, wir machen jetzt das und das, machst du mit?« und nicht: »Hej, was machen wir? Wir machen mit.«

Das ist das Schrecklichste, wenn man auf so 'n Treppchen gestellt wird. Also, es gibt nichts Schlimmeres, glaube ich. Das ist schon – nee, da schüttelt's mich echt!

Ich hab' ja auch früher schon im Chor gesungen, und da gab's immer Aufführungen, und da waren immer Jungs, die mich ganz toll fanden und die dann in die Klasse gestürmt sind, um mich mal zu sehen. Und das ist natürlich auch so was: Da entsteht Neid, alles wird schwierig.

Und was die Jungs selber betrifft, die fanden; die finden mich entweder ganz toll, oder sie haben Angst vor mir. Also, ich glaube, ich bin ein einziges Mal in der Disco angequatscht worden und auf 'nen Drink eingeladen. Den anderen Mädchen passiert das ständig, die höre ich dauernd jammern: »Ach, ich bin wieder gar nicht zur Ruhe gekommen vor Angeboten.«

Bei mir läuft das so nicht. Ich kenne das überhaupt nicht. Die Jungs stehen da und gucken, vielleicht, mal, schüchtern, und das war's dann auch schon. Wenn sich dann mal einer in mich verliebt hat, dann war das immer sehr kraß. So auweia, auweia; viel geweint, wenn das nichts geworden ist. Nee, nicht ich, die Jungs!

Mit 13, da bin ich mal auf eine Jugendfreizeit nach Schweden mitgefahren, und dort hab' ich dann meinen ersten Freund kennengelernt. Das war ganz aufregend. Wir haben immer so Lagerfeuer gemacht, an so 'nem See, am Wald, ganz oben in Schweden. Aber mit 13 versteht man noch nicht viel von Romantik, da war's halt nur irgendwie schön. Und wie hat sich das dann ergeben, ist 'ne gute Frage, warte mal ... Nach dem einen Lagerfeuer sind wir dann zurückgegangen durch den Wald, und dann hat der meine Hand genommen. Und ich fand den ja schon so lange ganz toll, den Oliver, der war ja so niedlich. Ja, und dann sind wir zurück zu unserem Haus, und irgendwie durften wir dann noch 'n bißchen rumlaufen, und dann haben wir die Sonne untergehen sehen überm See, und dann hat der mich geküßt – ja, seufz! – mein erster Kuß. Hach! Und kaum kamen wir zurück zu unserem Haus, wußten schon alle Bescheid. Also, 's war schon 'n bißchen komisch.

Das war zuerst ein ganz unschuldiger Kinderkuß. Aber später, als wir wieder zu Hause waren, da haben wir uns auf einer Party mal richtig geküßt, mit Zunge und allem. Aber ich glaube, das war dann so ziemlich das einzige, was wir nach diesem Urlaub noch gemeinsam gemacht haben, Oliver und ich. Aber ich hab' noch so 'ne Kette von ihm, mit einem Reiskorn drin, und da steht sein Name drauf. Hat er mir aus einem Urlaub auf Sylt mitgebracht. Na klar, die hab' ich heute noch. So was kann man doch nicht wegwerfen.

Er wohnte leider auch woanders, und mehr hat sich einfach nicht ergeben. Wie das alles so geht, mit dem Knutschen zum Beispiel, ja woher weiß man das? Ich wußte das aus der BRAVO, denke ich. Mit anderen Mädchen habe ich nicht getestet, nee, dafür war ich wohl nicht so der Typ. Oder? ... Doch! Mit Bärbel hab' ich mich einmal geküßt! Aber das war erst danach, wenn ich mich recht erinnere. Zu Übungs- und Vertiefungszwecken. Ich bin schon auch manchmal kuschelig, doch.

Meine Konfirmationsfotos müßtest du mal sehen! Kurze Haare und Brille. Oh, würg!

Das nur so nebenbei.

Mit meinem Liebesleben ging es im Chor weiter. Christian. Der konnte ganz toll Klavier spielen. Und mit dem hab' ich Musik gemacht, er hat Klavier gespielt und ich hab' gesungen. Der ist mir so peinlich, der Mann, daß ich den schon ganz verdrängt habe. Unser Highlight war wohl: Er war bei mir, wir haben auf dem Bett gesessen und haben dieses Spiel gespielt: Wer lacht als erster? Und sind uns dabei immer nähergekommen, und als wir uns fast geküßt haben, hat seine Schwester angerufen.

Ja, und dann haben wir uns doch noch geküßt, und dann waren wir zusammen. Ein Paar. Und das war auch richtig lange, acht Monate. Aber es ist alles ganz vorsichtig geblieben, beim Küssen und Streicheln. Er hat manchmal so ganz sachte meine Brust angefaßt, aber das war's auch schon. Ich hab' dann schließlich Schluß gemacht, weil – wir waren auf Konzertreise in Bayern, und da war noch so 'n anderer Junge, gar nicht aus unserem Chor. Uwe-Albert, und der war ja so süß! Und in den hab' ich mich verliebt; hab' also von einem zum anderen gewechselt. Und im Bus saß ich dann immer mit meinem aktuellen und mit meinem Ex-Freund.

Die beiden haben das eigentlich ganz gut verkraftet; der Chor war eher gemein. In München hat sich Christian eine Mundharmonika gekauft, und da haben die Leute immer gesungen: »Der Junge mit der Mundharmonika singt von dem, was einmal war ...« – Die haben ihn sehr geärgert dadurch. Aber ich konnte nichts machen. Die haben nicht auf ein kleines 13jähriges Mädchen gehört, die großen Jungs. Die fanden das einfach nur amüsant, daß ich quasi mit den Jungs rumspringe, wie ich will.

Christian wollte mich auch eigentlich heiraten, glaube ich. Und ich aber nicht, tja ...

Und mit Uwe-Albert, ja, das hat auch gut funktioniert, so ein halbes Jahr etwa. Seine Eltern, beide Zahnärzte. Beide richtig dicke Autos, dickes Haus, mit Marmortreppe und solchen Dingen. Und einmal hat er dann bei uns zu Hause gesessen. Ich hab' mit meiner Mutter auch viel Streit gehabt, so über Banalitäten. Ich bin halt sehr impulsiv und schreie viel rum. Also, was heißt viel; früher habe ich viel rumgeschrien. Und das hat der dann mal mitgekriegt und hat gesagt: »Aha, so ist das also in normalen Familien!« Und ich habe dann immer mehr festgestellt, daß dieser Junge nicht wirklich so der Richtige für mich ist. Und dann hab' ich Schluß gemacht.

Eigentlich wollte ich feige am Telefon Schluß machen, aber dann sagte er, so was bespricht man nicht am Telefon, und dann saß er bei mir in der Küche. Ist er angefahren gekommen. Na ja, viel tröstlicher war das aber auch nicht.

Meine Mutter ist die einzige, von der ich mich nicht kritisieren lassen kann. Hab' ich voll das Problem mit. Aber ich bin halt bei ihr alleine großgeworden, seit ich zwei bin, wohnen wir zusammen, und meine Vermutung ist: Ich nehme einfach sehr viel Rücksicht auf meine Mutter. Ich will nicht, daß sie auch noch von mir enttäuscht ist. Und das hat mächtig Zunder gegeben, gibt es immer noch. Das beste Beispiel ist, jetzt vor drei Wochen oder so hat sie 'ne Grillparty gemacht, mußte aber arbeiten bis acht. Und da hab' ich das alles vorbereitet, hab' den Tisch gedeckt, und dann kommt sie rein und schimpft gleich los: »Warum hast du denn drinnen den Tisch gedeckt, ich hab' doch gesagt, wir grillen draußen!« Aber mein Gefühl war, es regnet. Jedenfalls, ich bin voll durchgedreht und hab' losgeschrien: »Du machst 'ne Grillparty mit deiner Freundin Charlotte, ich bereite alles vor, und dann kommst du nach Hause, und das erste, was du machst, ist meckern, anstatt dich mal zu bedanken.« Jetzt geht das halt schnell vorbei, aber früher hat uns das schon mal zwei, drei Tage verdorben. Das war richtig hart. Ich hab' dann nicht mit ihr gesprochen. Sobald ich sie gesehen habe, bin ich hochgegangen in mein Zimmer, hab' die Türe zugeknallt. Und so. Also, wir hatten wirklich unsere Kämpfe.

Vor knapp zwei Jahren bin ich ausgezogen, ja, mit 16. Aber schulbedingt. Weil ich dann eben nach Bielefeld auf die Schule gegangen bin, und ich hatte keine Lust, jeden Tag zu fahren. Ich stamme aus Minden. Das sind so 35 Kilometer, und da fährt auch alle Stunde ein Bus. Aber mit dem einen schaffe ich's nicht mehr pünktlich, und bei dem anderen sitze ich hier 'ne Stunde rum, das war mir zu umständlich. Ich habe dann zuerst in Bethel gewohnt, in einem Diakonen-Wohnheim, und jetzt wohne ich in 'ner Zweier-WG, mit 'ner Fotografin. Das ist sehr gut, weil, das ist eine sehr, sehr straighte Frau, 27, und die wird mich jetzt auch treten, daß ich meine Schule zu Ende mache. Das war – wie gesagt – wirklich ein Glücksfall, daß ich am Oberstufenkolleg gelandet bin. In der zehnten Klasse

Realschule, da kümmern sich die Lehrer ja doch ein bißchen drum, wie das weitergehen könnte. Und ich hatte keine Ahnung. Was heißt, keine Ahnung! Ich hatte eine Aufnahmeprüfung gemacht, in Hamburg an der Stage School, die haben mich auch angenommen, aber meine Mutter wollte mich nicht mit 16 alleine nach Hamburg lassen. Und vor allem: 'ne Privatschule und 850 Mark Schulgeld im Monat plus Wohnen in Hamburg ist halt sehr viel Geld. Und dann kam meine Lehrerin irgendwann mit einem Prospekt vom Oberstufenkolleg. Das ist ein Unikat in der deutschen Bildungslandschaft, so was gibt's sonst nirgendwo. Da steckt noch echtes achtundsechziger Gedankengut drin! Seit Anfang der Siebziger gibt es diese besondere Schule, speziell für unangepaßte Jugendliche, auch ausländische Schüler, die sonst nirgendwo zur Hochschulreife kommen können. Egal was du mitbringst, du hast hier die Chance, nach vier Jahren einer Ausbildung, die du dir selbst zusammenstellen kannst, dein Abi zu machen und reif für eine Uni zu werden. Du kannst hier alles machen, Jura, Philosophie, Pädagogik, Gesundheitswissenschaften, Germanistik, Psychologie; also, du kannst aus über dreißig Fächern frei wählen. Und das ist alles so locker hier, zum Beispiel gibt es erst im Abschlußzeugnis überhaupt Zensuren. Die Lehrer sitzen nicht hinter verschlossenen Türen, sondern auf so 'ner Art offenen Empore. Die sind die ganze Zeit ansprechbar; du mußt nicht wie ein Bittsteller erst anklopfen. Und dann gibt es statt Klassenzimmern ja nur diese offenen Felder in einer großen Halle, unter solchen Glaskästen. Das heißt, jeder kann jeden sehen. Und kein Lehrer kann sich erlauben auszurasten, weil er halt auch ständig unter Beobachtung steht. Das führt zu einem total anderen Verhältnis zwischen Lehrern und Schülern; wir sagen hier auch alle »du« zueinander.

Und ich kriegte also diesen Prospekt in die Finger, dachte: So, Musik und Sport, aha. Bin hierhergefahren, hab' mir das angeguckt und gleich gemerkt: Das ist hier der Hit, wenn man von 'ner Regelschule kommt! Man geht aus den Kursen einfach raus, wenn man 'nen Tee trinken will, man holt sich den. Wie gesagt, es ist alles auf 'ner ganz anderen Ebene: Nicht der Schüler ganz unten und der Lehrer ganz oben, sondern man kommuniziert miteinander, man erarbeitet sich den Unterrichtsstoff gemeinsam, man überlegt sich: Was wollt ihr lernen? Und nicht dieses Dogmatische, was ich bis dahin kannte. Und was ich auch toll fand: Man muß keine Mathekurse machen, keine Physikkurse, keine Chemiekurse, es muß halt nur aus den Fachbereichen sein. Wie erkläre ich das jetzt am besten?

Also, ich habe zum Beispiel jetzt als Hauptfächer Musik und Theologie, weil ich einen Unfall hatte im Herbst mit meinem Fuß, und damit fiel Sport erst mal flach für mich. Man hat dann auch sogenannten Ergänzungsunterricht. Ja, kann man schlecht sagen, was das für 'n Unterricht ist; da gibt's Kurse über Systemtheorie, über irgendwelche Umweltphänomene. Ich mach' jetzt gerade 'n Musical-Kurs; wir wollen ein neues Musical erarbeiten. Wir hatten jetzt 'ne Aufführung im Januar, haben den »Kleinen Horrorladen« gemacht. »Little Shop of Horrors«. Ja! Mit der großen fleischfressenden Pflanze. Die war ich! Ich war böse. Ich hab' immer gesagt: »Gib's mir!« Ja, klar hat mir das gefallen. Warum?

Also, es gibt nur zwei weibliche Rollen in dem Stück, die Sachen alleine singen. Und ich singe ja nun mal gerne. Und das andere war so 'n blondes süßes Mädchen, und ich bin nun mal nicht so 'n blondes Mädchen, nicht wirklich. Und außerdem hat das meine Freundin gespielt. Wir sollten das zuerst beide spielen, also Zweifachbesetzung, aber sie ist halt nun mal ein ganz dünnes, zierliches blondes Mädchen, das ging nicht. Ich – eher groß, kraftvoll und dunkel. Ja, und dann gab's 'ne Umbesetzung, und ich bin halt die Pflanze geworden. Die singt Rock-Stücke, also, das paßt schon.

Ja, klar, Hamburg wäre schon schön gewesen. Ich bin meiner Mutter nicht böse dafür, daß daraus nichts geworden ist. Aber natürlich, du gehst da hin, machst so 'ne Woche so 'nen Workshop. Da steht zwar in irgendeinem Faltblatt, daß dieser Workshop auch als Aufnahmeprüfung gezählt werden kann, aber damit gerechnet, daß die mich nehmen, hab' ich überhaupt nicht. Ich wollte nur mal gucken, wie das an so 'ner Schule läuft, mit so 'ner Endaufführung. Und nach drei, vier Wochen liegt auf einmal so 'n fetter Umschlag im Briefkasten. Dann haben sie mir 'nen Ausbildungsvertrag geschickt. Und das war schon so: »Wow! In Hamburg! Und die Stage!!!« Aber ich bin nicht böse, im nachhinein bin ich sogar sehr froh. Weil – Privatschulen, die nehmen eben einfach die Leute, weil sie das Geld brauchen. Und ich würde gern nach Berlin. Hochschule der Künste, sehr guter Ausbildungsgang. Da kann ich mich jetzt schon bewerben. Aber zuerst muß ich das hier mal glamourös zu Ende bringen. Sagt meine Musiklehrerin auch immer zu mir. Will ich ja auch.

Daß ich auf Frauen, auf erwachsene Leute hören kann, das liegt daran: Ich muß die einfach ernst nehmen können. Und ob ich jemanden ernst nehmen kann, das sagt mir mein Gefühl, einfach. Ich mache ganz viel nach Gefühl. Ich hab' überhaupt keine Maßstäbe, glaube ich. Ich komme halt auch mit sehr vielen Leuten klar, und ich verstehe das alles oft nicht. Ich stehe hier in dieser Welt und denke: Wieso läuft das alles so schrecklich! Das ist doch alles ganz einfach.

Das Pessimistische und dieses: »Ich mag den nicht, der macht das und das«, das ist alles so banal, das ist alles so unwichtig. Unsere Welt geht kaputt, nur weil alle Leute so kleinlich sind und irgendwelche Dinge nicht wollen. Also, ich laß mir schon von vielen Leuten was sagen, so. Wenn die für mich ernstzunehmende Kritik haben, wo ich denke: Ja, das hat Hand und Fuß, dann nehme ich das an, da hab' ich keine Probleme damit. Wirklich. Aber es gibt halt so Menschen ... Können wir jetzt mal auf meinen Vater kommen? Das ist ein sehr interessantes Thema! Der ist meiner Meinung nach nämlich eine feige Sau, sag' ich immer.

Er hat eine neue Freundin und zwei Kinder mit ihr, mit denen ich mich eigentlich sehr gut verstehe, aber die ich nicht sehen darf. Das unterbindet seine Freundin. Er ist selbständig, hat drei Diskotheken, fährt immer viel rum, hat aber nach eigener Aussage kein Geld, hat aber 'n dickes Haus in Italien. Und – also, ich bin sehr enttäuscht worden von denen. Jetzt heule ich wieder, Scheiße. Hätte ich mal nicht angefangen davon. Ich hasse das! Nee, ich will kein Taschentuch, das läuft jetzt erst mal. Ich meine, seine Freundin, das ist wirklich so 'ne Frau, wo ich denke: Wie kann die in den Spiegel gucken! Also, die ist halt sehr krank, die Frau, und das ist ihr Vorteil. Man kann ja gegen kranke Leute nicht sagen: »Hej, Misses, Sie

verbieten mir den Umgang mit meinen Schwestern, was soll das!«
Das versteht sie nicht. Und mein Vater versteht nicht, daß diese Frau
krank ist. Das ist echt unglaublich. Sie hat zwar ein großes Haus,
aber sie hat einen Gärtner und eine Putzfrau, sie war aber noch nie
in ihrem Leben arbeiten. Und dann höre ich: Wir haben kein Geld.
Das ist schon wirklich faszinierend.

Wie bin ich da jetzt eigentlich drauf gekommen?

Ach, ich glaube, ich bin da drauf gekommen wegen Frauen, die
mir was sagen können und von denen ich mir das annehme.

Weil, also die Freundin meines Vaters, das ist so das absolute Beispiel einer Frau, die ich wirklich kein bißchen, gar nicht ernst nehme. Das einzige, was mich daran so verletzt, ist, daß mein Vater halt
danebensteht und nichts sagt. Aber das ist egal, der wird auch noch
seine Strafe kriegen. Leider. Ja, alles hat seine Waage. Alles gleicht
sich irgendwie am Ende aus. Da bin ich mir sehr sicher.

Mit meinem Glauben hat das weniger zu tun. Mit meinem Glauben, das ist auch so schwierig. Ich hab' halt Kindergottesdienst gemacht, so mit Kinderfreizeiten ... echt, also, es passieren Dinge! Die
Leute wissen gar nicht, was sie an mir haben, hab' ich manchmal
das Gefühl. Die sehen viele Dinge einfach gar nicht. Ich war mit
auf 'ner Freizeit als Betreuerin, ohne Geld, einfach nur mitfahren.
Im Zelt schlafen, Scheiß-Essen, den ganzen Tag ackern mit den Kid-
dies. Und ich meine, dafür Leute zu finden in der heutigen Zeit,
das ist schon sehr schwierig. Dann hat man mich als unmoralisches
Wesen beschimpft nach dieser Freizeit, weil ich der Meinung unseres Obermacker-Betreuers nach, der hier theologisch so 'n Jugend-
referent ist, eine Beziehung zu schnell beendet und die nächste angefangen habe. Er hat mir gesagt, daß ich moralisch kein Vorbild
bin für die Jugendlichen. Ja. Aber – egal.

Wie bin ich da jetzt schon wieder drauf gekommen? Wegen Glauben, ach so, ja. Ich hab' scheinbar absolut und überhaupt nicht denselben Glauben wie der Typ. Also, was er mir da erzählt hat, diese
Gründe, das war so was von weltfremd! Aber ich hab' ja für den
Theologie-Unterricht gerade an so 'nem Text gearbeitet, der da drüben noch liegt, und da steht auch drin, daß man die Bibel nicht
wortwörtlich nehmen darf, wie sie ist. Daß sie ein Glaubenstext ist

und keine Wahrheitswiedergabe. Einfach eine Interpretation, wie man mit dem Glauben umgehen soll. Und das ist auch meine Meinung. Also, es stehen superviele wahre Dinge in der Bibel, zum Beispiel, daß alles seine Zeit hat. Alles kommt, wenn's dran ist, nicht früher und nicht später. Davon bin ich auch überzeugt. Das ist auch unter anderem eine Sache, die es einem im Leben sehr viel einfacher macht. Weil, ich meine, ich will unbedingt auf die Bühne. Und nun habe ich mir schon zweimal mein Bein gebrochen, ich hab' mir schon einmal einen Bänderriß geholt, zweimal beim Treppensteigen und einmal beim Skateboardfahren. Das erste Mal in meinem Leben bin ich Skateboard gefahren, gradeaus und ganz langsam. Die Ärzte erklären mir aber, ich hätte harte Knochen. Also dann verstehe ich nicht, wie das passiert.

Wenn du mich fragst, ich verstehe das für mich wie so 'ne Art Zeichen. Mach langsam, Julia, es ist noch nicht soweit. Ich habe auch geraucht bis vor kurzem, immer diese Unfälle gehabt. Und da frage ich mich schon: Hej, wenn das alles nicht passiert wäre, wo wäre ich dann jetzt schon? Ich hätte getanzt, ich hätte Ballett gemacht, Step gemacht, Jazz gemacht, alles. Ich könnte singen – ich meine, ich kann so auch ziemlich gut singen. Und ich merke, seit ich nicht mehr rauche, daß meine Stimme so einfach zu bedienen ist, das funktioniert alles. Aber wo wäre ich? Mit Pech vielleicht so popsternchenmäßig und dann ausgenutzt worden. Also, ich denke, daß die Dinge, wie sie passieren, daß das die einzige Möglichkeit ist, wie sie passieren können. Wie sie auch passieren sollen.

Nee, ich finde darin auch nicht durchgängig Trost. Vor allem fällt es mir so schwer, das alles jetzt zum Beispiel mit der evangelischen Religion zu verbinden. Also, ich glaube zum Beispiel nicht, daß eine Seele, sobald sie tot ist, jetzt oben im Himmel rumgammelt. Ich glaube – hm, an Seelenwanderung kann man jetzt auch wieder nicht so sagen. Aber ich glaube, daß man eigentlich wiedergeboren wird. Ziemlich sicher. Obwohl, ziemlich sicher, das ist auch wieder ..., es ist halt was, was man nicht beweisen kann. Wo man halt immer nicht weiß. Aber einige Leute, wenn man die kennenlernt und man hat das Gefühl, daß man sie kennt, da glaube ich, daß das nicht von ungefähr kommt. Sondern, daß man sich vielleicht wirklich schon kennt. Weil, also, mein jetziger Freund zum Beispiel, den ich sehr, sehr liebe, und den ich – glaube ich – auch nicht mehr hergebe, bei uns ist das echt so. Wir sind erst seit 'nem halben Jahr zusammen, aber das ist so was ... Hm. Wie soll ich das in Worte fassen! Wir sehen uns halt auch nicht, weil, er hat 'ne Frau oder 'ne Freundin – 'ne Exfreundin, die jetzt auch endlich ausgezogen ist – und 'n Kind gehabt, als ich ihn kennengelernt habe. Und wir haben uns superselten gesehen, und es war so eine tiefe Verbindung – oder ist jetzt schon zwischen uns, als wären wir seit Jahren, schon immer, ein Team.

Der ist viel älter als ich, ja, der wird im Januar dreißig. Das ist mir echt auch erst bewußt geworden, als mich jemand gefragt hat. Weil, er ist nicht so alt. Das ist auch wieder dieses Ding: Ich denke halt, dieses Alter, diese Zahlen, das ist doch total banal. Ich bin älter als 18, und er ist auf jeden Fall jünger als 30, und wir pendeln uns da in der Mitte ein, und dadurch kommt eben auch bei mir so dieser Seelenwanderungs-Gedanke ... Man ist halt so alt, wie man sich fühlt, und das ist auch so 'n Spruch. Woher kommt der? Fühlt man sich so alt, weil die Seele so alt ist? Könnte ja immerhin sein. Ich bin eben im Moment auch sehr am Denken.

Also, ich halte mich nicht für unmoralisch. Mein Herzensglauben sagt, wie sollst du rausfinden, wer der Richtige für dich ist, wenn du 's nicht ausprobierst? Das ist ganz einfach. Wir leben nicht mehr in 'ner Zeit, wo man sagt: Jetzt heiratest du den, weil, der ist über. Und dann bleibst du mit dem zusammen, Kinder, Hausfrau ..., die Zeit ist vorbei. Und ich glaube auch nicht, daß es früher so funktioniert hat. Oft vielleicht, aber nicht immer. Also, die waren früher auch ganz schön dabei, also meine Oma, wenn die so erzählt hat ...

Bis jetzt habe ich sechs Männer durchgetestet, bis ich meine große Liebe gefunden habe. Jeder immer so ungefähr ein halbes Jahr, ja, genau. Mein berühmtes erstes Mal hatte ich mit 17, also relativ spät, vermute ich mal. Das hat sich übrigens sehr ulkig zugetragen. Das war mein damaliger Freund, und eigentlich waren wir schon gar nicht mehr zusammen, ich hatte mit ihm Schluß gemacht. Aber da waren nun mal grade Sommerferien, kein anderer da, und da haben wir halt immer viel zusammen gemacht. Und so ergab es sich, daß wir miteinander im Bett gelandet sind. Dabei waren wir gar kein Paar. Und es hat wehgetan, ja! Ich nehme allen Mädchen diese Illusion: Es tut weh!! Nichts von siebter Himmel und Geigenklang, nur »aua!« Was wirklich schön war: dieses Verbundenheitsgefühl. Also, ich bin schon sehr verschmust. Und ich bin auch echt so – ja, wie gesagt: nach Gefühl halt. Ich weiß nicht, ob man das Schwingungen nennen kann. Also, meine Männer, ich mag die alle immer noch sehr gern. Und das können die nicht verstehen!

Das können Männer einfach nicht verstehen. Glaube ich. Man darf denen eigentlich nicht sagen: »Ich mag dich noch. Komm, laß uns Freunde sein.« Man muß denen eigentlich sagen: »Ich hab' 'n anderen.« Oder: »Ich find dich scheiße!« Dann ist es in Ordnung. Aber wenn man sagt, ich mag dich eigentlich noch voll gerne, aber ich bin nicht in dich verliebt und so, das ist ganz furchtbar für die. Paßt nicht ins Weltbild.

»Meine Gefühle haben sich geändert.« Das konnte bis jetzt, zumindest von meinen, keiner verstehen.

Mein jetziger, diese Geschichte mit seiner Frau und dem Kind, das hört sich sehr traurig an, stimmt's? Ja, ja, das war auch mein Problem zu Anfang. Ich hab' gesagt, ich will nichts mit dir anfangen, du hast deine Kleinfamilie. Er war auch hier auf der Schule, bis letztes Jahr noch. Man kann ja auch mit 25 hier noch anfangen, und er hat halt fünf Jahre gebraucht. Weil er halt 'n Kind gekriegt hat zwischendurch, da hat er eben ein Jahr länger gemacht. Das geht hier alles, auf diesem wunderbaren Oberstufenkolleg.

Im »Kleinen Horrorladen« ist er auch dabeigewesen. Und im nachhinein stellen wir fest, daß wir ganz viele Kurse beide gewählt haben, aber immer nur einer von uns hat die gekriegt. Und das ist auch wieder meins mit der rechten Zeit: Wir haben uns genau im richtigen Moment kennengelernt, weil, vorher hätten wir uns bestimmt gehaßt. Da hatte er noch lange Haare – och doch! Damit sah er auch ganz niedlich aus. Aber seit Januar ist er irgendwie 'n ganz anderer Typ geworden. Hat auch viel mehr so geschnallt. Daß er mit seiner Freundin eben absolut nicht glücklich war. Vier Jahre kannten sie sich, anderthalb Jahre wollte er nichts von ihr, sie ist

aber immer hinter ihm hergelaufen. Dann sind sie zusammengekommen, und ein halbes Jahr später ist sie schwanger geworden.
Und sie ist halt auch eine sehr krasse Frau, also hat viel in der Kindheit durchgemacht. Ist auch mit 14 ausgezogen von zu Hause, mehr
ausgezogen worden. Sehr heftige Schicksale, viele Leute gestorben
in ihrer Familie, auch an Unfällen. Ein Ziehkind von ihr ist überfahren worden. Und sie schreit viel, aber ohne Grund, und im nächsten Moment ist wieder alles in Ordnung. Also, ganz stimmungs-
schwankend. Und echt, er hat sich soviel von ihr gefallen lassen!
Wie der sich von ihr hat behandeln lassen, das glaubst du nicht!

Man ist echt sprachlos gewesen. Auf einmal steht sie da, im Theater, auf der Probe, und schreit ihren Freund vor versammelter
Mannschaft aus heiterem Himmel an. Und alle Leute stehen so da:
»Oh, Markus, was läßt du dir da gefallen?« Also, es ist nicht so, daß
ich da 'ne glückliche Familie kaputtgemacht habe. Zum Glück. Die
hätten sich definitiv getrennt, auch ohne mich.

Im »Kleinen Horrorladen« hat er den Zahnarzt gespielt. Das Stück
war auch nicht so ganz ohne Bezug zum wahren Leben. Ich versuch's mal, ganz kurz zusammenzufassen, also, der Inhalt: Das spielt
in einem Blumenladen. Da gibt es den Besitzer und seine Angestellten, Audrey und Seymour. Und die beiden Angestellten sind eigentlich ineinander verliebt, aber beide sehr schüchtern. Und Audrey
hat einen Freund, den Zahnarzt. Und da sie im abgewracktesten
Stadtviertel wohnt, ist sie froh, daß sie einen Freund hat, der Zahnarzt ist. Weil, ne, Knete und so. Aber der schlägt sie, ist voll sadi-
stisch; und Markus mußte halt diesen bösen Zahnarzt spielen. Und
Seymour entwickelt immer Pflanzen, dabei entsteht die fleischfres-
sende Pflanze, die er »Audrey Zwo« nennt, weil er ja so verliebt in
Audrey ist. Und Audrey Zwo wächst und wächst und wächst, und
er kriegt nachher mit: Die steht auf Menschenfleisch. Aber sie kann
auch Wünsche erfüllen. Aber nur, wenn sie Menschenfleisch kriegt.
Der Ladenbesitzer muß dran glauben, der Zahnarzt muß dran glauben, ähm – kommt nicht noch irgendwer übern Jordan? Ja, Seymour halt auch und Audrey auch, die werden eben alle gefressen
über kurz oder lang. Und am Schluß gewinnt einfach so ... – die
Pflanze?! Nee, nee, das haben wir nicht selbst geschrieben, das ist

sogar 'n ziemlich bekanntes Musical. Das kommt aus Amerika, von zwei Autoren, die unter anderem auch »Die Schöne und das Biest« geschrieben haben. Das ist als Selbst-Parodie gedacht, denn das, was im »Kleinen Horrorladen« abgeht, geht angeblich auch im kommerziellen Musical-Business ab. Oder eben so 'n bißchen auch in meinem Liebesleben ... Oder? Nee, Quatsch, das war 'n Scherz jetzt.

Klar, das Beste ist, daß die Pflanze die Siegerin ist. Aber du siehst ja: Da konnte ich gar nichts für. Und ganz außerplanmäßig ist halt während der Proben zu dem Stück passiert, daß sich die Pflanzen-Darstellerin in den Zahnarzt-Darsteller verliebt hat.

Das haben mir hinterher auch viele Leute gesagt: »Der Markus hat dich ja schon während der Proben voll angemacht.« Das Krasseste war ja, daß ich mich mit beiden super verstanden habe. Und die Christine, also seine Freundin, die hat so reagiert: »Ja, ist gut, hab' ich kein Problem mit, ich bin das gewöhnt, meine Freunde hatten bis jetzt immer mehrere Mädels ...« Ja, wirklich. Weißte, und dann biste so 17 oder grade 18 geworden, und dann denkste: Aha, soso. Und ich hatte schon mit ihm geschlafen, und das wußte sie! Sie hat mich darauf angesprochen. Und ich war sprachlos, vollkommen sprachlos. – Wie ich mir da vorkam?

Also, erst mal hab' ich ihn angeschrien. Ich hab' gebrüllt: »Ej, Alter. Wenn du so was deiner Freundin erzählst, dann sag es mir, verdammt noch mal. Weil, ich will das wenigstens wissen.« Und dann, na ja, ich bin dann eigentlich relativ gut klargekommen damit. Ich war halt viel da, hab' mich viel um die gekümmert. Die sind beide voll nicht klargekommen, die hatten echt die Sau-Wohnung. Und ich hab' da immer aufgeräumt und so. Bin zu der Zeit auch nicht zur Schule gegangen. Ich war jetzt 'n halbes Jahr quasi – hab' ich keinen Bock gehabt, so. Zu Hause gewesen ...

Ja, das geht hier. So was gehört auch zu den Besonderheiten an diesem Oberstufenkolleg. Das ist wirklich das Tolle, das geht hier. Du kannst echt mal abschalten und deinen Selbsterfahrungstrip fahren. Und das war wirklich echt wichtig für mich. Ich hab' am eigenen Leibe gemerkt, daß Nichtstun nichts für mich ist! Dieses halbe Jahr zu Hause sitzen, jetzt mit den Ferien noch dazu, das hat mich richtig ganz schön mürbe und fertig gemacht. Und weißt du, das hätte mir keiner mit noch so weisen Worten erklären können, das mußte ich selber erleben!!!

Das Kind von den beiden ist zwei, Joschi. Hab' ich 'ne sehr gute Beziehung zu, der mag mich sehr gern, wir verstehen uns prima. Und wenn ich das so sehe, bei denen zu Hause, da passieren Dinge! Mama bleibt im Bett liegen, Kind läuft zwei Stunden alleine durch die Wohnung, schmiert sich Brot selber. Mama sagt: »Toll, Joschi schmiert sich sein Brot schon selber!«, wo ich sie anbrüllen könnte: »Mensch, der hat Hunger, verdammt!!« Der will was essen. Das ist 'n Kind, um das muß man sich kümmern. Und ich hab' halt gesehen, die zwei, die hatten genug damit zu tun, sich zu streiten. Und da hab' ich mich halt um Joschi gekümmert.

Mit dem Kleinen, das ist auf jeden Fall sehr cool. Wir waren jetzt auch 'ne Woche zusammen im Urlaub, Markus, Joschi und ich. Er freut sich auch immer, und jetzt kann er »Julia« sagen, wenn wir miteinander telefonieren, zum Beispiel. Schön.

Markus hat auch noch lange mit seiner Frau, seiner Freundin geschlafen.

Komisch, das hat mich nicht gestört. Ja, ich hab' gedacht, es müßte mich eigentlich stören, aber es war nicht an dem. Letztlich, haben sie dann irgendwann auch damit aufgehört, aber das hab' ich erst viel später erfahren. Ich meine, ich hab' gedacht, ich hab' doch gar kein Recht, dagegen aufzumucken. Das ist offiziell seine Freundin, mit der hat er 'n Kind, verdammt. Und wenn sie sagt, er gehört zu ihr, was soll ich dagegen tun. Aber damit hat sie nicht gerechnet, daß wir uns so gut verstehen!

Der Sex mit ihm war von Anfang an schöner und inniger als alles, was ich davor kannte. Das paßt einfach. Das paßt körperlich perfekt, und man tut immer genau, was der andere will, ohne daß man groß darüber reden muß. Das ist in ganz vielen Dingen so, nicht nur im Bett. Wir sind auf 'ner Party, ich sehe, da steht sein Bier noch. Gehe los, um ihm das zu bringen, und in dem Moment kommt er mir entgegen und will sein Bier holen. So was passiert uns ständig. Oder ich rufe ihn an, und er steht mit seinem Handy gerade vor meiner Haustür. Das ist schon 'ne sehr, sehr innige Verbindung zwischen uns. Echt. Voll geil.

Seine Freundin, die ist noch nicht so lange weg; die ist erst vor vier Tagen ausgezogen. Klar, daß wir alle drei keine größeren Probleme damit hatten, daß irgendwie Markus mit uns beiden schläft, das hat natürlich nur am Anfang funktioniert. Das ist echt eine so komplett bekloppte Geschichte! Weil, sie hat auch was mit seinem besten Freund. Und wir haben uns das eine Zeitlang ganz toll vorgestellt. Weil, der Kleine hat dann Mama und Papa, und Mama und Papa haben halt beide noch einen Liebhaber, eine Geliebte. Aber das funktioniert einfach nicht, das geht nicht. Ist auch gut zu wissen, daß es nicht geht. Mein Vater wollte so was immer haben, früher, mit meiner Mama und seiner Freundin, aber ich kann ihm sagen: Du, funktioniert nicht. Ich hab's ausprobiert. Das ist auf jeden Fall 'ne schöne Vorstellung, aber irgendwann machen das die eigenen Gefühle nicht mehr mit.

Es ist halt immer schlimmer geworden. Die beiden haben sich gestritten, die reden sowieso total aneinander vorbei. Wir sind aus Italien wiedergekommen, aus unserem Urlaub zu dritt, und an dem Morgen ist es mir besonders aufgefallen. Ich hab' da nur danebengesessen, war völlig übermüdet, weil wir vierundzwanzig Stunden durchgefahren sind, mit Zwischenstop an einem See. Und dann ging das Theater los. Markus hatte sie eigentlich nur fragen wollen, ob sie mal zwei Tage auf Joschi aufpassen kann, und schon ging sie hoch, er dann auch. Und ich saß daneben und hab' nur gedacht: »Ej, Liebster, du mußt nicht herumstreiten, du mußt einfach nur sagen, was du willst.« Ganz einfach. Sag, was du willst, und du kriegst es. Ich bin so froh, daß die jetzt auseinander sind! Weil, wenn du so auf völlig verschiedenen Wellenlängen schwimmst – und das merkt man, sobald man den Raum betritt –, das kann einfach nicht funktionieren, das kann nur ein Kuddelmuddel geben. Daß das vier Jahre lang gehalten hat, das find' ich faszinierend.

Markus hat sich einfach was vorgemacht. Christine, das weiß ich nicht, dazu kenne ich sie zu wenig. Ich mag sie beide, aber ich kann nicht mit beiden befreundet sein. Er ist mein Freund, und da werde ich einfach parteiisch.

Ich versuche's so unparteiisch wie möglich, grade, was das Kind angeht. Da haben sie sich jetzt überlegt, sie wollen das wochenweise machen: eine Woche zu ihm, die andere Woche zu ihr. Was hältst du davon? Ich finde das Streß fürs Kind. Kein richtiges Zuhause mehr, keine Ruhe, ewiges Hin und Her. Ist doch schwachsinnig, aber wenn ich das sage, will mir das keiner glauben. Das scheint auch so ein bißchen meine Aufgabe zu sein in diesem Leben: Die Lösung zu wissen, aber andere nehmen sie nicht an. Bei meinem Vater ist das ganz genauso. Den hasse ich manchmal richtig, obwohl es doch mein Vater ist. Und zu dem sage ich auch: Diese Hetzerei nach der Kohle, du stirbst bestimmt mal an 'nem Herzinfarkt. Aber der will auch nicht auf mich hören. Ich kann nichts machen.

Jetzt wird die Wohnung gestrichen, man kann Sachen wegschmeißen, etwas verändern, seit die Frau weg ist. Ich war früher übrigens sehr chaotisch, als ich noch zu Haus gewohnt habe, genau! Das war ja auch immer ein Streitpunkt mit meiner Mutter. Daß ich einfach ein riesiges Chaos verbreitet habe. Aber seit ich jetzt hier wohne, in meiner neuen, ordentlichen Wohnung, mit meiner pingeligen Mitbewohnerin, bin ich sehr ordentlich geworden. Räume schön immer alles wieder weg, putze, Fenster, Staub, und das kann ich jetzt bei Markus auch praktizieren. Das konnte ich so vorher nicht. Das ist einfach ein einziges Chaos gewesen, daß dieser Kleine manchmal echt angefangen hat aufzuräumen, und das in diesem Alter von zwei Jahren schon. Weiß ich nicht ...

Übers Zusammenziehen haben wir schon nachgedacht, aber Markus möchte nicht schon wieder mit 'ner Frau zusammenziehen. Was ich gut verstehen kann. Und ich bin da in meiner WG auch sehr gut aufgehoben. Nebenan wohnt eine Sizilianerin, auch 'ne Fotografin, so 'ne Kleine, auch mit Power ohne Ende, und die ist mein Schatz. Endlich mal so 'ne Freundin für mich. Deshalb will ich da auch nicht weg. Aber es ist so teuer da! Der Westen ist so teuer!!

Später werden wir aber zusammenziehen. Wir wollen auch heiraten. Das war eigentlich nie mein Ziel, ich hab' gesagt, ich will nicht heiraten. Aber den Mann schon.

Und das wird funktionieren, auf jeden Fall.

Bis dahin nehme ich die Pille. Obwohl, mein Frauenarzt hat jetzt gesagt, ich soll mir mal die Spirale einsetzen lassen, weil – hach – die Pille muß man immer so regelmäßig nehmen. Und ich bin da nicht so. Ich bin mal hier, mal da und hab' sie auch des öfteren vergessen. Bis jetzt, toi, toi, toi und dreimal Holz, nichts passiert. Und diese Spirale, da ist man halt, hat man halt ... ne! Du weißt schon, was ich damit sagen will.

Im Prinzip glaube ich schon an die eine einzige große Liebe, aber ... Meine Mutter hat jetzt so gebohrt: »Ja, was ist denn, wenn er zu Christine zurückgeht, wegen dem Kind und so?« Da kann ich nur sagen: Ja, dann ist es halt so. Dann ist es passiert. Dann ist es wieder die einzige Möglichkeit, wie es passieren kann und soll. Wie gesagt.

Und die Jungs, mit denen ich zusammen war, in die war ich halt immer sehr verliebt. Aber das Gefühl ist irgendwann weg gewesen. Und wenn das bei Markus auch passiert, dann hab' ich Pech gehabt. Dann habe ich mich halt geirrt. Aber dann habe ich mich eben auch so richtig geirrt und alles ausgelebt. Aber vom Prinzip her schon. Ja, es gibt die einzige große Liebe. Und wenn es die jetzt nicht ist, dann kommt sie eben später. Oder gar nicht, wer weiß. Ich glaube nicht, daß jeder das Glück hat, die zu treffen. Obwohl, doch, ich glaube, wenn man die Augen aufhält, schon. Aber man muß halt ausprobieren, ne!

Mein Wunsch wäre, jetzt hier schön Abitur machen, dann noch zwei Jahre Gesangsunterricht bei Edith, meiner Lieblingslehrerin, und dann ... Ja, ich war im Februar in Wien und hab' da Aufnahmeprüfungen gemacht am Konservatorium. Die haben mich nicht genommen, aber sie haben mir gesagt, ich soll nächstes Jahr wiederkommen. Also, das war eine der besten Kritiken. Man stand da so in 'ner Reihe, die, die nicht genommen wurden, und dann wurde jedem gesagt, warum nicht. Die waren so hart, die waren so böse – also, was heißt böse, die waren einfach nur ehrlich. Wirklich knallhart. Und zu mir einfach nur: »Komm wieder.« Und ich so, tief durchatmend: »Ja, okay.« Zu so blonden Mädels haben die gesagt, ob sie lieber Barbiepüppchen werden wollen oder auf die Bühne. Das wär' eben was anderes als nur Schminken und schön sein. Knallhart, knallhart. Oder: »Quäkige Stimme, das kriegen Sie eh' nicht weg, vergessen Sie 's, suchen Sie sich 'nen anderen Job!« Und ich stand in der Reihe: »O Gott, was sagen sie wohl zu mir, Gott, Gott,

Gott ...« – Und dann sagt der: »Kommen Sie nächstes Jahr wieder, Sie haben uns das falsche Lied vorgetragen, daran sind schon Größere gescheitert!« Das war »Tonight« aus der »West Side Story«.

In letzter Zeit habe ich auch im Unterricht so was gesungen. Und Mozart. Italienische Arien aus »Così fan tutte«. Ja, also ich singe eigentlich Klassik sehr gerne. Singen ist unheimlich schmerzlösend und befreiend für die Seele, das nur mal nebenbei bemerkt. In meiner Freizeit höre ich aber nicht bloß Klassik, eigentlich alles. Na ja, »alles« ist nun auch schon wieder so ein Wort, was ich nicht gern sage. Also, deutsche Volksmusik finde ich zum Beispiel traurig. Ist das wirklich das, was unser Volk früher gesungen hat? Nimm doch nur mal Volksmusik aus Argentinien, weißte? Das hat doch noch so richtig Geschichte, Kultur. Aber »Herzilein« – nee! Ansonsten höre ich alles, also »Jamiro-Geweih« – Scherz! – »Jamiroquai« natürlich. Und manchmal auch so richtig böse Musik, Heavy Metal. Mit Titeln habe ich es nicht so, daß ich dir die jetzt aufzählen könnte. Ich höre das halt nur, und dann gefällt mir das, die Melodie, die Musik. »The Offspring«, »Red Hot Chilli Peppers«. Oft auch so Sampler mit Filmmusiken, zu »Romeo und Julia«, das ist eine sehr liebe CD von mir. Ich mag halt die Abwechslung. Mal ganz ruhig und dann wieder »yeah!!«, zum Austoben. Oder auch so Salsa höre ich ganz gerne. Das haut einem dann auch in die Beine, morgens zum Beispiel, so »Aufstehen!« – »Okay, sofort!«. Das muß so Action sein. Gefühlsabhängig. Aber so als moderne Pop-Mieze sehe ich mich nicht.

Die Schwester von meiner sizilianischen Nachbarin, als die geheiratet hat, da hab' ich zuerst in der Kirche gesungen und war dann noch mit auf der Party. Da stand so 'ne Band auf der Bühne, die haben »Top 40« gespielt, und da hab' ich spontan einfach mit denen gesungen. »99 Luftballons« und »Around the World«, einfach so 'n paar Sachen, die ich halt kannte. Dann mache ich das auch, hab' ich kein Problem mit, aber ich bin halt immer so gegen diesen ganzen Konsum-Kram. Ich meine, diese »No Angels«, gut und schön, die können wirklich singen, aber ich find's schrecklich, was mit der Musik gemacht wird in unserer Zeit. Ist echt nur so, um Geld zu verdienen, um Klamotten zu verkaufen, die diese »No Angels«-

Mädchen anhaben. Und ich bin nun mal der Meinung, daß dieses ganze Geld-Gehabe, was immer alle wollen, daß das so viel zerstört. Das Problem ist, daß man ja nicht sagen kann: Geld ist egal. Also, Geld ist immer dann egal, wenn man's hat. Insofern würde ich einfach gern genug Geld haben, um zu sagen: Ich brauche kein Geld. Also, ich brauche mein Essen, ich möchte die Klamotten haben, die ich will, vielleicht auch mal ins Kino gehen. Das tue ich ja leider nicht, weil, im Moment habe ich das Geld dafür nicht. Aber das wäre schön. Aber ich möchte auf keinen Fall nach Geld streben. Mein Vater zum Beispiel, der mit 20 gesagt hat: »Ich will Millionär werden.« Das kann man mit 20 nicht sagen, das geht nicht, das ist eine vollkommen bekloppte Einstellung! Finde ich. Geld, echt, Geld, ist der Untergang der Welt.

Seitdem die sich überlegt haben, so, wir tauschen nicht mehr, sondern Devisen her, zack, zack, zack, seitdem geht das alles den Berg runter. Weil das eben nicht nur Mittel zum Zweck ist, sondern: Wie häufe ich möglichst viel davon an und nehme es anderen weg. Das isses ja. Es gibt ja nun mal nur 'ne bestimmte Menge von Geld, und die, die viel haben, die nehmen's den anderen weg. Die sitzen drauf mit ihrem fetten, reichen Arsch.

Und das kann ich einfach nicht verstehen. Bei uns in Bielefeld am Bahnhof zum Beispiel. Da wollen die ein Riesen-Einkaufscenter bauen mit Fitneß und allem Drum und Dran, und da sollte es auch einen Durchgang zum Bahnhof geben. Und dann hat mittendrin die Baufirma pleite gemacht, und nun steht das da, halbfertig, häßlich, provisorisch. Wenn man das so jeden Tag sieht – ja! Das ist eines der Krebsgeschwüre unserer Welt. Die Leute wollen einfach alle zuviel. Ich springe von Höcksken auf Stöcksken, ist faszinierend mit mir, was? – Nee, ich brauche ja selber ein bißchen Geld, darum gehe ich zum Beispiel auch hin und wieder arbeiten.

Jetzt in den Ferien hab' ich im Altersheim gearbeitet – meine Mutter ist dort angestellt. Ja, und da hab' ich alles mitgemacht, Essen verteilt, saubergemacht, mit den alten Leuten gequatscht. Obwohl, dafür ist eigentlich normalerweise gar keine Zeit, aber ich als Aushilfe konnte die mir schon mal nehmen. Hab' ein bißchen mit Trude erzählt, Trude ist 97. Ja, und die sagt auch, daß alles kommt, wie es kommt. Da waren wir uns einig. Wir haben auch stundenlang übers Hochwasser debattiert.

Darf ich da bitte noch mal ganz kurz drauf kommen? Die Flut. Also, wenn das hier bei uns passiert wäre, bei uns Wessis, also die würden heulen. Die würden alle so rumheulen. Weißte, es geht ja allen so schlecht, keiner hat Geld, das ist alles sehr furchtbar. Dreimal im Jahr kann man in den Urlaub fahren, aber es ist halt kein Geld da. Und das finde ich so faszinierend. Wenn du diese Fernsehberichte siehst, ich hab' halt auch Verwandte in Neuhof und in Potsdam, echt so: Ja, es ist halt passiert, was soll man machen. Da wird wieder neu angepackt und sich gegenseitig geholfen, was soll sein. – Hach, Gesellschaft. Ich bin so deprimiert manchmal. Erst jammern sie rum, es ist kein Geld da für die Hochwasseropfer, aber dann machen sie ihren fetten Wahlkampf mit den superteuren Plakaten. Anstatt daß mal einer sagt: Ja, machen wir halt dieses Jahr mal in jeder Stadt nur zwei Plakate und spenden das Geld den Leuten. Da wäre doch allen geholfen. Aber es ist nicht so. Was, zu einfach? Aber warum denn nur??? Warum denn? Das ist doch alles so einfach. Echt. Ich stehe da und rauf' mir die Haare. Wie bei meinem Vater. Der hat die geilste Villa in der Toskana, mit so 'nem Pool auf so 'nem Weinberg. Und dann war er da, zwei Wochen, und zurück kamen sie mit so 'ner Fresse: »Ach, es war so schlechtes Wetter, wir konnten uns gar nicht entspannen.« Die hatten drei Tage Regen. Warum kann man sich da nicht entspannen? Wo ist das Problem? Warum kann man es sich nicht einfach *einfach* machen? Aber das sehen die Leute nicht. Die denken, daß das alles so kompliziert ist, und deshalb versuchen sie es auf diesem komplizierten Wege.

Aber wie bringt man denen das bei? Das Leben könnte so einfach sein. Aber wenn es so weitergeht wie jetzt, geht unsere Welt zugrunde. Obwohl, wird sie nicht, das haben ja nun auch schon so viele gesagt. Es geht ja immer irgendwie weiter.

Und wenn ich ehrlich bin, sehe ich auch viel Hoffnung.

Grade hier am Oberstufenkolleg merkst du das ganz deutlich. Ist halt, wie schon mehrfach betont, 'ne ganz besondere Schule mit ganz besonderen Leuten. Das beste Beispiel sind schon mal die Klamotten. Es ist absolut nicht so, daß du hier irgendeine Kleiderordnung hast. Du kannst wirklich kommen, wie du willst. Wenn du Bock hast, im Nachthemd zu kommen, dann kommst du halt im Nachthemd. Dann gucken sich die Leute das gleichmütig an und sagen höchstens: »Hej, cooles Muster auf deinem Nachthemd!« Keiner verleiert die Augen: »Äh, was hast du denn an?«, wie's auf normalen Schulen halt so ist. Die Leute sind hier viel offener. Doch, das kann man sagen. Hier wird auch viel getratscht und so, und hier gibt's auch viel Gezicke, aber vom Prinzip ..., es gibt hier diese Vollversammlungen, und man setzt sich mehr ein. Man lernt automatisch, sich viel mehr für Dinge einzusetzen. Weil, wenn du deinen Kurs haben willst, dann mußt du dahin gehen und dich mit dem Lehrer auseinandersetzen. Damit fängt das schon mal an.

Ich bin ja jetzt auch Teamer; ich werde die Neuen betreuen, in einen Deutschkurs gehen. Wir sollen Kurstreffen organisieren, denen die Stadt zeigen, also so patenmäßig ist das halt. Bin ich mal gespannt. Ja, ja, da hab' ich wieder die Anführerinnen-Rolle, reite da ruhig drauf rum. Ich bin halt diese Type, mein Gott!

Weil wir grade bei Klamotten waren: In so 'nem Trend bin ich noch nie mitgeschwommen. Nö. Ich fand das immer schon bekloppt, daß sich Leute 'nen Pullover für zweihundert Mark kaufen, bloß, weil da ein bestimmter Name auf dem Schild draufsteht. Anstatt sich dafür fünf Pullover und zwei Hosen zu kaufen.

Das kann ich nicht logisch finden. Also, daß ich mir jetzt 'n Pullover für 200 Mark kaufe, weil ich ihn richtig cool finde, das ist was anderes. Aber nicht, weil was-auch-immer draufsteht. Das find' ich echt unglaublich. Und vor allen Dingen noch diese häßlichen Klamotten, diese Jungshosen, wo die total breitbeinig gehen müssen, damit sie ihnen nicht von der Hüfte rutschen. Find' ich sehr amüsant!

Also, ich hab' nicht so den starken Wunsch, individuell zu sein, ich bin einfach, wie ich bin. Ich gucke halt: Ha, coole Klamotte! Dann kauf' ich die, zieh' die an. Wenn die jemand anders auch anhat – ist halt so. Wer bei H & M kauft, muß halt davon ausgehen, daß er seine Klamotten ungefähr zwanzigmal in der Stadt trifft, denn die kauft nun mal jeder, ist günstig und so. Ich denke, es kommt auf die Einstellung an, mit der man was trägt. Dann wirkt das ganz anders. Wenn du was trägst, weil du's cool findest, weil es wirklich dein Ding ist, dann sieht das ganz anders aus, als wenn das jemand kauft, weil das bei H & M im Regal hängt oder bei »Miss Sixtie« oder so.

Die Einstellung macht einfach viel aus. Wenn du einen Job suchst und rennst die ganze Zeit mit negativen Schwingungen rum, »hach, ich krieg den Job bestimmt nicht«, dann kriegst du ihn auch nicht. Davon bin ich überzeugt. Und umgekehrt: Wenn du positiv gestimmt bist, dann ist eine ganze Menge drin. Mir werfen jetzt manche vor, daß ich 'n Streber bin, bloß, weil ich mit Lehrern rede. Aber das sind doch auch nur Menschen!

Da bin ich doch nicht so bekloppt und lege mich mit denen an. Das kann man halt hier an dieser Schule auch lernen. Daß man sich unterhält. Die ganz normalen Regeln des Zusammenlebens. Das haben die Leute an meinen früheren Schulen gar nicht gerallt, hatte ich immer das Gefühl. So reden, Kommunikation. Und nicht nur Noten, Leistung; das war ganz doll auf 'm Gymnasium so. Das Ratsgymnasium; Ärztesöhne und so, ich erinnere an Uwe-Albert. Die wirklich nur das Geld und das Ansehen der anderen Person im Kopf haben. Ich meine, das ist wichtig, keine Frage. Man muß auch immer nach außen hin wirken. Aber man muß vor allem mit sich selbst im Reinen sein. Und das sind auf 'm Ratsgymnasium echt die meisten nicht gewesen.

Wenn du wie ich ein halbes Jahr nicht zur Schule gehst, hängst nur rum, liegst den ganzen Tag im Bett und guckst Fernsehen, fühlst dich voll scheiße. Und dann gehst du auf ein Stadtfest, triffst Leute von deiner alten Schule, und die sagen dir: »Boah, siehst du gut aus!« Ich meine, wie muß es denen dann gehen?! Meine Güte.

Also, mir geht's schon ziemlich gut jetzt. Und ich versuche schon mal, einen Energiestrahl nach Wien zu richten: »Ihr Wiener, freut euch schon mal, bald kommt das Mädchen mit den Locken wieder. Und wehe, ihr schmeißt mich wieder in der ersten Runde raus! Dann gibt's Saures!!!« Ja, doch, so mache ich das.

Wien oder Berlin, ist mir eigentlich egal. Alles kommt, wenn's dran ist, und so, wie's kommen soll. Wie gesagt. Daran glaube ich ganz fest.

Haben wir noch was vergessen? Warte mal ... Ich hatte schon Sex unter freiem Himmel auf der Dachterrasse meines Vaters. Ja, hurra!! Das war sehr schön. Unter freiem Himmel, das ist doch das Größte, oder? Außerdem ist das 'ne sehr sympathische Verwendung für so 'ne Dachterrasse, finde ich. Dieses Jahr hat sich mein Freund leider beim Dachausstieg an so 'ner Luke aus Metall den Rücken aufgerissen. Da hatten wir dann keinen Sex auf der Dachterrasse. Schade. Aber sonst – Natur, Sterne, Mücken, Ameisen – wirklich, unter freiem Himmel ist der Hit.

Ich hab' übrigens schon einen schwedischen Kurzfilm synchronisiert. Und zwanzig Beiträge fürs Radio gesprochen. Ja! Und auf der Kindernothilfe-CD-ROM, die weibliche Stimme, das bin ich.

Jetzt hab' ich aber wirklich alles erzählt. Mußt du später noch mal wiederkommen.

»Zur Krankenschwester geboren«

Kathrin, 18, München

Gestern war's stressig. Es ist halt anstrengend in dem Beruf, wenn zu wenig Leute da sind. Man geht dann zwangsläufig raus mit so 'nem Kopf. Zum Frühdienst komme ich um sechs. Höre mir als erstes die Übergabe an, und dann geht's los: Patienten messen, das dauert eine ganze Weile, bis man seine Seite durch hat. Dann Frühstück austeilen, dann waschen, das dauert auch. Die Patienten für die Untersuchungen vorbereiten, abholen lassen, wenn sie zurückkommen, Nachsorge. Irgendwann Mittagessen austeilen, und das war's dann. Übergabe machen, und dann bist du fertig, falls nichts Schlimmes dazukommt.

Insgesamt sind auf der Station zweiundvierzig Betten, und ich bin dann ungefähr für die Hälfte zuständig.

Ja, es ist viel zu wenig Zeit, sich auf den einzelnen zu konzentrieren. Ich rase da durch und bin froh, wenn ich alles schaffe. Das kann man so sehen, ja. Es kommt immer drauf an, wieviel los ist, aber eigentlich komme ich kaum dazu, mit allen zu reden. Bei manchen tut's mir leid, einfach. Ja, keine Ahnung, wenn irgendwelche Probleme sind, dann merkst du schon: Die Leute würden jetzt ganz gern reden. Man hört zwar zu, aber man kann nicht groß drauf eingehen, so, oder sich Gedanken da drüber machen. Weil man so viele andere Sachen im Kopf hat.

Meine Eltern arbeiten beide bei der Bundeswehr. Klar, das hätte ich auch machen können. Aber als ich aus der Schule rausgekommen bin, war ich zu jung dafür, mit 16. Und eigentlich wollte ich auch nicht. Ich hab' dann zuerst was gemacht, was mit meinem Beruf gar nichts zu tun hat, auch mit der Bundeswehr nichts zu tun hat, und das war auch nur zur Überbrückung. Und das hab' ich nach einem Jahr abgebrochen und hab' das jetzt angefangen.

Ja, ich hab' ein Jahr Kauffrau für Bürokommunikation gelernt, also Tippse. Und das war wirklich nicht mein Ding, aber ich hab' mir überlegt: Ja, ziehste das jetzt durch oder nicht? Aber mich hat das einfach nur aufgeregt, jeden Tag da reinzugehen, vorm PC zu sitzen und irgendwelche Sachen in den Computer reinzuhacken. Ich hatte mit anderen Leuten überhaupt nichts zu tun, und jeden Tag die gleichen Gesichter, und – stöhn! Und so kam es, daß ich dann eben abgebrochen habe und das andere angefangen. Und das habe ich noch keinen Tag bereut, seitdem.

Das ist schon relativ glattgegangen alles. Ich meine, als ich am ersten Arbeitstag als Tippse heimgekommen bin, hat mich meine Mama so voll freudiger Erwartung gefragt: »Und – wie war's?« Und ich so, langes Gesicht: »Scheiße.« Ja, das hat mir wirklich nicht gefallen, und ich war todunglücklich. Und dann hab' ich halt versprochen: Okay, ich mach' das jetzt noch 'ne Weile und schau mir an, wie das ist, und das ist bestimmt nur am Anfang so ... Aber so war es eben nicht. Das ist nicht besser geworden, ich hab's ein Jahr gemacht, und dann kam ich wirklich an den Punkt, wo ich mich fragen mußte: Machst du das jetzt erst mal fertig, dann hätte ich immer noch Krankenschwester lernen können.

Hätte ich eben nur ein Jahr länger gebraucht. Hätte ich fünf Jahre gebraucht, bis ich dann irgendwann mal Krankenschwester ..., und so brauch' ich jetzt halt vier. Und ich hab' mich dann informiert – zuerst hab' ich meinen Eltern nichts davon gesagt, ich hab' das einfach mal gemacht. Hab' mich dann beworben, hatte ein Vorstellungsgespräch, und dann hab' ich es erst meiner Mama gesagt. Na ja.

Liegt nicht unbedingt dicht beieinander, das eine und das andere, was? Na, Krankenschwester wollte ich ja schon immer werden, schon immer. Warum? Hm, ich weiß nicht. Wahrscheinlich zuviel »Schwester Stefanie« geschaut. Quatsch! Das war natürlich bloß ein Scherz. Nee, also, von mir sind sämtliche Tanten und Onkels Krankenschwestern, Krankenpfleger, also, es liegt scheinbar schon ein bißchen in der Familie. Meine Eltern jetzt nicht direkt, aber meine Mama wollte's irgendwie auch werden, und ich schon als ganz kleines Kind. Ich hab' das halt immer gesagt: »Ich will Krankenschwester werden.« Unterbrochen bloß von kurzen Phasen, in denen ich Polizistin werden wollte. Nee, Friseuse nicht, nie diese typischen Mädchenberufe. Dann eher schon Arzt, Tierarzt, aber am liebsten doch Krankenschwester.

Man hat viel mit anderen Menschen zu tun. Man lernt ganz, ganz viele Leute kennen, ja, denen dann auch irgendwo weiterhelfen zu können. Soziale Ader halt. Das könnte ich in vielen anderen sozialen Berufen sicher auch ausleben, klar. Aber ich finde, als Krankenschwester hat man auch für die Zukunft ganz gute Chancen. Man kann viel damit anfangen. Außerdem – es paßt zu mir. Ich war schon immer so, daß ich anderen Leuten helfen wollte. In der Schule, wenn sich jemand wehgetan hat, dann war immer ich da. Hab' gepustet und getröstet. Ich glaube, ich war auch der einzige Mensch, auch als ich noch keinen Führerschein hatte, der tote Tiere von der Straße runtergeholt hat. Ja, weil, ich find' das furchtbar, wenn die da so zermanscht werden. Also, Handschuhe angezogen und weggeräumt, irgendwo an den Straßenrand gelegt. Ja.

Natürlich, die Trösterin für alle, das ist nicht immer die allerangenehmste Rolle. Also, im Moment ist es zum Beispiel, daß mir alles irgendwie zuviel wird. Ja, von der Arbeit her vor allem. Und wenn man da sehr viele anstrengende Patienten hat, die man so betutteln muß, und dann über zwanzig Patienten, von denen zwei Drittel solche sind, das schlaucht schon. Da geht man manchmal schon mit Widerwillen in so ein Zimmer rein. Und das ist eigentlich das, wovor ich am meisten Angst habe: daß es vielleicht irgendwann so ist, daß man einfach kein Mitleid mehr haben kann oder so. Und deswegen ist es auch gut, wenn man dazwischen mal wieder länger frei hat, so wie jetzt gerade. Fast eine Woche am Stück, hurra! Erst mal ausschlafen, das ist das Wichtigste. Kein Wunder beim Dreischichtdienst, oder? Ja, und dann viel mit Freunden unternehmen. Ich hab' durch den Job auch viele kennengelernt, und meine beste Freundin auch. Die ist auch Krankenschwester, aber wenn wir uns in der Freizeit treffen, dann ist es ganz bewußt so, daß wir uns nicht über die Arbeit unterhalten. Ja, was machen wir statt dessen? Nichts Besonderes. Mal weggehen oder einfach nur gemütlich auf der Couch liegen. Und labern.

Es ist schon 'ne nette Abwechslung, mal in die Disco zu gehen oder in Kneipen. Aber nie ins JUZ, ins Jugendzentrum; das ist für mich mehr Dienst als Entspannung. Aber auch einfach mal nur an die Isar gehen und in den Himmel schauen. Und an alles denken, bloß nicht an die Patienten.

Die Realität hat meinen Traum von dem Beruf inzwischen schon eingeholt. Ich mache das ja jetzt ein Jahr, und ich hatte mir schon vorgestellt, mal länger an einem Bett zu sitzen und Gespräche zu führen, ganz in Ruhe. Daß man denen wirklich helfen kann. Aber in Wirklichkeit bin ich viel mehr am Schreiben, so dokumentieren, und das Pflegemanagement irgendwie beachten. Und das ist halt auch nicht so toll.

Na ja. Wenn ich jetzt am Vormittag Dienst hab' und hab' noch keinen Patienten auch nur ein einziges Mal gesehen, oder wenn, dann nur ganz kurz, dann ist es halt schon blöd, irgendwie. Zumal ich ja wirklich eine starke Schulter zum Anlehnen bin. Sieht man mir doch auch an, oder?

Groß war ich eigentlich schon immer. Einsachtzig ist ziemlich groß für ein Mädchen. Ich war halt früher etwas dünner, das ja. So mit neun, zehn, da hab' ich ganz lange blonde Haare gehabt. Die hab' ich mir stückchenweise abschneiden lassen, und mit zwölf hatte ich sie dann ganz kurz. Ja, und dann waren sie mal wieder so halblang, und – ja, diese kurzen schwarz-roten Fransen sind dann dabei rausgekommen. Ich hab' eigentlich nicht grundsätzlich was gegen lange Haare, aber das hat damals eben einfach sein müssen. Warum? Keine Ahnung. Ich wollte halt einfach keine langen blonden Haare mehr haben. Nee, das war nicht mal so sehr das Blondchen-Image; ich glaube, das war damals auch gar nicht so schlimm. Nee, es war einfach nix für mich, so auszusehen. Ich hab' das jetzt nicht tiefer ergründet, warum nicht.

Kann ja auch sein, es gibt gar keine tiefere Begründung, oder? Vielleicht liegt es auch nur daran, daß meine Mama früher immer zu feste durchgekämmt hat.

Ich hab' dann jedenfalls alle Schultypen durchgemacht: Ich war zuerst auf dem Gymnasium, dann Realschule und dann Hauptschule. Gymnasium, ab der fünften Klasse, nach der Grundschule. Ja, mei, da war ich nicht so die Leuchte. Also, Mathe war noch nie so mein Fach. Und – ja, ich war bis zur siebten Klasse da, und in anderen Fächern war ich schon gut, bloß Mathe eben, und was war das andere? Physik noch. Und bin dann auf die Realschule, also mitten unterm Jahr hab' ich dann gewechselt. Ich hab' schon gemerkt, daß ich das irgendwie nicht so kann. Da gab's natürlich auch viele Diskussionen mit meinen Eltern. Na ja, und dann bin ich auf die Realschule gegangen und hab' gleich die siebte Klasse noch mal wiederholt, weil ich durchgeflogen wäre. Wegen Mathe – klar – und wegen Geschichte. Für Geschichte war ich einfach zu faul. Jipp, die siebte noch mal gemacht, dann in die achte gekommen, und in der achten wäre ich dann durchgeflogen wegen Mathe und Physik. Und ich hab' Nachprüfung geschrieben und bin dann runter auf die Hauptschule, weil ich die Prüfung angeblich nicht geschafft hab'. Ich mein, ich hab' da nie ein Ergebnis gesehen, aber ich mußte es ja glauben.

Ja, und war dann auf der Hauptschule und hab' dort QA gemacht, und das war dann leicht. QA heißt »Qualifizierter Hauptschulabschluß«. Man wird geprüft in Mathe, Deutsch und Arbeitslehre, das ist, glaube ich, Pflicht. Und dann kann man noch wählen zwischen ganz vielen anderen Fächern, Englisch, Religion, Werken, Hauswirtschaftslehre und alles mögliche. Ich hab' Englisch genommen, Maschineschreiben und Musik. Und da ging das dann schon. Wenn ich die Prüfung nicht geschafft hätte, dann hätte ich eben nur einen Hauptschulabschluß gehabt. QA ist sozusagen noch was Besseres.

Aufs Gymnasium bin ich vor allem aus einem Grund gegangen: Ich war in der Grundschule verliebt, und der ist da auch hingegangen. Und da hab' ich mir gedacht, da muß ich auch hin. So war's! Na ja, alle – oder besser gesagt: alle nicht – aber es sind ziemlich viele von meinen damaligen Freunden und Freundinnen hingegangen, und da hab' ich mir gedacht: Da geh ich auch hin. Und ich war in der Grundschule ja nicht schlecht oder so. Nein, meine Eltern haben da nie irgendwelchen Leistungsdruck auf mich ausgeübt. Das war dann eben nur später die große Diskussion, wo ich runter mußte, also das war dann schon anstrengend.

Ja, meine Mama ist eigentlich so – also, ohne meine Mama jetzt schlechtzumachen –; sie hat halt gemeint: Das Kind muß das unbedingt können, Mathe und so. Und hat mich zur Nachhilfe geschickt. Und wir haben da so 'n komischen Bekannten, der mußte mir dann immer Nachhilfe in Mathe geben, und ich hab' den einfach nicht leiden können, und ich kann den heute noch nicht leiden. Er ist einfach arrogant, eingebildet, meint mords, wer er ist, und mit so was kann ich nicht umgehen. Weiß nicht, ist einfach nur anstrengend. Also, meine Mama hat sich schon bemüht, aber ich hab' einfach keinen Bock gehabt, und wenn ich den nicht will, dann kann der mir auch nichts beibringen. Und dann bin ich in so 'n Nachhilfe-Studio gegangen, das hat irgendwie auch nichts gebracht und so. Also, das war alles enorm anstrengend, aber es hat mir nicht wirklich weitergeholfen.

Mit mir und Mathe ist das so: Ich hab' nichts behalten, aber sobald die Prüfung vorbei war, da hab' ich's verstanden. Ja, das hat bei mir in der Grundschule schon angefangen: Zehn Zahlen hintereinander plus zu rechnen, da hab' ich schon versagt. Und danach, da wußte ich es immer, wie es geht. Das ist so eine Art Blackout, den ich da habe, immer, wenn Anspannung auf mich zukommt. Oder Druck.

Wie schwer waren die Auseinandersetzungen mit meinen Eltern, hm? Also, Gymnasium, der Abgang, das war nicht so schlimm. Das Schlimme war Realschule – Hauptschule. Für meinen Papa eigentlich nie so, mein Papa ist mehr so 'n Ruhiger, zurückhaltend. Der sieht das nie so eng. Aber meine Mama kann dann schon sehr anstrengend werden. Ja, sie hat halt gemeint, man muß das irgendwie erzwingen, das funktioniert dann schon. Wie zum Beispiel diese Nachprüfung, die ich dann hab' schreiben müssen, da ging es ja um Mathe und Physik. Und die sollte am Ende der Sommerferien sein. Meine Sommerferien damals bestanden aus – ja, okay, ich will nicht ungerecht sein: Die ersten zwei Tage hatte ich, glaube ich, Sommerferien, und dann ging's los: um neun in der Frühe aufstehen, anfangen zu lernen, und abends um sieben war Schluß. Und ich meine, das kann man schon mal zwei Wochen mitmachen, aber fünf Wochen ist es echt furchtbar. Und ich hab' dann auch keinen

Bock mehr gehabt. Nach fünf Wochen hab' ich dann immer bloß so draufgeschaut und gedacht: Gut, was soll das hier alles?! – So entnervt halt.

Ich konnte gar nichts anderes machen, und es hat am Ende trotzdem nichts genützt, die ganze Quälerei.

Irgendwann hab' ich diese Prüfung geschrieben, und meine Mama hat mir noch Mut machen wollen: »Das schaffst du schon, das schaffst du schon!!«, und ich bin dann da reingegangen, eigentlich nicht mal mit einem schlechten Gefühl. Und irgendwann kam dann dieser Brief, daß ich's eben nicht geschafft habe, daß ich nun auf die Hauptschule müßte und mir schon mal einen Platz suchen sollte. Ja, und da hat meine Mama gesagt, daß sie so enttäuscht von mir ist, und das war dann schon 'n bissel anstrengend. Und das hat sie mir dann auch noch ewig vorgehalten. Das hat sie mir dann, glaube ich, noch bis Mitte neunte Klasse Hauptschule vorgehalten. Und dann nicht mehr so, aber als der QA vorbei war – den hab' ich mit Durchschnitt 1,7 gemacht, das war dann, glaube ich, Schulbeste; und ich meine: Ich hab' mich da drüber schon gefreut! es war halt meins, okay – und sie dann halt: »Du hättest jetzt die Realschule haben können!« Aber dann war's mir irgendwo egal. Nee, Trotz hat das nicht direkt bei mir ausgelöst, aber meine Mama war zu der Zeit für mich ein rotes Tuch. Das war einfach ... Ich weiß nicht. Ich hätte es ihr ja so gerne recht gemacht.

Ja, sicher, wir haben es dann irgendwann klären können. Ich verstehe mich mit meiner Mama heute auch gut, das ist eigentlich gar kein Thema mehr. Und ich will wirklich nicht, daß das jetzt so rauskommt: »Mensch, die macht ihre Mutter ja voll schlecht!« Das wäre ganz verkehrt. Ich liebe meine Mum nämlich über alles.

Aus der Liebe, die mich aufs Gymnasium gebracht hat, ist dann nix mehr geworden, nee. Na, wir waren ja schon vorher vier Jahre zusammen auf der Grundschule. Kindergarten-, Sandkastenliebe, sozusagen. Was soll ich dazu groß erzählen? Das war halt was ganz Tolles; Händchenhalten und so. Ja, mei ...

Ich trauer' ihm auch nicht nach, weil – so toll war er nun auch wieder nicht. Das hat er jetzt davon. So! Ab und zu hab' ich ihn jetzt schon noch mal gesehen. Er ist auch nicht auf dem Gymnasium geblieben, er ist auch auf die Realschule gegangen. Keine Ahnung, was der jetzt macht. Interessiert mich auch nicht.

Was mir so aufgefallen ist an Unterschieden zwischen den einzelnen Schultypen: Auf dem Gymnasium, mei, man ist halt da. Und das ist allen Leuten irgendwo egal, sowohl Lehrern als auch sonst irgendwem. Da hat sich niemand wirklich für dich interessiert, weil, du bist ja von selber da. Wenn du halt schlecht bist, bist du halt schlecht und mußt wieder gehen. Weil, das ist halt dein Problem. Auf der Realschule, da war's dann schon so, da haben sich die Lehrer mehr Gedanken um einen gemacht. Die Mitschüler waren 'n bißchen komisch. Ja, es war eine reine Mädchenklasse, und das fand ich sehr anstrengend. Und auf der Hauptschule – ja, die Leute, die dahin gehen, die Schüler, die waren eigentlich alle recht fertig irgendwie, und die Lehrer haben sich alle Mords-Sorgen um einen gemacht.

Klingt positiv, kann aber auch ziemlich anstrengend sein. Bei mir war's zum Beispiel so: neunte Klasse, Sport. Und ich war in Sport eigentlich immer recht gut gewesen, also ich hab' da nie irgendwelche Probleme gehabt. Und dann hat's mich halt irgendwann einmal umgehauen, mei, wegen dem Kreislauf halt, kommt vor. Und das war dann eben ein Mords-Zirkus, mit Krankenwagen und eine Nacht im Krankenhaus pennen. Und das war an einem Freitag, und Montag bin ich wieder in die Schule gekommen, und da kam eine Lehrerin zu mir, die hatte ich vorher nie im Unterricht gehabt, und die hat mich anscheinend gekannt. Jedenfalls, die kam an und sagte: »Ja, Kind, hast niemanden zum Reden?« Und ich dachte: Was will denn die jetzt?

In der Pause war das. Und dann meinte ich, ich brauch' doch niemanden zum Reden. Und sie: Ja, das glaubt sie aber schon! Und ich so: »Aha? So?« Und sie wieder: »Ja, du mit deinen Eßstörungen. Und deine Sportlehrerin erzählt schon überall rum, daß du magersüchtig bist.« Das war so 'n Mords-Zirkus. Der hat ungefähr eine Woche angehalten, wo sämtliche Leute mich drauf angesprochen haben, daß ich magersüchtig bin. Obwohl ich ja eigentlich nicht so ausschau.

Da war gar nix dran, nix. Reine Gerüchte, wirklich.

Klar, ich bin schon so 'ne Type, die sich viel leichter damit tut, für andere dazusein als sich selber mal helfen zu lassen. Aber es ist auch schon vorgekommen, daß ich mal jemandem mein Herz ausgeschüttet habe. Vor kurzem sogar erst. Ja. Das ist eben meine beste Freundin gewesen. Sie ist drei Jahre älter als ich und im selben Beruf, hab' ich ja schon erwähnt. Für dieses Gespräch mußte bei mir so einiges zusammenkommen; alles eigentlich. Von der Arbeit her war ich ziemlich gestreßt. Weil, als Schüler kommt man ja immer auf ziemlich viele Stationen. Und da, wo ich gerade war, hat's mir überhaupt nicht gefallen. Die Leute waren da so frustrierte Alte ... Ja, die waren wirklich sehr seltsam. Und als Schüler hast du da gar nichts gezählt, und das war ich eben von früher auf anderen Stationen ganz anders gewohnt. Du hast halt die Drecksarbeit gemacht, und das hat dann schon gepaßt. Und während du gesprungen bist, haben die anderen Kaffee getrunken. Und irgendwann frustriert das halt einfach.

Ja, also die Arbeit. Dann privat, das ist alles nicht so toll gelaufen, wie's hätte sein sollen. Freund, Familie, alles einfach. Und, ja, dann hat das sein müssen, mal richtig zu reden. Wir sind an die Isar gefahren und haben Sterne angeschaut. Nee, nee, ohne uns wegzubeamen! Ich trink' fast keinen Alkohol. Ich hatte schon mal 'ne Zeit, da war das sehr heftig, aber seit ich den Führerschein habe, gar nix mehr.

Ich meine, ich hab' ja davon nichts, außer, daß es mir am nächsten Tag schlecht geht. Mit der abschreckenden Wirkung durch meinen Beruf hat das nichts zu tun. Falls man jetzt denken könnte, sie arbeitet ja auch auf Alkoholikerstationen und erlebt in der Klinik Drogensüchtige. Das ja, aber wenn Abschreckung wirklich helfen würde, dann würde ich bestimmt schon längst nicht mehr rauchen oder so.

Nein, ich will mich nicht drumrummogeln, welche Art von Ärger mit dem Freund ich hatte. Das war übrigens der sechste nach dem, wegen dem ich aufs Gymnasium gegangen bin. Es hat einfach Streß gegeben. Ich meine, das hat halt alles nicht so gepaßt mit uns beiden. Zwei Monate waren wir zusammen, also gar nicht lang, und es war mir am Anfang nicht so bewußt, daß er eigentlich ganz anders denkt als ich. Übers Leben, allgemein, also er ist da völlig verschieden von mir. Und es hat mich eigentlich gewundert, daß da überhaupt was ging. Aber dann ist er auch noch fremdgegangen, und dann war Schluß.

Zum Beispiel ..., was mir dann erst zum Schluß aufgefallen ist: daß er viel zuviel Alkohol getrunken hat und daß es ihm total egal war, wenn er besoffen Auto gefahren ist. Und das find' ich einfach net korrekt. So 'ne Kleinigkeiten halt, die sich häuften. Daß er nie pünktlich war, na ja. Das waren halt ganz viele Kleinigkeiten, und die Krönung war dann am Ende fremdzugehen.

Kennengelernt hatten wir uns in der Disco. Unterhalten und so – na ja. Eigentlich untypisch für mich; in der Disco fängt das sonst nie an bei mir. Einer war ein Kumpel aus meiner Clique, mit dem war ich gleich zweimal zusammen. Einer war ein Bekannter, also von den Erwähnenswerten. Und den aktuellen habe ich auf der Arbeit getroffen. Der nach dem Ärgerlichen kam, sozusagen. Insofern gibt es bei mir schon ein Happy-End. Zur Zeit jedenfalls. Ja.

Ich hab' schon oft die Kumpelrolle gespielt, ja, klar. Das pfundige Mädel, dem die Jungs eher schon auf die Schulter hauen und bei dem sich alle ausheulen. Ich denke mal, wenn ich jetzt längere Zeit Single wäre, würde mir diese Rolle nicht so gefallen. Das wäre schon deprimierend. Aber so, wie's im Moment ist ... das paßt ja.

Es scheint auch bei mir so zu sein, daß mich ältere Jungs mehr anziehen. Ich weiß auch nicht, warum das so ist. Aber mit Jüngeren könnte ich nichts anfangen. Vielleicht später mal. Kann ich nicht erklären. Ist einfach so.

Vom Aussehen her bin ich nicht so festgelegt. Ich meine, beim ersten Treffen sollte es schon »klick« machen. Aber ... ja, auch wenn's net gleich »klick« macht, es kann ja wachsen. Der eine aus meiner Clique – also, das waren halt so Jugendliche zwischen zwölf und sechzehn, die immer zusammengehangen haben –, der hat mir von Anfang an gut gefallen, der war übrigens auch älter, zwei Jahre. Die anderen haben es schon vor ihm gewußt, und die konnten natürlich nichts für sich behalten. So hat er es dann erfahren. Und auf einer Party, da kam er dann und sagte mir, daß ich ihm schon auch gefalle. Dann haben wir uns geküßt, und alles war toll. Mein erster richtiger Kuß ist das gewesen. Alles vorher waren nur Bussis, mit dem aus der Grundschule, hab' ich ja erzählt. Aber diesmal, Schmetterlinge und alles so was.

Aber sonst, ich bin jetzt nicht der »Bussi, Bussi«-Typ, gar net. Dazu bin ich letzten Endes auch viel zu schüchtern. Es gab mal so 'ne Phase, da wurde sich grundsätzlich mit Küßchen hier, Küßchen da, begrüßt, gerade unter Mädchen. Aber das war nichts für mich. Das ahnt man, glaube ich, auch schon von mir. Ich war eher so die Distanzierte: ein kumpelhaftes »Hallo«, und damit gut.

Klar, jetzt mit meiner besten Freundin, wenn wir uns sehen, wir umarmen uns auch. Aber das ist nie so übertrieben, daß wir so 'n Getue miteinander veranstalten. Nee.

Ich hatte auch schon früher beste Freundinnen, aber dann bin ich mit einer mal so ziemlich auf die Schnauze geflogen, und danach wurde ich zurückhaltender zu den Leuten. Ja, das waren halt Sachen, die ich ihr erzählt habe und die sie überall weitererzählt hat. Und, weiß net, da war bei mir Schluß.

Ich wirke nicht schüchtern, oder? Bin ich aber trotzdem. Ganz ehrlich! Gerade, wenn es um Situationen mit Männern geht. Episode? Standardsituation? Hm. Na ja, also mit Markus, das ist der, mit dem ich jetzt zusammen bin, da war das Problem: Der ist genauso schüchtern. Und da hab' ich mit einer Freundin drüber geredet, die meinte: »Kathrin, da mußt du jetzt schon was tun, sonst wird das nichts.« Man hat schon gemerkt, daß von seiner Seite auch was da ist, das war gut. Sonst hätte ich gleich wieder gedacht: Ach, das meinst du jetzt vielleicht, das bildest du dir bloß ein. Trotzdem, das hat mich verdammt viel Überwindung gekostet. Aber ich hab' ihm das irgendwann alles so gesagt, daß ich ihn ganz toll find'. Im Auto übrigens! Er hatte mich nach Hause gefahren, und wir standen vor der Haustür und haben so geredet. Und erst hat er nicht gewußt, was er sagen sollte, aber dann: Ja, ja, ihm geht's auch so. Und – gut. Ja, ich hab' den ersten Schritt gemacht. Das war der Horror!!

Daran kann man sehen, wie sehr ich das gewollt hab'. Ich hatte vorher gebaggert ohne Ende, und ich wußte: Wenn du jetzt nix tust, dann wird das nix. Und dann hätte ich irgendwann wahrscheinlich keinen Bock mehr gehabt. Also entweder – oder. Jetzt sind wir seit drei Monaten zusammen. Er ist 28. Ein Mann mit Vergangenheit, ja. Ich meine, ich weiß viel von ihm, aber ich weiß sicherlich nicht alles von ihm. Ich kenne seine ganze Family, seinen Bruder, seine Schwester. Ich weiß, wie er aufgewachsen ist. Aber daß ich ihn jetzt über sein Liebesleben ausgefragt hätte, nö. Das interessiert mich eigentlich auch nicht. Ich weiß, Frauen sagt man eigentlich immer nach, daß sie da bohren und wissen wollen, aber ich wirklich nicht. Ich bin eigentlich auch gar nicht so eifersüchtig. Gerade bei Markus. Ich meine, ich sehe ihn jetzt auch nicht so oft. Er arbeitet, ich arbeite; es ist ganz selten, daß wir mal gemeinsam arbeiten oder gemeinsam frei haben. Aber daß ich jetzt extrem eifersüchtig wäre oder ihn ständig kontrollieren würde – nee. Ich vertraue ihm. Ja.

Sex ist für mich nicht das Allerwichtigste auf der Welt. Aber es ist auch nicht unwichtig. Ich denke mal, es gehört schon dazu. Bei meinem ersten Mal, da war ich 14. Das war mit diesem einen Typen aus der Clique. Ja, hm ... es war jetzt net irgendwie erschreckend oder so. Aber danach, alles, was danach kam, war schöner.

Bis auf einen, aber das ist nicht so wichtig. Ja, ich hätte mir das alles irgendwie noch besser vorgestellt.

Ja. Es war keineswegs der berühmte siebte Himmel. Obwohl, es war jetzt auch nicht so ... grausam oder Katastrophe. Wie's war? Was soll ich darüber schon erzählen? Mei – nett! Danke für die erschöpfende Auskunft, gell?

Also, es war bei ihm zu Hause. Er hat allein mit seinem Vater gewohnt, und der war halt oft net zu Hause, und da war das nicht so schwer. Ja, es war, es hat schon ... daß ich ihm vor allem einen Gefallen damit tun wollte, das glaube ich ganz sicher. Es ist jetzt nicht so, daß ich's nicht wollte. Ich hab' nicht gesagt: »Mei, nö ...« Aber es wär' nicht schlimm gewesen, wenn es nicht mit 14 passiert wäre. Ich war 14, er war 17, und er hat zuvor auch schon andere Mädels gehabt. Und klar; er hat mir schon zu verstehen gegeben, daß er es will. Und ich dachte: Na gut, mei, bevor dann Schluß ist ... Insofern: Ja, ich hab' wohl geglaubt, ich kann ihn damit halten.

Hat ja auch funktioniert, wenigstens für eine gewisse Zeit. Ich selber hatte nichts davon, von diesem ersten Mal. Aber ich dramatisiere das nicht so, für mich. Das war jetzt nicht so aufregend. Es hat schon gepaßt.

Ich sage das ziemlich oft, was? »Hat schon gepaßt. Paßt schon.« Was bohrst du auch immer so ... Natürlich hat das einen Grund. Ich kann aber nicht drüber sprechen. Noch nicht. Vielleicht später. Keine Ahnung.

Bereut habe ich es nicht. Es war zum Beispiel auch sehr romantisch, schon beim allerersten Mal. Mit Kerzen und so. Also, ich muß sagen, er hat sich da schon Mühe gegeben. Also, woran hat's gehapert? Hm ... Ja, vielleicht waren meine Erwartungen irgendwie dann zu hoch. Einfach, daß es Bilder aus den Medien waren, die ich im Kopf hatte und die mit der Wirklichkeit nichts zu tun haben. Unter Druck setzt mich das aber nicht, glaube ich nicht. Sex ist allgegenwärtig, und das ist mir auch nicht peinlich, daß man da überall mit zugemüllt wird, sobald man nur das Haus verläßt oder den Fernseher einschaltet. Aber mein Sexleben hat damit wenig zu tun. Das ist mein Sexleben, und da mache ich mir meine Gedanken drüber. Mit Sicherheit ist das nicht so wie im Film, und deswegen finde ich es trotzdem nicht deprimierend. Es wär' schon toll gewesen, wenn's so gewesen wäre wie im Film, alles ganz toll hergerichtet und – perfekt. Aber mei, meine Erwartungen waren letzten Endes auch bloß damals, mit 14, so hoch. Heute ist das nicht mehr so.

Schon bei meinem dritten Freund war's besser. Er war sehr einfühlsam. Vier Jahre älter. Ja, ich glaube, das lag vor allem an ihm, daß es für mich nahezu perfekt war. Ein guter Liebhaber. Ich will jetzt nicht behaupten, daß ich da selber schon gewußt habe, was ich will. Grundsätzlich ist das wohl so: Je besser ich mich schon selber kenne, um so schöner. Und – man wird halt älter. Ich meine, jetzt mit Markus ist es sowieso schön. Das paßt gut. Man begreift das erst mit der Zeit, daß es nicht irgendwie »sein muß«, sondern daß man selber dafür sorgen muß, daß es eben »paßt« dann, füreinander, miteinander.

Doch, ich hab' keine Probleme, über Sex zu reden. Ich weiß bloß nicht, was ich da jetzt im einzelnen alles noch dazu sagen soll.

Mein einer Reinfall, den ich vorhin unvorsichtigerweise erwähnt habe. Ja, das war mehr so 'n One-Night-Stand. Und das war jetzt net so toll. Das lag vielleicht daran, daß ich besoffen war. Ja. Das war auf 'ner Party. Und das hat sich dann halt irgendwie so ergeben. Das war auch nicht schön. Schnelle Nummer im Nebenzimmer. Da könnte schon so 'n leises Bereuen durchkommen bei mir. Doch.

Mein Beruf wirkt sich auf Sex, auf Körperlichkeit allgemein, vielleicht auch in einer bestimmten Weise aus. Ja, das kann schon sein. Man wird offener. Ich meine, wenn ich tagtäglich irgendwelche Leute waschen muß oder ihnen irgendwie Katheter legen oder – keine Ahnung – irgendwie sonstwas, das ist ... man geht dann irgendwann anders damit um. Man wird schon offener, was Sex betrifft, auch wenn das jetzt auf meiner Arbeit nicht vorkommt. Aber mit Körpern und so, das hat dann nicht mehr die Bedeutung, die Dramatik.

Am Anfang war das für mich schon komisch. »O Gott, jetzt muß ich diesen Mann da waschen!«, das war gewöhnungsbedürftig, gelinde ausgedrückt. Aber das wird dann irgendwann normal. Für mich. Für die Patienten sicher nicht. Ich weiß nicht, ich möchte das vielleicht irgendwann mal nicht. Ich hab' mich schon oft gefragt, wie ich mir wohl vorkommen würde, wenn ich da läge und mich nicht mehr rühren könnte. Aber jetzt, nach einem Jahr ist es für mich ganz normal. Es ist halt die Arbeit, die man nun mal macht. Jedenfalls, ganz abwegig ist es nicht, daß ich dadurch vielleicht ein selbstverständlicheres, ein natürlicheres Verhältnis zum Sex gekriegt habe. Aber grade das – Männer zu waschen –, das ist mir am Anfang als junge Lehrschwester sehr schwergefallen. Ich hab' mir da viel abgeguckt von Schwestern oder Pflegern, die ich gut finde. Da gibt's ja auch solche und solche. Aber gut finde ich zum Beispiel Schwestern, die viel wissen vom Patienten – die also auf den Patienten gut eingehen können. Die fachlich viel wissen, über die Krankheiten und so, und die das auch rüberbringen, also verständlich erklären können. Das ist für mich gut. Und die vielleicht auch lockerer mit den Patienten umgehen können und nicht so verkrampft sind. Von denen schaue ich mir viel ab. Das paßt dann.

Da gehört Reden dazu, auf jeden Fall. Also nicht reinstürmen, Klamotten wegreißen und anherrschen. Irgendwie muß man es schaffen, auch in dieser Situation die Intimsphäre des Patienten zu wahren. Klischees, von wegen »Nachtdienste mit dem Chefarzt versüßen« oder so, das habe ich noch nicht mitgekriegt. Vielleicht kommt's ja noch. Aber bisher ... nee. Ich weiß auch gar nicht, wo diese Vorstellungen herkommen. Daß in Kliniken wild herumgeliebt wird, Schwestern mit Doktoren und Ärztinnen mit Pflegern oder so. Vielleicht, weil es ein Bereich ist, in dem Leben und Tod so dicht beieinanderliegen, daß man es halt nicht so genau nimmt. Aber bestätigen kann ich das nicht.

Ich meine, ich hatte auch schon mit Markus Nachtdienst, aber da bleibt gar keine Zeit dazu. Und man würde sich auch immer irgendwie beobachtet fühlen, weil, ganz ruhig ist es nachts halt doch nicht. Und einfach abhauen kannst du auch nicht. So.

Im Krankenhaus? – Na ja ...

Sex ist richtig gut, wenn auf jeden Fall der Partner paßt. Wenn ich dem vertrau'. Und – Technik gibt's da, glaube ich, jetzt keine bestimmte. Ich denke, das muß halt einfach passen. Sich-fallenlassen-können, das gehört auf jeden Fall dazu. Das konnte ich auch erst mit der Zeit, ist doch logisch. Aber Vertrauen ist auf jeden Fall ganz, ganz wesentlich für mich, dafür. Markus ist auch sehr einfühlsam und nett.

Das kann ich mir gar nicht anders vorstellen.

Ja, ich weiß, ich wirke sehr stark. Aber das ist nur äußerlich. Ich glaube, innerlich ... ich bin ganz schön sensibel. Und ich glaube, man kann mich auch ziemlich leicht verletzen. Es dauert zwar 'ne Zeitlang, bis die Schale außen erst mal durchbrochen ist, aber dann tut's um so mehr weh. Dann trifft's tief.

Wann hat mich zum letzten Mal jemand so richtig verletzt? Das war Hauptschule, neunte Klasse. Ein Typ. Und das war schwer. Ich kam auf die Schule und hab' eigentlich nichts richtig gelernt und trotzdem gute Noten geschrieben, weil das alles total leicht war. Ich hab' auch nie daheim Hausaufgaben gemacht. Ich hatte bei den Lehrern schon irgendwo einen Bonus, weil, das Kind war ja auf der Realschule gewesen. Ja, und der Typ war eben bei mir in der Klasse, und das ging gleich los: »Ja, fette Sau!«, und das durfte ich mir dann jeden Tag anhören.

Eine Zeitlang ging das gut, und dann bin ich halt ausgerastet. Ich meine, ich hab' den wirklich geschlagen, also das war – ein voller Austicker. Das würde ich halt jetzt nicht mehr machen, aber da war ich schon verletzt. Danach war Ruhe. Ich meine, ich war damals schwerer als heute. Ich hatte schon mal 'ne Phase, wo ich schwerer war. Warum? Keine Ahnung. Ich eß' halt gern. Nix Bestimmtes. Was, Menschen legen sich eine Schutzschicht zur Außenwelt zu, damit ihnen keiner wehtun kann? Nee, glaub' ich net, daß das so war. Ach Mensch, hör doch auf. Am Ende rede ich doch noch über Dinge, über die ich nicht reden wollte ...

So in der Pubertät, das war schon schwierig. Weil ich schon damals, glaube ich, so veranlagt war. Ich bin halt gewachsen und dann in die Breite gegangen. Und ich hab' mich damals auch nicht wohlgefühlt, so, wie ich bin. Aber, ich mein', mittlerweile ist das halt so. Ja, man hat halt schon das Bild im Kopf, sicher auch durch die Medien vermittelt, wie 'ne Frau auszuschauen hat. So – und irgendwie war ich halt immer das Gegenteil davon. Und früher hat mir das schon zu schaffen gemacht. Wo ich mir oft Gedanken drüber gemacht habe, ob das eigentlich alles so richtig ist. Aber dann hab' ich mich selber beruhigt und mir gesagt: Laß mal, das wird schon noch. Und heute, mei; so im Großen und Ganzen fühl' ich mich schon wohl. Was hat dazu beigetragen, daß ich mich mehr mochte. Vielleicht – ein Mann? Ja. Das war der vorletzte, also der, der vor Markus kam. Und bei dem hab' ich schon das Gefühl gehabt, daß der mich so liebt, wie ich bin. Das war für mich eine schöne Erkenntnis, daß ich so ganz befreit denken konnte: Ja mei, es gibt also doch Männer, die das so mögen! Besonders bei dem war das so, obwohl sich die vor ihm auch nicht direkt beschwert haben über meine Figur. Aber davor war das alles halt noch so Jugendzeug, so sehe ich das heute.

Und im Prinzip fühle ich mich wohl in meiner Haut. Auch mit diesen kurzen Haaren. Seit ich diese Frisur habe, gehören die roten Haare einfach dazu. Neulich im Krankenhaus, da hat meine Chefin das moniert. Die Ober-Chefin. Ich würde damit keinen guten Einfluß auf die Patienten haben, meinte die. Also, wenn eine junge Schwester mit so 'nem Feuerkopf ins Zimmer käme, würden die Kranken angeblich nicht ihre Schmerzen erzählen können. So ein Schwachsinn! Ich weiß ja aus Erfahrung, daß es anders ist! Mir ist es noch nie passiert, daß da jemand seltsam geguckt hat. Also, egal, was ich für eine Haarfarbe hatte, rot, leuchtend rot, schwarz oder blauschwarz; die Patienten reagieren immer positiv auf mich und scheinen mir voll zu vertrauen. Nie irgendwelche negativen Reaktionen. Außer, wo ich tiefschwarz war, da haben alle gesagt: »Kathrin, du schaust krank aus.« So ein bißchen besorgt.

Aber das ist mir eigentlich auch wurscht. Wem das nicht paßt, Pech gehabt. Die Chefin kann mich ja deswegen nicht rausschmeißen, so was ist ja kein Kündigungsgrund. Vielleicht werde ich in nächster Zeit nicht mehr so extremes Rot verwenden, mal sehen. Aber inzwischen unterstützen mich auch die Kollegen: »Quatsch, du behältst deine roten Haare, laß dich ja nicht unterkriegen!«

Die roten Haare gehören halt einfach zu mir.

So kennen mich schließlich auch meine Leute aus dem JUZ. Dem Jugendzentrum auf dem Lande, in dem ich hier so 'n bißchen den Hut aufhabe. Seit drei Jahren gehe ich jetzt schon hierher. Vorher war ich woanders, aber das war langweilig; der Club hatte das Image, daß sich da nur die ganz braven Kinder treffen. Hier, wo ich jetzt bin, das war schon spannender. Da hieß es immer: Ja, im JUZ, da sind bloß die Chaoten, und da wird mit Drogen hantiert. Aber so schlimm war es dann auch wieder nicht, bei Lichte besehen. Ich meine, man darf nicht vergessen, wir sind ja hier auch in Bayern. So harte Sachen überhaupt nicht. Und mit Kiffen, das findest du mehr in den Großstädten. In München eben oder in Augsburg.

Ja, wie ich das neben der Arbeit schaffe, bei meinen drei Schichten, mich auch noch im Jugendclub zu engagieren, das weiß ich auch nicht so genau. Es geht eben. Und wenn es mal nicht geht, muß eben jemand anders übernehmen. Auf jeden Fall ist es schon wichtig; hierher kommen die Problemfälle, kann man schon so sagen. Heftige Problemkinder. Die von daheim geschlagen werden, sexueller Mißbrauch, so Zeug.

Wir haben auch eine Sozialarbeiterin, aber die ist nicht nur für unseren Club zuständig, sondern für mehrere Sachen. Ich meine, es ist halt einfach so, die Kids von hier, die kennen mich halt noch von früher, als ich selber manchmal hier auf dem Dorfplatz rumgeflaggt bin. Und da ist es schon ganz anders, wenn sie mit mir über ihre Liebesprobleme oder sonstwas reden, als wenn sie zu dieser Streetworkerin gehen. Weil, die kennen sie halt einfach net oder nur vom Sehen.

Ja, was mache ich dann? Ich höre einfach zu. Was soll ich auch sonst machen. Ich bin auch nicht der Typ, der jetzt so 'n schlauen Rat dazu gibt. Ich meine, wenn ich aus meiner eigenen Erfahrung was dazutun kann, dann mache ich das auch. Aber daß ich mich da direkt einmische, so nicht. Normalerweise ist bei uns auch einfach nur offen, das Jugendzentrum, und jeder kann kommen, wann ihm danach ist. Mit Musik und Billard, und oben haben wir seit neuestem auch ein Internetcafé. Einmal die Woche ist so 'n Mädchentag, aber den machen wir nicht; den machen andere. Und ab und zu irgendwelche Partys. Von der Musik her spielen wir so ziemlich alles. Man kennt ja die Kids, die hierherkommen, und man sieht ja teilweise auch an ihren Klamotten, was sie gerne hören, und danach richtet man sich dann. Also, da legt man nicht grade das ganze Gegenteil auf.

Die Cliquen auf dem Lande, die sind nicht ganz so scharf voneinander abgegrenzt wie in der Großstadt, weil, dazu gibt es einfach zu wenig Jugendliche hier. Ja, was haben beziehungsweise hatten wir denn so? Die Rollerpopper, das sind die, die immer mit ihren Rollern vorgefahren sind. Dann gab's die Rathaus-Clique, die hieß so, weil sie sich halt immer auf dem Rathausplatz getroffen hat.

Nach Musikrichtungen ist es eigentlich nicht einmal so getrennt.

Ich bin musikalisch nicht so festgelegt, ich kann mich da ganz gut anpassen. Ja, weil ich halt auch selber Musik mache, deswegen vielleicht. So aktuelle Sachen mag ich, und Black Music finde ich net schlecht. Was ich ganz geil finde, ist afrikanischer HipHop. Find' ich recht cool. Oder so allgemein, afrikanischer Sound. Nicht schlecht!

Was ich für Musik mache? Also, ich spiele Musikinstrumente. Und zwar E-Gitarre, normale Gitarre, Baß, Klavier und Keyboard, Blockflöte; Gesangsunterricht hab' ich gehabt. Alles so peu à peu,

von Kindesbeinen an. Ich glaube, Blockflöte lernt man als erstes in
der Grundschule. Und dann wollte ich unbedingt Gitarre spielen
können, ja – und das hab' ich halt gemacht. Das hab' ich dann auch
durchgezogen. Normalerweise war ich so: Ich hab' was angefangen
und dann wieder abgebrochen. Aber das war halt irgendwie was
Besonderes. Was mache ich da draus? Nix. Nö.

Die ganzen Instrumente habe ich zu Hause in meinem Zimmer;
mein Keyboard und vier Gitarren. Ja, das ist wohl irgendwo so mein
Spleen, Gitarren sammeln. Ich hab' auch mal eine Zeitlang in 'ner
Band gespielt, aber das war jetzt auch nicht so der Hit. Das hat net
so zusammengepaßt einfach. Es waren zwei Leute dabei, mit denen
hatte ich so persönliche Differenzen, und das hat dann nicht hingehauen. Und dann haben sie auch so 'n bißchen schräge Musik gemacht. War nix für mich.

Singen tue ich Alt, ja. Hab' ja eine ziemlich tiefe Stimme. Aber
ich hab' wirklich nicht den Ehrgeiz, jetzt unbedingt was da draus
zu machen, Frontfrau von 'ner Band oder so. Da singe ich lieber
daheim unter der Dusche. Ich meine, die meisten Kollegen von mir,
die wissen das. Und dann singe ich manchmal auf Feiern. Morgen
zum Beispiel, da ist Abschiedsparty von drei Kollegen auf meiner
Station, und da singe ich halt, mei, was die Leute wollen. So Schlager, Gott sei Dank nur drei Lieder, weil, das ist net so meine Musik. Ich mag auch Oldies, zum Beispiel, da gibt's wirklich klasse Sachen. Und was mir aktuell richtig gut gefällt, das ist jetzt »Destiny's
Child«. Die sind net schlecht!

Musik höre ich überall, das gehört einfach dazu. Abhängig von
Stimmungen, ganz klar. Also, wenn ich deprimiert bin, da kommt
schon so was Trauriges halt rein. Ja, oder was ganz Hartes, je nachdem. Das kann schon vorkommen, daß, wenn ich deprimiert bin,
Heavy Metal laufen muß, obwohl ich sonst nie Heavy Metal höre,
aber ... das gibt's. Immer das Gegenteil von meiner momentanen
Stimmung.

Meine Eltern, die müssen da durch. Ich glaube, bei meinem Bruder war das für sie schlimmer. Ich meine, ich muß jetzt Musik auch
nicht unbedingt laut hören. Es ist nicht so, daß ich aufdrehe wie
verrückt. Mit meinen Eltern, das ist mittlerweile wieder ganz gut.

Ich wohne ja nur noch ab und zu bei ihnen, auf'm Lande. Ansonsten habe ich mein Zimmer in München, in so einem Schwesternwohnheim. Um mir die Fahrerei zu sparen, wenn ich zum Beispiel Frühdienst habe. Nee, da gibt's jetzt keinen Mords-Streß mehr in unserer Familie. Ich meine, ja, es ist schon bequemer zu Hause. Daheim ist es gemütlicher, der Kühlschrank ist immer voll, ich hab' meine Musikinstrumente da. Im Zimmer in München, da ist halt nix, bloß ein Bett eben.

Jetzt habe ich ja mein Auto. Das hat 4900 Euro gekostet. Ich hab' ja immer gespart, hab' meinen Führerschein gemacht – beim zweiten Anlauf hat's dann auch geklappt – und hab' das alles selber gezahlt. Danach hatte ich noch 3500 Euro übrig, für mein Auto, und den Rest haben mir meine Eltern dazugegeben. Sie haben gesagt, bevor ich irgend so 'ne Scheiß-Karre kaufe, die gleich wieder auseinanderfällt, wenn man in die Kurve fährt; dann doch lieber gleich was Gescheites. Versicherung muß ich selber zahlen, und da versuche ich, von meinem Lehrschwestern-Gehalt eben immer ein bißchen was auf die Seite zu legen dafür. Mei, Geld ... – Es ist nett, wenn man's hat! Es steht nicht an erster Stelle für mich, aber auch nicht an letzter. Man braucht halt Geld, sonst kann man ja gar nix machen. Aber es ist jetzt für mich keine Voraussetzung, zum Beispiel, was meinen Partner betrifft. Ob der Geld hat, ist mir wurscht. Ja.

Von meinen Eltern her kenne ich das auch so. Ich meine, wir sind nicht arm oder so, aber wir rennen der Kohle auch nicht nach wie verrückt. Meine Mama, die arbeitet viel, das ja. Die hat zwei Jobs. Also, sie ist bei der Bundeswehr, und dann bedient sie noch in einem Restaurant. Sie arbeitet wirklich viel. Das ist es, die Arbeit. Dieses Aktivsein und immer Tun. So bin ich bestimmt auch, in gewisser Weise.

Ich glaube auch, daß meine Eltern sich immer noch lieben. Doch, und so verheiratet sein, lange verheiratet sein wie die beiden, da wäre ich noch nicht mal so abgeneigt. Aber ... nee, im großen und ganzen ist das schon okay, was sie machen. Was ich anders machen würde ... – hm. Hab' ich mir noch gar keine Gedanken drüber gemacht. Keine Ahnung. Das ist noch viel zu weit weg. Erst mal wün-

sche ich mir ganz andere Dinge. Daß ich meine Ausbildung ordentlich zu Ende bringe und dann irgendwann endlich richtige Krankenschwester bin. Denn das ist ja so:

Für Krankenschwester an sich braucht man 'nen Realschulab-
schluß, und ich hab' ja nur den Qualifizierten Hauptschulabschluß.
Und normalerweise lernt man dann in meinem Falle erst etwas anderes und steigt danach ein. Aber das wären ja sechs Jahre gewesen
insgesamt, lange Zeit. Und jetzt mache ich Krankenpflege-Helfe-
rin, was nur ein Jahr dauert, und will dann mit der Lehre zur Krankenschwester weitermachen, was ja mein Ziel und mein Wunsch-
beruf ist. Das braucht insgesamt nur vier Jahre. Aber erst mal soweit kommen! Noch weiter voraus denke ich nicht.

Ich glaube ja auch, für mich sind erst mal ganz andere Sachen
wichtig. Seelische Dinge. Das, worüber es mir so verdammt schwer-
fällt zu sprechen. Ich weiß nicht, ob mir das in diesem Gespräch
hier noch gelingt. Laß uns erst mal noch über was Leichteres reden. Über Äußerlichkeiten vielleicht.

Was ich wichtig finde, ist, gepflegt rumzulaufen. Also ich würde
nie versifft auf die Straße gehen, so mit fettigen Haaren oder so.
Klamotten – das muß keine bestimmte Marke sein. Hauptsache
praktisch und ordentlich. Ich will, daß die Leute mich beim ersten
Eindruck nett finden. Nicht edel oder feminin; einfach nur angenehm.

Ist ja auch für meine Patienten wichtig, wie ich auf die zugehe.
Im Moment arbeite ich auf einer Herz-Lungen-Station, da sind viele alte Menschen, die liegen zum Sterben da. Eine hat mir neulich
mal ihr Fotoalbum gezeigt. Da bin ich schon froh, wenn ich mir die
Zeit mal nehmen kann, mich ans Bett zu setzen und zuzuhören.

Also, ich muß schon sagen: Jetzt, nach einem Jahr, denke ich immer noch, Krankenschwester ist mein absoluter Traumberuf. Ich
würde mich immer wieder so entscheiden, daß ich genau das mache. Es verändert sich auch vieles, oder da sind so Sachen, über die
ich mir früher nie Gedanken gemacht habe: Tod zum Beispiel.

Aber dadurch, daß ich jetzt schon viele Sterbende mitgekriegt habe, ich meine, man macht sich schon seine Gedanken. Es ist nie einfach. Das Schlimmste ist für mich, wenn man um das Leben von

demjenigen gekämpft hat und viele wiederbelebende Maßnahmen angewendet hat, und dann verstirbt der Mensch trotzdem. Als ich so was zum ersten Mal erlebt habe, das war heftig. Das war eigentlich auch die einzige Situation, wo ich mir überlegt habe, ob das das Richtige ist für mich mit dem Job.

Ja, ich glaube, in der Situation, da entwickelt man irgendwelche Kräfte, an die hat man vorher noch nie gedacht. Und das ist schon anstrengend. Und wenn der danach überlebt, dann ist das schön. Dann denkt man: Ja, du hast deine Arbeit gut gemacht. Aber wenn der stirbt, dann ist der erste Gedanke unwillkürlich: O Scheiße, du hast jetzt irgendwas falsch gemacht! Ich meine, das muß ja nicht so sein, der kann ja trotzdem sterben, und das muß ja nicht an einem selber liegen. Aber du denkst es trotzdem, das ist das Verrückte. Die eine Situation, da hat der Patient geklingelt, und ich bin dann in das Zimmer reingegangen. Meine Kollegin hatte gemeint: »Kannst mal schnell reinschauen, der hat sich bestimmt verdrückt«, weil, die Klingel ist genau überm Lichtschalter auf 'm Klo. Und das kommt oft vor, daß Patienten den falschen Knopf erwischen. Und der war auch noch recht fit eigentlich. Und ich geh' da rein, schau so, und er lag da vor der Toilette und rang nach Luft. Ich bin total erschrocken, hab' ihn erst mal hingesetzt und den Alarm ausgelöst. Da geht ja dann gleich ein Mords-Zirkus los, das blinkt ganz hektisch und die Kollegen kommen angerannt. Und wir haben dann wie wild gearbeitet, aber er hat's nicht überlebt.

Das ist es eben. Wenn man Glück hat, hat man liebe Kollegen, und dann wird auch hinterher drüber gesprochen. Das brauchst du eigentlich auch. Andere Menschen sind das Wichtigste. Bei mir gibt es da zum Beispiel keinen Glauben, der mir weiterhilft. Ich bin schon mal net katholisch, was ja eigentlich auch nicht nach Bayern paßt. Durch meine Mama, die ist evangelisch. Aber – ja, vielleicht glaub' ich auch an Gott, weiß net, aber das ist irgendwo ganz hinten. In so 'ner Situation, ich finde, da nützt mir Gott ja auch nichts. Sein Wille geschehe – das tröstet mich nicht.

Ich meine, das machen dann Freunde oder Bekannte, da drüber weg helfen. Eines Tages lasse ich mir vielleicht auch mal bei dem helfen, wo ich jetzt schon die ganze Zeit drüber rumeiere, und was ich am liebsten verschweigen würde, das sage ich ganz ehrlich. Aber was soll's, es gehört zu mir, und jetzt erzähle ich es eben:

Bis jetzt weiß das nur meine beste Freundin, die mal etwas Ähnliches erlebt hat und auch 'ne Therapie gemacht hat deswegen. Meine Eltern haben keine Ahnung davon, und das soll auch so bleiben.

Ja, also ich bin, als ich zwölf Jahre alt war, von dem Vater meiner Mutter vergewaltigt worden. Mein Opa, der Gott sei Dank kurz darauf gestorben ist. Damals hab' ich gar nicht so gecheckt, was da eigentlich abgeht, das kam erst viel später. Viel gibt's da auch gar nicht drüber zu erzählen, außer, daß ich jetzt, wenn ich dran denk', einfach nur zum Kotzen rennen kann, weil das alles so ekelhaft ist.

Bei mir war das danach so, daß ich nach meinem ersten richtigen Mal mit 14 eigentlich mit jedem ins Bett gestiegen bin: Die Gründe dafür sind, denke ich, gewesen: Erstens, um Anerkennung zu bekommen, zweitens aus Frust und drittens, wegen dem Kampf, den ich auch heute noch jeden Tag mit mir selbst führe, einfach stärker zu sein als die ganze Scheiße in meinem Kopf. Weil die Schmerzen in mir, auch heute noch, jedes Mal heftigst stark sind.

Nun ist es so, daß Markus, mein jetziger Freund, nichts davon weiß. Irgendwie fehlt mir da ein bißchen das gewisse Vertrauen, und vielleicht will ich ihn auch nicht damit belasten. Ja, es ist auch ohne das schon so, daß er viel mit mir leidet. Wenn er mal Lust hat und ich ihn einfach total vor den Kopf stoße, und er denkt, er hätte irgend etwas falsch gemacht, dabei will ich ihm gar nicht so wehtun! Ich denke, wenn er es wissen würde, würde er ganz anders damit umgehen. Aber ich kann ihm das irgendwie nicht sagen, da blockiert irgendwas in mir. Ich meine, wenn ich mit ihm schlafe, dann mache ich das eigentlich ihm zuliebe, weil – Sex ist für mich kein Spaß, sondern eher eine Bedrohung und in gewisser Weise auch jedesmal eine Zerstörung! Und ich kann dir auch keinen Typen sagen, bei dem es mir nach dem Sex gutging. Die Schmerzen danach in mir drin sind einfach die Hölle!!

Ja, um selbst mit alledem fertigzuwerden, hab' ich mir die langen Haare abgeschnitten und dann irgendwann mit 14 angefangen zu ritzen, also mich selbst mit dem Messer zu verletzen. Das hat mir aber nie wirklich was gebracht.

397

Danach ging es weiter, mit dem Kopf gegen die Wand schlagen, das war schon besser; ich hatte so das Gefühl, die Gedanken aus meinem Kopf rauszukriegen. Hat aber nicht selten mit blauen Flecken geendet.

Zum Schluß hab' ich angefangen, mir die Haare rauszureißen, das war dann »gut«. Weil ich so den Schmerz richtig gespürt habe; einfach, um zu schauen, ob ich überhaupt noch lebe.

Ja, mehr weiß ich im Moment nicht, dazu ist das Chaos in meinem Kopf einfach zu groß. Und ich muß das erst wieder auf die Reihe kriegen. Mir geht's jetzt eigentlich ziemlich beschissen, aber das ist okay, ist ja auch nicht das erste Mal.

Auf jeden Fall weißt du jetzt alles von mir.

Mehr gibt's im Moment nicht zu sagen.

»Frauenversteher«

Matthias, 18, Guben

Ich war gerade am Wochenende auf einem Moby-Konzert. Die Karten dafür habe ich von meiner Exfreundin geschenkt bekommen. Beziehungsweise, zu dem Zeitpunkt, wo ich sie geschenkt bekommen habe, war ich noch mit ihr zusammen. War halt ein Geschenk zum »Anderthalbjährigen«, weil, bei uns war's Tradition, daß wir uns zu großen Jubiläen was schenken. Ja, und nun sind wir trotz der Trennung noch miteinander da hingegangen, und es war auf jeden Fall ein schönes Konzert.

Auch wenn man eigentlich denkt, daß man sich nach 'ner Trennung nicht mehr so gut versteht. Es ging aber.

Na, die ersten zwei Wochen war es sehr anstrengend, weil ich halt den Schritt getan hatte und sie versucht hat, mich wieder zurückzugewinnen, sozusagen. Ja, dann waren zwei Wochen ziemlich anstrengend, und dann hat sie 'nen neuen Kerl kennengelernt aus irgendeinem kleinen Dorf. Und seitdem ist sie wieder glücklich, seitdem verstehen wir uns auch wieder. Fast besser als vorher, am Ende der Beziehung. Wir reden auch noch über viele Dinge, über die man eigentlich nicht mit jedem redet, weil sie mich sehr gut kennt und ich sie sehr gut kenne. Und daher haben wir eben immer noch ein sehr enges, zumindest geistig ein sehr enges Verhältnis zueinander.

Ich weiß nicht, woran das liegt. Bei mir ist das bisher immer so gewesen, daß ich nach einer Beziehung mit der Person immer noch ein sehr gutes Verhältnis hatte. Da gab es höchstens ein, zwei Ausnahmen, wo ich wirklich gesagt habe, ich will mit der Frau jetzt nichts mehr zu tun haben. Ansonsten, wir versuchen jedesmal, auf freundschaftlicher Ebene miteinander klarzukommen und das, was mal war, zurückzustecken, weil es eben nicht mehr sein kann und auch nicht mehr sein sollte. Und dann klappt das schon irgendwie, gerade wenn man öfter was miteinander unternimmt. Also, bei mir klappt das. Ich find's auch 'ne gute Lösung, weil man 'ne Zeit seines Lebens miteinander verbracht hat, daß man sich hinterher nicht total aus den Augen verliert. Ja, ich kann auch verstehen, daß Leute sagen: Das geht nicht, wenn früher mal Leidenschaft da war. Aber bei mir wandelt sich das eben im Kopf in Freundschaft um, und ich weiß dann, wie ich mit der Person anders umgehen muß.

Ja, eigene Eigenschaften einschätzen ist immer schwierig. Was ist das wohl an mir, das mir so was ermöglicht? Ich denke mal, daß ich ein Mensch bin, der erst mal mit jedem klarkommt, solange der andere Mensch kein Problem mit mir hat. Wenn ich jemanden kennenlerne, versuche ich erst mal, mit dieser Person klarzukommen, und meistens klappt das auch. Und selbst, wenn das »nur« Toleranz ist oder gegenseitige Akzeptanz, aber ich versuche, keine Vorurteile zu haben und mit anderen auszukommen. Erst, wenn die anderen anfangen, über mich Vorurteile zu haben und mich zu kritisieren, ohne Grund und indem sie mich falsch einschätzen, dann fängt's bei mir auch an, daß eine Antipathie gegen diese Menschen entsteht.

O mein Gott, ein konkretes Beispiel fällt mir da jetzt gar nicht ein. Aber ganz typisch ist: Da ich immer versuche, mit weiblichen wie männlichen Wesen gleichermaßen gut klarzukommen, werde ich halt öfter mal als Weichei abgestempelt, ohne daß mich Leute wirklich kennen. Einfach nur, weil ich halt versuche, ein lieber Mensch zu sein.

Und weil ich nicht versuche, den harten Macker raushängen zu lassen, da wird man halt von vornherein als Weichei und als Frauenversteher etikettiert. Meistens, ohne daß die Leute je mit mir geredet haben. Aber ich kann auch anders sein als immer nur der weiche und ganz liebe Kerl. Bloß, wenn die Leute nicht mal mit mir darüber reden, was soll ich da schon machen! Dann kann man eigentlich denen nur noch aus dem Wege gehen. Wenn man von vornherein schon so abgestempelt wird. Warum soll man dann noch positive Gefühle investieren, wenn einem von Anfang an gleich so negative entgegengebracht werden! Eigentlich ist es schon immer so gewesen, daß ich mich mit Mädchen besser verstanden habe als mit Jungs. Weil ich die Art, wie Jungs sich untereinander oder Frauen gegenüber verhalten, nie wirklich verstanden habe. Also, ich weiß nicht, ich kann Männer nicht begreifen, die finden, eine Frau hat zu tun, was sie sagen. Und daß Mädchen nicht gleichberechtigt in einer Beziehung oder Freundschaft sein können. Ich versuche halt immer irgendwie, 'ne Gleichberechtigung herzustellen zwischen allen Personen. Also, daß ich auch mal zurückstecke und mich um einen Kompromiß bemühe und einsehe, daß ich auch mal was machen muß, und nicht immer nur die anderen Personen für mich. Daß alle Menschen gleiche Aufgaben haben, wenn sie gleiche Ziele verfolgen. Und daß sie nicht gegeneinander arbeiten, wie es ja heute in der Gesellschaft oft genug der Fall ist.

Das hat sich mit der Zeit so entwickelt bei mir. Daß ich auf die Art versuche, meinen eigenen Weg zu finden und auf mein Herz zu hören, das mir sagt, wo ich hingehen muß. Kann schon sein, daß das auch an meiner Familie liegt, wie das da so abgelaufen ist. Aber wahrscheinlich mehr unbewußt. Ich könnte jetzt nicht von direkter Erziehung reden, weil es auch schlechte Seiten an meinen Eltern gab, die mir nicht gefallen. Na ja, gut, man sieht das als Kind eh immer anders als die Eltern. An manchen Stellen verstehen sie halt das heutige Leben nicht, also sie sind in ihrer Zeit irgendwie hängengeblieben. Nicht immer, aber in manchen Dingen. Wo fängt das an? Na, was die heutige Jugendkultur betrifft, da verstehen sie einfach nicht, daß sich das Leben der Jugendlichen auf die Nacht verlagert hat. Und das ist auch bei meinen Eltern so. Dann fängt's halt an: »Warum bist du so spät noch unterwegs? Warum kommst du nie nach Hause? Warum bist du so oft unterwegs? Am Tag hat man nichts von dir, weil du schläfst, und abends, nachts bist du nicht da!« Also, ich nehme mal an, die Probleme, die oft auftreten in den Familien. Und wo kein Jugendlicher mit seinen Eltern wirklich klarkommt. Also kaum einer.

Bei mir hat das angefangen, als ich 16 war. Als ich meine wirklich erste richtige Freundin hatte. Und sie mich halt in die Disco mitgeschleift hat. Und da hat's halt angefangen, daß man mit der Freundin, mit den Freunden was unternommen hat, anstatt den ganzen Abend zu Hause zu sitzen und nichts zu tun. Dann hab' ich halt versucht, mit der Kultur mitzugehen, weil man ja nicht als Alleingänger durch die Welt gehen kann. Kann man auch, aber ich hab' die Erfahrung gemacht, daß es nicht so gut ist und nicht so schön ist, als wenn man mit der Kultur mitlebt. Vor allen Dingen mit den Freunden mitlebt, die man hat.

Wir sind die totalen Normalos. Die Menschen, die offen durchs Leben gehen, den Menschen offen begegnen, aber auch ihre Ideale haben, diese Ideale auch selten verlassen. Die versuchen, das Beste und Schönste aus dem Leben zu machen, die aber auch wissen, daß es andere Dinge im Leben gibt als Party machen und nur Spaß haben. Daß es auch den Ernst des Lebens gibt, den man aber auch etwas unernster machen kann, indem man Spaß hat. Im Moment dürfte unser höchstes Ideal sein, da ja alles aufs Abitur zugeht und sich irgendwann alle trennen werden, erst mal die Freundschaften zu erhalten, etwas dafür zu tun. Und zu versuchen, sich gegenseitig das Leben schön zu machen; sich auch mal zu überraschen oder viel miteinander zu unternehmen, damit man die Freundschaften genießen kann. So daß man später zurückdenken und sich sagen kann: Ja, ich hab' 'n schönes Leben und 'ne schöne Jugend gehabt.

Das klingt nicht sehr verschieden von der Elterngeneration, was? Aber die Möglichkeiten, was zu machen, waren früher natürlich anders. Discos, daß jeder über 18 'nen Führerschein hat, womöglich auch ein Auto, und man nicht immer auf Busse oder Bahnen oder Fahrrad angewiesen ist. Daß man heute eben auch mal weiter weg fahren kann, um was zu unternehmen. Also, die Mobilität ist einfach viel größer geworden und dadurch die Möglichkeiten.

Ja, das betrifft erst mal nur den Spaß, die gemeinsame Freizeitgestaltung. Politik ist zum Beispiel etwas, das die Clique nicht wirklich beeinflußt, weil jeder seine Meinung hat, und die kann auch jeder ausleben. Der Freundeskreis funktioniert, wenn es darum geht, miteinander wegzugehen, sich natürlich auch gegenseitig zu helfen. Aber die Politik ist da eher untergeordnet. Ich denke schon, ich könnte meine Freizeit auch mit jemandem verbringen, der extrem rechts ist, zum Beispiel. Ich sage das, weil ich auch Freunde hatte, 'ne Freundin hatte, bei denen das so war.

Es ist halt schwer, damit umzugehen. Man muß solche Menschen trotzdem akzeptieren. Und man kann sogar versuchen, dadurch, daß man ein Verhältnis zu ihnen aufgebaut hat, diese Leute zu verändern. Indem man selber deutlich zeigt, was man für richtig hält. Daß Extremismus nicht grade die beste Form ist. Hat sich ja oft gezeigt. Na ja, und ich denke da an meine Freundin – na ja, ist 'n bißchen schwierig: Es war nicht direkt 'ne Freundin: Ich war offiziell zwei Tage im Ferienlager mit ihr zusammen. Noch vor der ersten mit 16 war das. Also, man kann das nicht als Beziehung ansehen. Aber da habe ich eben auch versucht zu sehen, was in ihr steckte, und sie nicht über ihre rechte Gesinnung zu definieren. Und man kann ja immer noch versuchen, mit der eigenen friedlichen Meinung gegenzuhalten.

Konfrontation bringt ja nicht viel. Das ist doch genau das, was extreme Menschen auch wollen und wovon man sie grade wegbringen will. Also kann man ja nicht mit denselben Mitteln reagieren. Nee, Konfrontation bringt nix. Ich habe ja in der eigenen Familie jemanden, der in die andere Richtung extrem ist, also links. Wobei ich in dem Menschen nicht drinstecke, also seine Ziele nicht wirklich verstehe. Es ist sein Weg, also wir reden von meinem älteren Bruder, und es ist mir lieber, wenn er versucht, seinen Weg so zu gehen und seine Ideale zu vertreten, aber ohne Gewalt, also was ich mitkriege, ohne Gewalt. Und damit kann ich leben, daß er durch seine Art zu leben zeigt, daß es auch anders geht, anstatt irgendwelche Menschen zusammenzuschlagen, bloß weil sie ihm nicht passen.

Wenn ich so entscheiden müßte, würde ich linksextrem schon bedeutend besser finden als rechts. Weil das linke Spektrum nicht gegen Menschen abzielt, sondern gegen Systeme. Und das rechte Spektrum ist gegen Menschen gerichtet, das finde ich viel gefährlicher.

Der Vorteil bei meinem Bruder ist, daß er mich auch akzeptiert, wie ich bin. Da gibt es also kein gegenseitiges Verurteilen oder so. Bloß, spätestens in der Familie, da ist es so, daß meine Eltern sich immer vorwerfen, irgend etwas falsch gemacht zu haben bei ihm, und da muß ich dann immer dafür herhalten, daß ich das bessere Beispiel werden könnte. Beziehungsweise, daß ich halt anders werden soll als er. Nee, das ist keine besonders beneidenswerte Position, aber ich versuche da auch, mich nicht festlegen und mich nicht mit ihm vergleichen zu lassen. Wir Brüder akzeptieren uns gegenseitig, das ist das Wichtigste. Und meine Eltern müssen da einfach durch.

Sie haben nicht wirklich viel falsch gemacht, aber das sehen sie nicht. Ich habe schon oft versucht, es ihnen zu erklären, aber das kommt irgendwie nicht an.

Was mich betrifft, ich glaube, ich bin so 'n Mensch, der am liebsten die Welt verbessern würde. Der aber verstanden hat, daß das nicht geht, und der demzufolge wenigstens versucht, seine kleine Welt zu verbessern. Meinen Freundeskreis zusammenzuhalten. Möglichst viele liebe Menschen kennenzulernen und die dann nicht gleich wieder zu verlieren. Die Familie zusammenzuhalten. Und trotzdem das Leben zu genießen, auch wenn ich mit dem Gedanken leben muß, daß ich nicht alles verbessern kann, was ich will. Und ich versuche halt, möglichst viel dafür zu tun, meine Philosophie überall zu verbreiten oder sie wenigstens zu leben, daß ich mit allen Menschen friedlich zusammenleben kann und nirgendwo anecke.

Wie schwierig das für jemanden wie mich ist, mit der geliebten Frau Schluß zu machen? Ja, das war sehr hart. Weil ich halt versucht habe, mich in sie reinzuversetzen, und gesehen habe, daß es ihr wehtun wird. Und da waren halt die Konflikte mit mir selber da. Aber irgendwann ist es einfach soweit gewesen, daß ich wußte: Wenn ich jetzt einfach so weitermache wie bisher, dann tue ich mir mehr weh, als ich ihr wehtun würde. Und ich kann ja nicht immer nur auf die anderen achten, weil – ich muß ja auch irgendwie leben können. Und ich muß mir nicht selber Leid zufügen, nur damit es anderen gutgeht.

Das fing halt damit an, daß ich, dadurch, daß ich ziemlich zeitig in der Beziehung fremdgegangen bin, ihr Vertrauen mißbraucht habe. Dadurch hat es sich über die ganzen anderthalb Jahre, die wir zusammen waren, hinweggezogen, daß sie eifersüchtig war, mir nicht mehr vertraut hat und alles versucht hat, um mich zu kontrollieren. Um herauszufinden, was ich tue, was ich getan habe und so was. Da ist es dann auch soweit gekommen, daß sie meine Privatsphäre verletzt hat und ich damit nicht mehr klargekommen bin. Das konnte ich letzten Endes wirklich nicht mehr tolerieren und hab' ihr gesagt: »So geht's nicht weiter!« Das war zuviel. Na, sie hat angefangen, meine E-Mails zu lesen und andere Dinge, die ich im Internet so verfaßt habe. Dadurch, daß sie meine Paßwörter gekannt und benutzt hat. Und sie hat halt falsche Schlüsse draus gezogen, hat nicht mit mir darüber geredet, sondern sich selbst hineingesteigert in ihre Eifersucht und in ihr Mißtrauen. Und das führte dazu, daß sich alles nur immer weiter verschärft hat. Immer weniger Vertrauen; alles, was ich getan habe, war falsch beziehungsweise gegen sie gerichtet, hat sie zumindest gedacht. Und das war dann halt nicht mehr tolerierbar. Ab dem Moment, wo ich hundertprozentig wußte, daß sie meine E-Mails liest, hat's bei mir klack gemacht, und ich konnte einfach nicht mehr.

Ja, wie habe ich's gemacht? Ich bin zu ihr gefahren, hab' sie zur Rede gestellt. Und da hat sie's erst mal geleugnet, daß sie's überhaupt getan hat. Das war dann das Zeichen für mich, daß es überhaupt keinen Sinn hat, mit ihr darüber zu reden. Und dann hab' ich noch 'ne Stunde auf sie eingeredet und versucht, sie dazu zu bringen, das wenigstens zuzugeben. Und irgendwann hat sie es auch zugegeben, und dann bin ich gegangen und hab' gesagt, daß es vorbei ist in meinen Augen. Einen Tag später war sie bei mir, und dann haben wir uns auf offener Straße 'ne halbe Stunde lang angeschrieen, weil sie mit meinen Gedanken nicht klarkam und ich mit ihren nicht. Ja, und dann ist sie vor meiner Haustür auch noch zusammengebrochen. Und ich rätsel' bis heute, ehrlich gesagt, immer noch, ob sie das nur gespielt hat, um mir zu zeigen, wie schlecht es ihr geht, oder ob es ihr wirklich so schlecht ging. Aber ich will ihr da auch nichts unterstellen, weil es wahrscheinlich ziemlich böse ist, ihr so was zu unterstellen, wenn's denn nicht gespielt war.

Und dann war halt die Situation, daß wir in der Schule in dieselbe Klasse gehen. Und da hat sie jeden Tag in der Schule versucht, möglichst dicht an mich heranzukommen und mich davon zu überzeugen, daß ich ohne sie nicht kann und sie ohne mich nicht kann. Das fand ich aber irgendwann so unangenehm, daß ich erst richtig

405

genau wußte und bestätigt fand, daß ich für mich die richtige Entscheidung getroffen hatte. Ja, und wie gesagt: Dann hat sie ja ihren neuen Freund kennengelernt, und spätestens da war die Sache gegessen.

Ich hab' den neuen Freund auch kennengelernt, komme mit ihm klar, und meine erste Handlung war dann auch, ihn zu beglückwünschen. Es ist ja nicht so, daß ich sie jetzt anfange zu hassen, weil sie so was getan hat. Es gehörte nur nicht zu 'ner Beziehung, also nicht dazu, was man in 'ner Beziehung tun sollte. Und ich hoffe, daß er mit ihr glücklich wird. Das habe ich ihm auch gesagt, und er soll auf sie aufpassen.

Ich hoffe, daß er's auch tut. – Kaum auszuhalten, soviel Harmonie, oder?!

War ja auch nicht nur die reine Harmonie. Zum Beispiel habe ich Tanja in derselben Woche kennengelernt wie Sophie, also meine Ex. Für Tanja hab' ich gleich große Sympathie empfunden, das war – glaube ich zumindest – auch gegenseitig. Jedesmal, wenn wir uns gesehen haben, ist die Hoffnung dagewesen, daß das was werden könnte. Aber ich hab' immer gesagt: Nicht, solange ich mit Sophie zusammen bin. Da hab' ich zum Beispiel auch mal eine lange Mail darüber geschrieben, an Tanja, und die hat Sophie dann heimlich gelesen. Das war so ein Punkt, an dem dann irgendwie alles zusammengebrochen ist. Jedenfalls, das mit Tanja, das ist für mich eine langjährige Leidenschaft, die irgendwie nicht entflammen kann. Jetzt wäre es ja möglich, aber jetzt ist wieder die Entfernung das Problem; ich in Guben, sie in Berlin-Schöneberg. Außerdem hatten wir noch gar nicht die Gelegenheit und die Zeit, darüber mal nachzudenken, geschweige denn zu reden. Da könnte also noch etwas draus werden. Für mich ist das ein richtiger Dauerbrenner.

Tanja war aber nicht diejenige, mit der ich am Anfang der Beziehung zu Sophie fremdgegangen bin. Was ich vorhin erzählt habe. Nee, das war anders. Grundsätzlich denke ich übrigens, daß Fremdgehen schon da anfängt, wenn man einen anderen Menschen küßt. Also, wirklich ernsthaft mit Gefühlen küßt und nicht aus Geikel da jemandem 'nen Schmatzer aufdrückt. Da muß man unterscheiden zwischen Spaß und freundschaftlichem Küssen oder so und wirkli-

chen Gefühlen. Und wenn man da mit Gefühlen auch noch dahintersteckt, denk' ich mal, beginnt das Fremdgehen, zumindest auf
körperlicher Ebene. Und so war das bei mir. Ich war halt auf einer
Feier und hab' meine Exfreundin da getroffen, und da passierte es
halt. Nur Küssen. Aber für mich eben mit ernstem Hintergrund und
wirklicher Hingabe. So war das.

Mein bisheriges Liebesleben, das dürften so etwa acht gewesen
sein. Glaube ich zumindest. Die damals im Ferienlager, das war halt
die erste, die ich richtig geküßt habe, mit Zunge. Also was Neues,
was anderes als diese Kindergartenküßchen davor, klar. Und nach
ihr, drei Monate später, hab' ich meine erste Freundin kennengelernt. Und wir waren halt zusammen, und irgendwann, aus heiterem Himmel, hat sie Schluß gemacht. Wir waren zusammen auf
'ner Feier, erst war alles okay und prima, und mit einem Schlag hat
sie gesagt, sie will nicht mehr, mitten auf der Feier. Ja, da steht man
dann auch erst mal da und weiß nicht, was man tun soll. Kommt
sich tierisch verarscht vor und versucht, an einen Scherz zu glauben. Aber irgendwie war's doch kein Scherz. Ja, und dann hab' ich
zu Silvester 2000 Anke kennengelernt, eine sehr wichtige Person in
meinem Leben, positiv und negativ. Mit ihr war ich fünf Wochen
zusammen, und dann hat sie den Schritt getan und gesagt, sie will
nicht mehr, oder ich bin nicht der Richtige für sie. Und über fünf
Ecken hat man dann herausgefunden, daß sie jemand anderen kennengelernt hatte. Ja. Mit ihr war ich übrigens zweimal zusammen;
später noch einmal kurz. Da haben wir es noch mal versucht miteinander, ging aber auch nicht. Dann wollte ich nicht mehr.

Warum ich sage, sie ist wichtig für mich, positiv und negativ? Na
ja, weil sie die Person ist, mit der ich Sophie betrogen habe. Und
weil ich mit ihr mehr als einmal zusammen war und auch noch viele andere Erlebnisse hatte. Thema Freundschaften nach Beziehungen, das betrifft sie zum Beispiel auch. Durch sie weiß ich: So was
kann gutgehen, muß aber nicht. Bei ihr war es so, daß sie allen Leuten irgendwann nur Mist über mich erzählt hat, und dadurch ist
unser Verhältnis krachen gegangen. Das Verhältnis zu mir, aber auch
das zu anderen Freunden. Um zur Clique dazuzugehören, hat sie
zum Beispiel Bettgeschichten erfunden. Richtige Märchen, dabei

hatte sie noch nicht mal ihr erstes Mal gehabt! Sie hat Freunde aus-
spioniert, gegeneinander ausgespielt, und immer so 'n bißchen versucht zu intrigieren. Und da habe ich dann auch 'ne Grenze. So kam
es, daß Anke heute zu den ganz wenigen Leuten gehört, mit denen
ich echt nichts mehr zu tun haben will.

Danach ging das bei mir eigentlich so Schlag auf Schlag. Eine
Kurzbeziehung nach der anderen. Mal vier Wochen, mal zwei Wochen, mal sechs Tage. Bis ich dann auf einer Schulreise nach Paris
Sophie näher kennenlernte, und das war meine erste längere Beziehung. Mit Sophie hatte ich auch mein erstes Mal, und sie ist bis
heute die einzige Person, mit der ich jemals geschlafen habe.

Ja, vor dem ersten Mal, da denkt man, daß man Zeit dafür
braucht, daß man den Menschen kennen muß, daß eine gewisse
Vertrautheit dasein muß, damit das erste Mal halt was Besonderes
ist. Und daher kam es vor Sophie nie dazu, weil ich immer nur so
kurze Beziehungen hatte. Ich habe nicht das Gefühl, daß ich damit
so alleine dastehe. Ich kenne ganz viele in meinem Alter oder auch
jünger, für die das erste Mal etwas ganz Wichtiges ist, das sie mit
jemandem erleben wollen, der ihnen auch etwas bedeutet und mit
dem sie schon ein Stück Leben geteilt haben. Daß sie sich sicher
sein können, daß es die Richtige oder der Richtige ist. Klar, ich kenne auch Leute, die so viele Erfahrungen sammeln wie möglich. Ich
kenne sogar welche, die von sich sagen, sie sind sex-süchtig. Aber
ich persönlich bin ein Mensch, der sich fünfmal überlegt, ob er's
macht. Weil, für mich müssen da Gefühle dasein, und ich kann nicht
einfach mit jemandem ins Bett hüpfen, nur weil ich denke, daß ich's
mal wieder brauche und das Bedürfnis danach habe.

Zum ersten Mal erotische Gedanken im weitesten Sinne hatte
ich, glaube ich, schon im Kindergarten. Spätestens, wenn man da
alle so nackt sieht, fragt man sich doch, warum andere Kinder so
anders aussehen. Nee, Spaß beiseite, so richtige erotische Wünsche,
die kamen bei mir vielleicht so mit elf, zwölf. Sehnsucht nach einer
Art Geborgenheit, die man da finden könnte, gemischt mit dem gewissen Prickeln. Woran ich mich erinnern kann, das ist: Man fühlt
sich wahnsinnig unter Druck gesetzt. Grade durch die ältere Generation, von der man dauernd hört: »Na komm schon, macht doch

eh jeder, und mehr als genug ...« Und dann denkt man: Ui! Ich war
ja irgendwie noch gar nicht dran!! Irgendwas macht man falsch.
Obwohl eigentlich alle genauso sind, nur, es wird einem was vorgemacht. Und – ja, man macht sich halt seine Gedanken drüber.
Und ich hatte persönlich wirklich die angenehme Vorstellung, daß
man bei einer älteren Frau, die schon viele Erfahrungen gesammelt
hat, daß man sich dabei irgendwie sicherer fühlen könnte. Daß so
eine reife Frau auch nicht so große Erwartungen an einen jungen
Mann wie mich haben würde, eben weil sie schon so viele Erfahrungen im Leben durch hat. Na ja, das war ein schöner Gedanke.
Eine ältere Frau für den Anfang, bei der ich mich irgendwie entspannter fühlen könnte, die mich sozusagen in die Geheimnisse der
geschlechtlichen Liebe »einweiht«. Viel besser, als wenn ich mir 'ne
gleichaltrige Freundin nehme und sexuelle Erfahrungen mache, wo
beide noch keine Ahnung haben. Und es werden ja enorme sexuelle Erwartungen geprägt in der Jugend, ich weiß auch nicht so genau, woran das liegt. Auf jeden Fall sind das Erwartungen, die teilweise total überspitzt und gar nicht einzuhalten sind.

Da hatte ich letzte Woche erst 'n nettes Gespräch, als ich in 'ner
Fünfer-Frauengruppe saß und ich der einzige Kerl war. Ja, war Zufall. Zuerst sind noch andere dagewesen, aber die sind dann verschwunden. Und am Ende blieb ich übrig und hab' mich gelangweilt. Und wie ich da so saß, fingen die Frauen oder die Mädchen
an, sich darüber zu unterhalten, ja, wie groß muß denn der Penis
eines Mannes sein, damit er einen beglücken kann. Ja, und dann
werden eben Erwartungen von dem anderen Geschlecht geweckt,
die man denkt selber nicht erfüllen zu können. Da fangen sie dann
an: »Ja, fünfzehn Zentimeter sind zu kurz!«, und so 'ne Scherze. Ja,
und man selber sitzt dann da und denkt: »Aha, soso, cool, toll ...«
– Nee, nee, gemessen habe ich noch nicht, also das habe ich mir
wirklich noch nicht angetan. Aber es sind halt Erfahrungen, die einen unter Druck setzen, weil man nicht weiß, ob man denen ge-
recht wird und die erfüllt. Und dann ging's halt weiter: »Ja, zehn
Minuten sind viel zu kurz!« Und so werden Ziele gesteckt, die einfach viel zu groß sind, weil's entweder bloß Träume sind von den
Frauen oder Glücksmomente, weil sie gute Männer hatten. Nach

außen mußte ich dabei so 'n bißchen lächeln, aber im Kopf ging schon der Film los: Auweia, wie war das eigentlich bei mir? Und reiche ich da auch nur im entferntesten ran??? ...

Dann denkt man halt viel drüber nach, ob man wirklich gut im Bett ist und ob man wirklich schon dazu bereit ist oder dazu fähig, eine Frau zu beglücken. Na ja, und da denke ich halt, eine reifere Frau könnte einem da schon ein bißchen mehr drüber erzählen. Und vielleicht nicht so einen Druck ausüben, weil sie gelassener ist. Die könnte mir den Streß im Kopf bestimmt nehmen. Aber ausprobiert habe ich das nie.

Leider.

Und Sophie hat sich eigentlich nie beschwert. Also, sie hat sich nie wirklich negativ geäußert. Wir haben auch viel darüber geredet und miteinander ein gutes Mittelmaß gefunden, denke ich. Man kann halt nicht über seine natürlichen Gegebenheiten hinaus. Und dann muß man halt daraus das Beste machen. Und wenn ich so zurückblicke auf unsere Beziehung, da kann ich schon mit ruhigem Gewissen sagen: Sie war glücklich mit mir in dem Punkt. Und was die anderen dann sagen, die nun noch kommen, das werde ich sehen. Ja, klar, zum Schluß unserer Beziehung, wenn geistig nicht mehr so die Nähe da ist und man schon innerlich grummelige Gefühle füreinander hegt, weil man merkt, irgendwas stimmt nicht, dann ist man halt im Geist nicht frei. Und ich glaube aber, daß man das braucht, diese innere Freiheit, um wirklich guten Sex und schönen Sex zu haben. Dadurch, daß das bei uns dann nicht mehr war, hatte ich am Ende das Gefühl, daß es nur noch Zwang ist beziehungsweise körperliches Bedürfnis erfüllen. Aber größtenteils war's schön mit ihr, da kann ich mich eigentlich nicht beschweren.

Das erste Mal, wie war's nun. Ja, hm, Katastrophe vielleicht nicht, aber ... Tja, wie sage ich das jetzt? Also, bei mir bestand das erste Mal aus zwei Malen. Und das wirklich allererste Mal, da waren wir halt beide noch Jungfrau und wußten gar nicht, was wie geht. Halt nur aus irgendwelchen Magazinen, theoretischen. Und die helfen nicht wirklich. Und dadurch war es schmerzhaft für sie und total ungewohnt für mich. Ja, ungewohnt sowieso, aber – also ich hab' mir mehr Sorgen darüber gemacht und darauf geachtet, ob es für sie halbwegs schön ist, als daß ich darauf geachtet hätte, was ich überhaupt tue. Und dann sind wir auch kläglich gescheitert. Das Schlimme war: Sie hat sich tierische Gedanken gemacht, daß sie dran schuld ist. Daß sie was falsch gemacht hat. Und dann hab' ich erst mal anderthalb Stunden versucht, sie davon zu überzeugen, daß das nicht so ist, sondern daß das ganz normal so ist. Daß das passieren kann, daß man nicht ein noch aus weiß, um es mal so auszudrücken. Und dann hatten wir ein wunderschönes zweites Mal, und das war wirklich ohne Probleme und wunderschön. Eigentlich haben wir gar nicht soviel anders gemacht, nur, daß wir entspannter waren. Man ist ja angespannt davor, man weiß nicht, was auf einen zukommt und wie's wirklich geht. Und beim zweiten Mal waren wir wirklich relaxter, hatten lange drüber geredet, waren auch im Kopf frei, und dadurch ging es viel, viel besser dann.

Ja, klar ist man voll bis zur Halskrause mit theoretischem Wissen über Sex. Aber man kann's nicht anwenden, weil's zu speziell ist und nicht auf die Person zugeschnitten, die letztlich mit einem im Bett liegt. Ich denke, man muß seine eigenen Erfahrungen machen. So, wie's halt ist. Klar, man kann schon Tips beachten, wie man's der Frau einfacher machen kann, wie man sich besser entspannen kann und Kerzen – bla! Ja.

Ich finde, man sollte sich gerade vorm ersten Mal nicht zu viele Gedanken machen, weil's dann garantiert verkrampft wird und gewissermaßen – in die Hose geht.

Klar, man kann sich zwar vorher informieren oder informiert werden, wie's geht, aber man sollte auch vor schlechten Erfahrungen keine Angst haben. Und es bringt nicht viel, sich vorher zu viele Gedanken zu machen. Man muß es einfach erleben und riskieren, erst mal viele Fehler zu machen. Man kann ja auch nicht übers Autofahren reden, ohne daß man 'n Führerschein hat. So ungefähr isses eigentlich. Also, auf alle Fälle bin ich ein Mensch, der viel Zärtlichkeit braucht und viel Nähe von anderen Menschen. Nähe kriege ich zum Glück auch von meinen Freunden, dadurch, daß ich auch viele weibliche Kumpelinen habe. Da kann man doch ganz anders über solche Bedürfnisse reden und freundschaftliche Zärtlichkeiten austauschen, als man das mit männlichen Kumpels tun kann.

Und darüber hinaus, zärtlich zu sich selber sein, den eigenen Körper entdecken, das macht wahrscheinlich jeder auf seine Weise. Also, Selbstbefriedigung ist ein Teil, und ich denke, es gibt keinen, der
es nicht gemacht hat. Vor allem in der Zeit, wo man zwar das Bedürfnis nach Sex, aber keinen Partner dazu hat. Und, bei Frauen –
gut, ich bin keine Frau. Ich hab' viele Dinge über Frauen gehört,
aber ich will da keine wilden Spekulationen lostreten. Der Gedanke, der dahintersteckt, ist: Männer haben einfach das biologische
Bedürfnis, Sex zu haben, weil, die Samen werden halt immer pro-
duziert, und man kann nichts dagegen tun und muß sie irgendwann
loswerden. Also kann man eigentlich gar nichts anderes tun, als sich
irgendwann mal Erleichterung zu verschaffen. Ja, und Frauen ... also, ich hab' mich viel mit Mädchen drüber unterhalten und von ihnen die Meinung gehört, daß sie ja eigentlich Selbstbefriedigung
nicht brauchen und auch mal ein Jahr ohne Sex aushalten. Aber –
ja, was da nun stimmt! Weiß ich nicht, da ich ja nun leider keine
Frau bin. Erzählt jeder was anderes. Also, ich wäre gern mal für einen Tag 'ne Frau. Einfach, um zu wissen, wie es ist. Der Hintergedanke ist bei mir eigentlich immer da. Weil ich mich gerne mal hineinversetzen will. Ja, kann ich nun leider nicht. Aber es ist auf jeden Fall sehr interessant, auch mal die andere Seite zu hören, weil
sich die Sexualität wohl doch sehr unterscheidet, und Männer und
Frauen auch über andere Wege befriedigt werden. Schon allein von
der Anatomie her.

Ich habe eine beste Freundin, mit der ich mich über so was unterhalte. Und man trifft offene Menschen, die genau wie ich denken, es gehört dazu, über solche Dinge zu sprechen. Aber viele sagen auch, das erzähle ich dir nicht, weil, du verstehst das eh nicht.
Oder: Das ist viel zu intim. Aber ich bin eigentlich schon davon
überzeugt, daß es dazugehört. Sexualität ist wichtig für jeden, und
»ohne« geht es eben nicht.

Denn letzten Endes, das Ziel des Lebens ist nun mal die Fort-
pflanzung. Ja, vielleicht nicht das Endziel, okay. Aber irgendwie ist
es schon von der Natur gegeben; die Erhaltung der Art ... geht halt
nicht anders. Für mich ist Sex im Moment etwas, das ich ganz gut
zurückstekken kann. Aber wenn man in 'ner Beziehung ist, dann

ist es einmal die Möglichkeit, einem anderen Menschen sehr nahe zu sein. Und mit ihm vereint zu sein, also den anderen nicht nur im Kopf zu lieben, sondern auch körperlich der Person so nahe wie möglich zu sein. Und halt auch die Bedürfnisse des anderen Menschen zu erfüllen, ihn glücklich zu machen. Also, für mich hat's jetzt nicht den Stellenwert, daß ich jeden Tag Sex brauche, weil es auch andere Dinge im Leben gibt, um glücklich zu werden und einen anderen Menschen glücklich zu machen. Aber es hat halt schon den Stellenwert, ohne geht's halt nicht. Spätestens, nachdem man einmal Sex hatte, weiß man, daß es ohne nicht mehr geht.

Also, bei mir ist es im Moment so – wahrscheinlich, weil ich anderthalb Jahre lang in 'ner Beziehung war –, daß ich sehr darauf bedacht bin herauszufinden, wie andere Menschen so sind. Das fängt schon damit an, wie sie überhaupt küssen und wie sie sonst so sind. Aber irgendwie kann ich mir nicht vorstellen, gleich wieder 'ne Beziehung einzugehen, weil ich die Freiheiten lange nicht genießen konnte, die ich jetzt habe, und die will ich halt erst mal wieder auskosten. Einfach das machen zu können, was man will, also nicht nur sexuell. Sondern einfach spontan sagen zu können, jetzt fahre ich weg oder mache was mit den Freunden, anstatt immer die Verpflichtung zu spüren: So, jetzt mußt du dir mal einen Tag für deine Freundin nehmen, sonst ist sie sauer, oder sonst kannst du sie verlieren. Weil halt viele denken, wenn man sich nicht viel Zeit für 'ne Beziehung nimmt, dann geht sie krachen. Ich denke schon, das hat was Wahres, aber wenn man sich zu regelmäßig sieht, dann wird's irgendwann Alltag und langweilig, und das macht die Beziehung genauso kaputt. Also, ich versuche jetzt erst mal, viel mit meinen Freunden zu machen. Genießen, nicht zu Hause sitzen. Und auch keine Verpflichtung einzugehen.

One-Night-Stands wären nicht so der sexuelle Weg für mich. Weil eben Gefühle dazugehören, Liebe, Vertrauen. Ich glaube, da bin ich nicht der Mensch zu; also, dafür denke ich auch viel zuviel über das Thema nach. Ich denke halt, daß das stimmen muß zwischen den beiden Menschen, die da miteinander ins Bett gehen. Und wenn man jemanden nur eine Nacht, einen Abend, kennt, dann kann da noch nicht alles dasein, was man braucht.

Ich denke schon ziemlich viel darüber nach, wie ich jetzt nach der Beziehung mit dem Thema Sex umgehe und wie ich mein weiteres Leben in dem Punkt gestalten kann. Da kam schon der Gedanke: Wie isses eigentlich, man könnte ja jetzt schon machen, was man will, und mit jedem ins Bett hüpfen, aber ich glaube nicht, daß das die Erfüllung ist. Klar, Nähe braucht jeder, und die versuche ich auch, mir auf anderen Wegen zu holen, aber zur Nähe gehört nicht unbedingt der Sex. Also, ich bin wohl auf alle Fälle nicht der Mensch dafür.

Aber spätestens, wenn es auch für mich wieder aktuell wird, dann mache ich mir sicher auch wieder Gedanken über solche Dinge wie Aids und so. Das ist schon noch aktuell, klar. Obwohl ich sagen muß, daß wir beim ersten Mal auch nicht mit Kondom verhütet haben. Weil wir uns gesagt haben – und das ist vielleicht auch schon der fatale Fehler –, daß wir halt beide noch keinen sexuellen Kontakt mit anderen Menschen hatten und davon ausgegangen sind, daß wir uns nirgendwo hätten anstecken können. Na ja, und daß wir es einfach so pur genießen wollten. Aber das wird in näherer Zukunft für mich schon Thema werden, weil ich mit jemandem Sex hatte und meine nächsten Partnerinnen sicher auch schon mit anderen Sex hatten. Und dann muß eben das Kondom doch wieder dafür herhalten. Was soll sein!

Es ist doch alles viel zu gefährlich, und da wird so was noch lange 'ne Rolle spielen.

Klar, ich rede auch mit Jungs über solche Dinge. Aber spannender ist es mit Mädchen, das muß ich schon sagen. Weil, mit Jungs hat man immer nur die einseitige Sicht des eigenen Geschlechts. Aber mit Mädchen erfährt man das für mich viel Interessantere, was die andere Seite über all das denkt. Daher ist es auf alle Fälle informativer, Frauen zuzuhören. Man bekommt die Antworten. Während man von Männern eigentlich bloß erfährt, daß man die gleichen Fragen hat.

Na ja, zum Beispiel, in der heutigen Gesellschaft bekommt man ja richtig eingebleut, daß man verhüten muß. Und da philosophieren wir Jungs eben ganz gerne darüber, in welchen Fällen das notwendig ist und in welchen nicht. Ich denke, wirklich sicher kann man sich nie sein. Es sei denn, man macht 'nen Test. Und – ja, man versucht irgendwie, seine Erfahrungen auszutauschen und sich gegenseitig Mut zu machen. Aber der wirkliche Austausch übers Leben findet nicht statt, wenn man nur untereinander im eigenen Geschlecht ist, weil man eben den Gegenpart nicht hat.

Was ja eigentlich total wichtig ist, zumindest, wenn man heterosexuell ist.

Warum Mädchen ganz offen reden, wenn ich dabeisitze, ja, das frage ich mich allerdings auch. Weiß ich nicht. Vielleicht, weil ich versuche, nicht einseitig zu denken, und nicht den Macho rauskehre und sage: »So, wie ich will, wird's gemacht!« Sondern, weil ich versuche, mich in die anderen Leute reinzuversetzen und die zu verstehen. Ansonsten, so richtig erklären kann ich's mir eigentlich auch nicht. Ich finde, »Frauenversteher« ist kein negatives Wort, nicht für mich. Aber in der Gesellschaft scheint's irgendwie negativ angehaucht zu sein. Verstehe ich zwar nicht, aber es scheint wohl so zu sein. Weil halt Männer, die weibliche Züge haben und auf dem Niveau von weiblichen Wesen sind, halt nicht angesehen sind. Viele meinen, sie müßten den harten Kerl raushängen lassen und würden sich so besser durchsetzen, beziehungsweise, daß Frauen darauf stehen. Die gibt es sicher auch, solche Frauen, die das mögen. Aber für mich ist es weder Erfüllung noch Ziel, ein Arsch zu sein und wie ein Arsch durchs Leben zu gehen. Dazu denke ich viel zu sehr, daß es wichtig ist, Rücksicht auf andere zu nehmen. Das verstehen aber einige nicht, weil eben die Gesellschaft heute so aufgebaut ist. Daß eben viele versuchen, ihr eigenes Ziel zu verwirklichen, und dafür notfalls auch über Leichen gehen würden.

Leider habe ich die Macht nicht, die Gesellschaft zu verändern. Ich hätte die Macht gerne. Wenn ich's könnte, würde ich gern eine Gesellschaft erfinden, wo jeder auf jeden Rücksicht nimmt und sich auch mal Gedanken darüber macht, wie's dem anderen geht und was der andere grade denkt. Weil viele halt den anderen nicht verstehen, weil sie nicht mal versuchen, sich in andere Menschen hineinzuversetzen.

Das kann zwar auch nach hinten losgehen, wenn man sich zu oft Gedanken über andere macht, wenn man sich zu oft fragt, ob das, was man macht, okay ist, oder ob es den anderen nervt. Aber grund-sätzlich versuche ich schon, so zu leben. Mir immer bewußt zu sein, daß das, was ich tue, auch auf andere Einfluß hat.

Kann schon sein, daß ich aus solchen Gründen grade auf enga-gierte Musiker wie Moby stehe. Weiß ich nicht so genau, ob man das jetzt nur an dem Mann festmachen kann. Auf alle Fälle stehe ich auf seine Musik. Weil sie mich anspricht, sich für mein Empfin-den sehr melodisch und gut anhört. Musik empfindet ja nun mal jeder anders. Ich höre auch nicht nur Moby, sondern ich höre al-les, querfeldein. Ich kann Rock hören, Techno, HipHop, ich kann mir ruhige Musik anhören, und daher – für mich muß sich Musik gut anhören, und das ist mein subjektives Empfinden. Ja, das hängt auf alle Fälle von Stimmungen ab, aber der große Bereich bleibt im-mer gleich. Wenn ich depressiv bin, höre ich sanfte Balladen, zum Beispiel Travis, die CD »The Invisible Band«, da sind irre schöne Lieder drauf, finde ich. Na ja, und wenn ich aggressiv bin, höre ich lauten Rock, das können auch die ganz alten Sachen sein. Also im-mer passend zur Gefühlslage. Ich muß die Musik schön finden. Ich sage jetzt auch nicht, ich höre Techno und hasse HipHop, weil das nun mal nicht zusammengeht. Ich versuche, mit allem klarzukom-men, und es gefällt mir auch wirklich vieles. Ist nun mal so.

Und Moby ist irgendwann mal in mein Leben gerutscht, und ich hab's gut gefunden, auch noch bevor andere Moby gehört haben. Also, auch schon bevor er das »Play«-Album raushatte. Das ist eben die Mischung, daß er es schafft, die harten Klänge mit den weichen zu verbinden. Und daß er Lieder macht, die wirklich gefühlvoll sind, aber auch Lieder macht, die seine Meinung ausdrücken. Moby ist halt 'n Künstler, der alle musikalischen Richtungen schon durch-hat. Von Techno über Schmuse-Techno und Punk und je nachdem, wie er grade Lust hatte. Und mich fasziniert das, daß Künstler eben so viele Richtungen einschlagen können und auch auf einem Album so viele Richtungen vereinen. Also, auf dem letzten Album war al-les ziemlich ruhig, aber auf dem Play-Album ist es so, daß mal 'n hartes Stück kam, was Rocklastiges, und danach wieder 'n Schmu-selied, und daß dadurch eben diese tolle Mischung gegeben ist. Und wie man grade Laune hat, Moby kann man immer hören.

Na ja, und dann, nicht zu vergessen: Musik ist politischer Ausdruck für viele. Und ich fand es eben, nicht erschreckend, nee – es hat mich vielmehr sehr überrascht, daß er sich in Berlin auf'm Konzert hingestellt hat, vorn auf die Bühne, und laut ins Publikum gerufen hat: »Ich hasse George Bush! Und ich find's scheiße, daß wir so einen faschistischen Präsidenten haben!!« Und das ist ja nun 'ne Meinung, die viele, die ich kenne, im Moment vertreten, weil viele nicht mit der Außenpolitik von George Bush jr. klarkommen. Und es ist halt sehr verwunderlich, daß ein Künstler so was so offen und deutlich sagt. Viele versuchen, so was über ihre Musik auszudrücken, aber stellen sich nicht hin und sagen: Das ist meine Meinung. Und Moby macht beides. Genauso ist er Vegetarier, und er sagt: »Ich bin Vegetarier, weil ich's scheiße finde, wie Tiere gehalten werden.« Aber es ist trotzdem nicht so, daß er die Leute verflucht, die Fleisch essen, sondern er akzeptiert eben auch die Meinung anderer. Er versucht halt auch nur, mit seinen Mitteln die Menschen davon zu überzeugen, was er für richtig hält und daß das gut ist. Wie ich auch denke: Ich kann die sogenannte große Welt nicht verändern, aber das, was in meiner Macht liegt.

Und Moby ist halt Künstler. Er hat die Chance, sehr viele Menschen zu erreichen. Und daß er da in der »Arena« in Berlin-Treptow auf'm Konzert so ehrlich seine Meinung gesagt hat, das wird mir innebleiben. Da werde ich mich noch ganz lange dran erinnern. Daß das einfach so offen war! Und man ist das in der heutigen Gesellschaft nicht mehr gewöhnt, daß jemand seine Meinung so offen ausdrückt.

Weil irgendwie seit spätestens letztem Jahr sich keiner mehr traut, seine Meinung offen zu sagen. Und vor allem eine anti-amerikanische Meinung. Damit meine ich den 11. September und vor allem die Ereignisse, die danach kamen. Ich denke mal, keiner traut sich mehr, laut zu sagen, Krieg ist scheiße und Bush ist scheiße. Die amerikanische Politik ist scheiße. Hat man ja gesehen. Wenn deutsche Politiker erklären, das ist mit der Politik von Adolf Hitler vergleichbar, dann kriegen sie eins auf den Dez und sind weg vom Fenster. Soweit ich das sehen kann, geht aber die öffentliche Meinung dahin. Aber wenn's ein Politiker sagt oder jemand, den man dafür bestrafen kann, indirekt, dann tut man's. Für mich ist es erschreckend, daß die Meinung so zensiert wird. Das kannst du ruhig so schreiben. Weil, ich hab' kein Problem damit, das deutlich zu sagen. Weil, ich hab' auch schon vor Frau Däubler-Gmelin gesagt, das erinnert nicht mehr an Demokratie, sondern an irgend 'ne andere Staatsform, die wir schon mal hatten. Das, was Bush da treibt. Vor allem, zu sagen: Die, die für uns sind, sind unsere Freunde, und die, die gegen uns sind, sind unsere Feinde. Das ist irgendwie nicht die Welt, die ich mir wünsche. Und für mich ist das auch nicht demokratisch, wenn jemand für seine Meinung diskriminiert wird und auch noch als Feind angesehen. Und wenn jeder, der nicht Freund von jemandem ist, gleich mit einem Angriff oder Krieg rechnen muß.

Nee, wahrscheinlich bin ich damit politisch nicht mehr weit entfernt von meinem linksextremen Bruder. Aber halt meine anderen Lebensideale stimmen nicht mit seinen überein. Seine Meinung über Arbeit und Geldverdienen ist, glaube ich, 'ne andere als meine. Na, also, ich hab' entdeckt, daß ich Spaß am Arbeiten habe und dadurch auch gerne arbeiten gehe. Auch, wenn ich halt noch Schüler bin und noch nicht soviel gearbeitet habe in meinem Leben. Ich hatte halt schon Spaß dabei, und dadurch denke ich, daß es auch nicht so wirklich 'n Laster ist. Wenn man den richtigen Beruf hat, wenn der Beruf Spaß macht.

Na, ich war halt vermessen, die letzten drei Jahre im Sommer. Und man kommt mit anderen Menschen in Kontakt und fühlt sich nützlich, auch wenn's 'ne harte Arbeit teilweise ist. Ich hab' halt gelernt, daß man beim Arbeiten nicht immer nur Streß, sondern auch Spaß haben kann und dadurch sein Brot verdienen kann. Und – ja – mein Bruder ist, denke ich, so grob, pauschal der Meinung, daß Arbeiten 'n Laster ist, und solange man sich noch vom Staat ernähren kann, kann man sich doch vom Staat ernähren. So kam's zumindest aus meinen Gesprächen mit ihm immer raus. So habe ich's verstanden.

Wir reden natürlich oft über so was, wenn wir uns mal sehen. Über Geld zum Beispiel auch, ja. Ich bin nicht unbedingt der Mensch, der reich werden will. Ich brauche Geld, soviel, um zu leben. Damit ich überhaupt überleben kann. Und neben der Miete und dem Lebensunterhalt noch bißchen was für die Freizeit übrig habe. Aber davon bin ich weit entfernt. Im Moment bewegt sich das alles noch im Bereich des Taschengeldes, und da sieht's immer knapp aus. Aber ich glaube, das Problem hat jeder Jugendliche. Und insgesamt ist auch das wieder ein gewisser Druck.

Weil, in der Gesellschaft ist es ja verpönt, kein Geld zu haben. Menschen, die kein Geld haben, werden verachtet, vor allem Obdachlose und Sozialhilfeempfänger werden doch irgendwie als schlecht angesehen, teilweise als faul, und als Rand der Gesellschaft. Und damit ist wahrscheinlich schon die Stellung des Menschen in der Gesellschaft dadurch definiert, wieviel Geld er hat.

Ja, und ich denke, Hauptsache, so viel, daß ich leben kann und nicht ständig darüber nachdenken muß, ob es noch reicht. Aber es ist auch nicht so, daß ich 'n großes Haus brauche und 'nen großen Mercedes und dicke Bankkonten. Ich glaube auch nicht, daß von mir als Mann erwartet wird, der Ernährer für eine Familie zu sein. Weil, alle Mädchen, die ich treffe, sagen irgendwie: Bloß keine Kinder! Erst mal Karriere und Geld und dann lange nichts. Ja, und da denke ich, das wird in der Gesellschaft auch erst mal noch lange so bleiben, daß Mann und Frau gleichberechtigt sind. Was heißt gleichberechtigt! Daß sie hoffentlich auch irgendwann mal den gleichen Anteil an Geld nach Hause bringen und gleich bezahlt werden, so daß halt sich nicht jeder unter Druck setzen muß und denken, wenn bei mir was zusammenbricht, dann ziehe ich gleich die ganze Familie mit in den Abgrund. Daß da immer noch jemand da ist, der mitzieht und auch was mittragen kann.

Karriere ist für mich nicht so wichtig. Ich kann mir nicht vorstellen, groß rauszukommen, als Manager oder irgend so was. Ich bevorzuge es lieber, einen normalen Beruf zu haben, mit dem ich mich identifizieren kann, an dem ich Spaß hab' und wo ich jeden Tag gerne hingehe. Was das genau sein könnte, weiß ich auch noch nicht. Aber es ist halt nicht mein Ziel, Chef von irgendeiner Firma zu werden. Es liegt mir auch nicht, anderen Leuten zu sagen, was sie tun sollen. Ich bin sicher keine Führungspersönlichkeit. Also, ich hab' irgendwie die Hoffnung, irgendwas in der Forschung zu finden und damit etwas Gutes für die Welt zu tun. Wird sich zeigen, mit der

Zeit, welchen Weg ich einschlagen kann. Was ich studiere, ob ich überhaupt studiere, keine Ahnung. Es kommt auch noch was anderes hinzu: Ich hab' ja früher Leistungssport gemacht, Judo. Ziemlich intensiv, fünfmal die Woche. Aber irgendwann hat das mein Körper nicht mehr mitgemacht, und da mußte ich aufhören. Und seitdem kann ich auch nicht mehr wirklich Sport machen, muß immer auf mich achten. Mein Rücken ist halt kaputt, und ich kriege sofort Rückenschmerzen, sobald ich mich überanstrenge. Das wär's auch nicht gewesen, den ganzen Tag sportliche Leistungen erbringen zu müssen und halt auch wieder unter Druck gesetzt zu werden. Leistungsdruck, ständiger Erfolgsdruck, das ist wirklich nicht das, was ich im Leben haben möchte. Da hätte ich immer die Angst, dem nicht gewachsen zu sein. Daß ich versage. So wie viele Jugendliche zur Zeit.

Übrigens, trotz Sport war ich früher mit meinem Körper überhaupt nicht zufrieden. Ich hatte auch Komplexe dadurch. Und wenn man sich selber nicht mag, dann hat man auch Probleme, mit Sexualität sowieso, aber auch überhaupt erst mal 'nen Partner zu finden. Dann wirkt man auch nach außen so. Wenn man sich selbst nicht akzeptiert, wie man ist, findet man auch niemanden, der einen akzeptiert, so wie man ist.

Mich hat an mir alles gestört, grade in der Pubertät. Mein Gesicht, mein Körper; wenn ich so vorm Spiegel stand, fand ich mich nur komisch gebaut und hatte das ganz starke Gefühl, nicht zufrieden zu sein. Genauer kann ich's nicht beschreiben. Ja, dann spielen halt auch die Ideale rein, die einem so vermittelt werden: muskulöser männlicher Körper, den ich nun mal nicht habe. Ich bin bloß lang und schmal.

Aber mittlerweile hab' ich mit meinem Körper leben gelernt, und irgendwann werde ich ihn vielleicht auch vollständig akzeptieren können. Das bringen auch die Beziehungen so mit sich, daß man merkt, man ist wohl doch nicht ganz so häßlich, wie man sich das selber vorstellt. Daß da noch andere sind, die den eigenen Körper doch ganz schön finden. Das hilft.

Man kann's ja auch nicht wirklich ändern. Irgendwann hab' ich mir zum Beispiel die Haare blondiert. Bis das dann dazu führte, daß ich jetzt kaum noch Haare habe. Und – na ja, ich versuche halt, immer das Beste draus zu machen. Ich weiß, daß ich den Ansatz zur Glatze habe, und da schneide ich mir eben die Haare kurz, dadurch fällt das nicht so auf, als wenn ich lange Haare hätte. Ja, und Klamotten; ist schwierig, Sachen zu finden, die lang und schmal sind. Da bin ich schon froh, wenn ich überhaupt was entdecke für mein Format; eine Botschaft will ich damit nicht verbinden. Ich ziehe keine Sachen an, nur um anderen zu imponieren, die ich total doof finde. Ich muß mich darin wohlfühlen und mit mir wohlfühlen, dann gefällt es auch den anderen. Aber ist schon ein schwieriges Thema, grade weil in der Gesellschaft vieles über Äußerlichkeiten definiert wird. Viele sind ja nun mal so oberflächlich. Und wenn man Scheiß-Sachen anhat, ist man erst mal unten durch und wird nicht anerkannt. Klar, ich würde auch Klamotten anziehen, um eine bestimmte Botschaft zu verbreiten, hinter der ich dann aber auch hundertprozentig stehen muß. Es muß halt mein Inneres ausdrücken, meine Meinung. Und im Moment würde es wahrscheinlich drauf hinauslaufen, da ich ja auch viel in Cottbus unterwegs bin und da dort die rechtsextreme Szene sehr weit verbreitet ist, müßte es irgendwas sein, was Toleranz ausdrückt. Um den anderen Menschen zu zeigen, daß ich tolerant bin und Toleranz fordere. So was würde ich mir schon aufs T-Shirt schreiben.

Mit meiner Familie kann ich über all das schon reden. Mit meinen Eltern auf jeden Fall, da ist es sicher auch ein Teil der Erziehung, klar. Mit meinem Onkel und meiner Tante. Ja, ich habe halt in meiner Familie glücklicherweise viele Menschen, die da ähnlich denken und wo ich nicht anecke mit dem, was ich äußere.

Das sieht ganz danach aus, als gäbe es keinen richtigen Generationskonflikt mehr. In meiner Familie vielleicht wirklich nicht, aber ich kenne viele, wo das ganz anders ist.

Wie die Leute von meiner Exfreundin: Die haben ein großes Grundstück mit zwei Häusern drauf. In einem wohnen die Großeltern, in dem anderen sie mit ihrer Mutter und dem Stiefvater. Und – ja, da ist halt schon der Konflikt; sie ist 18 und könnte machen, was sie will, und muß trotzdem jedesmal fragen, wenn sie weggehen möchte. Da kommt dann der berühmte Satz: »Solange du deine Beine unter unserem Tisch hast, befehlen wir dir!« Und das ist noch viel schlimmer, wenn die Großeltern sich einmischen, weil sie der Meinung sind, Sophie muß für die Familie tun und arbeiten und kann nicht soviel Freizeit für sich beanspruchen. Das Projizieren von sich auf den anderen: Ich muß, also mußt du auch. Und da wird halt übersehen, daß Jugendliche andere Bedürfnisse haben als Erwachsene.

Das Druckmittel ist ganz einfach: Geld. Wie immer. Das Geld und die Unterkunft. Und jeder Jugendliche hat im Moment totale Existenzängste, also viele, ich kann ja nicht für jeden sprechen. Viele haben solche Angst davor, in der Gesellschaft nach unten zu rutschen beziehungsweise nicht anerkannt zu werden. Und wenn man halt noch zur Schule geht, studiert – so was zieht sich ja heutzutage ellenlang hin! – , dann kriegt man sein Taschengeld von den Eltern, wohnt mit ihnen im selben Haus, in derselben Wohnung, und da ist man eben abhängig von ihnen. Und wenn man rausgeschmissen wird oder die Eltern sagen: »Jetzt sorg für dich alleine!«, dann ist man ziemlich arm dran. Weil man halt wenig Unterstützung findet. Und vor allem in den sozialen Schichten wie bei uns in Guben, wo die Eltern einen ja gar nicht üppig unterstützen können, weil sie selber erst mal klarkommen müssen mit dem bißchen Geld, das sie haben. Ich wüßte auch nicht, wenn meine Eltern mich rausschmeißen würden, was ich tun sollte. Ich hätte kein Geld, 'n Job finden, der sich mit der Schule verbinden läßt, ist auch nicht das Leichteste. Wovon soll man dann leben?!

Da liegt das Problem. Daß man eigentlich machen kann, was man will, aber nicht machen sollte, was man will. Um nicht unnötig anzuecken im »Hotel Mama«.

»Es wird leichter,

wenn du drüber sprichst«

Karolin, 18, Berlin

Das ist ein afrikanisches Sprichwort. Sinngemäß heißt das so. Es wird leichter, wenn man drüber spricht. Und das stimmt ja auch, oder?! Ja, ich hab's in Afrika gehört, aber daß da viel Wahres dran ist, das wußte ich schon vorher.

Was mich nach Afrika geführt hat? Das ist 'ne schwere Frage. Zum einen war das Abenteuerlust. Und eigentlich so, man sieht ja immer »Brot für die Welt« und solche Sachen. Und weil ich mich ja selbst auch mit Politik beschäftige und weiß, daß von dem, was man in die großen Organisationen einzahlt oder hinschickt, daß das nicht immer da ankommt, wo es ankommen soll, hab' ich mir dann einfach gedacht: Na ja, mußte's halt selber in die Hand nehmen. Dann mußt du eben selber da hinfahren, und dann weißt du auch, daß das da ankommt, wo es ankommen soll.

Und dann hab' ich mich eigentlich nur für ein freiwilliges soziales Jahr nach dem Abi interessiert. Da war ich im Internet und hab' geguckt, weil, man muß sich da ziemlich früh anmelden, damit man noch 'ne Auswahlchance hat, wo man gerne hin möchte und in welchem Sektor man arbeiten will. Und da war nun diese Firma gewesen oder diese Organisation, die so Work-Camps organisiert in Asien, Amerika und Afrika. Und nach Asien hat mich mein gesamtes Umfeld nicht lassen wollen. Da haben sie gesagt: »Nee, Südasien ist 'n bißchen zu gefährlich. Da fährst du nicht hin!« So Bangladesh und so was. Das wollten meine Eltern von vornherein nicht. Hab' ich auch verstanden. Weil, also so mutig war ich dann auch wieder nicht, in so 'n Kriegsgebiet zu fahren oder so. Amerika möchte ich nicht. Weil ich glaube, daß Amerika als Kontinent genug Geld hat, um sich selbst, Nord- und Südamerika, gut zu versorgen. Also, die würden das alleine hinkriegen, wenn sie nur wollten. Und Afrika, weiß ich nicht, ich wollte da schon immer mal hin. Und dann hat sich das so angeboten, ich habe mich da angemeldet, und da kam so eins zum anderen.

Und auf der anderen Seite sind es die Anerkennung und die großen Augen, die einem so entgegengebracht werden beziehungsweise, die einen so bewundernd anschauen auf einmal, wenn man sagt, ja, ich fahre nach Afrika. Aber nicht als Tourist, sondern, um da zu arbeiten, jugendentwicklungshelfermäßig.

Das war immer schön so.

Eine Hürde war eigentlich gar nicht da. Die kam erst, als ich im Flugzeug saß und wußte, was jetzt so kommt. Daß ich jetzt wirklich auf dem Weg nach Afrika bin. Aber vorher war gar keine innere Hürde zu überwinden. Weil, ich wollte raus, ich wollte weg. Ich wollte einfach ganz woanders hin, ganz was anderes erleben und raus aus meinem gesamten Umfeld.

Warum das so war, soll ich das jetzt alles noch mal aufwühlen? Hm, das ist wirklich schwierig zusammenzufassen. Es lag daran, daß ich ja so viele Jahre krank gewesen war. Also, immer Magersucht, Bulimie, selbstverletzendes Verhalten; Bulimie, Magersucht, selbstverletzendes Verhalten. Also immer hin- und hergesprungen. Und irgendwann hatte ich dann so 'nen Punkt, wo das stehengeblieben ist, und dann dümpelte das so vor sich hin. Mal ja, mal nein. Dann ging's mal wieder, dann ging's mal wieder nicht. Und dann hatte ich einfach irgendwann die Schnauze voll. Dann war mir das zu blöde. Dann hatte ich zwei Alternativen: Entweder, ich steige wieder voll ein und unterwerfe mich dieser Sucht, und hab' ja dann auch mein eigenes, mein Zuhause und so. Oder ich gehe jetzt einfach raus und versuche irgendwo, mir was Eigenständiges aufzubauen. Ich bin ja dann auch älter geworden und wuchs in neue Entscheidungen hinein. Und dann haben mir dabei auch meine Vertrauten geholfen. Das sind nicht wirklich viele, aber die, die da sind, stehen mir auch ganz doll nahe. Und die haben mir dabei geholfen, nicht wieder zurückzugehen in die Krankheit. Weil, ich war mir selber irgendwo egal. Ob ich nun krank oder gesund bin, war mir wurst. Aber ich wollte schon den Leuten, die mir lieb sind, nicht wehtun. Also hab' ich mir gesagt: So weit biste jetzt gekommen, du hast zwei Kliniken hinter dir, warst in der einen Klinik elf Monate und mußt das jetzt nicht dein Leben lang durchziehen. Zumal da auch ein Mädchen war, das seit seinem neunten Lebensjahr magersüchtig war. Und die war damals 18, war schon zwei Jahre in der Klinik gewesen und sah aus wie 'ne Neunjährige. Also ganz klein, ganz zierlich, und hat einen Terror gemacht, das Personal im wahrsten Sinne des Wortes angekotzt und hat nur für ihre Krankheit gelebt. Und da hab' ich mir dann auch gesagt: Nee! So dann auch nicht!!! Weil, ich bin jemand, der möchte mal in Weiß heiraten, der möchte Kinder haben. Und das kann ich nicht, wenn ich krank bin. Was soll ich meinen Kindern denn da für 'ne Grundlage bieten! Geschweige denn, wie soll ich Kinder kriegen, wenn ich immer nur 'n Klappergestell bin, dann funktioniert ja alles nicht mehr so. Und dann kam noch die Schule dazu. Und so wurden es immer mehr Faktoren, die mich überzeugt haben, daß es 'n bißchen doof wäre, zurückzugehen in die Sucht. Wo ich eigentlich soviel geschafft habe. Wo ich mich elf Monate lang hab' hochfüttern lassen, auf eine Weise, daß ich wirklich nicht die Chance hatte, dagegen anzukämpfen. Also hatte ich dann mein Gewicht, und das war für mich unheimlich schwer, da hinzukommen. Und wenn ich mich jetzt einfach wieder fallenlasse, dann war diese ganze Kraft umsonst. Und das wollte ich dann auch nicht. Und so gab's immer mehr, was mich dazu bewegt hat, nach vorne zu gucken.

Und dann war ja da der Sprung elfte Klasse, zwölfte Klasse. Und da dachte ich, jetzt kann ich mir das schon gar nicht mehr leisten, einfach in die Krankheit zurückzugehen, weil, sonst kann ich das Abitur in den Wind schreiben. Dann ist auch meine Zukunft irgendwo in den Wind geschrieben, und das wollte ich halt alles nicht. Und an dem Punkt kam das mit den Work-Camps dazu. Eines Tages war ich angenommen. Und dann hatten wir zweimal an vier Tage ein Vorbereitungsseminar, und das war schon mal sehr spannend. Auf einmal fühlte ich mich schon fast wie in einer anderen Welt, als die uns so erzählt haben, was alles passieren kann, welche Gefahren da so sind.

Na ja, zum Beispiel, daß man drauf gefaßt sein muß, wenn man in so 'ner Gruppe arbeitet, daß da Leute auf einen zukommen und einen darum bitten, daß man Schulgeld für das kleine Kind bezahlen soll. Auch, wenn man schon länger mit denen zusammenarbeitet und sich richtig gut miteinander versteht, dann kommt das auch nach 'ner längeren Zeit manchmal: »Na ja, kannste nicht mal bezahlen?« und so. Wie man halt damit umgeht. Und daß man wirklich abwägen muß: Was ist jetzt der Mensch, der was von einem will, oder wann wird man wirklich nur als reicher Weißer identifiziert. Oder solche Sachen, daß man eben den Rucksack auf dem Bauch haben muß, wenn man irgendwo langgeht. Und daß man sein Geld immer in 'ner Bauchtasche und möglichst noch unter der Hose haben soll, daß man nicht mit 'ner Schere von hinten kommen kann und das abschneiden, also so totale Sicherheitsvorkehrungen.

Nee, vor wilden Tieren haben sie gar nicht gewarnt. Da haben sie einen zwar vorbereitet, welche Impfungen man haben muß, aber das ist ja nun vorher schon klar gewesen. Nein, seltsamerweise haben Schlangen oder Löwen da gar keine Rolle gespielt. Nur, daß man sich überlegen sollte, wenn man irgendwelche Insekten- oder Spinnenphobien hat, ob man da wirklich hinfahren will.

Aber letzten Endes ... – das ist auch so 'ne Sache gewesen. Ich bin ja jemand gewesen, der hat vor Spinnen totale Angst gehabt. Also, ich hab' immer geschrien, wenn eine da war und konnte die schon gar nicht anfassen. Und als ich dann da war, in Afrika, da ist schon mal ab und an eine Spinne rumgekrabbelt. Und da hab' ich dann gelernt, damit umzugehen. Und jetzt habe ich keine Angst mehr vor Spinnen.

Na, weil, das wäre so doof gewesen, dort plötzlich als hysterischer Europäer den Ekel rauszukehren. Da macht sich keiner 'ne Platte, wenn da 'ne Spinne über die Decke krabbelt. Klar, ich hab' schon am Anfang gesagt, ich mag das nicht, und ob die Tiere mal jemand entfernen kann. Und dann haben wir halt drüber gesprochen, wie die Afrikaner das so sehen, und dann hat sich das ganz natürlich ergeben. Einer hat mir eine Spinne auf die Hand gesetzt und hat aber seine Hand nicht weggenommen. Also so, daß er die

Spinne jederzeit wieder hätte wegnehmen können. Die hat mir aber definitiv nix getan! Es hat zwar 'n bißchen gekrabbelt, aber letzten Endes mußte ich mir eingestehen: Ob da nun mein Meerschwein auf der Hand sitzt oder dieses Spinnchen, macht ja nichts. Und so habe ich das einfach gelernt.

Aber soweit waren wir ja noch gar nicht. Ich bin da stehengeblieben, wo ich im Flugzeug sitze und mir so richtig klar wird: Jetzt gibt es kein Zurück mehr, jetzt bin ich auf dem Weg nach Afrika. Also, in dem Moment war ich nicht mehr sehr mutig; da hatte ich vor allem Angst vor der Selbstverantwortung. Jetzt biste wirklich alleine, jetzt ist keiner da, der dich irgendwie bemuddelt. Keiner da, der dir Essen zuschiebt, du bist auch dafür alleine verantwortlich. Aber es war halt auch so keiner da, den ich kannte; kein Freund, mit dem ich hätte einfach mal so quatschen können. Ich wußte ja auch nicht, ob da außer mir noch ein Deutscher im Camp ist. Also, ob ich die ganze Zeit Englisch reden muß, oder ob man doch irgendwie mal Deutsch reden kann. Und da war mir dann mulmig. Aber ich hab' doch dazu gestanden und mir gesagt: Nee! Jetzt ziehst du das durch!!

Ich bin 'ne knappe Stunde bis Frankfurt geflogen und von Frankfurt noch mal acht Stunden nach Mombasa in Kenia. Flugangst habe ich keine, nee, gar nicht. Ja, dann war ich da. Mombasa ist ja so an der Küste, ein Touristenort eigentlich, und ich mußte aber nach Nairobi, was ja im Westen von Kenia liegt. Eigentlich sollte ich ja abgeholt werden, aber es kam keiner so richtig. War ja nicht so, daß ich alleine war. Es kamen ständig irgendwelche Afrikaner, die mich irgendwohin mitnehmen wollten, so angebliche Taxifahrer. Und tollster Preis, und überhaupt! Und ich war aber immer ganz stolz, daß ich sagen konnte: Nein, danke, mich holt hier jemand ab, ist schon alles in Ordnung. Und so habe ich eine Stunde gesessen, zwei Stunden gesessen, und da kam aber keiner. Dann hab' ich meinen Organisationsleiter angerufen, und der wollte sich für mich kümmern; ich sollte später noch mal zurückrufen. Bis dahin wollte er jemanden für mich finden, sozusagen. Das hat er aber nicht geschafft. Ich sollte mir alleine ein Taxi nehmen und zur Busstation fahren und mit dem Nachtbus praktisch nach Nairobi düsen. Ja, und das hab' ich dann auch so gemacht. Und dann sind wir durch Slums gefahren, wo ich dann so schlucken mußte und dachte: Oh, das ist jetzt eigentlich doch nicht das, was du dir so vorgestellt hattest. Ich sollte auch zu so 'nem Hotel erst mal fahren, das man sich nicht wie ein Hotel nach europäischem Standard vorstellen darf. Das war ziemlich furchteinflößend.

O Gott, dachte ich da, du mußt wieder zurück. Du sagst jetzt gleich, du willst wieder zurück zum Flughafen, und dann fliegst du sofort wieder nach Hause. Weil, ich war völlig fertig. Mal abgesehen davon, daß ich zwei Tage nicht geschlafen hatte, war mir das auf einmal auch alles ziemlich unheimlich.

Na ja, wir kamen also beim Hotel an, ich wurde vom Taxi ausgespuckt und vom Hotelier mit einem jungen Mann zur Busstation geschickt, die ich allein nie gefunden hätte. Ja, und dann sollte ich also mit dem Nachtbus fahren, es war aber grade mal Mittag, und ich hatte noch neun Stunden Zeit.

Ich saß also da und hab' mir überlegt: Was machste jetzt? Na ja, guckst du dir einfach mal 'n bißchen die Stadt an. Ist ja nicht schlimm, läufst du einfach mal los. Gedacht, getan. Und mein Hauptgepäck durfte ich ja dalassen, in dem Office der Busstation. Na ja, und ich bin die ersten fünfhundert Meter gelaufen und bin noch viel schneller wieder zurückgelaufen! Weil einfach von allen Seiten irgendwer ankam, Blicke von oben bis unten, die mich bald auszogen. Und wo ich mein Kopftuch, was ich aufhatte, schon immer weiter nach unten zog und Sonnenbrille und vermummt und überhaupt, daß es nicht so auffällt, daß ich Weiße bin. Zu allem Unglück hab' ich auch noch eine geraucht, weil, ich bin Raucherin. Und das war ja dann ganz schlimm, weil, Frauen, die öffentlich rauchen, sind etwas Verruchtes und etwas Unreines. Was für mich bedeutete: Noch mehr Blicke und dann aber auch so abwertende Blicke. Und damit konnte ich nicht umgehen. Also schnell wieder zurück zur Busstation. Weil, da, wo ich war, das darf man sich jetzt auch nicht wie 'ne Fußgängerzone vorstellen, schön touristisch ausgebaut, war ja so nicht. Das war direkt ein afrikanisches Wohnviertel. Und ich hatte zwar vieles darüber gelesen, aber es ist immer was anderes, wenn man dann selbst persönlich da ist.

Und da war ich dann so erschlagen. Ich sehe mich heute noch an dieser Bushaltestelle sitzen, hatte immer noch achteinhalb Stunden Zeit, war immer noch todmüde. Da saß ich wie ein Häufchen Unglück, hab' die Leute beobachtet, und irgendwann konnte ich nicht mehr; hab' einfach angefangen zu weinen. Die Tränen flossen einfach so, das kam ganz von selbst, und ich wußte im ersten Moment noch nicht einmal, warum. Das hat mich alles so fertiggemacht, ich wollte nur noch nach Hause. Ich wollte das alles nicht mehr, dieses ganze Afrika. Ich hatte so eine Angst, daß das in diesem Camp dann auch so ist, daß ich überall so mit Blicken ausgezogen werde und daß das noch viel schlimmer wird. Nee, ich wollte alles rückgängig machen und am liebsten auf der Stelle wieder nach Hause fliegen, nach Berlin.

Ich hatte auch seit drei Tagen fast nichts mehr gegessen, denn meinen Druck und dieses ganze innere Knäuel an verworrenen Gefühlen hatte ich wieder auf die Sucht abgeleitet. Und irgendwann hat mich ein Türsteher von diesem Bus Office, dem ich wohl leidgetan haben muß, nach hinten gebracht, in so eine Art Lagerraum mit Dusche und Toilette, und da durfte ich mich dann hinlegen. Das war ein Privileg, was man als junge weiße Frau hat, aber das war mir dann auch egal. Ich hab' dann da hinten zwei oder drei Stunden geschlafen, und da ging's dann wieder ein bißchen besser. Mir fiel ein, daß ich mein Handy noch dabeihatte, und da hab' ich versucht, nach Deutschland durchzutelefonieren zu meiner Vertrauten, die auch schon mal in Kenia gewesen war. Aber irgendwie fand ich die richtige Vorwahl nicht, die 0049 hat jedenfalls nicht funktioniert. Da kam immer nur dieses dreimal Piepen, und das war's dann. Und dann fühlte ich mich noch mehr allein, weil mir klar wurde: Kein Internetcafé und gar nix in der Nähe, und du kannst nicht mal telefonieren. Wahrscheinlich kannste auch vom Camp aus nicht anrufen; das heißt dann, vier Wochen nicht telefonieren. Und dann landest du noch in der Pampa, und dort ist auch kein Internet, und du bist völlig von der Außenwelt abgeschnitten. Und da habe ich mir alles so schlimm vorgestellt, auch, daß aus diesem Essen dann Maden rauskriechen, und daß da, wo wir wohnen, bestimmt alles ganz keimig und voller Kakerlaken sein wird; also, ich hab' mir das alles so richtig schön schrecklich ausgemalt und fing erst mal wieder an zu weinen. Wollte nur noch nach Hause. Ich hatte keine Lust mehr, da hinzufahren, wollte das alles nicht mehr.

Und so wurde es allmählich Abend, und ich ging wieder raus auf die Straße zur Bushaltestelle. Inzwischen saßen da auch einige Leute, die offensichtlich ebenfalls auf diesen Bus gewartet haben. Ich setzte mich dazu, und das war dann – glaube ich – auch das einzige Mal, daß ich innerhalb einer Stunde eine ganze Schachtel Zigaretten geraucht habe. Also, ich war nur am Rauchen. Und daß das als anstößig gilt, wenn man als Frau raucht, das weiß ich heute, aber das wußte ich damals nicht. Und darum hatte ich auch keine Ahnung, warum alle mich so unfreundlich angucken. Und warum keiner mit mir redet. Da gibt es diese kleinen Busse, die heißen Matatos. Die sind das öffentliche Verkehrsmittel dort. Und die rasten also immer da vorbei, ganz hektisch und mit Hupkonzert und so. Und auf einmal kam mir der Gedanke: Na ja, du läufst jetzt langsam auf die Straße, guckst nicht nach links und nicht nach rechts, und wenn halt einer kommt, ist es auch egal. Wenn so 'n Matato dich mitnimmt und überfährt, dann hat sich das eben erledigt.

Weil mir das in dem Moment alles so zuviel war! Ich wußte nicht, wie ich Kontakt nach Hause kriege, ich wußte nicht, wie das da weiterläuft, und wenn man dann von allen immer angeguckt wird. Wenn alles so fremd und neu ist. Ich glaube, wäre ich zu Hause gewesen, hätte ich in dem Moment gefressen und dann gekotzt, also meiner Sucht gefrönt, sozusagen. Aber das ging ja da nicht! Ich hatte ja nichts zu essen, und wo sollte ich denn hinkotzen, auf die Straße? Nee, also das war mir zu blöd. Aber das war dann letzten Endes so 'n bißchen Ironie des Schicksals: In dem Moment, wo ich dachte, okay, stehste auf, läufst los, läßt dich überfahren, da kam dann mein Bus.

Das war abends um neun, und halb zehn sollte er abfahren. Und da hab' ich mein Gepäck abgegeben, bin in diesen Bus eingestiegen, und der war auch ziemlich leer; ich hatte eine ganze Bank, zwei Sitze, für mich. Und sobald ich da saß, ist mein Kopf auch schon an die Scheibe gefallen und ich hab' geschlafen. Das ruckelte ab und zu ein bißchen, aber das war wie in der Kinderwiege, ich fühlte mich ganz wohl so beim Schaukeln. Zwischendurch hielten wir an so 'nem Rastplatz, und da wollte ich eigentlich nur auf Toilette gehen und bin nun auf dieses Etwas gegangen. Das war wie Pferdeboxen, mit Wänden abgeteilt und mit diesem Loch jeweils in der Mitte. Das war mir aber egal, das wußte ich ja, daß das anders als in Deutschland sein würde. Und ich stand so da, weil halt alles besetzt war, und stellte mich an. Eine Tür ging auf, da stürzte von hinten eine Frau an mir vorbei und da rein, auf Toilette. Und das passierte noch dreimal, viermal, und ich dachte: Das kann doch nicht sein, die können sich doch nicht einfach so vordrängeln! Ich bin doch jetzt dran!!! Soviel zu fremden Sitten. Aber ich weiß nicht, ob sich das jemand vorstellen kann: In so 'ner Situation, wenn du dich eh so einsam und verlassen fühlst, da machen dich selbst solche Kleinigkeiten fertig. Ich war schon wieder nahe dran zu weinen, weil ich dachte: Na prima, jetzt geht's also gleich weiter! Jetzt kennen die hier nicht mal mehr die einfachste Höflichkeit. Und ich wollte wieder auf der Stelle nach Hause.

Aber zum Glück bin ich dann einfach bald wieder eingeschlafen. Ich war müde genug, durch diese ganze Fliegerei und den Tag davor, die Aufregung mit dem Packen; nichts gegessen, alles diese Dinge. Und gegen Morgen kamen wir dann in Nairobi an, ich wurde irgendwann auch abgeholt und erst mal in meine Gastfamilie gebracht, wo wir Station machten, bevor es ins Camp ging. Und da fühlte ich mich dann das erste Mal wieder wohl. Weil ich zum einen mit dieser Gastmami prima klarkam, die war richtig doll freundlich. Und dann hab' ich mitgekriegt, daß da noch zwei deutsche Mädels wohnen und ein deutscher Junge. Dazu kamen noch zwei Holländer, so daß wir eine kleine Gruppe von sechs Europäern waren und fünf Afrikanern. Das war alles ganz klein und heimisch. Das war ein Sonntag, und die anderen sind in die Kirche gegangen, ich durfte aber schlafen. Und da hab' ich mich in dieses schöne weiche Bett gelegt und durchgeschlafen, von sieben Uhr morgens bis halb zwei mittags. Hinterher bin ich aufgestanden, hab' mich gewaschen, und ab da ging's mir sehr viel besser.

Aber diese Blicke da am Anfang in Mombasa, die kriege ich heute noch nicht aus dem Kopf. Grade, weil es Männer waren. Ich hatte zwar ein halbes Jahr zuvor schon mal einen Freund gehabt, aber was Sex betrifft, war ich noch völlig unschuldig und völlig rein. Hab' noch nie mit jemandem geschlafen gehabt. Auch Blicke und Flirtversuche, das war bei mir noch nie so ausgeprägt gewesen, ich wollte das auch gar nicht. Ich wollte eher immer so 'n bißchen zurückgezogen leben. Vielleicht höchstens mein Freund, den ich habe, aber kein anderer. Und ich war nie jemand, der so gesprungen ist und Männer angemacht hat, fühlte mich auch immer unwohl, wenn jemand versucht hat, mich so anzumachen.

Mein letzter Freund, der ging in meine Klasse. Wir waren 16, als wir zusammenkamen, und wir sind heute richtig gut befreundet. Das heißt, grade gestern abend war so 'ne gewisse Fete bei mir zu Hause, und da lagen wir dann miteinander am frühen Morgen zusammen im Ehebett meiner Eltern. Kann also gut sein, daß aus uns beiden doch noch mal was wird, wer weiß. Kann ich aber noch nicht so genau sagen; dazu ist es einfach noch zu frisch. Damals, bei unserem ersten Versuch, ist es wohl an mir gescheitert. Also, weil ich damals noch nicht so gesund war, ich hab' noch viel mit der Anorexie und der Bulimie zu tun gehabt und war in meiner Gefühlswelt noch so durcheinander, hab' kein Vertrauen gehabt, ein einziges Chaos! Ich hab' zum Beispiel gedacht, das kann alles gar nicht sein, er liebt dich nicht, er ist nur aus Mitleid mit dir zusammen, und hab' mich deshalb dann von ihm getrennt.

Na ja, ob so eine Krankheit, wie ich sie habe, Sex verhindert, das weiß ich nicht.

Aber das macht das Ganze auf jeden Fall nicht schön. Also wenn, dann macht man's, glaube ich, um dem Gegenüber einen Gefallen zu tun, aber nicht aus mehr Gründen. Und ich glaube auch, daß so eine Krankheit 'ne Liebe zerstören kann. Ja.

Weil man viel zu sehr mit sich selber beschäftigt ist. Auch wenn man denkt, daß man es für den anderen macht und nicht aus egoistischen Gründen, aber man dreht sich doch eigentlich nur um sich selbst und um die Sucht. Wann kann ich wieder erbrechen, wann tue ich mir wieder weh, wann esse ich was und wann nicht; wie kriege ich das hin, daß ich abnehme? Man ist nur mit sich selbst, dem Gedanken ans Essen und diesem ganzen psychischen Drumherum beschäftigt und hat eigentlich gar keine Zeit für den Partner. Ich glaube, man kann, wenn man so krank ist, niemanden wirklich lieben.

Mal abgesehen davon, daß man zum eigenen Körper kein Verhältnis mehr hat. Der ist einem wirklich egal. Also, wenn man in der Magersucht ist, will man sowieso nur abnehmen. Da ist aber das Problem mit dem Freund, glaube ich, weniger vorhanden. Weil, je dünner man ist, desto unattraktiver wird man ja auch. Von außen her gesehen. Man selber sieht sich ja völlig anders, das ist das Paradoxe. Die Knochen stehen überall vor, und man sieht sich, als ob man dick wäre. Vor sich selber ist man einfach nur zu fett! Und ein Partner hat da gar keine Chance, reinzukommen, mitzugehen. Man verliert völlig den Blick für den eigenen Körper.

Klar, da kam es mir doppelt seltsam vor, dort auf dieser afrikanischen Straße von Blicken verschlungen zu werden. Zu dem Zeitpunkt hatte ich zwar ein normales Gewicht, war auch ein bißchen zurechtgemacht, also geschminkt, aber ich fühlte mich ganz fürchterlich. Das waren ja keine lieben Blicke, sondern so abschätzende Blicke. Und das waren nun auch noch Schwarze, also mit diesen dunklen Augen, da gibt's ja keine blauen Augen, und dadurch kam mir das alles so düster und böse vor. Im Grunde genommen kam es mir so vor, als ob mich meine Krankheit von allen Seiten mit finsteren Blicken anguckt und mir sagen will: Du willst jetzt versuchen, hier irgendwie auszubrechen? Na, das kannste aber vergessen! Ich bin immer da.

Und das hat sich eigentlich alles erst gelegt, als ich ins Camp gefahren bin. Wo ich dann die Afrikaner anders kennengelernt habe, die Blicke anders interpretieren konnte und wußte, warum ich so komisch angeguckt wurde. Aber im ersten Moment war's sehr, sehr merkwürdig, ja.

Was Sex betrifft, hatte ich eigentlich keine Hintergedanken in Bezug auf meinen Ausbruch. Das kam mehr so von meinen Freunden: »Paß auf, man sagt ja, bei den Afrikanern ist das alles immer 'n bißchen größer, und da mußt du aufpassen ...« Und ich dachte: Hä? Wie abwegig! Also, mir war das völlig egal. Ich hab' zwar so dran gedacht: Na, ein afrikanischer Freund, das wäre schon was Schönes. Weil's wieder was anderes ist. Ich hab's gerne, so – in 'nem gewissen Sinne – eine gesonderte Stellung zu haben. Und irgendwas zu haben, was niemand anders hat. Aber als ich mir dann überlegt habe, was das für Konsequenzen hätte, weil, ich kann ja nicht dableiben, ich muß ja in Deutschland mein Abi machen, und mein Freund wäre dann dort, also, das wollte ich dann doch nicht. Und hatte mit dem Thema abgeschlossen. Ich hab' mir wirklich einfach gesagt: Du fährst jetzt für dich da hin, um Klarheit über dich selber zu bekommen und auszuprobieren, wie es ist, ohne die Krankheit zu leben. Aber Kondome hatte ich natürlich trotzdem dabei.

Ja, Kondome hatte ich mir eingepackt. Hab' also doch auf die Warnungen meiner Freunde gehört. Und wenn ich ganz ehrlich bin, war ich schon auf gewisse Eventualitäten vorbereitet, ja.

Aber was ich auch zugeben muß: Man kann nicht vor sich selber weglaufen. Die Krankheit ist natürlich mitgeflogen. Als wir dann so im Camp waren, die erste Woche, da war's dann so, daß ich dachte, jetzt kannst du ja. Jetzt ist keiner da, der auf mich aufpaßt, jetzt kann ich schön wieder hungern und alles, was dazugehört. Dann gab's auch dummerweise in der ersten Woche gleich dieses traditionelle Essen: dicke Bohnen mit Mais und solche ekligen Sachen. Ich konnte Bohnen schon als kleines Kind nicht leiden. Also völlig unabhängig von der Eßstörung kann ich Bohnen nicht essen. Und da hab' ich schon von daher nichts gegessen, dazu dann Frühstück und Abendbrot weggelassen, und fand das alles noch so richtig schön. Aber dann kamen von anderen doch die Kommentare: »Weißt du eigentlich, daß du immer dünner wirst?« Da haben sich die Afrikaner Sorgen um mich gemacht, warum denn jetzt die Kleene nicht ißt. Ich war die Kleene, von der Größe her nicht, aber ich war die Jüngste dort. Und ich kannte nun auch dieses Lied »Malaika« von Boney M., und Malaika ist Kishuaheli und heißt »Engel«. Und das wurde dort mein liebevoller Spitzname für alle; ich war entweder »Angel« oder »Malaika«.

Und so war ich dieses kleine Engelchen, und das kleine Engelchen wurde immer dünner, und alle haben sich Sorgen gemacht, und alles fing von vorne an. Ich weiß auch nicht genau, warum, aber irgendwann war ich an dem Punkt, wo mir das selber alles zum

Hals raushing. Wo ich dachte: So, und jetzt reicht's! Du fährst hier hin, willst 'ne schöne Zeit haben, willst gucken, wie es ist, ohne die verdammte Krankheit, diesen ganzen Kack zu leben, hast 'n schönes Umfeld, kommst mit den Leuten gut klar, und dann fängst du mit der gleichen Scheiße wie vorher an. Und dann hab' ich praktisch mich selber zusammengerissen. Und genau zu der Zeit, wo ich das gedacht habe, hat auch unser Campleiter mit den Communitymitgliedern, die für uns nach der Arbeit als Dankeschön das Lunch kochten, gesprochen, daß das Bohnengericht nicht so das Günstigste ist. Inzwischen hatten nämlich auch die anderen Probleme damit. Zum einen kann man das nicht immer und ständig essen, und zum anderen war das bei den anderen dann so, daß sie dauernd aufs Klo rennen mußten, weil's halt ziemlich durchgehauen hat. Und das ging wirklich nicht auf Dauer. Und ab da gab's was anderes. Dann gab's Chapati. Die wurden aus Wasser, Mehl und Salz zusammengemengt, und dann wird das so ausgebacken. Und das hat so lecker geschmeckt, daß wir uns da alle fast reingelegt haben. Mir hat das auch geschmeckt, und da hab' ich mir dann gesagt: Na ja, da du das eh nicht mehr willst, dieses irrsinnige Kranke, und weil ich eine ganz andere Motivation hatte, warum ich eigentlich da hingefahren war, war es dann ein Leichtes, normal zu essen.

Dazu kam noch: Ich hatte auch richtig Hunger! Ich hab' jahrelang vorher keinen richtigen Hunger mehr gespürt, vielleicht, weil ich ihn nicht spüren wollte oder konnte oder wie auch immer. Aber dadurch, daß wir auch körperlich so hart gearbeitet haben, so mit Ziegelsteine herstellen und Bäume pflanzen und Wasser schleppen. Diese Eimer mit dem Gießwasser für die Plantagen werden ja von unten nach oben über die Terrassen in einer Menschenkette durchgereicht. Viel Hin- und Herlaufen kommt dazu, und Machen und Tun. Dann war es ziemlich bergig da, und wir mußten immer hoch- und runterklettern, waren nur unterwegs, und da hat man einfach Hunger!

Nein, gebaut haben wir nichts, in dem Sinne. Wir haben nur diese Ziegelsteine hergestellt, und die müssen dann erst mal noch trocknen, bevor man damit was bauen kann. Und angepflanzt haben wir Bananenbäume, Spinat und so was. Und weil das eben in der Terrassenwirtschaft gemacht wird, also abgestuft, die einzelnen Anbau-möglichkeiten, haben wir halt zeitweise auch diese Terrassen hergestellt. So mit Schippen und Erde karren und allem drum und dran. Das war eigentlich die schwerste Arbeit. Weil man immer diesen Sand aufschippen mußte, danach eine Etage höher transportieren, dann mußte das immer aufgelockert werden mit so 'ner Hacke, und dann kamen wir Mädels mit unseren Schaufelchen und haben das wieder nach oben befördert, und das war einfach mal körperlich so anstrengend, wie man es hier in Deutschland ja nicht gewöhnt ist. Und da war ich dann immer froh, wenn es endlich was zu essen gab. So hat sich eins zum anderen ergeben. Ich konnte mich dann doch nicht so zurücknehmen und hab' mich dann doch verliebt und so ... Und dann hab' ich das auch noch zustande gebracht, die Nummer rauszukriegen, mit der ich nach Hause telefonieren konnte. Hab' dann meine engste Vertraute und meine beste Freundin angerufen und konnte im Camp auch selber angerufen werden. Und auf einmal war rundherum alles in Ordnung. Weil wir auch im Camp richtig gut klarkamen, untereinander, alle elf, und mit der englischen Sprache auch, das hat alles geklappt. Es gab nie Zank, und es gab nie Streit, und dann hab' ich mich so wohlgefühlt, da hatte ich auch mit dem Essen überhaupt keine Probleme mehr.

Eins möchte ich noch dazusagen: Weiße Entwicklungshilfe, da denkt man vielleicht, wir kommen dahin als die, die den Afrikanern etwas beibringen wollen. Aber so war das gar nicht. Wir sind halt dahin gefahren in so 'ner Community, und da gab es verschiedene Arbeitsgruppen. Verschiedene Landteile, so wie hier auch, verschiedene Felder von verschiedenen Bauern, da haben wir einfach mitgearbeitet. Und das war unsere Hilfe: einfach als Arbeitskraft dort mitzumachen. Also, Hauptanliegen ist zum einen sicherlich die direkte Hilfe, aber zum anderen auch der internationale und interkulturelle Austausch. Daß man halt auch merkt, wie andere leben. Vielleicht sind wir gerade deshalb so gut mit den Leuten dort klargekommen, weil wir eben nicht hingefahren sind und irgendwie gesagt haben: Uns geht's so gut, und ihr wißt ja nichts, deswegen bringen wir euch jetzt bei, was wir wissen, sondern einfach dort mitgemacht haben und dort mitgelebt haben. Und im Grunde dabei selber Lernende gewesen sind. Und jetzt willst du die Liebesgeschichte hören? Na gut. Das ist aber so richtig schnulzig gewesen, ich warne dich. Es war bei unserer zweiten Arbeitsgruppe, die, nebenbei bemerkt, meine Lieblingsarbeitsgruppe war, weil die so freundlich war. Die Leute waren so richtig niedlich, haben sich gekümmert und gemacht und konnten auch englisch reden. Also, wir haben ja jeden Tag in einer anderen Arbeitsgruppe geackert, als wenn wir hier jeden Tag bei einem anderen Bauern arbeiten würden. So war das. Und da mußten wir so 'ne kleinen Keimlinge einpflanzen. Und im Boden waren die Löcher, wo die Pflänzchen rein sollten, schon vorgefertigt, und wir mußten uns halt da hinhocken und diese Dinger da einpflanzen. Das war immer so im Block, vier Reihen nebeneinander. Und da hat unser Campleiter, der heißt Nick, auf der einen Seite angefangen und ich auf der anderen Seite. Und da haben wir, jeder für sich, die Keimlinge in die Erde gepflanzt, und ich weiß nicht, warum, aber als wir uns in der Mitte begegnet sind beim Arbeiten, haben wir beide gleichzeitig hochgeguckt und uns in die Augen geguckt. Und das war so – hm. Wir mußten beide schlucken. Dabei hatten wir uns anfangs überhaupt nicht verstanden. Ich fand, er ist so 'n Oberguru, der gerne über uns steht und gerne uns alle herumkommandiert, und so 'n kleiner Schönling von 25 Jahren noch dazu. Ein Kenianer, ja. Und ich war für ihn immer nur die zerbrechliche Kleine, o Gott, die kann man nicht belasten. Aber in dem Moment haben wir uns in die Augen geguckt, und da hat's einfach nur geknallt.

Ich würde jetzt sagen, man hätte es hören können. Es war halt so beiderseitig und so intensiv. Er hat so große Augen, ganz ausdrucksstark und braun. Was mir vorher im Mombasa ja Angst gemacht hatte, aber bei Nick war es so lieblich; er hat mich ganz liebevoll angeguckt, so: Na, meine Kleine, kannste noch? Ja, und für ihn waren's meine langen Wimpern, meine grünen Augen, meine so ganz anderen weichen Haare, und daß ich immer so gegrinst habe, das fand er eben gut. Wie ich später von ihm erfahren habe. Daß ich sage, was ich denke, kein Blatt vor den Mund nehme. Und sogar, daß ich zu meinem Rauchen gestanden habe. Ich war ja nun einziger Raucher im Camp, und sogar das hat ihm an mir gefallen. Al-

so, es hat mächtig geknallt, und schon, als wir vom Feld zurückgegangen sind, liefen wir Hand in Hand, haben uns ständig gegenseitig mit Blicken verschlungen. Und so ging das dann ein paar Tage
lang. Aber es blieb nicht beim Händchenhalten.

Wir haben jeden Abend Lagerfeuer gehabt. Und eines Abends habe ich mich dann, weil sonst kein Platz mehr war, bei Nick auf den
Schoß gesetzt. Und so kam das dann, daß wir uns das erste Mal geküßt haben. Der hatte auch noch so richtig schöne Lippen, so, wie
man sich 'nen Afrikaner vorstellt: Schöne ausgeprägte breite weiche Lippen, und damit konnte der so wunderschön küssen. So daß
ich auch überhaupt kein Problem damit hatte. Und ich hatte vorher noch nie Erfahrungen mit einem wirklich einfühlsamen Zungenkuß gehabt. Vorher hatte ich eher immer gedacht, das ist so ekelhaft, du machst so was nie! Du findest das so abartig, nee.

Aber in dem Augenblick war das so, als ob zwei Seelen miteinander ... das hat einfach alles gestimmt. Und da war alles, was wir am
Anfang voneinander gedacht hatten, so völlig weg. Und ich war
dann auch nicht mehr die Kleene, auf die er aufpassen muß, weil,
er hat ja mitgekriegt, daß ich doch arbeiten kann. Und daß ich da
auch was zustande bringe. Und als ich wieder angefangen habe zu
essen, kamen wir immer besser miteinander klar – was für mich,
nur nebenbei bemerkt, dann auch Ansporn war, weiterzumachen
mit dem normalen Essen.

Dann ging das mit uns so eine Woche, zwei Wochen. Und am
zweiten Sonntag abends am Lagerfeuer haben wir uns zum ersten
Mal darüber unterhalten, was wir machen, wenn das Camp vorbei
ist. Und dann saß ich halt wieder bei ihm auf dem Schoß, wir haben uns lange unterhalten. Und irgendwann hat er mich einfach an-
gehoben und ist mit mir reingegangen, so auf'm Arm. Und dann
sind wir bei ihm auf der Matratze gelandet, wo wir dann miteinander verschmolzen sind. Also, dann haben wir miteinander geschlafen. Und er wußte ja nicht, daß ich noch nie mit jemandem geschlafen hatte, ich hab' es ihm auch nicht gesagt. Wodurch halt dieses
Erlebnis für mich weniger schön war. Also, es tat unheimlich weh.
Ich mache ihm da wirklich keinen Vorwurf; er wußte ja, daß ich einen Freund hatte vorher, und da hat er natürlich angenommen, ich

sei mit dem auch im Bett gewesen. Und dadurch war Nick auch nicht so vorsichtig und einfühlsam, wie er bestimmt gewesen wäre, wenn er gewußt hätte, ich bin noch Jungfrau. Aber so kam es nun, daß ich hinterher völlig fertig war, mich alles angekotzt hat, also im wahrsten Sinne des Wortes angekotzt. Denn ich bin sofort in die Küche gegangen, hab' wieder gefressen und hab' mich hinterher wieder übergeben. Also, hab' alles wieder über die Sucht-Schiene laufen lassen. Aber mit Nick habe ich nie drüber gesprochen.

Ich bin dann nach draußen gegangen, hab' eine geraucht, und da kam die eine Deutsche aus unserer Gruppe, die war aus Wolfsburg. Und mit ihr habe ich mich noch ganz, ganz lange unterhalten. Sie hat mich dann in den Arm genommen, und wir haben von Frau zu Frau miteinander geredet. Also ich war nicht die Kleine, die bemuttert werden mußte, sondern wir haben völlig normal darüber gesprochen und auch ernsthaft. Und sie hat mich so akzeptieren können, wenn auch sicher nicht vollkommen verstanden. Das versteht man, glaube ich, nicht, wenn man's nicht selbst erlebt hat. Das mit der Sucht, meine ich jetzt. Aber sie hat zumindest nachvollziehen können, wie es dazu kam, und es war sehr schön, mit ihr zu reden. Das war auch wieder so 'ne Veränderung bei mir, weil ich mich eigentlich schwertue, mich jemandem anzuvertrauen. Noch dazu jemandem ja eigentlich »Fremden«. Aber dort unten, wo ohnehin alles anders war, wo es nicht diese Intrigen gab und nicht dieses zikkenhafte Verhalten, wie ich es hier aus meiner Schule kenne, oder mit Ausspannen oder Neid, das hatten wir da unten einfach nicht. Und das ist jetzt nicht nur meine euphorische, illusorische Ansicht, sondern das war einfach so.

Nick hat dann geschlafen, wir haben – wie gesagt – auch nie drüber gesprochen. Am nächsten Tag sind wir mit großem Abstand zwischen uns zur Arbeit gelaufen, und das tat dann erst mal wieder weh, und ich dachte: Na toll! An den Nachmittagen haben wir oft Hausbesuche gemacht, beispielsweise bei traditionellen Tänzern oder bei einheimischen Familien, die uns unbedingt kennenlernen wollten. Und da sind wir dann an dem Tag auch nachmittags hingelaufen, zu so 'nem Hausbesuch, und da bin ich einfach auf ihn zugegangen. Weil ich gedacht habe: Nee, das kannste jetzt nicht so lassen! Und er war ganz zugänglich, weil, ihm ging es eigentlich ganz ähnlich, so, dieses gar nicht mehr Miteinander-Sprechen fand er auch nicht schön. So haben wir uns langsam wieder einander angenähert, und abends am Lagerfeuer gab's wieder das erste Küßchen.

Als wir das zweite Mal miteinander geschlafen haben, das war im Stehen an so 'ner Küchenwand. Das war für mich so 'ne völlig neue Erfahrung. Daß man auch ... also, ich hab' vorher immer so diese naive Vorstellung gehabt, man liegt im Bett und dann geht das alles so ganz schnell ... – Aber mir ging's in dem Moment so gut! Als wir dieses zweite Mal miteinander geschlafen haben, da fand ich das so schön, daß ich regelrecht einen Orgasmus gekriegt habe und an die Decke hätte klettern können. Weil, es war so unglaublich explosiv, und damit hatte's endgültig geknallt. Und dann ging das so weiter, und damit war die letzte Woche im Camp richtig, richtig schön. Das Beste daran war, daß es von den anderen akzeptiert wurde, daß wir zusammen waren.

Es ist nicht bei den beiden Malen geblieben, nein. Und meine Kondome sind auch nicht ungenutzt im Rucksack geblieben. Wir haben anfangs Kondome benutzt. Aber es hat sich dann 'ne weniger schöne Situation rausgestellt. Das war ganz am Schluß, kurz bevor ich wieder nach Hause fliegen mußte. Ich war noch drei Tage mit den anderen Deutschen auf Safari gewesen und sollte bald fliegen, und es ging auch nicht, da etwas zu verlängern, weil die Flüge total ausgebucht waren. Ich mußte also weg, hatte aber noch eine Nacht in Nairobi. Und dort hatte ich mich mit Nick verabredet, weil er mich nach Mombasa zum Flughafen begleiten wollte. Darauf hatte ich mich total gefreut, und er kam dann auch. Wir hatten dort so 'n Hotel. Wir haben also zusammen Abendbrot gegessen, uns noch ein bißchen unterhalten, und dann wollte ich eigentlich nur schlafen. Ich war total müde von dieser Safari. Da haben wir halt immer so um fünf aufstehen müssen, um noch Tiere bei der Jagd sehen zu können. Und immer dieser Ruckelbus! Ich war also völlig fertig, und das hab' ich ihm auch gesagt. Hm, hat er akzeptiert, eigentlich ...

Und dann lagen wir zehn Minuten in diesem Bett. Und dann konnte er aber nicht mehr an sich halten, hat mich so lange berührt und ist mit seiner Hand meinen Körper hoch- und runtergefahren, daß es dann für mich so war, daß ich dachte: Na ja, dann gibst du ihm jetzt, was er will, damit du in Ruhe schlafen kannst. Und dann war das auch in Ordnung, nach dem Akt hat er so von hinten seinen Arm um mich herumgelegt, und so bin ich eingeschlafen. Und wurde nachts halt wach, weil er meinte, er müsse jetzt wieder in mich eindringen. Wo ich dann dachte: Das kann jetzt nicht wahr sein! Ich habe einfach geschlafen, ich war ja nicht mal wach. Nur, weil er sich befriedigen wollte, mußte ich dafür herhalten. Und das hat er nicht nur einmal gemacht, sondern ganze dreimal in dieser einen Nacht. Am Morgen war ich wie gerädert, weil mir das so wehgetan hat. Und da hatte ich gar keine Chance, ihm irgendwie ein Kondom in die Hand zu drücken, wie denn? Im Tiefschlaf?? Er hat mich ja einfach überfallen. Vergewaltigt, muß ich schon sagen. Ohne daß ich das wollte. Und da fand ich das dann nicht mehr schön. Hab' nichts mehr dabei empfunden und hatte ein Problem mit ihm. Und in dieser Stimmung sind wir zusammen nach Mombasa gefahren, wieder acht, neun Stunden.

In Mombasa angekommen, hatten wir dann noch mal ein Weilchen in einem Hotelzimmer und haben da auf unser Taxi zum Flughafen gewartet. Zum einen hat es mich befremdet, daß ich Taxi und Zimmer bezahlen sollte. Das war schon mal sehr merkwürdig, daß es auf einmal um Geld ging. Und in der letzten halben Stunde vor der Abfahrt flüsterte mir Nick dann noch mal ins Ohr, wie es denn wäre, ein letzter Quickie, sozusagen. Wo dann meine Ideologiewelt über Sex endgültig und völlig zusammengebrochen ist. Wo ich mich dann wirklich nur noch als Mittel zum Zweck gefühlt habe und gar nicht mehr als geliebte Person. Daß Sex eben etwas ist, was man in völliger Liebe macht, wenn's halt dazu kommt, auch schön gemütlich, mit viel Zeit vorher und Kerzenschein und lange nachher und so ... Für ihn war das einfach nur ein: »Rein – abreagieren – raus – fertig.«

Und da hab' ich dann Nein gesagt. Er meinte, ist okay, nahm seine Hand und fuhr sie meinen Körper hoch und runter und überallhin, was eigentlich etwas war, was ich nicht leiden konnte. Und irgendwann fiel er auf mich rauf, wo ich dann keine Lust mehr hatte, mich zu wehren. Hab' ich ihn halt machen lassen und war selber nicht wirklich bei der Sache. Letzten Endes bin ich dann heilfroh gewesen, am Flughafen zu sein und weg zu können. Nee, nix mehr mit großer Liebe.

Soviel zu Afrika. Und dann saß ich in dem Flugzeug und dachte im ersten Moment: Hm, so wie du gekommen bist, gehst du wieder. Wenn nicht noch schlimmer sogar.

Aber das hat sich dann beruhigt. Ich hab' 'n bißchen geweint, dann hab' ich im Flugzeug einen Film geguckt, nichts Anspruchsvolles, und hab' dann noch mal über die Gesamtzeit nachgedacht. Und wenn ich mir das jetzt so überlege, waren es eigentlich nur die ersten vierundzwanzig Stunden und die letzten vierundzwanzig Stunden in Afrika, die total daneben waren. Wo ich sage: Nie wieder! Aber die Zeit dazwischen, die war so wunderschön und hat mich so weitergebracht, daß es sich doch auf jeden Fall gelohnt hat. Und diese Gefühle, die ich für Nick hatte, die sind ja nicht so einfach vorbei. Er hat mich unheimlich enttäuscht, das ist wohl wahr. Aber wir haben, seit ich wieder in Deutschland bin, E-Mail-Kontakt, und er hat mir von sich aus die erste E-Mail geschrieben. Er hat halt mitgekriegt am Flughafen, daß irgendwas nicht gestimmt hat. Und da konnte ich ihm dann auch schreiben, daß ich mich als sein Objekt der Begierde gefühlt habe. Und da hat er zurückgeschrieben, daß ihm das leid tut, daß er aber in den letzten vierundzwanzig Stunden wußte, wir würden uns lange Zeit nicht sehen, und daß er da einfach nicht an sich halten konnte. Wo ich dachte, ja, aber muß das so sein, daß man deshalb so miteinander umgeht? Da hat aber meine Mami was Schönes zu mir gesagt. Sie meinte, na ja, aber die Mentalität da unten ist 'ne ganz andere als hier. Und die Beziehung Mann-Frau wird in Afrika ganz anders interpretiert als hier. Da hat sie irgendwo recht. Das hat mir geholfen, damit dann besser umgehen zu können.

Ja, ich konnte nicht nur mit meinen Eltern drüber reden, ich mußte sogar. Anfangs hab' ich nicht drüber gesprochen, aber diese ganze Chose mit dem »Rein-Raus« hat Folgen gehabt. Ich hab' 'nen

Aids-Test machen lassen, der war negativ, da ist alles in Ordnung gewesen, aber ich war schwanger. Ist ja nicht so, daß ich mich jetzt nicht auf das Kind gefreut hätte. Als ich das dann wußte, hab' ich mit meiner Mama gesprochen – mit meinem Papa nicht sofort, weil, der wäre gleich an die Decke gegangen. Aber meine Mama war natürlich im ersten Moment auch schockiert, doch dann hat sie versucht, sich mit mir zu freuen, weil sie weiß, daß ich jemand bin, der vehement gegen Abtreibung ist. Und da hat sie gesagt, wir kriegen das schon hin.

Sie ist ja selbst Lehrerin, und da hat sie mir schon praktische Tips gegeben, wie ich das machen könnte mit dem Abitur. Aber an einem Wochenende hatte ich dann eine Fehlgeburt. Ich hab' ganz starke Schmerzen gekriegt und undefinierbare Ausblutungen. Da war ich dann gleich beim Frauenarzt, und der hat mir gesagt, daß es 'ne Frühgeburt war. Und dann haben wir darüber gesprochen, warum. Das liegt halt daran, daß ich mir während der Zeit der Magersucht meine Gebärmutterschleimhaut mit weggehungert habe. Und daß das alles noch sehr klein ist, als wäre ich jetzt erst 13 Jahre alt. Das ist eben alles nicht stark genug, daß ein Embryo sich da einnisten und halten kann. Wie das in der Zukunft wird, ist fraglich. Ob ich jemand bin, der jemals Kinder kriegen kann, steht in den Sternen. Kann auch sein, daß ich meine Schwangerschaften ausliegen muß. Positiv ist, daß ich überhaupt befruchtungsfähig bin. Alles andere muß man eben sehen.

Stichwort Aids, ja, da könnte man jetzt sicher von mir denken: O Gott, ist die Frau naiv! So was weiß man doch, wenn man nach Afrika fährt, daß das eine riesige Gefahr ist. Ja. Wußte ich auch. Aber einmal hab' ich mich einfach fallenlassen, ich hab' das einfach so gelebt, wie's kam. Und dann hab' ich auch nicht an Aids gedacht in dem Moment. Ich wußte zwar, ist ganz schlimm, und grade Kenia. Aber in dem Moment war ich so euphorisch, wirklich wie so 'n kleines naives Mädchen. Weil, ich hab' ihm vertraut. Ich hab' ihm auch nicht zugetraut, daß er Aids hat, vielleicht, weil er selber in Nairobi in einer Anti-Aids-Kampagne ist und sich dafür einsetzt, daß aufgeklärt wird. Ja, ganz bestimmt lag es auch daran, daß ich das von ihm wußte.

Aber die Wahrheit ist auch, man kann das nicht immer steuern. Und in der letzten Nacht da im Hotel, wo war denn da mein Einfluß? Sicher, ich hätte mich mit Händen und Füßen wehren können, aber dazu bin ich auch nicht der Mensch. Da lasse ich es lieber über mich ergehen, um dann meine Ruhe zu haben.

Aber in der Summe war es gut für mich. Was ich zum Beispiel über Magersucht gelernt habe: Wenn man mit sich im Einklang ist, dann braucht man auch nicht mehr diese Schiene Sucht. Dann braucht man auch nicht mehr für sich diese Bestätigung, daß man was kann. Wenn man auf 'nem anderen Gebiet merkt, ich kann was und ich bin wer, das ist wie eine Offenbarung. Wenn man sich drauf einläßt und versucht, was anderes an die Stelle der Krankheit zu rücken, das kann sehr hilfreich sein.

Was konnte ich davon herüberretten, hm? Also, erst mal ist der Kontakt zu Nick nicht weg, durch die Möglichkeit Internet. Und meine Eltern lieben mich trotzdem, auch wenn ich sie durch die Krankheit wieder und wieder enttäuscht habe. Afrika hat auch meinem Verhältnis zu meinen Eltern gutgetan, dadurch, daß ich zum ersten Mal gemerkt habe, wie sehr ich sie vermißt habe. Irgendwie weiß ich dadurch, daß ich nicht immer nur von ihnen was erwarten kann, sondern daß auch von mir was kommen muß, damit wir gut miteinander auskommen. Trotzdem möchte ich irgendwann meine eigene Wohnung haben, das wäre gut für mich, glaube ich. Leider ein finanzielles Problem. Ich hab' schon angefangen, nebenbei zu jobben.

Aber eins weiß ich: Ich will auf jeden Fall später offen mit meiner Krankheit umgehen. Und meinen Kindern werde ich das auch ganz ehrlich erzählen!

Und dann denke ich, wenn man einmal tiefe Gefühle hatte, dann kann man die nicht einfach abstellen. Und meine Gefühle für Nick sind nicht weg, die sind immer noch da. Wir schreiben uns regelmäßig, und ich glaube ihm das, was er schreibt. Und das liest sich einfach wunderschön. Wenn er sagt, daß er immer noch an mir hängt.

Was ich nicht geschafft habe, ist, völlig ohne die Eßstörung zu leben, so wie ich es dort in Afrika konnte. Warum, weiß ich auch nicht. Wenn ich hier auf die Straße gehe, sehe ich nur ernste, grimmige Gesichter. Wenn ich jemanden anlächle, löst das nur Mißtrauen aus: Warum guckt die denn so? Warum grinst du so blöd? Wo man doch eigentlich nur freundlich sein will. Und hier ist wesentlich mehr Druck. In der Schule, man muß das machen und das machen und das machen, darf den Anschluß nicht verpassen. Und wenn ich mich überfordert fühle, reagiere ich immer noch mit der Bulimie. Das ist situationsabhängig. Es war auch zuviel los in letzter Zeit.

In der Schule bin ich ziemlich engagiert, und ich bin jemand, der schlecht nein sagen kann. Und wenn mich dann jemand fragt, ob ich noch dies und das mache, dann sag ich halt: Ja, klar. Vor kurzem hatten wir so 'ne bombastische Gala-Festveranstaltung zum zehnten Jahrestag der Namensgebung unserer Schule. Wo man sich schick machen mußte und lauter wichtige Ehrengäste kamen. Und die habe ich mit einer Freundin moderiert. Wir sind beide eigentlich zwei Witzige und haben locker gesagt, na klar. Dann wurde das aber soviel Streß, mit Einladungen, Texten, Abhören, Schülerzeitung aus dem Anlaß, Generalprobe. Dazu kam die Fehlgeburt, die Beziehung über 6000 Kilometer Entfernung, die Klausuren und der Leistungsantrieb in der Schule jeden Tag: »Ihr seid jetzt Abi-Jahrgang, jeder Punkt ist wichtig!« Dauerdruck, wirklich. Und ich bin ein Naturwissenschafts-Idiot. Hab' trotzdem wie eine Blöde für so 'nen Chemietest gelernt und saß dann letzten Endes vor diesem Blatt, und wußte gar nichts mehr. Endergebnis: Ein Pünktchen, was 'ne 5 minus ist.

Und hab' dann 'nen totalen inneren Absturz gekriegt. Weil, ich bin halt ein ehrgeiziger Mensch, und ich fühle mich in meinem Selbstwert gleich so angekratzt. Jetzt haste wieder was nicht geschafft, und jetzt haste wie immer versagt, und jetzt enttäuschst du die Leute um dich herum. Jetzt wirst du als total dumm angesehen.

Ich versuche immer, das bestmögliche Ergebnis zu erzielen. Das geht halt nicht in jedem Fach, vom Verstand her weiß ich das schon, aber meine innere Einstellung ist halt ganz anders. Ich versuch's trotzdem. Na ja, und alles zusammen, summa summarum, hat mich in letzter Zeit dazu gebracht, daß ich wieder zur Bulimie zurückgegangen bin. Wo das auch wieder 'n bißchen extremer geworden ist, wie es lange nicht war. Das Gute ist: Es gibt Menschen in meinem Leben, wo ich weiß, da kann ich hingehen. Die verstehen mich auch. Das ist unheimlich viel wert. Und das ist es eben, was ich auch in Afrika gelernt habe: »Es ist leichter, wenn man darüber redet.« Wenn man einfach nicht alles für sich ins kleine Kämmerchen mitnimmt und grübelt. Und weil ich ein Mensch bin, der bestimmt zu 95 % aus Emotionen besteht und fast alle Entscheidungen mit dem Herzen trifft, hilft mir persönlich das auch schon, wenn jemand, der mir wichtig ist, mich einfach nur mal festhält. Das reicht mir schon, das gibt mir schon einen gewissen Halt. Und da kann ich mich dann auch freuen. So geht das stückchenweise bergauf.

Und daß das ein langer, harter Weg ist, aus einer Sucht rauszukommen, das weiß jeder, der so was kennt.

Mir hat auch Nicks Liebe irgendwo geholfen. Daß er mir immer noch schreibt, das zeigt mir, daß ich eben nicht nur sein Objekt war. Und Mitleid kann es auch nicht sein, denn er weiß ja nix. Wie soll ich einem Afrikaner auch klarmachen, das ich nichts essen möchte!

Für mich sieht es so aus, als ob er Interesse an mir als Person hat. Und das ist eine Sache, die mir mit den Jahren immer wichtiger geworden ist: daß jemand mich als Mensch gerne hat, mit guten und mit schlechten Seiten, und daß er mich nicht als kleines Mäuschen sieht, das man irgendwo immer nur beschützen muß.

»Masterin of Desaster«

Marina, 16, Tübingen

O je, das ist so schwierig, zu erklären wie dieser Titel zustande kam, Masterin of Desaster. Ich saß da so am Computer und mußte mir 'ne E-Mail-Adresse einfallen lassen, und das kam so auf mich zu. Ich dachte: Das Desaster, das ist irgendwie immer um mich herum. Überall, wo ich hinkomme, habe ich so das Gefühl, ist Chaos. Ob das immer was mit mir zu tun hat, kann ich nicht sagen. Entweder ich veranstalte das Chaos, möglicherweise, oder ich komme mitten rein. Auf jeden Fall bin ich auch jemand, ich kann Chaos auflösen. Und der Name ist einfach so zustande gekommen, ja – es kam aus mir raus, so 'n Gefühl, ich kann gar nicht so genau sagen, warum. Und ich hab' ihn auch noch nie vorher gehört, aber plötzlich stand er drin und ich wußte: »Wow, das isses!«

Ich hab' zum Beispiel zwei Freundinnen. Und die mag ich beide ziemlich gern. Nur meine beiden Freundinnen, die können sich überhaupt nicht leiden. Und eine kommt garantiert immer auf mich zu und sagt, ja, das und das hat die andere gesagt, na ja, das kennt man ja. Also, nie zum anderen offen und direkt sagen. Und irgendwann war die Situation, wo ich das Chaos zum ersten Mal gelöst habe; da habe ich sie einfach voreinander gestellt und hab' zu ihnen gesagt: »Hej, so geht's gar nicht. Entweder, man sagt's offen oder gar nicht. Oder man läßt sich in Ruhe.« Und da hatte ich zum ersten Mal so das Gefühl, wo ich dachte: Das hab' ich in Ordnung gebracht.

Und eine andere Sache, wo ich das Chaos selber verursacht habe: Also, ich bin jemand – auch wenn die ganze Klasse einer Meinung ist, kann ich anderer Meinung sein. Daß ich dann aufstehe und sage: Das ist alles falsch. Also eine gegen alle. Das ist natürlich ziemlich hart, weil man dann plötzlich viele Gegner in der Klasse hat. Und deshalb ging's mir auch lange in meiner Klasse echt nicht gut, und ich weiß, was Mobbing ist. Ich hab' da draus gelernt, daß es aber trotzdem gut war, daß ich das gemacht hab', weil ich inzwischen in der Klasse einen guten Stand habe, einen beliebten, und sie wissen, woran sie mit mir sind. Erst mal habe ich schon Chaos geschaffen, und ich bin da auch selber dran beteiligt. Andererseits bin ich aber auch sehr verletzlich, und meine Umwelt hat das gar nicht so gemerkt, daß ich auch verletzlich bin, weil ich mich halt schon immer ziemlich hart gegeben habe. Also, ich bin jetzt auch nicht jemand, der so leicht verletzlich wirkt. Und ich weiß nicht, das hat mir alles im Endeffekt gezeigt: Ich schaffe schon um mich herum mein eigenes Chaos, aber ich bringe das auch wieder in Ordnung.

Mobbing, ja. Ach, das ist heutzutage einfach egal, wie man sich kleidet, wie man sich gibt. Es ist das Äußerliche, es ist Neid, ja, einfach insgesamt das, wenn jemand anders ist. Und dann wird einfach das, was grade am besten geht, auch das, was gemobbt wird. Entweder es ist ein Schulranzen, ein Stift, es ist, wie man sich gibt, was man sagt, es ist ganz unterschiedlich. Da gibt's Menschen, die werden da wirklich kreativ!

Eigentlich ging's bei mir zunächst ums Äußerliche. Weil ich mich nicht anziehe wie alle anderen. Ich gehe keinem Marken-Faible hinterher. Bei mir waren es schon die äußerlichen Punkte. Und damit wollen sie versuchen, auf dem Inneren, also auf dem Psychischen rumzutrampeln. Also, das Physische, so mit Schlagen, das kenne ich nicht. Aber das Kleinkriegen, so, daß man sich gar nichts mehr zu sagen traut. Damit wollten sie meine offene Meinung unterdrükken. Haben sie aber nicht geschafft.

Wie man sich das vorstellen soll? Ja, sobald ich nur den Mund aufgemacht habe, kam: »Halt bloß dein Maul, du hast doch keine Ahnung! Was du sagst, das interessiert doch keinen!« Gut, wenn man das so hört, denkt man vielleicht: Ist doch harmlos, kann ihr doch egal sein. Aber wenn alle das sagen, hat man das Gefühl, es steht niemand mehr hinter einem. Und wenn man das Gefühl hat, es steht niemand mehr hinter einem, fühlt man sich so was von einsam. Und man hat das Gefühl, die eigene Meinung zählt nicht mehr, und auf diese Weise kriegt man einen Menschen mit der Zeit schon ziemlich nieder. Vor allem, wenn das eben dauermäßig läuft, und bei mir ging das über zwei, drei Jahre!

Klar, wenn man mich so anschaut, dann wundert man sich vielleicht, was die anderen so provoziert haben könnte. Auf den ersten Blick sehe ich sicher nicht so extrem anders aus als andere in meinem Alter. Die Augen umrande ich mir schwarz mit Kajalstift, das Unterhemd trage ich über dem T-Shirt, dann noch mein Anstecker hier mit der Aufschrift »No Terror«. Das kann es eigentlich nicht sein. Aber was es nun ist – o je, ganz schwierig. Ich hab' mich natürlich immer gefragt: Was ist es denn nun eigentlich? Aber ich glaube, daß das Mobbing gar nichts mit meinem Äußeren zu tun hat, sondern nur mit dem, wie ich wirke, so selbstbewußt. Und wegen meiner Meinung. Nur, so Leute trauen sich nicht zu sagen: »Ich mache dich jetzt fertig wegen deiner Meinung«, sondern die suchen sich halt was, wo sie denken, das tut mir weh oder das schmerzt. Und dann lästern sie halt: »Ja, wie sieht die denn aus?!«, aber im Grunde ist es gar nicht das, worum es geht. Man nimmt nie den wahren Grund. Man macht ja jemanden fertig, vielleicht, weil man eifersüchtig ist oder neidisch. Keine Ahnung. Weil, eigentlich will ja jeder seine eigene Meinung offen sagen, bloß: Man muß es sich erst mal trauen! Und weil es sich viele eben nicht trauen, bekämpft man Leute, die es sich trauen. Indem man versucht, die wunden Punkte bei denen zu treffen. Und das sieht man ja, wie sich dann jemand fühlt. Auch, wenn man das selber nicht merkt. Wenn das mich so anspricht, dann werde ich ruhiger, empfindlicher; ja, man kommt ganz anders in die Klasse rein.

Bei mir ist das Anderssein ganz einfach zu definieren: Ich richte mich nicht nach der neuesten Mode. Schwarz ist meine Lieblingsfarbe, genau wie Blau und Grün. Klar, das ist wie bei allen anderen auch, aber ich gehe jetzt nicht in den Modeladen und kauf' mir einen Pullover, nur, weil die ganz bestimmte Marke draufsteht. Und bei uns, da sind so Freaks, die tragen diese Baggy Pants, ist ja auch schön, gefällt mir auch gut bei Jungs. Aber bei mir muß eben nicht auf dem einen Nike draufstehen und auf dem anderen Adidas. Kann halt auch mal no name sein. Und das ist es eben, wenn man nicht diesen Marken hinterherspringt. Dabei: Ich finde, Markenklamotten sind so was von unkreativ, weil das kein eigener Stil ist. Gut, ich hab' auch noch nicht meinen eigenen Stil gefunden. Man verändert sich noch tausendmal, aber ich sag' mal so: Ich find's halt langweilig.

Wenn ich meinen momentanen Stil beschreiben sollte, ja, das ist schwierig. Man kann's gar nicht in so 'n Schema reinpressen. Aber, ja – es ist auch nicht so, daß es unbedingt Schwarz sein muß. Gut, ich bin weder christlich, noch gehe ich in die andere Ebene. Also, keins von beiden. Also kann ich meinen Stil wohl nur so definieren: Anderssein. Wobei, eigentlich will ich's gar nicht so provokant, daß die Leute gleich sagen: »Guck' mal, die! ...«, aber einfach nicht dieses grobe Anpassen, dieses: Sobald jemand was an mir kritisiert, dann ziehe ich das nicht mehr an, das mißfällt mir halt.

Was ich mit »die andere Ebene« meine? Na, die andere Ebene ist natürlich Satanismus. Das wurde mir auch schon nachgesagt, aber das ist bei mir definitiv nicht der Fall. Gut, ich war mal sehr christlich, das kann ich gleich dazusagen. Aber in meiner Konfirmationsgruppe hab' ich leider einen Pfarrer erlebt, der, finde ich, wieder so vorgegangen ist, daß – also, das hört sich jetzt hart an, ist 'n böser Vergleich, aber Stichwort ist Hexenverbrennung. Ich wurde dort auch gemobbt, teilweise von meinen Klassenkameraden, weil, wir waren dort alle der gleiche Jahrgang. Und der wollte das einfach nicht sehen, obwohl ich ihn x-mal darauf aufmerksam gemacht habe. Was ich toll von meinen Eltern fand: Mein Vater, der ist dorthin mitgekommen und hat gesagt: Wenn Sie das noch einmal machen, dann zeig' ich Sie bei der Polizei an. Weil, die haben nicht nur mich fertiggemacht, das ist eine Truppe, die hat hier in der Gegend schon ihren unrühmlichen Namen. Die haben schon einem Mädchen den Ohrring rausgerissen und Jugendliche geschlagen und alles mögliche. Bei mir war's wieder vor allem das Psychische, weil, körperlich trauen sie sich nicht so an mich ran. Weil ich doch ziemlich groß bin und kräftig wirke. Aber so Sticheleien: »Ja, du bist 'ne kleine Schlampe« und so das Typische, ich würd's nennen: die Tübinger Gosse. Ich sag mal so: Ich streite mich gern mit Menschen, wenn's ein Thema gibt. Also nicht in dem Sinne, daß ich jemanden fertigmache, sondern rein fachlich. Und das sind so Menschen, wenn man mit denen anfängt, fachlich zu diskutieren, dann gehen sie auf 'ne persönliche Ebene, weil sie ab 'nem gewissen Punkt nicht mehr wissen, wie sie argumentieren können. Weil da ihr Vokabular sozusagen einfach aussetzt. Das hört sich jetzt von mir vielleicht abgehoben an. Ist gar nicht der Fall, ich bin 'ne einfache Realschülerin. Aber ich weiß trotzdem, was ich weiß und was ich nicht weiß.

Die Rolle dieses Pfarrers, die ich so unmöglich finde, die war, daß er einfach weggeschaut hat. Und das nehme ich ihm übel. Da war auch mal so 'n Elternabend, und meine Schwester ist da mit hingegangen, sie ist 18. Und die hat ihn dort zur Rede gestellt, warum er da nichts unternimmt, und die Kirche hätte schon immer weggesehen. Aber was soll's, ich hab' am Ende meine Konfirmation halt mit diesem Jahrgang gemacht, und danach war für mich klar – das ist dieses typische Bild, das es mir vermittelt: Ja, weggucken, dann haben wir keinen Ärger. Und das ist halt das von früher, wo ich schon immer genau dieses Gefühl hatte. Und eigentlich, finde ich, sollte die Kirche ein Ort der Zuflucht sein. Was mich halt schon aufregt, ist, daß Kirchen nachts abgeschlossen sind. Da hört's für mich schon auf. Ich würde sagen: Ich hab' inzwischen meinen eigenen Glauben. Gut, »unchristlich« wäre für mich der falsche Ausdruck, aber die Kirche ist für mich ein Verein – und ich drück' das wirklich als einen Verein, der Geld macht, aus. Weil, es geht wirklich nur darum: Wir müssen jetzt die Kirche neu sanieren oder wir brauchen dringend Geld, weil – weiß der Teufel, was wir anschaffen müssen, 'ne bessere Orgel. Dabei sieht die alte eigentlich noch gut aus. In Afrika verhungern Menschen, und die denken nur an ihre kleine beschissene Orgel!! Und helfen irgendwie nicht. Und ich vertrau' auch gar nicht, daß das Geld, falls schon mal geholfen wird, dort überhaupt ankommt. Und von daher: Ich hab' meinen eigenen Glauben für mich gefunden. Das ist 'ne Mischung aus Philosophie, Selbstglaube an mich selber eben und ein bißchen Kirche. Mir paßt es schon nicht, daß es »der Gott« heißt. Weil, wenn es einen Gott wirklich gibt, dann bestimmt der für mich über alles. Und deshalb gibt es für mich nur »Das Göttliche«. Weil, das ist dann Gott über Tiere, Menschen und Pflanzen, und dann kann man nicht sagen

»der Gott«. Davon abgesehen zeigt das ja auch schon wieder, daß das männliche Geschlecht in unserer Gesellschaft dominiert. Und das ist einfach ... ja. Gefällt mir halt irgendwie nicht.

Ja, aber der Pfarrer hat halt weggeschaut. Gut, es war sein letzter Konfirmationsjahrgang vor der Rente, und der war wirklich schlimm! Aber trotzdem ist es so gewesen, ich fand es furchtbar, und mir ist es auch egal, wenn der das weiß. Er kann gerne bei mir anrufen und sich beschweren! Ja, soll er doch anrufen. Ich bin immer für 'ne Diskussion bereit. Ich wär' froh gewesen, wenn er sich mal dazugestellt hätte. Dann hätte ich wieder Achtung vor ihm.

Es ist natürlich sehr schwer, für eine Realschülerin von 16 Jahren, zu sagen: Ich geh' da nicht mehr hin, in die Kirche. Ich sag' mal so: Ich war froh, daß meine Eltern hinter mir standen. Und meine Eltern sind da wirklich so, daß die so was sehen. Und vor allem: Die lassen mich nicht allein. Weil, ich wüßte gar nicht, wie ich hätte damit umgehen sollen, wenn ich nicht daheim ein Elternhaus hätte, das voll hinter mir steht. Ich wäre total abgerutscht, ich bin mir sicher.

Also, das ist so: Man muß vor der Konfirmation zwanzigmal in die Kirche gehen. Das finde ich natürlich auch schon wieder so 'n Prinzip: zwanghaft in die Kirche gehen! Na ja, lassen wir das mal, kann man sich ja vorstellen. Aber danach ist man dann Kirchenmitglied, dann ist jedem freigestellt, wie oft er kommt. Ich war nach meiner Konfirmation kein einziges Mal mehr in der Kirche. Und die anderen auch nicht, das weiß ich genau. Und ich weiß auch genau, daß ich Punkt 18 aus der Kirche austrete. Ob ich jetzt 'ne Verräterin für Gott bin, keine Ahnung. Ich hab' nicht das Gefühl. Und von daher – für mich, also für mich gibt's schon mal Himmel und Hölle nicht. Das ist alles relativ, und wenn ich erst aus der Kirche ausgetreten bin, ist mir das eh egal. Und wenn ich sterbe, ob dann irgendein Pfarrer an meinem Grab was über mich sagt, der gar nichts von mir weiß, da kann ich grad drauf verzichten. Der kennt mich nicht, ja. Ich will lieber, daß dann mein Lieblingslied gespielt wird, das mich geprägt hat, oder daß noch mal was gesagt wird, was mir wirklich wichtig ist. Gut, was ist wirklich wichtig, schwierige Frage. Aber mir bedeutet es mehr, daß dann meine Familie da ist, das heißt, wahrscheinlich gibt's dann nur noch meine Schwester. Das hoffe ich vor allem, weil, sonst hätte ich wahrscheinlich ein ziemlich kurzes Leben. Ob ich später mal Kinder haben werde, weiß ich ja nicht.

Mein Lieblingslied? Das wechselt natürlich. Aber derzeit ist es von Everlast »What it's like«. Das hab' ich einfach gehört. Ich hab' es immer wieder gehört, und zuerst wußte ich gar nicht, wie das heißt. Ja, und wie's halt so kommt, eines Tages hab' ich mir 'nen Sampler gekauft, wo alle möglichen Rockballaden drauf sind, ich bin einfach Rock-begeistert. Dann hab' ich das Lied gehört und wußte: Das ist es für mich, das drückt für mich alles aus. Auch, wenn's gar nicht der Text ist, weil, das ist mehr so Sprechgesang, so auf amerikanisch. Ich hasse normalerweise alles, was so in Richtung amerikanischen HipHop geht. Weil, das ist für mich alles nur so Kommerz. Aber da wußte ich einfach, je, das isses. Manche Sachen kann man nicht erklären in meinem Leben.

Das ist einfach die Gitarre, wie die gespielt wird, das ist auch der Anfang. Und ich kenne so viele gute Lieder, wo ich als erstes dran denke; ich denke nicht immer gleich an Everlast, »What it's like«. Wenn ich an ein gutes Gitarrensolo oder einen guten Baß denke, dann denk' ich an was anderes. Aber wenn ich an meine Gefühle denke, dann denke ich an Everlast.

Und warum ausgerechnet Rock – das ist lustig bei uns, mein Vater spielt in 'ner Rockband, dadurch vielleicht. Ich stand auch mal auf HipHop, klar. Das ist so 'ne Jugendbewegung. Und HipHop ist Hoffnung und Zusammenwuchs und alles mögliche. Und ich hab' früher – du, ich hab' mal mit Klassik angefangen! Weil, meine Mutter hat immer Klassik gehört, und damals gab's für mich nur das. Egal, ob's Mozart, Beethoven oder Brahms war, das hab' ich alles gehört. Man wird von seinen Eltern auch dazu geprägt. Aber ich hab' irgendwann die Rockmusik von meinem Vater gehört, und mir ist einfach wichtig, daß 'ne gute Gitarre dabei ist, 'n guter Baß und 'n Schlagzeug. Das ist zum Beispiel der Grund, warum ich keinen Techno mag. Weil, das ist für mich einfach was Gebasteltes, was Produziertes. Und Bands, die so gecastet sind, kann ich eh nicht leiden. Außerdem mache ich selber Musik, ich nehme seit einem Jahr

Gesangsunterricht, hab' an 'nem Musik-Workshop teilgenommen und – ja, ich weiß nicht; Nirvana ist auch so was Geniales. Gefällt mir gut. Ja, die haben auch 'nen neuen Song noch mal rausgebracht. Wobei, das ist für mich nicht die Lösung! Weil, die Situation von damals gibt's nicht mehr, die ist heute ganz anders. Das kann man nicht noch mal so aufleben lassen. Genau wie wenn man sagen würde: Ja, noch mal Bob Marley. Das ist einfach vorbei. Leider.

Ich sag' mal so: Man kann nie jede Musik in jeder Situation hören. Es gibt schon Bands, die höre ich in den meisten Lebenslagen, nie in allen. Für jede Stimmung gibt's die passende Musik für mich. Aber zum Beispiel: Wenn ich traurig bin, höre ich Red Hot Chili Peppers, wenn ich aggressiv bin, höre ich Red Hot Chilli Peppers; das ist 'ne Band, die hat so ein breitgefächertes Programm, daß ich das schon in den meisten Situationen höre. Und vor allem war das auch eine der Bands, die mich in Richtung Rock geführt hat. Gut, es gibt auch so Bands wie Korn, die sind neuer, und die find' ich auch nicht schlecht. Aber es sind einfach nicht die Dinger, die es voll rausreißen, in jeder Situation. Weil, wenn ich traurig bin, höre ich kein Korn.

Als ich zum Beispiel gemobbt worden bin, da war das schon so: Heimkommen, in mein Zimmer, Türe zu und Kopfhörer auf. Aber da hab' ich gern deutsche Texte gehört. Also, ich bin ja 'n totaler Fan von Thomas D. Das ist so der einzige Mensch, der mich so 'n bißchen interessiert, weil, der grenzt sich ab, der hat seine eigene Welt geschaffen, irgendwie, raus aus dem Konsum. Der lebt gar nicht mehr in einem normalen Haus, der hat sein Studio und seinen Wohnbereich davon abgetrennt.

Und vor allem hat der Texte, die echt weit gehen. Nicht dieses übliche Bla Bla aus'm HipHop. Sondern so wie die Fantastischen Vier, gut, die gibt's nicht mehr, die haben sich getrennt. Aber die vermitteln mir ein Stück Lebensgefühl. Und vor allem: Sie haben 'ne ähnliche Meinung wie ich und sprechen mir irgendwie aus der Seele. Welches Lebensgefühl das ist? Auf den Punkt gebracht: Freiheit.

Die man sich aber selber einschränkt. Man ist schon frei. Klar, man muß sich an Gesetze halten, aber ich meine: Die Gedanken sind frei. Im Grunde genommen würde ich ihre Lieder schon 'n bißchen als Freiheitslieder bezeichnen. Ich hab' in der Schule Musik gewählt, und da ist mir schon aufgefallen, daß es in der Geschichte immer wieder Bands gab, die dazu aufgerufen haben, sich die Freiheit nicht nehmen zu lassen. Und diese Sehnsucht trage ich natürlich auch mit mir rum. Für mich ist Freiheit in erster Linie Unabhängigkeit, das ist so das Gleiche. Nur mit Freiheit ist immer auch noch Verantwortung verbunden, meiner Meinung nach. Freiheit ist einfach, daß ich sagen kann, ich bin mit mir selbst zufrieden. Dann bin ich frei. Frei von allen Vorurteilen auch. Seine eigene Meinung haben, offen sein für andere Meinungen, sie aber trotzdem für sich selbst auf einen Nenner bringen. Das ist für mich frei. Das hat nichts damit zu tun, ob in meinem Garten ein Gartenzaun ist, und ich fühl' mich dann unfrei. Damit muß ich leben. Weil, ich bin in eine Welt geboren, da muß es einfach Regeln geben, weil, sonst herrscht Anarchie. Und deshalb muß es auch einen dummen kleinen Gartenzaun geben, damit fängt es an. Es ist wichtig, daß man sich selber frei fühlt. Das ist nicht die Tatsache, sondern das Gefühl.

Ich hatte das schon, ja. Wenn ich das Gefühl hab', um mich herum ist alles in Ordnung. Klar, es ist immer alles in Ordnung. Aber wenn ich mal keine Sorgen habe, keine Schule und einfach die Augen zumachen kann, meine Meditationsmusik hören kann und mich niemand stört und kein Telefon klingelt. Also, diese ganzen technischen Geräte, die einem eigentlich keinen Platz mehr lassen für Individualität. Ja, ach, ich weiß nicht. Gut, ich bin auch jemand, ich mag dieses Mobiltelefon, ich steh' auf Computer, und das ist meine eigene Rede! Und jeder, der mich kennt, weiß, wie ich davon schwärme, von diesen technischen Geräten, die mit Kommunikation zu tun haben. Aber andererseits schränke ich mich auch selber damit ein. Wenn ich mal so richtig merke: Ich bin davon nicht abhängig, dann bin ich frei, und dann hab' ich mich auch schon frei gefühlt. Das heißt, wenn ich auf 'ner Wiese liege, ich höre keinen Autolärm, ich rieche keine Abgase, und die Sonne scheint. Und wenn ich merke, daß ich jetzt keine Ablenkung brauche, egal, ob's jetzt Fernseher ist oder Internet. Wenn ich mich einfach so mit mir alleine wohlfühle, dann bin ich auch frei.

Wenn man sich hier bei mir umschaut, ist eigentlich alles ideal. Aber der Mensch beschwert sich grundsätzlich, ja klar, ich auch. Man will's immer besser haben, man will immer noch mehr Geld, man will's immer noch schöner haben, man ist nie damit zufrieden, wie es einem gerade geht. Und im Grunde genommen, erst wenn man daran denkt: Wie geht's denn eigentlich anderen?, fängt man an zu merken: Mir geht's ja eigentlich supergut. Und deshalb würde ich sagen: Ich bin etwas verwöhnt. Ja, klar. Ich sehe's wenigstens! Die Menschen, die's nicht sehen, tun mir noch mehr leid, als ich mir jetzt selber dafür leid tue. Gut, ich bin ziemlich verwöhnt, wir haben ein schönes Haus, rundherum ist es grün. Ich krieg' ziemlich viel von meinen Eltern, vor allem – warum ich besonders verwöhnt bin! – ich krieg' Liebe, ich krieg' Zuwendung, und das ist, worauf es ja vor allem ankommt. Meine Eltern sind absolut korrekt. Ja, und das ist aus dem Munde eines Jugendlichen so was wie das höchste Lob, das man bekommen kann. Sie sind korrekt, weil sie mir ziemlich viel Freiraum lassen, um mich selbst zu entfalten. Sie lassen mich auch meine Meinung ändern. Das ist so was wie mit der Pressefreiheit bei uns daheim. Ja, wir diskutieren viel, und darum weiß ich eben auch viel und kann mich in der Schule gut in Diskussionen einbringen. Ich vertrete meinen Standpunkt. Und wofür ich ihnen trotzdem danke, ist, daß sie bei manchem auch eine Schranke vorgemacht haben. Weil, man muß auch Grenzen kennen, sonst kann man sich nicht benehmen.

Beispiel für Grenzen? »Du bist um die und die Uhrzeit wieder zu Hause.« Zum Beispiel. Und ich weiß, wenn ich pünktlich komme, dann wird es ganz schnell lockerer. Aber wenn ich jetzt zu spät käme, dann wird die Schlinge immer enger. Und wenn man das mal durchschaut hat, dann hat man mit seinen Eltern keine Probleme mehr.

Ich stehe sowieso sehr auf meine Eltern, das merkt man ja schon, stimmt's?! Auch in der Zeit des Mobbings, da haben sie mir so den Rücken gestärkt. Sie haben mir immer wieder Mut gegeben, haben mir gesagt, was ich alles kann. Sie haben mir aber auch einen Vorwurf gemacht, und der Vorwurf war zu Recht! Daß ich nämlich einfach zu empfindlich bin, das zu arg an mich ranlasse. Ich war wirklich schon wie so 'n Fuchs; so hab' ich meine Ohren gespitzt: Wo sagt jemand was über mich? Und – ja, das mehr außen vorbeizulassen. Und das hat mir geholfen. Immerhin, ich hab' sogar die Schule deshalb gewechselt! Ja. Aber jetzt kommt's ganz dick. Weil, bei mir war das so: In meiner neuen Schule ging's mir dann auch nicht gut. Das Problem ist: Wenn man sich mobben läßt, nimmt man das mit. Dieses Gefühl, man ist schon gemobbt worden, und man war wohl nicht beliebt. Also, ich bin nach gut vier Monaten in meine alte Mobbing-Klasse zurückgegangen. Weil's mir dort, in der anderen Schule, auch nicht gutging. Das war 'ne ziemlich harte Zeit. Das geht ziemlich tief in mein Inneres rein, das von damals, letzten Sommer, mit 15.

Und für ein halbes Jahr bin ich jeden Tag aufgewacht und hab' mich gefragt: Macht mein Leben noch Sinn? Oder: Wird es jemals wieder so, wie's mal war? Und ich sag' mal so: Ich hab' auch von außen Unterstützung erhalten. Ja, das ist jetzt sehr persönlich: Von einem Psychologen, dem ich auch sehr dankbar bin. Ich hatte mit dem Gespräche, und der hat mir dann auch gesagt, daß es gut war zurückzugehen. Und vor allem: Es hat sich verändert! Ich hab' das nicht mehr so an mich rangelassen, und es kam nicht mehr so dick. Und plötzlich hat es ganz aufgehört.

Das Typische war, jemand hat gesagt: »Du schreibst jetzt nicht an die Tafel«, und ich hab' gesagt: »Doch, ich kann genauso an die Tafel schreiben wie jeder andere auch.« Bin also in die Diskussion voll eingestiegen und hab' versucht, mir mein Recht zu erkämpfen, hier zu sein. Das kann halt schon mit so was Banalem wie einem Tafelanschrieb losgehen. Oder wenn ich ein Referat halte, daß die anderen Schüler Lärm machen oder mit Sachen schmeißen. Wir hatten zu der Zeit auch noch 'ne Lehrerin, die uns nicht so im Griff hatte. Die war nicht bös, ganz im Gegenteil, die konnte nicht durchgreifen. Wenn alle Schüler bei 'ner Mathearbeit den Zettel mit den Aufgaben aus dem Fenster schmeißen, und die Frau geht los und kopiert's noch mal von vorne, da sag' ich halt: Da hakt's irgendwie.

Bei mir kam damals auch vieles zusammen. Meine Mutter war krank. Und ich hab' noch was erfahren, da drüber kann ich leider nicht reden, weil, das ist ganz tief aus meiner Familiengeschichte, und das ist ein ganz persönliches Erlebnis von meiner Mutter. Und darüber wollen wir lieber nicht schreiben. Nee, um Gottes willen.

Es ist auch für meine Geschichte nur insofern wichtig, als daß es mich noch tiefer reingerissen hat. Wenn ich daran denke, werde ich sehr emotional. Und das kann ich hier noch dazu sagen: Ich hab' mich entschlossen, ich verdränge das einfach mit Methode. Und dadurch, daß ich nicht darüber rede, das ist 'n Weg, den ich für mich gefunden habe, und der ist manchmal besser, als über manche Sachen ewig nachzudenken, die ich ja doch nicht ändern kann. Das sage ich, die sonst immer verkündet: Lieber tausendmal über Dinge nachdenken als einmal zu wenig. Aber in dem Punkt, da ist das anders. Wenn ich's nicht wissen würde, dann würde mich das schützen. Da muß ich schon sagen: Nichtwissen schützt. Hier akzeptiere ich das für mich, obwohl ich mich sonst normalerweise gerne über diese These »Nichtwissen schützt« mit Leuten bis aufs Messer streite.

Dann kam noch dazu: Ich war mit mir selber nicht zufrieden, rein aussehenstechnisch. Beinahe hätte ich sogar Markenklamotten angezogen! Ich war in jeder Hinsicht unsicher. Ich bin etwas in mich zusammengebrochen, und ich hatte das Gefühl, ich kann mit meiner Umwelt nicht mehr kommunizieren. Ich mache alles falsch, ich rede verkehrt, mich mag keiner mehr. Das hat natürlich nicht gestimmt, aber ich hab' das so empfunden.

Es gibt ja zwei verschiedene Arten von Mobbing: Das eine ist das von Mädchen, und das ist nie offensichtlich, das geht immer hintenrum. Und bei Jungs, das geht schon eher offen, aber wenn sie allein sind, dann mobben sie einen auch nicht. Nur in der Gruppe sind die stark, alleine wissen sie nicht, was sie sagen sollen. Trotzdem: Ich hatte schon enorme Probleme mit Jungs. Welche, weiß ich gar nicht so genau. Irgendwie ging's wohl wieder ums Aussehen. Also, inzwischen weiß ich schon, daß sie mich gerne mögen. Außerhalb von meiner Klasse hatte ich sowieso nie Probleme mit Jungs. Ja, meistens ging's ums Aussehen. Vor allem welche, die dicker waren als ich, die haben mich auf persönlicher Ebene angegriffen, ich sei zu dürre oder so. Und dann hab' ich genauso zurückgeschossen, und so war das. Aber an meinem Selbstbewußtsein hat das schon genagt. Denn wenn man das merkt, daß einen Jungs gut finden und mögen, dann hat man schon mehr Selbstbewußtsein.

Also, ich hab' mit Jungs mehr Streß gehabt als mit Mädels. Klar, aus heutiger Sicht würde ich das ganz anders interpretieren, teilweise. Daß die schon auf mich scharf waren und das halt nur nicht anders zeigen konnten. Ich glaube, sie wissen nicht, was sie sagen sollen. Oder sie wußten nicht, wie man positiv auffallen kann. Und Hauptsache Auffallen, dann fällt man eben auch mal negativ auf. Dann hat man wenigstens auf sich aufmerksam gemacht, daß es einen auch noch gibt. Einfaches Prinzip: Jemand sagt: »Ej, wie siehst du denn heute wieder aus?«, und ich nöle zurück: »Schau dich doch mal an!« Dann habe ich sie zumindest schon mal registriert. Meine Schwester sagt das auch: Die wußten nicht, wie sie gescheit auffallen können. Weil, für Jungs in meinem Alter und aus meiner Klasse hab' ich halt wirklich kein Interesse. Warum? Dumm im Hirn, Entschuldigung. Die sind halt noch in so 'ner schwierigen pubertären Phase, in dem Fall nehm' ich »pubertär« als Schimpfwort. Und – ich weiß nicht. Kommt nichts, kann man sich nicht unterhalten.

Also, es gibt auch Unterschiede. Wir haben auch Leute in der Klasse, die sind schon 17, die haben zwar 'nen kleinen Dachschaden, aber da kommt mehr. Also, wir haben sowohl 15jährige als auch 17jährige, und da merke ich schon einen gewissen Unterschied. Den merke ich daran, wenn ich mich mit einem auch mal fachlich unterhalten kann, in der Deutschstunde, zum Beispiel über ein Gedicht. Das zeigt für mich Interesse, und wenn einer Interesse zeigen kann, dann ist nicht alles verloren.

Und das Lustige ist, manchmal täusche ich mich auch. Erst neulich, da hat mir einer, wo ich immer dachte, der kann mich nicht leiden, auf 'ner Veranstaltung seinen Freund vorgestellt, und mit dem bin ich jetzt zusammen. Und der hat gesagt, ihm ist das scheißegal, was die anderen über mich sagen. Der kennt das auch mit dem Mobbing, weil, der ist ziemlich groß, und über den haben sie halt auch immer gelästert. Und der hat immer zu mir gesagt: »Ja, mach' dir keinen Kopf, wenn die über dich Scheiße labern!«, und jetzt hat er bei mir angerufen, und jetzt macht er sich 'nen Kopf, weil die über ihn Scheiße labern. Also, sind wir beide im Grunde genau gleich.

Leute, die sich der Masse anpassen, die find' ich langweilig. Und er ist auch nicht so einer, der sich der Masse anpaßt. Er ist zweimetereins und hat 'ne Frisur, wo sein Lehrer immer sagt: »Da hat wieder mal 'ne Bombe eingeschlagen!« Ja, so in Richtung Iro, so 'n bißchen punkmäßig. Also jetzt nicht so extrem, er ist schon voll ordentlich, und das sieht man ihm auch an. Aber – ja, er hat schon so seinen eigenen Stil, und ich halt auch, und das paßt schon gut zusammen. Er ist 18, aber bei Jungs muß man ja immer zwei Jahre abziehen. Also, er ist jetzt im Grunde 16.

Vor ihm hatte ich zwar schon mal einen Freund, aber ich würde ihn als meinen ersten bezeichnen. Weil der andere, das war für mich kein Freund. Ich hab' ihn nicht als Freund anerkannt, von daher war's für mich keiner. Er hat mich wahrscheinlich schon als seine Freundin angesehen, aber ich ihn nie als meinen Freund. Das verstehen meine Eltern bis heute noch nicht, warum ich mit dem zusammengekommen bin. Der war erstens mal jünger als ich, und vor allem: Jemand, mit dem ich nicht reden kann, nicht diskutieren kann, das kann niemals mein Freund sein.

Und vor allem, wenn ich dann von Anfang an in 'ner Beziehung sage: Ich weiß, daß das wieder auseinandergeht, und er gefällt mir vom Aussehen her nicht, und wenn ich einen anderen treffe, dann mache ich sofort Schluß, dann kann man sich denken, daß meine Liebe nicht so groß ist. Und wenn ich schon keinen Bock habe, ihn zu treffen ... Warum ich's dann überhaupt gemacht habe, weiß ich nicht. Einfach mal wieder das Gefühl haben, mich hat jemand lieb, wahrscheinlich. Aber ich wollte eigentlich gar nicht, daß er mir so nahe auf die Pelle rückt.

Das ist dann auch nicht so gekommen.

Und vorher, ja – drei im Grunde genommen. Aber das war alles nicht der Rede wert; wir waren zwar zusammen, aber das ging nur ein Wochenende. War irgendwie nicht mehr für mich. Was ich an Jungs wirklich schätze, das ist die Offenheit. Und das ist natürlich ganz schwer zu finden. Jemand, der über seine Gefühle sprechen kann. Und da sind Jungs, egal, wie alt sie sind, natürlich immer schwierig. Das krieg ich schon auch bei Älteren mit. Und natürlich lieb. Wegen Aussehen bin ich gar nicht so kompliziert, wirklich nicht. Also nicht so der Durchschnitts-Typ, lieber seinen eigenen Stil haben, wissen, was er will. Also jetzt nicht dieser Til-Schweiger-Typ, den kann ich sowieso nicht leiden. Eben nicht so, wie die typischen Mädchen sagen: groß, blond, blaue Augen. Nicht unbedingt. Für mich kann er auch schwarze Haare haben und 'ne Brille. Das ist egal.

Wenn ich überhaupt ein Idol habe, dann nur aus der Musikwelt, und das ist halt Thomas D.: intelligent, eigener Stil. Also, von dem würde jetzt keine auf den ersten Blick sagen, ja, der isses, oder der ist jetzt so wunderbar hübsch. Aber er hat was in der Birne, er weiß, was er will, und so abschreckend finde ich sein Aussehen auch nicht. Tolles Kompliment, was? Aber solange es mich nicht direkt abschreckt, ist es doch okay.

Leider hatte ich mein erstes Mal ausgerechnet mit so einem Til-Schweiger-Typ. Und außerdem viel zu früh! Das ist kein höchst sensibles Thema für mich, nö. Das wird nur draus gemacht. Ja. Das ist Geschmackssache. Nee. Ich finde, man sollte nicht so 'n Getue drum machen. Insgesamt, um das Ganze. Ich finde, es ist was ganz Natürliches, Tiere paaren sich auch. Mit 14 habe ich mich zum ersten Mal gepaart. Warum ich sage, viel zu früh? Weil – ich sag' mal so – mir ist die geistige Liebe viel wichtiger als die sexuelle, und es war keine geistige Liebe da, nur sexuelle. Und darum war's zu früh. Und vor allem mochte ich ihn nicht genug. Das kann ich dir alles genau erzählen. So waren die Umstände:

Ich hatte 'ne Freundin im Reitstall, und die hatte 'nen Bruder. Und der war halt damals 22, ich 14. Ist das dann ... oh' nein, wir haben was Verbotenes getan! Egal. Auf jeden Fall, irgendwie ..., wir haben uns im Café getroffen, ganz normal. Und dann hat er mir seine Wohnung gezeigt. Er hatte halt zwei super Autos, 'ne tolle Wohnung, ich frag' mich, woher er das Geld hat. Weil, eigentlich ... ja, er war Trainer in 'nem Fitneßstudio. Halt schon genau der Typ, wo man, wenn man jung ist, drauf abfährt. Dieses Til-Schweiger-Typ-mäßige, und wenn man klein ist, findet man so was noch toll. Man ist ja noch naiv. Dahinter kann ich mich jetzt verstecken.

Ja, und dann waren wir halt bei ihm daheim, und dann kam's halt so. Ja, blöd. Ich glaube, im Grunde wollte ich es nicht, aber ich hab' mich nicht getraut, nein zu sagen. Und dafür könnte ich mich jetzt noch hassen. Da habe ich mich etwas selber verraten. Aber meine Eltern wissen's.

Und wie's nun war? Tja, wie war's ... – schmerzhaft! Und danach hab' ich mir gesagt: Das mache ich NIE WIEDER!!! Und hab' gedacht: Wie kann man sich für so was nur begeistern! Und dabei hab' ich's dann bis jetzt auch belassen.

Nee, wenn ich so was wieder mach', dann muß es sich schon richtig lohnen. Und vor allem: Ich muß es wollen. Und jetzt hab' ich einen Freund, wo ich weiß: Auf dem Gebiet, der drängt mich da nicht. Weil ich auch weiß, so Hintergrundinformation, daß ich halt seine erste Freundin bin. Und wenn ich das will, dann weiß ich, daß ich auf ihn zugehen muß. Und ich kann den Zeitpunkt bestimmen. Und von daher, mal sehen. Ich lass' mir da Zeit. Es ist nicht nur, daß er das respektiert. Ich glaube sogar, er ist ganz froh da drüber. Ja. Sonst hätte ich ihn mir auch nicht ausgesucht, glaube ich. Weil, wenn ich jemanden bremsen muß, dann kann ich sagen: Such dir jemand anderes.

Dieser 22jährige, der hat gar nicht groß geredet. Der hat einfach gleich angefangen, rumzugrabschen und anzufassen. Hoffentlich liest er das Buch nicht! Nee, war Quatsch, vielleicht sollte er es lesen. Aber der hat ja nicht mal mehr meine Telefonnummer. Nee, ich sag' mal so: Ich könnte jetzt nicht sagen, daß ich mich gewehrt habe, weil ich im Grunde genommen nicht mal wußte, was abgeht.

Also, ich wußte schon, so und so. Aber schlecht reagiert. Und vor allem, was ich jetzt dazusagen muß: Ich hätte das nie getan. Aber ich hab' zu der Zeit meine Pille gekriegt. Aus reinen Hormon-Ausgleichsgründen, also nicht wegen Verhütung. Ich hatte einfach zu wenig weibliche Hormone in mir, war stark behaart, hab' da drunter gelitten, das hat mich genervt. Weil, ich mußte ständig rasieren und hab' gedacht: Klar, gehste mal zum Arzt, und der gibt dir dann die Pille. Und meine Tage hab' ich auch nicht gehabt. Gut, das war mir im Grunde genommen ziemlich egal. Was soll's! Aber dann hatte ich sie regelmäßig, das war mir dann echt unangenehm. Vor allem aber muß ich einfach mal sagen, daß solche Hormone einen wahnsinnig verändern. Was Lust und andere Sachen anbetrifft. Ich war damals ganz anders. Weil, ich bin eigentlich jemand ganz Ruhiges und Ausgeglichenes, und das hat mich sehr durcheinandergebracht. Und ich hab' die Tabletten dann auch wieder abgesetzt, und seitdem bin ich wieder normal. Meine Tage hab' ich jetzt so alle zwei, drei Monate einmal, und das ist mir recht. Ansonsten bin ich jemand, ich halt auch mal was Hartes durch, ich epiliere. Das macht ja auch nicht jeder. Aber seitdem werden die Haare auch ein bißchen weniger.

Diese Stimmungsschwankungen mit der Pille, wie die bei mir waren? An manchen Tagen totale Trägheit, kein Bock auf nichts. Und an manchen Tagen hätte ich rumspringen können und hab' voll gesponnen, hatte den totalen Dachschaden. Und die Lust hat's auch verändert, wobei ich jetzt nicht sagen könnte: Lust auf Männer. Das ist jetzt was Komisches bei mir.

Ja, wie könnte ich diese Lust am besten bezeichnen? Egal, ob's jetzt Lust auf Schokolade ist oder insgesamt auf ... – natürlich auch auf sexuellen Ausgleich, aber für mich war der sexuelle Ausgleich damals nicht unbedingt 'n Mann. Ja, keine Ahnung, manchmal habe ich mich wieder abgeregt, wenn ich joggen gegangen bin. So kann man damit auch umgehen.

Oder Mountainbike fahren, egal. Man kann sich ja auch selbst befriedigen, ja, ich weiß. Aber das ist nicht mein Ding. Mit Mädchen auch nicht – nee, Hilfe! Lieber aufs Mountainbike und nicht zuviel drüber reden. Ja, lieber Mountainbike fahren als mit Mädchen, o Gott, da kommen einem ja die Tränen! Gut, manche Mädchen wissen ja in meinem Alter auch noch nicht, worauf sie abfahren. Aber ich spüre bei mir keine bisexuelle Ader. Überhaupt nicht. Auch, wenn ich Mädchen viel netter find' und denke, daß 'ne Beziehung mit Mädchen viel einfacher ist. Aber ich fühl' mich einfach zu Männern hingezogen. Pech gehabt! Weil, Männer haben Haare an den Beinen, riechen meistens, haben manchmal noch Mundgeruch und schnarchen. Was findet man da dran toll! Tja, keine Ahnung. Kann ich nicht erklären. Aber vielleicht ist es auch gut, das ist ja das Geheimnisvolle da dran.

Die Pille jedenfalls hat meine Lust nicht gedämpft, wie manche beklagen, sondern ganz im Gegenteil. Und eins muß ich noch dazusagen:

Auf jeden Fall finde ich das ganz schwierig, Jugendlichen so was zu geben, mit 14, kritisch! Weil, ich bin natürlich so froh, daß wir verhütet haben, meine Güte! Wir haben auch doppelt gemoppelt verhütet. Nee, nur mit der Pille, die ich vielleicht etwas unregelmäßig genommen habe damals, nee, nee. Ich bin da doppelt vorsichtig, weil, wenn Jugendliche Kinder kriegen; also, ich denke da ganz kraß: Wer nicht verhüten kann, kann auch kein Kind großziehen. Vor allem: Was kann man Kindern schon bieten, wenn man selber noch ein Kind ist.

Und Sex insgesamt wird, glaube ich, total überschätzt. Es gibt so viele Filme, wo Sex das Thema Nummer eins ist. Ich finde, man soll's nicht so hochspielen, sonst macht's in dem Moment, wo man's hat, keinen Spaß mehr. Die ganzen Vorurteile, daß es was Schlechtes ist, finde ich auch daneben.

Im Grunde genommen ist es 'ne nette Nebensache, die aber bei der Liebe nicht notwendig ist. Liebe und Sex sind was ganz Unterschiedliches. Liebe definiere ich mit Zärtlichkeit, Zuwendung und vor allem – ach, ich immer mit meiner geistigen Liebe. Aber ich finde, und jetzt wiederhole ich mich: Es ist 'ne nette Nebensache, und mehr sollte man nicht draus machen.

Man merkt's daran: Die geistige Liebe, die wird einem nicht verkauft, aber die körperliche Liebe, die wird einem verkauft. So denke ich halt darüber. Die geistige Liebe, die kann man nicht einfach so haben. Dafür muß jemand schon überzeugt sein von einem. Aber die körperliche Liebe, die kann man auch als Sportart betrachten. Wenn man's böse sieht. Nicht meine Meinung, aber es gibt Menschen, die das so sehen.

Was geistige Liebe für mich ist? Hm, ganz schwer zu definieren. Zum Beispiel: Mein Freund hat 'ne ganz andere Meinung als ich selber. Und wenn man die Meinung akzeptiert von einem anderen und auch die andere Art der Meinung liebt und versucht zu verstehen. Und wenn man untereinander 'ne Bindung fühlt, Vertrauen, das ist für mich geistige Liebe.

Bei uns ist es unter anderem das Thema Bundeswehr. Weil, er ist
für mich ein sehr sensibler Typ, er ist aber ganz davon überzeugt,
zur Bundeswehr zu gehen. Und ich will ihn davon immer so 'n bißchen zurückhalten. Oder andere Sache: Ich bin immer so theoretisch, und er ist praktisch. Ich träum' immer von was, und er sagt
mir dann die realen Sachen. Warum was nicht geht. Also, er ist so
der Mensch, der total auf dem Boden der Tatsachen steht. Er ist der
Realist, und ich bin die Idealistin mit meinen Träumen und Phantasien. Ich freue mich aber, wenn er mich wieder in die Wirklichkeit zurückholt, weil, ich bin wirklich manchmal so versponnen.
Und das schätze ich an ihm, an uns, daß wir so unterschiedlich sind.
Das ergänzt sich gut.

Auch wenn's manchmal hart ist, wenn man so auf den Boden
knallt. Aber er macht's immer lieb. Meistens.

Was für Träume das so sind? Das ist jetzt 'n ziemlich hartes Thema. Ich hab' mal davon geträumt ... nee, anders: Ich finde, daß es
ein ganz großes Problem ist, daß alle Menschen mit 18 eben erwachsen sind. Weil, manche Menschen sind halt mit 18 noch nicht
erwachsen. Und da hab' ich mir mal vorgestellt, wie das wäre, wenn
man einen Prüfer hätte; einen Menschen, der prüft, ob man wirklich erwachsen·ist. Also, sich den Menschen anguckt 'ne ganze Weile, wenn der 18 ist, ist der soweit oder nicht? Und dann kriegt man
'ne Zulassung dafür, daß man erwachsen ist. Und das hat mir schon
gut gefallen, weil ich dachte: Ja, dann gibt's vielleicht nicht mehr
so viele Kinder, die keine Eltern haben. Und, ja, was weiß ich, auch
mit'm Führerschein, daß der nur an wirklich Verantwortungsbe-
wußte vergeben wird, alles so Sachen. Das gibt einfach so viele Menschen, die rasen, die trinken Alkohol. Das wäre ja alles nicht so
schlimm, wenn es nur um deren eigenes Leben ginge, aber es werden ja immer Unschuldige mit reingerissen. So was macht mich immer ziemlich aggressiv.

Und dann hab' ich also gedacht, ja, das könnte man so machen
mit dieser Zulassung fürs Erwachsensein, und dann habe ich das
Programm meiner Mutter vorgestellt und mit ihr darüber diskutiert. Und irgendwann kamen wir dann drauf: Was ist dann mit Behinderten zum Beispiel? Die können ja nie auf dieses Level kom-

men, aber deswegen kann man ja nicht sagen: Die sind unreif und dürfen keine Kinder bekommen. Und vor allem: Wenn sich nur die weiter vermehren dürfen, die einen bestimmten IQ haben, dann kommen wir aufs Dritte Reich! Weil, dann bildet man 'ne bestimmte Rasse, und das ist der absolute Hammer, das darf ich gar nicht aussprechen, im Grunde genommen. Und wenn ich drüber nachdenke, ist mein revolutionäres Programm total konfus, und da bin ich froh, daß es Menschen gibt, die mich da draufstoßen. Zum Glück, von dieser Idee weiß mein Freund noch nichts, aber meine Mutter, die holt mich halt auch auf die Ebene der Vernunft zurück, und mir wurde dann auch klar: So was geht nicht. Über so was darf man eigentlich gar nicht laut reden.

Vor allem: Was sollte das für ein Mensch sein, der über solche Dinge entscheiden darf? Ein super Weiser. Aber ist das 'n Sozialarbeiter, ist das ein Psychiater, und vor allem: Wer kann sagen, ob der selber erwachsen genug ist! Und dann sind wir ja auch alle so individuell, daß man nicht sagen kann, bloß weil vielleicht jemand auf einem bestimmten Gebiet etwas nicht kann, daß der nicht trotzdem reif und erwachsen ist. Also, die Idee ist konfus, ich geb's selber zu.

Ja, aber ich träum' halt schon politisch von voll gleichberechtigten Formen. Aber wenn ich mir heute die Politik so anschaue, ja, man hat keine Chance, sich irgendwie einzumischen. Man wird irgendwie nicht gefragt. Wir haben zwar 'ne Demokratie, aber für mich ist die am Ende. Gut, jetzt kann man mich wieder angreifen: Warum ist die am Ende? Beispiel: Es kam im Fernsehen, der Fall eines Lehrers, der was gegen Amerika gesagt hat, und der Lehrer, der wurde von seiner Schule geschmissen. Und ich finde das einen großen Fehler, weil da die freie Meinung eingeschränkt wird. Und die freie Meinung ist für mich einer der wichtigsten Punkte in einer Demokratie. Außerdem finde ich eine Direkt-Demokratie sowieso viel schöner, weil, es wird soviel Mist gemacht, aber dann könnte man wenigstens sagen, es war die Entscheidung des Volkes. Und nicht, es hat irgend so 'n Schnösel da oben entschieden. Weil, die machen's meistens sowieso nur aus Profitgier. Man sieht ja: Es geht alles nur ums Geld. Und ich glaube gar nicht, daß da sonst noch was Gescheites dahintersteckt, irgendwie.

Ich möchte halt nur einen nützlichen Platz in der Gesellschaft haben wie alle anderen auch. Gut, ein bißchen Kommunismus steckt natürlich auch mit drin, wenn ich auch sehe, daß der noch nie richtig geklappt hat. Wenn ich's mir aussuchen könnte, dann hätte ich gern so einen Platz, wo ich sagen könnte: Ich hab' nicht mehr als die anderen, und ich hab' nicht weniger als die anderen. Und ich weiß, daß das Prinzip nicht aufgehen kann. Weil, der Mensch ist von Natur aus schlecht und hofft immer, daß er mehr haben kann als jemand anderes. Kann ich leider nix machen.

Stichwort Geld. Geld ist natürlich wichtig, klar, muß man haben, weil, ohne Geld geht gar nichts. Aber die wirklich wichtigen Sachen kann man ja gar nicht mit Geld kaufen. Die Natur ist umsonst, Gefühle sind umsonst, Liebe ist umsonst. Die wichtigen Sachen sind schon noch umsonst. Und trotzdem braucht man Geld. Man muß Dinge bezahlen, man muß sich selbst entwickeln. Ja, 'ne Welt, in der man kein Geld braucht, die muß erst noch erschaffen werden.

Mir wäre das nicht irgendwie peinlich, wenn wir 'ne Wohnung hätten statt ein Haus. Daß ich dann vielleicht niemanden mehr mit nach Hause bringen würde, nee! Es kommt nur darauf an, daß man sich geborgen fühlt zu Hause, daß man einen Platz hat, der einem selbst gehört, wo man sich zurückziehen und entwickeln kann. Und das kann in einem armen Gebiet auch eine Hütte sein. Ich glaube, da sind Menschen auch stolz, daß sie ihre Hütte haben. Und von daher, Geld ist ein Mittel, um meine Träume zu verwirklichen.

Ich bin ja bald mit der Schule fertig, nächstes Frühjahr. Und ich werde mich in dem Kindergarten bewerben, wo ich schon mein Praktikum gemacht habe. Das heißt nicht, daß ich dann Erzieherin werden möchte, das Buch dürfen die dort nicht lesen! Nein, ich kann seit neuestem nebenher meine Fachhochschulreife machen, und ich glaube, ich werde später studieren wollen, und zwar Sozialarbeit.

Wenn ich mir vorstelle: Marina in fünfzehn Jahren, wie lebt sie und vor allem, wo? Wo, ist klar, natürlich Karlsruhe. Ich war da, und ich hatte das Gefühl, das ist nicht so ein Ort der Gewalt. Die Straßen waren sauber; das Zentrum für Kunst und Medien dort, das ist ein Museum, das hat mir gut gefallen. Und – ich weiß nicht, ich hab' mich zu Hause gefühlt. Familie, ja, klar. Ich will zwar keine Kinder, aber ich weiß, daß ich Kinder haben werde. Das ist ganz komisch zu beschreiben. Meine Mutter ist sehr traditionell. Und ich weiß auch, ich werde Plätzchen backen mit meinen Kindern, und ich werde einen Mann haben, der heimkommt, ganz normal halt. Aber vorher, bevor das alles kommt, werde ich noch versuchen, was zu verändern!

Ungerechte Sachen beseitigen. Ich finde das zum Beispiel super von meinen Eltern; also, meine Mutter ist aus der Kirche ausgetreten. Ich weiß, daß sie trotzdem sehr gläubig ist, sehr gutmütig. Das hat damit gar nichts zu tun. Aber meine Mutter spendet an »Kind in Afrika«, und das werde ich als erstes auch machen. Sobald ich was verdiene. Weil ich sehe, daß das ankommt. Und ich will noch was verbessern. Ich will nicht hinnehmen: Die Welt ist schlecht! Das kann jeder sagen: Ja, fuck the System. Das sagen alle! Aber mal auf 'ne Demonstration gehen, was machen, Vorschläge bringen, das will wieder keiner. Jeder drückt sich vor seiner eigenen Verantwortung. Und wenn jeder für sich selber Verantwortung übernehmen würde, das wär' genug. Wenn man's mal ganz einfach sieht.

Es gibt die Bundeswehr, das muß ich hinnehmen. Und vielleicht brauchen wir sie ja auch. Aber: Wenn keiner hingeht, dann gibt's auch keinen Krieg. So einfach ist das. Gut, ich will jetzt nicht auf »die große Aufklärerin« machen; ich bin auch nicht so wie Che Guevara oder was weiß ich, wer. Sondern einfach: Ich kann mich nur selbst verändern, und damit meine Umwelt. Ich sage meine Meinung und lebe danach, und dann sehen das wieder andere Menschen und können sagen: Das ist gut, das ist schlecht. Und genauso sehe ich das wieder bei anderen Menschen und suche mir die Dinge aus, die mir gefallen. Nur so kann ich meine Umwelt verändern, was anderes kann ich nicht machen, das weiß ich.

Jetzt wundert dich, daß ich denke, ich kann das nur in dem Zeitraum machen, bis ich Kinder habe und Familie? Ja, ein bißchen sehe ich das noch so. Mit Kindern endet die Freiheit. Mit einem Ehemann endet die Freiheit. Man zieht dann in so 'n Haus, und das Haus ist im Grunde genommen schon so 'n Knast. Hinterm Herd stehen, Süppchen kochen und so. Das ist natürlich nicht so, meine

Mutter geht auch noch arbeiten. Aber ich hab' einfach das Gefühl, vorher geht noch mehr. Oder wenn die Kinder dann wieder ausgeflogen sind. Aber das dauert ja ziemlich lange. Vor 19 gehen die eh nicht raus. Oder sogar noch viel später, heutzutage. Hotel Mama.

Das ist gemütlich. Man muß nichts bezahlen, man hat immer seinen eigenen Psychiater zu Hause, der einem die Seele aufbessert; warum soll man gehen!

Das heißt nicht, daß ich nicht ausziehen will. Aber nicht sofort. Der Kindergarten, wo ich mich bewerbe, der ist gleich um die Ecke. Und mein Freund, der macht jetzt 'ne Ausbildung als Mechatroniker, auch in der Gegend. Mechatroniker, das ist einer der neuen Berufe. Ein Zwischending zwischen Mechaniker und Elektroniker. Aber mehr will ich gar nicht dazu sagen, weil, wenn der das Buch liest, und ich sag' irgendwas Falsches, dann bringt er mich um! Ich weiß es nämlich nicht, was man da genau macht; irgendwelche komischen Anlagen überwachen oder so.

Ich selber sehe mich jedenfalls in der Zukunft als Streetworkerin. Ich sehe mich schon schier verzweifeln an Menschen, die Drogen nehmen. Weil, auf Süchtige kann man sich natürlich überhaupt nicht verlassen, da wird man immer wieder betrogen, enttäuscht. Ich weiß es von meinen Eltern, weil, die schaffen auf der Psychiatrie, und dadurch weiß ich, wie es auf der Drogenstation zugeht. Das ist nicht so schön. Ich selbst bin ein Mensch, ich hab' meine Drogen. Aber das sind nicht diese Drogen wie Cannabis, Alkohol, Pillen, alles nicht mein Ding. Finde ich auch absolut scheiße, wenn man sich nur mit so was amüsieren kann, die Leute tun mir leid. Aber es gibt die sogenannten neuen Drogen, und denen bin ich ausgesetzt. Total. Und das ist der Computer, das ist das Handy, das sind Handyrechnungen, solche Sachen. Und, man will's nicht sehen, aber Computer ist 'ne Droge. Das sag' ich als Konsument! Und es wird immer mehr, weil, Spiele, Chatrooms, weiß der Teufel, was man im Internet alles machen kann. Mein Vater fragt auch immer: »Was machst du da eigentlich?« Und ich kann's im Grunde nicht sagen. Zeit totschlagen. Langeweile. Ich verteidige mich dann meistens so: Andere Jugendliche werden, wenn's ihnen langweilig ist, kriminell. Ich nicht, ich bin halt im Internet. Ob das gut ist ... – na ja.

Also, Drogen ... okay, letztes Wochenende ging's mir wirklich schlecht, weil ich zuviel Alkohol getrunken hab'. Und das hat mir auch sehr leid getan für meinen Freund, weil, der hatte da Geburtstag, und eigentlich wäre ich gern länger geblieben. Aber eigentlich trinke ich wenig Alkohol, nur in Maßen. Und Rauchen, ich rauche nicht, wegen dem Gesangsunterricht, und da ist es nicht gut für die Stimme. Ich mag's auch gar nicht. Ich hab's mal probiert, aber ist mir zu teuer und ungesund.

Gut, wenn man jetzt was raucht, Drogen meine ich, dann schaltet man ab, und man hat die Situation, den Streß nicht mehr vor Augen. Aber es ist nur auf Zeit, daß man eben weg ist, und ich sag' mal so: Man muß sich seinen Problemen stellen. Das ist so, wie wenn man vorm Fenster steht und sagt: Ich spring' runter, dann hat man sein Problem auch nicht bewältigt, und das finde ich feige. Und genauso ist es mit Drogen. Meine Drogen, die kann man, glaube ich, noch besser in den Griff kriegen. Irgendwann ist kein Geld mehr auf der Handykarte, so wie bei mir jetzt grade ... oh, das tut weh. Mein Vater hat meinen Handyvertrag unterschrieben, und das war wirklich sehr teuer. Ich finde das unmöglich, daß man Jugendlichen solche Handys geben darf. Das sag' ich selber! Lernen durch Erfahrung. Wenn das jetzt andere lesen, das nützt denen nichts, weil, die machen's trotzdem. »Cool, 'n Handy, wo ich soviel telefonieren kann, wie ich will!« Aber sie werden's dann merken, und dann erinnern sie sich daran: Ja, das hat schon mal jemand gesagt. Man muß ja nicht alles selber ausprobieren, oder? Ich weiß durch meine Eltern und durch Freunde zum Beispiel, wohin Drogen führen können, und darum probier' ich's gar nicht erst aus. Das führt zur absoluten Apokalypse, und ich hab' schon genug Chaos in meinem Leben, das brauche ich nicht auch noch.

Im Moment ist das größte Chaos für mich, daß alle um mich herum denken, mit meinem Leben wäre alles in Ordnung. Innen sieht das ganz anders aus. Da herrscht manchmal das reinste Gefühlschaos. Das ist mein größtes Desaster: dieses Gefühlschaos. Daß ich mir Sorgen mache um eine Freundin, wo eigentlich alles in Ordnung ist. Daß ich befürchte, mein Freund könnte mich nicht mehr mögen, weil er sich vielleicht mal einen Tag lang nicht gemeldet hat.

Oder das räumliche Chaos, daß ich Zeug verlege und einfach nicht mehr finde. Das ist schon bei mir auch der Fall. Aber das kriegt man in den Griff, das kann man üben. Wenn ich drei Tage lang meine Geldkarte gesucht habe, dann lerne ich, wo ich sie ab jetzt hinlege.

Ich muß dazusagen: Mich fasziniert auch die Chaostheorie. Weil die unwahrscheinlichsten Dinge manchmal doch wahrscheinlich werden. Meistens sind es die Dinge, von denen man denkt, die sind unrelevant und unwichtig im Leben, die spielen später 'ne ganz große Rolle. Du willst immer Beispiele wissen, sonst klingt dir das zu theoretisch, ja? Aber das ist so schwierig!!!

Zum Beispiel, wenn ich jemanden kennenlerne, den ich total für blöd halte. Wo ich denke, absolut bescheuert! Und viel später wird grade dieser Mensch unheimlich wichtig in meinem Leben. Zuerst gibt man dem gar keine Chance, und dann denkt man: Was hast du wieder gemacht, wie hast du den bloß abgestempelt? Oder Bücher, die man zuerst gehaßt hat, werden auf einmal sehr, sehr wichtig.

Ohne Bücher möchte ich sowieso nicht leben. Ich les' nämlich auch so gerne. Zur Zeit lese ich »Jugend ohne Gott«. Ich lese meistens Erwachsenenbücher oder philosophische Bücher. Manchmal auch Jugendbücher, kommt drauf an, worum es geht. Ich lese auch gern Science-fiction. Oder was von Nietzsche. Aber es kann genausogut ein No-Name-Schriftsteller sein, der kann genauso was auf der Platte haben. Na ja, okay, Nietzsche ist schon was Besonderes, weil, mit so 'ner dunklen Einstellung die Welt zu betrachten, das ist schon was Einzigartiges. Als Optimist kann man den Mann wirklich nicht bezeichnen. Ist ja auch in Ordnung, kein Optimist zu sein, aber ab 'nem bestimmten Punkt muß man schon sagen: Jetzt geht er zu weit. Mein Lieblingsbuch ist »Und der Sinn des Lebens«, ich weiß jetzt grad nicht, von wem das ist, ein Jugendbuch. Das hat mich sehr beeindruckt.

Den Sinn des Lebens muß man sich selber suchen. Für mich wäre das im Moment: einfach mit mir zufrieden sein. Und mich ablenken. Ablenkung ist für mich auch 'ne Droge, die ist sogar ganz, ganz wichtig im Moment. Weil, wenn ich nur so daliege und zur Ruhe komme – Hilfe! Da komme ich an so 'nen absoluten Nullpunkt, und dann macht alles keinen Sinn mehr. Und dann lese ich lieber was oder mache Musik oder setze mich vor den Computer. Manchmal habe ich das Gefühl, ich muß mich vor mir selbst verstecken, damit meine Gedanken nicht zu weit gehen, über das Ganze: Warum mache ich das überhaupt? Warum gehe ich schon zur Schule. Klar, weil ich später einen Beruf haben will und Geld verdienen. Aber ist es das, was wirklich zählt? Woran hab' ich Spaß? Ist das, woran ich Spaß habe, wirklich wichtig? Also, ich bin voll zersetzt von Fragen, die ich mir selber stelle, von anderen gestellt bekomme. So ist es halt. Und viele Leute nehmen das Leben einfach so hin, wie es ist. Und ich denke, das ist was typisch Jugendliches, daß man eben viele Sachen noch in Frage stellt. Gut, ich sage nicht, daß man das später nicht mehr macht. Aber irgendwann merkt man halt, daß es auf die ganzen Fragen keine Antwort gibt. Aber als Jugendlicher will man das nicht so akzeptieren. Manchmal bringt man seine Eltern zur Weißglut damit. Die sagen irgendwann auch nur, darauf gibt's keine Antwort. Steht nicht im Lexikon. Auch Philosophie ist nicht wirklich eine Antwort. Sie ist nur eine Anregung, ein Beispiel. Aber was bringt einem schon ein Beispiel. Man kann nicht sagen: Ich lebe jetzt nach Empirismus, nach Determinismus. Es ist vielleicht 'ne Mischung da draus; aus allem. Und so gesehen:

Man muß sein eigenes Beispiel machen. Sein eigenes Leben.

Ich hab' mal in 'nem Reitstall gearbeitet, mit Behinderten zusammen, das war ziemlich gut. Da gab's keinen Haß, da gab's keinen Streit. Die Reitlehrerin, die war sehr sozial. Die hat mir auch ein klasse Zeugnis geschrieben, wie ich mich da verhalten habe. Weil, ich kann total gut mit Tieren umgehen, mit Pferden. Was die Pflege betrifft. Reiten ist nicht so mein Ding. Ich war lieber jemand, der hat 'n Pferd geführt oder hat sich drum gekümmert. Wenn's aber dann ums Reiten ging, da habe ich mich nie in den Vordergrund gedrängelt.

Nee, ich sag' mal so: Ich weiß nicht, ist es die Natur des Pferdes, jemanden durch die Gegend zu tragen? Weiß ich nicht. Ja, jetzt kommt das wieder: Ich werde ja auch oft von meiner »Mensch und Umwelt«-Lehrerin als Extremistin bezeichnet. Weil, ich esse seit 16 Jahren kein Fleisch, von Geburt an nicht. Und ich hatte von Anfang an ein ganz besonderes Verhältnis zur Natur. Ich bin durchgedreht, wenn meine Mutter einen Käfer erschlagen hat! Ich hab' ihr gesagt: Das geht nicht!!! Ich hab' da geheult und hatte das Gefühl: Was für eine Ungerechtigkeit. Ja, Ehrfurcht vorm Leben, das ist auch mein Thema. Das berührt mich auch. Hab' ich wirklich das Recht, 'ne Fliege zu erschlagen, oder mache ich es einfach bloß? Ist das Leben von Insekten weniger wertvoll als meins? Ja, von daher ... ich bin nicht so, daß ich irgendwas in die Natur schmeiße oder was weiß ich, einfach so rücksichtslos irgendwas mache. Und so weiß ich eben auch nicht, wenn ich ein Pferd wäre, ob ich dann Bock hätte, daß mich immer jemand von oben so triezt. Das mal aus der Sicht des Pferdes zu sehen. Ob ich mir dabei nicht dumm vorkäme. Natürlich weiß ich nicht, wie weit entwickelt das Gehirn von 'nem Pferd ist, kein Plan. Aber ich sag mal so: Mich würde es nerven!

Und ich versuche, mich dran zu halten: Dinge, die ich nicht will, die sollte man auch niemand anderem antun. Und von daher ... wenn ich überhaupt geritten bin, dann ohne Sporen und ohne Peitsche, nicht diese harten Methoden.

Mit dem Kein-Fleisch-Essen, das mache ich aber nicht, weil mir die Tiere leidtun. Wie gesagt, ich bin schon so auf die Welt gekommen, und wenn man noch nicht mal ein Jahr alt ist, kann man das sicher nicht entscheiden. Vielleicht hatte ich schon mal ein Leben davor. Ich weiß nicht, ob ich daran glauben soll, meine Mutter ist davon sehr überzeugt. Natürlich finde ich lange Tiertransporte 'ne Qual, oder wenn ich Legebatterien sehe. Jetzt sage ich das so, aber früher konnte ich das ja nicht sehen.

Meine Familie ißt Fleisch, meine Mutter muß immer für mich extra kochen. Und in »Mensch und Umwelt« muß ich auch selber kochen, da bereite ich auch Fleisch zu. Nur, ich esse es nicht. Aber ich will andere davon nicht überzeugen. Mein Freund, oh, der ißt soviel Fleisch! Der geht jeden Montag um sieben Schnitzel essen. Und der hat mich auch gleich gefragt, ob ich mitkomme. Und ich hab' gesagt: »Hej, nee.« Ich mag ihn trotzdem, und ich akzeptiere ihn trotzdem noch. Aber, es ist halt mein Leben. Und, klar, es ist schon extrem, kein Fleisch zu essen.

Ich geh' halt in ganz verschiedene Richtungen: kein Fleisch essen, Metal hören, aber voll friedlich sein – weil Metalhören wird ja meistens mit Gewalt verbunden. Hartes Thema: Erfurt: Weil der Junge, der dort Amok gelaufen ist, soll Slipknot gehört haben. Gut, ich mag auch kein Slipknot, weil, ich find's einfach schlecht, was die machen.

Ich find's feige, sich hinter Masken zu verstecken und nicht zu dem zu stehen, was sie machen. Deshalb höre ich Korn, weil, die machen keine gewaltvolle Musik. Die schmeißen auch keine Kuhherzen in die Menge oder Maden, die schmeißen halt Götterspeise. Und das finde ich dann wieder lustig. Ich stehe manchmal schon auf so Scheiß. Und der Sänger von Korn, der Jonathan Davis, der hat sich auch zu Erfurt geäußert. Er hat gesagt, daß Lehrer manchmal auf solchen Außenseitern, wie dieser Junge da wohl war, auch gerne drauf rumhacken, und daß man da aufpassen muß, damit sich nicht so 'ne Aggressivität daraus entwickelt.

Da habe ich drüber nachgedacht, und da konnte ich was mit anfangen, grade, weil ich ja auch Mobbing am eigenen Leibe kenne, wie sich das anfühlt. Und hinter so 'ner Musik kann ich dann auch stehen, wenn ich merke, die Leute haben eine Meinung, haben was im Kopf. Nicht einfach dieses dumpfe: Bringt eure Lehrer um oder Slipknot mit »People Shit«, ja, find' ich nicht okay. Die haben vielleicht 'nen guten Bassisten, aber wenn der Hintergrund nicht stimmt, dann kann ich auch die Qualität der Musik nicht anerkennen. Für mich ist Musik einfach mehr als 'n Rhythmus und 'n bißchen Gesang.

Daß meine Familie voll wichtig ist für mich, das ist ja schon klar rausgekommen, oder?

Mit meinem Vater mache ich oft Musik. Ich singe ja ziemlich tief, meine Gesangslehrerin meint, da könnte mal was Souliges draus werden. Ich bin voll stolz auf meinen Vater, der hat sich 'n Reggae-Rhythmus auf der Gitarre einfallen lassen, und da wollen wir uns demnächst vielleicht 'nen Text dazu einfallen lassen, mal sehen. Neulich haben wir aus »Lady in Black« einen Reggae improvisiert, so was macht Spaß. Und ich glaube auch, ich wäre nicht so stolz auf meinen Vater, wenn der jetzt Computerprogrammierer wäre.

Was bringt das, wenn ich noch 'n besseres Windows-Programm entwickle, damit jemand eine noch geilere Homepage entwerfen kann?

Gut, Fortschritt ist wichtig, sonst hätten wir uns nie getroffen und könnten auch nichts aufnehmen. Aber mein Vater – obwohl er ziemlich viel von Computertechnik versteht – arbeitet in der Psychiatrie, und meine Mutter hilft psychisch kranken Jugendlichen zurück ins Leben.

Und das finde ich eben gut. Mir ist einfach wichtig, daß Menschen geholfen wird.

»So weit im Leben ist zu nah am Tod«

Silvana, 18, Frankfurt/Oder

Das, wovor ich am meisten Angst hab', ist eigentlich die Zukunft. Weil ich Angst habe, keine Lehrstelle zu bekommen, wie viele andere. Weil ich mir Gedanken mache, wie das Leben überhaupt weitergehen soll, wie es in diesem Staat im Moment ist. Daß man sogar ernsthaft drüber nachdenken muß: Setzt man Kinder in die Welt, oder setzt man keine in die Welt. Durch die ganzen Kriege, und was nicht alles los ist, der ganze Terror und Naturkatastrophen und so weiter. Ich brauche ja bloß heute wieder in die BILD-Zeitung zu gucken, scharfe Kritik an der Regierung. Und wo mein Vater dazu gesagt hat, das wird noch 'n Riesenknall geben in diesem Land, dann macht einem das auch ziemlich zu schaffen. Aber am meisten eben: Wie soll's weitergehen. Krieg' ich Arbeit, krieg' ich eine Lehrstelle, klappt das alles so, wie ich es will?

Ja, das Privileg der Jugend ist, sich keine Sorgen zu machen, sich aufs Leben zu stürzen, voller Vertrauen. Ich weiß. Das denkt man immer. Daß es bei mir nicht so ist, kommt bestimmt aus meiner Vorgeschichte. Na ja, das ist einfach ... – ich habe zwei Trennungen hinter mir, also Trennungen der Eltern. Und da hab' ich genug Dinge erlebt, die mich geprägt haben, irgendwo. Wo ich vielleicht anders denke als andere in meinem Alter, ich weiß es nicht. Andererseits, wenn ich mich umschaue und umhöre, da gibt es noch viele mehr, die sagen, sie haben Angst vor der Zukunft. Sie haben Angst, was passiert. Aber bei mir denke ich, daß es sehr viel zu tun hat mit meinem familiären Umfeld. Wenn man sieht, beide Eltern arbeitslos, zwei Scheidungen, das nimmt einen schon mit, irgendwo.

Mein Vater ist eigentlich Fahrlehrer, ist jetzt aber seit Anfang November arbeitslos, durch eigenes Verschulden auch noch. Und meine Mutter ist schon seit der Wende ohne Job. Sie ist ursprünglich

Diplomingenieur für Energieanwendungen, aber seit dem Mauer-fall hat sie nur noch Weiterbildungen, Umschulungen, hin und her. Aber wirklich Arbeit finden tut sie auch nicht mehr, mit 39.

Was ich damit meine, daß mein Vater durch eigenes Verschulden arbeitslos ist? Na ja, ich wohne ja erst seit einem Jahr hier bei ihm. Und da war er zuerst mit 'ner Frau zusammen, mit der er auch noch verheiratet ist, aber Anfang des Jahres hat er 'ne Affäre mit einer Fahrschülerin begonnen. Und ein bißchen was mit Geld hat das auch noch zu tun gehabt, angeblich ist er Privatkilometer gefahren. Und dann eben auch noch das mit der Fahrschülerin. Weil die aus einem Dorf kommt, wo der Fahrschul-Chef Verwandte hat und dort die Lästereien nicht aufhören wollten.

Was macht das alles mit mir ... Hm, wo soll ich da anfangen?! Ich meine, ich bin ja damals, mit 17, bei meiner Mutter ausgezogen, weil ich mit ihr überhaupt nicht mehr klarkam. Ich hab' mich da nicht mehr wohl gefühlt, ich war immer nur fertig mit den Nerven. Und im Moment hoffe ich so sehr, daß ich meine Lehrstelle in Ber-lin bekomme, damit ich hier auch wegkann. Weil – ich will nur noch raus. Ich will auch endlich Abstand zu dem Ganzen haben. Weil's irgendwo auch immer auf meinem Rücken ausgetragen wird. Da hört man den Vater, der über seine Exfrau lästert, da hört man die Exfrau, die über den eigenen Vater herzieht. Und das war damals schon bei meiner Mutter so gewesen, die über meinen Vater herge-zogen hat. Und irgendwann reicht's! Da will man nur noch raus, man will weit weg und alles hinter sich lassen. Selber anfangen, ei-genständig zu leben. Nur für mich.

Ja, ich bin jetzt in der dreizehnten Klasse. Wenn ich damit fertig bin, will ich nicht gleich studieren. Ich hab's erst mal irgendwo satt zu lernen. Dazusitzen und zu büffeln und zu büffeln. Wenn es so klappt, wie ich mir das vorstelle, und ich die entsprechende Qua-lifikation hab', dann könnte ich ja später über den Betrieb studie-ren. Das würde mir eher gefallen, als gleich nach der Schule wie-der fünf Jahre Studium. Ich will einfach mehr Praktisches. Biolo-gielaborantin will ich werden, bei einem großen Betrieb in Berlin. Vielleicht klappt's, vielleicht auch nicht. Aber auf jeden Fall will ich in diesen biologischen oder auch medizinischen Bereich rein, weil

das das ist, was mich so interessiert oder auch fasziniert. Ich hab'
mich schon beworben, muß auch demnächst zum Eignungstest. Das
heißt, die erste Hürde habe ich schon genommen.

Mal schauen. Es wäre einfach schön, weil das ja auch ein Top-
Konzern ist!Wenn man das so liest, sie versuchen, die Azubis mit
besonderen Leistungen auch zu übernehmen, und das ist etwas, was
mir auch gefällt, weil – das ist 'n bißchen Sicherheit. Daß man weiß,
sie versuchen es wenigstens.

Ich merke das auch in der Schule, dieses Interesse. Biologie-
unterricht, das war für mich immer spannend, diese ganzen Prozesse und wie der Körper funktioniert. Wie der Körper auf bestimmte Stoffe reagiert, wie das alles zusammenspielt: wie man sieht, wie
man hört, wie man atmet, wie das alles möglich ist. Und deswegen,
Biologie ist eines der ganz wenigen Fächer, für die ich mich begeistern kann.

Am liebsten würde ich später auf diesem Gebiet irgendwas Gutes für die Menschheit tun; irgendein Mittel gegen eine schwere
Krankheit finden, zum Beispiel. So wie HIV oder was weiß ich, es
gibt ja genug rätselhafte Leiden. Diese Erbkrankheiten, daß man
denen vielleicht doch noch eines Tages beikommt. So was würde
mich schon sehr interessieren. Das würde ich schon gerne machen.

Nee, im Freundeskreis oder in der Verwandtschaft habe ich niemanden, der an so was leidet. Daher kommt mein Interesse nicht.
Da sind's mehr so Süchte. Alkoholsucht. Bei meinem Onkel. Da
sag' ich aber, das hat irgendwas mit dem Kopf zu tun. Daß man da
nicht stark genug ist ..., das hat nichts damit zu tun, wofür ich mich
interessiere, so Immunschwäche und diese Dinge. Aber Süchte, ich
denke, da muß man beim Kopf ansetzen und nicht mit Medikamen-
ten. Ganz andere Richtung. Ja, in meiner Familie ist schon ziemli-
ches Chaos. Eine Freundin hat neulich auch gesagt: »Dein Leben
könnte man ja verfilmen, das gäbe 'ne schöne soap opera!« Wahrscheinlich ist deshalb Sicherheit für mich auch so ein wichtiger Wert,
wenn ich an die Planung meines späteren Lebens denke.

Es fing eigentlich alles damit an, daß sich meine Eltern haben
scheiden lassen, zwei Jahre nach der Wende. Da war ich zweite,
dritte Klasse. Also acht, neun Jahre alt. Da fing das an. Wenn die

Mutter versucht hat, uns Kinder zu manipulieren und vom Vater fernzuhalten, und das ganze Hin und Her. Und ich war damals auch sehr übergewichtig gewesen, so daß ich in der Schule auch nie Freunde hatte. Das hat alles irgendwo miteinander zu tun. Äußere Unsicherheit, innere Unsicherheit. Das hat mich geprägt. Wenn man nur gehänselt wird, runtergemacht wird, und zu Hause dann auch keine Ruhe. Das hängt alles zusammen.

Das Schlimmste, woran ich mich erinnern kann, ist, als ich siebte Klasse neu aufs Gymnasium kam und die Leute noch gar nicht kannte. Und die fingen gleich an mit »Quasimodo« und »Elefant im Porzellanladen«, das waren so die Ausdrücke, die ich da gehört habe. Nee, man kann sich das vielleicht nicht vorstellen, ich hab' ja auch inzwischen ziemlich abgenommen, aber damals war das so.

Ja, das war jetzt ein großer Sprung. Also, noch mal zurück zur Scheidungszeit. Die Silvana von damals, mit acht Jahren, die war schüchtern, verklemmt, eigentlich richtig zurückhaltend und ganz lieb, brav und artig. Aber auch schnell eingeschnappt und schnell wütend. Meistens in der Familie dann. Wenn mir da jemand die Wahrheit ins Gesicht gesagt hat, dann kam es auch vor, daß ich mal lange mit demjenigen nicht mehr geredet habe. Nach außen hin so ein Mauerblümchen, das immer verzweifelt versucht hat, jeden Freund, jede Freundin zu halten, bloß nicht zu verlieren, wen man eventuell einigermaßen hätte kriegen können. Und familiär zwar ruhig, aber da konnte ich auch anders: trotzig und zornig. Ich hab' noch einen jüngeren Bruder, und der wurde damals meiner Meinung nach sehr bevorzugt. Ob's von der Mutter war, die das später sogar mir gegenüber zugegeben hat. Ob's vom Vater war oder ob's von den Großeltern war. Also, ich hatte jedesmal das Gefühl, daß er mir vorgezogen wurde. Ich war vielleicht elf, zwölf, wo ich schon richtig im Haushalt mithelfen mußte, und er in diesem Alter nicht. »Er kann das doch nicht, ach, er braucht das doch nicht«, und teilweise auch: »Na, er ist doch 'n Junge, und du bist ein Mädchen. Du mußt das ja können!« Also, diese Klischees, die dann kamen: Die Mädchen müssen im Haushalt helfen und immer schön brav und artig sein. Für mich ist das großer Blödsinn! Wenn ich mit meinem Freund zusammenleben würde, dann würde ich auch sa-

gen: »Ej, entweder, wir teilen den Haushalt, oder es geht nicht.«
So, daß ich dann alles stemmen müßte, das würde ich nicht mitmachen. Ich bin ja auch nicht der Mensch, der sagt, daß die Frau, wenn sie ein Kind hat, unbedingt zu Hause bleiben muß. Weil, ich sage mir dann: Soll doch der zu Hause bleiben, der weniger Geld verdient. Von mir aus ist es nicht so, daß der Mann gar nichts zu machen braucht, und die Frau muß alles machen. Auf gar keinen Fall! Seh' ich nicht so. Oder überhaupt: Ich denke nicht, daß nur ein Teil für alles zuständig ist. Bei meiner Mutter ist es ja zum Beispiel genau umgekehrt. Ihr Lebensgefährte schmeißt den ganzen Haushalt, er putzt, er wirbelt; er macht dies, er macht das. Sie kocht oder wäscht vielleicht die Wäsche, und selbst dabei habe ich ihr immer noch geholfen. Bei meinem Vater habe ich wieder das Gegenteil erlebt: Da macht sie alles und er nichts.

Jedenfalls, nach der ersten Scheidung, da haben wir zu dritt in einer kleinen Wohnung gelebt: meine Mutter, mein Bruder und ich. In einem kleinen Ort in Brandenburg war das. Ich weiß nur noch aus dieser Zeit, daß wir Geldprobleme hatten. Daß meine Mutter teilweise wirklich nicht wußte, wie sie uns durchbringen sollte. Irgendwann hatte sie dann auch wieder einen Lebensgefährten. Aber so richtig kann ich mich da nicht an Einzelheiten erinnern, ich war vielleicht auch noch zu klein dafür.

Mein Vater wohnte jedenfalls in Frankfurt/Oder, und irgendwann in den Sommerferien verbrachte ich mal zwei Wochen bei ihm und seiner Frau. Und dabei fiel mir auf, daß ich mich mit ihr eigentlich besser verstand als mit meiner eigenen Mutter. Mir hat das hier viel besser gefallen als zu Hause. Weil ich auch endlich mal das Gefühl von Familie hatte – so gemeinsames Essen und sich füreinander interessieren –, was ich bei meiner Mutter nicht hatte. Und nachdem die Probleme sich häuften und ich bei meiner Mutter wirklich nur noch fertig mit den Nerven war, hab' ich mit 17 dann gesagt, ich zieh aus. Ich zieh' zu meinem Vater.

Doch, das war am Ende dann relativ problemlos. Ich hab's mit meinem Vater und seiner Noch-Ehefrau – die lassen sich ja nun leider auch grade scheiden – beschlossen, und mein Vater kam dann mit zu meiner Mutter, hat es ihr beigebracht. Und von dem Moment an, wo sie es wußte, bis zum Auszug war sie wie ausgewechselt. Aber an dem Tag, als es dann so weit war, da war's schon hart. Ist eine einschneidende Veränderung gewesen. Na ja, man hat 13 Jahre an diesem einen Ort gewohnt, und dann sieht man die Mutter, wie sie heult. Dann sieht man die einzigen Freunde, die man dort hatte, wie sie dastehen und heulen. Man selber ist irgendwo total fertig ... Und dennoch ging es nicht anders!

Meine Mutter kam zu der Zeit jeden Tag genervt und völlig k.o. nach Hause und hat bloß rumgemeckert, was ich wieder alles nicht gemacht hätte im Haushalt. Dann fiel sie vor den Fernseher. Und sie hat auch immer behauptet: »Wenn du Probleme hast, kannst du zu mir kommen.« Aber wenn ich dann mal mit ihr reden wollte, sagte sie: »Jetzt nicht, ich möchte fernsehen!« Oder wenn sie mal Zeit hatte, dann hörte sie mir zwar zu, erzählte alles aber später ihrer besten Freundin weiter. Und deren Tochter war im ganzen Ort bekannt als Tratschtante. Somit kamen am nächsten Tag manchmal Leute auf mich zu: »Ooch, das tut mir aber leid, was ich da gehört habe!« Wo ich erstmal dastand und dachte: »Woher wißt ihr das?!« Da konnte ich drauf warten, daß ich das dann brühwarm wieder hörte, was ich eigentlich nur meiner Mutter unter vier Augen gesagt hatte. So verlor ich dann auch die Lust, mit ihr zu reden. Und das ganze Vertrauen.

Ein weiterer Grund, warum ich ausgezogen bin, war, daß die Tochter vom Lebensabschnittsgefährten meiner Mutter bei uns einziehen sollte. Die ist 15, und ich wäre mit ihr nicht klargekommen. Weil sie auch 'n Mensch ist, der suizidgefährdet ist. Und da habe ich dann auch an mich gedacht! Wenn ich dasitze und lerne, weil ich am nächsten Tag Klausur schreibe, und sie sich einfallen läßt: Hej, machen wir doch mal wieder einen Selbstmordversuch!, das hätte ich nicht ausgehalten. Ich hätte da einfach nicht mehr meine Ruhe gehabt. Und im nachhinein kriegte ich das auch noch bestätigt, weil sie dort sehr rebelliert hatte. Sie hatte zum Beispiel erzählt, sie kriegt nichts zu essen, dabei war sie nur zu faul: Mikrowelle auf, Essen rein, Mikrowelle zu. Und sie hatte einen viel älteren Freund, der war schon 24. Und jeder normale Mensch weiß, daß 24jährige nicht nur reden und händchenhalten wollen. Also, das war chaotisch. Ungefähr ein Jahr, bevor sie zu meiner Mutter zog, ist sie von ihrer damaligen Unterkunft abgehauen, bei irgendwelchen Wildfremden ins Auto, hat mit denen Sex gehabt – schauerliche Geschichten! Das wollte und das konnte ich nicht mitmachen. Mal ganz davon abgesehen, daß sie auch ziemlichen Mist über mich erzählt hat, als ich noch dicker war. Generell mit der ganzen Familie vom Freund meiner Mutter kam ich nicht klar.

Aber wie gesagt: In der Zeit, bevor ich ausgezogen bin, da hat sich dann alles ziemlich geändert. Da wurde meine Mutter richtig freundlich, hat sich Mühe gegeben, auf mich zuzugehen. Ich glaube, sie hat vielleicht gehofft, ich würde meine Meinung doch noch mal ändern. Was ich aber nicht gemacht habe.

Am Ende ist mir die Entscheidung gar nicht mehr schwergefallen. Nur vorher, weil ich mich lange Zeit auch gar nicht getraut hatte, meinen Vater zu fragen, ob ich herkommen kann. Aber ich war ja auch so fertig mit den Nerven, daß ich manchmal zu meinem allerbesten Lieblingskumpel Alex gegangen bin und der mich nur noch in den Arm genommen hat. Ich konnte nicht sprechen und gar nichts mehr. Nur heulen. Bei ihm durfte ich mich ausheulen. Und ich muß wirklich mal sagen: Wäre Alex nicht gewesen, dann wäre ich nicht mehr hier. Und würde es nicht so viele Menschen geben, die ich damit verletzen könnte, würde ich jetzt immer noch drüber nachdenken, mich wegzubeamen. Ganz ehrlich.

Alex ist immer noch mein bester Freund, obwohl ich ja nicht mehr solo bin. Bei ihm kann ich heulen, kann ich fluchen, ich weiß, er ist mir nicht sauer. Er nimmt mich in den Arm, tröstet mich, hält mich einfach nur fest. Und das ist das, was mir immer so guttut. Er ist der Mensch, der mir immer zuhört. Ohne Erotik, nur Freundschaft. Wir glauben, wenn wir im Bett landen würden, das würde die Freundschaft zerstören. Das wäre hinterher nie wieder so, wie es jetzt ist. Also bleiben wir lieber Kumpel. Ich glaube sowieso, daß wahre und tiefe Freundschaft wichtiger ist als Sex.

Mein erstes Mal hatte ich mit 13. Ich war eigentlich ziemlich frei und mir selbst überlassen. Meine Mutter hat sich nie gefragt, wo ich hingehe, mit wem ich unterwegs bin, wann ich wieder nach Hause komme. Ich habe mich oft gefragt: Interessiert sie's überhaupt? Und phasenweise fing sie dann auf einmal an, sich ganz doll in mein Leben einzumischen. Wo dann in mir hochkam: »Was soll das jetzt auf einmal? Das geht dich nichts an!« Zum Beispiel, als ich mich mit meinem ersten Freund gestritten hatte und sie einen Kommentar dazu abgegeben hat. Wo ich dann rebelliert habe: »Das ist aber mein Leben!«

Mein erster Freund war 19, ich – wie gesagt – 13. Dort in dem Ort, wo ich gewohnt habe, da gab's ein Billardcafé. Und da bin ich mit einer Freundin hingegangen, Billard gespielt und mit Karten so 'ne Häuser gebaut. Und da kam er an und legte mir noch einen Stapel Karten auf den Tisch. So lernten wir uns kennen. Irgendwann haben wir uns auch unterhalten, und da stellte sich raus: Er war beim Bundesgrenzschutz und kam aus Frankfurt am Main. Und so entwickelte sich das mit uns, es hat übrigens vierzehn Monate gehalten. Immerhin. Und ich hab' auch immer noch Kontakt zu ihm, einen super Kontakt! Er ist 'ne richtige Vertrauensperson für mich geworden. Ich war dann auch oft bei ihm in Frankfurt am Main, also war schon oft weg gewesen von zu Hause. Da fing das eigentlich schon an.

Ja, 13 und 19 ist ein ganz schöner Altersunterschied. Aber ich hatte von Anfang an immer nur was mit Älteren zu tun. Auch meine Freundinnen aus der Zeit, als ich noch etwas korpulenter war, die sind alle viel älter als ich gewesen. Die hatten Freunde und ältere Geschwister, von denen man dann auch noch was mitbekommen hat. Und dadurch war ich, denke ich, in meinem Kopf weiter als Gleichaltrige. Ich weiß es nicht wirklich, aber ich kam damals auch nie mit Leuten in meinem Alter klar.

Als ich meinen ersten Freund kennengelernt habe, da hatte ich aber schon abgenommen. Wie ich das genau gemacht habe, weiß ich nicht mehr. Ich weiß nur noch, daß ich dachte: »Du mußt im Februar ins Krankenhaus, da kannst du nicht sagen, du bist so und so groß und wiegst so und so viele Kilo!« Na ja, ich hatte einen Sportunfall in der Schule. Ich bin vom Schwebebalken gefallen und hatte einen dreifachen Armbruch gehabt. Das konnte man nicht so richten, da mußte ich halt zur OP, und da wurden Platten reingemacht. Und ein Jahr später kamen die wieder raus.

Hier habe ich immer noch diese zwei langen Narben am Unterarm davon.

Und vor der zweiten OP, da hab' ich dann gedacht: Jetzt mußt du abnehmen. Und wie das ging, weiß ich bis heute nicht; es ging halt irgendwie.

Nein, mit Magersucht hatte das nichts zu tun. Obwohl ich so was auch kenne. Ich hatte mal eine Eßstörung, bei der sich diese Phasen abwechselten: Mal bis zu 48 Stunden gar nichts essen, so daß ich dann schon abgeklappt bin. Und mich dann wieder mit Essen vollstopfen, einen ganzen Tag lang nur noch essen. Ich hab' mir auch schon den Finger in den Hals gesteckt, ja.

Jedenfalls, für mich war es wunderschön, daß sich dieser 19jährige für mich interessierte. Weil ich immer gedacht habe, ich werde nie 'n Freund finden. »Ich werde nie einen Freund finden!«, das habe ich auch immer gesagt. Und dann auf einmal war da wirklich jemand, dem ich gefallen hab'. Das war ein tolles Gefühl, schon, irgendwo. Und dann noch ein so viel Älterer!

Ja gut, ihn haben sie damals teilweise jünger geschätzt als mich. Mich haben sie ja immer schon älter geschätzt, mit 13 schon auf 16, 17. Ich sah nicht aus wie 13. Damals war er ein Traumtyp für mich. Damals ja, heute, würde ich sagen, nicht mehr. Also, er war ein Mensch, der mich von vorne bis hinten verwöhnt hat. Kaum habe ich gesagt, ich würde irgendwas gerne haben, dann habe ich es von ihm bekommen. Jedesmal, wenn er mich besucht hat, kam er mit einem Strauß Blumen an und hat eben auch für meine Mutter ab und zu einen kleinen Strauß mitgebracht. Also, meine Mutter hatte vielleicht auch deswegen nie ein Problem damit gehabt. Auch nicht damit, daß er soviel älter war als ich. Meine Familie hat das generell nicht gestört, was mich eigentlich bis heute noch wundert. Daß da niemand was gesagt hat. Mutter hat sich gut mit ihm verstanden, und als es auseinanderging, hat sie mir sogar ziemliche Vorwürfe gemacht. Weil sie es nicht verstanden hat, warum.

Dabei war es ganz einfach: Ich war im Urlaub gewesen und wußte auf einmal: Hej, da gibt's ja noch mehr, die sich für mich interessieren. Und da kam bei mir der Knick, wo ich wußte: Ich will noch was anderes ausprobieren, ich will den jetzt nicht für den Rest meines Lebens haben. Da muß noch mehr sein als nur dieser eine Typ.

Wie sieht er aus? Hm, jetzt würde ich sagen: ein wenig größer als ich. Blond, blaue Augen, so, wie ich es eigentlich immer schön fand. Aber jetzt würde ich nur noch sagen: Ja, netter Kerl, aber mehr könnte ich mir jetzt nicht mehr vorstellen. Prickelt nicht mehr. Aber es hat natürlich geprickelt, klar. Sonst hätte ich wohl kaum mein erstes Mal mit ihm gehabt. Und wie war das ...? Also, es war bei uns beiden eigentlich mehr die Neugier, würde ich sagen. Das endlich mal zu erleben. Ich meine, er war 19, und für ihn war es auch das erste Mal. Und bei mir war's einfach nur die Neugier. Ich hab' von Freundinnen gehört: »Oh, das war so schön, da hab ich dies erlebt und jenes erlebt ...« – und irgendwo wollte man's dann endlich auch mal selbst erleben. Da sind wir zu seiner Mutter gefahren, die in Kassel wohnt, und – ja. So toll, wie ich gehört hatte und wie man es sich immer vorstellt, fand ich es dann doch nicht. Im nachhinein.

Das fing eigentlich schon im Auto an. Daß ich ihn immer so 'n bißchen geneckt habe und er dann meinte: »Wenn du jetzt nicht aufhörst, dann erlebst du dein erstes Mal auf der Autobahn!« Und da dachte ich mir – na gut, okay, muß ja wohl nicht sein. Und dann sind wir angekommen. Meine Mutter hatte übrigens gesagt, sie läßt mich nur dorthin mitfahren, wenn ich mir auch die Pille verschreiben lasse. Hinterher war ich auch glücklich darüber gewesen. Und – ja, es ging eigentlich alles relativ schnell und nicht so, daß man dann danach dachte: »Wow! Das war jetzt supertoll!!« Sondern, daß man eher dachte: »Hm, na ja, und was ist jetzt das Besondere daran?«

Ich meine, das tat nicht weh oder so, aber es war nicht so, wie ich es mir immer vorgestellt hatte.

Ich werde's immer wieder gefragt: »Was, mit 13 schon die Pille?« Die meisten Leute finden das viel zu früh. Ich selber, ich weiß es nicht. Hab' mir auch nie einen Kopf drüber gemacht. Aber ich sage, ich war weit genug vom Denken her. Ich fand wirklich immer, ich hab' nicht mehr so gedacht wie andere 13jährige. Bin ich immer noch der Meinung, daß das so ist. Ein konkretes Beispiel dafür fällt mir jetzt grad nicht ein, aber ich seh's immer daran, ich kam nie mit Gleichaltrigen klar. Ich kam immer nur mit Älteren klar. Weil ich mich mit denen besser unterhalten konnte. Über Freunde, übers Leben, über einiges. Mit Gleichaltrigen hab ich's nie geschafft, ich weiß nicht, warum. Kann ich echt nicht sagen.

Vor diesem ersten Mal hatte ich noch keine Erfahrungen mit erotischen Gefühlen. So Selbstbefriedigung oder Kuscheln mit Freundinnen, das kenne ich gar nicht. Einmal – da muß ich jetzt wirklich kichern! – da haben wir, eine Freundin und ich, mit Barbiepuppen »Dirty Dancing« nachgespielt. Und ihr Bruder, der war ein paar Jahre älter gewesen, der hatte dann auch immer ein paar Heftchen und Videos dagehabt. Und die haben wir heimlich immer durchgesehen oder angeschaut. Das war eigentlich alles. Dieser Nervenkitzel, etwas Verbotenes zu tun, und dieses undefinierbare heiße Gefühl, das dann so in einem dabei aufsteigt. Total komisch. Wenn ich heute daran denke, dann ist das schon ein wenig merkwürdig.

Also, dieses berühmte »erste Mal«, für mich war's weder etwas Besonderes, noch etwas ganz Schlimmes. Nur wirklich so, daß ich nicht nachempfinden konnte, warum einige sagen: »Das war wunderbar.« Oder: »Ich hab' danach geweint.« Oder auch: »Es war furchtbar, ganz schrecklich.« Ich würde fast sagen, es war ganz selbstverständlich. Oder nee, nicht selbstverständlich. Nichts – wie kann man das nur beschreiben? – nichts Außergewöhnliches. So ungefähr.

Schön wurde es erst mit der Zeit. Wir haben beide aneinander die Erfahrungen gesammelt, was Sexualität angeht. Ich meine, wir waren ja danach noch eine ganze Zeit zusammengewesen, und da haben wir schon viel miteinander ausprobiert. Irgendwann wurde es auch für mich schön. Ja. Vielleicht, weil man's anders genossen hat. Es wurde immer besser, je mehr ich mich selbst fallenlassen konnte. Je mehr man den Partner kannte, umso mehr konnte man sich fallenlassen und umso mehr konnte man auch ausprobieren. Nur für eins war ich nie der Mensch gewesen: zuviel zu reden. Zu zer-reden auch. Das konnte ich nie. Sich gegenseitig sagen: Das will ich und das will ich nicht. Nee! Ich bin eher so, daß ich lieber schweige, als daß ich was sage, wenn mir was nicht paßt. Und das wird mir auch teilweise zum Verhängnis. Aber ich kann's im Moment noch nicht ändern. Ich fress' das immer in mich rein, und irgendwann kommt bei mir der große Knall.

Aber was Sexualität betrifft, da hat man halt ausprobiert. Nie wirklich viel gesagt, aber ich weiß nicht, irgendwie haben wir immer gewußt, was der andere will. Das ging schon.

Als ich dann Schluß gemacht habe, war das für mich gar nicht schlimm. Weil ich eben die Person war, die gesagt hat, ich will noch was anderes ausprobieren. Und dadurch, daß dieser Reiz nach was anderem da war, fiel es mir leicht, das zu beenden. Weil auch in diesem Urlaub und davor die Gefühle schon ein bißchen zurückgegangen sind für diese Person. Daß ich mich zum Schluß sogar schon gekauft gefühlt hatte. Weil ich eben dauernd Geschenke bekommen habe und verwöhnt worden bin und Hin und Her ... – das wurde mir zum Schluß auch zuviel. Vielleicht hab' ich mich in diesen vierzehn Monaten auch weiterentwickelt im Kopf, daß ich eben auf einmal so darüber gedacht habe und mich das alles nicht mehr gefreut hat.

An Ost-West-Unterschieden lag das aber weniger, falls man das jetzt denken könnte. Wegen Frankfurt/Oder und Frankfurt am Main oder so. Obwohl ich die auch bemerkt habe! Ja, klar. Da gibt's 'n ganz gutes Beispiel. Wir waren abends weggewesen, bei ihm dort, mit seiner Cousine und seinem besten Freund, waren Billard spielen. Und da war auch ein Freund von ihm aus Frankfurt am Main, und der hat's mir dann ganz direkt gesagt: was ich denn hier will, und warum die eigentlich überhaupt die Mauer eingerissen haben. So was hab ich dann doch schon an den Kopf bekommen.

Ich hab' gar nichts dazu gesagt. Aber mein Freund und sein bester Freund, die haben mich gleich verteidigt und zu dem gesagt: »Ej, sag mal, geht's noch?« Im nachhinein haben sie zu mir gesagt: »Guck ihn dir an, dann weißt du, warum.« Das war so 'n richtiges Muttersöhnchen, das von Papa mal den BMW ausgeliehen bekommen hat. Das war eigentlich so das einzige Böse, was ich da erlebt habe. Ansonsten nichts weiter. Aber man hat schon Unterschiede gemerkt, wenn man dort war. Na, zum Beispiel, wenn man in der Stadt Frankfurt am Main rumgeguckt hat, viel mehr Ausländer als hier. Man stand da – und wenn ich hier 'nen Minirock anhabe, dann gucken die nicht so auffällig. Und dort stand ich da mit kurzem Rock, hab' auf meinen Freund gewartet, der in 'ner Bank drin war, und da wurde ich richtig auffällig angestarrt. So was kannte ich vorher gar nicht.

Aber daß ich jetzt ganz direkt mit Vorurteilen angesprochen wurde, das war nur dieses eine Mal, von diesem reichen BMW-Muttersöhnchen. Ich denke mal, von den Eltern sicher mitbeeinflußt. Zwischen meinem Freund und mir war das nie Thema.

Also, wie ging's weiter? Mit mir und ihm war dann Schluß, und zwei Monate später hatte ich schon die nächste Beziehung. Und das war dann das ganz krasse Gegenteil, weil, der hat hundert Meter von mir entfernt gewohnt und ging noch dazu auf die gleiche Schule wie ich. Das war wirklich das Gegenteil zu »im Monat ein-, zweimal sehen« und auch das Gegenteil zum Verwöhntwerden. Weil, der zweite, das war ein Mensch, der seine Gefühle nicht wirklich zeigen konnte. Und der mich teilweise sehr auf die Palme gebracht hat. Einmal saß ich mit seiner Mutter und seiner Schwester am Abendbrottisch, ein bißchen im Weg, und er kam vorbei und sagte: »Mach mal Platz, fette Sau!« Er meinte aber, er hat das nicht ernst gemeint. Aber irgendwo hat das schon wehgetan. Für ihn war das bloß Spaß. Und das war eben so ein Punkt, daß er zwischen Spaß und Ernst nicht wirklich unterscheiden konnte. Ganz zu schweigen von Gefühlen halt. Er hat auch nicht über seine Probleme geredet, mit niemandem. Ich hab' zwar immer gemerkt, wenn ihn was gequält hat, aber er wollte nie mit mir darüber reden. Und das hat mich aufgeregt. Man wußte nie, was los ist.

Ja, klar, irgendwas muß mich an ihm auch fasziniert haben. Was das genau war, das frag' ich mich bis heute. Sicher, irgendwas muß er gehabt haben. Ich weiß nicht, ob es diese Augen waren, er hatte wirklich richtig schöne blaue Augen, so was hatte ich vorher noch nicht gesehen, und einen richtig schönen vollen Mund. Vielleicht war es auch seine Familie, mit der ich mich super verstanden habe. Aber so ganz genau weiß ich nicht, was mich an ihm gereizt hatte. Ich kann mich auch erinnern, einmal, nachdem er es eine Woche nicht geschafft hatte, die hundert Meter zu mir rüberzukommen, da hab' ich auch gesagt, so geht's nicht weiter. Gut, lassen wir's. Und drei Tage später habe ich's auch schon bereut und hab' ihn um eine zweite Chance gebeten. Und ich weiß, daß ich – obwohl ich nicht genau sagen kann, was mich so an ihm gereizt hat – trotzdem noch ein Jahr lang wahnsinnig an ihm gehangen hab'. Daß ich immer versucht hab', mich abzulenken, mit irgendwelchen anderen Leuten.

Wo ich jetzt noch mal darüber nachdenke, wird mir auch klar, daß durch diese Wohnortsnähe irgendwie eine Art Abhängigkeit entstanden ist. Er war der Fluchtpunkt, wenn es bei mir zu Hause krachte. Wir haben uns jeden Tag gesehen, und dadurch war man auch sehr aneinander gewöhnt. Ich hatte ihn am Anfang als sehr schüchtern eingeschätzt, was sich dann nicht bestätigte. Er war auch der erste, der mich eifersüchtig gemacht hat. Bei meinem ersten Freund war immer ich es, die so was provozierte. Der zweite war eben ganz anders als der erste; eigentlich genau das, was ich im Grunde wollte.

Sex mit dem zweiten war ganz anders als mit dem ersten. Er war eben ein ganz anderer Mensch, auch mit wenig Erfahrungen. Ich habe wieder andere Dinge ausprobiert als mit dem ersten. Ja, was Stellungen angeht oder generell andere Dinge. Wie soll ich das sagen; es war anders. Aber wie anders? Ich meine, leidenschaftlich, phantasievoll, klar, waren sie alle beide. Und haben sich trotzdem unterschieden, schon vom Charakter her und auch, was das alles anging.

Ich weiß aber nicht, wie ich das beschreiben soll! Sagen wir mal so: Wenn ich heute noch einmal mit einem von den beiden schlafen könnte, dann mit dem ersten. Warum? Vielleicht auch, weil ich den zweiten als Kapitel absolut abgeschlossen habe. Ich sehe ihn zwar jetzt ab und zu noch, weil er inzwischen mit einer sehr guten Freundin von mir zusammen ist. Aber ich will nichts weiter mit ihm zu tun haben, weil er mich irgendwo so verletzt hat, dadurch, daß er mir keine zweite Chance gegeben hat, daß er mich regelrecht hat abblitzen lassen und ich mich teilweise vor ihm zum Affen gemacht habe. Weil ich's immer wieder probiert habe. Und mit dem ersten verstehe ich mich eben heute noch ziemlich gut.

Kurz vor meinem 16. Geburtstag war das. Danach kam dann so eine Phase, wo es das reine Ausprobieren bei mir war. Also, das war wirklich ..., wo ich heute sage, das will ich auch nicht wieder haben, wo ich – das muß ich ehrlich zugeben – jedes Wochenende einen anderen hatte. Zwar nicht mit jedem geschlafen, das nicht, aber: da ist man halt auf die Disco gegangen, um sich abzulenken, und dort hat man den kennengelernt und den kennengelernt, und das alles nicht ganz so genaugenommen. Aber trotzdem habe ich im Grunde in anderen Kerlen das gesucht, was ich an dem zweiten Freund halt hatte. Gesucht und nicht gefunden. Eigentlich das Perfekte, aber das Perfekte gibt's ja nicht. Ja, Gott sei Dank. Und irgendwann hab' ich dann einen kennengelernt, demgegenüber war ich ziemlich dominant, wie mir mein Kumpel Alex immer wieder sagte. Und mit dem war ich wohl auch nur zusammen, um über den zweiten wegzukommen. Das habe ich in dem Moment gemerkt, als der mit meiner besten Freundin zusammenkam. Die meine ganze Geschichte mit ihm kannte. Die einfach alles wußte: Was ich über ihn dachte, meine Gefühle, meine Ängste, meine Schmerzen, und die auf einmal mit ihm zusammenkam. Wo ich die zum ersten Mal miteinander gesehen hab', da bin ich nach Hause gelaufen, hab' nur geheult. Das hat so dolle wehgetan, daß ich lange Zeit mit allen beiden nicht mehr reden konnte. Und daran, daß das dermaßen wehtat, hab' ich gemerkt, daß der andere nur eine Ablenkung war. Zu der Zeit war es auch, daß ich den Fehler gemacht habe und mir in die Arme Dinger reingeritzt habe. Um den inneren Schmerz zu verdrängen. Das war wirklich nur, wenn ich seelisch am Ende war, wenn ich keinen Ausweg mehr gesehen habe. Eine Zeitlang ist das sehr oft gewesen, aber irgendwann hat es von alleine aufgehört. Meine Freunde haben's schon bemerkt, die haben immer wieder gesagt: »Hör auf damit!« Aber ich weiß auch, das ist für mich ein Zeichen, um Aufmerksamkeit zu bekommen. Ich brauche Aufmerksamkeit. Ich brauche Hilfe, irgendwo. Ich meine, ich hab' ja die Aufmerksamkeit dadurch auch bekommen.

Ich weiß auch noch einmal, in dieser Zeit, da war ich mit den beiden – dem ehemaligen Freund und seiner neuen Geliebten, meiner ehemals besten Freundin – auf 'nem Karnevalsfest gewesen, da hat-

te ich wie so 'nen Nervenzusammenbruch. Ich bin alle zehn Minuten raus, mir liefen die Tränen, sobald ich die nur zusammen gesehen habe. Ich konnte nicht mehr aufhören zu heulen. Und ich weiß,
daß ich nachts durch einen drei Kilometer langen Wald laufen wollte. Weil ich so am Ende war, ich konnte nicht mehr. Es wäre mir
scheißegal gewesen, was mir zustößt, da in der Dunkelheit. Da hätte mir sonstwas passieren können, es war mir egal in dem Augenblick. Aber ich kam nicht dazu: Meine Mutter erschien dann, im
Auto, und hat mich mitgenommen. Zufall. Gewußt hat sie nichts.

Das war auch Quatsch von mir, immer wieder zu versuchen, mit
den beiden – Exfreund und Exfreundin – zusammen was zu unternehmen. Ich dachte, das geht, aber es klappte nicht.

Na ja, und, wie gesagt, danach kam meine Phase des Ausprobie-
rens. Ich weiß nur, es waren zu viele, mit denen ich damals geschlafen habe. Es waren zwar Erfahrungen gewesen, die ich nicht bereue. Aber immerhin, insgesamt fünfzehn Kerle. Und teilweise habe ich meine ersten beiden Freunde auch betrogen. Beim ersten
war's der Reiz nach etwas Neuem. Und beim zweiten, daß mir die
Bestätigung gefehlt hat. Daß ich versucht habe, mir die irgendwo
anders zu holen. Und letztlich hat das auch funktioniert, in der Hinsicht, daß ich dadurch dann wußte, ich bin auch attraktiv für Andere. Also, ich bin nicht so, wie ich mich manchmal fühle.

Warum ich sage »zu viele«? Na ja, ich sag mal so: Ich bereue wirklich nichts. Aber als mein jetziger Freund erfahren hat, wie das damals war, und mit wie vielen ich im Bett gewesen bin, da hat er
auch erst mal geschluckt. Es hört sich ein bißchen komisch an. Mit
18, und fünfzehn Kerle, und dann kommen ja noch die anderen dazu, mit denen ich keinen Sex hatte. Ja, klar, das sind alles wichtige
Erfahrungen, positive wie negative. Aber als Mädchen kommt man
so leicht in den Ruf, eine Schlampe zu sein. Hört sich nicht gut an.

Ich war auch teilweise sehr naiv. Bei einigen Kerlen dachte ich,
da könnte mehr draus werden. Aber die haben nie im Leben daran
gedacht. Getroffen haben wir uns eigentlich überall, in der Disco,
im Urlaub, auf Klassenfahrt. Manchmal waren das auch ein-, zwei-
wöchige Affären. Wo man bei demjenigen auch mal geschlafen hat.
Ich meine, die mich als Schlampe beschimpfen, das sind schon auch

Mädels, die eifersüchtig sind. Ich sehe das so. Die genau wußten, daß sie die Jungs nicht kriegen konnten, mit denen ich zusammen war.

Und dadurch weiß ich heute, wie ich hier so sitze, auch sehr viel über mich, über meinen Körper, darüber, was mir gefällt und was nicht. Das weiß ich. Aber ja!

Ich hab' darüber noch nie so wirklich geredet ... weiß ich nicht, was ich jetzt dazu sagen will. Na ja, was mir gefällt, einfach – wenn's lieb ist. Wenn der Junge nicht nur an sich denkt. Sondern auch dran denkt: »Hej, hat's dir gefallen? Wie war's für dich?« Daß es eben auch Stellungen gibt, die ich nicht mag. Oder – weiß ich nicht – auch dieses oral Befriedigen, daß ich eben mitbekommen habe, mir gefällt das nicht.

Das sind so Dinge, wo man mittlerweile weiß: Das mag man, das mag man halt nicht.

Ich meine, mein jetziger Freund – so nach dem ersten Schock – sagt, was Beziehungen angeht, hat er von mir sehr viel gelernt. Ob er es jetzt direkt schätzt, daß ich sexuell erfahren bin, das weiß ich nicht. Er hatte vor mir zwar auch ein Mädel gehabt, mit der er geschlafen hat, aber es war mehr so 'n one-night-stand gewesen. Und er sagt, er hat erst bei mir richtige Erfahrungen in sexueller Hinsicht gemacht.

Er hat auch noch nie gefragt: »Wie waren die Männer vor mir so?« Nee, das macht er nicht. Sagt man das Frauen nach? Aber so detailliert habe ich nie gefragt. Ich wollte zwar wissen, wieviele feste Beziehungener hatte oder generell mit wie vielen Mädels er geschlafen hat, das schon. Aber nicht so konkret: Na, wie war sie denn? Ich meine, daß man ein bißchen was wissen will – schon. Wie das erste Mal war, das habe ich ihn schon gefragt. Ja, er sagte, es war auf einer Parkbank im Herbst. Und er meinte, da ist wenigstens nicht aufgefallen, daß er gezittert hat. Konnte er als Ausrede sagen, ihm war kalt.

Ich hatte vor meinem jetzigen Freund auch mal einen, der war wirklich ein lieber, netter Mensch, aber es ging in der Sexualität nicht. Absolut nicht! Weil ich nicht der Mensch bin, »rein-raus-fertig«, also nach einer Minute fertig. Und das war bei ihm so. War ganz böse gewesen. Und ich sag' mal so: Sex ist zwar nicht alles in einer Beziehung, aber für mich gehört's dazu. Und da muß es auch klappen. Da darf es nicht so 'ne Minutensache sein, aber auch nicht 'ne Stunde. Es muß schon schön sein. Das richtige Maß liegt irgendwo dazwischen. Und das war bei diesem Typen nicht so. Da hat dann was gefehlt. Er hatte zum Beispiel auch meine Ängste am 11. September 2001 nicht ernst genommen, sondern noch darüber gelacht. Was sonst eigentlich gar nicht seine Art war. Das hat mich auch sehr verletzt. Das hört sich jetzt vielleicht ein wenig mies an: »Ich mußte deswegen Schluß machen!« Die Wahrheit ist: Es waren schon nicht mehr diese tiefen Gefühle da.

Nein, nein, ich bin nicht immer die, die Schluß macht. Mich hat mal einer wegen 'ner Vierzehnjährigen verlassen! Als ich 16 war.

Aber eigentlich will ich eine lange feste Beziehung haben. Nicht so wie bei meinen Eltern. Wenn schon Trennung, dann so, daß die Kinder nicht darunter leiden müssen. Aber am besten gar keine Trennung.

Seit dem Sommer stecken wir ja schon wieder in einer Scheidung. Prima, da dachte ich mal, endlich Familie und Geborgenheit, und nun doch wieder nicht. Es lag schon lange in der Luft. Ich hab' gemerkt: Hier kriselt's. Und an dem Tag, als mein Vater es mir ganz offiziell mitgeteilt hat, da wußte ich es im Prinzip schon und dachte: »Aha, jetzt kommt's also ...« Nur, ich wußte bis dahin nicht, warum, weshalb, weswegen. Zuerst wurde mir noch dieser Null-acht-fünfzehn-Satz gesagt: »Wir haben uns auseinandergelebt.« Und im nachhinein habe ich halt erfahren, daß das nicht die erste Affäre meines Vaters mit einer Fahrschülerin war. Na ja, und dann die Einzelheiten, da mußte ich schon manchmal tief durchatmen. Zum Glück konnte ich mit meinem Freund darüber reden. Der versteht zwar nicht, wie man sich da fühlt – seine Familie ist noch heil und ohne Trennungen –, aber er hat Mitgefühl und tröstet mich. Und bei mir hat es dadurch jetzt erst richtig »klick« gemacht; ich werde nicht mehr fremdgehen. Weil ich gesehen hab', was so was anrichten kann. Und das war der Punkt, wo ich mir gesagt habe, das willste auf keinen Fall mehr irgendwem antun. Hab' ich auch bis heute durchgehalten. Ich meine, ich hab' ja gesehen, wie schlecht es meiner Stiefmutter ging, der Frau, die mir näher war als meine leibliche Mutter. Inzwischen ist sie ausgezogen. Ich habe noch Kontakt zu ihr, aber mein Vater weiß es nicht. Das soll er auch nicht erfahren, denn wenn er das wüßte, dann würde er garantiert anfangen, mich über sie auszuquetschen, und darauf hätte ich keine Lust. Ich meine, ich sitze sowieso wieder zwischen den Stühlen, von daher brauche ich das wirklich nicht.

Beim ersten Mal, vor zehn Jahren, bei dieser ersten Scheidung, habe ich das nicht so intensiv mitbekommen. Da erinnere ich mich nur noch daran, daß Mutter immer den Vater schlechtgemacht hat, weil er zu wenig Kindergeld überwiesen hat. Und dieses Übereinander-Herziehen, das war schon schlimm. Wenn ich das heute irgendwie vermeiden kann, dann mache ich das.

Wir sind jetzt hier zu dritt. Die Fahrschülerin, also Vaters neue Freundin, wohnt mit bei uns. Die ist vier Monate jünger als ich!! Als ich das Alter erfahren habe, da war ich wirklich sehr dolle geschockt. Und da dachte ich nur: Wie wäre denn das, wenn ich jetzt mit 'nem 38jährigen ankäme?! Also, ich fände's nicht so wirklich toll.

Andererseits, ich hab' meinen Vater am Boden zerstört gesehen. Ich hab' ihn heulen gesehen ... Und als er dann mit seiner Neuen offiziell zusammmen war, da hab' ich gesehen, wie gut es ihm ging. Und da hab' ich gesagt: Gut, soll er machen. Wenn er glücklich ist, soll er's halt machen.

Es gibt jetzt immer noch Dinge, wo ich sage: Ich will hier raus, ich will nur noch weg. Zum Beispiel, weil sie aus einem Dorf kommt, was in der Nähe meiner Schule liegt. Und demzufolge auch Schüler aus diesem Dorf bei mir an der Schule sind. Und dieses Thema geht eben sehr rum. Nur mit mir spricht keiner drüber, über diese Lügen, sondern alle nur mit denLeuten aus diesem Dorf. Und das ist es eben, weshalb ich sage: Ich möchte hier raus, ich möchte damit gar nichts mehr zu tun haben. Und mittlerweile, bin ich am Wochenende nur noch bei meinem Freund. Weil mein Vater auch Probleme hat, mit Geld umzugehen, und sich das auf mich irgendwo niederschlägt. Ich kann von ihm halt nicht viel erwarten. Die Busfahrt zur Schule, hin und zurück, muß ich mir selbst finanzieren,

Klamotten sowieso, und das geht alles ziemlich ins Geld. Und nebenbei jobben – jetzt mitten im Abitur habe ich dafür nicht mehr die Zeit. Weil ich versuchen will, mein Abi ordentlich hinzukriegen. Ich hab' schon gemerkt, meine Noten sind wieder drastisch bergab gegangen, und da muß ich mich ganz schön anstrengen. Und sehen, wie ich mit dem Geld so halbwegs klarkomme. Jetzt versteht man sicherlich auch, warum ich mich so danach sehne, nach Berlin zu gehen, eine Lehrstelle zu bekommen und genug Geld für 'ne eigene Wohnung zu verdienen. Azubi-Wohnheim wäre nur 'ne Notlösung.

Das fängt schon beim gemeinsamen Essen an, das wäre bei mir schon problematisch. Weil ich Vegetarier bin. Und da dann das Richtige zu finden ... Seit ich 13 bin, esse ich kein Fleisch mehr, seit ich meinen ersten Freund hatte. Seit ich das erste Mal mit ihm bei seiner Mutter war. Ob das nun damit zusammenhängt und wie, das weiß ich gar nicht. Ich weiß nur eins: Damals, als ich noch Keyboard gespielt habe, da war in unserer Gruppe ein Mädel drin, die war auch Vegetarierin. Und die hab' ich immer bewundert, weil, das ist irgendwas, was nicht jeder ist. Und ich hab' mir immer gedacht: So willst du auch mal sein, das willst du auch mal so machen. Und irgendwann hab' ich dann gesagt: gut, jetzt! Ich meine, Fleisch hat mir eh nie geschmeckt, und seit ich ganz damit aufgehört habe, komme ich inzwischen auch nicht mehr ran. Das entwickelt sich so. Man steht zwar davor: »Du könntest ja mal wieder probieren«, aber man kommt nicht ran. Nee.

Ja, so erfährt man ganz nebenbei, daß ich Keyboard spielen kann. Ich hab' damals Unterricht genommen, und der Lehrer wollte so 'ne Art Musical auf die Beine stellen. Und da er meinte, ich bin gut, wollte er mich da eben mit drin haben. Wir waren auch mal in Tschechien und haben da 'ne Woche geprobt, hier viel geprobt, aber leider ist dann doch nichts weiter draus geworden. Was mich auch so gestört hat, das war dieses »du mußt«. Der Lehrer sagte immer: »Du mußt mitkommen, du hast dies und das zu tun!« Und darauf hatte ich keine Lust mehr gehabt, deshalb hab' ich aufgehört. Und kurze Zeit später hab' ich dann auch erfahren, daß er weggezogen ist und damit die ganze Sache eh geplatzt war. Also, es lag nicht nur an mir.

Aber stimmt schon: Ich habe so eine Art »Muß«-Allergie. Das war's ja bei meiner Mutter auch immer: »Du mußt das jetzt machen, du hast das zu machen, warum haste denn nicht?« Dann mach' ich schon gar nichts, aus reinem Protest.

Keyboardspielen liegt im Prinzip brach. Außer, ich hab' mal Lust, dann hole ich es schon mal kurz raus und spiele, aber meistens hält das nicht lange an. Dabei, Musik ist sehr wichtig für mich, in meinem Leben! Ja, sehr wichtig. Ich höre gerne Musik, ich singe gern – für mich –, ich diskutiere gerne über Musik. Musik kann teilweise auch meine Launen oder Gefühle beschreiben. Wenn ich down bin, traurig, dann höre ich auch diese Depri-Musik, dieses Ruhige, Melancholische. Depeche Mode oder De/Vision oder Portishead, Massive Attacke. Das sind eben diese etwas ruhigeren Bands. Oder zum Beispiel von Moby, »Why does my heart feels so bad«, also wenn ich das Lied höre, dann ist es vorbei mit mir. Dann werde ich total sentimental, dann denke ich über alles nach. Alles, was passiert ist, was im Moment los ist. Dann mache ich mir über alles mögliche Zeug 'nen Kopf. Oder von REM gibt's einige Lieder, wo man dasitzt und sich den Kopf zerbricht. Fällt mir jetzt spontan nichts ein.

Oder wenn ich supergut drauf bin, dann höre ich querbeet, dann kann ich alles hören.

Wenn ich aggressiv bin, höre ich auch lieber die ruhige Musik. Einzige Ausnahme: Wenn ich so richtig gut drauf bin, dann höre ich die Ärzte. So in die Richtung Punk Rock, mit mehr Power dahinter. Manchmal sind es auch die Texte: »Westerland« ist da zum Beispiel eins meiner Lieblingslieder. Da könnte ich jedesmal mitspringen und mitjubeln. Doch, bei den Ärzten – wenn ich deren Lieder höre, dann geht's mir automatisch gut. Da gibt's bei einem Lied auch so 'ne Verbindung zu meinem jetzigen Freund. Bei uns hat's nämlich so angefangen: Da war an einem Wochenende was, dann war wieder gar nichts und dann mal wieder was, das hat sich über drei Monate so hin- und hergezogen, bis wir dann mal gesagt haben: »Gut, probieren wir's nicht mal?!« In diesen drei Monaten vom »Antesten« waren wir abends mal weggewesen, und da lief dieses Lied mit der Zeile: »Und ob du mich liebhast, das weiß ich nicht.« Und ich hab' das mitgesungen, ihn dabei angeguckt. Und er guckt mich so an und meint: »Das weißt du doch.« Seitdem, sobald ich dieses Lied höre, denke ich immer an diesen Augenblick zurück. Oder wo wir auf dem Konzert waren, also nicht nur Ärzte, sondern »Augen auf gegen rechte Gewalt« hieß das. Da waren mehrere Bands, und wenn ich davon Lieder höre, dann kommen auch wieder Erinnerungen auf. Also, ich verbinde mit Musik auch bestimmte Ereignisse. Oder irgendwelche Personen.

Wir sind jetzt zehn Monate zusammen, mein Freund und ich. Das ist lange. Und das ist auch der erste, wo ich mir vorstellen könnte, daß es was für die Zukunft ist, also für länger, wirklich länger. Weil ich sonst immer so 'n Mensch war, der streitsüchtig war in Beziehungen. Ich hab' provoziert, diesen Streit auch rausprovoziert. Und bei ihm ist einfach dieses Bedürfnis nicht mehr da. Grade bei dem, was jetzt bei mir los war, los ist; auch wenn er's teilweise nicht versteht, er hat mich immer unterstützt und in den Arm genommen. Also er ist ein Mensch, wo ich wirklich sage: Das isses.

Mit ihm könnte das auch fürs ganze Leben sein, was ich mir ja wünsche. Ohne Scheidung und Trennung, wenn's irgendwie geht.

Wir waren erst heute wieder von der Schule aus im Gericht, wir hatten Kulturtag, und da haben wir so 'ne Verhandlung miterlebt. Da habe ich wieder genau gemerkt, wie das eigentlich auf dem Rücken der Kinder ausgetragen wird, so 'ne Scheidung. Die stehen dann da wie arme Würmchen und hören sich die Streitereien an: »Es ist doch für die Kinder, das Geld. Die Kinder brauchen doch den Unterhalt.« Ich denk' da immer an meine Mutter. Die hat das auch gesagt, nur wir haben nie was davon gesehen. Es gab Zeiten, da hatten mein Bruder und ich nur eine Hose zum Anziehen, und meiner Mutter war's egal gewesen. Sie hat nicht gesagt: »Wir fahren jetzt mal zusammen einkaufen.« Eher hat sie sich teure Unterwäsche und andere Sachen im Katalog bestellt. Also, nach Klamottenfimmel oder so braucht mich eigentlich keiner zu fragen. Ich hatte ja nie Geld, und ich nähe meine Sachen teilweise sogar selber.

Ich bin zum Glück sowieso nicht der Mensch, der unbedingt mit dem Trend mitgehen muß. Ich finde das eher Blödsinn, um ehrlich zu sein. »Ja, das ist modern, das muß ich jetzt unbedingt haben!«, finde ich albern, wenn die Leute so was sagen. Ich kann von mir sagen, ich bin dem Trend vorausgelaufen! Es gibt doch jetzt diese Jeansröcke. Und ich hatte mir ein Jahr, bevor die rauskamen, aus einer alten Hose selber einen genäht. Ich mache mittlerweile auch meine Taschen selber, andere Röcke auch, Hosen, ich hab' alles schon rumprobiert. Hab' ich mir selber beigebracht! Ja, auf meiner mittlerweile eigenen Nähmaschine. Ich meine, wenn ich das Geld hätte, dann würde ich mich eventuell auch noch 'n bißchen anders einkleiden. Einfach 'n bißchen individueller. Nicht so rumlaufen wie alle, nicht so normal. Ich würde auf jeden Fall in einen Second Hand Laden gehen und dort schauen. Zum Beispiel diese alten Sportjacken find' ich auf jeden Fall sehr toll, vom Armeesportverein, aus der DDR, früher, von der NVA, diese braunen Trainingsjacken mit gelb-roten Streifen am Ärmel. Ja, andere Leuten finden die grottenhäßlich, ich find' die so klasse! Ich weiß nicht, die haben so was. Ich find die schön. Auch alte adidas-Trainingsjacken; das ist sportlich, aber nicht zu schlodderig. Find' ich toll!

Wenn mir jemand heute fünfhundert Euro geben würde, und ich dürfte mich damit völlig neu einkleiden, der würde mich morgen völlig verändert finden. Nee, Haare nicht, die bleiben so. Lang, dunkel, mal im Pferdeschwanz zusammengebunden, mal offen, je nachdem. Make-up, bin ich auch nicht der Typ dafür. Aber, ich würde auf jeden Fall zielstrebig auf einen Second Hand Laden drauf zugehen. Und dann würde ich mich inspirieren lassen. Hat das jeder, oder nicht. Nee, kann ich jetzt so gar nicht sagen, was ich genau aussuchen würde; mir wäre es der größte Genuß, nach meinem Geschmack etwas aussuchen zu können.

Von der Stange kann ich mir ja kaum etwas kaufen, da paßt einfach nichts. Also, wenn ich mich selber nackt im Spiegel sehe, dann gefalle ich mir bis zum Bauchnabel. Darunter nicht mehr. Aber ich kann gar nichts dafür; alle Frauen in meiner Familie haben diese breiten Hüften. Das sind die Knochen, da kann man mit Hungern nichts machen. Und trotzdem, es gefällt mir nicht, ich wäre gern schlanker. Einen Menschen gibt's in meinem Leben, der hat mal zu mir gesagt, er könne nicht mit mir zusammensein, weil ich nicht seinem Schönheitsideal entspreche. Da hätte ich mich beinahe wieder vergraben deswegen.

Schönheits-Operationen finde ich eigentlich total blöd, weil ich denke, irgendwann im Leben sollte sich jeder so mögen, wie er nun mal ist. Aber wenn ich das Geld hätte, ich würde an den Hüften und an den Beinen Fett absaugen lassen. Ja, das wäre so das einzige. Aber nur, damit mir Hosen einfach besser passen, denn Sport hat bei mir bis jetzt nichts geholfen. Das habe ich schon oft probiert.

Ansonsten – man sollte zu sich stehen. Ich mag's nicht, diese ganzen 50-, 60jährigen Frauen, die aussehen wie dreißig durch ihre ganzen OP's, ob es jetzt Cher ist oder was weiß ich, wer. Das finde ich einfach widerlich, das ist nicht mehr schön. Ich meine, kosmetische Mittel, ob's Cremes sind oder so, kann man ausprobieren. Aber Face-lifting, »Hilfe, meine Nase ist zu breit!«, ich find's affig. Man sollte da doch schon der Natur freien Lauf lassen. Auch wenn ich schon Angst habe, alt zu werden. Aber es gehört ja doch irgendwo dazu.

Um das noch mal ganz klar zu sagen: Bei wirklich schlimmen Fällen, oder wo nach Unfällen etwas sehr entstellt wurde, da haben plastische Operationen schon ihre Berechtigung. Ich lehne ja nur diese Altersvertuschungsversuche ab. Und diesen übertriebenen Schönheitswahn, siehe Promis. Man sollte damit klarkommen, daß man altert. Zwar auch mit seinem Äußeren, aber wenn es einen seelisch zu stark beschäftigt und es nicht wirklich nur um einen größeren Busen geht, wenn man schon Körbchengröße B hat, dann sollte man es eben machen.

Es gibt einen Spruch, den ich auch als Begrüßungstext in meinem Handy habe. Wo ich immer noch drüber nachgrüble, was der eigentlich bedeutet: »So weit im Leben ist zu nah am Tod.« Das hat irgendein Dichter mal gesagt. Der Satz hat mich von Anfang an fasziniert, auch wenn ich ihn noch nicht ganz verstehe. Irgendwas hat der Satz. Ich denke oft darüber nach, was der aussagen soll. Das ist jetzt nicht direkt ein Lebensmotto, aber ein ganz wichtiger Satz, der bei mir hängengeblieben ist. Oder aus »The Crow«: »Life is just a dream on the way to death.« Auch so 'n Satz, der hängengeblieben ist.

Aber daraus soll man jetzt nicht schlußfolgern, daß ich immer noch an Selbstmord denke, nein. Ich war mal nahe am Abrutschen. Da hatte ich im Internet so 'ne Gruppe von Leuten kennengelernt, ich nenne sie mal »Null-Bock-Clique«, mit denen habe ich mich dann auch getroffen. Und die waren so drauf: Hat ja doch alles keinen Zweck, scheiß auf die Zukunft, am besten gar nichts machen, weder Schule noch Lehre noch Arbeit. Das waren Schüler, Azubis, von 16 bis 21, bunt gemischt. Die haben am Wochenende nur gekifft und Alkohol getrunken und eigentlich gar nichts weiter gemacht und gewollt. Da habe ich mich mal eine Zeitlang reinfallen lassen, aber irgendwann war mir das auch zu blöd. Weil, ich will ja eine Zukunft haben, und ich will, daß es mir irgendwann besser geht. Und dann habe ich mich von denen wieder getrennt. Das war auch der einzige Streit mit meinem besten Kumpel Alex, in den ganzen vierzehn Jahren, die wir uns nun schon kennen. Er kannte diese Clique auch, und er meinte, das wäre nicht der richtige Umgang für mich. Er hat sich richtig schlimme Sorgen um mich gemacht deswegen! Aber ich hatte's ja schon selber gemerkt, daß das zu nichts Gutem führt.

Meine Noten in der Schule waren wieder schlechter geworden, und die Freunde fingen an, sich von mir abzuwenden. Und die aus dieser Clique, das waren ja keine wirklichen Freunde. Also hab' ich da einen Schlußstrich drunter gezogen.

Ich weiß auch nicht, mein Lebenswille ist wohl stärker. Genauso wie mit Rauchen, Kiffen, Alkohol. Na ja, rauchen tue ich immer noch, aber das andere hab' ich alles bloß mal ausprobiert und dann wieder gelassen. Hat auch so zum Feiern gepaßt und ein bißchen fröhlich gemacht, man lacht halt einfach über alles. Aber am Ende hab ich's wieder bleibenlassen, weil, soviel hat es mir dann doch nicht gebracht. Ich sehe ja auch immer noch meinen Onkel als abschreckendes Beispiel. Der ist, wie schon gesagt, Alkoholiker, auch wenn er es selber nicht einsehen will, daß er ein Problem hat. Nee, also da verspreche ich mir schon mehr vom Leben selbst.

Und da will ich auf eigenen Füßen steh▮ ▮▮▮el Geld verdienen, daß ich mir alle diese Wünsche erfüllen kann, zu denen es jetzt eben noch nicht reicht. Daß ich mal in den Urlaub fahren kann. Oder ich gehe einmal im Monat durch die Stadt und gönne mir einen Einkaufsbummel. Wo ich jetzt was Schönes sehe und denke: Toll, ich kann's mir nicht leisten. Daß man nicht immer gucken muß und jeden Cent dreimal umdrehen muß. Also schon so 'ne finanzielle Sicherheit. Und trotzdem sage ich: Geld ist nicht alles. Glück und Liebe kann man einfach nicht mit Geld erkaufen. Und wenn doch, dann ist es nicht das Wirkliche.

Wenn es von mir abhängen würde und ich echt was ändern könnte auf der Welt, dann zuallererst den ganzen Terror. Daß man nicht mehr so 'ne Angst haben muß: Wann trifft's uns. Sicher auch die Situation im Moment in Deutschland. Die ganzen Steuererhöhungen und diese Reform und jene Reform. Im Endeffekt bringt das, denke ich, gar nichts. Diese Verlogenheit der Politiker, diese Arbeitslosenzahlen. Das sind so die Dinge, die ich gerne ändern würde. Wenn ich ganz viel Macht hätte, würde ich der dritten Welt gleich noch mit helfen. Daß die Kinder dort nicht mehr hungern müßten. In einem Land meiner Wahl und meines Wunsches müßte eine schöne, relaxte Atmosphäre sein, kein Streß, keine Hektik. Ich sag' mal so, in Deutschland leben die Menschen, um zu arbeiten. Und da müßte man mehr Spaß am Leben haben. Man würde dort arbeiten, um zu leben. Anders als bei uns. Beispiel Kanarische Inseln oder Südamerika. Auch wenn dort große Armut herrscht, es ist dort auch in anderer Hinsicht nicht so wie bei uns: Die Leute sind trotzdem freundlich und helfen sich gegenseitig. Eben nicht dieses Hektische, Leistungsmäßige, wie's in Deutschland ist, einfach diese Ignoranz und dieser Egoismus von vielen Leuten hier. Ich weiß nicht, ist schwer zu beschreiben, aber es ist teilweise so, daß man sich nicht wohl fühlt. Es ist zu kühl. Die Menschen, die kommen einfach zu genervt rüber.

Das hätte ich gern wärmer. Herzlicher.

»Ich möchte den Zauber nicht zerstören«

Georg, 19, Potsdam

Ich glaube ja nicht, daß Jungs schlechter über ihre Gefühle sprechen können als Mädchen. Wir sind bloß irgendwie hinterher. Mädchen entwickeln sich schneller. Ist so. Ist definitiv so.

Wann mir das zum ersten Mal aufgefallen ist? Bei meiner ersten Freundin. Da war ich 15 und mit meinen Eltern im Urlaub in Tunesien und hab' da 'ne Französin kennengelernt, und die war halt 17. Und das war ein Riesensprung. Ich war noch total unbefleckt und sie schon etwas erfahrener. Wie das war? Na – schön!

Eigentlich kannte ich sie nur zwei Tage lang. Aber in diesen zwei Tagen hab' ich mich halt richtig verliebt. Also, erster Kuß und 'n bißchen mehr, und im Endeffekt hat sich dann eine mehr als einjährige Brieffreundschaft daraus entwickelt. Obwohl mein Französisch ganz schlecht ist und mein Englisch auch und sie kein Wort Deutsch spricht. War schon ganz witzig. Damals gab's noch keine E-Mails, das ist auch so 'ne Sache, die mir erst im nachhinein aufgefallen ist.

Ich wollte eigentlich immer mal zu ihr hinfahren. Aber das hat sich einfach nicht ergeben, weil ich noch zu jung war. Und so wollte ich immer hinfahren, und meine Eltern hatten was dagegen. Und als ich dann alt genug war, hatte sich die Sache schon erledigt. Dann hatte ich schon hier 'ne Freundin.

Erster Kuß und »ein bißchen mehr«, na ja, was ich damit meine, ist – Petting. Das ist, glaube ich, der Fachbegriff dafür. Wir waren in so 'nem Hotel und haben da immer alle zusammen gegessen. Und da hat sich so ein Spiel entwickelt: Immer wenn ich aufgestanden und hoch ins Zimmer verschwunden bin, um etwas zu holen oder so, dann ist sie auch hochgegangen. So sind wir uns nähergekommen, und eines Abends haben wir uns verabredet, ohne Eltern, nur wir zwei, und da ist es halt passiert. Das war recht niedlich, weil wir uns ja gar nicht richtig verständigen konnten. Sie hatte vorsichtshalber Füller und Papier mitgenommen, weil das mit der französischen Aussprache des Englischen ja auch nicht ganz so einfach ist.

Das war sozusagen meine erste erotische Erfahrung. Und auch eine, an die ich mich sehr gerne erinnere. Vielleicht grade, weil nicht mehr daraus geworden ist! Es hat halt nur zwei Tage gedauert, und da ist nichts Unangenehmes, woran man sich erinnert. Alle anderen Beziehungen, da gibt's immer was, wo man sagt: Ja, das war nicht so toll. Oder: Da hat's 'n bißchen gekriselt. Da sind eben auch immer unangenehme Erinnerungen dabei. Und die Beziehung, das waren nur zwei Tage, und das war alles schön. Etwas ganz Besonderes.

Also, erste Freundinnen, da muß man ja wirklich unterscheiden. Erste Freundinnen, die hat man ja, genaugenommen, auch schon im Kindergarten und in der Vorklassenstufe. So 'n bißchen rumknutschen, das probiert man ja schon ziemlich zeitig aus. Aber da mit 15, mit dieser Französin, da hat das alles richtig angefangen. Für mich ist das mein erstes sexuelles Erlebnis. Und hätte ich sie nicht getroffen, dann hätte das alles noch viel länger gedauert bei mir. Weil, sie hat mich so ziemlich überrumpelt.

Deswegen sag' ich das, daß Jungs sich generell erst viel später entwickeln. Und auch so in meinem Freundeskreis, da war ich einer der ersten, würde ich sagen, die überhaupt irgendwas mit Mädchen in der Richtung gemacht haben.

Ja, klar, mit guten Freunden redet man darüber. Heute nicht mehr so, aber damals schon. War man auch so 'n bißchen stolz. Nee, angeben wollte ich damit nicht, aber man hat das schon erzählt. Ich hatte so zwei gute Freunde, mit denen habe ich darüber gesprochen. Danach hatte ich dann erstmal ein Jahr lang gar keine Freundin. Hab' mich zwar immer für irgendwelche Mädchen interessiert, aber ich hab' ganz normal weitergelebt. Und irgendwann dann wurden die Abstände zwischen den Briefen mit meiner Französin immer länger, ist ja auch irgendwie verständlich, und es tauchten andere Mädchen auf, für die man sich interessiert hat.

Ja, lustigerweise waren die immer anders als das, wovon ich denke, daß es »mein Traumtyp« ist. Also, das ist auch mit meiner jetzigen Freundin so. Mein Traumtyp ist halt schwarzhaarig und – weiß ich nicht – ziemlich blaß eigentlich, und mehr so, ja, schwarzhaarig, groß und schlank. Und meine Freundinnen sind immer blond bis dunkelblond, 'n bißchen kräftiger als ich. Also nicht dick, sondern von der Muskelmasse her. Ulkigerweise immer 'n bißchen kräftiger. Sportlertypen halt. Woher das kommt, und warum das so ist – keine Ahnung. Ich weiß es nicht. Wobei, eine Freundin ist da auch ausgeschert. Die war schwarzhaarig. Und war auch ziemlich klein und keine Sportlerin. Aber es hat auch überhaupt gar nicht funktioniert. Na, ich glaube, sie kommt einfach aus 'ner anderen sozialen Schicht als ich. O Mann, ich hab' immer eine Angst, was ich sage, könnte arrogant klingen! Ich meine das gar nicht so, aber mir wurde schon oft gesagt, es wirkt so. Also, wie soll ich es besser erklären? Ich komme zum Beispiel aus einem intakten Elternhaus, wo sich nie einer hat scheiden lassen, und es war immer Frieden, und meine Eltern waren immer für mich da. Und ich hatte auch einen Bruder, der immer für mich da war. Also Familie – so, wie man Familie im besten Sinne auch versteht. So richtig fest. Blut ist dicker als Wasser.

Und bei ihr ist es ganz anders gewesen. Ihre Mutter hatte sich schon zweimal scheiden lassen, und mit ihrem Stiefvater kam sie gar nicht klar. Und die Eltern waren auch gar nicht für sie da, sie hat keine Geschwister und wohnt in der Platte, na ja. Das funktionierte irgendwie nicht ganz so.

Ja, soziale Schicht meint noch was anderes: Also, meine Eltern haben beide studiert, meine Großeltern haben studiert. Ich würde also sagen, ich komme eher aus einer Lehrer- oder Akademikerfamilie, und sie kam mehr aus einer Arbeiterfamilie. Ihre Mutter ist Köchin in 'ner Kita, und ihr Vater ist Schlosser. Wie gesagt, ich will nicht arrogant klingen, aber wenn ich ganz ehrlich sein soll: Es war schon zu spüren, daß da was nicht paßt mit uns. Einfach nur der Umgang miteinander, wie man redet, oder besser gesagt, wenn man irgendwann nichts mehr zu reden hat. Wenn ich gerne über ein Buch reden möchte, und sie dann, wenn ich ihr etwas darüber erzähle, gelangweilt in der Gegend rumguckt oder Fernsehen schauen möchte grade in dem Moment, ganz zufälligerweise. Das funktioniert dann irgendwie nicht. Also, ich weiß nicht, ich möchte mich zum Beispiel ziemlich gerne mit anderen Leuten austauschen. Und wenn man dann keinen hat, und grade in der Partnerschaft keinen hat, mit dem man sich austauschen kann, ist schon 'n bißchen blöd. Und wenn's dann doch nur auf »DAS EINE« hinausläuft, das funktioniert nicht, also für mich jedenfalls nicht. Eine Partnerschaft ist halt mehr.

Irgendwann ist das Sexuelle sowieso nicht mehr im Vordergrund. Das ist vielleicht am Anfang so, aber mit der Zeit nimmt das immer mehr ab, und andere Sachen sind halt wichtiger dann.

Das ist jetzt der richtige Moment, um zum berühmten »ersten Mal« zu kommen. Also, das ist für mich wieder so 'ne Sache, Thema: Unterschiede zwischen Jungs und Mädchen. Ich glaube nämlich, ich hab' mehr Angst vorm ersten Mal gehabt als meine Freundin, oder generell meine Freundinnen. Also, ich hatte erst diese Französin, dann ein Jahr gar nicht, und dann auch wieder so 'ne Sportlertype, und die hat immer so drauf gedrängt. Ulkigerweise. Was man ja immer genau umgekehrt Männern nachsagt. Rollentausch, ja, ja, genau. Und ich hab' mich aber gar nicht drängen lassen, sondern dann ist eben die Beziehung auseinandergegangen, und dann hatte ich diese Freundin aus der Arbeiterklasse, schon beschrieben. Und danach bin ich wieder mit dieser Sportlertype zusammengekommen, und dann ist es halt passiert. Das war aber, glaube ich, einer meiner größten Fehler. Das sehe ich auch nicht wirklich als mein erstes Mal an, weil das halt, wie's bei Teenagern so ist, total in die Hose gegangen ist. Und heute glaube ich einfach, daß ich es mit der falschen Person geteilt habe.

Also, jetzt nicht von wegen, das Kondom ist geplatzt oder ich hab' mich zu dumm damit angestellt, das nicht. Sondern einfach nur gefühlsmäßig war's nicht wirklich schön. Also, ich weiß nicht, wenn man als Mann, während man mit seiner Freundin schläft, gesagt bekommt: »Bist du noch nicht fertig?«, dann ist schon irgendwas schiefgelaufen. Ja, das klingt wie schlimmstes Comedy-Klischee. Aber es ist mir wirklich so passiert. Weißt du, wie man sich da fühlt?

Kann ich gar nicht beschreiben. Also, wenn ich vorher schon Angst gehabt hatte davor, dann ist die damit eigentlich noch schlimmer geworden. Äh – wie hat das der Sänger von PUR mal so schön gesagt – und damit hat er mir wirklich aus der Seele gesprochen: Nach dem ersten Mal hat er sich gesagt, »alleine ist es schöner!«. Und genauso habe ich es auch empfunden. Sie ist danach auch gleich eingeschlafen, und ich saß dann da wie Falschgeld. Also genau Rollentausch.

Wovor hat ein Mann Angst? Wovor hatte ich Angst? Na, da gibt's viele Ängste. Erstens, mit dem Kondom, sich da zu dämlich anzustellen. Dann, zu früh zu kommen. Dann, seine Freundin nicht befriedigen zu können. Oder, die größte Angst, die ich hatte, war, ihr wehzutun. Besonders bei einer Jungfrau, da hatte ich Angst, hab' ich immer noch! Also, ich würde mich heute immer noch unbehaglich fühlen, wenn ich mit 'ner Frau schlafen müßte, die noch nie Sex gehabt hat. Für manche Männer ist grade das das Größte, ja, ich weiß. Aber ich kann das nicht verstehen. Weil, für mich gehört immer dazu, daß beide das genießen können. Und in dem Fall kann sie das ja meistens nicht genießen. Sondern, genau im Gegenteil.

Aus genau diesem Grunde kommt ja die Sehnsucht, das erste Mal mit einer reiferen Frau zu erleben, die mich – sozusagen – in die Geheimnisse der Erotik einführt. Ja, klar. Also, ich fand auch immer ältere Frauen ganz schau. Was heißt »ältere«! Frauen, die mitten im Leben stehen. Die halt schon 'n bißchen erfahrener waren. Es ist wirklich so. Auch, was ich in meinem Freundeskreis mitbekommen habe: daß Frauen, die älter waren, eine größere Anziehungskraft haben als junge Mädchen. Die wußten auch meistens, was sie wollten. Und das ist bei so ganz jungen Frauen nicht der Fall. Da hat man immer das Gefühl, die spielen irgendwo auch nur. Also, die probieren sich nur aus und meinen nichts wirklich ernst. Da hat man immer das Gefühl, die laufen so schnell Gefahr, sich nur zu verlieben, aber nicht wirklich zu lieben. Und ob man das halt immer möchte? Also, es gibt bestimmt Männer, die das ganz toll finden. Mal 'ne jugendliche Freundin für zwei Wochen zu haben, und wenn der Zauber weg ist, dann schnell die nächste und so. Aber ich glaube, ich bin da kein Mensch für. Sondern genau das Gegenteil. Ich könnte mir zum Beispiel auch vorstellen, meine Freundin in zehn Jahren mal zu heiraten. Man weiß es ja nie, aber vorstellen könnte ich mir das schon.

Wie ging's dann weiter? Dann hab' ich ein paar Wochen später mit ihr, also mit der ersten Sportlerin, Schluß gemacht. Und danach kam eine Phase, wo ich mich so 'n bißchen ausprobiert habe. Von welchem Alter reden wir jetzt, 16. Doch, auf jeden Fall vorm 17. Geburtstag noch. Ach, na ja, nichts Ernstes. Ausprobiert, das heißt: Im Skilager mit 'nem Mädel zusammen im Bett gelegen und getastet. So was. Und rumgeknutscht natürlich. Aber daraus ist nie was geworden. Nichts Ernstes oder irgendwas, wo ich sagen würde, das wäre es wert, an die große Glocke gehängt zu werden. Und dann im Frühling habe ich auch schon meine jetzige Freundin kennengelernt.

Ich bin keiner von den Männern, die mitzählen. Nee. Ich mache keine Strichliste oder führe so 'n Büchlein. Mache ich nicht. Ich finde, darauf kommt's auch gar nicht an. Vielleicht mag ich naiv sein oder noch zu jung, keine Ahnung. Aber ich glaube, daß es nicht darauf ankommt, möglichst viele Partner zu haben, mit denen man sich ausprobiert, sondern daß, wenn man einen gefunden hat, der zu einem paßt, und wo man denkt, das ist der Deckel zum Topf, dann kann man mit dem auch alles erleben und ausprobieren. Dazu braucht man nicht irgendwie dreißig Freundinnen oder dreißig Freunde zu haben. Mag vielleicht altmodisch sein oder urig romantisch oder von mir aus auch naiv, aber ich glaube einfach daran.

Vielleicht liegt das auch daran, was ich in meiner eigenen Familie erlebt habe. Keine Scheidungen und so.

Mit meiner jetzigen Freundin, das war Liebe auf den ersten Blick, ja. Na, eigentlich ist es ganz komisch gewesen. Also, sie macht Judo, und mein Freund, das ist auch so ein ganz sportlicher Typ. Er ist mit ihr immer trainieren gegangen. Und da war ich irgendwie neidisch. Weil die halt auch immer miteinander gesprochen haben. Ich habe mich dann so dazwischengedrängelt und wollte an den Gesprächen teilhaben. Und eines Tages hatte seine Freundin Geburtstag, also die Freundin von meinem Freund, und da meinte ich zu ihm: »Mensch, lad doch die Judo-Frau ein. Oder ich mache das.«

Und wir haben sie auch wirklich eingeladen. Und sie ist dann tatsächlich gekommen, was ja auch nicht so selbstverständlich ist, weil, das waren halt alles unterschiedliche Freundeskreise. Und sie kannte niemanden außer ihn – und ist trotzdem gekommen. Mich kannte sie vielleicht so 'n ganz kleines bißchen, von den Gesprächen auf dem Schulhof. Und wir haben uns dann auf dieser Geburtstagsparty bestimmt zwei, drei Stunden unterhalten, sind spazierengegangen auf so 'nem Sportplatz und haben da ganz viele Runden gedreht. Ja, immer im Kreis. Und irgendwann saßen wir dann an der Havel, mitten in der Nacht, das war ziemlich romantisch. Und dann haben wir uns geküßt, und dann waren wir zusammen. Hat's gefunkt. Also, eigentlich schon, als sie an dem Abend einfach da war, hat's gefunkt. Ich hab' keine Ahnung, warum, wieso, was mich an ihr so fasziniert hat. Kann ich nicht sagen. Und ich glaube, ich will's auch gar nicht wissen. Das hat so 'nen gewissen Zauber. Wenn ich jetzt sagen würde: weil sie so schön ist oder so, weiß ich nicht, das würde ich irgendwie blöd finden. Das vergeht doch irgendwo dann, mit der Zeit. Also ich weiß nicht, so als Person einfach fand ich sie super, und ich hab' mich gleich in sie verliebt. Ich will das gar nicht entzaubern.

Muß nicht sein.

Ich hab' auch nie große Lust gehabt, meine Wirkung auf Mädchen zu hinterfragen. Ich glaube von mir, daß ich ziemlich unscheinbar bin. Aber meine Freunde haben immer gesagt, daß ich anziehend wirke. Wenn sie mit mir zusammen sind, daß dann halt andere Mädchen als sonst kommen und mich ganz toll finden. Aber ich hab' das nie so wahrgenommen oder nie gemerkt. Nee. Wirklich nicht. Na ja ... Also, es gab schon Augenblicke, so ganz lustige Sachen, aber das nehme ich immer als pubertäres Geplänkel hin. Zum Beispiel lege ich ja jetzt auf Parties auf, und wenn die 14-, 15jährigen, die um 19 Uhr kommen und um 21 Uhr wieder gehen müssen, da tanzen und mir dabei schöne Augen machen, dann registriere ich das zwar, aber ich nehme es nicht wirklich ernst. Glaube ich nicht, daß ich das muß. Das ist nur, weil du DJ bist, weil du dich da wichtig machen kannst. Ich glaube nicht, daß die da unbedingt die Person fokussieren oder ganz toll finden, sondern den Status.

Der ist halt wichtig. Und ich glaube auch, daß da viele Menschen drauf reagieren. Ich sehe das auch, wenn ich auf 'nem großen Techno-Festival arbeite, und da sieht man die ganz naiven Frauen. Und wenn die einen DJ sehen, dann – hach! – schmelzen sie gleich dahin und himmeln den an. Aber wenn du die Typen dann mal hinter der Bühne kennenlernst und mitkriegst, was das eigentlich für 'n Arschloch ist und wie abgedreht und überheblich der ist, und was das für Spinner teilweise sind – unglaublich! Also, deshalb glaube ich nicht, daß das was mit der Person zu tun hat, sondern nur mit der Rolle. Wie in der ganzen Gesellschaft. Da wird ja bei uns viel über die Stellung und die Stufe definiert, die du einnimmst.

Ja, man könnte meinen: eine klasse Rolle, so DJ zu sein! Hinter diesem Pult zu sitzen, unnahbar und verführerisch-wichtig zugleich. Klar. Aber bei mir ist es so: Wegen den Leuten mache ich das eigentlich nicht. Sondern wegen der Sache selbst. Ich hab' ja auch so angefangen, über mein Interesse für Musik und fürs Arbeiten. Und ich bin da nur so reingerutscht. Soll ich mal erzählen? Ganz von Anfang an?

Also, seit meinem 16. Lebensjahr habe ich angefangen zu arbeiten. Erst bei PLUS und so, im Supermarkt Kisten gestapelt. Und mein Bruder hatte einen Freund, der hat die Party organisiert, die ich jetzt mache. Das ist so'ne Schülerparty, 'ne ziemlich große Veranstaltung, die regelmäßig stattfindet, da kommen so ungefähr achthundert Leute. Und dieser Freund von meinem Bruder hat sich nach seiner Schulzeit selbständig damit gemacht, diese Party weiter zu organisieren und zu entwickeln. Und er kam irgendwann mal zu mir, mit so 'nem ganz kleinen Stapel Flyer für diese Veranstaltung. Ganz schlecht kopiert, schwarz-weiß. Und er sagte: »Verteil die mal.« Und ich: »Na klar.« Und bei der nächsten Party kam er mit einem größeren Stapel Flyer und sagte dann schon: »Verteil die mal, und kannste nicht auf der Party arbeiten?« So entwickelte sich das über zwei Jahre, und ich rutschte da immer mehr rein. Irgendwann hab' ich die komplette Flyer-Verteilung allein gemacht, hab' dann Garderobe oder Einlaß organisiert und hab' auch an der Bar gearbeitet. Das war 'ne relativ schöne Erfahrung, weil sich da auch so ein Freundeskreis gebildet hat, aus seinen Freunden und aus Leuten, die ich immer mitgebracht habe. Weil, er brauchte immer Arbeitskräfte. Und die allerschönste Erinnerung war, das »Kurz davor«, also bevor die eigentliche Party losging. Da wurde alles aufgebaut und alles vorbereitet, und wir sind alleine gewesen, haben rumgealbert, mit dieser ganzen Technik, das ist alles unheimlich interessant. Das hat mich ungeheuer fasziniert, wenn gar keine Leute da waren, nur die DJ's. Ich wollte das immer selber machen. Und nach zwei Jahren hab' ich dann endlich die Möglichkeit bekommen dazu. Und dann hab' ich halt angefangen. Und so hat sich das alles entwickelt.

Ich mache mittlerweile diese Schülerparty, und er – also dieser Freund – macht immer größere Veranstaltungen, wo ich mitarbeite. Er gibt mir auch immer Tips, wen ich für die Kasse nehmen soll, zum Beispiel. Bei ihm nimmt alles immer größere Formen an, und die Vertrauensfrage spielt eine immer größere Rolle dadurch. Es geht einfach um zu viel Geld inzwischen! Es ist ein richtiges kleines Unternehmen. Eins ist dabei natürlich auch klar: Drogen sind tabu, jedenfalls für mich. Was sonst genommen wird, na ja. Da gab es mal in einem Club eine Polizeikontrolle, und weil die Leute nicht wußten, wohin damit, haben sie ihre Tütchen einfach auf den Boden fallen lassen. Das war unglaublich, was da so zusammengefegt werden mußte! Ich hab' schon mal zu meinem Freund gesagt: Man müßte eigentlich kleine Plastesäckchen mit Hustenbonbons am Eingang verkaufen, damit könnte man wirklich ein Vermögen machen. Aber ich selbst trinke höchstens diesen kalten Kaffee aus der Dose. Da verträgt man aber auch nicht sehr viel von; nach einer gewissen Menge Koffein streikt einfach mein Magen. Und müde wirst du trotzdem, die Wirkung läßt ja schnell nach. Ich trinke auch nur ganz wenig Alkohol, nach zwei Gläsern Wein wird mir meistens schon komisch. Rauchen habe ich auch nicht vertragen. Außer eine Zeitlang, da habe ich mal Pfeife geraucht. Das war aber mehr so 'ne Art Statussymbol, ein pfeiferauchender Mann hat doch was, oder?! Außerdem war ich dazu angeregt worden von Che Guevara. Da gibt es ein Bild, das hängt auch in meinem Zimmer, von meiner Freundin gezeichnet. Nicht dieses übliche, was jeder kennt, sondern eins, wo er drauf lächelt, so ganz gütig. Und wo er Pfeife raucht.

Meine Droge ist offenbar die Arbeit. Ja, meine Freunde sagen immer, ich bin ein Workaholic. Ich sehe's aber nicht so. Andere Leute haben ihren Sport, ich hab' meine Arbeit. So ist das, ungefähr. Also, ich definiere mich über die Arbeit. Wenn ich Erfolg bei der Arbeit habe und jemand mir sagt: »Das hast du gut gemacht«, oder wenn ich viel Geld verdiene und daran sehe: »Da hast du was geleistet«, dann ist das eben meine Befriedigung.

Andere Leute finden ihre Befriedigung halt im Sport, wenn sie da erfolgreich sind, oder wenn sie studieren. Oder weiß ich nicht, was.

Mit meinem Geld stelle ich erst mal gar nichts an. Na ja, ich hab' mir gerade diesen Computer gekauft, oder als ich 18 war, hab' ich mir ein Motorrad gekauft.

Aber den größten Teil hab' ich halt gespart. Und das ist auch was, was mir meine Freundin immer so 'n bißchen vorwirft, wenn ich einen Monat wirklich sehr viel arbeite, wie zum Beispiel im September. Da arbeitet man für diese große Veranstaltung schon mal fünfzig Stunden an einem Wochenende. Und wenn sie dann sieht, daß ich von meinem Geld, was ich da verdiene, nicht wirklich was ausgebe. Da sagt sie immer: »Wofür machst du es dann eigentlich?« Ja, ich sag' ihr dann immer: Das mache ich zum Beispiel für meine Wohnung, um die mir später mal einzurichten.

Aber ich weiß es nicht, angenommen, ich richte jetzt wirklich irgendwann 'ne Wohnung mit ihr ein, ob ich das dann tatsächlich alles verbrate. Für mich selber würde ich sagen, ich bin ziemlich geizig. Also, ich habe immer das Bestreben, ein paar Reserven zu haben. Wir suchen ja jetzt schon ziemlich lange. Ich hab' nicht das Problem, mich festzulegen und mit ihr zusammenzuziehen. Nee, das ist es nicht, warum es schon so lange dauert. Eher, weil ich so geizig bin, und ich sehe nicht ein, warum ich für 'ne Wohnung, die mir nicht hundertprozentig gefällt, soviel Geld bezahlen soll. Ich hab' immer gesagt, 350 Euro ist die Obergrenze. Und für 350 Euro möchte ich auch 'ne kleine Zweiraumwohnung haben, die wirklich tiptop in Ordnung ist. Wo ich dann nichts mehr machen muß.

Aber seit ich 18 bin, habe ich schon das Bestreben, alleine zu sein. Ich will von meinen Eltern einfach weg. Von zu Hause weg. Um unabhängig zu sein. Meine Eltern sind damals mit 16 schon von zu Hause weggegangen! Also, es ist nicht so, daß ich mich mit meinen Eltern nicht verstehe, aber ich will einfach mein eigenes Leben irgendwann haben und nicht mit 27 noch zu Hause wohnen müssen.

Meine Eltern haben ein Haus gebaut, und dort habe ich ein Zimmer. Aber da bin ich ja nie. Ich bin maximal einen Tag pro Woche dort und schlafe eigentlich gar nicht mehr da. Ich schlafe bei meiner Freundin. Deren Eltern haben ein Haus, in der einen Hälfte ist die Firma, in der anderen der Wohnbereich. Wir leben eigentlich schon fast wie ein Ehepaar zusammen. Obwohl, so oft, wie man denkt, sehen wir uns auch nicht. Ich arbeite ja als Zivi oft am Wochenende, und sie geht dann feiern, während ich erst mal schlafe. Oder wenn ich mich mit 'nem Freund treffe, Computer basteln oder so, dann kommt's schon mal vor, daß ich auch dort schlafe. Ja, ist okay. Oder halt, wenn ich eine große Veranstaltung habe, komme ich erst morgens um zehn nach Hause, wenn sie grade aufsteht und vielleicht zum Judotraining geht. Also, wir sehen uns nicht wirklich oft. Von unseren Freunden kriegen wir ja ab und zu vorgehalten: »Ja, ihr hockt nur aufeinander!« Aber das ist eigentlich gar nicht so. Sie hat beim Judo ja auch noch ihre Kinder, die sie trainiert, und da bleibt nicht viel Zeit. Ich hatte nie Angst, das könnte zu schnell zu eng werden mit uns. Nö.

Das Lustige war ja, nach unserem ersten Abend an der Havel, am nächsten Tag, da war ich schon bei ihren Eltern. Wurde dort vorgestellt, hab' dort Mittag gegessen. Ich fühlte mich da auch so 'n bißchen überrumpelt, schon. Aber sonst, das fing mit uns eigentlich ganz normal an. Ganz normal, was heißt das? Getroffen – wir gingen auch in die gleiche Schule –, gesehen, und ziemlich viel zusammen gemacht. Und zu ihrem Geburtstag, vier Wochen später, habe ich halt das erste Mal bei ihr geschlafen. Und daraus entwickelte sich, daß ich eben jedes Wochenende einen Tag da schlief, und dann haben ihre Eltern allerdings dagegen rebelliert, weil sie ein Jahr jünger ist als ich. Da gab's dann ziemlich viele Diskussionen, und das alles erledigte sich am Ende ganz von selbst, weil sie nach Amerika ging. Also, wir waren fünf Monate zusammen, dann ist sie für zehn Monate in die Staaten geflogen.

Was Sex betrifft, hat sie nie gedrängelt. Es hat sich dann irgendwann einfach ergeben. Und da hatte ich auch keinerlei Ängste mehr.
Sie hat mir eigentlich die Ängste genommen. Na, indem sie zum
Beispiel nicht gedrängelt hat. Sondern drauf gewartet hat, daß sich
das mal irgendwie ergibt. Also, wir haben nicht gesagt: An dem Tag
muß es jetzt passieren, und dann auf Zwang so 'nen romantischen
Abend gemacht, sondern das hat sich von selbst gefügt. Das war ein
sehr romantischer Abend, und das war auch sehr schön. Sehr einfühlsam. Sie ist 'ne ziemlich gefühlsbetonte Frau, würde ich sagen.
Und kann auch gut auf Menschen eingehen, generell. Also, nicht
nur auf mich, sondern sie hat ein Händchen für Menschen.

Lustigerweise bin ich ein sehr rationaler Mensch und rede auch
sehr gerne über Probleme. Aber ich hab' gemerkt, daß es beim Sex
besser ist, wenn man es erfühlt und nicht soviel drüber redet. Wenn
man merkt, es ist irgendwas falsch, daß man das nicht gleich beim
Namen nennt, sondern ein bißchen sensibler vorgeht. So war das
dann auch mit ihr. Später haben wir viele Streits gehabt und stundenlang miteinander diskutiert. Das ist auch sehr verletzend gewesen, teilweise. Da gab's auch ziemlich unangenehme Sachen zwischen uns, vor allem, nachdem sie aus Amerika zurückkam. Aber
Erotik haben wir nie zerredet. Das hat einfach gepaßt.

Als sie dann wegging, in die USA, das war schlimm. Die erste Zeit
war die traurigste. Weil sie einfach gefehlt hat. Das einzige, was ich
dann noch gemacht habe, war arbeiten und Schule. Zu mehr hatte
ich irgendwie auch keine Lust.

Dann sind auch so ein paar Monate gekommen, so mittendrin,
da war alles so weit weg für mich, von wegen: Man guckt sich mal
wieder um. Und sucht sich vielleicht was anderes. Ich hab' mich
mal wieder mit meiner Exfreundin getroffen, und das wäre beinahe
so weit gekommen, daß wir wieder was miteinander gehabt hätten.
Also keine Beziehung, sondern einfach so auf sexueller Ebene. Warum es dann doch nicht dazu gekommen ist? Weil ich's nicht wollte. Weil ich kurz, bevor es soweit war, gesagt habe: nein. Und sie
aber auch. Sie hat gesagt: »Ich will euch das nicht kaputtmachen.«
Also, sie war halt noch ziemlich fair. Sie hätte mich ja dann auch
irgendwie verführen können, das haben ja Frauen ziemlich gut

drauf. Aber sie hat gesagt, nein, ich will euch das nicht kaputtmachen. Fast zu edel für dich? Tja, weiß ich auch nicht. Ich hab' mit ihr nie darüber gesprochen. Aber letztlich wollte ich es dann auch nicht. Und dann, die letzten paar Monate, bis meine Freundin zurückkam, die waren wieder sehr traurig. Sie hat wirklich gefehlt in meinem Leben.

Ich habe täglich ein oder zwei Mails geschrieben, die gab's dann zu der Zeit schon, zum Glück. Auch Briefe und Pakete und Videos und Kassetten, was man halt so macht. Ich hab' mich selbst gefilmt, ja. Wobei? Na, so wie jetzt, so in der Art. Also, am Tisch sitzend, mit Mikrofon vor der Nase. Nur, daß halt noch 'ne Kamera dazu war. Ich hab' mich hingesetzt und ihr was erzählt. Ja, das haben wir alles aufgehoben. Eine große Kiste, und da ist das alles drin. Damals habe ich mir extra 'n Modem gekauft, damit ich von zu Hause aus schreiben kann. Und in der Schule war so 'n Computerclub, da hab' ich versucht, reinzukommen, damit ich auch in der Schule schreiben kann. Es lebe das Internet! Ja, ist 'ne hervorragende Einrichtung.

Klar, ich hab' auch Angst gehabt, umgekehrt: daß sie in Amerika in Versuchung kommt. Aber bevor sie gefahren ist, habe ich ihr auch gesagt, ich möchte's nicht wissen. Und – ja, ich will's immer noch nicht wissen. Wenn da was gewesen wäre, nee, will ich nicht wissen. Sie hat mich einmal gefragt. Und – ja – dummerweise habe ich gelogen. Na, ich hab' gesagt, daß nichts war. Und »dummerweise« sage ich, weil Frauen so was ja immer rausbekommen. Und dann gab's halt ordentlich Krach. Das war eine solche Gelegenheit, wo ich vorhin gesagt habe: Nach Amerika war nicht mehr alles eitel Sonnenschein bei uns. Und 'ne andere Sache war: Da hab' ich halt ein Mädchen aus meinem Jahrgang kennengelernt. Und wir waren im Skilager, haben uns näher kennengelernt, und sie wäre beinahe mit meinem besten Freund zusammengekommen. Sie ist nicht unbedingt 'ne wunderschöne Frau, aber sie hat irgendwie was, was einen anzieht. Also, sie ist ziemlich intelligent und gebildet – ja, im Grunde kann ich's nicht genau sagen, was sie hat, aber irgendwas Anziehendes hat sie an sich. Und wir haben irgendwann angefangen, uns Briefe zu schreiben. Meine Freundin hat das mitgekriegt und fand das ganz blöd. Daß ich eben nicht mit ihr Briefe schreibe und über meine Gefühle spreche, sondern mit der anderen. Es gab richtig übel Zoff, und am Ende hab' ich's bleibenlassen. Hab' den Briefwechsel beendet und mich mit meiner Freundin wieder versöhnt.

Und jetzt hab' ich mal wieder versucht, mit ihr Kontakt aufzunehmen, mit der Briefpartnerin, und da war sie sehr erbost, mich zu hören. Sie hatte mit mir abgeschlossen. Und irgendwie hatte sie auch immer gedacht, ich will was von ihr. Also, da war noch irgendwas. Nun ist sie sauer. So kann's gehen.

Nach Amerika war meine Freundin auch in anderer Hinsicht verändert; sie war reifer, selbstbewußter als vorher. Und hatte halt auf einmal sehr viel mehr Erfahrung. Nicht in sexueller Hinsicht, aber wenn man ein Jahr ganz alleine im Ausland ist, ohne zuerst die Sprache zu beherrschen, und man muß sich dann da zurechtfinden, dann fördert einen das. Oder formt einen, wenn man das so nennen möchte. Das habe ich schon bemerkt. Das hat mich aber nicht gestört; schließlich konnten wir uns schon deshalb gut aufeinander einstellen, weil wir eben die ganze Zeit in Verbindung geblieben sind. Da war der Bruch nicht so groß.

Nur das andere, ob sie drüben fremdgegangen ist, das will ich eben nicht wissen.

Am Anfang unserer Beziehung, da waren wir aber schon neugierig: Wer ist vor mir gewesen, und wie war's. Ja. Also, ich hab' ihr da – glaube ich – alles erzählt. Also, nicht in allen Einzelheiten, aber das Gröbste. Wer vor ihr war, und was da passiert ist, wie viele, waren die besser im Bett als ich. So ungefähr. Doch, ich hab' ihr das erzählt, und sie mir auch.

Und jetzt – auf Treue legen wir beide sehr großen Wert. Wobei sie mehr Wert darauf legt als ich, glaube ich. Also sie sagt, wenn ich was mit 'ner anderen Frau habe, dann ist für sie die Sache erledigt. Sagt sie ganz knallhart. Und ich sage, das ist mir auch sehr wichtig, ich will nicht, daß sie was mit einem anderen Kerl hat und bin auch sehr eifersüchtig. Aber wenn's dann halt passiert, dann soll sie es mir auch bitte nicht sagen. Weil das dann alles kaputtmachen würde. Also Bedingung ist, daß es nur was Sexuelles ist. Wenn Gefühle dabei sind, dann ist die Sache eh wesentlich komplizierter, und dann kann man das auch nicht mehr vor dem anderen verschweigen. Ich leg' auch sehr viel Wert auf Treue, mich jetzt bitte nicht falsch verstehen, aber das Leben spielt manchmal komisch.

Also, das Modell »offene tolerante Beziehung« wäre nichts für mich. Dazu bin ich einfach zu eifersüchtig. Menschen, die das gerne leben wollen, okay. Aber schon allein, daß ich denke, man braucht nicht tausend verschiedene Partner zum Üben, schließt das ja eigentlich aus.

Ich hab' auch Angst davor, daß sie mal sagen könnte, sie will jetzt andere Erfahrungen machen, mit anderen Männern. Das ist nämlich genau der Punkt, warum ich sage: Wenn's passiert, und es ist nur sexuell, will ich's nicht wissen.

Weil es mich wahrscheinlich zu sehr verletzen würde. Aber ich kann es ihr ja schlecht verbieten. Das funktioniert doch sowieso nicht.

Ich glaube auch, daß Sex ohne Gefühle möglich ist, ja. Obwohl das natürlich ein Spiel mit dem Feuer ist. Wobei, ich möchte nicht mit einer Partnerin Sex haben, die ich nicht liebe oder zu der ich keine Zuneigung empfinde. Man kann das ganz gut trennen, ja. Aber ich glaube, ich hab' da nicht so die Freude dran.

Ich weigere mich auch, zu denken: Das isses dann im Leben. Damit will ich sagen: Das Leben besteht für mich aus ein bißchen mehr als in der Gegend Rumpimpern. Ich hab' auch Freunde, die stoßen sich so richtig die Hörner ab. Aber denen geht es auch nicht besser als mir. Glücklicher sehen die nicht aus. Ich glaube, das braucht man nicht.

Meine Freundin und ich, wir streiten uns auch manchmal wegen Kleinigkeiten. Charaktereigenschaften. Beispiel: Sie räumt in der Küche die Spülmaschine aus, und ich komme von hinten und will sie umarmen. Konflikt: Ich will Beachtung, und sie will die Sache zu Ende bringen. Das sind so ganz kleine, banale Sachen, um die wir uns manchmal streiten, mal mehr, mal weniger. Es sind meistens die Kleinigkeiten. Über die kriegen wir uns manchmal so in die Wolle, das kann ganz schnell ganz harte Züge annehmen. Weil wir auch beide so Dickschädel sind. Das knallt dann ordentlich.

Aber ich lasse mich auf diesen ganzen Prozeß ein, das ist schon richtig. Ich bin nicht so einer, der das dann ganz schnell wegschmeißt, »blöde Kuh, paßt nicht, muß ich mir nicht antun, tschüß!«. Ich finde das auch zu einfach, zu sagen: Ist nicht harmonisch, jetzt suche ich mir 'ne andere. Meistens ist es mit der Nächsten auch nicht besser, oder? Wenn sich zwei Menschen begegnen, dann müssen sich die immer aufeinander einlassen, aneinander anpassen bis zu einem gewissen Grade. Beide! Das kann man nicht nur von einem Teil verlangen: »Jetzt ändere dich mal für mich.« Und wozu soll ich dann weglaufen? Wovor?

Vielleicht sind meine Eltern da ja ein Vorbild für mich. Na ja, Vorbild ... – ein großes Wort! Also, da gab's auch nicht nur Harmonie, auch heftige Streits, teilweise ganz übel. An einen kann ich mich besonders erinnern, das war Ostern. Deswegen ist es mir sicher auch so im Gedächtnis geblieben, weil es gerade Ostern war. Und weil ich genau dazwischengeraten bin. Ich weiß nicht mal mehr, worum es da eigentlich ging. Auf jeden Fall ist das ja ein Fest, wo man eigentlich was mit der Familie macht. Und das war das einzige Ostern, wo es halt nicht so war. Na, meine Eltern haben sich gestritten, und dann bin ich mit meiner Mama in den Tierpark gefahren, und mein Papa, der hat irgendwas alleine gemacht, keine Ahnung, was. Er hat dann einen Brief geschrieben, den meine Mama gelesen hat, als sie wiedergekommen ist. Und irgendwann war er auch wieder da. Also, es war nie so schlimm, daß einer ausgezogen ist. Nie. Ich denke mal, es ist ein ganz normaler Ehestreit gewesen. Aber als Kind sieht man das natürlich anders. Es war schon ziemlich dramatisch für mich. Weil ich mich eben auch entscheiden sollte: Gehe ich mit ihr oder mit ihm.

Ansonsten haben die zwei sich schon ziemlich aufeinander eingeschossen. Und ich glaube, schon ein bißchen zu sehr. Also, es gibt so einen Punkt, wo das gefährlich wird. Irgendwann muß man sich dann die Frage stellen: »Bin ich jetzt nur noch aus Gewohnheit mit dem zusammen? Oder sind da noch wirklich Gefühle.«

Ja, und da bin ich mir bei meinen Eltern manchmal nicht so sicher. Also, wenn's dann so anfängt, daß einer hinter dem Rücken des anderen sich lustig macht.

Mein Papa ist so 'n bißchen blubberig, fast schon impulsiv. Und wenn man ihn zum Beispiel beim Kochen stört, das ist tödlich. Da darf man ihm nicht dazwischenfunken.

Und meine Mama äfft ihn dann manchmal so nach. Ich weiß nicht, ob das spaßig sein soll ... Jedenfalls glaube ich, man muß den Punkt zwischen Anpassung und Sich-Aufgeben finden. Das ist so 'ne Grauzone, irgendwo. Man muß sich schon treu bleiben. Und sich nicht nur seinem Partner untergeben. Also, man sollte schon noch zwei Personen bleiben, und nicht nur eine.

Bei meiner Freundin, die Großeltern, die hatten grade Goldene Hochzeit, und wenn überhaupt, dann sind die so eine Art Vorbild. Ihre Eltern, die sind sehr eigenartig: Da muß es eben einmal die Woche Fisch geben, und ihr Vater, der joggt wie ein Wilder, macht Marathons und nimmt irgendwelche Vitaminpillen und Eisen. Und dann untersucht er regelmäßig sein Blutbild und geht zu diesem Fit-neß-Doktor Strunz und läßt sich da untersuchen. Und liest haufenweise solche Bücher über's Laufen und Technik, Atemtechnik. Na ja, so 'n ganz Fanatischer. Er läuft auch jeden Morgen, steht extra früh auf, um joggen zu können.

Und meine Eltern sind genau das Gegenteil davon. Die leben nicht gesund und haben Diabetes. Und wenn ihr Papa mit 54 vollkommen durchtrainiert ist, dann hat meiner vorne so 'ne Kugel dran, so ganz gemütlich. Und meine Großeltern auch: Mein Opa ist schwer zuckerkrank, und der macht gar nichts mehr. Wenn meine Oma mal sterben sollte, dann kommt der, glaube ich, mit der Umwelt überhaupt nicht mehr klar.

Und jetzt ihre Großeltern. Die sind so was von fit, machen noch Langlauf im Winter und erledigen die komplette Gartenarbeit bei ihr zu Hause, weil ihre Eltern ja nicht dazu kommen, wegen der Firma. Und die sind so 'n Vorbild, finde ich. Wie gesagt. Ich hab' bei denen immer das Gefühl, die sind sich beide treu geblieben und trotzdem so lange zusammen. Die haben genau den Punkt gefunden zwischen Anpassung und Aufgabe. Die haben auch ihr ganzes Leben aufgeteilt. Er ist handwerklich begabt und macht aber auch Hausarbeit. Das ist zum Beispiel eine Sache, die ich unheimlich schätze. Mein Opa macht das gar nicht. Und das sieht man ja bei vielen, daß die Männer irgendwann gar nichts mehr machen. Lassen sich, sozusagen, bedienen. Und geben sich dadurch auch so 'n bißchen auf. Und das wäre auch nicht mein Modell.

So, wie die beiden Großeltern meiner Freundin zusammenleben, so in fünfzig Jahren, das könnte ich mir auch vorstellen. Ist unheimlich niedlich, wenn man die beiden sieht. In Würde und Liebe gealtert. Das ist auch so 'ne Sache, auf die ich großen Wert lege. Ich möchte schon altern. Gibt ja auch die Menschen, die immer jammern: »O Gott, schon wieder ein Jahr älter!« Also, wenn ich die beiden sehe, dann sage ich: Oh ja, ich möchte altern. Und dabei fit bleiben, natürlich. Ich glaube, die streiten sich auch ab und zu. Aber die haben gelernt, damit umzugehen.

Hört sich das jetzt alles so an, als ob es keine Widerstände gäbe? So mit: bei der Freundin einziehen und quasi mit ihr zusammenwohnen. Na ja, ganz so einfach war das nicht; da gab's schon viele Diskussionen. Wir mußten uns auch durchsetzen. Und sonst, auf der größeren Ebene – doch, ich denke schon, daß es noch einen Generationskonflikt gibt. Vielleicht nicht darin, daß jungen Paaren jetzt strikt das Zusammenkommen verboten wird wie in früheren Zeiten, das sicherlich nicht.

Aber ein Konflikt in den Werten und Normen, den sehe ich. Vielleicht ist der noch nicht mal eine Altersfrage. Sondern mehr so: Die einen hängen den alten Werten und Normen nach, und die anderen, die haben keine. Die beschmieren alles und machen alles kaputt. Ich meine, als ich 15 war, da bin ich auch mit meinen Kumpels auf Baustellen rumgeturnt, und wir haben uns mit Zement beworfen. Was man halt so macht, wenn man jung ist. Aber wir haben nie mutwillig Fenster eingeschmissen oder Scheiben zerkratzt oder so. Ich kann das auch nicht nachvollziehen. Bin ich vielleicht nicht dumm genug dafür.

Aber da gibt's durch alle Altersschichten Idioten. Insofern gibt es doch keinen ganz klaren Generationskonflikt mehr, so, wie es vielleicht 1968 war.

Mal ganz davon abgesehen, daß ich es völlig falsch finde, den Mädchen vorschreiben zu wollen, mit wem sie schlafen dürfen und wie oft oder wann.

Zum Beispiel Respekt vor dem Eigentum anderer, das finde ich wichtig – und auch wieder nicht. Wenn jemand ein Auto zerkratzt, das finde ich unakzeptabel. Aber ich finde es genauso unakzeptabel, wenn Großindustrielle Geld an der Steuer vorbeischieben, und wenn das abgetan wird, als wäre das völlig normal. Wenn diese Männer auch noch angesehen sind und großen Einfluß haben dürfen. Anstatt denen mal zu sagen: »Jetzt paßt mal auf, Leute! Jetzt machen wir euch mal das Portemonnaie ein bißchen schmaler.« Aber so läuft es halt im Kapitalismus!

Als ich jünger war, da hatte ich noch extremere Vorstellungen. Von wegen »Eigentum ist Diebstahl«. Ich war mal ganz, ganz, ganz weit links. Kann man sagen. Ich hab' auch Che Guevara gelesen und angefangen, Karl Marx zu studieren. So in die Richtung ging das, ja. Was mich dann wieder davon abgebracht hat, war, daß die mir teilweise zu extrem sind. Und daß man ja gesehen hat, das geht einfach nicht. Nicht alle Menschen können gleich sein, das funktioniert einfach nicht.

Aber dieser menschliche Sozialismus, diese Idee davon, das ist etwas, was mich doch schon fesselt. Wenn ich was zu sagen hätte, würde ich versuchen, einen Mittelweg zu finden. Wir haben auch mal im Skilager darüber philosophiert, was die beste Gesellschaftsordnung wäre. Und wir sind darauf gekommen: das Wirtschaftssystem des Kapitalismus, die Gesellschaftsordnung des Sozialismus und als Staatsform aber eine Diktatur, die begrenzt ist auf – was weiß ich – 15 Jahre. Erstens, weil man in vier Jahren nichts bewirken kann. Und zweitens, weil unsere Politiker dem Volk nichts vermitteln. Die könnten auch unpopuläre Maßnahmen verständlich erklären, aber sie tun's nicht. Und darum lieber Diktatur. Na ja. Das kam halt dabei raus, als Freunde und ich und eine Flasche Wein herumgerätselt haben über die beste Lösung.

Ja, ja, ich weiß, Diktatur ist 'ne ganz gefährliche Kiste. Wir haben dann auch über den idealen Politiker gesprochen. Und was wäre, wenn ich Bundeskanzler wäre. Weil ja auch viele grade zu jungen Leuten sagen: Dann geh doch in die Politik, wenn's dich so aufregt. Aber ich glaube, wenn man da hochkommen will, muß man sich einfach korrumpieren lassen. Und ob es dann noch das wäre, was ich durchsetzen würde, was ich am Anfang wirklich gewollt habe ... Nee, Politik wäre nichts für mich. Zu enttäuschend. Wenn man sich eingestehen muß, daß man nichts wirklich bewirken kann. Ich frage mich zum Beispiel, warum wir einen Wirtschaftsminister haben. Was will denn der regeln? Wir haben ein System, da regelt der Markt sich selber. Es ist doch illusorisch zu glauben, Politik könnte die Massenarbeitslosigkeit bekämpfen. Das geht einfach nicht. Na gut, da könnte man sich jetzt stundenlang drüber streiten. Aber es ist ja nur der große Rahmen, innerhalb dessen auch ich bloß versuche, meinen persönlichen Weg zu finden. Den zu suchen. Mit welchen Prioritäten? Hm. Dem persönlichen Erfolg. Jetzt will ich ja erst mal meinen Zivildienst zu Ende machen, dann eine Ausbildung zum Veranstaltungskaufmann, dann will ich mich selbständig machen. Möglichst schnell. Und wenn das alles gut läuft, dann Familie gründen. Ich bin da wohl ein ziemlich bodenständiger Mensch. Also, ein schönes Leben führen. Aber dabei auch möglichst viel Verantwortung für sich selber übernehmen. Ich will nicht immer von jemand anderem gesagt bekommen, was ich zu tun und zu lassen habe. Aber auch nicht für jemand anders das Geld verdienen. Ich will mich nicht ausbeuten lassen.

Vielleicht sage ich ja auch irgendwann mal genau das Gegenteil: Arbeitnehmer sein ist das Größte, weil man dann keine Sorgen hat. Aber im Moment sehe ich es halt andersherum, und im Moment findet ja auch dieses Interview statt. Frag doch einfach in fünf oder in zehn Jahren noch mal nach.

Wenn ich sage ich war ziemlich weit links, dann heißt das nicht, daß ich mich irgendeiner Gruppe angeschlossen hätte. Das war nie so. Ich hab' mich mehr so geistig damit beschäftigt, als jetzt irgendwo auf die Straße zu gehen. Ich bin ein einziges Mal in meinem Leben demonstrieren gegangen, gegen Lehrerentlassung in den Schulen. Aber als ich dann gemerkt habe, daß das sowieso nichts bringt, bin ich auch nicht wieder auf eine Demonstration gegangen.

Ich hab' halt viel gelesen. Und grade Che Guevara, kubanische Revolution, hat mich begeistert. Auch die Person, natürlich. Ich schätze solche Menschen, die derart engagiert sein können. Ich könnte das nicht.

Ich habe ein Che-Guevara-T-Shirt, so ein knallrotes, mit seinem Bild vorne drauf. Ich habe auch so 'n Palästinensertuch. Springerstiefel hab' ich auch. Ja.

Klamotten, von denen eine gewisse Signalwirkung ausgeht ... na ja. Womit ich richtig Probleme habe, das sind Sachen aus dem Dritten Reich. T-Shirts mit einer 88 vorne drauf. Wo jeder weiß, der achte Buchstabe im Alphabet ist H, also »Heil Hitler«. Das sind Dinge, die mich stören. Mich stört weniger, daß sie weiße Hemden tragen, Glatze und Springerstiefel. Weil die dummerweise gar nicht wissen, woher das kommt. Oder auch bei den Linken. Mich stört, wenn da auf der Brust steht »Ficken gegen Rechts«. Das ist so dumm, so platt.

Also, okay, wenn jemand unbedingt nach außen tragen will, was er denkt. Ich finde es viel interessanter, wenn man es nicht nach außen trägt. Weil, man bekommt einfach mehr mit. Zum Beispiel, Osten und Westen ist ja auch noch so 'ne Sache. Und wenn du im Westen arbeiten gehst, und die wetzen so richtig gegen die Ossis, und du als Ossi sitzt daneben, und die denken, du bist 'n Wessi. Und irgendwann sagst du: »Na ja, hallo, ich komme aus Potsdam.« Dann sind die Reaktionen schon ziemlich lustig. Also, man kriegt wohl mehr mit, wenn man einiges verschweigt oder zumindest nicht ganz offen trägt, woran man glaubt und wovon man überzeugt ist.

Das Palästinensertuch trage ich immer noch, aber aus Bequemlichkeitsgründen. Weil ich es schön finde, schön warm. Und meine Springerstiefel, wenn ich arbeite. Weil die praktisch sind und fest. Das war übrigens das erste, was ich mir von meinem eigenen erarbeiteten Geld gekauft habe. Als ich damit zu Hause saß und die geputzt habe, kam mein Vater rein und meinte so: »Das sind keine vernünftigen Schuhe. Jetzt brauchst du dir nur noch 'ne Glatze schneiden!« Das war seine erste Reaktion darauf. Na, ich hab' versucht, ihm das zu erklären, er hat das aber nicht eingesehen.

Und irgendwann war die Sache aber auch gegessen.

Jedenfalls, rechts war ja nun das allerletzte, was ich hätte ausdrücken wollen. Vor allem, weil es auch rote Stiefel sind. Aber na ja, okay. Geht halt nicht. Das können ja viele Leute nicht unterscheiden.

Ich hab' auch nie meine Hosen hoch getragen. Ich hab' immer Schlaghosen getragen. Und das sieht ziemlich schick aus, diese Springerstiefel und Schlaghosen dazu ... Sieht gut aus. Ich will damit nichts sagen.

Bei der Musik, da ist das ein bißchen anders. Da würde ich mich schon einer bestimmten Szene zuordnen. Das Lustige ist, ich schwanke immer. Also, ich hab' 'ne Zeitlang nur Hip Hop gehört und auch nur davon CD's gekauft, und auch eine andere Zeitlang nur Techno.

Das sind so die zwei Hauptrichtungen, die ich höre. Mittlerweile ist es vor allem Techno. Weil ich ja hauptsächlich damit arbeite. Und man mag's vielleicht nicht glauben, aber es gibt für jeden etwas in dieser Musikrichtung. Weil das einfach zu breit ist, um zu sagen: Das gefällt mir nicht.

Doch, dir auch! Du hast selber gesagt, dieses eine Stück aus dem Soundtrack von »Matrix«, »Clubbed to Death«, das magst du sehr. Das ist Techno! Oder diese Gruppe »Zweiraumwohnung«. Die gehört teilweise auch dazu. Wird auch auf größeren Techno-Festivals gespielt, oder sie treten dort auf. Die sind richtig klasse! Also, Techno, das heißt doch weiter nichts als elektronische Tanzmusik, die am Computer entsteht.

Da gibt's sogar Meditationsmusik. Warst du auf der Expo? Da standen so Sessel, und der ganze Raum war grün ausgeleuchtet. In diese Sessel konnte man sich reinlegen, Kopfhörer aufsetzen, und da lief ganz entspannende Musik. Auch Techno. Ich bin da immer eingeschlafen.

Oder beim Autofahren, da höre ich auch Techno. Weil das einfach beruhigend auf mich wirkt. Also, eigentlich ist es ja nichts anderes als Rhythmus, die ganze Zeit.

Ich kann auch verstehen, wenn du sagst, das ist zu aufreizend. Das Leben an sich ist schon so hektisch, und dann noch dieses Hämmernde. Ich hab' mal was erlebt, in Jüterbog. Dorthin kommen die Leute von überallher aus Deutschland, man wundert sich, woher die das alle wissen. Das ist so 'n alter Russenflughafen, und da stehen diese großen Hangars. So fünf Stück, dicht beieinander, und da wird in jedem unterschiedliche Musik gespielt. Und davor steht ein Red-Bull-Zelt, wo die Bar drin ist, und wenn man da arbeitet, dann kriegt man die Musik von drei Hangars zur gleichen Zeit mit. Da kriegst du richtig 'ne Macke!

Wenn ich alleine bin, läuft im Hintergrund eigentlich immer Musik. Ist schon wichtig, daß ich was höre. Das regt mich an, irgendwas zu machen. Also, ich find's auch wirklich schlimm, wenn ich alleine bin, und es ist komplett ruhig. Das hat irgendwie was Unbehagliches. Was anderes ist es, wenn ich lange gearbeitet habe. Die Party ist zu Ende, die Leute sind gegangen, die Anlage wird ausgeschaltet, die Türen aufgemacht, es kommt frische Luft rein. Und dann ist es komplett ruhig. Keiner sagt was. Und das ist schön. So die fünf Minuten danach, das ist cool.

Oder meinetwegen, wenn ich in der Natur bin, dann darf es still sein. Aber in geschlossenen Räumen, da muß immer Musik laufen. Außer ich muß irgendwie lesen oder mich konzentrieren, dann geht das natürlich nicht. Ich kann das nicht so miteinander verbinden wie andere Leute. Lesen und Radiohören, das geht nicht.

Zum Beispiel beim Zivildienst, da läuft immer Radio, und ich lese aber auch viel, um nicht zu verdummen. Weil's so 'ne stupide Arbeit ist. Da muß ich manchmal eine Seite dreimal anfangen. Weil, wenn ich's durchgelesen habe, weiß ich nicht, was da stand. Zuviel Ablenkung.

Was ich da eigentlich mache? Treppentransport von behinderten Menschen. Also, hoch- und runtertragen, von A nach B bringen. »Hast du weder Hand noch Fuß, komm ich mit dem Telebus.« – Warum das eine stupide Arbeit ist, verstehst du nicht? Weil, wenn man zehn Stunden arbeitet, ist das sehr anstrengend zwar. Aber man macht ja nicht wirklich die ganzen zehn Stunden was, sondern vielleicht sieben. Und die restlichen drei sitzt man nur rum und wartet. Macht gar nichts. Und dann ist es eben vor allem körperliche Arbeit. Ich war aber die ganze Schulzeit über damit beschäftigt, meinen Geist zu formen. Und wenn man dann auf einmal gar nichts mehr hat, nichts mehr lesen muß oder keine Mathematik mehr praktizieren. Das war 'ne Sache, die hat mich immer unheimlich gefordert, weil ich in Mathe nie besonders gut war, und ich mußte mich immer damit beschäftigen. Oder das Lernen an sich, das hat mir immer sehr viel abverlangt. Auch, weil ich Legastheniker bin, diese Lese-, Rechtschreibschwäche habe. Und auf einmal ist da nichts mehr, was mich fordert. Spätestens nach dem dritten Tag wußte ich, wie man da was festmachen muß am Rollstuhl, wie ich was auszufüllen habe an Papierkram.

Das andere ist: Wir kriegen viel mit vom Leben. Das ist nun wieder so 'ne Sache, die ich nicht missen möchte. Aber ich will diese Aufgabe nicht länger als zehn Monate machen. Weil's mich einfach nicht ausfüllt. Da ist nichts, wo ich sagen kann am Feierabend: Das hab' ich gut gemacht. Also, selbst wenn ich jetzt einen drei Treppen hochgetragen habe, und der hat nicht gemeckert, was ja auch äußerst selten vorkommt. Aber da ist nichts, wo ich mir sage: Da haste was geleistet. Dieser soziale Touch, daß ich vielleicht jemandem das Herz erwärmt habe durch mein zauberhaftes Lächeln, das zählt für mich nicht so. Oder doch? Ja, ist 'ne interessante Sache. Darüber habe ich noch gar nicht nachgedacht!

Ich bin halt 'n Denker-Mensch! Ich muß Probleme lösen können. Muß was erreichen. Ich bewundere auch Leute, die so was ihr ganzes Leben lang machen können, ohne Frage. Die in Pflegeheimen arbeiten und sich dort wirklich mit den Leuten beschäftigen, da ziehe ich den Hut vor. Aber ich denke, daß das auch nur Leute machen sollten, die das können, die Erfüllung darin finden. Grade jetzt als Zivi kriege ich ja in vielen Pflegeheimen mit, daß da Leute arbeiten, die das nicht können. Die haben auch keinen Spaß daran. Und darunter leiden die Patienten. Dann sollten sie's doch lieber bleibenlassen. Es gibt halt Sachen, die kann nicht jeder Mensch.

Was ich richtig gut finde, so Erlebnisse, die mir wahrscheinlich im Gedächtnis bleiben, das ist immer dann, wenn ich mit den Leuten rede. Wenn die mir ihre Lebensgeschichte erzählen, dann sage ich mir: Das hat sich gelohnt. Ich hab' mal 'nen Mann gefahren, der ist aus England gekommen. Und da stand in den Papieren, daß wir den zwei Treppen runtertragen müssen und zwei Treppen hoch. Und ich klingel' so und wundere mich schon, daß die Gegensprechanlage sofort angeht und er sagt, er kommt runter. Also erstens, daß er gleich an der Tür stand, und dann, daß er runtergelaufen kam und hat seinen Rollstuhl geschoben! Und ich hab' ihn dann gefragt, ist ja ganz ungewöhnlich und so. Und er hat mir erzählt, vor drei Jahren hatte er ein Blutgerinnsel, also 'ne Gehirnquetschung, und danach konnte er gar nichts mehr. Also weder seine beiden Arme noch seine Beine bewegen noch irgendwelche Körperfunktionen regulieren, lag nur noch im Rollstuhl, hilflos. Und dann hatte er Physiotherapie und Kuren und so und hat dann Stück für Stück alles wieder gelernt: sprechen, sich artikulieren, sich bewegen, alles. Das hat mich voll beeindruckt! Ich hab' zwei kennengelernt, bei denen das so war, einmal ihn, und dann noch 'ne Frau. Oder eine Frau, die hat den Krebs besiegt und läuft jetzt auch wieder. Und das finde ich schon stark.

Das heißt: Ich schätze an Menschen, wenn sie sich nicht aufgeben. Ja.

Und dann das Gegenteil davon das ist wirklich eklig. Na ja, Menschen, die darauf warten, daß sie sterben. Und alles andere interessiert die nicht mehr. Und wenn da nicht irgendein Familienmitglied wäre, das denjenigen noch zum Arzt schickt, dann würden die wahrscheinlich gar nichts mehr machen. Dann würden die in ihrer Wohnung verhungern. Finde ich schrecklich, wenn sich jemand so aufgibt. Finde ich auch an meinem Opa so schlimm, daß der sich jetzt so gehenläßt. Er kann halt vieles nicht mehr. Aber das, was er noch könnte, macht er leider auch nicht. Also, ich weiß nicht, ein Mensch sollte sich doch immer bemühen, möglichst eigenständig zu bleiben. Und sich nicht zurückzuentwickeln.

Na ja, während wir so reden, geht mir auf, daß Zivildienst wahrscheinlich doch ganz wertvoll ist, mit diesen ganzen Erfahrungen. Bundeswehr wäre für mich nie in Frage gekommen. Aus Gewissensgründen, aber wirklich. Bei mir war's nicht so wie bei Gleichaltrigen, von wegen: Ich suche mir jetzt mal meine Argumente aus dem Internet zusammen. Damit ich nicht zum Bund muß. Bei mir war's wirklich mein Gewissen. Ich weigere mich auch, von anderen gesagt zu bekommen, was ich glauben muß, und darauf zu reagieren. Und das ist ja in der Armee so. Die sagen: Da ist der Feind, und du hast zu schießen. Und dann machst du das. Dafür bin ich nicht der Mensch. Ich lasse mir ungern 'ne Meinung vorgeben, sondern will mir immer selber meine Meinung bilden.

Aber da gibt's eben auch Leute, die damit wunderbar klarkommen. Vielleicht ganz gut so. Also, ich hab' zum Beispiel einen Freund, da denke ich, daß der besser in die Bundeswehr reinpassen würde als in's zivile Leben. Weil der einfach so 'n Typ ist für Routine und Kontinuität.

Ich würde das gerne lieber selber formen. Obwohl natürlich dieser Sicherheitsaspekt verführerisch ist. Ich würde auch gerne wissen: In fünf Jahren biste da, in zehn Jahren da, wäre schon schön. Aber es geht halt nicht. Man kann nicht beides haben.

Aber da gibt's eben auch Leute, die damit wunderbar klarkommen. Vielleicht ganz gut so. Also, ich hab' zum Beispiel einen Freund, da denke ich, daß der besser in die Bundeswehr reinpassen würde als in's zivile Leben. Weil der einfach so 'n Typ ist für Routine und Kontinuität.

Ich würde das gerne lieber selber formen. Obwohl natürlich dieser Sicherheitsaspekt verführerisch ist. Ich würde auch gerne wissen: In fünf Jahren biste da, in zehn Jahren da, wäre schon schön. Aber es geht halt nicht. Man kann nicht beides haben.